나만의 감성을 만드는 색감 한 스푼
라이트룸 클래식CC
사진 보정 클래스

라이트룸 클래식CC 사진 보정 클래스
- 나만의 감성을 만드는 색감 한 스푼 -

추천사

다양한 사진 보정 스킬과 필수 카메라 지식을 집대성한 바이블

필름 카메라 시절부터 사진을 찍어왔고 디지털카메라로 넘어오면서 수년간 RAW 파일 보정도 해왔지만, 다시금 사진 보정의 즐거움을 일깨워준 책이다. 사진 보정의 입문서로서는 더할 나위 없이 훌륭하며, 어느 정도 실력을 갖춘 중급자들에게도 감히 추천하고 싶다.

정청림 작가

매우 체계적이면서도 구체적인 방법을 제시하는 보정 지침서

사진 보정은 그저 본능과 느낌에 따라서 하는 것, 그 이상도 그 이하도 아니라고 생각했다. 사진을 보정하느라 고생했던 지난날을 생각한다면, 이 책이 조금 더 빨리 나왔으면 하는 아쉬움만 남는다. 한 번은 그냥 가볍게 보고, 두 번째부터는 한장 한장 밑줄을 그어가며 꼼꼼히 읽어야 할 책이다.

한태경 작가

서문

안녕하세요.

《라이트룸 클래식CC 사진 보정 클래스》의 저자, 정현성입니다. 이 책은 라이트룸을 이용하여 자신만의 색감을 만들어내는 과정을 오롯이 담은 보정 설명서입니다.

시중에 이미 출간된 라이트룸 기능설명서와 같은 콘셉트에서 탈피하여 독자 스스로가 원하는 색감을 구현할 수 있도록 안내하는 보정설명서로서 모든 것을 담아내고자, 지난 2020년 1월부터 밤을 새워가며 치열하게 고민한 결과물을 드디어 선보일 수 있게 되어 너무나 기쁜 마음입니다.

본 서적은 라이트룸을 이용한 사진 보정과 색감 보정에 관심이 많은 독자분을 대상으로 집필하였습니다. 그렇다고 해서 단순히 기본적인 프로그램 사용법을 소개하는 수준에 그치지 않습니다. 궁극적으로 여러분 스스로 사진 보정에 있어 거대 담론과도 같은 통찰력을 얻을 수 있는 것에 목표를 두고 최초 기획 단계에서부터 치밀하게 구성한 책입니다. 따라서 이 책은 이제 막 라이트룸에 입문한 초심자들은 물론, 라이트룸을 사용하고 있음에도 기존의 보정 방법에서 갈증을 느끼는 분을 포함하여, 이미 자신만의 개성 있는 색감을 뽐내고 있는 선후배 작가분들께도 도움이 될 것이라 자신 있게 말씀드릴 수 있습니다.

Chapter 04에서 소개하는 각각의 색감은, 많은 분이 그 보정 방법을 궁금해했던 사진들을 골라 하나의 색감 테마로 선정한 것입니다. 특정한 색감을 발현해내는 전체적인 과정을 독자 여러분이 바로 옆에서 지켜보는 것처럼 느끼도록 자세히 풀어냈으며, 이러한 과정에서 여러분 또한 사진 보정의 즐거움을 느끼고, 스스로가 추구하는 색감에 한층 더 가까이 갈 수 있게끔 안내하였습니다. 아울러, 본격적인 보정 작업에 앞서 좋은 원본 사진을 담기 위해 필요한 기본적인 카메라 이론과 촬영 방법 또한 함께 다루고 있습니다.

마지막으로, 오랜 시간 필자가 최대한 집필에 집중할 수 있도록 전폭적인 지원과 꾸준한 신뢰를 보내주신 비제이퍼블릭社 김수민 편집자님과 관계자분들께 이 자리를 빌려 감사의 마음을 전합니다. 부족한 필자에게 언제나 깊은 영감과 소중한 가르침을 주시는 정청림 작가님과 진취적이고 창의적인 아이디어를 가지신 박진형 작가님, 그리고 물심양면으로 많은 지원을 해주시는 한태경 작가님께도 감사 인사를 드립니다.

그리고 필자가 슬럼프에 빠졌던 지난날, 지근거리에서 좋은 기운을 북돋아주신 유종욱님과 공군사관학교 재학 시절부터 변함없는 모습으로 든든하게 옆을 지켜준 이십년지기 친구 이구현님, 이욱님, 그리고 수개월에 걸친 기나긴 집필 기간에도 한결같은 응원으로 힘이 되어준 Jenny님과 반려견 야라와 지지 그리고 반려묘 고니에게도 깊은 감사의 인사를 전합니다.

감사합니다.

2020년 12월
제주도에서

저자 소개

저자 정현성

전남 순천 출생으로 공군사관학교를 차석으로 졸업하고 5년간 공군 장교로 근무하였다. 전역 후 (주)한화 무역부문의 해외 영업 담당자로 9년간 근무하며 인도네시아, 파키스탄, 아랍에미레이트, 터키 등 아시아와 중동 그리고 남미를 돌아다니며 수천만 불의 수출 실적을 쌓았다.

잦은 해외 출장과 여행으로 세계 여러 나라를 다니며 자연스럽게 어린 시절 취미로만 즐겨왔던 사진에 다시 흥미를 갖게 되었다. 30대 중반의 나이에 회사를 그만둔 이후, 사진과 관련한 지식을 사람들과 나누고 사진으로 소통하는 일을 하며 살기로 결심한다. 사진 이론과 사진 보정 관련 수백 번의 출강 경험을 가지고 있으며 현재는 제주도에서 스냅사진 작가로 활동하고 있다. 취미는 행글라이딩과 모터사이클이다.

수상 이력
- 국무총리상(공군사관학교 54기 차석 졸업)
- 제2회 BMW 코오롱 모토라드 모터사이클 사진전 2위
- 제23회 대한항공 여행사진 공모전 수상(UAE 아부다비 그랜드 모스크) 등

Instagram: @cafune.film_jeju
E-mail: cafune_film@naver.com

목차

Chapter 01
| Why Lightroom?

Class 01. 라이트룸 소개 · 2

- **001** 라이트룸은 어떤 프로그램인가? ··· 2
- **002** 라이트룸, 그 이름에 담긴 2가지 의미 ·· 3
- **003** 라이트룸의 10가지 장점과 3가지 단점 ··· 3
- **004** 라이트룸 vs 포토샵 ··· 7

Class 02. 라이트룸 설치 및 구동 · 9

- **001** 설치 방법 안내 ·· 9
- **002** 프로그램 구동 가능 최소요구사양 ·· 15
- **003** 카탈로그 만들기, 사진 불러오기, 그리고 사진 내보내기 ·· 16
    - (1) 새로운 카탈로그를 만드는 방법
    - (2) 카탈로그 안으로 사진을 불러오는 4가지 방법
    - (3) 보정한 사진을 라이트룸 바깥으로 내보내는 방법
    - (4) 카탈로그 관리와 관련한 고려사항
- **004** 작업환경 관련 팁 ··· 28
    - (1) 가급적 자연광이 닿지 않는 통제된 장소에서 작업하자
    - (2) 라이트룸은 SSD에 설치하고, 원본 사진 또한 SSD에 저장하자
    - (3) 기준이 되는 하나의 디스플레이를 정해놓자
    - (4) 모니터 캘리브레이션에 너무 스트레스받지 말자

Chapter 02
| 보정에 앞서 필요한 디지털카메라 기초 지식

Class 01. DSLR과 미러리스, 어떤 것을 선택해야 할까 · 32

Class 02. 판형과 화소에 대한 이해 · 33

001 판형이란 무엇일까? 33

002 그동안 모르고 지나쳤던 화소의 함정 34

　　　(1) 4K 모니터로 12백만 화소 사진을 보는 경우

　　　(2) 250DPI 혹은 200DPI를 기준으로 출력하는 경우

003 화소와 화질과의 관계를 파헤쳐보자 36

004 다양한 판형의 종류 42

　　　(1) 풀프레임 센서(Full Frame)

　　　(2) 크롭 센서(APS)

　　　(3) 마이크로 포서드(Micro 4/3')

　　　(4) 1인치 센서

005 크롭 팩터와 화각의 차이 이해하기 43

Class 03. 노출의 3요소, 이것만 알면 더는 어렵지 않다 · 47

001 조리개, 셔터스피드, ISO란 무엇인가? 47

　　　(1) 조리개

　　　(2) 셔터스피드

　　　(3) ISO (감도)

002 노출의 3요소를 이용한 다양한 촬영 모드 이해하기 62

　　　(1) 조리개 우선모드 (A모드, Av모드)

　　　(2) 셔터스피드 우선모드 (S모드, Tv모드)

　　　(3) 프로그램 모드 (P모드, Program모드)

　　　(4) 완전 수동모드 (M모드, Manual모드)

Class 04. 노출의 3요소를 자유자재로 다루기 위한, 알뜰하고 쓸모있는 지식! · 67

001 등가노출 67

002 노출보정 기능의 활용 74

　　　(1) 노출보정의 개념

(2) 노출보정의 활용
　　　　① 적정노출이란 무엇일까?
　　　　② 적정노출의 문제점과 3가지 해결 방안
003　M모드에서의 노출계 활용 방법···80
004　M모드에서의 측광과 카메라 설정 방법··82

Class 05. 다양한 렌즈의 종류 그리고 초점과 심도에 대한 이해 · 85

001　단렌즈와 줌렌즈··85
002　줌렌즈를 사용할 때 반드시 알아야 할 한 가지··87
003　심도, 막상 알고 나면 그리 어렵지 않다!··89

Class 06. White Balance · 93

Class 07. RAW 파일 vs JPG 파일 · 95

Class 08. 색공간에 대한 이해 · 99

Chapter 03
| 예제 사진을 통해 배우는 라이트룸 기본 사용법

Class 01. 라이트룸의 기본 인터페이스 · 104

001　내 입맛에 맞게 로고와 모듈의 디자인을 변경하는 방법···104

Class 02. 사진을 관리하는 공간, Library 모듈 · 108

001　Library 모듈에서 사진을 확인하는 4가지 방법··110
　　(1) Grid View (단축키 G)
　　(2) Loupe View (단축키 E)
　　(3) Compare View (단축키 C)
　　(4) Survey View (단축키 N)
002　Library 모듈에서 사진을 분류하는 3가지 기준··118
　　(1) 별점

- (2) 색상 레이블
- (3) 깃발

003 3가지 분류 기준을 활용한 강력한 사진 분류 노하우 ········· 128
- (1) 첫 번째 예시: 친구와 카페에서 찍은 1,000장의 사진 중 SNS에 올릴만한 사진만 분류하는 경우
- (2) 두 번째 예시: 유럽 여행에서 촬영한 2,000장의 사진을 각각의 기준에 따라 분류하는 경우
- (3) 사진 분류와 관련하여 알아두면 좋은 Tip!

004 사진가에게 더욱 유용한 Library Filter 기능 ········· 138
- (1) Metadata: 사진 그 자체에 대한 많은 정보를 담고 있는 기능
- (2) Exposure Info: 라이트룸이 사진가를 위한 보정 프로그램이라는 것을 보여주는 기능
- (3) Text를 이용한 쉽고 빠른 사진 검색 방법

005 Collections 패널을 이용한 대량의 사진 관리 방법 ········· 144

006 키워드를 이용한 사진 분류 방법 ········· 152

Class 03. 사진을 보정하는 공간, Develop 모듈 · 156

001 Develop 모듈에서 사진을 확인하는 방법 ········· 156

002 사진의 정보를 담고 있는 히스토그램 ········· 160
- (1) 히스토그램을 읽는 방법
- (2) 클리핑 영역으로 확인할 수 있는 화이트홀과 블랙홀

003 사진을 원하는 대로 자르고 구도를 조절하는 Crop Overlay 툴 ········· 166
- (1) 사진을 원하는 규격으로 잘라보자
- (2) 사진을 회전하는 방법
- (3) 사진의 수평과 수직을 맞추는 방법

004 Spot Removal 툴을 이용한 잡티 제거 방법 ········· 176

005 가장 기본적이면서도 가장 중요한 Basic 패널 ········· 181
- (1) 색온도를 조절하여 사진의 분위기를 바꾸는 방법
- (2) 노출과 대비를 조절하는 방법
- (3) 사진의 재질감을 살리고 사진을 보다 선명하게 만드는 방법
- (4) 원하는 영역만 지정하여 보정하는 방법
    - ① Adjustment Brush (단축키 K)
    - ② Radial Filter (단축키 Shift+M)
    - ③ Graduated Filter (단축키 M)

006 무궁무진한 가능성을 지닌 Tone Curve 패널 ········· 215

007 각각의 색상을 분리하여 다룰 수 있는 HSL 패널 ········· 217

008 손쉽게 사진의 분위기를 바꿀 수 있는 Split Toning 패널과 Color Grading 패널 ········· 220

(1) Split Toning 패널

(2) Color Grading 패널

009 사진의 표면을 다듬는 기술, Detail 패널······226

(1) Sharpening

(2) Noise Reduction

010 렌즈의 한계를 극복하는 Lens Corrections 패널······231

011 사진에 색다른 느낌을 내는 Effects 패널······237

(1) Post-Crop Vignetting

(2) Grain

012 Calibration······241

(1) Calibration 패널은 도대체 무엇인가

(2) Calibration 패널의 작동 방식

(3) Calibration 패널의 활용 방법

(4) Calibration 패널의 특징

Chapter 04
| 색감 보정 심화 클래스

Class 01. #드라마틱한 #풍부한색표현 #풍경 #석양 · 251

001 일상의 풍경과 석양을 담아보자······252

(1) 촬영 장소

(2) 촬영 시간

(3) 촬영 장비

(4) 촬영 세팅

(5) 초점

002 풍부한 색을 가진 드라마틱한 느낌의 석양 보정 방법······253

(1) 원하는 크기로 사진을 크롭하기

(2) Basic 패널을 이용하여 사진의 색온도와 전체적인 밝기를 조절하기

(3) Tone Curve 패널을 이용하여 밝기와 대비를 세부적으로 조절하기

(4) Split Toning(Color Grading) 패널을 이용하여 사진을 지배하는 색감 만들기

(5) HSL 패널을 이용하여 개별적인 색을 조절하기

(6) Basic 패널에서 사진 전체의 채도 조절하기

Class 02. #따뜻한 #부드러운 #풍경 #공원 · 270

001 낮 시간대 풍경 사진 촬영을 위한 빛의 이해···271

002 풍경 사진을 위한 적절한 피사체 선택 방법···273

    (1) 본인이 생각했던 것보다 조금만 더 가까이 가서 촬영한다

    (2) 크롭을 활용한다

    (3) 같은 풍경 속에서도 시선을 끄는 무언가를 찾으려고 노력한다

    (4) 하나의 프레임에 여러 가지 색이 잡다하게 들어가지 않았는지 확인한다

003 따뜻하고 부드러운 느낌의 풍경 사진 보정 방법···275

    (1) 원하는 크기로 사진을 크롭하기

    (2) Basic 패널을 이용하여 사진의 색온도와 전체적인 밝기를 조절하기

    (3) HSL 패널과 Calibration 패널로 녹색을 비롯한 사진의 전체적인 색상을 조절하기

    (4) Basic 패널에서 사진 전체의 채도 조절하기

    (5) Basic 패널에서 사진의 질감 조절하기

    (6) Lens Corrections 패널을 이용한 색수차 제거하기

    (7) Spot Removal 툴을 이용한 잡티 제거하기

    (8) Detail 패널을 이용한 사진 다듬기

Class 03. #밝은 #맑은 #화이트톤 #벚꽃 · 285

001 꽃 사진 촬영 시 3가지 유의사항··286

    (1) 꽃을 주제로 담을 것인지, 꽃이 피어있는 배경을 담을 것인지 명확히 하자

    (2) 바람, 특히 봄바람을 조심하자

    (3) 가장 중요한 것은 역시 빛!

002 밝고 맑은 화이트톤의 벚꽃 사진 보정 방법···288

    (1) 원하는 크기로 사진을 크롭하기

    (2) Transform 패널을 이용하여 사진 구도 바로잡기

    (3) Basic 패널을 이용하여 사진의 색온도와 전체적인 밝기를 조절하기

    (4) Adjustment Brush(조정브러시)를 이용한 특정 부분 보정하기

    (5) Split Toning(Color Grading) 패널을 이용하여 화이트톤의 분위기 만들기

    (6) HSL 패널을 이용하여 맑은 느낌의 색으로 다듬기

    (7) Basic 패널을 이용하여 색상의 진하기를 조절하기

    (8) Basic 패널을 이용하여 사진의 질감을 조절하기

    (9) Detail 패널에서 보정을 마무리하기

(7) Basic 패널에서 사진의 질감 조절하기

(8) Detail 패널에서 사진의 선명도 조절하기

Class 04. #필름느낌 #필름갬성 #빈티지 #물빠진색감 · 305

001 필름 느낌, 필름 '갬성'에 대한 이야기 ········ 306
  (1) 선명해 보이지 않고 뿌옇게 보이거나 초점이 뚜렷하지 않으면 필름 느낌일까
  (2) 사진에 불규칙적인 노이즈가 나타난다면 필름 느낌일까
  (3) 물이 살짝 빠진 것 같은 진득하고 꾸덕꾸덕한 색상 표현은 필름만의 것일까
  (4) 조금은 빛바래고 오래된 사진과도 같은 느낌은 필름 느낌일까
  (5) 흑백 사진

002 필름 '갬성'을 가진 빈티지하고 진득한 느낌의 사진 보정 방법 ········ 308
  (1) Basic 패널을 이용하여 사진의 색온도와 전체적인 밝기를 조절하기
  (2) HSL 패널을 이용하여 색상 조절하기
  (3) Calibration 패널을 이용하여 어두운 영역의 색상 조절하기
  (4) Basic 패널을 이용하여 사진의 채도와 질감을 조절하기
  (5) Graduated Filter(점진적필터)를 이용하여 필름 느낌의 암부 표현하기
  (6) Graduated Filter(점진적필터)를 이용하여 빛샘 현상 표현하기
  (7) Radial Filter(방사형필터)를 이용하여 비네팅 효과 만들기
  (8) Effects 패널을 이용한 Grain 효과 넣기
  (9) Detail 패널을 이용하여 사진을 다듬기

Class 05. #크리미한 #매끄러운 #비누느낌 · 326

001 Tone Curve 패널을 이용하여 색감을 만드는 방법 ········ 327
  (1) Tone Curve 패널의 기본 개념
  (2) Tone Curve 패널과 관련한 다양한 응용 방법

002 크리미하고, 매끄러운, 비누 느낌의 보정 방법 ········ 340
  (1) Basic 패널을 이용하여 사진의 전체적인 밝기와 대비를 조절하기
  (2) Tone Curve 패널을 이용하여 사진을 보다 부드럽게 만들기
  (3) HSL 패널을 이용하여 대비를 줄이고 매끄러운 느낌의 색을 표현하기
  (3-1) Tone Curve 패널을 이용하여 미세하게 색감 조절하기
  (4) Split Toning(Color Grading) 패널을 이용하여 색감 조절하기
  (5) Basic 패널을 이용하여 색상의 진하기를 조절하기
  (6) Basic 패널을 이용하여 사진의 질감을 조절하기
  (7) 사진의 색수차를 제거하기
  (8) Detail 패널에서 Sharpening과 Noise Reduction을 이용하여 사진 다듬기

Class 06. #청량한 #이온음료느낌 · 351

001 청량한 이온음료 느낌을 담아내기 위한 몇 가지 고려사항·· 352
    (1) 촬영 환경
    (2) 피사체와 배경

002 청량한 이온음료 느낌의 보정 방법·· 353
    (1) Crop Overlay 툴을 이용하여 사진의 수평을 바로잡기
    (2) Basic 패널을 이용하여 사진의 색온도와 전체적인 밝기를 조절하기
    (3) Tone Curve 패널로 사진의 밝기와 대비를 세부 조절하기
    (4) Split Toning(Color Grading) 패널을 이용하여 청량한 느낌의 색감 만들기
    (5) HSL 패널을 이용하여 청량한 느낌으로 다듬기
    (6) Calibration 패널을 이용하여 색상 다듬기
    (7) Basic 패널에서 사진의 채도를 조절하기
    (8) Basic 패널을 이용하여 사진의 질감을 조절하기
    (9) Detail 패널에서 보정을 마무리하기

Class 07. #선명한 #쨍한 #야경사진 · 369

001 선명하고 깨끗하게 야경을 담는 방법·· 370
    (1) 장노출 촬영의 세팅 방법
    (2) 장노출 촬영 시 유의사항
    (3) 장노출 촬영 예시

002 선명하고 쨍한 느낌의 야경 사진 보정 방법··· 373
    (1) Crop Overlay 툴을 이용하여 원하는 크기로 사진을 자르기
    (2) Basic 패널을 이용하여 사진의 색온도와 전체적인 밝기를 조절하기
    (3) Tone Curve 패널로 사진의 밝기와 대비를 세부 조절하기
    (4) Split Toning(Color Grading) 패널을 이용하여 사진의 분위기 조절하기
    (5) HSL 패널을 이용하여 개별적인 색상 다듬기
    (6) Basic 패널을 이용하여 사진의 채도 조절하기
    (7) Basic 패널을 이용하여 사진의 질감 다듬기
    (8) Detail 패널을 이용하여 사진 다듬기

Class 08. 한 장의 사진을 여러 가지 색감으로 보정하는 방법 · 385

001 History 패널의 기능·· 385

002 History 중에서도 특정한 위치를 저장하고 싶을 때 사용하는 Snapshot·· 387
    (1) Snapshot을 만드는 첫 번째 방법: Snapshots 패널에서 현재 상태 바로 저장하기

(2) Snapshot을 만드는 두 번째 방법: History 패널에서 저장할 위치 선택하기

003 Snapshots 패널을 이용하여 한 장의 사진을 여러가지 색감으로 보정하는 방법···391

004 Virtual Copy를 활용하여 여러 가지 색감을 동시에 확인하는 방법···395

Class 09. #여행사진 #동화느낌 • 399

001 여행지에서의 촬영과 관련한 고려사항···400

　　(1) 어떤 장비들을 가지고 갈 것인가?

　　(2) 렌즈의 화각과 조리개

　　　　① 어떤 화각의 렌즈가 좋을까?

　　　　② 최대개방 조리개가 큰 렌즈가 좋을까?

　　(3) 그래서 무엇을 어떻게 찍을 것인가?

　　　　① RAW 모드로 촬영하자

　　　　② 여행 전, 카메라 점검을 받고 출발하자

　　　　③ 여행지에서 촬영하는 사진이라면, 현지의 글자를 사진에 넣자

　　　　④ 사진에 욕심이 있는 사람이라면, 그만큼 시간을 투자하자

　　　　⑤ 낯선 곳에서는 다른 사람들이 무엇을 찍고 있는지도 살펴보자

　　　　⑥ 안전을 위해 현지의 관습이나 분위기를 살피자

　　　　⑦ 만일의 사태에 대비한 대체 장비를 생각하자

　　　　⑧ 여행자 보험을 들자

002 동화 같은 느낌의 여행 사진 보정 방법···406

　　(1) Crop Overlay 툴과 Transform 패널을 이용하여 사진을 자르고 정렬시키기

　　(2) Basic 패널을 이용하여 사진의 색온도와 전체적인 밝기를 조절하기T

　　(3) Tone Curve 패널로 사진의 밝기와 대비를 세부 조절하기TJD

　　(4) Split Toning(Color Grading) 패널을 이용하여 사진의 분위기 조절하기

　　(5) HSL 패널을 이용하여 개별적인 색상 다듬기

　　(6) Calibration 패널을 이용하여 색상 다듬기

　　(7) Basic 패널을 이용하여 사진의 채도를 조절하기

　　(8) Basic 패널을 이용하여 사진의 질감 다듬기

　　(9) Detail 패널을 이용하여 사진 다듬기

Class 10. #망한사진 #되살리기 • 419

001 망한 사진에 대해 알아보기···420

　　(1) 어떤 사진이 망한 사진일까

　　(2) 사진이 망가지는 이유

① 인적 요인

② 기계적 요인

③ 환경적 요인

(3) 망한 사진을 찍었을 때 대응 방법

002 망한 사진을 살려내는 보정 방법·······422

(1) Basic 패널을 이용하여 사진의 전체적인 밝기와 대비를 조절하기

(2) Tone Curve 패널을 이용하여 밝기와 대비를 세부 조절하기

(3) Split Toning(Color Grading) 패널을 이용하여 사진의 분위기 조절하기

(4) HSL 패널을 이용하여 개별적인 색상 다듬기

(5) Basic 패널을 이용하여 사진의 채도를 조절하기

(6) Basic 패널을 이용하여 사진의 질감 다듬기

(7) Detail 패널을 이용하여 사진 다듬기

Class 11. Preset과 Profile, 그리고 효과적인 활용 방법 · 431

001 Preset(사전설정)과 Profile(프로파일)의 개념과 특징·······431

(1) Preset이란 무엇일까

(2) Profile이란 무엇일까

002 Preset과 Profile을 만들고 적용하는 방법·······439

003 Preset과 Profile을 효과적으로 사용하는 방법·······456

004 좋은 Preset의 조건·······459

Chapter 05
사진 보정을 위해 필요한 마인드셋

001 보정은 사진을 완성시키는 과정이라는 생각 받아들이기·······462

002 처음부터 후보정이 수월하도록 촬영하기·······462

(1) 원하는 구도보다 조금 더 넓게 촬영하자

(2) 수평과 수직을 쉽게 맞추려면 사진 속에 직선을 포함하자

(3) 암부와 명부의 차이가 심할 때에는 일단 명부를 살려서 촬영하자

003 사진 보정은 감각도 중요하지만 결국 노력이 중요하다는 사실·······463

(1) 일단 많은 사진을 접해보자

(2) 사진을 볼 때는 전체와 부분으로 나누어 보자

(3) 다양한 매체에 스스로를 노출시키고 감성을 키우자

(4) 날씨와 같은 주변 환경의 변화에 대해서도 관심을 갖자

Chapter 06
FAQ (자주 묻는 질문)

001	사진 보정을 할 때에 윈도우 기반의 컴퓨터를 사용하는 것이 좋나요, 아니면 애플에서 나온 맥(Mac)을 사용하는 것이 좋나요?	466
002	PC에서 보정한 사진이 스마트폰에서 보면 다르게 보여서 스트레스를 받아요.	466
003	다른 사람이 보정한 사진의 느낌을 따라 해보고 싶은데 어디서부터 시작해야 할지 모르겠어요.	466
004	사진 보정을 할 때에 라이트룸을 사용하면서 포토샵도 같이 사용해야 하나요?	467
005	나만의 개성 있는 색감을 갖고 싶어요.	467
006	라이트룸을 제법 잘 사용할 줄도 알고 보정도 어느 정도 할 줄 아는데, 매번 똑같은 보정만 하는 것 같고 뭔가 답답해요. 어떻게 해야 할까요?	468
007	저자님은 어떤 방법으로 라이트룸 사진 보정을 공부하셨는지 궁금합니다.	468
008	결국 사진 보정을 잘 하려면 카메라부터 좋아야 하는 것 아닌가요?	469

CHAPTER

1 Why Lightroom?

Chapter 01에서는 라이트룸 프로그램에 대한 소개와 더불어 설치 방법을 소개합니다. 아울러, 이미 수많은 사진 보정 프로그램이 있음에도 불구하고 왜 라이트룸을 사용해야 하는지에 대한 설명도 필자의 경험을 바탕으로 다뤄보겠습니다. 아직 본격적인 보정을 시작하는 것은 아니니 준비 운동하는 기분으로 가볍게 읽어주세요.

참고로, '라이트룸'은 특별한 언급이 없는 한 Adobe Lightroom Classic을 지칭합니다.

01 CLASS

라이트룸 소개

001 | 라이트룸은 어떤 프로그램인가?

사진에 조금이라도 관심이 있는 분이라면 '포토샵(Photoshop)'이라는 프로그램에 대해 한 번쯤은 들어보았을 것입니다. 포토샵은 출시 이후부터 수많은 업데이트와 기능 향상을 거쳐 오며 현재는 디지털 사진의 패러다임을 바꾸었다 할 정도로 독보적인 위상을 가진 프로그램이기도 합니다. 소위 '뽀샵한다'고 하는 표현이 바로 이 포토샵에서 유래된 단어라는 사실도 대부분 알고 있으리라 생각합니다.

이 책에서 다루고자 하는 라이트룸은, '그래픽 디자인, 사진, 그림, 광고 시안 및 각종 일러스트' 등을 편집할 수 있는 포토샵의 기능 중에서도, 특히 사진과 관련한 기능들을 한데 모은 프로그램입니다. Adobe社가 지난 2007년 최초로 라이트룸을 선보인 이후, 한때는 관련 업종에 종사하는 일부 전문가들이 주로 사용하는 프로그램으로 인식되기도 하였으나 최근에는 사진업계에 종사하는 사람이 아니더라도 그저 사진을 좋아하고, 그것을 취미로 삼고 있는 일반 사용자들도 점차적으로 사용을 늘려가는 추세입니다.

정확한 통계자료를 인용하기는 어렵지만, 현재 인스타그램을 비롯한 각종 SNS와 오프라인에서 활동하고 있는 국내·외의 인지도 있는 사진가 중 라이트룸을 사용하는 비율이 이미 상당한 수준인 것으로 알려져 있으며[1], 그와 함께 라이트룸에 대한 대중의 관심 또한 높아지면서 현재는 이와 관련한 각종 온라인 및 오프라인 강의도 증가하는 추세입니다.

뒤에서 다시 설명하겠지만, 특히 라이트룸은 '카탈로그'라는 특유의 파일관리 체계를 도입하여 포토샵만으로는 할 수 없었던 수천 장이 넘는 대량의 사진도 일괄적으로 관리하고 쉽게 보정할 수 있습니다. 또한 하나의 사진에 적용된 보정값을 다른 사진으로 쉽게 복사할 수 있는 등 작업의 효율성을 극대화할 수 있는 많은 이점을 가지고 있어 앞으로도 라이트룸에 대한 수요는 더욱더 증가할 것으로 예상됩니다.

현업에서 라이트룸이 주로 사용되는 곳은 다음과 같습니다.

- 웨딩 스튜디오, 야외 웨딩촬영, 본식 촬영, 돌 사진 및 각종 스냅사진

---

[1] 물론, 라이트룸 외에도 캡쳐원이나 포토샵과 같은 다른 보정 프로그램을 사용하였거나 이들 모두를 복합적으로 사용하는 비율 역시도 상당할 것이라는 데에는 이견이 없습니다. 다만, 과거에는 포토샵이나 페인트샵프로와 같은 고전적인 보정 프로그램들의 일방적인 독주였다면, 지금은 라이트룸이 엄청난 각광을 받고 있다는 것에 주목할 필요가 있습니다.

- 각종 행사사진, 증명사진 및 단체사진
- 제품사진, 음식사진 등 각종 홍보사진
- 패션사진, 파인아트, 순수 예술사진, 인테리어 및 건축물 홍보사진

이처럼 사진 보정이 필요한 많은 분야에서 라이트룸은 지금 이 시간에도 활용되고 있습니다.

002 | 라이트룸, 그 이름에 담긴 2가지 의미

프로그램 소개와 더불어 라이트룸(Lightroom)이라는 이름에 담긴 2가지 의미를 알아보겠습니다.

첫 번째로, 라이트룸이라는 이름은 디지털카메라가 지금처럼 대중화되기 전 필름 카메라로 주로 촬영을 할 당시에, 사진 현상작업을 하던 암실(Darkroom)과 상반되는 의미를 내포하고 있습니다. 카메라 내부에 장착된 별도의 메모리 카드에 사진이 저장되는 디지털카메라와는 달리 필름 카메라는 별도의 현상과 인화 작업을 거쳐야만 비로소 한 장의 사진이 탄생되는 방식이었고, 이러한 작업을 하던 곳이 바로 암실이었습니다.

즉, 라이트룸이라는 이름은 디지털카메라가 대중화된 상황에서 현대적인 의미의 암실의 개념을 담고 있으며, 이를 암실을 의미하는 영어 단어 'Darkroom'과 상반되는 'Lightroom'으로 표현하고 있는 것입니다. 다시 말해, 아날로그 필름이 암실에서 한 장의 사진으로 재탄생하는 것과 같이, 최초에는 메모리 카드에 저장되어 있던 디지털 이미지 데이터가 라이트룸을 통해서 모니터 속에서 새로운 사진으로 재탄생하는 것입니다.[2]

두 번째로는, 라이트룸은 '빛(Light)을 담고 있는 공간(Room)'이라는 의미를 갖고 있습니다. 사진을 찍는다는 행위는, 그것이 디지털카메라를 이용한 것이든 혹은 필름 카메라를 이용한 것이든 간에, 결국 피사체로부터 반사된 빛을 디지털 센서나 필름에 담아내는 과정입니다. 이런 측면에서 라이트룸이라는 이름은 '빛을 담고 있는 공간' 그 자체를 표현한 것으로도 볼 수 있습니다.

굳이 따지자면, 포토샵(Photoshop)이라는 라이트룸의 전신이자 아버지뻘 정도 되는 프로그램에 비해 오히려 이름 자체만 놓고 보자면 라이트룸의 작명이 훨씬 그럴싸하게 보이는 측면도 바로 여기에 있습니다.

003 | 라이트룸의 10가지 장점과 3가지 단점

지금부터는 필자가 그동안 라이트룸을 사용해 오면서 몸소 느낀 라이트룸의 장·단점에 대해 알아보겠습니다.

---

[2] 다만, 디지털카메라의 경우, 일반적인 JPG 파일의 형태로 촬영하였을 때에는 처음부터 메모리 카드에 JPG 파일이 그대로 저장되므로 라이트룸을 거치지 않더라도 그 자체로도 하나의 사진이 담긴 것으로 볼 수 있습니다. 반면, Chapter 02의 Class 07에서 다루고 있는 RAW 파일의 형태로 사진을 촬영하는 경우라면 라이트룸과 같은 프로그램을 통해 비로소 JPG 파일로 변환할 수 있습니다. 실제 라이트룸에서 이러한 작업을 '현상(Develop)'으로 통칭하고 있으며, 주된 보정 작업이 이루어지는 모듈 역시 '현상(Develop) 모듈'로 표현합니다. 이를 통해 보았을 때, 라이트룸(Lightroom)이라는 이름은 지극히 암실(Darkroom)의 기능을 염두에 둔, 의도된 작명이라고 볼 수 있습니다.

■ **라이트룸의 장점**

① 사진의 원본 데이터를 절대 훼손하지 않음

앞서 언급한 것처럼 라이트룸은 '카탈로그'라는 파일관리 체계를 이용합니다. 그렇기 때문에, 어떤 사진을 보정하고자 할 때에 우선 카탈로그라는 하나의 울타리를 먼저 만든 다음, 그렇게 생성된 울타리(카탈로그) 안으로 사진 파일을 가져옵니다. 이때, 원본 파일 그 자체를 카탈로그 안으로 가져오는 대신, 원본 파일에서 파생된 미리보기 이미지를 새롭게 생성하여 가져오는 방식을 채택하고 있기 때문에 작업 도중 원본이 훼손될 우려가 전혀 없습니다.

> **참고** 카탈로그 안에서 사진이 보여지는 방식에 대해 보다 자세히 알아볼까요?
>
> 1) 라이트룸의 카탈로그 안으로 들어와 실제 모니터 화면에서 우리 눈에 보여지는 사진은 사실 원본이 아니라, 원본을 바탕으로 생성된 하나의 미리보기 이미지입니다. 하지만, 보정 과정에서 우리는 마치 스스로가 원본 사진을 직접 작업하고 있는 듯한 착각에 빠지게 됩니다. 미리보기라는 새로운 형태의 파일을 만들어 원본은 훼손하지 않되, 사용자는 마치 원본 파일을 가져다가 보정하는 듯한 느낌을 갖게끔 하는 것입니다.
>
> 2) 이때 우리가 이 미리보기 이미지에 어떤 보정을 가하면, 최초에 생성해 둔 카탈로그는 해당 미리보기 이미지에 그 보정값이 더해진 모습을 화면에 보여줍니다. 그리고 보정이 완료된 미리보기 이미지를 새로운 사진 파일로 저장하게 되면 비로소 모든 보정값이 반영된 또 하나의 사진 파일이 생성되게 됩니다. 이 과정을 '내보내기'라고 합니다. 그럼에도 불구하고 원본은 여전히 원래의 위치에 전혀 보정되지 않은 그 상태 그대로 저장되어 있게 됩니다.
>
> 3) 이런 과정에서, 최초에 생성되었던 카탈로그는 우리가 입력한 보정값을 기억해 둔 상태에서 그 보정값을 미리보기에 뿌려줌으로써 사진이 어떻게 변화하는지를 작업 과정 내내 보여줍니다. 심지어 작업 도중 별다른 저장 명령 없이 라이트룸을 강제로 종료하더라도 바로 직전까지 작업하였던 내역들을 모두 카탈로그에 실시간으로 저장해 두기 때문에 작업 내역을 잃어버릴 염려 또한 없습니다.
>
> 4) 보정을 마치고 내보내기를 하는 시점에는, 실제 각 보정값을 원본에 다시 투사함으로써 하나의 완성된 결과물이 나오게 됩니다. 따라서 내보내기 시점에서 만약 원본이 최초 저장된 위치가 아닌 하드디스크 내의 새로운 위치로 이동하였을 경우에는 해당 원본의 위치를 다시 지정하여야만 문제없이 내보내기를 할 수 있게 됩니다. 카탈로그의 입장에서 보자면, 미리보기 이미지에 입혀진 보정값을 실제 원본에 반영하려고 보니, 정작 원본이 있어야 할 공간에서 사라져버린 상황이기 때문입니다.
>
> 4-1) 물론, Smart Preview를 이용한다면, 4)의 경우에도 내보내기 작업을 이어서 진행할 수 있습니다. Smart Preview와 관련해서는 Class 02의 카탈로그 안으로 사진을 불러오는 4가지 방법에서 다시 다룰 예정입니다.

② 대량의 사진 관리에 유리

라이트룸은 대량의 사진 관리에 있어 특히 유리합니다. 별점과 깃발, 그리고 색상 레이블을 이용하는 관리 방식은 수백 장 혹은 수천 장의 사진이 하나의 카탈로그에 동시에 존재하는 경우에도 각각의 사진을 편하게 관리하도록 도와줍니다. 아울러 별점과 깃발, 그리고 색상 레이블과 더불어 Smart Collection 기능을 함께 이용할 경우, 분류한 사진들을 쉽게 모아서 볼 수도 있습니다. 사진 관리와 관련한 내용은 Chapter 03에서 보다 자세히 다룰 예정입니다.

③ 대량의 사진 보정에 유리

②에서 언급한 대량의 사진 관리와 더불어, 라이트룸은 대량의 사진 보정에도 뛰어난 장점을 가지고 있는 프로그램입니다. 예를 들어, 하나의 공간에서 촬영한 여러 장의 사진이 있을 경우, 일단 한 장의 사진을 원하는 느낌으로 보정하

고 이어서 보정이 완성된 사진의 보정값을 그 외 다른 사진으로도 손쉽게 적용할 수 있기 때문에 대량의 사진을 일관성 있는 톤으로 보정하는 것이 가능합니다. 이는 같은 카탈로그 내에서 가능한 것이 원칙이지만, Preset 기능을 이용할 경우 같은 카탈로그 내에 위치한 사진이 아니더라도 해당 보정값을 사전에 Preset으로 저장해 둠으로써 대량의 사진 보정에 이용할 수 있습니다.

④ 보정값의 저장과 손쉬운 공유

③에서 언급한 내용과 관련하여, 라이트룸은 'Preset'이라는 기능을 통해 같은 카탈로그에 있는 사진이 아니더라도 사용자가 만들어 낸 보정값을 다른 카탈로그에 있는 사진으로 공유할 수 있습니다. 논의를 조금 더 확장해 보자면, 이는 곧 내가 만든 Preset을 다른 컴퓨터에서 이용할 수 있거나 다른 사람과 공유할 수 있다는 말이고, 반대로 다른 사람이 만들어 둔 Preset을 받아 내 컴퓨터 안에서 적용할 수 있다는 말도 됩니다. 대량의 사진 보정이라는 부분을 감안하지 않더라도 보정값을 별도 공간에 저장해두고 이를 언제든 공유할 수 있다는 점은 보정 작업에 있어 많은 효율성을 가져다줍니다.

⑤ 강력한 보정 기능

라이트룸은 그 자체만으로도 다양한 보정을 수행할 수 있는 강력한 기능들을 가지고 있습니다. 물론 사진 속 배경을 다른 사진으로 합성한다거나 인물의 체형이나 얼굴을 마치 다른 사람처럼 보이게 하는 포토샵에서의 픽셀 유동화와 같은 기능은 지원하지 않지만, 라이트룸에는 사진 그 자체를 보정하는 데에 있어 필요한 핵심적인 기능들이 다수 포함되어 있습니다. 필자의 경우만 보더라도 라이트룸을 이용하게 되면서 포토샵과 같은 여타 프로그램에 의존하는 비율이 현저하게 줄어들었고 그로써 작업 시간 또한 크게 단축할 수 있게 되었습니다.

⑥ 간단하고 편리한 인터페이스

라이트룸은 사진 보정에 특화되었다고 보아도 무방할 정도로 매우 간단하면서도 편리한 사용자 인터페이스를 가지고 있습니다. 별도의 커스텀 세팅을 하시 않더라도 라이드룸에서 기본 제공하는 메뉴만으로도 큰 어려움 없이 작업을 진행할 수 있으며, 만약 사용자 취향에 따라 메뉴 구성을 변경할 경우 보다 효율적인 작업이 가능합니다. 다른 보정 프로그램과 비교해 보더라도 라이트룸의 사용자 인터페이스는 개발사인 Adobe社가 많은 고민을 했다는 점을 알 수 있는 부분입니다.

⑦ 강력한 왜곡 보정 기능 그리고 다량의 카메라·렌즈 프로파일 제공

사진 보정에 특화된 프로그램답게 라이트룸은 강력한 왜곡 보정 기능과 함께 여러 종류의 카메라 및 렌즈 프로파일을 제공합니다. 우리가 보정하는 사진들은 결국 카메라를 통해 촬영된 결과물이며, 카메라에 부착된 모든 렌즈들은 그 정도에서의 차이가 있을 뿐, 저마다 그 결과물의 품질을 제한하는 광학적 한계를 가지고 있습니다. 소위 말하는 색수차나 주변부 왜곡, 비네팅과 같은 것이 바로 그러한 광학적 한계입니다.[3] 기종별로 나타나는 이러한 광학적 한계에 대한 정보를 담고 있는 것이 바로 프로파일입니다.

라이트룸이 제공하는 프로파일 정보를 바탕으로 우리는 합리적인 수준에서 이러한 광학적 한계를 극복할 수 있으며, 새로운 카메라나 렌즈가 출시될 경우에는 업데이트를 통해 신규 출시 기종에 대한 프로파일을 함께 이용할 수 있습니다.

---

3 이와 관련한 내용은 Chapter 03의 Lens Corrections 패널 편에서 보다 자세히 다룹니다.

⑧ 포토샵과의 편리한 연동

라이트룸으로 사진을 보정할 때, 합성이나 픽셀 유동화와 같은 특정한 편집 기능이 필요하지 않은 이상 작업 도중 포토샵을 사용해야 할 경우는 많지 않습니다. 그럼에도 불구하고 사용자가 원할 경우에는 라이트룸을 종료할 필요 없이, 언제든지 해당 사진을 곧바로 포토샵으로 보내어 작업을 이어갈 수 있습니다. 물론, 포토샵에서 작업이 완료된 사진은 다시 라이트룸 카탈로그로 자동적으로 들어오게 됩니다.

⑨ 갑작스러운 종료에도 보정값을 유지하는 실시간 저장 기능

작업 도중 갑작스러운 문제로 인해 컴퓨터가 꺼지거나 실수로 프로그램을 종료하더라도 라이트룸은 방금 전까지 작업했던 과정들을 고스란히 카탈로그에 기록해두기 때문에 데이터의 유실이 일어날 가능성이 상당히 낮은 프로그램이기도 합니다. 따라서 사진을 보정하는 중에도 카탈로그 그 자체를 저장할 필요가 없으며[4], 그렇다고 원본이 훼손되지도 않기 때문에 상당히 편리합니다. 이는 라이트룸의 장점이기도 하지만 카탈로그라는 파일관리 체계의 장점으로도 볼 수 있습니다.

⑩ 특정한 보정 위치를 별도로 저장하고 관리하는 기능

간혹 사진 보정을 하다 보면, 현재까지 작업했던 부분에 대해서는 만족하지만 그 다음 단계의 보정에 있어 몇 가지 선택 가능한 옵션들을 놓고 고민하는 경우가 있습니다. 예를 들어, 사진의 밝기에 대한 보정을 모두 마친 상태에서 그 다음에 이어지는 색감 보정을 A라는 느낌으로 하면 좋을지, 아니면 B라는 느낌으로 하면 좋을지에 대한 고민이 생길 수 있습니다. 그러한 상황에서도 라이트룸은 Snapshot이라는 기능을 통해 특정한 보정 시점을 기록할 수 있도록 도와줍니다. 고민이 되는 바로 그 시점을 Snapshot으로 미리 만들어 둔다면 추후 A라는 선택 대안이 마음에 들지 않을 때, 원래대로 돌아와 B라는 선택 대안을 다시 적용할 수 있는 것입니다. 다만, Snapshot 기능만을 단독으로 활용할 경우 각기 다른 색감의 사진들을 동시에 비교하는 데에 있어서는 불편함이 따를 수 있습니다. 이러한 상황에서 유용하게 활용할 수 있는 기능은 Chapter 04의 Class 08에서 다시 설명할 예정입니다.

■ 라이트룸의 단점

① 포토샵에서 가능한 일부 기능을 지원하지 않음

장점으로 언급한 ⑤와 같이 라이트룸은 강력한 보정 기능을 가진 프로그램임에도 불구하고, 배경 합성이나 체형·얼굴라인 변형과 같은 기능은 제공하지 않습니다. 이 외에도 포토샵에서는 지원하나, 라이트룸에서 지원하지 않는 기능은 처음부터 사진 파일 내에 데이터로 존재하지 않았던 가상의 피사체나 효과를 사진에 포함하는 것들이라고 포괄적으로 이야기할 수 있습니다. 처음부터 포토샵에 뿌리를 둔 프로그램에서 이러한 기능들을 굳이 담고 있지 않은 까닭에는, 이미 포토샵이라는 걸출한 프로그램이 나온 상황에서 라이트룸만큼은 사진 본연의 편집 기능에 보다 중점을 두는 것이 좋겠다는 프로그램 개발사의 의중이 반영된 것으로 추측할 수 있습니다.

② 레이어 기능을 지원하지 않음

아울러, 라이트룸은 포토샵에서 가능했던 레이어 기능을 지원하지 않습니다. 물론, 라이트룸에서 지원하는 여러 가

---

[4] 실제로 라이트룸에는 카탈로그의 현재 상태를 단순하게 '저장'하는 기능 자체가 없습니다.

지 필터 기능을 이용하여 레이어 기능을 비슷하게 흉내내는 것은 가능하지만 기본적으로는 프로그램 자체에서 레이어 기능을 지원하지는 않습니다. 향후 레이어 기능이 추가되면 좋겠지만 레이어 기능이 지원되지 않는 현재에도 사진을 보정하고 색감을 발현하는 작업을 하는 데에 있어 큰 불편함은 없습니다. 필터를 레이어처럼 이용하는 방법은 Chapter 04의 Class 06에서 다룹니다.

③ 다소 느리다는 느낌을 받을 수 있음

1장당 약 80~120MB가량 되는 고용량의 RAW 파일을 수백 장에서 수천 장 동시에 불러와 보정 작업을 하거나 내보내기를 할 때에 간혹 프로그램이 느려지는 느낌을 받을 수 있습니다. 사실 이 부분은 라이트룸이라는 프로그램 자체의 단점이라고 할 수도 있지만 프로그램 내에서 오고 가는 데이터의 절대적인 양이 큰 이유도 있습니다. 다행스러운 점은, 라이트룸의 경우 Multi Core CPU를 지원하므로, CPU 성능이 향상될 경우 프로그램의 구동 속도 또한 어느 정도 향상시킬 수 있다는 점입니다.

004 | 라이트룸 vs 포토샵

흔히 라이트룸을 처음 접하면 포토샵과 어떻게 다른지에 대해 많이 궁금해합니다. 이 두 가지 프로그램을 비교해 보겠습니다.

그림 1-1-1. 라이트룸(Lightroom Classic)

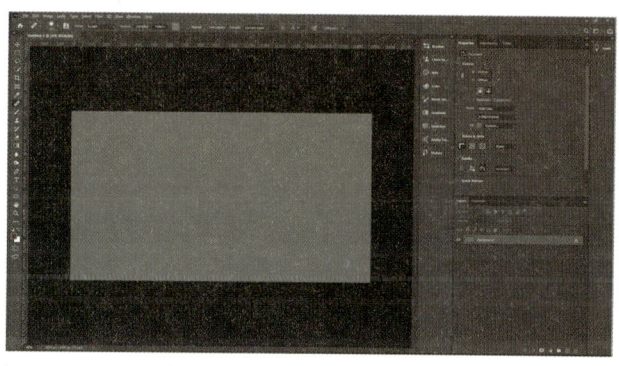

그림 1-1-2. 포토샵(Photoshop)

라이트룸(Lightroom Classic)	포토샵(Photoshop)
대량의 사진 분류 기능을 갖고 있음	대량의 사진 분류 기능 없음
대량의 사진 편집 기능을 갖고 있음	대량의 사진 편집 기능 없음 (단, Action을 통해 단순 반복되는 작업은 가능)
카탈로그 파일체계 보유	카탈로그 파일체계 없음
원본을 훼손하지 않음	작업 중 바로 '저장'을 누르게 되면 원본에 현재까지의 작업 내용이 그대로 반영되므로 원본 훼손 가능성 있음

합성, 픽셀 유동화 불가	합성, 픽셀 유동화 가능
레이어 사용 불가	레이어 사용 가능

사진 보정이라는 목적으로 보자면 라이트룸만으로도 모자람이 없다는 것이 필자의 견해입니다. 그저 모자람이 없는 정도가 아니라 웬만한 사진 보정 작업은 라이트룸만으로도 충분히 소화할 수 있습니다. 물론 이전부터 포토샵을 사용해왔고 이미 포토샵의 기능들이 손에 익은 독자라면 굳이 라이트룸으로 옮겨가지 않아도 무방합니다. 특히 포토샵의 Camera Raw Filter를 이용하면 라이트룸과 유사한 인터페이스로 보정 작업을 진행할 수도 있습니다. 다만, 대량의 사진을 편집해야 하거나 다양한 사진에서 일관성 있는 톤을 유지하고 싶은 분, 사진 편집과 더불어 체계적인 사진 관리가 필요한 분이라면 라이트룸을 사용하세요. 작업의 효율이 달라집니다.

라이트룸 설치 및 구동

001 | 설치 방법 안내

이번 클래스에서는 실제로 라이트룸을 다운받아 설치하는 방법을 알아보겠습니다.

1 https://www.adobe.com/kr/에 접속합니다. 이미 Adobe 아이디를 갖고 계신 분은, 시작하기에 앞서 로그인을 하기 바랍니다. 아이디가 없는 분은 오른쪽 상단 로그인 버튼을 눌러 새로운 계정을 생성한 후, 다음 단계로 넘어가는 것을 권장합니다.

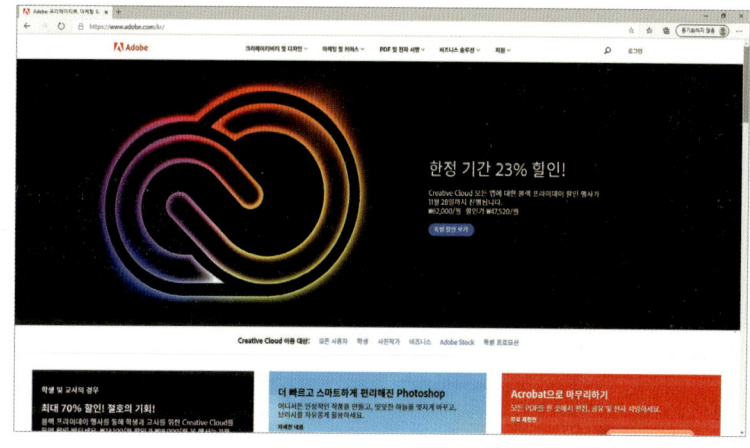

그림 1-2-1. Adobe 아이디가 없을 경우, 로그인 버튼을 눌러 새로운 계정을 생성합니다.

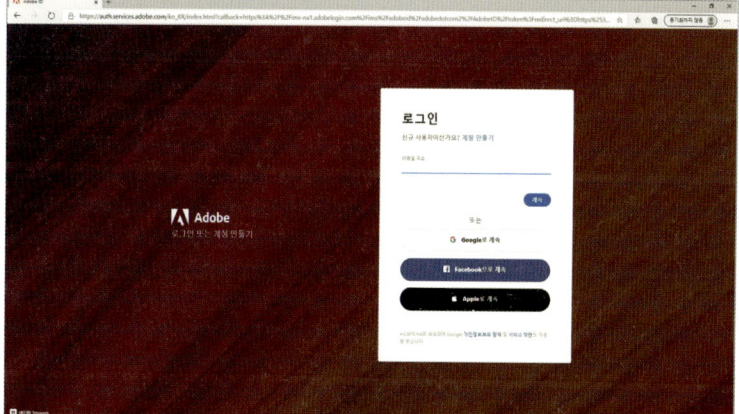

그림 1-2-2. 로그인 버튼을 누르면 나타나는 화면에서 계정 만들기를 누르면 새 계정을 생성할 수 있습니다.

2   이제, 그림1-2-3의 홈페이지 화면 상단에 보이는 메뉴 중에 크리에이티비티 및 디자인을 선택합니다.

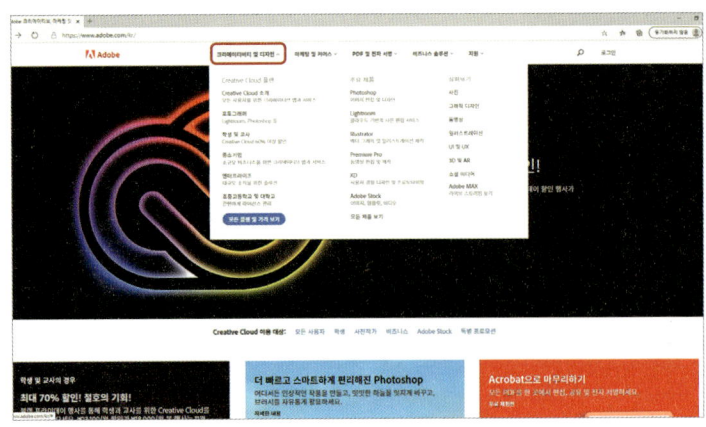

그림 1-2-3. 현재 화면은 '20년 하반기 기준으로서, 독자 여러분이 접속할 때에는 다른 화면을 보게 될 수도 있습니다.

3   크리에이티비티 및 디자인을 선택했을 때 나타나는 하부 메뉴에서 포토그래퍼를 선택하면 그림1-2-4를 볼 수 있습니다.

그림 1-2-4. 현재 화면에서 구매하기 버튼을 클릭하면 그림 1-2-5를 볼 수 있습니다. 무료 체험판을 먼저 이용하고자 할 경우에는, 구매하기 버튼 좌측에 있는 무료 체험판 버튼을 클릭한 후 홈페이지 안내에 따릅니다. 무료 체험판은 7일간 무료 이용이 가능합니다.

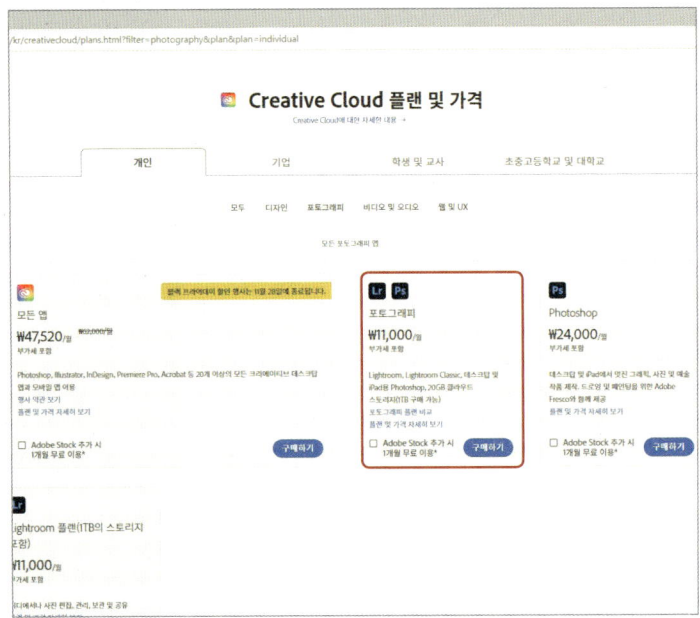

그림 1-2-5. 여기에서 포토그래피를 선택하고 결제를 완료하면 됩니다. 만약, 기업이거나 교육기관에 소속된 학생 또는 교직원일 경우 각각에 해당되는 탭으로 들어가 본인에게 맞는 항목을 선택하면 됩니다.

> **참고** '포토그래피 플랜'이라는 구독 방식에 대해 보다 자세히 알아봅니다.

방금 선택한 포토그래피 플랜은 주로 PC에서 구동하는 Lightroom Classic과 포토샵 및 모바일 환경에서 사용 가능한 라이트룸을 함께 사용할 수 있는 패키지입니다. 사진 편집을 위한 프로그램만을 한데 모아두었기에 Adobe社에서는 이를 포토그래피 플랜으로 지칭하고 있습니다. 각각의 프로그램을 하나씩 구매할 때에 들어가는 비용 대비 저렴하게 이 프로그램들을 사용할 수 있습니다. 또한, 각 프로그램은 최대 2대의 PC에서 사용 가능한 점도 참고하시면 좋겠습니다. 즉, 계정 1개로 포토그래피 플랜에 가입하였다면 2대의 서로 다른 PC에서 정식 버전을 다운받아 이용 가능합니다.

2020년 현재 기준으로 포토그래피 플랜은 연간 132,000원으로 이용 가능하며, 만약 월 단위로 프로그램 사용료 지불을 희망할 경우 매월 11,000원으로 이용 가능합니다. 연간 사용료를 한 번에 지불할지, 아니면 매월 정기적으로 지불을 할지 사용자가 결제 단계에서 미리 선택 가능하다는 점 때문에 간혹 포토그래피 플랜이 월 구독 방식이라고 이야기하는 경우도 있는데, 엄밀히 말하자면 매월 정해진 날에 결제하는 방식을 혹여 선택하였더라도 결제만 그렇게 이루어질 뿐, 실제 구독은 연 구독 방식입니다.

다시 말해서, 프로그램 사용에 대한 기준은 연 구독이기 때문에 만약 5개월가량 프로그램을 사용하다가 중도 해지를 하게 되는 경우, 프로그램 제조사인 Adobe社에서 잔여 기간 이용분에 해당하는 구독료를 위약금 명목으로 청구할 수 있으니 이 점은 유념하시기 바랍니다. 사실 사용료만 매월 지불하였을 뿐, 실질적으로는 프로그램 사용자와 Adobe社간에 연간 사용 계약을 체결한 것으로 보아야 하기 때문입니다.

4 결제를 마치면, 자동적으로 Adobe Creative Cloud라는 프로그램이 설치됩니다. 이는 각각의 프로그램 설치를 도와주는 일종의 설치 도우미 프로그램으로 Adobe Creative Cloud가 실치되면 그림1-2-6과 같은 회면을 볼 수 있습니다.

그림 1-2-6. Adobe Creative Cloud가 설치되었다면 이제 라이트룸을 설치할 준비가 된 것입니다. 현재 화면은 이미 라이트룸 설치가 완료된 필자의 컴퓨터 화면입니다.

라이트룸을 처음 설치하는 사용자의 경우, Lightroom Classic 설치 버튼을 누르면 프로그램 설치가 시작됩니다. 눈치가 빠르신 분이라면, 그림1-2-6에서 Lightroom Classic과 함께 보이는 또 다른 Lightroom을 발견하셨을 것입니다. 혼동을 방지하기 위하여 이 부분에 대하여 간략히 설명하고자 합니다.

라이트룸에는 크게 2가지 프로그램이 존재합니다. 하나는 Lightroom Classic으로 명명된 프로그램이고, 다른 하나는 Classic이라는 명칭이 붙지 않은 Lightroom입니다. 이 책에서 다루는 프로그램은 Lightroom Classic이며 이를 편의상 "라이트룸"으로 지칭할 예정입니다. 두 프로그램의 차이에 대해서는 다음 표에서 설명하겠습니다.

Lightroom Classic	Lightroom
PC 기반 사진 편집 프로그램	PC, 모바일, 클라우드 기반 사진 편집 프로그램
카탈로그 파일체계 구현	카탈로그 파일체계 없음
고정된 작업환경에서 유리	이동이 많은 작업환경에서 유리
이 책에서의 명칭: 라이트룸 또는 Lightroom Classic	이 책에서의 명칭: 모바일 라이트룸[5]

두 프로그램 모두 저마다의 특징을 갖고 있기 때문에 무엇이 좋다거나 나쁘다고 할 수는 없습니다. 어떤 도구를 사용하든지 간에, 이 책의 목적은 독자 스스로가 원하는 색감을 표현하는데 도움을 줄 수 있는 아이디어를 전달하는 것에 있으며 두 프로그램 모두 그러한 측면에서 크게 부족한 점은 없기 때문입니다.

그럼에도 불구하고, 이 책에서 모바일 라이트룸이 아닌 Lightroom Classic을 기준으로 정한 이유는, Lightroom Classic이 가진 카탈로그 파일체계를 바탕으로 한 강력한 사진 분류 기능과, 아무래도 모바일 라이트룸에 비해 Lightroom Classic의 인터페이스가 복잡하게 보일 수는 있어도 적응만 한다면 오히려 더 쉽게 사용할 수 있기 때문입니다.

물론 모바일 라이트룸을 이용하면 Lightroom Classic에 비해 보다 수월하게 스마트폰이나 태블릿의 라이트룸 앱과 연동할 수 있다는 장점이 있긴 하지만, 그로 인해 얻을 수 있는 장점보다는 카탈로그 파일체계를 사용하지 못하는 것에서 체감하게 될 단점이 더 크다고 생각합니다. 또한, Lightroom Classic으로 일단 보정 방법을 익히게 되면, 추후 모바일 라이트룸을 사용하더라도 크게 어려움 없이 적용할 수 있지만 모바일 라이트룸만 쓰다가 갑자기 Lightroom Classic으로 넘어오게 되면 다소 생소한 인터페이스에 어려움을 느끼게 되는 점도 Lightroom Classic을 기준으로 잡은 이유입니다.

어떤 프로그램이 나와 더 잘 맞는지에 대해서는 〈참고〉 내용을 통해 확인할 수 있습니다. 기술한 내용 중 해당되는 항목이 2개 이상 있다면, 그것이 본인과 맞는 프로그램이라고 생각해도 무방합니다. 필자의 경우는 Lightroom Classic을 사용하여 보정하는 빈도가 거의 90%에 육박하며, 간혹 외부에서 급하게 작업이 필요할 경우에만 태블릿의 라이트룸 앱을 사용한 후, 이를 다시 모바일 라이트룸으로 불러와 작업하고 있습니다.

---

[5] 엄밀히 말하자면, '모바일 라이트룸'이라는 이름은 Adobe社에서 정한 정식 명칭은 아닙니다. 다만, 이 프로그램은 기본적으로 스마트폰이나 태블릿과 같은 모바일 디바이스에서 구동되는 라이트룸 앱과의 연동성을 감안하여 개발되었으며, PC 기반으로 개발된 Lightroom Classic과의 혼동을 피하기 위하여 많은 사용자가 '모바일 라이트룸'으로 부르는 점에 착안하여, 이 책에서는 '모바일 라이트룸'으로 지칭하고자 합니다. 다른 말로는 '라이트룸cc'라고 부르기도 합니다.

> **참고**   자신에게 더 잘 맞는 프로그램은 어떤 것일까?
>
> - **모바일 라이트룸보다 Lightroom Classic이 더 잘 맞는 사용자**
>
>   (1) 평상시, 가정이나 사무실 등 고정된 장소에 설치된 PC 또는 노트북만으로 모든 사진 보정을 진행하며, 장소를 옮겨가면서까지 사진 보정 작업을 하지는 않는다.
>
>   (2) 일관성 있는 대량의 사진 관리가 필요하거나 촬영을 할 때마다 최소 몇십 GB 분량의 사진을 촬영하고 편집하는 경우가 많다.
>
>   (3) 윈도우 탐색기나 Mac의 Finder 또는 전문적인 이미지 뷰어 프로그램을 통해 잘 나온 사진과 그렇지 않은 사진을 구분함에 있어 불편함을 느낀다.
>
>   (4) 매주, 매월, 매 분기별로 촬영한 사진들을 모아둘 필요가 있거나 본인이 촬영한 사진들의 메타데이터(Metadata: 촬영 일자, 촬영에 쓰인 카메라 및 렌즈 기종, 노출값 등에 대한 정보)를 바탕으로 사진을 관리할 필요가 있다.
>
>   (5) 스마트폰이나 태블릿의 라이트룸 앱을 이용하여 보정을 하지만 서로 다른 기기 간의 디스플레이 차이로 인해 사진의 색감이 조금씩 달라보이는 것에 고민이 된다.
>
> - **Lightroom Classic보다 모바일 라이트룸이 더 잘 맞는 사용자**
>
>   (1) 평상시, 고정된 장소에서 사진 보정을 하기보다는 이동이 잦아 가급적이면 장소에 구애받지 않고 보정 작업을 하기를 원한다.
>
>   (2) 넓은 화면을 가진 태블릿을 가지고 있으며 아울러 태블릿과 연동 가능한 별도의 전자펜을 가지고 있다.
>
>   (3) 가정에 있는 PC 또는 노트북의 성능이 많이 부족하여 불편함을 느끼는 반면, 최신 기종의 태블릿을 보유하고 있어 이를 사진 보정 작업에 잘 활용해보기를 희망한다.
>
>   (4) 평상시 촬영 매수가 많지 않으며, 잘 나온 사진과 그렇지 않은 사진을 구분함에 있어 큰 불편함을 느끼지 못한다.

참고로, 이미 설치된 프로그램의 업데이트가 필요할 경우에는 파란색으로 업데이트 버튼이 생성되므로, 라이트룸 설치 이후 업데이트가 필요할 때에는 Adobe Creative Cloud를 통해 업데이트를 진행할 수 있습니다.

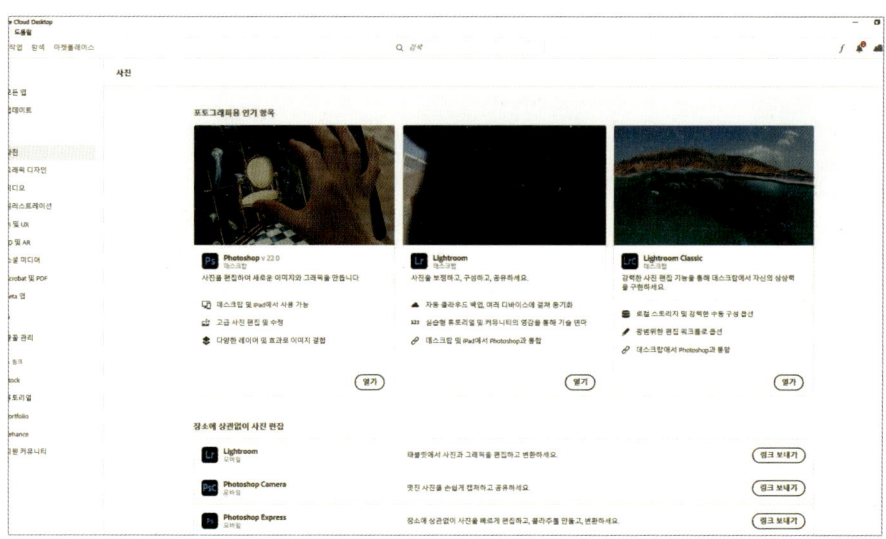

그림 1-2-9. Adobe Creative Cloud를 이용하면 프로그램의 설치와 업데이트를 진행할 수 있습니다.

5 설치를 마친 후 라이트룸을 실행하면 그림1-2-10의 화면을 보실 수 있습니다.

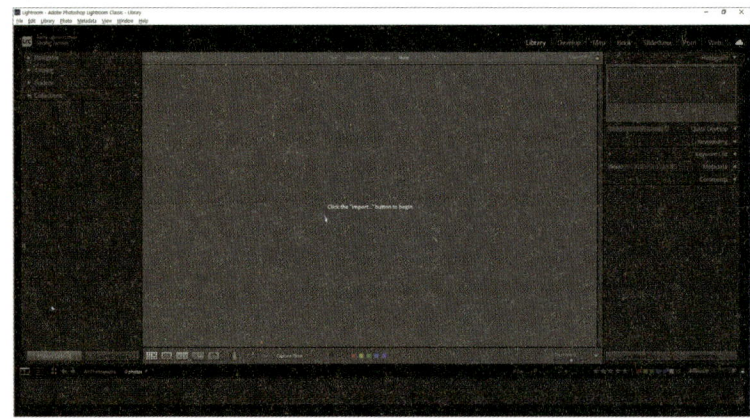

그림 1-2-10. 라이트룸을 처음 실행하면 볼 수 있는 화면입니다.

이 책에서는 영문판을 기준으로 설명할 예정이나, 혹시라도 한글판 사용을 원하시는 분은 그림1-2-11과 1-2-12를 참고하여 한글판으로 변경 가능합니다. (한글판을 사용하시더라도 이 책에서 설명하고자 하는 내용을 따라오는 데에 있어서 어려움은 없습니다.) 다만, 불편함을 감수해가면서까지 모국어가 아닌 영문판을 기준으로 설명하는 이유는, 한글판의 경우 번역과정을 거치면서 원문 속에 숨겨진 의미를 그대로 전달하지 못하는 측면이 있기 때문입니다. 이 점 감안하여 주시면 감사하겠습니다.

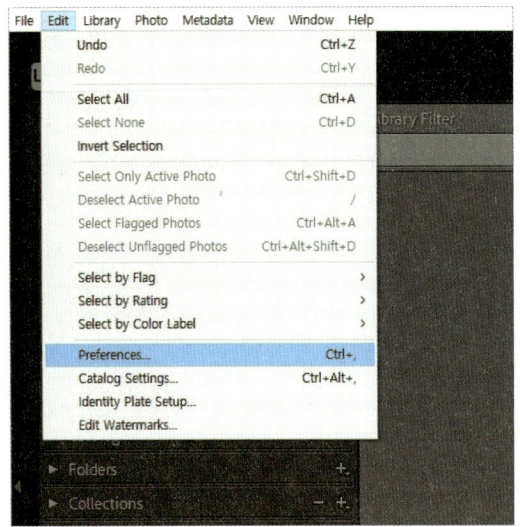

그림 1-2-11. Edit 메뉴에서 Preferences를 클릭하면 언어 설정을 변경할 수 있습니다.

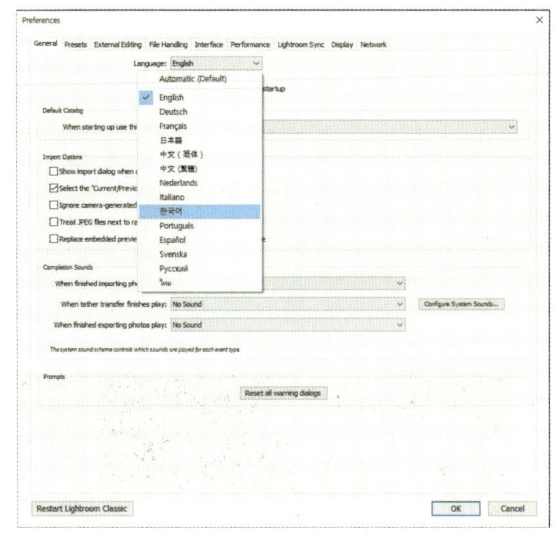

그림 1-2-12. Language 탭에서 한국어를 선택하고 프로그램을 재실행하면 한국어 버전으로 사용 가능합니다.

002 | 프로그램 구동 가능 최소요구사양

라이트룸을 구동하기 위한 최소요구사양은 다음과 같습니다.

구분	최소요구사양	
	윈도우	Mac
프로세서	Intel 또는 AMD 프로세서 (64비트 지원, 최소 2GHz)	멀티코어 Intel 프로세서 (64비트 지원)
운영체제	윈도우10 (64비트 지원)	Mac OS (v.10.14 이후 버전)
RAM	최소 8GB (16GB 이상 권장)	최소 8GB (16GB 이상 권장)
하드디스크 공간	프로그램 설치 공간 최소 2GB 필요	프로그램 설치 공간 최소 2GB 필요

위 최소요구사양은 문자 그대로 프로그램을 실행하기 위한 최소한의 사양이라고 생각하는 것이 좋으며, 가급적이면 Intel CPU 기준으로 8세대 이상 i7급 CPU와 16GB 이상의 RAM, 그리고 최소 128GB 이상의 SSD(Solid State Drive) 저장장치를 갖추는 것을 권장합니다.

> **참고** 라이트룸 구동 속도가 너무 느려서 컴퓨터를 업그레이드하고 싶어요. 어떤 것부터 업그레이드하는 것이 좋을까요?
>
> 비단 라이트룸뿐만 아니라 각종 프로그램의 구동 속도를 빠르게 하기 위해서 때로는 업그레이드를 고려해야할 때가 있습니다. 딱히 어떻게 하는 것이 좋다고 규정된 것은 아니지만 필자의 경험을 바탕으로 몇 가지 단계를 제시합니다.
>
> 우선, 라이트룸의 구동 속도를 빠르게 하기 위한 첫 단계는 CPU를 교체하는 것입니다. CPU 중에서도 특히 코어 개수를 많이 가진 CPU일수록 라이트룸을 구동하는 데 유리하다는 것이 중론입니다. 때에 따라서는 CPU를 교체할 때 메인보드를 함께 교체해야 하는 경우가 있으므로, 현재 내가 가진 메인보드가 새롭게 장착하고자 하는 CPU의 칩셋을 지원하는지 우선적으로 확인하는 것이 필요합니다.
>
> 그 다음은 SSD를 장착하는 것입니다. 일단 라이트룸을 SSD에 설치하고, 작업대상이 되는 사진 파일 역시도 SSD 안에 두는 것입니다. 이렇게 하게 되면 SSD가 아닌 일반 하드디스크를 이용할 때에 비해 사진 파일들을 읽고 쓰는 속도에서의 개선을 이뤄낼 수 있습니다.
>
> 그리고 여유가 된다면, 그 다음으로는 RAM을 업그레이드하는 것을 고려할 수 있습니다. 프로그램 개발사에서는 8GB 수준의 RAM을 최소요구사양으로 기재하고 있지만 RAM은 데이터가 머물렀다 사라지는 공간이기 때문에 사실 크면 클수록 좋습니다.[6] 필자는 최소 16GB 이상의 RAM을 사용하는 것이 좋다고 생각하며, 금전적인 여유가 뒷받침된다면 32GB 수준의 RAM도 고려할 만합니다.
>
> 마지막으로 그래픽카드 업그레이드를 염두에 둘 수 있습니다. 기존 라이트룸에서는 그래픽카드 자원을 크게 활용하지 않았기 때문에 그래픽카드를 업그레이드 하더라도 라이트룸 구동 성능 면에서 큰 이득을 보기는 힘들었습니다. 하지만 2020년 10월 업데이트를 통해 현재는 그래픽카드의 성능을 이전보다 폭 넓게 사용할 수 있습니다. 따라서 그래픽카드를 업그레이드 하는 것도 라이트룸의 구동 속도를 향상시킬 수 있는 방법으로 고려할 수 있습니다. 다만, 투자한 비용 대비 성능 향상의 측면을 고려할 때 그래픽카드 보다는 CPU나 SSD 또는 RAM에 우선적으로 투자하는 것을 권장합니다.

---

6 '다다익램'이라는 말로 표현할 수 있습니다.

003 | 카탈로그 만들기, 사진 불러오기 그리고 사진 내보내기

(1) 새로운 카탈로그를 만드는 방법

지금부터는 라이트룸에서 카탈로그를 만드는 방법과 사진을 카탈로그 안으로 불러오고 카탈로그 바깥으로 내보내는 방법에 대해 알아보겠습니다. 우선, 라이트룸을 실행하고 나면 아무런 사진도 보이지 않습니다. 아직 우리가 라이트룸으로 사진을 불러오지 않았기 때문입니다. 사진을 불러오려면 카탈로그를 먼저 생성해야 합니다. 카탈로그는 그 안에서 사진들을 관리하고 보정할 수 있도록 하는 일종의 '울타리'입니다. 생성된 카탈로그 안으로 우리가 보정하고자 하는 원본 사진을 가져오면, 해당 사진 파일에 대한 미리보기 이미지가 카탈로그 내에 생성되며, 사용자는 해당 미리보기 이미지를 가지고 실제 보정을 진행하게 됩니다. (원본 사진이 실제로 카탈로그 안으로 복사되거나 이동하는 것은 아닙니다.) 또한, 카탈로그 내에 존재하는 사진끼리는 서로 보정값을 공유할 수 있고, 카탈로그 안에 있는 수많은 사진들을 일관되게 분류하고 관리할 수 있습니다. 카탈로그를 만드는 방법은 간단합니다.

1 먼저, 그림1-2-13과 같이 File 메뉴로 들어가 New Catalog를 누릅니다.

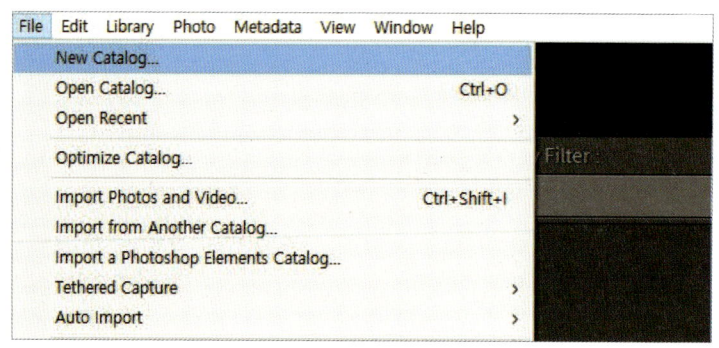

그림 1-2-13. 새로운 카탈로그를 만드는 버튼은 파일 메뉴의 가장 상단에 위치하고 있습니다.

2 그러면 그림1-2-14와 같이 카탈로그 이름을 지정하는 창이 나오게 되는데 여기에서 카탈로그를 저장할 위치를 지정하고, 원하는 카탈로그의 이름을 입력하면 됩니다. 카탈로그는 원본 사진이 저장된 것과 무관하게 별도의 폴더로 만들어지기 때문에, 알아보기 쉬운 이름을 지정하면 됩니다.

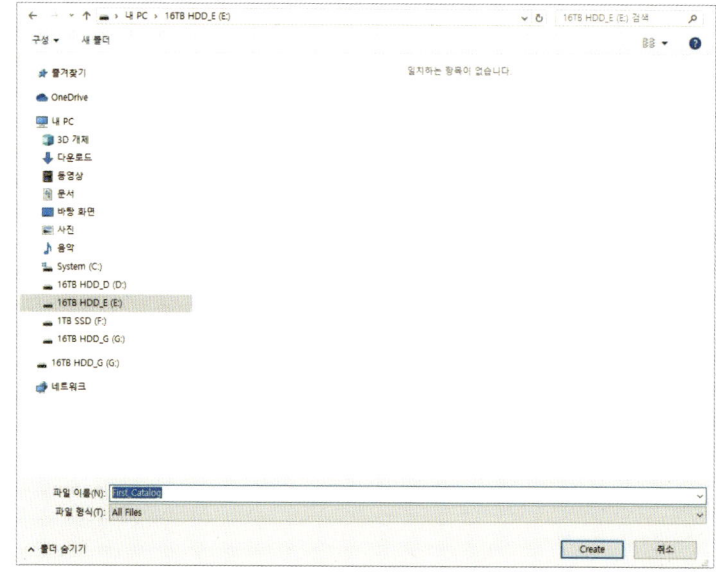

그림 1-2-14. 필자는 First_Catalog라는 이름을 입력해 보았습니다.

3 그러고 나서, Create 버튼을 누르면 새로운 카탈로그가 만들어짐과 동시에 라이트룸은 새로운 카탈로그를 적용하기 위해 다시 실행됩니다.

| 그림 1-2-15. 이제 새로운 카탈로그가 만들어졌습니다.

한편, 방금 생성했던 카탈로그는 사용자가 지정한 경로에 하나의 폴더 형태로 존재하게 되며, 해당 폴더에는 앞으로 불러오게 될 사진들의 미리보기 이미지와 사진 분류 및 보정 관련 데이터들이 저장되게 됩니다. 생성되는 카탈로그의 최초 용량은 약 2MB 전후이지만 카탈로그 내에 사진이 많이 쌓이게 되면 그 용량은 몇백 MB를 넘어 간혹 GB(기가바이트) 수준으로도 커질 수 있다는 점은 유념하시면 좋겠습니다.

| 그림 1-2-16. 생성된 카탈로그 폴더에는 이처럼 데이터 파일들이 보관되어 있습니다.

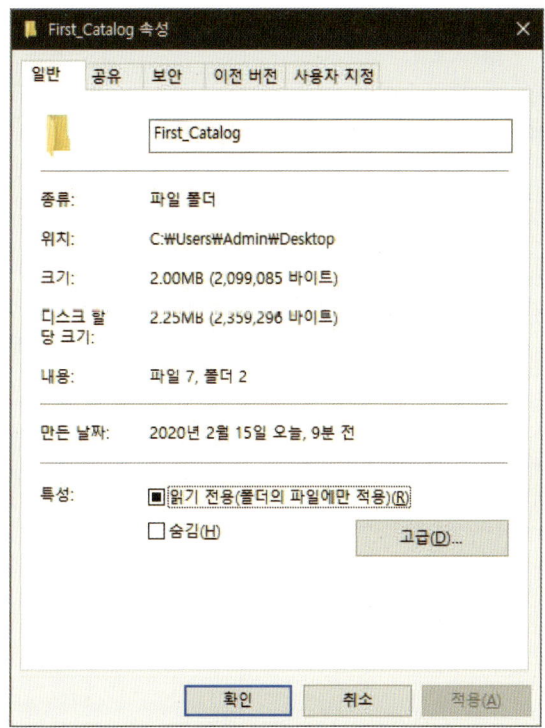

| 그림 1-2-17. 생성된 카탈로그 폴더의 최초 용량은 약 2MB 정도입니다.

(2) 카탈로그 안으로 사진을 불러오는 4가지 방법

카탈로그를 하나 만들었으니 이제 해당 카탈로그 안으로 사진을 불러와 보겠습니다. 예를 들기 위해, 그림1-2-18 폴더에 있는 사진들을 카탈로그 안으로 불러오도록 하겠습니다.

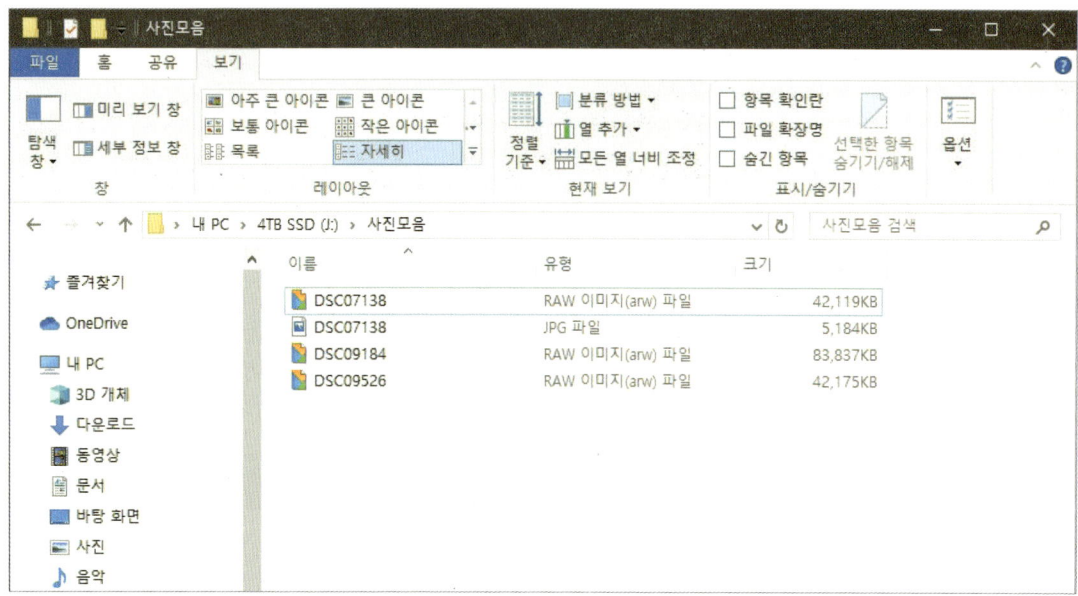

| 그림 1-2-18. 폴더 안에는 총 4개의 파일이 들어있습니다.

우선 폴더에 저장된 4개의 사진 파일들을 가볍게 살펴보겠습니다.

① **DSC07138.ARW**: DSC07138이라는 이름을 가진 ARW 파일입니다. 용량은 약 42MB입니다. 본 예시에 등장하는 ARW라는 파일은 소니 카메라를 사용하여 RAW 모드로 촬영할 때 생기는 파일의 확장자 입니다. 카메라 제조사마다 RAW 모드로 촬영하였을 때 생기는 사진 파일의 확장자가 다릅니다. (RAW 파일에 대해서는 Chapter 02의 Class 07에서 자세히 다룹니다.) RAW 파일은 라이트룸을 이용하는 데에 있어 반드시 알아야 하는 중요한 개념으로서, 한 장의 사진을 촬영할 때 카메라 렌즈를 통해 들어온 모든 빛 정보를 담고 있는 데이터 파일을 의미합니다.

② **DSC07138.JPG**: DSC07138이라는 이름을 가진 JPG 파일입니다. 용량은 약 5.2MB입니다. DSC07138.ARW와 DSC07138.JPG는 서로 같은 이름을 가진 파일이지만, ARW 파일은 위에서 설명한 바와 같이 사진의 모든 데이터를 담고 있는 데이터 파일, 즉 RAW 파일이고, JPG 파일은 그 자체로서 하나의 사진 파일이라 볼 수 있습니다. 통상, 카메라에서 셔터를 한 번 눌렀을 때 RAW 파일만 저장할 것인지, JPG 파일만 저장할 것인지, 아니면 RAW와 JPG 파일을 동시에 저장할 것인지 선택할 수 있는데 이들 DSC07138파일의 경우, 파일의 이름은 같지만 확장자가 서로 다르기 때문에 RAW + JPG 옵션을 선택한 후 촬영한 파일이라는 것을 유추할 수 있습니다.

③ **DSC09184.ARW**: DSC09184라는 이름을 가진 ARW 파일입니다. 용량은 약 83MB입니다.

④ **DSC09526.ARW**: DSC09526라는 이름을 가진 ARW 파일입니다. 용량은 약 42MB입니다.

지금부터는 이들 RAW 파일 3개와 JPG 파일 1개를 카탈로그의 안으로 가져오겠습니다. 사진을 가져오는 방법은 총 4가지가 있는데, 하나씩 살펴보겠습니다.

■ 첫 번째 방법: File 메뉴를 통해 사진 가져오기

1 그림1-2-19와 같이 File 메뉴에서 Import Photos and Video를 선택합니다. 단축키는 Ctrl + Shift + I(i) 입니다.

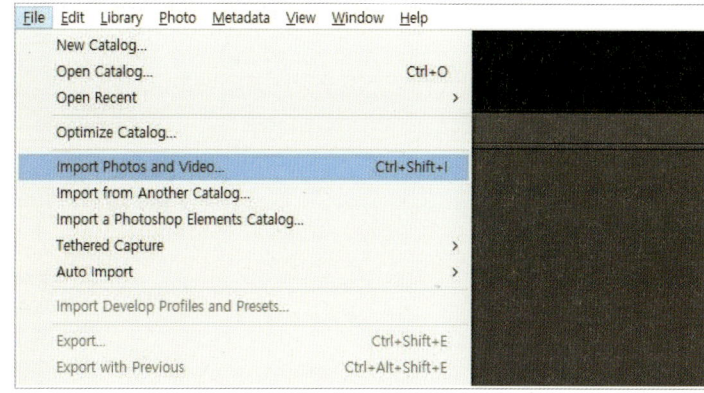

그림 1-2-19. 사진을 가져오기 위해 파일 메뉴의 Import Photos and Video를 선택합니다.

2 이후 나타난 화면에서 사진이 저장된 경로를 찾아 선택하면, 사진들이 모여 있는 것을 확인할 수 있습니다.

그림 1-2-20. 사진이 저장된 폴더를 선택하면, 여기서 불러 올 사진을 지정할 수 있습니다.

한 가지 재미있는 점은, 분명 폴더에는 사진 파일 4개가 저장되어 있었는데 실제로 불러오기 화면에서 보이는 사진은 3개뿐이라는 점입니다. 이는, 라이트룸이 DSC07138.ARW와 DSC07138.JPG를 하나의 사진 '쌍'으로 간주하여 이들 중에서 보다 보정에 유리한 RAW 파일 즉, DSC07138.ARW만 보여주기 때문입니다.

따라서, 이런 상황에서 RAW 파일인 DSC07138.ARW과 JPG 파일인 DSC07138.JPG을 동시에 불러오고자 할 때에는, 사진을 불러오기에 앞서 그림 1-2-21과 그림1-2-22와 같이 설정을 바꾸어주면 됩니다.

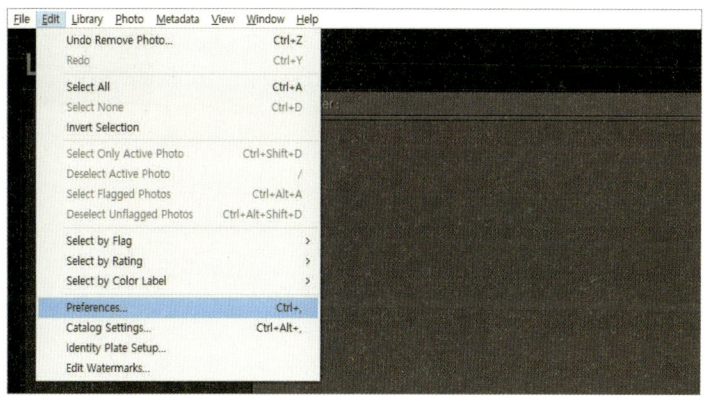

그림 1-2-21. Edit 메뉴에서 Preferences를 클릭합니다.

Chapter 1 Why Lightroom? **19**

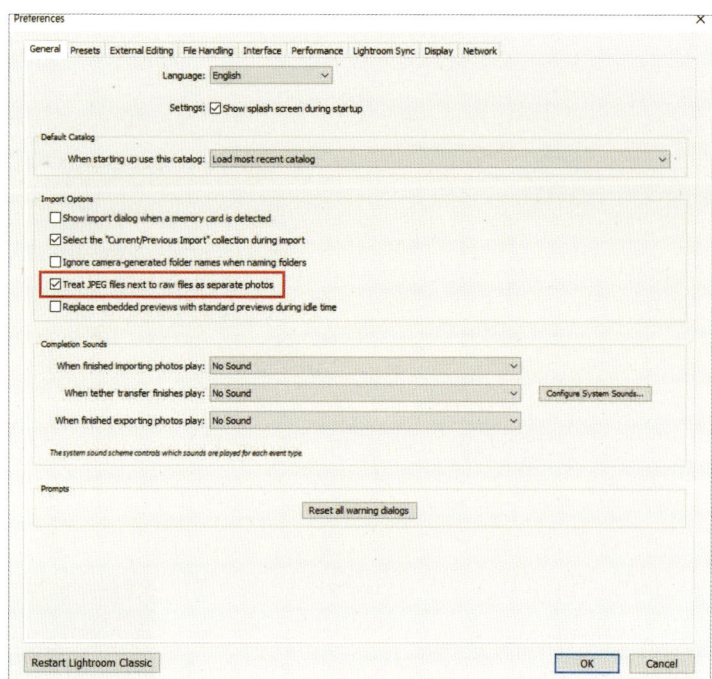

그림 1-2-22. Treat JPEG files next to raw files as separate photos에 체크(✓) 표시를 하면 RAW 파일과 쌍으로 존재하는 JPG 파일도 카탈로그 안으로 불러올 수 있습니다.

물론, 이렇게 하면 동시에 촬영된 RAW 파일과 JPG 파일을 카탈로그 안으로 함께 불러올 수 있습니다. 하지만, 그 경우 카탈로그 내에는 동일한 미리보기 이미지를 가진 2개의 파일이 존재하여 혼란스러울 수 있습니다. 뿐만 아니라 결국 보정에 있어서는 JPG 파일보다 데이터의 절대적인 양이 훨씬 많은 RAW 파일을 이용하게 될 것이므로 별다른 목적이 없다면 그림1-2-22의 체크(✓) 표시를 해제한 후, RAW 파일만 불러오는 경우가 더 많습니다.

그림 1-2-23. 이렇게 하고 나면 RAW 파일과 같은 이름을 가진 JPG 파일도 카탈로그 안으로 불러올 수 있습니다.

3   이 상태에서 하단의 Import를 누르면, 이들 사진이 카탈로그 안으로 들어오게 됩니다.

> **참고** 사진 가져오기 옵션들에 대해 알아봅니다.

사진을 가져오기에 앞서 우측 패널에 보이는 몇 가지 옵션들에 대해 짚고 가겠습니다.

(1) File Handling 메뉴

■ **Build Previews**: 원본에 대한 미리보기 이미지를 만들 때 적용되는 옵션입니다.

① Minimal: 불러올 사진에서 추출할 수 있는 가장 작은 크기의 미리보기 이미지를 만들어 카탈로그 안으로 가져옵니다. 불러올 사진들의 용량이 크거나 수백, 수천 장 이상의 사진을 가져오고자 할 경우, Minimal을 선택하고 불러오면 아래 설명할 다른 옵션들에 비해 가장 빠른 속도로 사진들을 불러올 수 있습니다. 대신, 사진을 불러오고 난 이후 실제 보정 시 필요에 따라 라이트룸이 미리보기 이미지를 다시 렌더링하는 과정을 진행할 수 있으므로 실제 작업 속도는 가장 느린 방식입니다.

② Embedded & Sidecar: 불러올 사진에서 추출할 수 있는 가장 큰 크기의 미리보기 이미지를 만들어 카탈로그 안으로 가져옵니다. 따라서, 이 방법은 Minimal에 비해 사진을 불러오는 시간은 조금 더 걸리지만 아래 설명할 Standard나 1:1에 비해서는 불러오기 속도가 빠릅니다.

③ Standard: Standard 옵션은 라이트룸이 각각의 사진을 Adobe RGB 색역으로 우선 해석한 뒤, 이를 사용자가 지정한 크기로 불러오는 방식입니다. 이 옵션을 선택할 경우, 카탈로그 안으로 불러오게 되는 미리보기 이미지의 크기는 Edit 메뉴 - Catalog Settings - File Handling - Standard Preview Size에서 지정 가능합니다. 여기에서 Adobe RGB 색역이라는 단어가 처음 등장하였는데 이와 관련한 내용은 Chapter 02의 Class 08에서 다시 다룰 예정입니다.

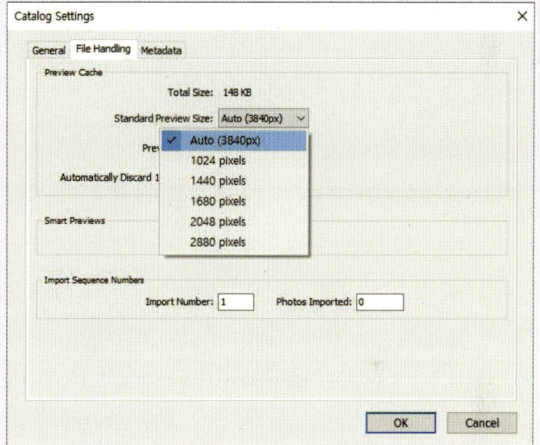

그림 1-2-24. Standard Preview Size의 크기는 모니터의 해상도와 같거나 그보다 더 큰 크기로 지정하면 됩니다. 다만, 4K 모니터를 사용하거나 모니터의 긴 변의 해상도가 2,048 픽셀을 초과하는 경우는 Standard 옵션으로 선택한다 하더라도 라이트룸이 이를 아래에서 설명하게 될 1:1 옵션으로 간주하게 됩니다.

④ 1:1: 이 옵션은 실제 사진과 동일한 크기의 미리보기를 만들어 불러오는 방식입니다. 4가지 옵션을 통틀어 불러오는 데에 가장 많은 시간이 소요되지만 실제 사진과 동일한 크기의 미리보기를 가지고 작업하게 되므로 작업 시에는 가장 쾌적함을 느낄 수 있는 방식입니다.

■ **Build Smart Previews**: 이 부분을 체크(✓)한 상태에서 카탈로그 내로 사진을 불러오게 되면 라이트룸은 각 사진에 대한 Smart Preview를 생성하게 됩니다. Smart Preview는 쉽게 말해서 외장 하드에 원본을 저장한 상태에서 우선 사진을 불러온 이후, 외장 하드가 PC와 분리되더라도 해당 사진을 지속적으로 편집하고자 할 때 유용하게 사용할 수 있는 기능입니다.

대신, Smart Preview를 생성하게 되면 라이트룸은 자동적으로 사진의 긴 변을 중심으로 최대 2,540픽셀의 미리보기 이미지를 생성합니다.

그래서 나중에 외장 하드가 연결되지 않은 상태에서 해당 Smart Preview를 실제 사진 파일로 내보내기할 경우, 라이트룸 입장에서는 원본은 이미 온데간데없고, 단지 긴 변이 최대 2,540픽셀인 이미지만 가지고서(즉, 이미 만들어진 Smart Preview만 가지고서) 내보내기를 수행하게 되므로, 만약 최초 원본이 2,540픽셀 이상의 긴 변을 갖고 있는 사진이라면 내보내기 작업 시 사진의 크기와 품질 면에서 제약을 받게 됩니다.

따라서, 굳이 외장 하드에 사진을 넣어두고 작업하지 않거나, 외장 하드에 사진을 넣어두고 작업하더라도 작업 도중 외장 하드를 PC와 분리해야만 하는 이유가 없다면 Smart Preview는 크게 신경 쓰지 않아도 됩니다.

- **Don't Import Suspected Duplicates**: 이 부분을 체크(✓)하는 경우, 기존 카탈로그에 존재하는 사진들과 동일한 이름, 동일한 파일 크기, 동일한 EXIF 데이터를 가진 사진에 대해서는 처음부터 같은 사진으로 간주하여 카탈로그 안으로 중복해서 가져오지 않도록 합니다. 따라서 일반적인 경우에는 체크(✓)한 상태로 사용하는 것이 좋습니다.

  * EXIF(Exchangeable Image File Format): 카메라 제조사, 기종, 촬영날짜, 사진 크기, 조리개, 셔터스피드, ISO 정보, 렌즈초점거리, 플래시 사용 여부, 사진을 촬영한 위치 등을 기록한 정보를 말합니다. 보통 사진 파일 내에 실제 이미지 데이터와 함께 기록되어 있습니다. 보통 메타데이터라는 말과 혼용하여 사용하기도 합니다.

- **Add to Collection**: Collection은 카탈로그 내에 존재하는 가상의 폴더로서, 실제 원본 사진이 저장된 위치와 무관하게 카탈로그 내에 불러온 사진들을 모아둘 수 있는 공간입니다. 만약, 사진 불러오기 단계에서 Add to Collection을 체크(✓)할 경우, 불러옴과 동시에 Collection 내에 사진을 포함시킬 수 있는 옵션입니다. Collection과 관련한 내용은 Chapter 03의 Class 02에서 보다 상세히 소개합니다.

(2) Apply During Import 메뉴

- **Develop Settings**: 카탈로그 안으로 사진을 가져올 때부터 사용자가 지정한 Preset을 입힐 수 있는 기능입니다. Preset과 관련한 내용은 Chapter 04의 Class 11에서 상세히 다룹니다.
- **Metadata**: 사진의 저작권을 포함하여 사진과 관련한 제반 정보들을 사진을 불러올 때 일괄적으로 입력할 수 있는 기능입니다.
- **Keywords**: 사진을 불러올 때부터 원하는 키워드를 부여하여 키워드로 사진을 분류할 수 있는 기능입니다. 사진 분류와 관련한 내용은 Chapter 03의 Class 02에서 상세히 다룹니다.

■ 두 번째 방법: Import 버튼을 이용하여 사진 가져오기

1 그림1-2-25처럼 화면 좌측 하단의 Import 버튼을 누르면 첫 번째 방법과 마찬가지로 사진을 불러오는 화면을 볼 수 있습니다. Import 버튼은 Library 모듈의 좌측 하단에 위치하고 있습니다.

그림 1-2-25. Import 버튼이 보이지 않는다면, 현재 사용자가 Library 모듈에 위치하고 있는지 먼저 확인해 볼 필요가 있습니다. 각 모듈에 대해서는 Chapter 03의 Class 01에서 다시 설명합니다.

2　Import 버튼을 누르면, 첫 번째 방법에서 보았던 화면과 마찬가지로 사진이 저장된 경로를 지정하고, 해당 경로의 폴더에서 사진을 선택하는 화면을 볼 수 있습니다.

■ 세 번째 방법: Add Folder 기능을 이용하여 사진 가져오기

1　사진을 불러오는 세 번째 방법은, Library 모듈 좌측에 보이는 Folders 패널에서 +를 눌러 Add Folder를 선택하는 방법입니다.

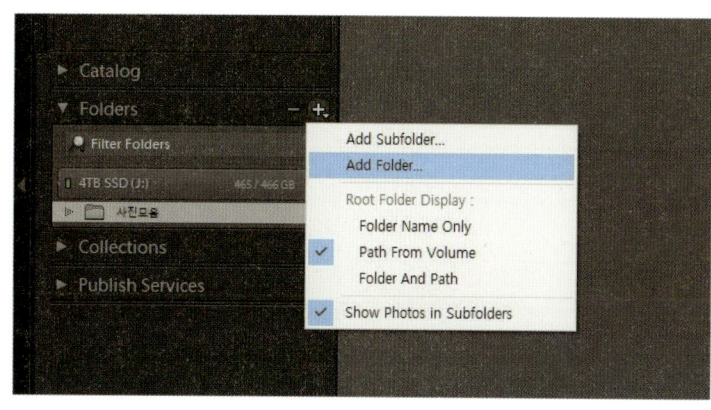

그림 1-2-26. Folders 패널의 오른쪽 상단에 있는 + 버튼을 누른 모습입니다.

2　Add Folder를 선택하고 사진이 저장된 경로를 지정하면 앞서 보았던 불러오기 화면을 동일하게 볼 수 있습니다. 다만, 한 가지 차이점은 Add Folder를 통해 사진을 불러올 경우, Include Subfolders라는 옵션이 나타나지 않는다는 점입니다.

그림 1-2-27. 분명 '하하하'라는 이름을 가진 하위 폴더가 있음에도 불구하고 Include Subfolders를 선택할 수 있는 옵션이 사라지고, 대신 '하하하' 폴더의 사진들이 화면에 함께 보이는 것을 알 수 있습니다.

■ 네 번째 방법: 자동 설정으로 사진 가져오기

1　사진을 불러오는 마지막 방법은, PC에 메모리 카드를 꽂았을 때 자동으로 사진을 불러오는 창이 열리도록 하는 것입니다. 설정 방법은 다음을 참고하시면 됩니다.

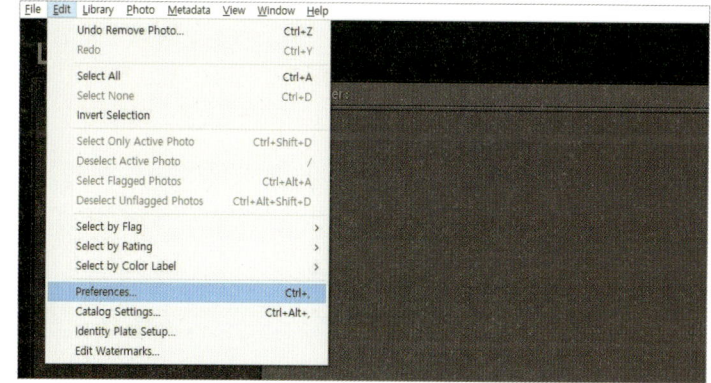

그림 1-2-28. Edit 메뉴에서 Preferences를 클릭합니다.

Chapter 1 Why Lightroom?

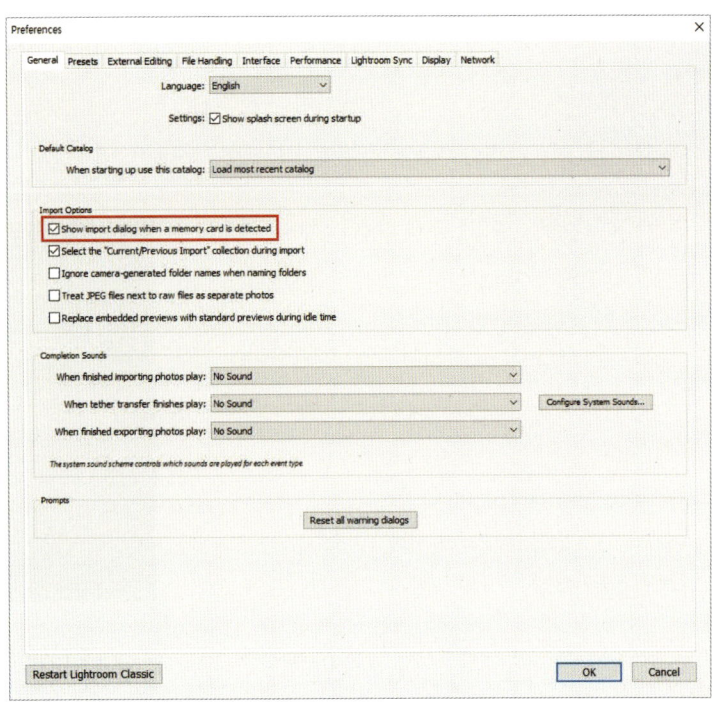

그림 1-2-29. Show import dialog when a memory card is detected를 체크(✓)합니다.

2   이렇게 설정한 후 PC에 메모리 카드를 꽂으면 라이트룸이 꺼져있을 때에도 자동적으로 불러오기 메뉴를 실행할지 물어보고 라이트룸이 실행됩니다. (대신, 각 사용자의 PC 자동실행 설정에 따라 다른 동작이 이루어질 수는 있습니다.[7])

그림 1-2-30. 사진을 불러오기에 앞서, 메모리 카드에 있는 사진을 저장할 위치를 지정할 수 있고, 불러온 이후 자동적으로 메모리 카드를 분리하는 것 또한 옵션으로 설정 가능합니다.

3   이후, Import를 누르면 사진이 카탈로그 안으로 들어오게 됩니다.

---

[7] 자동실행 설정은 윈도우의 제어판 메뉴에서 설정할 수 있습니다.

(3) 보정한 사진을 라이트룸 바깥으로 내보내는 방법

사진을 카탈로그 안으로 가져오는 방법을 살펴보았으니, 이제 라이트룸을 통해 보정한 사진을 바깥으로 내보내는 방법에 대해 알아보도록 하겠습니다.

1 그림1-2-31은 앞서 라이트룸을 통해 불러온 RAW 파일 형태의 사진을 가볍게 보정한 것입니다. 이제 이 사진을 실제 JPG 파일로 내보내기 해보겠습니다. 내보내기를 하기 위해 우선 File 메뉴의 Export를 클릭합니다. 단축키는 Ctrl + Shift + E 입니다.

그림 1-2-31. 키보드에서 y키를 누르면 위 화면처럼 Before & After로 나누어 볼 수 있습니다.

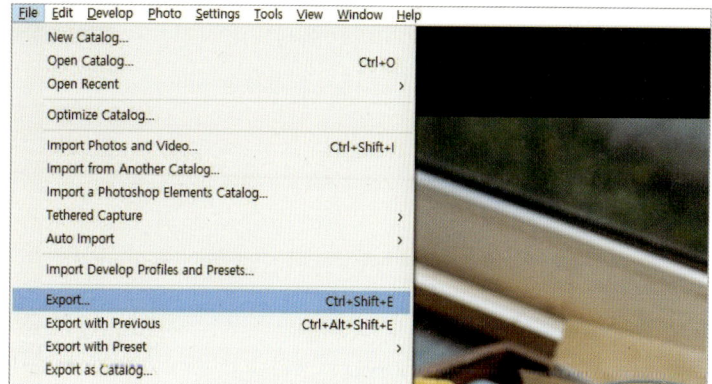

그림 1-2-32. File 메뉴의 Export를 클릭합니다.

2 Export를 클릭하면 그림1-2-33과 같은 설정 화면을 볼 수 있습니다.

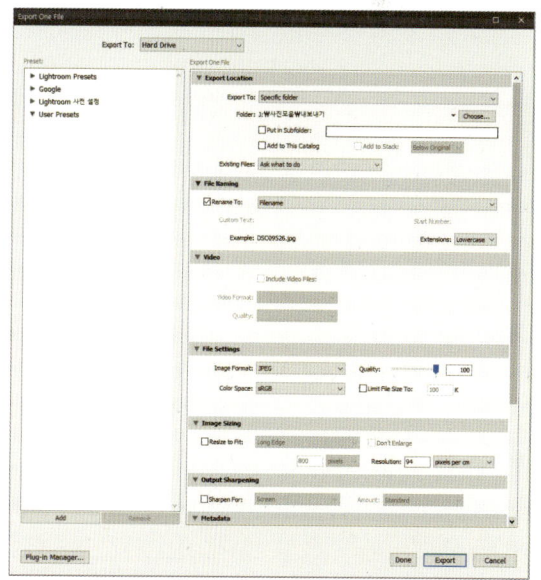

그림 1-2-33. 라이트룸에서 보정한 RAW 파일 형태의 사진을 실제 하나의 사진 파일로 내보내기 위한 과정입니다.

각각의 내보내기에 대한 옵션은 다음과 같습니다.

▼ **Export Location**: 파일이 실제 저장되는 위치를 지정합니다. 특정 폴더를 지정하거나, 원본 사진과 동일한 위치에 저장하거나, 내보내기한 이후에 폴더 위치를 다시 지정하는 등의 작업이 가능합니다.

▼ **File Naming**: 내보내기를 할 때에 파일의 이름을 지정할 수 있는 옵션입니다. 사용자의 입맛에 맞게 다양한 이름을 지정할 수 있습니다.

▼ **File Settings**: 어떤 형태의 파일로 내보낼지 지정할 수 있으며, 사진의 품질과 색역을 선택할 수 있습니다.

▼ **Image Sizing**: 아무런 설정을 하지 않을 경우 원본과 동일한 크기로 내보내기되지만, 특정한 이미지 크기를 지정할 경우 해당 크기에 맞추어 내보내기됩니다.

▼ **Output Sharpening**: 내보내기하는 사진에 선명하게 하는 효과를 줄 수 있습니다. 특히 내보내기한 사진을 다시 종이에 인화할 경우 유용하게 활용할 수 있는 옵션입니다.

▼ **Metadata**: 원본에 포함되어 있던 EXIF 및 저작권 관련 정보를 내보내기되는 사진에 포함할지 여부를 선택할 수 있습니다.

▼ **Watermarking**: 소위 말하는 '낙관'을 손쉽게 사진에 추가할 수 있습니다.

▼ **Post-Processing**: 내보내기한 이후의 작업을 선택할 수 있습니다.

3 이제 인스타그램에 올리기 위한 목적으로 사진을 내보내는 것을 가정하여 실제 내보내기를 하겠습니다.

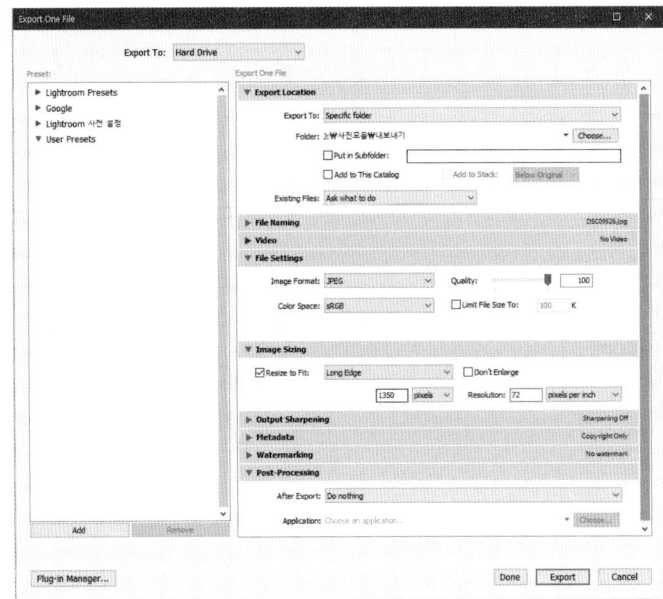

그림 1-2-34. 실제 각 옵션의 설정값은 사용자의 취향에 따라 달라질 수 있습니다.

적용된 옵션들을 하나씩 살펴보자면 다음과 같습니다.

▼ **Export Location**: 원본 파일이 저장된 곳에 '내보내기'라는 하나의 하위 폴더를 탐색기에서 만들고 여기에 저장할 예정입니다. 어디까지나 예시를 위한 것으로, 실제로는 번거롭게 탐색기에서 폴더를 생성할 필요없이 Put in Subfolder에 체크(✓)하고 원하는 폴더명을 입력하면 하나의 새로운 하위 폴더가 생성되며 사진은 해당 폴더에 저장되게 됩니다.

▼ **File Settings**: 단순한 SNS 업로드용 이미지이므로, Image Format은 JPEG으로 선택하였고, Quality는 100, Color Space는 sRGB로 선택하였습니다. sRGB는 Chapter 02의 Class 08에서 다시 설명합니다.

▼ **Image Sizing**: 인스타그램에 세로 사진으로 업로드하기 위하여 사진 크기는 긴 변을 중심으로 1,350픽셀로 조절하였고

Resolution은 기본 설정값을 유지하였습니다.

참고로 픽셀은 디지털 이미지에서 색 정보를 가지고 있는 하나의 점을 의미합니다. 긴 변을 기준으로 조절하였다는 말은, 최초 원본 사진이 가로로 긴 사진인지 세로로 긴 사진인지에 무관하게, 긴 변을 기준으로 하여 보았을 때 1,350픽셀을 넘어서는 크기라 하더라도 이를 1,350픽셀로 맞추겠다는 뜻입니다. 그렇게 하면 다른 한 변은 최초 사진의 비율에 따라 자동적으로 resize됩니다.

다만, 예시의 사진은 보정 시 인스타그램이 권장하는 4:5의 비율에 맞게끔 가로세로 비율을 이미 조절해 둔 상태이므로 긴 변을 기준으로 1,350픽셀로 조절하게 되면 바로 업로드가 가능한 크기가 됩니다. 이렇게 굳이 내보내기 단계에서 사진의 크기를 조절한 까닭은, 원본 크기 그대로 업로드하는 경우 사진이 업로드되는 과정에서 의도치 않게 강제적으로 resize됨으로 인해 사진의 품질 저하가 발생할 수 있는 부분을 최소화하기 위함입니다.

(4) 카탈로그 관리와 관련한 고려사항

앞서 우리는 새로운 카탈로그를 만들고, 카탈로그 안으로 사진을 불러오고 바깥으로 내보내는 과정을 살펴보았습니다. 이제 여러분은 사진 작업을 하면서 여러 개의 카탈로그를 만들고 수백, 수천 장의 (혹은 그 이상의) 사진을 불러와 보정 작업을 하게 될 것입니다.

이와 관련하여 한 가지 짚고 갈 부분이 있습니다. 작업을 하다 보면 현실적으로 고민이 되는 부분 중 하나가, 카탈로그를 하나만 만들어 일괄적으로 관리할지 아니면 촬영 시마다 카탈로그를 개별적으로 만들어 관리할지에 대한 것입니다. 정해진 기준이 있는 것은 아니지만 필자의 경험을 바탕으로 아래와 같이 정리하고자 합니다.

■ **카탈로그는 딱 하나만 만들고, 그 안에서 모든 사진을 관리할 때**

장점
- 카탈로그 내에 모든 사진이 모여있기 때문에, 그 안에서 일괄적인 관리가 편리합니다.
- 대량의 사진이 쌓이면 쌓일수록 그 안에서 의미 있는 데이터를 산출할 수 있습니다. 예를 들어 하나의 카탈로그에 2020년 1월부터 2020년 12월까지 촬영했던 모든 사진을 차곡차곡 쌓아둘 경우, 본인이 해당 기간에 자주 사용했던 카메라 종류와 렌즈화각, 즐겨 사용했던 조리개값 정보 등에 대한 꽤나 신뢰할만한 정보를 카탈로그 분석을 통해 어렵지 않게 얻어낼 수 있습니다.
- 필요 시, 카탈로그 내 특정한 사진만을 담은 새로운 카탈로그를 생성할 수도 있습니다.

단점
- 카탈로그 내에 미리보기 이미지들이 점차적으로 늘어나면서 카탈로그가 무거워지게 되고, 그로 인해 작업 속도가 느려질 수 있는 여지가 생깁니다.
- 카탈로그 내에 쌓이는 수많은 사진들을 사용자 스스로가 일관성 있는 기준을 가지고 부지런하게 분류할 경우에는 그 자체로 강력한 도구가 될 수 있지만, 단순히 불러오기와 내보내기 작업에만 치중하고 중간중간 오고 가는 사진 분류를 소홀히 할 경우 오히려 카탈로그 자체가 번잡해지는 문제가 발생할 수 있습니다.

■ 촬영이 끝날 때마다 매번 카탈로그를 개별적으로 만들어 관리할 때

장점

- 특정한 촬영이 끝날 때마다 오직 그와 관련한 카탈로그를 생성하기 때문에 카탈로그 단위로 프로젝트를 관리하기 편리합니다.
- 다른 PC로 카탈로그를 복사하여 연이어 작업을 하는 경우에도 해당 카탈로그와 원본 파일만 이동하여 작업을 이어갈 수 있기 때문에 수월합니다.
- 개별적으로 카탈로그를 사용하더라도 추후 필요에 따라 다른 카탈로그와 합치는 작업도 가능합니다.

단점

- 매 촬영 시마다 개별적인 카탈로그를 만들기 때문에 스스로의 촬영 패턴이나 선호하는 촬영 세팅값에 대한 의미 있는 데이터를 산출하기 어렵고, 각 촬영분마다 생성되는 개별 카탈로그와 원본 파일을 일일이 관리하는 것이 불편할 수 있습니다.

004 | 작업환경 관련 팁

이제 우리는 새로운 카탈로그를 생성하고, 그 안으로 사진을 불러오고, 보정한 사진을 외부로 내보낼 수 있게 되었습니다. 보다 세부적인 보정방법론을 다루기에 앞서 작업환경과 관련한 몇 가지 팁을 소개하고자 합니다.

(1) 가급적 자연광이 닿지 않는 통제된 장소에서 작업하자

작업 시, 자연광과 같은 외부 조명이 모니터에 비치게 되면 모니터에서 나타나는 사진의 밝기나 색상이 그로 인해 왜곡되어 보일 수 있습니다. 따라서 되도록이면 외부의 빛에 대한 영향을 받지 않는 장소에서 보정 작업을 하는 것을 권장합니다.

(2) 라이트룸은 SSD에 설치하고, 원본 사진 또한 SSD에 저장하자

프로그램 구동 속도 향상을 위해 라이트룸은 SSD(Solid State Drive)에 설치하는 것을 권장합니다. 마찬가지로, 메모리 카드에 담긴 원본 사진 역시 SSD에 담아두고 작업하는 것이 좋습니다. 처음부터 백업을 염두에 두고서 원본 사진을 디스크 타입의 외장 하드에 넣어두고 이를 라이트룸으로 불러와 작업하는 경우, SSD만큼의 읽기·쓰기 속도를 얻지 못할 뿐 아니라 반복적인 읽기·쓰기 작업으로 인해 외장 하드의 수명을 조금씩 단축시킬 수 있기 때문입니다.

(3) 기준이 되는 하나의 디스플레이를 정해놓자

간혹 라이트룸으로 보정을 마치고 이를 스마트폰으로 내보내는 경우, 모니터 화면에서 보았을 때와는 다소 동떨어진 색감의 사진이 스마트폰 화면에 나타나는 경우가 있습니다. 디스플레이마다 색을 표현하는 방식에 조금씩 차이가 있다 보니 이런 현상이 발생하는 것입니다.

따라서 이런 경우에는 기준이 되는 어느 하나의 디스플레이를 정해놓고 그것을 기준으로 보정을 하는 것이 좋습니다. 예를 들어, 어떤 사용자가 주로 PC 모니터보다 스마트폰으로 사진을 보는 일이 상대적으로 빈번하고 그 스마트폰이 평상시 붉은 끼가 도는 화면을 갖고 있다면, PC에서 보정을 할 때부터 의도적으로 붉은 끼를 조금 더 줄이는 것입니다.

반대로, 스마트폰으로 보았을 때 붉은 끼가 심하게 나타나더라도 스마트폰으로 사진을 보는 경우가 많지 않고 PC 모니터를 주로 이용한다면, 스마트폰에서 설령 불그스름하게 사진이 보이더라도 PC 모니터를 기준으로 삼아 보정을 진행하면 됩니다.

(4) 모니터 캘리브레이션에 너무 스트레스받지 말자

위와 관련하여, 모니터 캘리브레이션에 대한 이야기도 덧붙이고자 합니다. 모니터 캘리브레이션은 쉽게 말해서 소프트웨어나 하드웨어적인 방법을 이용하여 모니터 본연의 색 표현을 바로잡는 것을 말합니다. 돈이 오고 가는 상업적인 영역에서 사진 작업을 하는 사람이나 조금 더 전문적인 수준에서 사진 생활을 즐기기 위해 많은 사람들이 캘리브레이션을 하고 있습니다.

보정 시 사진이 가진 본연의 색이 모니터에서 왜곡되어 보이는 것을 방지함과 동시에 추후 작업한 사진을 인화하는 측면에서 보자면 캘리브레이션은 분명 도움이 될 수 있습니다.

다만, 사진가의 모니터가 캘리브레이션을 거쳤다 하더라도, 그 사진을 보게 될 사람의 모니터나 스마트폰은 캘리브레이션이 되어있지 않을 수 있기 때문에 사진가가 표현하고자 했던 색이 여전히 왜곡되어 보여질 가능성이 있습니다. 마치 대중음악을 만드는 작곡가가 곡을 쓸 때에 중저음 베이스를 애써 부각시키지 않기 위해 밋밋한 느낌의 베이스를 채택하였음에도 불구하고, 음악을 감상하는 사람의 이어폰이나 스피커가 중저음을 강조하는 방식의 이퀄라이저를 채택하고 있다면, 최초 작곡가의 의도와 달리 그 음악은 애초부터 중저음이 강조된 음악으로 작곡된 것처럼 인식되는 것과 같은 맥락입니다.

그러므로 캘리브레이션은 그 자체로도 중요한 과정이고 때에 따라서는 반드시 필요한 부분이나, 지금 작업하고 있는 그 사진이 단순히 타인의 모니터나 또는 수백 종류의 스마트폰 화면에서 보여지는 데에 그칠 것이라면, 사진가가 의도했던 색은 여전히 왜곡되어 보여질 수 있다는 점은 캘리브레이션을 하기에 앞서 한 번쯤 생각해 볼 만한 부분입니다.

CHAPTER 2

보정에 앞서 필요한 디지털카메라 기초 지식

Chapter 02에서는 본격적인 보정에 앞서 필요한 디지털 카메라 기초 지식을 다룹니다. 보정을 잘하는 것도 중요하지만 원본 사진 자체의 퀄리티가 부족하다면 보정 과정에서 한계에 부딪힐 수 있기 때문입니다. 다만, 보정 설명서라는 이 책의 성격을 고려하여 백과사전과 같이 내용을 기술하기보다는 실제 촬영에 꼭 필요한 부분들만 선별하여 설명할 예정입니다.

CLASS 01
DSLR과 미러리스, 어떤 것을 선택해야 할까

일반적으로 우리가 사진을 촬영할 때에는 **무엇을 찍을 것이냐, 무엇으로 찍을 것이냐, 그리고 어떻게 찍고 표현할 것이냐**에 대한 생각을 하게 됩니다. 무엇을 찍을 것이냐는 피사체와 배경 그리고 사진의 주제와 관련한 부분이고, 무엇으로 찍을 것이냐는 카메라나 렌즈와 같은 장비에 해당하는 부분이며, 마지막으로 어떻게 찍고 표현할 것이냐는 촬영 방법과 구도 그리고 후보정에 대한 부분입니다. 이번 챕터에서는 이 중에서도 특히 **무엇으로 찍을 것이냐**에 대한 이야기를 하고자 합니다.

디지털카메라를 구분하는 여러 기준이 있지만, 보통 카메라 내부에 거울이 있는지 없는지를 기준으로 DSLR과 미러리스 카메라[1]로 구분합니다. 그리고 이 책에서 다루고자 하는 내용과 관련하여 볼 때, 이러한 카메라 분류는 중요한 의미를 갖지는 않습니다. 단지 DSLR과 미러리스 카메라의 구조적인 차이에서 나타나는 장·단점이 존재할 뿐, 그것이 사진의 품질을 좌지우지하는 것은 아니기 때문에 어떤 것이 좋다거나 좋지않다고 이야기할 수는 없다는 뜻입니다.

물론, 어떤 종류의 카메라를 사용하든 간에 해당 분야에서 고가의 장비를 사용한다면 아무래도 기능 면에서 보다 많은 이득을 볼 수는 있겠으나 그렇다고 해서 무턱대고 장비를 구입하기보다는 예산 범위 내에서 본인의 활용도와 휴대성 등을 감안하여 스스로에게 맞는 장비를 고르는 것이 보다 좋은 선택입니다. 또한, 카메라 본체와 더불어 해당 카메라를 선택하였을 때 어떤 렌즈를 함께 사용할 수 있으며, 그렇게 본체와 렌즈를 합친 금액이 구매 예산을 초과하지 않는지 등에 대해 고민하고 결정을 내리는 것이 현명합니다.

DSLR을 써야 할지 혹은 미러리스 카메라를 써야 할지와 같은 소모적일 수 있는 논쟁을 떠나 각각의 차이점을 이해하고 본인에게 맞는 카메라를 선택한다면 그것으로도 이미 즐겁게 사진을 촬영하고 보정할 준비는 된 것입니다.

---

[1] 편의상 렌즈 교환이 되지 않는 똑딱이 카메라 역시도 미러리스에 포함하겠습니다.

02 판형과 화소에 대한 이해

001 | 판형이란 무엇일까?

디지털카메라는 거울의 유무에 따라 DSLR이나 미러리스 카메라로 구분할 수 있다는 것을 앞서 살펴보았습니다. 이제 우리는 판형에 대해 알아보고자 합니다. 판형은 흔히 말하는 카메라의 센서 크기를 뜻합니다. 센서란 디지털카메라에서 렌즈를 통해 들어온 빛이 최종적으로 카메라에 도달하는 곳입니다. 그래서 보통은 '빛을 받아들이는 부분'이라는 의미의 '수광부'라는 단어로 센서를 표현하기도 합니다. 이를 정리하자면 다음과 같습니다.

판형 = 센서 = 렌즈를 통해 들어온 빛을 받아들이는 부분 = 수광부

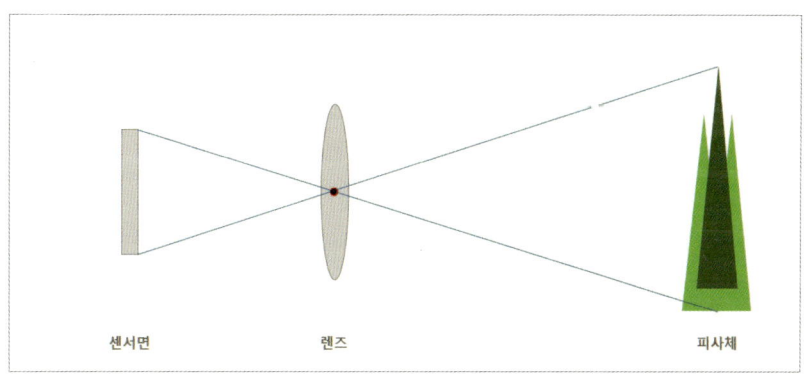

| 그림 2-2-1. 피사체를 통해 반사된 빛은 렌즈를 거쳐 센서면에 도달하게 됩니다.

판형은 우리가 생각하는 것 이상으로 디지털 사진에서 중요한 의미를 지닙니다. 우선, 판형을 다루기에 앞서 보다 익숙한 개념인 화소 이야기를 하겠습니다. 화소란, 색 정보를 가지고 있는 한 개의 점을 의미합니다. 다시 말해서, 렌즈를 통해 들어온 빛이 '수광부'인 센서에 도달하면, 카메라는 이렇게 들어온 빛 정보를 디지털 신호로 변환하여 사진 속 한 점 한 점에 각각 기록을 하게 되는데, 이 점들이 곧 화소입니다. 화소는 그 자체로는 색 정보를 가진 하나의 점을 의미하지만 여러 개의 화소가 모이면 이는 곧 사진의 물리적인 크기를 결정한다고 볼 수 있습니다. 다시 말해서 많은 개수의 화소를 가진 카메라라면 그만큼 커다란 도화지에 색을 담을 수 있을테니 이런 점에서는 분명 이득을 가진다고 말할 수 있습니다.

002 | 그동안 모르고 지나쳤던 화소의 함정

하지만, 한 번쯤 생각해 볼 문제가 있습니다. 첫 번째는, 디지털 사진에서 과연 얼마만큼의 많은 화소가 필요한가에 대한 부분이며, 두 번째는 화소가 많다고 해서 사진의 화질 또한 화소와 비례하여 좋아진다고 말할 수 있는가입니다.

우선 첫 번째 문제와 관련하여 살펴보겠습니다. 과연 우리에게는 얼마만큼의 많은 화소가 필요한 것일까요? 예를 들어 보겠습니다. 여기 12백만 화소의 미러리스 카메라가 있습니다. 12백만 화소라는 것은, 디지털카메라로 촬영을 하였을 때 만들어지는 1개의 JPG 파일(즉, 1장의 사진)이 12백만 개의 점으로 이루어져있다는 뜻입니다.

이 각각의 점들을 우리는 픽셀(Pixel)이라고 부릅니다. 본 예시에서는 12백만 화소 카메라를 가정하였으므로, 편의상 가로축에는 4,000개의 점이 있고, 세로축에는 3,000개의 점이 있다고 해보겠습니다.[2] 이제부터는 이 12백만 화소인 사진을 가지고 4K 모니터에서 보는 경우와 250DPI 혹은 200DPI를 기준으로 종이에 출력하는 경우를 각각 따져보겠습니다.

(1) 4K 모니터로 12백만 화소 사진을 보는 경우

우선 가로축에 3,840개의 픽셀, 세로축에 2,160개의 픽셀을 표현할 수 있는 4K 모니터로 이 사진을 감상한다면, 4K 모니터에서 한 화면에 표시 가능한 픽셀은 모두 8,294,400개[3]이므로, 12백만 화소 사진을 원본 크기 그대로 볼 수 없습니다. 즉, 사진이 가진 픽셀보다 모니터가 가진 픽셀의 숫자가 물리적으로 부족하기 때문에 원본 사진이 원래부터 담고 있었던 각 픽셀의 색 정보를 모니터에 있는 픽셀로 하나씩 매칭하는 것이 불가능하다는 뜻입니다. 4K 모니터는 픽셀로 환산하였을 때 약 8백만 화소이므로, 12백만 화소 크기로 촬영한 사진을 하나의 화면에서 온전하게 보기 위해서는 사진의 크기를 축소해야만 합니다.

만약 4K 모니터가 아니라 Full HD(1,920 × 1,080) 모니터라면 이는 한 화면에 2,073,600개[4]의 픽셀을 표시할 수 있으므로, 우리가 보고자 하는 12백만 화소의 사진은 4K 모니터로 감상할 때보다 훨씬 더 큰 비율로 축소해야만 온전한 상태로 감상이 가능합니다. 스마트폰이나 SNS로 사진을 보는 경우는 그 축소 정도가 더 심해질 수 있습니다.

(2) 250DPI 혹은 200DPI를 기준으로 출력하는 경우

이번에는 실제로 사진을 출력해서 감상하는 경우를 가정해 보겠습니다. 출력에 앞서 우리는 DPI 값을 정의해야 합니다. DPI는 Dots Per Inch의 약자로, 출력물의 가로세로 1인치당 얼마만큼의 점(Dot)이 들어가는지를 정의 내리는 단위입니다. 따라서 DPI가 크다면 단위 면적당 그만큼 많은 숫자의 점이 출력되어 점의 촘촘한 정도는 높아질 것이고, DPI가 작다면 단위 면적당 그만큼 적은 숫자의 점이 출력되면서 점의 촘촘한 정도는 높은 DPI에 비해 낮아지게 됩니다.

JPG 파일과 같은 디지털 사진은 여러 개의 픽셀이 모여 하나의 사진을 이루고, 종이에 출력된 사진은 여러 개의 점들이 모여 하나의 출력물을 구성하게 됩니다. 따라서, 여기에서 말하는 Dot라는 개념은 사진을 표현하는 최소 단위라는 측면

---

2   4,000 × 3,000 = 12,000,000입니다. 따라서 가로축에 4,000개의 픽셀이 있고 세로축에 3,000개의 픽셀이 있다면 이는 곧 12백만 화소의 사진 파일이 됩니다.

3   3,840 × 2,160 = 8,294,400입니다.

4   1,920 × 1,080 = 2,073,600입니다.

에서는 픽셀과 유사한 개념이지만, Dot가 인쇄물에서의 최소 단위라면 픽셀은 모니터와 같은 어떠한 전자적 디스플레이에서의 최소 단위라는 점에서 Dot와 픽셀은 차이가 있습니다.

DPI에는 처음부터 특정한 값이 정해져 있는 것은 아니기 때문에 상황과 조건에 따라 사용자가 원하는 수준으로 정할 수 있습니다. 일반적으로는 출력물의 게시 용도, 그리고 해당 출력물을 바라보는 사람과의 거리를 기준으로 정하게 됩니다.

예를 들어, A4 정도 크기의 일반적인 잡지에 실리는 모델의 화보 사진이라면 해당 사진은 사실상 잡지를 보는 사람과 대략 20~50cm 이내의 거리에서 보여지게 될 것이라고 합리적으로 추론할 수 있으므로, 상대적으로 높은 DPI를 적용하여 출력해야 할 것입니다.[5] 만약 낮은 DPI를 적용하게 된다면, 해당 사진을 보는 사람의 입장에서는 이 사진을 하나의 사진 그 자체로 인식하기보다는, 그저 단순한 점들의 집합으로 인식하게 될지도 모르기 때문입니다.

반대로 고속도로 길가에 있는 대형 광고판에 사진을 걸어야 한다면, 굳이 높은 DPI를 고수할 필요성은 상대적으로 낮아집니다. 어차피 그 광고판을 보게 되는 대부분의 사람들은 차를 타고 지나가면서 수 미터 내지 수십 미터 떨어진 곳에서 광고판을 보게 될 것이므로 높은 DPI를 고수하지 않더라도 이를 충분히 하나의 사진으로 인식할 수 있기 때문입니다. 물론, 예를 들기 위해 이렇게 설명한 것이지 고속도로의 대형 광고판이라 하더라도 높은 DPI를 적용하여 출력하는 것이 불가능하다는 뜻은 아닙니다. 다만, 고속도로 광고판을 예로 든 것은 어디까지나 높은 DPI로 대형 인쇄물을 출력하는 경우 발생하는 비용 대비 효용성을 논하고자 하는 것임을 감안하면 좋겠습니다.

이제 12백만 화소의 디지털 사진을 종이에 출력하는 경우를 살펴보겠습니다. 이 사진을 출력하여 거실 벽에 걸어두는 상황을 가정해 보겠습니다. 우리가 집 안을 돌아다니다가 간혹 한 번씩 사진을 바라보는 그 거리는, 카페나 미용실에 가서 잡지를 보는 정도의 거리보다는 조금 더 멀다고 말할 수 있습니다. 물론, 거실에 걸어두는 사진도 원한다면 아주 가까이 다가가서 바로 코앞에서 볼 수도 있으므로 높은 DPI를 적용하여도 무방합니다. 하지만 본 예시에서는, 바로 눈앞에서 보게 되는 잡지 사진에서의 300DPI 수준보다는 집 안에 걸어두는 사진에서 조금 더 낮은 DPI를 적용할 여지가 있다고 보아 편의상 250DPI를 적용하여 출력하는 것으로 가정합니다.

그렇다면 계산을 해봅시다. 12백만 화소는 가로축이 4,000개의 화소, 세로축이 3,000개의 화소로 이루어져 있다고 하였으므로, 실제 출력을 위해 앞서 언급한 대로 250DPI를 적용한다면, 가로는 16인치(= 4,000화소/250DPI), 세로는 12인치(= 3,000화소/250DPI)로 출력이 가능합니다. 이를 다시 센티미터로 환산하면 약 40cm × 30cm 크기의 출력물이 됩니다.

이번에는 200DPI를 적용해 보겠습니다. 200DPI는 250DPI에 비해 단위 면적당 점의 촘촘한 정도는 다소 떨어질 수 있으나, 상업적인 용도가 아닌 이상 개인이 사진을 보고 즐기는 데 있어 크게 문제가 될 수준은 아니라고 할 수 있습니다. 200DPI를 적용하여 출력하면 가로는 20인치(= 4,000화소/200DPI), 세로는 15인치(= 3,000화소/200DPI)로 출력이 가능하며, 이를 다시 센티미터 단위로 환산하면 약 50cm × 38cm 크기입니다. 만약 여기서 DPI를 조금 더 낮출 수 있는 여지가 있다면, 이보다 더 큰 크기의 사진으로도 충분히 출력이 가능합니다.

즉, 12백만 화소의 사진이라도 긴 변의 길이가 40~50cm 정도 되는 사진으로 출력하는 데에는 크게 문제가 없다는 뜻입니다. 스마트폰 카메라도 1억 화소가 나오고 있는 작금의 현실을 감안한다면, 12백만 화소의 사진만으로도 일상에서 필요한 수준의 사진 출력이 가능하다는 점은 우리에게 시사하는 바가 많습니다.

---

[5] 높은 DPI라 하더라도 현실적으로 잡지 사진에서 300DPI를 넘어서게 되면 사람의 눈으로는 그 촘촘함의 차이를 단번에 느끼기란 쉽지 않습니다.

그렇다고 해서, 12백만 화소면 그저 충분하다는 맹목적인 이야기를 하려는 것은 아닙니다. 앞서 예로 들었던 고속도로 대형 광고판을 생각한다면 상황은 조금 달라집니다. 극단적인 경우를 살펴보기 위해, 12백만 화소 디지털 사진에 50DPI를 적용하여 출력한다고 가정해 봅시다. 그렇다면 가로는 80인치(= 4,000화소/50DPI), 세로는 60인치(= 3,000화소/50DPI)로 출력됩니다. 미터로 환산하면 2m × 1.5m 크기의 출력물이 됩니다. 어디까지나 예시로서 50DPI라는 값을 적용하여 2m × 1.5m 크기를 갖는 가상의 출력물을 만들어 내긴 했지만, 사실 이 정도의 크기라면 대형 광고판으로 쓰기에는 아무래도 작다고 생각됩니다. 게다가 크기가 큰 출력물을 만들어 내고자 일부러 낮은 수준의 DPI를 적용하게 됨으로 인해, 출력물 자체의 퀄리티에서도 이미 상당 부분 양보를 해버린 상황입니다. 이런 경우, 비로소 우리는 고화소로 촬영한 사진을 필요로 하게 됩니다.

그렇다면 가로축에 9,000개의 픽셀, 세로축에 6,750개의 픽셀을 가진 6천만 화소의 사진을 가져와 보겠습니다. 동일하게 50DPI를 적용하면, 가로는 180인치(= 9,000화소/50DPI), 세로는 135인치(= 6,750화소/50DPI)로 출력됩니다. 미터로 환산하면 약 4.5m × 3.4m 크기의 출력물입니다. 화소가 늘어남으로써 보다 큰 크기의 출력물을 만들어 낼 수 있음을 알 수 있습니다. 다시 처음으로 돌아가겠습니다. 그렇다면, 과연 우리는 얼마만큼의 화소가 필요한 것일까요? 이 질문에 대한 대답은 각자가 가지고 있습니다. 하지만, 처음부터 대형 인화를 할 목적이 아니라면 2천만 화소도 차고 넘친다는 것이 필자의 생각입니다.

2천만 화소만 되어도 이미 가정에서 사용하는 모니터에서 해당 사진을 1:1의 크기로 볼 수 없으므로 resize 과정을 거쳐야 합니다. 또한 개인 홈페이지, 블로그 또는 SNS를 통해 사진을 올리는 목적이라고 하여도 2천만 화소라면 여전히 resize 과정이 불가피합니다. 원본 크기로 업로드를 지원하는 플랫폼들도 있는 반면[6], 많은 SNS에서는 서버 용량이나 트래픽 등을 이유로 사용자가 원본 크기로 업로드한 사진을 강제적으로 resize하는 경우가 빈번하기 때문입니다. 게다가 2천만 화소 정도라면 앞서 설명한 것처럼 어느 정도 납득할만한 수준의 크기로도 출력이 가능합니다. 장비 선택은 어디까지나 각자가 내리는 결정이지만 고화소가 필요하다는 말은, 바꾸어 말해서 사용자 스스로가 고화소를 통해 얻어낼 수 있는 어떠한 이득이 있을 때에 납득 가능한 이야기가 됩니다.

다만, 대형 인화를 하지 않거나 울며 겨자 먹기로 사진을 resize하게 되더라도 찍어놓은 사진의 일부분만을 크롭하여 재사용하는 경우가 많다면 고화소의 사진은 그 점에서만큼은 확실한 효용성을 가질 수는 있습니다. 도화지의 면적 자체가 넓어지게 되므로, 도화지 구석구석을 잘라서 쓴다면 마치 처음부터 그렇게 촬영된 것처럼 새로운 사진으로 다시 가공하여 활용할 수 있기 때문입니다.

003 | 화소와 화질 간의 관계를 파헤쳐보자

앞에서 화소의 기본적인 개념에 대해 살펴보았습니다. 그렇다면 왜 우리는 카메라를 선택할 때, 혹은 카메라에 대해서 말할 때, 자꾸만 화소에 대해서 생각하게 되는 것일까요? '센서'나 '판형'이라는 단어는 왠지 모르게 낯설게 느껴지는 반면, '화소'라는 단어는 상대적으로 친숙하게 느끼는 것은 무엇 때문일까요? 카메라에 전혀 관심이 없는 필자의 친척 어르신 분들과 이야기를 해보아도 이런 점은 두드러지게 나타납니다. 조카 한 명이 어느 날 카메라를 새로 사왔는데, 친척 어르신께서 조카

---

6 다만, 올리는 사람이 사진을 원본 크기로 올린다고 해서 그 사진을 보는 다른 누군가가 그 사진을 원본 크기로 볼 수 있다는 뜻은 아닙니다. 왜냐하면, 사진을 보는 사람의 모니터가 해당 크기만큼의 해상도를 지원하지 않을 수 있기 때문입니다.

에게 맨 처음 물어보시는 질문이 '이 카메라는 얼마 주고 사 왔니?'였고, 그 다음으로 나오는 질문이 '그래서 몇만 화소니?'라는 것만 보아도 화소라는 개념이 일상 속에 깊이 자리 잡고 있다는 것을 느낄 수 있었습니다.

따지고 보자면, 이런 현상이 발생한 것은 디지털카메라가 처음 대중에게 소개되어 현재까지 판매되면서 숱하게 진행되어온 '화소 마케팅'의 영향이 큽니다. 2백만 화소 카메라가 소개되고 나면, 그 다음에는 3백만 화소 카메라가 새로이 등장하고, 그러다 어느 순간 1천만 화소 카메라가 스포트라이트를 받는 식으로 화소에 중점을 둔 대대적인 '화소 마케팅'이 일련의 과정으로 이루어지다 보니 '다른 건 모르겠고, 일단 많은 수의 화소를 가진 카메라는 좋은 카메라'라는 프레임이 알게 모르게 만들어진 것입니다.

그동안 이어져 온 '화소 마케팅'으로 인해 우리에게 '많은 화소를 가진 카메라 = 좋은 카메라'라는 다소 비약된 프레임이 씌워져 있다 하더라도 한편으로 화소가 많아지면 사진의 화질 또한 그와 비례하여 좋아지는 것 아니냐고 이야기를 할 수 있을 것 같습니다. 그래서 이번에는 화소와 화질의 관계를 살펴보겠습니다.

결국, 우리가 궁금해하는 것은 다음 질문입니다.

■ 카메라의 화소가 많아지면, 사진의 화질이 좋아지는가?

먼저 이 질문에 대한 답을 얻기 위해 기본적인 용어부터 다시 정리하고자 합니다. 화소란 사진을 구성하는 하나의 점을 의미합니다. 그렇다면 화질은 어떻게 설명할 수 있을까요? 카메라의 화질을 측정하는 여러 기준이 있습니다만, 논의를 단순화하기 위해 이 책에서는 노이즈와 다이내믹 레인지의 측면에서 화질을 이야기하고자 합니다.

카메라의 화질을 측정하는 기준을 이야기하면서, 사진이 얼마만큼 선명하고 예리하게 보이는지를 나타내는 선예도나 사진의 중앙부나 주변부에서의 해상력 차이 등을 그 기준에 포함하지 않는 까닭은 이들 요소가 어떤 렌즈를 사용하여 측정하느냐에 따라 달라질 수 있는 것들이기 때문입니다. 그렇다면 노이즈와 다이내믹 레인지는 무엇일까요?

① **노이즈(Noise)**: 랜덤한 형태로 사진에 나타나는 입자 모양의 패턴을 의미합니다.[7]

| 그림 2-2-2. 사진 전체적으로 자글자글한 노이즈들이 보입니다. (ISO 12800)

[7] 노이즈의 종류에는 Photonic noise, Thermal noise 및 Transfer process noise 등이 있지만, 각각에 대한 설명은 이 책에서 다루는 범위를 넘어서기 때문에 생략합니다. 노이즈는 랜덤한 형태로 나타나는 것이 일반적이지만 경우에 따라서는 일정한 패턴을 지닌 노이즈도 발생할 수 있습니다.

② 다이내믹 레인지(Dynamic Range)

사진의 가장 밝은 부분과 가장 어두운 부분 사이의 밝기 변화를 수치화한 것으로, 다이내믹 레인지가 넓을수록 사진이 보다 풍부한 톤과 디테일을 갖게 됩니다.

넓은 다이내믹 레인지

다이내믹 레인지 바깥의 영역은, 설령 원래의 피사체에서 밝기의 차이가 있더라도 사진에서는 순수한 검은색이나 순수한 흰색으로만 표현됩니다.

| 그림 2-2-3.

좁은 다이내믹 레인지

다이내믹 레인지가 좁아지면 넓은 다이내믹 레인지에 비해 표현할 수 있는 밝기 변화의 단계가 상대적으로 줄어들기 때문에 암부나 명부의 디테일이 풍부해지지 못하는 문제가 발생할 수 있습니다.

| 그림 2-2-4.

그림2-2-5와 그림2-2-6처럼, 렌즈의 성능이나 그 외 다른 변수들을 고려하지 않는다면 같은 촬영 조건에서 촬영하였을 때 노이즈가 적게 나타나면서 다이내믹 레인지가 넓은 카메라가 그렇지 않은 카메라에 비해 화질 면에서 우위에 있다는 것을 알 수 있습니다.

물론, 개인의 취향에 따라 노이즈가 많은 사진이나 다이내믹 레인지가 좁은 사진을 더 선호할 수도 있습니다. 다만, 화질의 관점에서만 보자면 노이즈가 적은 사진은 후보정을 통해 노이즈가 많은 사진으로 바꿀 수 있지만, 반대로 노이즈가 많은 사진을 화질의 손상 없이 노이즈가 적은 사진으로 바꾼다는 것은 쉬운 일이 아닙니다.

다이내믹 레인지 또한 마찬가지입니다. 다이내믹 레인지가 풍부한 사진을 좁게 만드는 것은 간단한 보정으로 가능하지만, 처음부터 다이내믹 레인지가 좁게 촬영된 사진을 가지고서 애당초 사진에 존재하지 않았던 풍부한 다이내믹 레인지를 그 안에서 인위적으로 창조해 내는 것은 쉬운 일이 아닙니다. 그러므로 우리가 최초 제기하였던 의문을 다음과 같이 다시 풀어서 써보겠습니다.

그림 2-2-5. 넓은 다이내믹 레인지로 인해 밝은 곳과 어두운 곳의 단계가 잘 나타나 있습니다.

그림 2-2-6. 좁은 다이내믹 레인지로 인해 밝은 곳과 어두운 곳의 단계가 잘 나타나지 않고 특히 암부의 디테일이 부족해 보입니다.

■ 카메라의 화소가 많아지면, 사진의 노이즈가 적어지거나 다이내믹 레인지가 넓어지는가?

이렇게 쓰고 나니 의미가 조금 더 명확해졌습니다. 만약, 화소와 노이즈 감소율 또는 화소와 다이내믹 레인지 사이에서 비례하여 증가하는 관계를 밝힐 수 있다면, 화소가 많아질수록 화질은 좋아진다고 하여도 크게 무리는 없을 것입니다. 노이즈와 다이내믹 레인지는 사진의 화질을 평가하는 매우 중요한 요소들이기 때문입니다.

이제 이 질문에 대한 답을 찾기 위해, 사진에서 발생하는 노이즈와 다이내믹 레인지는 어떠한 요소들의 영향을 받는지 알아보겠습니다. 다소 어렵게 느껴질 수 있는 부분이지만 디지털카메라에서 하나의 사진이 만들어지는 과정을 살펴보면 어렵지 않게 풀어나갈 수 있습니다.

디지털카메라에서 하나의 사진이 만들어지기까지의 과정
① 렌즈를 통과한 빛이 센서에 도달합니다.
② 센서에 도달한 빛은 센서면 위의 각각의 픽셀을 거쳐 하나의 색상값을 갖게 됩니다.
③ 이들 색상값이 카메라의 프로세서로 전달되고 카메라는 이를 하나의 사진 파일 위에 있는 각각의 픽셀에 담아냅니다.

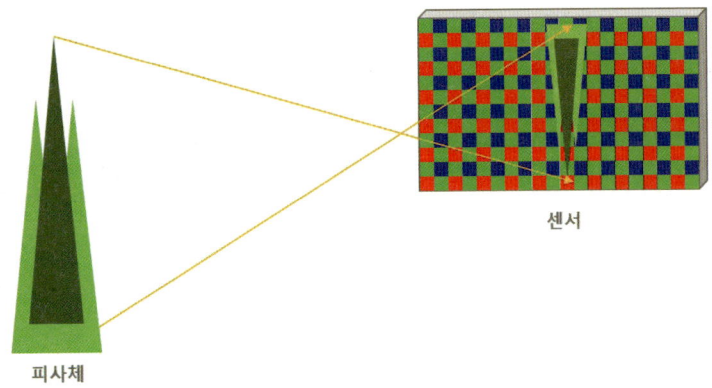

| 그림 2-2-7. 피사체에서 반사된 빛은 렌즈를 통과하면서 상하반전되어 굴절된 후, 센서에 맺히게 됩니다.

수광부인 센서면에 위치하고 있는 각각의 픽셀은, 실제 사진 파일에서 하나의 점을 의미하는 픽셀과 1대1로 매칭되지만 같은 용어를 사용하게 될 경우 혼란을 가져올 수 있습니다. 따라서 앞으로는 센서면에 자리 잡은 픽셀을 Sensor와 Pixel 의 합성어인 Sensel로 표기하겠습니다. 즉, 2천만 화소 카메라라면 2천만 개의 Sensel이 센서면에 배치되어 있기 때문에, 카메라 셔터를 누를 때마다 2천만 개의 Sensel을 거친 빛이 카메라의 이미징 프로세서를 거쳐 2천만 개의 픽셀로 구성된 도화지에 표현된다고 말할 수 있습니다.

디지털카메라에서 하나의 사진이 만들어지는 과정을 이해하였으므로 이제 실제 센서 차원에서 하나씩 살펴보겠습니다.

① Sensel 하나의 면적이 클수록 해당 Sensel에는 동일한 조건에서 보다 많은 빛 입자들이[8] 들어오게 됩니다. 그러므로 서로 다른 면적을 가진 두 개의 Sensel이 있다면, 면적이 큰 Sensel이 면적이 작은 Sensel에 비해 Sensel 1개당 더 많은 양의 빛을 담게 됩니다. 이는 마치 동일한 조건에서 빛을 담을 수 있는 용기 하나의 크기가 더 커지는 것으로 이해할 수도 있습니다. 보다 많은 양의 빛을 담을수록 사진의 노이즈는 줄어들고 다이내믹 레인지는 넓어집니다.

② Sensel 한 개의 면적과 무관하게 이들 Sensel이 실제로 배치된 센서 자체의 면적이 크다면, 면적이 작은 센서에 비해 보다 많은 빛을 담을 수 있습니다. 센서 자체의 면적이 커질수록 빛을 많이 담을 수 있게 되고, 빛을 많이 담을수록 노이즈는 줄어들고 다이내믹 레인지는 넓어집니다.

③ 같은 면적을 가진 센서라도 그 위에 더 많은 Sensel이 배치될수록 Sensel의 집적도는 높아집니다. Sensel의 집적도가 높아지면 Sensel 하나의 면적은 자연스럽게 줄어들게 되고, 따라서 Sensel 한 개당 담아낼 수 있는 빛의 양은 줄어들게 됩니다. 빛의 양이 줄어들면 역시 노이즈와 다이내믹 레인지에서 불리해집니다. 이때 $1cm^2$당 배치된 Sensel의 개수를 Pixel Density라고 부릅니다.

④ 만약 Sensel이 충분한 양의 빛을 받지 못한 상태에서 카메라가 Sensel을 통해 들어온 빛, 정확히 말해서 Sensel을 통해 들어와 디지털 신호로 변환된 색 정보를 어떤 필요에 의해서 인위적으로 증폭하게 되면, 신호의 양은 커지지만 그로 인해 잡음도 증폭됩니다. 그리고 이 잡음은 사진의 노이즈를 증가시킵니다. 이는 마치 라디오의 볼륨을 키웠을 때 실제로 듣고자

---

8 이를 물리학에서는 '광자'라고 하며, Photon이라고도 합니다.

하는 채널의 소리에 비례해서 듣고 싶지 않은 잡음도 따라서 커지는 현상과 이론적으로 같은 원리에 기반하고 있습니다.

이로써 다음 사실을 유추할 수 있습니다.

① 카메라의 화소와 무관하게, 센서 면적이 큰 카메라는 센서 면적이 작은 카메라에 비해 노이즈와 다이내믹 레인지에서 유리합니다.

② 동일한 크기의 센서 면적을 갖는 카메라라면, Pixel Density 즉 단위 면적당 Sensel의 집적도가 낮을수록, 다시 말해 화소가 적을수록 Sensel 하나당 면적은 넓어지므로 노이즈와 다이내믹 레인지에서 유리합니다.

③ 고화소로 갈수록 하나의 센서면에는 더 많은 Sensel들이 모여있고, 이는 곧 Pixel Density가 높아지는 효과를 내기 때문에 노이즈와 다이내믹 레인지에서 불리합니다. 따라서 고화소 카메라의 경우, 센서 면적 자체를 키워서 수광량을 늘리거나 센서의 계층 구조와 Sensel의 효율적인 설계를 통해 Sensel의 수광 효율을 개선하는 경우가 많습니다.

정리하자면, 단순히 카메라의 화소가 많아진다고 해서 사진의 노이즈가 적어지거나 다이내믹 레인지가 넓어진다고 보기는 어렵습니다.[9] 이를 보다 정확하게 표현하자면, 카메라 화소의 개수와 사진의 노이즈 감소율 혹은 다이내믹 레인지 간에 어떠한 상관관계가 있을지는 몰라도 서로 상응하여 커지는 정비례 관계가 있다고 보기는 어렵다는 말이 됩니다.

즉, 센서 크기에 대한 언급은 일절 하지 않은 채, 단순히 화소가 많아졌다고 해서 화질이 개선되었다고 말하는 것은 기술적인 측면을 고려하지 않은 논리적 비약이라는 것을 알 수 있습니다. 사진의 품질은 빛의 양이 결정하고, 빛의 양은 곧 데이터의 양과 결부됩니다. 많은 데이터를 가진 사진은 그렇지 않은 사진에 비해 품질면에서 당연히 좋을 수밖에 없습니다.

일부 스마트폰 카메라의 경우, 작은 크기의 센서로부터 야기되는 수광 측면에서의 비효율성과 그로 인해 특히 저조도로 갈수록 극심하게 나타나는 노이즈를 감쇄하기 위해 소프트웨어 차원에서 사용자의 의사와 무관하게 사진에 샤픈을 가하거나 노이즈 감소를 적용한 사진을 최종적인 결과물로 보여주기도 합니다. 사용자로 하여금 마치 사진 사체의 품질이 좋아진 것처럼 느끼도록 하는 후처리 방식입니다.

다만, 여기서는 그러한 과정을 거쳐 가공된 사진이 아닌, 날것 그대로의 사진을 가지고 이야기하고자 합니다. 날것 그대로의 사진이 좋다면 동일한 양의 후처리 과정을 거쳤을 때에는 보다 좋은 결과물을 만들 수 있기 때문입니다. 결론적으로, 제조사들이 아무리 화소를 강조하더라도, 사진 자체의 화질에 보다 많은 중점을 두는 소비자라면 카메라의 센서 크기와 Pixel Density를 우선적으로 고려할 필요가 있습니다.[10]

---

9 단, 이 문장은 동일한 시대에 개발된 동일한 수준의 기술을 전제로 이해해야 합니다. 왜냐하면 예전에 개발된 저화소의 카메라보다 최근에 개발된 고화소의 카메라가 노이즈나 다이내믹 레인지 면에서는 오히려 유리할 수 있기 때문입니다.

10 센서 크기 외에도 사진의 화질은 센서의 설계특성, 카메라 자체의 이미징 프로세서 및 보간법의 효율성, Sensel에 위치한 각 이미지 다이오드의 Fill Factor와 Pixel Pitch, 센서 내부에서 발생하는 열 관리방법, 로우패스필터의 유무 및 Signal to Noise Ratio 등의 영향을 받습니다. 다만, 이런 기술적인 부분은 사실 실 구매자에게는 크게 의미가 없을 뿐 아니라 이 책에서 다루고자 하는 범위를 벗어나므로 생략합니다.

004 | 다양한 판형의 종류

이번에는 판형의 종류에 대해 알아보겠습니다. 판형은 보통 다음과 같이 구분합니다.

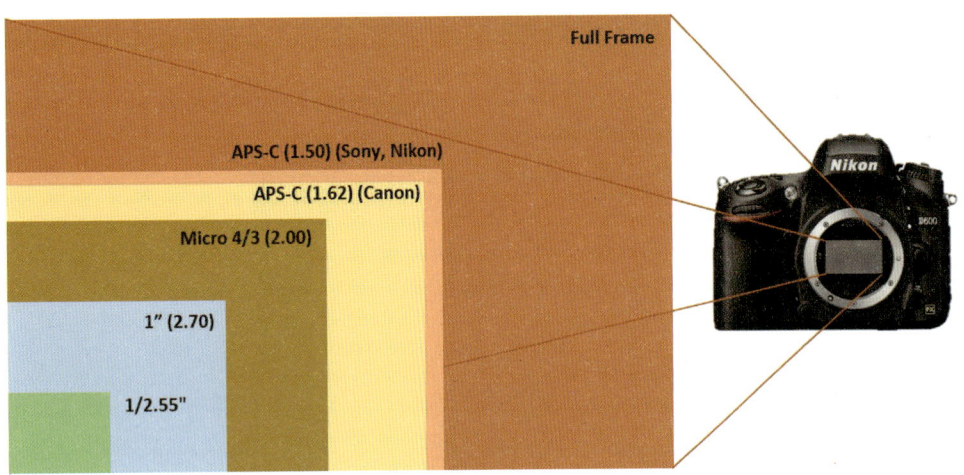

그림 2-2-8. 각각의 센서 크기를 그림으로 표시하였습니다.

(1) 풀프레임 센서(Full Frame)

36 × 24mm의 크기를 갖는 규격으로서 필름 카메라에서 사용하던 35mm 필름의 규격과 동일합니다. '풀프레임'이라는 단어 대신 '풀사이즈 센서'라고 부르기도 하며, 필름 카메라 시절 부르던 이름을 본따 35mm 규격이라고 하거나, 과거 코닥에서 사용했던 제품 번호를 본따 135규격으로 부르기도 합니다.

과거 35mm 필름은 중형 필름이나 대형 필름에 비해 상대적으로 작은 크기로 분류되기도 하였지만, 디지털카메라에서는 풀프레임의 크기를 여러 가지 판형을 구분짓는 하나의 기준으로 삼고 있습니다. 그래서 풀프레임이 아닌 다른 크기의 센서를 가진 카메라는 보통 풀프레임을 기준으로 환산한 초점거리를 병행하여 표기하곤 합니다.

(2) 크롭 센서(APS)

APS(Advanced Photo System) 필름에서 유래된 크기로서, '크롭 팩터(Crop Factor)'라고 불리는 풀프레임과의 크기 비율에 따라 다음과 같이 구분할 수 있습니다.

- APS-H: 28.7 × 19.1mm ~ 27.6 × 18.4mm의 센서 크기를 가지고 있습니다. (크롭 팩터: 약 1.25 ~ 1.30배)
- APS-C: 22.7 × 15.1mm ~ 23.3 × 15.5mm의 센서 크기를 가지고 있습니다. (크롭 팩터: 약 1.50 ~ 1.62배)[11]

* 예를 들어 크롭 팩터가 2라면, 풀프레임의 센서 크기에 비해 해당 센서의 가로와 세로의 길이가 각각 1/2배씩 작다는 의미입니다. 따라서 크롭 팩터 2를 가진 센서는 가로와 세로가 각각 풀프레임의 절반의 크기를 가진 센서이므로 센서 전

---

[11] 일반적으로 소니와 니콘의 크롭 센서 카메라들은 1.50배의 크롭 팩터를 가지고 있고, 캐논의 크롭 센서 카메라는 1.62배의 크롭 팩터를 가지고 있습니다.

체의 면적으로 보자면 풀프레임에 비해 약 1/4배의 크기를 갖는 센서를 의미합니다.

* 만약, 크롭 팩터가 1.5라면, 풀프레임의 센서 크기에 비해 해당 센서의 가로와 세로의 길이가 각각 1/1.5배씩 작다는 의미입니다. 따라서 면적으로 보자면 크롭 팩터 1.5를 가진 센서는 풀프레임에 비해 약 1/2.25배의 크기를 갖습니다.

(3) 마이크로 포서드(Micro 4/3')

크롭 센서보다 조금 더 작은 약 17.3×13.0mm의 센서 크기를 가지고 있습니다. 마이크로 포서드는 풀프레임이나 크롭과는 다르게 필름 규격에서 유래된 크기가 아니므로, 그 자체로만 보자면 풀프레임의 센서를 크롭해서 만든 규격이라고 하기에는 조금은 무리가 있습니다. 따라서 이런 특성을 반영하여 마이크로 포서드를 처음부터 '풀사이즈 센서'라고 부르기도 합니다만, 풀프레임과의 혼동을 피하기 위해 이 책에서는 단순히 마이크로 포서드로만 표기합니다. 마이크로 포서드 센서는 처음부터 풀프레임을 잘라서 만든 센서가 아니기 때문에 크롭 팩터라는 말이 어울리지 않을 수도 있지만 편의상 2배의 크롭 팩터를 가진다고 표현할 수 있습니다.

(4) 1인치 센서

약 13.2×8.8mm의 센서 크기를 가지고 있습니다. (크롭 팩터: 2.7배)

005 | 크롭 팩터와 화각의 차이 이해하기

그림 2-2-9. 이 장면을 풀프레임 센서와 크롭 센서를 가진 카메라로 각각 담아볼 예정입니다.

35mm 풀프레임 센서를 기준으로, 그와 다른 크기를 가진 판형의 크기 비율을 우리는 크롭 팩터라고 표현합니다. 우선 설명에 앞서, 그림2-2-10을 살펴보도록 하겠습니다.

두 대의 카메라가 있습니다. 하나는 풀프레임 센서를 갖고 있고, 다른 하나는 크롭 팩터가 1.5인 크롭 센서를 가지고 있습니다. 두 카메라의 화소는 동일하다고 가정하고, 각각의 카메라에 동일한 렌즈를 체결하고 그림2-2-9의 장면을 담는다고 가정해 보겠습니다.

그렇다면 각각의 경우, 렌즈를 통과한 사진의 모습은 다음과 같이 담기게 될 것입니다.

그림 2-2-10. (좌측) 풀프레임 센서로 담은 모습 / (우측) 크롭 센서로 담은 모습입니다.

그림 2-2-11. 풀프레임 센서 카메라에서 촬영한 사진입니다.   그림 2-2-12. 크롭 센서 카메라에서 촬영한 사진입니다.

실제 결과물로 생성된 각 사진의 크기, 즉 화소는 두 사진이 모두 동일하기에 그림2-2-11과 그림2-2-12의 물리적인 크기는 동일하지만 사진에서 보이는 피사체의 범위는 크롭 센서 쪽에서 많이 좁아진 것을 알 수 있습니다. 이처럼 풀프레임 센서를 가진 카메라는 렌즈에서 보이는 상을 그대로 담아내는 반면, 크롭 센서 카메라는 센서의 크기 제한으로 인해 그중 일부만을 담게 됩니다. 따라서 크롭 센서 카메라를 통해 촬영하는 경우에는 마치 처음부터 사진이 확대되어 담기는 듯한 느낌을 받게 됩니다. 그리고 그 확대되는 비율은 바로 크롭 팩터와 일치합니다.

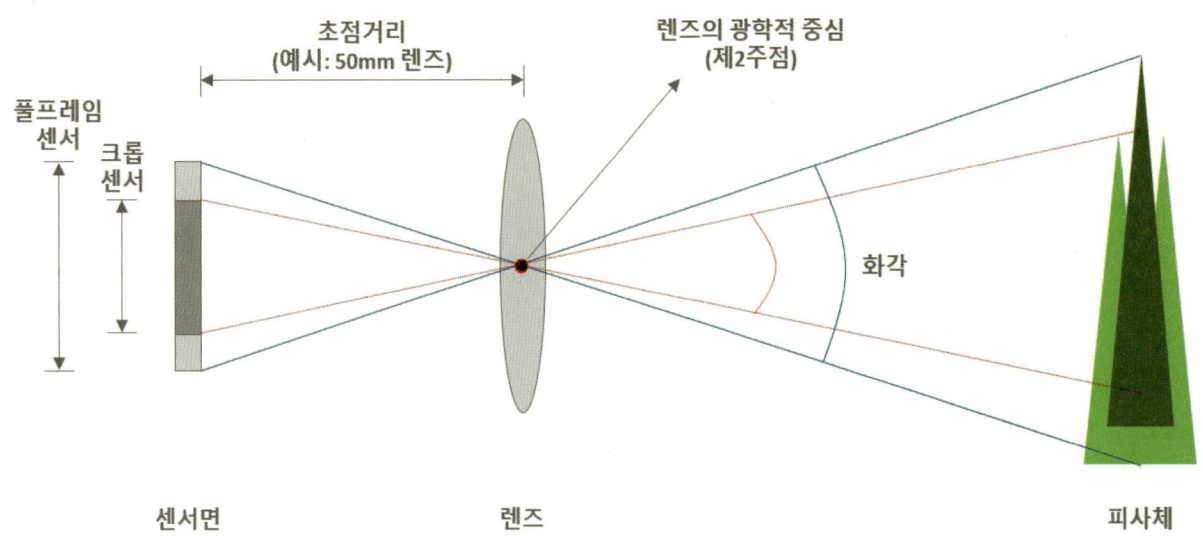

| 그림 2-2-13. 풀프레임 센서보다 작은 센서를 이용할 경우, 상은 확대되고 화각은 보다 좁아지게 됩니다.

| 그림 2-2-14. 풀프레임 센서 카메라로 담았을 때 보이는 상입니다.

| 그림 2-2-15. 크롭 센서 카메라로 담았을 때 보이는 상입니다.

그림2-2-14와 그림2-2-15처럼 50mm 초점거리를 갖는 동일한 렌즈를 장착하고 풀프레임 센서를 가진 카메라와 1.5배의 크롭 팩터를 가진 크롭 센서를 가진 카메라로 동일한 피사체를 촬영하면, 후자의 경우 마치 75mm 초점거리를 가진 렌즈로 촬영한 것과 같이 피사체가 보다 확대되어 보이게 됩니다.

일반적인 경우, 카메라의 노이즈와 다이내믹 레인지는 센서 크기에 따라 영향을 받습니다. 따라서 크롭 센서 카메라는 풀프레임 센서를 가진 카메라에 비해 노이즈와 다이내믹 레인지 면에서는 아무래도 손해를 볼 수밖에 없습니다. 그럼에도 불구하고, 어떤 사진가들은 풀프레임 센서보다 작은 센서에서 나타나는 확대 현상의 이점을 누리기 위해 일부러 크롭 센서 카메라를 사용하기도 합니다. 노이즈나 다이내믹 레인지에서 느끼는 손실보다 조금이라도 줌인(Zoom-in)하여 피사체를 더욱 크게 담는 데에서 오는 이점이 크기 때문입니다.

따라서, 만약 동일한 마운트 규격을 가진 풀프레임 센서 카메라와 크롭 센서 카메라를 둘 다 가지고 있다면, 하나의 렌즈만으로도 상황에 따라서 풀프레임 센서 카메라나 크롭 센서 카메라에 체결함으로써 서로 다른 화각으로 사용할 수도 있습니다. 그러므로, 어떤 카메라가 정답이라고 하기보다는, 결국 본인에게 맞는 판형과 본인에게 맞는 화소를 가진 카메라를 선택하는 것이 좋습니다.

03 노출의 3요소, 이것만 알면 더는 어렵지 않다

Class 03에서는 사진의 노출을 결정하는 3가지 요소(조리개, 셔터스피드, ISO)에 대해서 다룹니다. 사진에 관심 있는 분이라면 한 번쯤은 들어보았을 법한 개념이 바로 노출의 3요소입니다. 촬영을 할 때마다 우리는 노출의 3요소를 이용하고 있고, 실제로도 사진 촬영에 있어 아주 중요한 개념이 바로 노출의 3요소입니다. 하지만, 막상 관심을 갖고 알아보려고 하면 실질적으로 와 닿지 않는 어려운 설명들로 인해 현실과는 다소 동떨어진 것처럼 느껴지거나 답답하게 생각되기도 했을 것입니다.

그래서 준비했습니다. 이제부터는 Class 03과 Class 04에 걸쳐 노출의 3요소에 대한 거의 모든 것을 다뤄볼 예정입니다. 사진을 처음 공부하던 십수 년 전의 초심자의 마음으로 돌아가 차근차근 하나씩 설명할 예정이니 인내심을 가지고 잘 따라오시기 바랍니다.

사진을 촬영하는 것을 흔히 순간을 담아내는 작업이라고 합니다. 필름 카메라, DSLR, 미러리스 카메라, 스마트폰 카메라, 그 무엇을 사용하든 우리는 사진을 찍는 동안 항상 노출의 3요소를 조작하고 있습니다. 단지 그것이 사용자가 스스로 의도한 조작이냐, 아니면 의도하지 않은 조작이냐의 차이일 뿐입니다.

또한, 사진을 촬영한다는 것은 촬영하는 순간의 빛을 오롯이 담아내는 행위입니다. 그렇게 카메라에 기록되고 저장되는 빛의 양이 곧 노출입니다. 노출이라는 말은 '사진의 밝기'와 어법상 동의어는 아니지만, 노출의 양이 곧 사진의 밝기를 설정한다는 측면에서 둘을 거의 동의어처럼 사용하기도 합니다. 이렇게 담기는 빛의 양, 즉 노출의 양이 실제 우리 눈에 보이는 사진의 모든 것을 결정하므로 노출을 조절하는 것은 사진 촬영에서 대단히 중요합니다. 그리고 이 노출을 결정하는 요소가 바로 조리개, 셔터스피드 그리고 ISO입니다. 지금부터 하나씩 살펴보겠습니다.

001 | 조리개, 셔터스피드, ISO란 무엇인가?

(1) 조리개

가장 먼저 살펴볼 것은 조리개입니다. 조리개는 렌즈의 앞단에 위치하면서 렌즈로 들어오는 빛의 양을 직접적으로 조절하는 통로의 역할을 합니다. 따라서 조리개를 열면 그만큼 빛이 들어오는 통로가 넓어지게 되므로 단위 시간당 빛을 많이 받을 수 있고, 조리개를 조이면 그만큼 빛이 들어오는 통로가 좁아지므로 단위 시간당 받는 빛의 양이 줄어들게 됩니다. 조리개는 눈으로도 쉽게 확인할 수 있으며 빛이 들어오는 통로 역할을 한다는 점에서 직관적으로 이해가 가능합니다.

그림 2-3-1. 렌즈의 조리개가 개방된 모습입니다.

그림 2-3-2. 렌즈의 조리개가 조여진 모습입니다.

그림2-3-1과 그림2-3-2처럼 조리개의 크기 즉, 조리개의 지름에 따라 빛이 들어오는 통로가 넓어지거나 좁아지기 때문에 이를 표현하기 위해 일관성 있는 표기법이 필요하게 됩니다. 일반적으로 조리개는 크기에 따라 다음과 같이 표기합니다.

그림 2-3-3. 조리개값을 크기에 따라 나열한 것입니다.

카메라와 렌즈에 따라서는 'F/조리개값' 또는 'F조리개값'으로 표기하기도 하고, 간혹 F를 제외한 조리개값만 표기하기도 합니다. 표기법이 조금 다를 뿐 모두 동일한 의미입니다.

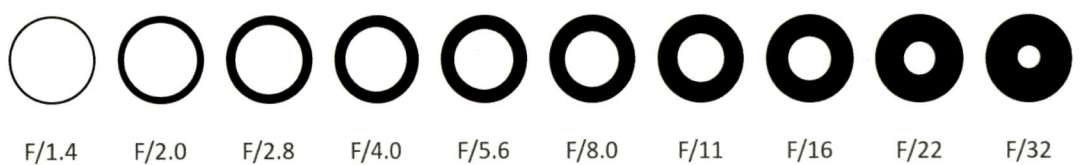

그림2-3-3과 같이 조리개값이 작아질수록 조리개 지름은 점점 커지게 되고 조리개값이 커질수록 조리개 지름은 점점 작아지게 됩니다. 즉, 조리개값이 작아질수록 빛이 들어오는 통로는 넓어지므로 빛이 더 많이 들어올 수 있게 되고, 조리개값이 커질수록 빛이 들어오는 통로는 좁아지므로 빛은 더 적게 들어오게 됩니다.

그런데 여기서 한 가지 궁금증이 생깁니다. 조리개값이 작아질수록 조리개 지름은 점점 커지는 반비례 관계라는 것은 차치하더라도, 왜 F/1.4 다음에는 F/1.5가 나오지 않고 F/2.0이 나오는 것이며, F/2.0 다음에는 F/2.1이 나올 것 같은데 정작 F/2.8이 나올까요?

숫자가 한 단계씩 커지면서 그에 따라 조리개 지름은 반비례하며 한 단계씩 작아진다는 사실을 그대로 받아들여도 위에 보이는 조리개값들 자체가 상당히 생소하게 보입니다. 또한, 조리개를 이해하려면 저 숫자들을 외우거나 머릿속에 넣어두고 있어야 하는 것인가에 대한 고민도 있을 수 있습니다. 그래서 지금부터는, 저러한 표기들이 어떤 과정을 통해 나오게 되었는지를 간단히 살펴보겠습니다. 여기에서 약간의 산수가 필요한데 복잡하지는 않으니 어렵지 않게 이해하실 수 있습니다.

이야기를 진행하기에 앞서 다시 처음으로 돌아가 보겠습니다. 조리개 크기는 곧 조리개 지름을 의미하며, 조리개 지름은 'F/조리개값'으로 표기하기로 하였습니다. 이는 어떤 카메라이든 전 세계 사람들이 공통적으로 사용하는 표기이자 약속입니다. 간혹 기종에 따라 'F2 혹은 F4' 처럼 F 다음에 슬래쉬(/) 기호를 생략하는 표기를 사용하기도 하지만 'F/조리개값' 이나 'F 조리개값' 은 사실 모두 분수를 의미합니다.

그림2-3-4를 살펴보겠습니다.

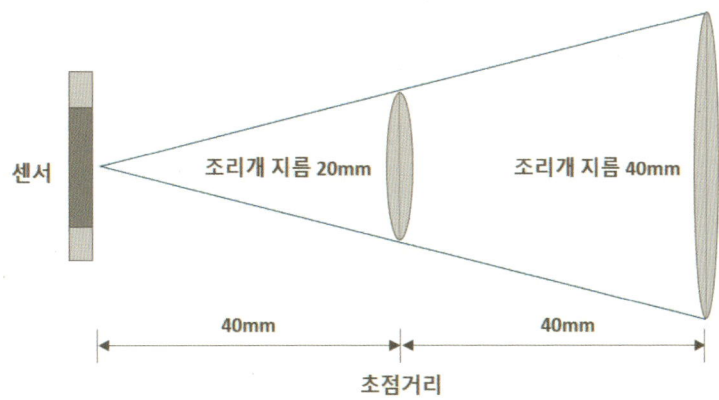

그림 2-3-4. 조리개값이 산출되는 과정입니다.

그림2-3-4를 이해하기 위한 몇 가지 가정을 하겠습니다.
① 실제 하나의 렌즈 안에는 여러 가지 부속 렌즈들이 들어있으나, 여기서는 가상의 렌즈 1개만 있다고 가정합니다.
② 그리고 그 가상의 렌즈를 통해 들어온 빛이 모두 센서면 위의 하나의 초점으로 모인다고 가정합니다. 이때 이 가상의 렌즈와 센서까지의 거리를 우리는 초점거리(Focal Length)라고 부릅니다.
③ 또한, 조리개는 이 가상의 렌즈면에 함께 존재하고 있다고 가정합니다.

그림2-3-4를 보았을 때, 초점거리가 늘어남으로 인해 조리개 지름 또한 같이 커진다는 점에 착안하여, 조리개 지름과 초점거리의 연관성을 우선적으로 살펴보겠습니다. 만약 조리개 지름이 20mm이고 그때의 초점거리가 40mm라고 할 때에, 초점거리 40mm를 조리개 지름 20mm로 나누게 되면 2라는 숫자가 나오게 됩니다. 마찬가지로 초점거리가 80mm로 길어진 상황에서 이를 다시 조리개 지름 40mm로 나누게 되면 역시나 2라는 숫자가 나오게 됩니다.

$$\frac{40mm}{20mm} = \frac{80mm}{40mm} = 2$$

그림 2-3-5. 초점거리를 조리개 지름으로 나누었을 때 특정한 숫자가 산출된다는 점에 착안한 식입니다.

그리고 이 식은 다음과 같이 다시 써볼 수 있습니다.

$$\frac{초점거리}{조리개\ 지름} = 특정\ 숫자$$

$$\frac{초점거리}{특정\ 숫자} = 조리개\ 지름$$

그림 2-3-6. 특정한 숫자가 분모로 가더라도 식은 성립합니다.

예시에서는 우연하게도 2라는 숫자가 나왔지만, 조리개 지름과 초점거리에 따라 이 숫자는 얼마든지 바뀔 수 있습니다. 우리는 이 숫자를 F-Stop이나 F-Step이라는 말로 지칭하며, 이는 곧 초점거리와 조리개 지름의 비율임과 동시에 조리개값을 뜻합니다. 또한 초점거리는 영어로 Focal Length(F)이므로, 최종적으로 다음과 같이 표현 가능합니다.

그림 2-3-7. 'F/조리개값'이라는 표기는 그 자체로서 분수임과 동시에 조리개 지름을 의미합니다.

즉, 그림2-3-3에서 보았던 F/2.0 내지는 F/4.0이라는 표현은 결국 분자는 초점거리, 그리고 분모는 F-Stop으로 구성된 분수이며, 이는 곧 조리개의 지름을 뜻한다는 것을 알 수 있습니다. 그렇기 때문에 분모의 숫자가 작아지면 작아질수록 분수 전체의 값은 커지게 되므로, 조리개의 지름 또한 같이 커진다는 것을 함께 유추할 수 있습니다.

그렇다면 어떻게 해서 조리개값은 1.4 → 2.0 → 2.8 → 4.0 → 5.6 → … 이런 식으로 커 나가게 될까요? 여기에는 이번 클래스를 통틀어 가장 중요한 의미가 내포되어 있습니다.

우선, 그림2-3-8처럼 F/2.0의 크기를 갖는 조리개 하나가 있다고 가정하겠습니다. 그리고 이번에는 조리개 지름이 얼마인지는 아직 모르지만, F/2.0의 조리개 지름을 가진 원보다 정확히 2배의 면적을 가진 조리개가 하나 더 있다고 가정하겠습니다. 그리고 그 2배의 면적을 가진 조리개의 지름이 얼마인지를 함께 구해보겠습니다.

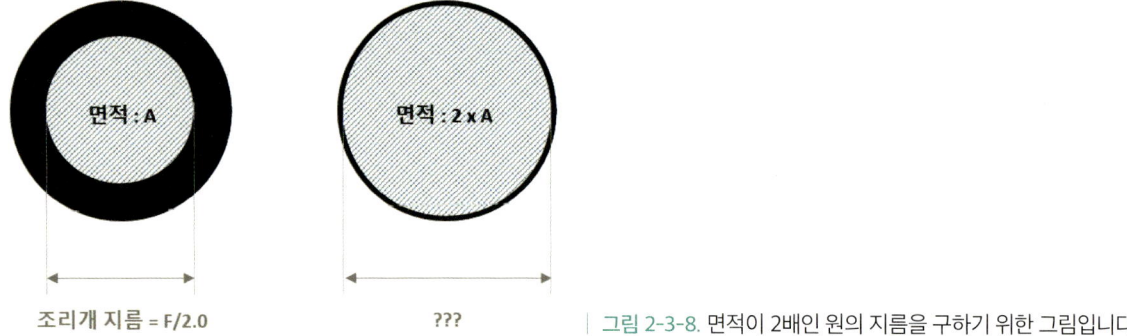

그림 2-3-8. 면적이 2배인 원의 지름을 구하기 위한 그림입니다.

원의 면적은, 반지름의 제곱에 원주율 π를 곱해서 구할 수 있습니다. 따라서 우측에 있는 조리개의 지름을 구하기 위해서, 이것이 좌측에 있는 조리개 면적의 2배라는 점에 착안하여 좌측 조리개 지름을 2배 키우게 되면 반지름 또한 2배로 늘어나게 되어 전체 면적은 2배가 아닌 4배로 늘어나게 됩니다.

그러므로 좌측에 있는 조리개의 지름을 2배 키우지 않고, $\sqrt{2}$배만 키워보겠습니다. 그러면, 반지름 또한 $\sqrt{2}$배 커지게 될 것이고, 결과적으로 원의 면적은 반지름의 제곱에 원주율을 곱하면 되니 정확하게 2배 커지게 됩니다. 따라서 우측 조리개의 지름은 좌측 조리개의 지름인 F/2.0에 $\sqrt{2}$를 곱한 값이 됩니다.

F/2.0에 √2를 곱한다는 것이 복잡해 보이지만 사실은 아주 간단합니다. 그림2-3-9를 함께 보겠습니다.

$$F/2.0 \times \sqrt{2} = \frac{F}{2.0} \times \sqrt{2}$$

$$= \frac{F}{\sqrt{2} \times \sqrt{2}} \times \sqrt{2}$$

$$= \frac{F}{\sqrt{2}}$$

$$= \frac{F}{1.414..} \doteq \frac{F}{1.4} = F/1.4$$

그림 2-3-9. 간단한 수식을 통해 면적이 2배인 원의 지름을 계산할 수 있습니다.

이제, 우측 조리개의 지름은 F/1.4임을 간단한 계산을 통해 알 수 있습니다.

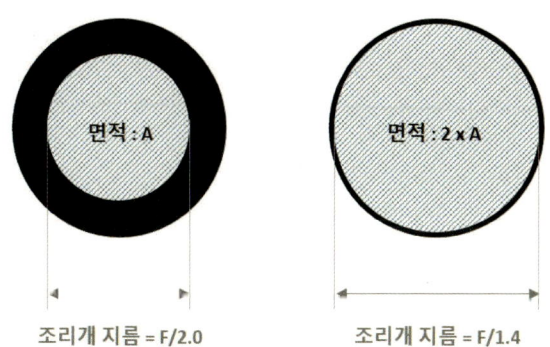

그림 2-3-10. 이로써 면적이 2배인 원의 지름을 구할 수 있게 되었습니다.

이 결과가 의미하는 것은 무엇일까요? 앞서 보았던 1.4 → 2.0 → 2.8 → 4.0 → 5.6 → ··· 이런 식의 조리개값의 변화는 단순히 우연의 일치가 아니라 각각의 조리개 지름에 √2가 곱해지거나 나누어진 결과라는 것입니다. 또한, 조리개 지름에 √2가 곱해지거나 나누어지게 되면 면적은 2배로 늘어나거나 1/2로 줄어든다는 사실입니다. 이렇게 √2가 곱해지거나 나누어지면서 조리개의 면적이 2배로 늘어나거나 1/2로 줄어드는 각각의 단계를 우리는 1스탑(stop)이라고 합니다.

만약 1스탑(stop)만큼 조리개를 개방하게 되면, 조리개의 면적은 2배가 되며, 그로 인해 빛은 2배 더 많이 들어올 수 있습니다. 반대로 1스탑만큼 조리개를 조이게 되면, 조리개의 면적은 1/2배가 되며, 그로 인해 빛은 1/2만큼만 들어오게 됩니다. 따라서 1스탑이라는 단위는 노출의 양이 2배가 되느냐 혹은 1/2로 줄어드느냐에 대한 기준으로 볼 수 있습니다.

예를 들어 보겠습니다.

① 만약, F/2.8에서 조리개값을 F/2.0으로 변경하게 되면, 조리개는 +1스탑만큼 개방되므로 F/2.0의 조리개에서는 F/2.8에서의 조리개보다 2배만큼의 빛을 받을 수 있게 됩니다. 즉, 노출의 양이 2배로 증가합니다.

② F/1.4에서 조리개값을 F/2.8로 변경하게 되면, 조리개는 –2스탑만큼 조여지므로[12] F/2.8로 조리개를 조이는 순간 빛은 F/1.4에서 들어오던 것에 비해 1/4만큼[13] 들어오게 됩니다.

③ F/8.0에서 조리개값을 F/1.4로 변경하게 되면, 조리개는 +5스탑만큼 개방되므로[14] 노출의 양은 F/8.0일 때에 비해 32배만큼[15] 증가하게 됩니다.

이제 정리를 해보겠습니다. 조리개는 노출의 3요소 중 하나이자 빛이 통과하는 통로입니다. 그러므로 조리개 지름의 변화로 인해 조리개 전체 면적이 변하게 되면 빛이 통과하는 통로는 넓어지거나 좁아지게 됩니다. 빛이 통과하는 통로가 넓어지거나 좁아지게 되면 그로 인해 실질적인 노출의 양 또한 달라지게 됩니다. 그렇게 변화하는 노출의 양은, 사용자가 조리개를 어느 정도로 개방하거나 조였는지, 즉 몇 스탑만큼의 변화가 있었는지를 알면 쉽게 계산이 가능합니다.

참고 조리개에 숨어있는 1/3스탑에 대해 알아볼까요?

이렇게 조리개에 대한 기본적인 개념과 스탑에 대한 이해를 마치고 정작 카메라를 켜보면, 위에서 설명하지 않았던 다른 숫자들이 보이는 것을 확인할 수 있습니다. 예를 들면 F/1.4, F/2.0, F/2.8, F/4.0 … 등은 각각 1스탑의 관계라고 설명하였지만 실제 카메라에서는 이들 외에도 F/2.2, F/2.5, F/3.2, F/3.5 … 와 같은 다소 낯선 조리개값들이 보이는 것입니다. 이들 숫자는 실제 1스탑 간의 간격이 너무 크기 때문에, 미세하게 조절할 수 있도록 1/3스탑으로 끊어서 기재된 값들입니다.

만약, 조리개 F/2.8에서 F/4.0으로 조리개를 –1스탑만큼 조이는 상황을 가정해 본다면, 노출의 양은 1/2로 줄어들게 됩니다. 비유를 하자면, 방 안에 전등이 20개가 있는데 그중 10개의 전등을 갑자기 꺼버린 셈입니다. 단지 카메라의 다이얼을 돌려 조리개를 –1스탑 낮춘 것뿐인데 결과적으로는 상당한 양의 노출이 순식간에 증발해 버린 것입니다. 따라서 카메라 제조사들은 1스탑 구간마다 보통 2개의 미세조절 가능한 조리개값을 넣어둠으로써 1/3스탑만큼씩 조절이 가능하도록 하고 있습니다. 또한, 이들 간에도 여전히 1스탑만큼 조리개를 개방하거나 조이게 되면, 노출은 2배로 늘어나거나 1/2배로 줄어들게 됩니다.

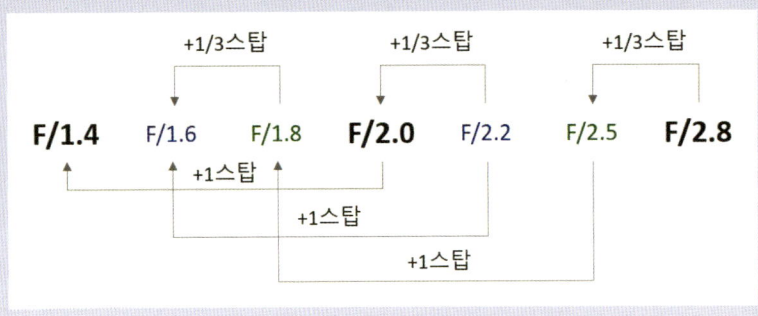

| 그림 2-3-11. 조리개값의 숫자가 작아질수록 노출은 점점 많아집니다.

---

12 F/1.4에서 F/2.0으로(-1스탑), 그리고 다시 F/2.0에서 F/2.8로(-1스탑) 이렇게 두 번 건너뛰게 되므로 최종적으로는 –2스탑만큼 조였다고 할 수 있습니다.

13 –2스탑 = 1/2배 × 1/2배 = 1/4배

14 F/8.0에서 F/5.6으로(+1스탑), F/5.6에서 F/4.0으로(+1스탑), F/4.0에서 F/2.8로(+1스탑), F/2.8에서 F/2.0으로(+1스탑), F/2.0에서 F/1.4로(+1스탑) 이렇게 총 다섯 번 건너뛰게 되므로 최종적으로는 +5스탑만큼 개방되었다고 할 수 있습니다.

15 +5스탑 = 2배 × 2배 × 2배 × 2배 × 2배 = 32배

그렇다면, 카메라를 작동하는 데 있어 이렇게 많은 조리개값들을 모두 외우고 있어야 할까요? 전혀 그럴 필요가 없습니다. 카메라 조작을 하면서 자연스레 외워진다면 모르겠지만 처음부터 이런 숫자들을 외우려고 시도할 필요는 없습니다. 그보다 중요한 것은, 특정한 조리개값이 하나 있을 때 여기에서 +/-1스탑 혹은 +/-2스탑이 어떤 값이고 그에 따라 조리개를 변경하였을 때 노출에 어떤 변화가 생기는지를 현실적으로 이해하는 것입니다.

■ 조리개와 심도

이처럼 조리개는 노출의 3요소 중 하나로서 렌즈로 들어오는 빛의 양을 직접적으로 조절합니다. 또한, 조리개는 카메라의 심도를 결정하는 중요한 역할을 하는데 심도에 대해서 간략히 알아보도록 하겠습니다. 심도와 관련해서는 Class 05에서 보다 자세히 다룹니다.

심도(Depth of Field)란 카메라에서 피사체로 초점을 맞추었을 때, 그 **초점이 맞아있는 것으로 인식**되는 범위를 뜻합니다. 독자분들이 한 번쯤은 들어보았을 법한 '아웃포커싱'도 심도에서 비롯된 용어인데, 이는 사진에서 주제가 되는 피사체와 배경이 충분히 분리될 만큼 심도가 얕아지도록 촬영하는 것을 말합니다.

즉, 피사체를 중심으로 한 일정 범위에만 초점이 맞아있고, 그 외의 나머지 부분에는 초점이 맞지 않아 흐려지기 때문에 사진을 보는 이로 하여금 피사체 쪽으로 보다 시선을 집중하게 하는 기법입니다. 아웃포커싱과 상반되는 개념으로는 '팬포커싱'이 있습니다. 팬포커싱은 피사체와 배경 모두를 심도 범위 내에, 즉 초점이 맞아있는 범위 내에 넣음으로써 특정한 영역이 흐려지는 느낌이 들지 않도록 사진 전체적으로 선명한 느낌을 주는 기법입니다.

| 그림 2-3-12. 아웃포커싱으로 촬영한 사진입니다.

| 그림 2-3-13. 팬포커싱으로 촬영한 사진입니다.

아웃포커싱이라고 하면 보통 인물 사진에 많이 사용하고 팬포커싱은 주로 풍경에 사용하면 좋다고들 이야기하지만, 정해진 것은 없습니다. 촬영자의 의도에 따라 인물 사진이라도 팬포커싱을 이용하여 촬영할 수 있으며, 풍경 사진이라 하더라도 아웃포커싱으로 담아낼 수 있습니다.

심도를 결정하는 요인에는 조리개 외에도 여러 가지가 있지만 그중에서도 특히 중요한 것이 바로 조리개입니다. 조리개를 개방할수록 심도는 얕아지고, 조리개를 조일수록 심도는 깊어집니다. 이러한 현상을 광학 이론에서는 착란원이라는 개념을 가지고 설명하지만, 이 책에서는 보다 쉽게 이해할 수 있도록 그림2-3-14를 통해 설명하겠습니다.

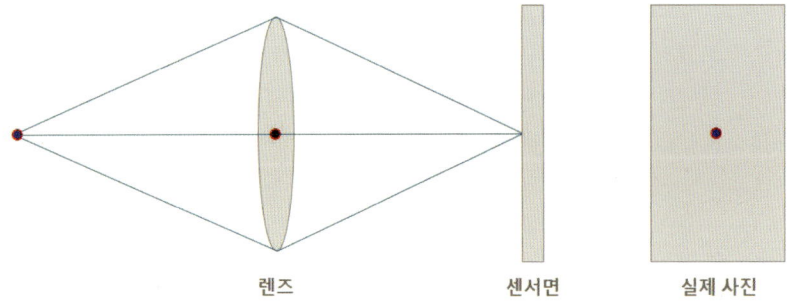

| 그림 2-3-14. 조리개는 개방된 상태입니다. 현재 초점이 맞아있는 파란색의 점으로부터 반사된 빛이 렌즈를 통과하여 센서면에 있는 한 점으로 모입니다. 초점이 맞아있기 때문에 실제 사진에서도 하나의 점으로 보입니다.

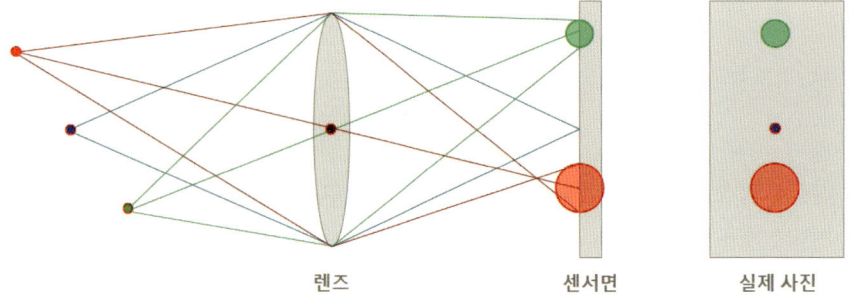

| 그림 2-3-15. 조리개는 여전히 개방된 상태입니다. 이번에는 초점이 맞아있는 파란색 점뿐만 아니라 초점이 맞지 않는 녹색과 빨간색의 점으로부터 반사된 빛도 렌즈를 통과하여 센서면에 들어옵니다.

초점이 맞지 않은 곳으로부터 반사되어 들어온 빛은 센서면에서 한 점으로 수렴되지 않은 상태로 남아있으며 이는 실제로는 하나의 점이지만 사람의 눈에는 마치 하나의 커다란 원으로 보이게 됩니다. 이러한 원들을 착란원이라고 부릅니다. 착란원이 커지면 커질수록 피사체와 배경 간의 분리는 더욱더 잘 일어나게 되고 이는 곧 심도를 얕게 만듭니다. 만약 이 상황에서 조리개를 조이면 어떻게 될까요?

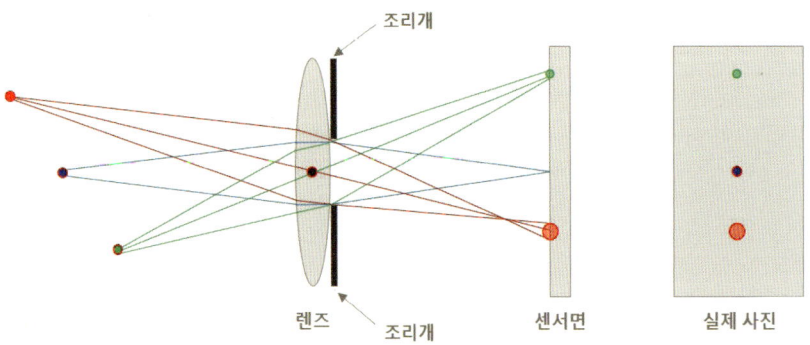

| 그림 2-3-16. 조리개를 조임으로 인해 빛이 들어오는 통로가 좁아진 것을 알 수 있습니다.

조리개를 조임으로 인해 그림 2-3-15에 비해 착란원의 크기가 작아진 것을 확인할 수 있습니다. 다시 말해서, 조리개가 충분히 개방된 상태에서는 초점이 맞아있는 영역과 그렇지 않은 영역의 차이가 커지게 되면서 초점이 맞은 영역은 선명하게 보이는 반면 그렇지 않은 영역은 뭉개지는 듯한 느낌으로 보이게 됩니다. 즉, 심도가 얕아지게 됩니다. 반면, 조리개가 조여진 상태에서는 이러한 차이가 작아지게 되며 설령 초점이 맞지 않는 곳이라도 그렇게 심하게 뭉개진 듯한 느낌은 줄어들게 됩니다. 즉, 심도는 깊어지게 됩니다.

이렇게 조리개가 충분히 개방된 상태, 다시 말해서 초점이 맞아있는 영역과 그렇지 않은 영역의 차이가 커진 상태를 이용하여 보케(Bokeh)를 만들어 낼 수도 있습니다. 보케는 빛망울이라고도 부르는데 하나의 점에 가까운 광원이 사진 속에서는 마치 하나의 원처럼 표현되는 것을 뜻합니다. 짐작하시다시피, 보케는 조리개가 최대개방에 근접할수록 보다 크고 명확하게 나타나게 됩니다.

그림 2-3-17. 보케를 이용하여 배경에 놓인 가로등을 하나의 원처럼 표현하였습니다.

조리개가 충분히 개방된 상태에서 보케를 만들 수 있었다면, 조리개가 충분히 조여진 상태에서는 빛갈라짐을 만들어 낼 수 있습니다. 하나의 광원이 빛망울처럼 보이는 게 아니라 오히려 점점 더 작은 점으로 근접해가다가 나중에는 급기야 갈라지게 되는 것입니다.

그림 2-3-18. 조리개를 조임으로써 빛갈라짐을 표현하였습니다.

(2) 셔터스피드

셔터스피드를 이해하기에 앞서 먼저 셔터의 개념에 대해 짚고 갈 필요가 있습니다. 셔터는 조리개를 통과한 빛이 카메라 센서에 들어가는 것을 막는 역할을 합니다. 길가에 있는 상가의 셔터를 생각하면 쉽습니다. 상가의 셔터가 내려져 있다면 바깥에서 상가 내부를 들여다보지 못하는 것처럼, 셔터가 닫혀있다면 조리개를 통과한 빛 또한 센서에 도달할 수 없습니다. 반대로 셔터가 열려있다면, 열려있는 그 시간만큼은 조리개를 통과한 빛이 셔터 뒤에 위치한 센서면에 도달할 수 있게 됩니다. 이렇게 셔터가 열려있는 시간을 우리는 '셔터스피드'라고 합니다. 그런 까닭에, '셔터스피드'를 '노출시간'이라는 말로 표현하기도 합니다.

셔터는 기계적인 셔터의 움직임에 의해 구동되는지 여부에 따라 기계식 셔터와 전자식 셔터로 구분할 수 있습니다. 또한, 센서가 사진의 전체 프레임을 한 번에 포착하는지, 아니면 수직이나 수평으로 순차적으로 상을 포착하는지에 따라 글로벌 셔터와 롤링 셔터로 구분할 수 있습니다.

셔터스피드는 노출시간을 의미합니다. 그러므로 셔터가 빠르게 움직인다면, 빛이 센서면에 도달할 수 있는 시간은 그만큼 짧아지므로 노출의 양은 감소하게 됩니다. 반대로 셔터가 느리게 움직인다면, 그만큼 센서가 빛에 노출되는 시간은 길어지므로 노출의 양은 많아지게 됩니다.

카메라의 셔터스피드 단위는 일반적으로 그림 그림2-3-19와 같습니다.

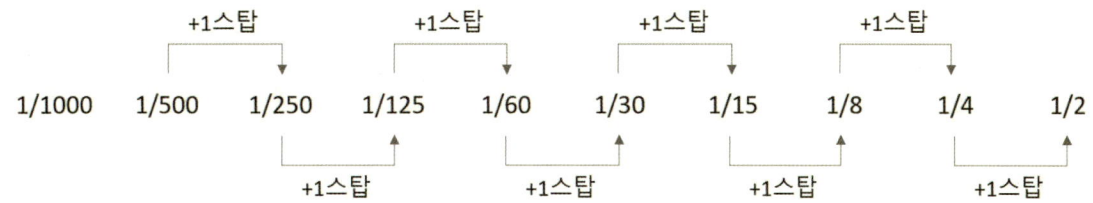

그림 2-3-19. 조리개와 마찬가지로 셔터스피드에서도 '스탑'이라는 단위는 여전히 유효합니다.

셔터스피드의 단위는 '초' 입니다. 1/60이라는 셔터스피드는 1/60초 동안 셔터를 개방하는 것을 의미합니다. 그러므로 1/30인 셔터스피드는 1/60초에 비해 2배 긴 시간인 1/30초 동안 셔터를 개방하는 것을 의미하며 따라서 1/60초에 비해 2배만큼의 빛이 들어오게 됩니다.[16] 1/60초에 비해 2배만큼 긴 시간동안 셔터가 개방된 것이기 때문입니다. 만약 셔터스피드를 1/15초에 둔다면, 이는 1/60초에 비해 4배 긴 시간 동안 셔터스피드를 개방하는 것이며 1/60초에 비해 4배만큼의 빛이 들어오게 됩니다.

즉, 조리개와 마찬가지로 셔터스피드에서도 1스탑이라는 개념이 여전히 유효하다는 것을 알 수 있습니다. 셔터스피드를 1스탑 더 느리게 하면, 셔터는 1스탑만큼 더 오랫동안 열리고 닫히게 되며 그로 인해 1스탑만큼의 빛이 센서에 더 들어올 수 있게 되는 것입니다. 반대로 셔터스피드를 1스탑 더 빠르게 하면, 셔터는 1스탑만큼 더 빠르게 열리고 닫히며 1스탑만큼의 빛이 센서에 더 적게 들어오게 됩니다. 이때 1스탑이라는 단위는 조리개와 마찬가지로 노출이 2배 더 늘어나는지 혹은 1/2배로 더 줄어드는지를 의미합니다.

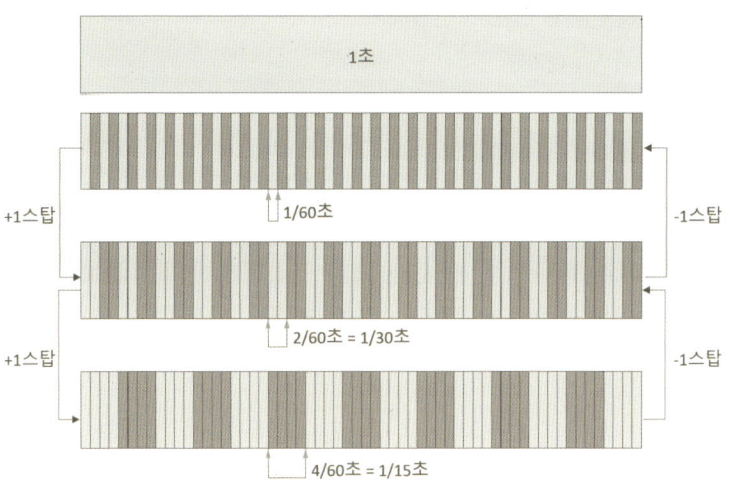

그림 2-3-20. 1초라는 시간을 잘게 쪼개어 보면 보다 쉽게 이해할 수 있습니다.

물론 셔터스피드 역시 조리개와 마찬가지로 각각의 1스탑 사이에 1/3스탑을 넣어 미세 조정이 가능하도록 하고 있습니다. 즉, 1/60초와 1/30초는 1스탑의 관계이지만 그 사이에는 1/50초와 1/40초가 자리 잡고 있습니다. 또한, 1/30초와 1/15

16 1/60초 × 2 = 1/30초

초는 역시 1스탑의 관계이지만 그 사이에는 1/25초와 1/20초가 자리 잡고 있습니다.

셔터스피드가 빨라지면 셔터스피드가 느릴 때에 비해 셔터가 더 빠르게 닫히기 때문에 상대적인 노출의 양은 적어지지만, 오히려 빛이 센서로 들어오는 노출시간이 짧아짐으로 인해 움직이는 피사체를 순간 포착하기에 유리합니다. 반대로 셔터스피드가 느려지면 그만큼 노출의 양은 많아질 수 있지만, 만약 피사체가 움직이고 있다면 피사체가 번지는 듯하게 표현될 수 있습니다.

그림 2-3-21. 필자가 셔터스피드를 1/30초로 맞추고 움직이는 피사체를 따라 촬영된 사진입니다. 소위 말해서 '패닝샷'이라고 하는 기법인데, 이러한 기법도 셔터스피드를 조절하면 쉽게 촬영할 수 있습니다.

위 사진에서처럼 피사체나 배경이 번져서 윤곽선이 뭉개지는 것을 블러(Blur)라고 합니다. 블러에는 피사체가 직접적으로 움직이면서 나타나는 모션블러와, 피사체는 움직이지 않으나 카메라가 움직이면서 나타나는 핸드블러가 있습니다.

피사체가 직접적으로 움직이면서 나타나는 모션블러가 발생할 때에는 셔터스피드를 피사체가 움직이는 것보다 더 빠르게 설정하면, 움직이는 피사체도 마치 정지한 것 같은 느낌으로 촬영할 수 있습니다. 반대로 피사체는 움직이지 않았으나 카메라가 움직이면서 나타나는 핸드블러의 경우, 카메라를 몸에 고정시켜 셔터를 누를 때에 카메라가 움직이지 않도록 하거나 삼각대와 같은 부수적인 액세서리를 이용하여 어느 정도 예방할 수 있습니다.

그림 2-3-22. 카메라를 촬영하는 자세의 예입니다.

그림2-3-22를 보면 핸드블러를 방지하기 위해 우선 카메라를 들고 있는 양쪽 팔꿈치를 모두 몸에 바짝 밀착시킨 후, 뷰파인더에 눈을 붙임으로써 3가지 접점에서 카메라와 몸이 밀착되도록 하였습니다. 또한, 다리는 양옆으로 벌리기보다는 살짝 한 발을 앞으로 뻗어줌으로써 몸의 중심이 잘 유지되도록 하였습니다.

그림 2-3-23. 확대한 사진입니다. 피사체에 초점을 맞추기 위해 오른쪽 눈으로 뷰파인더를 응시하면서도 왼쪽 눈으로는 사진에 담기는 전체 프레임을 모니터링하기 위해 눈을 감지 않고 있는 모습입니다.

참고   셔터를 누르는 순간의 호흡 방법에 대해 알아봅니다.

> 카메라를 제대로 잡고 있고 셔터스피드 또한 빠르게 설정하였음에도 셔터를 누를 때마다 사진에서 꾸준하게 핸드블러가 나타나는 경우를 간혹 볼 수 있습니다. 이런 문제는 대개 촬영자의 잘못된 습관 때문에 발생하는 경우가 많습니다. 잠시 쉬어가는 의미로 셔터를 누르는 순간에 필요한 호흡 방법에 대해 알아봅니다.
>
> 1) 셔터를 누르기 전, 손가락을 셔터 위에 올려둡니다. 아직 셔터를 누르는 단계는 아니고 그저 손가락만 지그시 셔터 위에 올려두면 됩니다.
> 2) 100%로 숨을 들이마시면서 서서히 셔터를 눌러 반셔터만 눌러진 상황을 만들면서 원하는 피사체에 초점을 잡습니다.
>   2-1) 만약, 수동초점으로 촬영할 경우에는 반셔터는 생략하고 숨만 100%로 들이마시면서, 초점링을 돌려 피사체에 초점을 잡습니다.
>   2-2) 백 버튼 포커스(Back Button Focus) 기능을 이용해 촬영할 경우에는 이 단계에서 카메라 본체에 있는 AF 버튼을 이용하여 피사체에 초점을 잡으며 동시에 100%로 숨을 들이마십니다.
> 3) 이제 100% 들이마신 숨 중에서 약 1/3을 내뱉습니다.
> 4) 약 2/3만큼의 호흡이 남아있는 그 상태에서 숨을 참고, 반셔터를 잡고 있는 손가락에 서서히 힘을 가합니다. 인위적으로 '나는 지금 셔터를 누르고 있다'라는 느낌으로 힘을 가하기보다는, 손가락에 서서히 조금씩 힘을 가하다 보니 어느 순간 자신도 인지하지 못하는 상황에서 '어머, 나도 모르게 셔터가 눌러졌네?'라는 느낌이 들도록 촬영합니다.
> 5) 이 단계를 반복적으로 연습합니다.
> 6) 손떨림 방지 기능이 없는 카메라와 렌즈를 사용하였음에도 이 호흡법을 통해 약 1/8초 내지는 1/4초의 셔터스피드에서도 사진에 핸드블러가 전혀 발생하지 않는 수준이면 충분히 숙달이 된 것으로 보아도 무방합니다. 참고로 이 방법은 사진 촬영 뿐만 아니라 정밀한 조준과 안정적인 격발이 요구되는 사격 훈련에서 사용하는 방법이기도 합니다.

(3) ISO (감도)

마지막으로 다루어 볼 노출의 3요소는 ISO입니다. ISO는 감도라고도 합니다. 감도라는 단어를 언뜻 보아서는 '빛에 민감한 정도'를 의미하는 '민감도'를 뜻하는 말이 아닐까라고 생각할 수 있지만 사실은 필름 카메라에서 사용하던 필름의 감광 속도를 뜻하는 말에서 유래했습니다. 실제로 ISO라는 단어는, 필름 카메라에서 사용하던 필름의 감도를 규정하였던 미국의 ASA 규격과 유럽의 DIN 규격을 통합한 국제표준화기구(ISO)[17]의 기준이라는 의미를 지니고 있습니다. 보다 정확하게는 국제표준화기구가 지정한 ISO 12232:2019 기준을 의미합니다.[18]

따라서, 필름을 사용하지 않는 디지털카메라 사용자의 입장에서는 감도라는 용어가 원래는 필름 카메라에서 사용하였던 감광 속도의 줄임말이라고 하는 것이 사실 크게 와닿지 않을 수 있습니다. 게다가 감도의 영문표기인 ISO 또한 부가적인 설명이 뒷받침되지 않는 한 직관적으로 받아들이기 어렵습니다. 조리개는 Aperture, 셔터스피드는 Shutter Speed라고 직접적으로 번역을 하여 이해할 수 있는 반면, 감도는 아무런 설명도 없이 그저 ISO(국제표준화기구)라고만 쓰다 보니 아무래도 생소하게 느껴지는 것입니다.[19]

---

[17] International Organization for Standardization

[18] 국제표준화기구(ISO)가 규정하고 있는 기준서들은 고유한 기준서 등록번호를 가지고 있습니다. 디지털카메라의 감도와 관련해서는 ISO 12232:2019를 통해 세부 내용을 확인할 수 있으며 https://www.iso.org/standard/73758.html에서 해당 기준서를 다운받을 수도 있습니다.

[19] 발음을 할 때에도 알파벳 철자 그대로 [아이-에스-오]라고 부르는 사람도 있고, [아이-소]라고 부르는 경우도 있으며, 심지어 [이-소]라고 하는

그렇지만 사실 ISO는 그렇게 어려운 개념은 아닙니다. 쉽게 말해서, ISO 역시도 조리개나 셔터스피드와 마찬가지로 노출의 양을 결정하는 하나의 요소입니다. 그리고 이 세 가지 요소들이 모여 전체 노출의 양을 결정하게 됩니다. 다만, 아쉽게도 ISO는 조리개나 셔터스피드와 달리 카메라 센서로 들어오는 빛의 양을 직접적으로 조절하지는 않습니다. 대신, ISO는 카메라의 셔터가 열려있는 동안 렌즈의 조리개를 거쳐 센서로 들어온 일정한 양의 빛 입자를[20] 사후적으로 증폭하는 방식으로 전체 노출에 영향을 미치게 됩니다.

그림 2-3-24. 조리개는 F/2.8, 셔터스피드는 1/60초, ISO는 12800으로 촬영한 사진입니다. 조리개와 셔터스피드만으로 노출이 부족하기 때문에 ISO를 12800까지 올려 촬영하였습니다.

위 사진과 같이 ISO를 높이게 되면, 노출이 부족한 상황에서도 어느 정도 추가적인 노출을 확보할 수 있습니다. 다만, 이미 센서로 들어온 고정된 양의 빛 입자가 가진 신호를 다시 증폭하여 노출을 확보하는 방식이다 보니 사진에서 노이즈가 발생하게 됩니다. 발생하는 노이즈의 양은 ISO 수치가 높아짐에 따라 점차적으로 증가하게 됩니다.

ISO 역시도 조리개나 셔터스피드에서 보았던 것처럼, +/-1스탑의 관계를 유지하며 조절이 가능합니다. 따라서 ISO 200은 ISO 100에 비해 노출의 양이 2배 더 많습니다. 또한, ISO 400은 ISO 100에 비해 노출의 양이 4배 더 많습니다. ISO 800은 ISO 100과 +3스탑 차이이므로, 2의 3제곱인 8배만큼 노출의 양이 많습니다. 다만, ISO를 올린다고 해서 카메라에 들어오

경우도 있습니다. 결국, ISO라는 명칭은 국제표준화기구(ISO)를 의미하고, 사진에서는 '감도'를 뜻하지만 ISO라는 단어와 감도라는 말이 서로 직접적으로 매칭이 되지 않다 보니 용어에 대한 생소함이 여전히 남아있는 것으로 보입니다.

20 이러한 빛 입자를 '광자'라고 합니다. 렌즈를 통해 들어온 광자는 센서면에 있는 각각의 sensel을 거쳐 하나의 색상 정보를 갖는 디지털 신호로 변환됩니다.

는 절대적인 노출의 양이 많아지는 것은 아니며, 단지 카메라 내부의 신호 증폭을 통해 노출이 많은 것처럼 보이는 것입니다. 물론 그와 함께 노이즈도 증가하게 됩니다.[21]

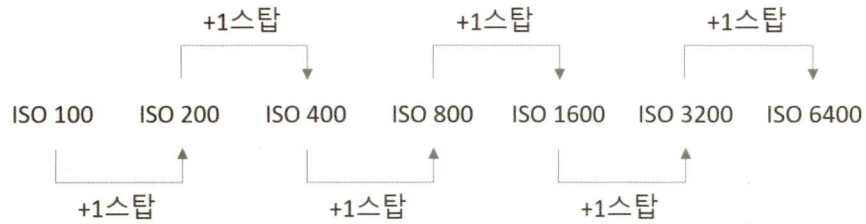

그림 2-3-25. ISO에서도 역시나 '스탑'의 개념이 동일하게 적용되는 것을 알 수 있습니다.

ISO가 올라감에 따라 노이즈가 함께 증가하는 것은 마치 라디오에서 청음 가능한, 유의미한 신호가 존재하는 적정 주파수 대역을 찾아 해당 주파수 대역에 근접해 가던 도중 서서히 볼륨을 키웠을 때 청음 가능한 신호와 더불어 잡음의 양도 함께 증가하는 것과 이론적으로는 거의 같은 현상으로 이해할 수 있습니다. ISO는 사진에서는 감도를 의미하지만, 음악으로 말하자면 곧 '볼륨'을 의미하기도 하며, 실제로 들어온 신호를 증폭해서 출력한다는 측면에서 ISO와 볼륨(음량조절)은 매우 유사한 방식으로 작동합니다. 이미 들어온 신호를 그저 내리거나 올림으로써 신호의 세기를 조절하는 것이기 때문입니다.

002 | 노출의 3요소를 이용한 다양한 촬영 모드 이해하기

앞서 조리개, 셔터스피드, ISO에 대해 하나씩 다루어 보았습니다. 이제부터는 노출의 3요소를 이용하여 어떻게 카메라를 조작할 수 있는지를 알아보겠습니다.

카메라의 촬영 모드는 크게 자동모드와 수동모드로 구분할 수 있으며, 이와 더불어 반자동모드가 있습니다. 이 책에서 다루고자 하는 내용은 반자동모드와 수동모드입니다. 촬영 모드는 카메라마다 조금씩 다르긴 하지만 그림2-3-26과 같은 모습으로 확인할 수 있습니다.

그림 2-3-26. 카메라에 따라서 조금씩 다르긴 하나 대체적으로 이와 같은 모드 다이얼을 가지고 있습니다.

---

21 카메라 기종에 따라 다르긴 하나, ISO 역시도 1/3스탑 간격으로 미세 조절이 가능합니다.

각각의 촬영 모드에 대해 하나씩 살펴보겠습니다.

(1) **조리개 우선모드 (A모드, Av모드):** A모드 혹은 Av모드로 부르기도 하는 조리개 우선모드는 사용자가 원하는 조리개 값을 지정하면 카메라는 적정노출을 발현할 수 있는 셔터스피드를 자동으로 맞추어주는 모드입니다. 만약 이때 사용자가 촬영 모드를 조리개 우선모드에 두고 ISO를 Auto로 설정해 두면 카메라는 셔터스피드뿐만 아니라 ISO도 자동으로 설정함으로써 사용자가 촬영하게 될 사진이 적정노출에 맞추어지도록 합니다.

사용자가 선택하는 것	실제 카메라에서의 작동방식
특정 조리개값 설정 + ISO Auto	카메라는 셔터스피드값과 ISO값을 함께 변경
특정 조리개값 설정 + 특정 ISO값 설정	카메라는 셔터스피드값만 변경

조리개 우선모드는 사용자가 조리개를 직접적으로 조절할 수 있다는 측면에서 많은 이점을 갖는 모드입니다. 왜냐하면 조리개는 사진의 심도를 결정하는 중요한 요소이며, 사진의 심도는 사용자가 사진에서 강조하고자 하는 것을 가장 쉽게 표현할 수 있는 좋은 수단 중 하나이기 때문입니다. 즉, 조리개 우선모드를 사용하면 다른 부분에 대해서는 카메라에게 전적으로 위임하고, 사용자는 오롯이 원하는 심도를 바탕으로 사진에서 표현하고자 하는 느낌을 연출하는 데 집중할 수 있습니다.

그림 2-3-27. 촬영 모드를 조리개 우선모드에 두고 원하는 조리개값을 설정한 후 구도만 맞추면 쉽게 촬영이 가능합니다.

반대로 조리개 우선모드로 촬영할 경우, 사용자는 셔터스피드값에 대한 변경 권한을 카메라에 전적으로 위임하게 됨으로써 실제 촬영 시 그로 인해 원치 않은 영향을 받을 가능성이 생깁니다.[22] 다만, 사전에 주의를 한다면 이 부분은 어느 정도 예방은 가능한데 그 방법은 다음과 같습니다.

- 조리개 우선모드에서 셔터를 누르기에 앞서, 먼저 가볍게 반셔터를 눌러서 촬영하고자 하는 피사체로 초점을 잡게 되면 카메라는 해당 조건에서의 적정노출을 계산하여 셔터스피드값을 정합니다. 만약 ISO 역시도 Auto로 설정되어 있다면 셔터스피드값과 ISO값을 함께 정하게 됩니다. 그렇게 함으로써 현재 상황에서의 셔터스피드값과 ISO값을 카메라를 통해 미리 확인할 수 있습니다.

- 만약 이때, 셔터스피드가 지나치게 느려짐으로 인해 노출시간이 길어지는 것으로 나타난다면 이는 카메라의 입장에서 보았을 때 사용자가 설정해 둔 조리개값 또는 ISO값이 현재 촬영 환경에 비해 적정 수준의 노출을 받아들이기에는 부족하다고 판단한 것입니다. 촬영이 이루어지는 주변 환경에 비해 사용자가 설정해 둔 노출의 3요소들이 적정노출을 받기에 모자라다 보니, 카메라는 스스로 조작할 수 있도록 권한을 부여받은 또 다른 노출의 3요소를 이용하여 최대한 노출을 확보하려고 하는 것입니다. 따라서 이런 경우에는, 처음부터 조리개가 더 개방될 수 있도록 조리개값을 다시 조절해야 할 필요가 있습니다. 조리개를 개방하는 것과 함께 ISO를 조금 더 올려주는 것 또한 하나의 방법이 될 수 있습니다.

- 반대의 경우도 생각해 볼 수 있습니다. 조리개 우선모드에서 반셔터를 눌러 셔터스피드값을 확인하였는데 1/4000초 내지는 1/8000초로 매우 빠른 셔터스피드가 나타날 수도 있습니다. 보통 이런 경우에는 사용자가 조리개를 최대개방 상태로 설정해 둔 상황에서 카메라로 들어오는 노출의 양이 적정노출보다 과다하다고 카메라가 스스로 판단하여 셔터스피드를 빠르게 하는 경우입니다. 이미 조리개를 통해 많은 양의 노출이 들어오고 있기 때문에 가급적이면 노출시간이라도 최대한 단축하여 과다 노출되지 않도록 하려는 것입니다.

- 이렇게 빠른 셔터스피드를 이용하여 촬영하였음에도 여전히 과다 노출이 발생하여 사진이 지나치게 밝게 나온다면, 다시 조리개값을 조금 더 올리는 조작을 통해 조리개가 더 조여질 수 있도록 하거나, 렌즈 바깥에 부착하는 ND필터[23]를 이용하여 렌즈에 도달하는 노출의 양을 직접적으로 줄일 수 있습니다.[24]

- 경우에 따라서는 본인이 현재 사용하고 있는 카메라에 비해 더 빠른 셔터스피드를 지원하는 카메라를 이용하는 것도 하나의 해결방법이 될 수 있습니다.

(2) 셔터스피드 우선모드 (S모드, Tv모드): S모드 혹은 Tv모드로 부르기도 하는 셔터스피드 우선모드는 사용자가 원하는 셔터스피드값을 지정하면 카메라가 적정노출을 발현할 수 있도록 조리개값을 자동으로 맞추어 주는 모드입니다. 만약 이때 사용자가 촬영 모드를 셔터스피드 우선모드에 두고 ISO를 Auto로 설정해 두었다면 카메라는 조리개뿐만 아니라

---

22. 비단 셔터스피드뿐만 아니라 ISO 역시도 사용자가 사전에 특정 값을 지정하지 않은 채 Auto에 두고 조리개 우선모드로 촬영한다면, 카메라는 셔터스피드와 ISO를 동시에 할당하게 되므로, 특히 저조도에서 발생하는 노이즈를 원하는 대로 조절하지 못하는 등의 문제가 발생할 수 있습니다.

23. ND필터는 일종의 선글라스라고 이해할 수 있습니다. 선글라스를 착용하면 강한 빛이 우리 눈에는 어느 정도 차단되어 보이듯이, 렌즈에 부착하는 ND필터 역시 렌즈로 들어오는 빛의 양을 줄이는 역할을 합니다.

24. 일부 카메라의 경우, ND필터를 카메라 내에서 전자식으로 설정할 수 있도록 지원하고 있습니다. 그런 카메라를 사용할 때에는 노출이 과다한 경우에 물리적인 ND필터를 사용하지 않고서도 노출의 양을 줄일 수 있습니다.

ISO도 함께 자동으로 설정하여 사용자가 촬영하게 될 사진이 적정노출에 맞추어지도록 합니다.

사용자가 선택하는 것	실제 카메라에서의 작동 방식
특정 셔터스피드값 설정 + ISO Auto	카메라는 조리개값과 ISO값을 함께 변경
특정 셔터스피드값 설정 + 특정 ISO값 설정	카메라는 조리개값만 변경

(3) 프로그램 모드 (P모드, Program모드): 프로그램 모드 혹은 P모드는 카메라가 조리개값과 셔터스피드값을 함께 변경하여 적정노출을 맞추어 주는 모드입니다. 카메라 제조사마다 차이가 있기는 하나, 보통은 적정노출을 얻기 위한 조리개값과 셔터스피드값의 조합을 사전에 카메라 내에 하나의 프로그램으로 저장해 두고 각 촬영 환경에 맞는 값을 조합하여 사용자에게 제시해주는 방식입니다. 따라서 어떻게 보면 프로그램 모드는 완전 자동모드와 유사하게 보일 수도 있지만, 화이트밸런스와 같은 세부적인 촬영 옵션을 사용자가 정할 수 있다는 점과 원한다면 조리개값과 셔터스피드값의 조합을 사용자가 임의적으로 변경할 수 있다는 점에서 차이가 있습니다.

특히 프로그램 모드에서 만약 사용자가 ISO를 Auto로 해두지 않고 특정한 ISO값을 미리 지정하게 되면, 카메라는 해당 ISO에 맞는 노출을 조리개값과 셔터스피드값을 조합하여 찾아주기 때문에 혹자는 프로그램 모드를 ISO 우선모드라고 지칭하기도 합니다.

그림 2-3-28. 비행기 안에서 잠을 자던 중 창문 밖으로 펼쳐진 칠레 안데스 산맥의 석양을 빠르게 담아내기 위해 프로그램 모드에서 ISO를 Auto로 하여 촬영한 사진입니다.

(4) 완전 수동모드 (M모드, Manual모드): 완전 수동모드 혹은 M모드는 조리개와 셔터스피드는 물론 ISO까지 사용자가 직접 정하여 촬영하는 모드입니다. 앞서 다른 모드들과 마찬가지로 사용자가 ISO를 특정 값으로 지정하지 않고 Auto로 설정하게 되면 카메라는 사용자가 지정한 조리개값과 셔터스피드값을 바탕으로 적정노출을 만들어 낼 수 있는 ISO를 정하게 됩니다. 사진의 노출을 결정하는 노출의 3요소를 사용자 스스로 결정할 수 있고 카메라가 관여하는 범위는 최소화하는 것이 바로 완전 수동모드이며, 그것이 완전 수동모드의 매력이기도 합니다.

간혹 M모드로 촬영한다고 하면 처음부터 어렵게 느끼거나 카메라에 익숙한 전문가들만이 주로 사용하는 모드라고 생각하는 경우도 있습니다. 하지만 사실은 그렇지 않습니다. 물론 M모드라는 것이 각각의 노출의 요소들을 사용자가 직접 지정할 수 있고, 그로 인해 사용자에게 많은 통제 권한을 제공한다는 점에서 다른 촬영 모드들과 차이가 있기는 합니다. 그렇다고 해서 M모드가 전문가를 위한 촬영 모드라거나 M모드로 촬영해야만 반드시 좋은 사진을 촬영할 수 있다는 뜻은 전혀 아닙니다. 필자 역시도 M모드를 사용하는 경우가 많지만, M모드를 사용하는 만큼 자주 A모드를 사용하기도 하고 때로는 S모드를 사용하기도 하며, 심지어 P모드를 사용하는 경우도 많습니다.

따라서 어떤 촬영 모드를 선택해야 하는지는 사실 중요한 문제는 아닙니다. 오히려 촬영 상황과 촬영 환경에 맞는 촬영 모드를 능동적으로 선택하려는 인식이 보다 중요하며 이것은 마치 바깥 날씨 상황에 맞추어 외출할 때 입고 나갈 옷을 정하는 것과도 같습니다. 한겨울철 롱패딩을 입고 나가면 따뜻하다고 해서 한여름에도 롱패딩을 입을 수는 없는 것과 마찬가지입니다.

카메라가 알아서 적정노출을 만들어주는 조리개 우선모드나 셔터스피드 우선모드, 혹은 프로그램 모드와 다르게 M모드는 사용자가 노출값을 직접 지정하고 그 결과를 사진으로 담아낼 수 있습니다. 따라서 다른 모드와는 달리 적정노출을 만들어 내기 위한 약간의 지식이 필요합니다. 물론 그리 어려운 것은 아니며, 쉽게 배워서 바로 응용할 수 있습니다. 이와 관련해서는 Class 04에서 보다 자세히 다루겠습니다.

| 그림 2-3-29. M모드에서 조리개와 셔터스피드, ISO값을 직접 지정하여 촬영한 사진입니다.

04 CLASS

노출의 3요소를 자유자재로 다루기 위한, 알뜰하고 쓸모있는 지식!

001 | 등가노출

앞서 우리는 노출의 3요소인 조리개, 셔터스피드, ISO에 대해 알아보았습니다. 이번 클래스에서는 구체적으로 이 3가지 요소들 간에 어떠한 관계가 있는지를 등가노출이라는 개념을 통해 살펴보겠습니다.

등가노출은 쉽게 말해서 같은 양의 노출을 갖는 관계를 의미합니다. 등가노출을 적용하여 촬영한 아래 사진을 보겠습니다.

| 그림 2-4-1.

| 그림 2-4-2.

그림2-4-1과 그림2-4-2는 조리개와 셔터스피드, ISO를 서로 다르게 하여 촬영한 사진입니다. 그러나 두 사진을 비교해보면 서로 같은 양의 노출을 갖고 있다는 것을 알 수 있습니다. 언뜻 보아서는 이렇게 노출이 같아진 것이 우연의 일치인 것 같지만 실제로는 예시로 활용하고자 노출이 같아지도록 노출의 3요소를 의도적으로 조정하여 촬영한 사진입니다.

Class 03에서 우리는 조리개나 셔터스피드, ISO를 1스탑 올리거나 내렸을 때 노출의 양이 2배로 증가하거나 1/2로 감소한다는 것을 배웠습니다. 그리고 조리개에서의 1스탑이나 셔터스피드에서의 1스탑이나 ISO의 1스탑은 모두 같은 양의 노출을 의미합니다. 따라서 이 원리를 이용한다면 서로 다른 세팅값을 가지고서도 충분히 같은 양의 노출로 촬영하는 것이 가능합니다. 위의 두 사진 또한 그 원리를 이용한 것입니다.

이제부터 실제 사례를 통해 살펴보겠습니다. 조리개 F/4.0, 셔터스피드 1/60초, ISO 400으로 촬영을 하였는데 이보다 2배 더 많은 노출을 담고 싶다면 어떻게 하면 될까요? 무엇을 바꾸든지 간에 +1스탑만큼의 노출만 더 확보해주면 됩니다. +1스탑만큼의 노출을 확보할 수 있다면 노출의 양은 2배로 많아지기 때문입니다. +1스탑만큼의 노출을 더 확보하는 방법은 여러 가지가 있을 수 있지만 우선 간단히 3가지 경우를 보겠습니다.

- 최초 설정: 조리개 F/4.0, 셔터스피드 1/60초, ISO 400
- 해결 과제: +1스탑 노출 확보 방법 찾기

① 조리개 F/4.0 → F2.8(+1스탑 확보)
셔터스피드 1/60초(기존과 동일)
ISO 400(기존과 동일)

② 조리개 F/4.0(기존과 동일)
셔터스피드 1/60초 → 1/30초(+1스탑 확보)
ISO 400(기존과 동일)

③ 조리개 F/4.0(기존과 동일)
셔터스피드 1/60초(기존과 동일)
ISO 400 → 800(+1스탑 확보)

어느 경우이든지 간에 결과적으로는 사진의 노출이 +1스탑 올라가는 효과를 볼 수 있습니다. 조금 더 깊이 들어가서 다음의 경우도 살펴보겠습니다. 결론부터 이야기하자면, 다음의 경우 역시도 노출은 +1스탑만큼만 증가하게 됩니다. 실제로 카메라를 가지고 각각의 세팅에 맞추어 촬영을 해보면 +1스탑 증가한 노출이 일관성 있게 나타나는 것을 확인할 수 있습니다.

- 최초 설정: 조리개 F/4.0, 셔터스피드 1/60초, ISO 400
- 해결 과제: +1스탑 노출 확보 방법 찾기

① 조리개 F/4.0 → F2.8(+1스탑 확보)
셔터스피드 1/60초 → 1/125초(-1스탑 손실)
ISO 400 → 800(+1스탑 확보)

② 조리개 F/4.0 → F/5.6(-1스탑 손실)
셔터스피드 1/60초 → 1/125초(-1스탑 손실)
ISO 400 → 3200(+3스탑 확보)

③ 조리개 F/4.0 → F5.0(-2/3스탑 손실)
셔터스피드 1/60초 → 1/30초(+1스탑 확보)
ISO 400 → 640(+2/3스탑 확보)

각각의 경우 변화한 노출의 양을 모두 합하면 +1스탑으로 수렴한다는 것을 알 수 있습니다. 이처럼 +1스탑의 노출을 증가시키는 방법은 이 외에도 다양하게 있을 수 있습니다. 중요한 것은 이들의 관계를 억지로 외우려하기보다는 자연스럽게 이해하고 실제로 적용하는 것입니다.

그렇다면, 이제부터는 +1스탑 노출을 올리는 경우가 아니라 동일한 노출로 촬영하는 세팅값을 찾아보겠습니다. 최대개방 조리개가 F/1.4인 렌즈를 가지고 조리개 F/8.0, 셔터스피드 1/60초, ISO 1600으로 촬영한 사진이 있다고 가정하겠습니다. 그리고 이와 동일한 노출을 갖되 사진의 심도를 최대한 얕게 하여[25], 배경은 흐릿하게 보이면서 동시에 피사체는 선명하게 표현되는 아웃포커싱된 사진을 담아야 하는 경우라면 어떻게 해야할까요?

이 문제도 알고 보면 단순합니다. 우리에게는 조리개와 셔터스피드, 그리고 ISO가 있고 이것들을 조합하여 동일한 노출을 갖는 세팅값을 찾아내기만 하면 됩니다. 다만 이번 경우가 바로 직전에 다룬 예시와 다른 점은, 동일한 노출을 갖는 세팅값을 찾되 최대한 얕은 심도를 갖게끔 조절해야 한다는 점입니다. 즉, 얕은 심도를 얻기 위해 조리개값(F값)을 가장 작게 하여 조리개 지름이 최대한으로 커질 수 있도록 해야 한다는 전제 조건이 새롭게 생긴 것입니다.

그러면 어떻게 하여 조리개 F/8.0, 셔터스피드 1/60초, ISO 1600과 동일한 노출로 촬영하되 심도를 최대한 얕게 하도록 할 수 있을까요? 그 방법을 같이 찾아보겠습니다.

- 최초 설정: 조리개 F/8.0, 셔터스피드 1/60초, ISO 1600
- 해결 과제: 심도를 최대한 얕게 하되 동일한 노출 확보 방법 찾기

① 우선 심도를 얕게 하여 아웃포커싱을 만들어야 하므로 F/8.0인 조리개를 최대개방이 되도록 F/1.4로 변경하겠습니다. 이렇게 조리개를 개방함으로써 우리는 F/8.0보다 훨씬 얕은 심도를 얻게 되었지만 더불어 +5스탑만큼의 추가적인 노출도 얻게 되었습니다. +5스탑만큼 노출이 증가하였으므로 총 노출은 최초 설정 대비 32배[26] 증가하였습니다.

---

[25] 심도를 최대한 얕게 하여 = 초점이 맞아있는 영역을 최대한 좁게 하여

[26] +5스탑 노출 증가 = 2^5배만큼 노출 증가 = 32배만큼 노출 증가

조리개 F/8.0 → F/1.4(+5스탑 확보)
셔터스피드 1/60초(기존과 동일)
ISO 1600(기존과 동일)

② 조리개를 개방함으로써 원하는 심도를 얻었지만 한편으로는 최초 설정 대비 노출이 과도하게 증가하게 되었습니다. 이에 최초 설정과 동일한 노출로 만들어주기 위해서는 증가한 노출의 양만큼 노출이 제거될 수 있도록 셔터스피드와 ISO를 조절해야 합니다. 그렇게 하지 않으면 최초 설정됐던 세팅값보다 무려 32배나 밝은 노출을 가진 사진이 되어 버리기 때문입니다. 그리고 이때 낮추어야 하는 양은 셔터스피드와 ISO를 합하여 -5스탑이 만들어지면 됩니다. 우선 셔터스피드만 이용하여 -5스탑을 낮추어 보겠습니다.

조리개 F/8.0 → F/1.4(+5스탑 확보)
셔터스피드 1/60초 → 1/2000초(-5스탑 손실)
ISO 1600(기존과 동일)

③ 드디어 우리는 최초 설정과 같은 양의 노출을 가지면서 심도는 보다 얕아진 새로운 세팅값을 (F/1.4, 1/2000초, ISO 1600) 찾게 되었습니다. 하지만 여기서 끝이 아닙니다. 우리가 찾아낸 새로운 세팅값이 과연 최적의 결과물인지를 재차 검증해 보아야 합니다.

눈치가 빠른 독자분이라면 알아차리셨겠지만 셔터스피드에서 오롯이 -5스탑을 내림으로써 동일한 노출을 맞출 수 있게 되었지만 여전히 ISO는 1600으로 높은 수준입니다. 즉, 사진에는 여전히 ISO 1600만큼의 노이즈가 남아있는 것입니다. 셔터스피드 1/2000초는 충분히 빠른 셔터스피드이기 때문에 셔터스피드를 다소 느리게 하더라도 ISO를 조금 더 낮출 수 있다면 우리는 보다 적은 노이즈를 가진 결과물을 만들어 낼 수 있습니다. ISO값이 감소할수록 사진에서 발생하는 노이즈는 줄어들기 때문입니다. 따라서, 다음의 세팅들을 추가적으로 고려할 수 있습니다.

조리개 F/8.0 → F/1.4(+5스탑 확보)
셔터스피드 1/60초 → 1/125초(-1스탑 손실)
ISO 1600 → 100(-4스탑 손실)

조리개 F/8.0 → F/1.4(+5스탑 확보)
셔터스피드 1/60초 → 1/250초(-2스탑 손실)
ISO 1600 → 200(-3스탑 손실)

조리개 F/8.0 → F/1.4(+5스탑 확보)
셔터스피드 1/60초 → 1/500초(-3스탑 손실)
ISO 1600 → 400(-2스탑 손실)

이들 모두가 최초 세팅값과 같은 양의 노출을 갖는 값입니다. 셔터스피드를 1/2000초로 설정하고 ISO를 1600에 내버려두는 대신, 셔터스피드를 1/250초로 타협하면 ISO를 무려 200까지 내릴 수 있는 것입니다. 물론, 그렇게 하더라도 노출의 양은 여전히 동일합니다. 그로 인해 우리는 그만큼 노이즈가 적어진 결과물을 만들어 낼 수 있습니다.

여기에서 우리는 두 가지 결론에 도달할 수 있습니다.

① 최초 설정이 어떤 것이든, 그와 동일한 노출을 갖는 등가노출의 값을 찾아낼 수 있습니다.

② 여러 가지 등가노출의 대안 중에서 사용자 본인의 의도와 촬영 환경에 더욱 부합하는 세팅값을 선택할 수 있습니다.

이번에는 반대의 경우를 살펴보겠습니다. 최대개방 조리개가 F/1.4인 렌즈를 가지고 조리개 F/1.4, 셔터스피드 1/60초, ISO 400으로 촬영된 사진이 있다고 가정하겠습니다. 그리고 이와 동일한 노출을 갖되 이번에는 사진의 심도를 깊게 하여 피사체와 배경이 모두 심도 범위 내에 들어오도록 담아야 하는 경우라면 어떻게 해야 할까요? 이 문제 역시도 접근방법은 동일합니다.

- **최초 설정: 조리개 F/1.4, 셔터스피드 1/60초, ISO 400**
- **해결 과제: 심도를 깊게 하되 동일한 노출 확보 방법 찾기**

① 우선 심도를 깊게 하기 위해 조리개를 F/8.0으로 조절하여 조리개가 조여지도록 하겠습니다. 이렇게 함으로써 우리는 깊은 심도라는 이득을 얻는 대신 -5스탑만큼의 노출을 잃어버리게 되었습니다. -5스탑만큼 노출을 잃어버렸으므로 총 노출은 최초 설정 대비 32배 감소하였습니다.

조리개 F/1.4 → F/8.0(-5스탑 손실)
셔터스피드 1/60초(기존과 동일)
ISO 400(기존과 동일)

② 부족해진 노출을 확보하기 위해 셔터스피드와 ISO를 조절할 차례입니다. 이때 확보해 주어야 하는 노출의 양은 셔터스피드와 ISO를 합하여 +5스탑이 만들어지면 됩니다. 우선 셔터스피드만을 이용하여 +5스탑을 올려 보겠습니다.

조리개 F/1.4 → F/8.0(-5스탑 손실)
셔터스피드 1/60초 → 1/2초(+5스탑 확보)
ISO 400(기존과 동일)

③ 이제 우리는 최초 설정과 같은 양의 노출을 가지면서 심도가 깊어진 새로운 세팅값을(F/8.0, 1/2초, ISO 400) 찾았습니다. 하지만 셔터스피드에서만 오롯이 +5스탑을 올리다 보니 문제가 생겼습니다. 그것은 과연 1/2초 동안 흔들림 없이 피사체를 담아낼 수 있느냐는 것입니다. 만약 삼각대가 있다면 1/2초에서 카메라 바디 자체

가 흔들리는 핸드블러[27]는 막을 수 있지만 설령 삼각대가 있다 하여도 피사체가 움직인다면 모션블러[28]는 피할 수 없는 상황인 것입니다. 따라서 세팅값의 재조정을 고려해 볼 필요가 있습니다.

④ 셔터스피드를 느리게 함으로써 +5스탑만큼의 추가적인 노출을 확보하였으나 이제는 블러라는 새로운 요소를 고려해야 합니다. 다만 희망적이게도 아직 ISO는 400에 머무르고 있으므로 셔터스피드를 조금이라도 빠르게 함으로써 +5스탑의 노출 중 일부를 포기하는 대신 ISO를 가지고 부족한 노출을 확보하는 방안을 고려할 수 있습니다. 즉, 다음의 값들을 새로운 대안으로 제시할 수 있습니다.[29]

조리개 F/1.4 → F/8.0(-5스탑 손실)
셔터스피드 1/60초 → 1/30초(+1스탑 확보)
ISO 400 → 6400(+4스탑 확보)

조리개 F/1.4 → F/8.0(-5스탑 손실)
셔터스피드 1/60초 → 1/15초(+2스탑 확보)
ISO 400 → 3200(+3스탑 확보)

조리개 F/1.4 → F/8.0(-5스탑 손실)
셔터스피드 1/60초 → 1/8초(+3스탑 확보)
ISO 400 → 1600(+2스탑 확보)

어느 경우이든 최초 세팅값과 동일한 양의 노출을 얻을 수 있습니다. 그리고 이러한 여러 가지 대안 중에서 사용자가 처한 촬영 상황을 고려하여 적절한 세팅을 선택하면 됩니다. 이 정도 수준에서 등가노출을 이해하고 적용할 수 있다면 여러분은 이제 M모드에서 원하는 세팅값을 고르는 데 크게 어려움을 느끼지 않을 것입니다.

노출의 3요소를 일괄적으로 한 번에 바꾼다는 것이 처음에는 어려울 수 있습니다. 하지만, 촬영이 이루어지는 현장 상황과 여러분 스스로가 사진에 담고자 하는 의도를 감안하여 자신에게 가장 중요한 요소부터 하나씩 선택해 간다면 오히려 앞으로 여러분은 다른 모드보다도 M모드를 더 선호하게 될지도 모릅니다. 그만큼 손은 더 바빠지겠지만 사용자의 상황에 따라 선택지가 늘어난다는 점은 사진 촬영에서의 자유도를 증가시킬 수 있기 때문입니다.[30]

---

[27] 느린 셔터스피드에서 카메라 자체가 흔들림으로써 움직이고 있지 않은 피사체가 사진에서는 흔들린 것처럼 보이는 현상으로서, 삼각대를 사용하거나 셔터스피드 자체를 빠르게 설정한다면 예방 가능합니다.

[28] 카메라의 노출이 시작되는 동안 피사체가 실제로 움직임으로써 사진에서 흔들린 것처럼 보이는 현상으로서, 피사체의 움직임을 그대로 담아낼 수 있는 보다 빠른 셔터스피드로 설정하면 예방 가능합니다.

[29] 대안으로 제시한 방법들은 대체적으로 셔터스피드를 전보다 빠르게 하고, ISO는 조금 더 올림으로써 사진에 노이즈는 다소 들어갈지언정 블러는 최소화하기 위한 방법입니다. 즉, 어떠한 세팅값을 선택하든지 간에 사용자에게 보다 덜 중요한 요소에서 약간 손해를 보더라도 보다 더 중요한 것에서 이득을 보는 방향으로 선택을 하는 것이 좋습니다. 이 과정을 하나의 Give and Take 또는 Trade-Off 라고 생각하면 쉽습니다.

[30] 그렇다 하더라도 앞서 설명한 것처럼 M모드가 최선의 촬영 모드라는 뜻은 아닙니다. 각각의 촬영 모드는 그 나름의 장단점을 갖고 있기 때문에, 현장 상황에 부합하고 촬영 의도를 담아낼 수 있는 모드를 선택한다면 그것만으로도 충분합니다.

참고 최대개방할 수 있는 조리개값이 작은 '밝은 렌즈'는 어떤 면에서 좋을까요?

모든 렌즈는 최대한으로 조리개 지름을 키울 수 있는 조리개값의 한계치가 있습니다. 이를 최대개방 조리개값이라고 합니다. 최대개방 조리개값이 작으면 작을수록 조리개의 지름은 더 커질 수 있는 여유를 갖게 됩니다. 조리개의 지름이 보다 더 커질 수 있다는 말은 바꾸어 말해서 동일한 조건에서 조리개를 추가적으로 개방함으로써 더 많은 노출을 받을 수 있다는 뜻이기도 합니다. 이런 까닭에 최대개방 조리개값이 작은 렌즈들을 흔히 '밝은 렌즈'라고 부르기도 합니다.

밝은 렌즈의 기준이 정확히 어딘가에 명시되어 있는 것은 아닙니다. 하지만, 보통 F/2.0, F1.8, F/1.4, F/1.2 정도의 최대개방 조리개값을 갖는다면 밝은 렌즈라고 이야기할 수 있습니다. 또한, 이러한 최대개방 조리개값을 갖는 렌즈들은 그렇지 않은 렌즈들에 비해 상대적으로 높은 가격을 형성하고 있습니다.

그렇다면, 이러한 '밝은 렌즈'가 어떤 측면에서 유용한지 한번 생각해 보겠습니다. 가장 쉽게 떠올릴 수 있는 이점은 바로 얕은 심도입니다. 심도는 조리개의 지름에 반비례하기 때문에 조리개의 지름이 충분히 커질 수 있다면 반대로 심도는 그만큼 더 얕아지게 됩니다. 심도가 얕아진다는 것은 초점이 맞아있는 영역이 좁아진다는 의미로 해석할 수 있으므로 피사체와 배경은 더욱 극명하게 분리될 수 있습니다. 조리개 지름 외에도 심도에 영향을 미치는 요소들이 몇 가지가 더 있지만 다른 모든 조건들이 동일하게 주어진다면 결국 심도는 조리개가 결정하게 되며, 따라서 심도와 관련한 '밝은 렌즈'의 효용성은 충분하다고 볼 수 있습니다.

그렇지만, 노출의 3요소를 이야기하고 있는 이 시점에서 다시 심도 이야기를 꺼내려는 것은 아닙니다. '밝은 렌즈'를 사용했을 때 가질 수 있는 진짜 효용은 바로 노출과 관련한 부분입니다. 앞서 보신 것처럼 조리개, 셔터스피드, ISO는 사진 전체의 노출을 직접적으로 결정짓는 요소들입니다. 그러므로 어느 한 요소에서 노출의 손실이 있다면 나머지 두 요소를 조작함으로써 부족한 노출을 보완할 수 있으며, 반대로 어느 하나의 요소가 이미 많은 양의 노출을 홀로 고독하게 받아줄 수 있다면 상대적으로 나머지 두 요소들은 애써 많은 양의 노출을 받지 않아도 되는 '상대적인 이득'을 갖게 됩니다. 그렇다 하여도 전체 노출의 양은 부족함이 없기 때문입니다.

이를 굳이 '이득'이라는 단어로 지칭한 까닭은 노출을 많이 받도록 하다 보면 필연적으로 마주하게 되는 블러나 노이즈와 같은 제한사항들이 사진의 품질을 떨어뜨리게 될 가능성이 높기 때문입니다. 다시 말해서, 어느 하나의 요소가 이미 노출을 많이 받아줄 수 있고, 다른 두 요소들이 노출로부터 자유로워질 수 있다면 혹여 발생할 수 있는 블러나 노이즈를 처음부터 억제한 상태로 시작할 수 있다는 의미가 됩니다. 그리고 이를 가능하게 하는 것이 바로 '밝은 렌즈'입니다. 예를 들어 보겠습니다.

최대개방 조리개값이 F/4.0인 렌즈를 가지고 최대한으로 얕은 심도를 만들어 내기 위해 최대개방인 F/4.0 구간에서 촬영을 할 때에 적정노출을 만드는 셔터스피드가 1/60초, ISO가 6400이라고 가정하겠습니다. 만약 이 렌즈가 F/2.0까지 개방이 가능하다면, F/4.0에 비해 +2스탑만큼 노출을 더 받아줄 수 있으므로 셔터스피드나 ISO에서 -2스탑만큼을 다시 내려올 수 있는 여지를 갖게 됩니다. 특히 본 예시에서는 1/60초라는 셔터스피드값은 차치하더라도 6400이라는 상당히 높은 수준의 ISO값이 사진의 품질에 영향을 미칠 것이기 때문에 -2스탑을 이용하여 ISO값을 낮추어 줄 수 있습니다. 물론 그럼에도 불구하고 전체 노출의 양은 변하지 않을 것입니다.

즉, F/4.0, 1/60초, ISO 6400에서 촬영해야 하는 상황에서 F/2.0, 1/60초, ISO 1600으로 촬영할 수 있는 것입니다. 단순히 심도에서의 이득뿐만 아니라 만약 어두운 실내나 열악한 빛 조건 속에서 노출을 확보해야 할 때, 셔터스피드나 ISO를 보다 유리하게 조절할 수 있는 여지를 제공한다는 점에서 '밝은 렌즈'는 중요한 의미를 지닙니다.

다만, 이러한 '밝은 렌즈'들은 당장 조리개의 지름을 충분히 키울 수 있어야 하므로 렌즈 자체의 크기가 큰 경우가 많고, 특히 최대개방에서부터 조리개가 조여진 상황에서까지 다양한 조리개값에서의 화질을 보장하기 위해 여러 가지 특수렌즈들을 설계에 반영하다 보니 가격 또한 비싼 편입니다. 게다가 대다수의 밝은 렌즈들은 다양한 화각을 지원하기보다는 고정된 화각으로만 촬영할 수 있는 단렌즈인 경우가 많습니다.

그러므로 실내에서 촬영하는 경우가 많거나, 극히 얕은 심도가 필요한 상황이 많거나 어두운 곳에서의 촬영이 많은 경우가 아니라면 F/2.8 정도의 최대개방 조리개값을 갖는 렌즈로 타협하는 것도 괜찮다고 생각합니다.

002 | 노출보정 기능의 활용

(1) 노출보정의 개념

등가노출 개념과 더불어 알아두면 유용한 기능이 바로 노출보정 기능입니다. 노출보정은 보통 Exposure Value(EV) 또는 Exposure Compensation 이라고 하며, 카메라에서는 +/-라는 아이콘으로 나타내곤 합니다. 본래 Exposure Value라는 말은 Log 함수로 표현된 조리개값과 셔터스피드 간의 상관 관계를 나타내는 용어입니다. 현재는 노출보정이라는 의미로도 널리 사용되고 있습니다.

| 그림 2-4-3. 카메라에 따라 다르긴 하나 보통 -3, -2, -1, 0, +1, +2, +3 등으로 표시된 것이 노출보정 기능입니다.

노출보정이라는 단어가 낯설게 들릴 수 있지만 개념적인 측면에서 보자면 생각보다 단순한 기능입니다. 만약 어떤 카메라에서 -3스탑에서 +3스탑까지 노출보정을 조절할 수 있다면, 이는 최초에 카메라가 설정한 노출에서 사용자가 이를 다시 -3스탑까지 내리거나 +3스탑까지 올릴 수 있다는 의미입니다. 예를 들어 보겠습니다.

촬영 모드를 조리개 우선모드에 놓고, 조리개값은 F/4.0, ISO는 200으로 맞춘 후, 피사체에 초점을 잡아 촬영하고 나니 1/60초라는 셔터스피드로 촬영되었다고 가정하겠습니다. 만약 이 상태에서 얻어진 결과물이 생각보다 어둡다고 느껴져서 노출을 조금 더 확보하고 싶다면, 별다른 조작 없이 노출보정값만 조금 올려주면 됩니다.

여기서 만약 노출보정값을 기존 0에서 +1스탑만큼 올리면, 이는 곧 카메라로 하여금 노출을 +1스탑만큼 더 확보해 달라고 사용자가 지시한 것이므로, 카메라는 스스로 조절할 수 있는 요소들을 이용하여 추가적인 노출을 확보하게 됩니다. 예시의 경우에서는 조리개 우선모드에서 ISO가 Auto가 아닌 특정한 값으로 이미 결정되었기 때문에 카메라는 오로지 셔터스피드 값을 변경하여 +1스탑만큼의 노출을 추가적으로 확보하게 됩니다. 즉, 노출보정값을 +1스탑만큼 올릴 경우 변화된 세팅값은 다음과 같습니다.

> (노출보정 적용 전) 조리개 F/4.0, 셔터스피드 1/60초, ISO 200
> (노출보정 +1스탑 적용 후) 조리개 F/4.0, 셔터스피드 1/30초, ISO 200

이로써 어려움 없이 셔터스피드값에서 노출 +1스탑을 확보하게 되었습니다.

이번에는 조리개 우선모드에서, 조리개값은 F/1.4, ISO는 Auto로 하여 피사체에 초점을 잡아 촬영하고 나니 1/60초라는 셔터스피드에서 ISO 800으로 촬영되었다고 가정하겠습니다. 만약 이 상태에서 얻어진 결과물이 생각보다 밝다고 느껴져서 노출을 보다 줄이고 싶다면, 마찬가지로 별다른 조작 없이 노출보정값을 조금 내려줄 수 있습니다.

만약 노출보정값을 기존 0에서 -1스탑만큼 내리면, 이는 곧 카메라로 하여금 노출을 -1스탑만큼 줄여달라고 사용자가 지시한 것이므로 카메라는 스스로 조절할 수 있는 요소들을 이용하여 인위적으로 노출의 양을 줄이게 됩니다. 단, 이 경우에는 조리개 우선모드에서 ISO가 Auto로 설정되어 있기 때문에 카메라는 셔터스피드값과 ISO값을 모두 이용하여 -1스탑만큼의 노출을 제거하게 됩니다. 즉, 노출보정값을 -1스탑만큼 내릴 경우 촬영 세팅은 다음과 같이 변할 수 있습니다.

> (노출보정 적용 전) 조리개 F/1.4, 셔터스피드 1/60초, ISO 800
> (노출보정 -1스탑 적용 후) 조리개 F/1.4, 셔터스피드 1/80초, ISO 500

위의 경우 셔터스피드에서 -1/3스탑, ISO에서 -2/3스탑 노출이 제거됨으로써 총 -1스탑의 노출이 제거되었습니다.[31] 이처럼 노출보정 기능을 사용하면 급하게 촬영을 해야 하는 상황에서도 손쉽게 노출을 늘리거나 줄일 수 있어 편리합니다.

여기서 중요한 것은 노출보정 기능이 단순히 촬영의 결과물을 자체적인 후보정을 거쳐 밝게 하거나 어둡게 하는 것이 아니라는 점입니다. 노출보정 기능은 카메라로 하여금 노출의 3요소 중 어떠한 값을 변화하게 함으로써 실제 노출의 양을 높이거나 낮추는 개념입니다.

(2) 노출보정의 활용

① 적정노출이란 무엇일까?

그렇다면 실제로 노출보정 기능은 어떻게 활용할 수 있을까요? 이 부분을 다루기 위해 적정노출에 대한 개념을 살펴보겠습니다. 이 책에서 반복적으로 언급하고 있는 적정노출이라는 용어는 카메라가 생각하는 최적의 노출값을 의미합니다. 다시 말해서 완전 자동모드나 조리개 우선모드, 셔터스피드 우선모드, 또는 프로그램 모드처럼 사용자가 노출의 양을 직접적으로 결정하는 대신 카메라로 하여금 최종적인 노출의 양을 결정하도록 맡기는 경우, 카메라가 최적의 노출로 판단하는 바로 그 노출의 양을 적정노출이라고 부르는 것입니다.

카메라가 생각하는 최적의 노출을 적정노출이라고 부르기 때문에 카메라의 적정노출은 사람이 눈으로 직접 피사체를 바라보고 인지하는 적정한 노출의 양과 같을 수도 있지만 때에 따라서는 달라질 수도 있습니다.

---

[31] 단, 예시에서처럼 조리개 우선모드에서 ISO가 Auto로 설정된 경우에는 노출보정을 하였을 때 셔터스피드와 ISO값 모두가 바뀔 수 있기 때문에 카메라에 따라 이 책에서 설명하는 것과 다른 세팅값이 나올 수는 있습니다.

카메라는 사람의 눈과는 달리 정밀하게 설계된 기계 장치이기 때문에 다양한 촬영 조건에서도 일관성 있는 기준을 가지고 적정노출을 산출하기 위해서 반사율을 이용합니다. 쉽게 이야기해서, 카메라는 피사체가 반사하는 빛의 양을 바탕으로 최적의 노출량을 계산한다는 의미입니다.

반사율은 피사체가 받아들이는 빛에서 얼마만큼의 빛을 다시 반사하는지에 대한 비율을 뜻합니다. 즉, 반사율이 100%에 가까운 피사체일수록 단위 면적당 받아들이는 빛의 대부분을 외부로 다시 반사하며, 반사율이 0%에 가까운 피사체일수록 단위 면적당 받는 대부분의 빛을 흡수하여 외부로 다시 반사하지 않습니다.

간혹 한겨울 날 스키장에서 열심히 스키를 타고 왔는데 고글 바깥에 노출된 얼굴이 검게 탄 경험을 하신 분이 있을 것입니다. 하얀 눈은 대략 95% 수준에 육박하는 반사율을 가지고 있기 때문에 직접적으로 태양을 바라보지 않더라도 하얀 눈에서 그대로 반사된 태양 빛이 피부에 닿기 때문에 마치 한여름철 바깥에서 활동하는 것처럼 피부가 검게 타는 것입니다.

또한, 태양 빛이 작열하는 사막에서 생활하는 사람들은 마치 약속이나 한 것처럼 하얀색의 옷을 입고 다니는 경우가 많습니다. 이 역시도 하얀색의 반사율이 높다는 점을 이용하여 태양 빛에 의해 체온이 올라가는 것을 방지하기 위해 수천 년 전부터 관습처럼 행해져 온 것입니다. 흰색과는 반대로 검은색 계열은 빛을 흡수하는 성질이 있습니다. 완전한 검은색에 가까울수록 빛을 흡수하는 경향은 강해지며 그로 인해 반사율은 낮아지게 됩니다.

따라서 대단히 높은 반사율을 가진 흰색과 대단히 낮은 반사율을 가진 검은색뿐만 아니라 다양한 색상을 가진 피사체에서 반사되어 온 빛을 가지고 일관성 있게 반사율의 개념을 적용하여 적정노출을 산출하기 위해, 카메라는 이렇게 반사되어 들어오는 빛들을 우선 흑백으로 변환하여 계산하게 됩니다. 결국, 적정노출 산정은 밝음과 어두움의 기준을 반사율을 통해 구분짓는 작업이기 때문에 색상에 대한 고려는 그 이후에 이루어져도 괜찮다고 판단하는 것입니다.

낮은 반사율 (약 3.5%)   높은 반사율 (약 95%)

| 그림 2-4-4. 반사율을 스펙트럼으로 표현한 것입니다.

그림2-4-4와 같이 100%에 가까운 어두움과 100%에 가까운 밝음을 가진 피사체의 반사광들이 한데 모인 스펙트럼이 있습니다. 보기 쉽게 스펙트럼으로 나타냈지만 실제 사진 속에는 이러한 반사광들이 서로 각기 다른 위치에 골고루 퍼져있다고 볼 수 있습니다. 또한, 피사체로부터 반사되어 카메라 안으로 들어오는 빛들은 센서면 위에 자리 잡은 Sensel의 컬러필터를 거쳐 각기 다양한 색상을 갖지만 어디까지나 적정노출 산출에서는 이렇게 흑백으로 변환되어 계산된다는 것을 여러분은 이제 이해하고 있을 것입니다.

그렇다면 우리가 궁금해하는 카메라의 적정노출 기준점은 이 스펙트럼의 어딘가에 있는 중간의 회색 지점[32]이 아닐까라고 합리적으로 추측할 수 있습니다. 카메라는 그 중간 지점을 기준으로, 만약 사진 전체의 평균 반사율이 해당 중간 기준점보다 높다면, 이는 곧 현재의 노출이 과다하다는 의미이므로 노출의 3요소 중 카메라 스스로가 조작할 수 있는 것들을

---

32 이를 Middle Gray라고 합니다.

바꿈으로써 노출을 낮추려 할 것이고, 반대로 평균 반사율이 해당 중간 기준점보다 낮다면 아직 노출이 부족하다는 의미이므로 평균 반사율이 적정노출 기준점에 도달할 수 있게끔 노출을 더욱더 확보하려고 할 것입니다. 그리고 그러한 과정을 통해서 적정노출을 맞추게 될 것입니다.

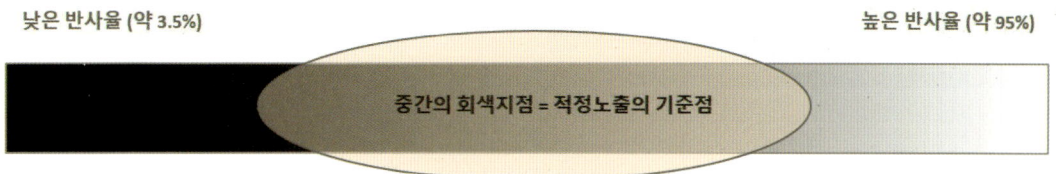

그림 2-4-5. 반사율 스펙트럼에서의 적정노출의 기준점은 어디일까요?

적정노출의 기준점, 다시 말해서 중간의 회색 지점은 어디일까요? 이를 알아보기 위해 먼저 양 끝단의 반사율을 이용하여 평균값을 계산하는 시도를 해볼 수 있습니다. 하지만, 그렇게 해서 도출된 49%라는 수준의 반사율은 현실적으로 지나치게 높다는 것을 알 수 있습니다.[33] 만약 그 지점을 중간회색으로 정하게 되면, 카메라는 49%의 반사율을 기준으로 하여 적정노출을 산정하기 때문에 충분히 보기 좋은 노출로 담길 수 있는 사진이라도 그 사진에서의 반사율의 평균값이 49%에 미달한다면 여전히 노출이 부족하다고 판단할 것입니다. 그로 인해 노출의 3요소를 조절함으로써 사진 전체의 평균적인 반사율이 49%에 도달하게끔 노출을 더 확보하게 될 것입니다.

이에 조금 더 현실적인 중간회색의 반사율을 찾기 위한 대안으로, 앞에서와 같이 양 끝단의 반사율을 단순히 더한 후에 2로 나누는 방식의 산술평균으로 계산하지 않고, 대신 양 끝단의 반사율을 서로 곱한 뒤에 제곱근을 구하는 기하평균을 취하는 방법을 고려할 수 있습니다.[34]

이렇게 하여 산출된 중간회색 지점은 약 18%의 반사율을 갖는 지점이며, 이를 흔히 18% Gray라고 부릅니다. 이렇게 중간회색을 산출할 때에 간혹 어떠한 계산방식을 채택하는지에 따라 중간회색의 값이 12%, 18%, 20%와 같은 서로 다른 값으로 도출되기도 합니다. 다만, 이 책에서는 어떤 것이 더 정확한 중간회색 지점이냐에 대한 논쟁보다는 이렇게 산출된 중간회색을 기준으로 하여 카메라가 생각하는 적정노출이 정해진다는 점을 이해하는 것에 초점을 두고 설명을 이어가도록 하겠습니다.

언뜻 보아서는 18%의 반사율이 중간회색이 되기에는 너무 부족하지 않느냐라고 생각할 수도 있습니다. 하지만, 18%를 기준으로 노출이 +1스탑, +2스탑 커지는 경우와 -1스탑, -2스탑 작아지는 경우를 계산해보면 실제로 18%라는 기준은 적정노출을 산정하는 반사율의 기준으로서 상당히 이상적인 수치에 가깝다는 것을 알 수 있습니다.[35]

---

33 (3.5 + 95) / 2 = 49.25

34 $\sqrt{(3.5*95)}$ = 18.23

35 [+1스탑]: $18 * 2^1$ = 36   [+2스탑]: $18 * 2^2$ = 72   [-1스탑]: $18 / 2^1$ = 9   [-2스탑]: $18 / 2^2$ = 4.5

| 그림 2-4-6. 18%의 반사율을 중간회색으로 보았을 때의 스펙트럼입니다.

이렇게 해서 카메라가 피사체의 평균 반사율이 약 18% 수준에서 수렴하도록 하는 노출을 적정노출이라고 간주하며, 그러한 노출을 얻기 위해 노출의 3요소를 조절한다는 것을 알게 되었습니다. 그리고 이러한 적정노출 설정 방식으로 인해 다음과 같은 문제가 발생하게 됩니다.

② **적정노출의 문제점과 3가지 해결 방안**

카메라가 적정노출을 구하는 과정은 어디까지나 하나의 사진 속에 존재하는 서로 다른 반사율을 가진 피사체로부터 최적의 반사율을 얻어내기 위한 일련의 과정입니다. 그것이 실제로 18%이든 20%이든 카메라는 이미 내부적으로 정해진 중간회색의 반사율이 사진 전체로 보았을 때 최적의 노출을 가져다줄 수 있는 반사율이라고 판단하여 그보다 높은 반사율을 가진 사진은 다소 어둡게 보이도록 하고, 그보다 낮은 반사율을 가진 사진은 밝게 보이도록 노출을 조절하게 됩니다. 그렇게 조절한다면 사진은 최적의 노출을 갖게 될 것이라는 것이 카메라의 생각이자 작동방식이기 때문입니다.

그러므로 만약 역광에서처럼 아주 밝은 배경 속에 있는 피사체를 촬영한다면, 사진 전체의 반사율이 이미 충분히 높기 때문에 카메라는 적정노출을 얻기 위해 전체적인 노출의 양을 낮추게 됩니다. 그러다 보면 역광이었던 배경은 전체 노출의 양이 낮아짐으로 인해 어느 정도 적정한 수준의 밝기를 갖게 되지만, 낮아진 노출의 양은 사진 전체에 영향을 미치게 되므로 정작 피사체는 우리가 적정하다고 여겨지는 수준보다 더 어두워지게 되는 문제가 발생합니다.

반대의 경우도 고려해 볼 수 있습니다. 만약 어두운 배경에 놓인 피사체를 촬영한다면, 사진 전체의 반사율이 이미 낮은 상태에서 카메라는 적정노출을 얻기 위해 전체적인 노출의 양을 늘리게 됩니다. 그러다 보면 어두웠던 배경은 노출이 증가함으로 인해 어느 정도 적정한 수준의 밝기를 갖게 되지만, 증가한 노출의 양은 사진 전체에 영향을 미치게 되므로 피사체는 우리가 적정하다고 여겨지는 수준보다 더 밝아지는 문제가 발생합니다.

어디까지나 카메라는 적정노출을 얻어내기 위해 사전에 프로그램된 방식에 따라 이러한 결과물을 최선의 결과물로 간주하여 보여주는 것입니다. 이 과정에서 사람의 눈이 적정하다고 판단하는 노출과 카메라를 통해 산출된 적정노출 사이에서 때로는 이질감을 느끼게 됩니다.

이러한 상황에서 적용할 수 있는 몇 가지 방법들에 대해 소개합니다.

▪ **첫 번째 방법: 노출보정 기능 활용**

만약, 적정노출로 촬영하였음에도 처음부터 피사체가 반사율이 높은 하얀색 계열을 많이 포함하고 있거나 역광의 조건에서 촬영할 경우 카메라는 처음부터 노출의 양이 과다하다고 판단하여 자연스레 사진 전체의 노출을 줄이게 되고 이로 인해 결과적으로 사진은 어두워지게 됩니다. 따라서 이런 경우 노출보정을 올리면 다시 부족한 노출을 채울 수 있습니다. 처음부터 바로 +1스탑씩 올리기보다는 +1/3스탑씩 올리면서 사용자가 생각하는 적정노출에 근접하도록 맞추어 줍니다.

반대로, 처음부터 피사체가 반사율이 낮은 검은색 계열을 많이 가지고 있는 경우 카메라는 노출이 부족하다고 판단하여 노출의 양을 늘리게 되고 이는 사진이 밝아지는 결과를 가져옵니다. 어두운 피사체를 있는 그대로 담고자 하였으나 사진에서는 밝게 표현되어 버리는 것입니다. 따라서 이런 경우 노출보정을 내리면 과다했던 노출을 다시 제거할 수 있습니다. 마찬가지로 처음부터 -1스탑씩 내리기보다는 -1/3스탑씩 내리면서 사용자가 생각하는 적정노출에 근접하도록 맞추어 줍니다.

- **두 번째 방법: 카메라의 측광 방식 변경**

측광은 카메라가 반사율을 판단하고, 적정노출을 계산하기 위한 대상 영역을 의미합니다. 다중측광, 중앙중점측광, 평가측광, 멀티측광, 스팟측광[36] 등과 같은 용어는 노출 계산 방식과 영역에 따라 구분되는 측광의 종류입니다.

통상 카메라의 종류에 따라 제공되는 측광 옵션은 조금씩 차이가 있습니다. 하지만 보통 전체 영역을 가지고 측광하거나 사진의 일부 영역이나 중심부 혹은 초점이 맞춰진 국소적인 영역의 반사율만 가지고 적정노출을 계산할지 등에 대한 선택지를 사용자에게 제공합니다. 즉, 처음부터 배경과 피사체 간의 노출 차이가 큰 상태라면 노출보정 기능을 이용할 수 있지만 그와 별개로 측광 방식을 변경함으로써 사용자가 의도하는 노출을 맞출 수도 있습니다.

예를 들어 역광에서 적정노출로 촬영하였음에도 인물의 얼굴이 어둡게 나온다면, 얼굴을 프레임의 중앙에 둔 상태에서 중앙부 측광을 이용하거나 인물을 굳이 프레임의 중앙에 두지 않더라도 측거점과 연동되는 스팟측광을 이용할 수 있습니다.

- **세 번째 방법: 후보정 이용**

만약 노출보정 기능을 활용하거나 측광 방식을 변경하는 것을 사전에 생각하지 못한 채 촬영한 상태에서 이미 어둡게 혹은 밝게 촬영된 사진을 추후에 마주하게 되는 경우라면, 후보정을 통해 사용자가 원하는 적정노출을 표현할 수 있습니다.

물론, 가장 좋은 것은 일단 원본 자체를 최대한 사용자 스스로가 생각하는 적정노출에 가깝게 촬영하고 혹여 카메라로 미처 표현해내지 못했던 부분이 있다면 후보정으로 보완하는 것입니다. 하지만, 실제로 촬영을 하는 상황에서는 매 순간 측광과 노출보정을 일일이 신경쓰지 못하는 경우가 많기 때문에 지금 소개하는 이 방법도 어떻게 보면 좋은 대안이라 할 수 있습니다. 여기에 덧붙여 만약, 다이내믹 레인지가 넓은 카메라를 사용하여 RAW 파일로 촬영한다면 이 세 번째 방법은 현실적으로도 상당히 효과적인 대안이 될 수 있습니다. RAW 파일과 관련한 내용은 Class 07에서 보다 상세하게 다룰 예정입니다.

---

[36] 각각의 용어는 카메라 제조사에 따라 달라질 수 있으며, 각 측광 방식에 대한 세부적인 내용은 현재 사용 중인 카메라의 사용 설명서를 참고하기 바랍니다.

003 | M모드에서의 노출계 활용 방법

앞서, 여러 종류의 반자동모드에서 노출보정을 이용하는 방법을 다루었다면 지금부터는 M모드에서의 노출보정을 알아보겠습니다.

앞서 설명한 것과 같이 노출보정은 반자동모드에서 카메라가 판단한 적정 수준의 노출에 사용자의 의중을 반영한 노출을 가감하는 것입니다. 그렇기 때문에 사용자 스스로가 전적으로 노출의 양을 결정하는 M모드에서는 노출보정 기능이 작동하지 않습니다. 다만 M모드에서도, 특히 ISO를 Auto에 두고 촬영하는 경우에는 여전히 카메라가 스스로 ISO값을 결정할 수 있는 권한을 부여받기 때문에 노출보정 기능은 반자동모드에서와 동일하게 사용 가능합니다. 단, 이와 같은 경우에 노출보정 기능을 사용하게 되면 당연하게도 ISO값만이 변경될 것입니다.

그렇다면 M모드에서는 어떤 방법으로 적정노출을 찾아갈 수 있을까요? 카메라 제조사마다 조금씩 차이가 있지만 기본적으로 M모드에서는 노출계를 통해 현재 설정된 노출의 3요소 값들이 적정한 노출을 구성하는지를 확인할 수 있습니다. 그림 2-4-7을 같이 살펴보겠습니다.

| 그림 2-4-7. 필자가 주로 사용하고 있는 카메라의 M모드 화면입니다.

그림2-4-7이미지 속 LCD 하단 중앙에 보면 M.M[37]이라고 표시된 부분이 바로 노출계입니다. M모드에서 현재 설정된 노출의 3요소의 조합, 즉 조리개, 셔터스피드, ISO값들의 조합이 적정한 노출이라고 판단하면 카메라는 이를 0으로 표시합니다. 만약, 현재 세팅값에서 사용자가 노출의 3요소 중 하나 이상을 조절하여 노출의 양에 변화를 줄 경우 카메라는 노출계에 나타나는 숫자를 변화시킴으로써 현재의 노출이 과다한지 혹은 과소한지를 사용자에게 알려주게 됩니다.[38] 따라서 조리개, 셔터스피드, ISO값에 대한 변화가 처음부터 노출을 조절하기 위한 것이 아니라면[39] 사용자는 카메라의 노출계를 통해서 현재 노출의 양에 대한 정보를 얻고 이를 다시 수정할 수 있는 기회를 얻게 됩니다.

예를 들어 보겠습니다. 현재 카메라의 설정이 M모드에서 **조리개 F/4.0, 셔터스피드 1/60초, ISO 400**이고 이때 카메라의 노출계가 나타내는 값이 +1.0이라고 가정하겠습니다. 그렇다면 현재 시점에서 실제로 사용자가 인식하는 적정한 노출의 양이 무엇인지를 떠나, 카메라 스스로는 현재 세팅값을 통해 모이는 전체 노출의 양이 카메라가 생각하는 적정 노출 수준 대비 +1스탑만큼 과다하다고 판단하였습니다. 다시 말해서 적정한 수준보다 무려 2배나 노출이 많다고 인식한 것입니다.

이 상황에서 노출계가 0에 근접할 수 있도록 사용자가 노출의 3요소를 조절하면 노출계는 0에 근접하게 되고 사용자는 카메라가 생각하는 적정노출에 맞출 수 있게 됩니다. 예를 들면 다음과 같이 설정값을 변경하여 노출계를 0으로 맞출 수 있습니다.

> 조리개 F/4.0 → F/4.5(-1/3스탑 손실)
> 셔터스피드 1/60초 → 1/80초(-1/3스탑 손실)
> ISO 400 → 320(-1/3스탑 손실)

만약 이처럼 사용자가 노출의 3요소들을 변경하여 노출의 양을 조절할 때 어떠한 제약사항이 따른다면, 그러한 제약사항을 반영한 새로운 설정값을 찾아낼 수도 있습니다. 특히 조금 전 제시된 상황에서 조리개값을 F/4.0에서 F/4.5로 변경함으로 인해 심도가 깊어지는 것을 원치 않는다면 조리개값을 제외한 다른 값들을 조절하여 적정노출을 맞출 수 있습니다. 물론 실제 상황에서 1/3스탑 정도의 조리개값의 변화만 가지고 시각적으로 구별 가능한 유의미한 심도의 차이가 생긴다고 보기에는 무리가 있지만 이번에는 조리개값을 그대로 유지한 채 노출계만 0으로 맞추는 설정값을 찾아보겠습니다.

> 조리개 F/4.0(기존과 동일)
> 셔터스피드 1/60초 → 1/100초(-2/3스탑 손실)
> ISO 400 → 320(-1/3스탑 손실)

이번에는 반대의 경우를 생각해 보겠습니다. 현재 카메라의 설정이 M모드에서 **조리개 F/4.0, 셔터스피드 1/60초, ISO 400**

---

37 M.M은 Metered Manual의 약자입니다. 노출계를 표시하는 방법은 제조사마다 조금씩 다르므로 현재 독자분이 사용 중인 카메라의 노출계 위치와 표시 방법은 사용설명서를 참고하기 바랍니다.

38 물론, 이렇게 노출계가 제 기능을 하려면 M모드에서 조리개와 셔터스피드 그리고 ISO가 모두 특정한 값으로 미리 설정되어 있어야 합니다.

39 직접적으로 노출을 조절하려는 의도가 아니더라도 심도를 변경하기 위해서 혹은 블러를 예방하거나 일부러 만들기 위해, 또는 노이즈를 제거하거나 인위적으로 집어넣기 위해 노출의 3요소를 바꾸는 경우를 의미합니다.

이고 이때 카메라의 노출계가 나타내는 값이 -1.0이라고 가정합니다. 그렇다면 현재 시점에서 실제로 사람이 인식하는 적정한 노출의 양이 무엇인지를 떠나, 카메라 스스로는 현재 설정값에서 모이는 전체 노출의 양이 적정노출 대비 -1스탑만큼 부족하다고 판단하였습니다. 다시 말해서 적정한 수준보다 무려 1/2배만큼 노출이 부족하다고 카메라가 인식한 것입니다.

이 상황에서 만약 노출계가 0에 근접할 수 있도록 사용자가 노출의 3요소를 조절하면 노출계는 0에 근접하게 되고 사용자는 카메라가 생각하는 적정노출에 맞출 수 있게 됩니다. 예를 들면 다음과 같이 설정값을 변경하여 노출계를 0으로 맞출 수 있습니다.

조리개 F/4.0 → F/3.5(+1/3스탑 확보)
셔터스피드 1/60초 → 1/50초(+1/3스탑 확보)
ISO 400 → 500(+1/3스탑 확보)

마찬가지로 이처럼 사용자가 노출의 3요소들을 변경하여 노출의 양을 조절할 때 어떠한 제약사항이 따른다면, 그러한 제약사항을 반영한 새로운 설정값을 찾아낼 수도 있습니다. 특히 조금 전 제시된 상황에서 셔터스피드값을 1/60에서 1/50으로 변경함으로 인해 블러가 더욱 쉽게 발생할 수도 있는 상황을 피하고 싶다면 셔터스피드값을 제외한 다른 값들을 조절하여 적정노출을 맞출 수 있습니다.

조리개 F/4.0 → F/3.2(+2/3스탑 확보)
셔터스피드 1/60초(기존과 동일)
ISO 400 → 500(+1/3스탑 확보)

이 외에도 여러 가지 경우의 수가 존재할 수 있으며, 그러한 설정값을 찾을 때에는 앞서 설명한 등가노출의 개념을 그대로 적용하면 됩니다. 또한 M모드에서의 노출계는 카메라가 생각하는 적정노출과 현재 노출의 차이를 수치화하여 알려주는 것이며, 실제 촬영 시의 노출의 양은 사용자의 판단으로 정하면 그만입니다.[40] 적정노출과 관련하여 다른 반자동모드와 완전수동모드(M모드)가 다른 점은, 단지 적정한 수준의 노출을 얻어내기 위해 카메라가 적극적으로 개입하는지의 여부일 뿐, 그것이 사용자의 실력의 차이를 구분 짓는 것은 결코 아닙니다.

004 | M모드에서의 측광과 카메라 설정 방법

M모드에서의 측광 역시도 반자동모드에서의 그것과 같은 방식으로 작동합니다. 다만, 반자동모드와 달리 M모드에서는 전적으로 사용자가 지정한 노출의 3요소 값들과 측광모드에 따라 결정되는 노출의 양을 실시간으로 노출계로 표시해 준다는 차이가 있습니다.

---

40   이렇게 사용자의 판단에 따라 노출을 잡는 것을 빗대어 '뇌(Brain)'출계라고도 합니다.

예를 들어, 현재 카메라의 설정이 M모드, 다중측광에서 조리개 F/4.0, 셔터스피드 1/60초, ISO 400이고 현재 밝은 곳과 어두운 곳이 하나의 프레임에 동시에 담기는 상황에서의 노출계값이 +1.3을 가리키고 있다고 가정해 보겠습니다. 이때, 측광 방식을 조금 더 좁은 영역으로 변경하고 어두운 곳을 중심으로 측광하게 되면 설정값은 여전히 조리개 F/4.0, 셔터스피드 1/60초, ISO 400으로 동일하지만 화면에 표시되는 노출계값은 +0.3 내지는 0으로 변화할 수 있습니다.

피사체도 달라지지 않았고, 노출의 3요소도 여전히 변화하지 않았지만 사용자가 측광 방식을 변경함으로 인해 반사율이 계산되는 공간이 달라지게 되었고, 카메라는 변화한 측광 영역에서의 노출이 적정한 수준보다 많은지 적은지만 알려주게 됩니다. 그리고 이러한 정보를 바탕으로 실질적으로 노출의 3요소를 변화시킬지는 사용자가 결정하면 됩니다.

지금까지의 내용을 종합하여 M모드에서의 적정노출을 잡아내기 위한 방법들을 제시합니다.

① 사진의 노출은 조리개와 셔터스피드, 그리고 ISO가 결정합니다. 그리고 M모드에서는 사용자가 스스로 노출의 양을 판단하고 결정해야 합니다. 따라서 촬영 상황에 맞게끔 이들 요소를 적절하게 조합해야 할 필요가 있습니다. 조리개와 셔터스피드 그리고 ISO를 한꺼번에 모두 정하려고 한다면 혼란스러울 수 있으므로, 숙달이 되기 전까지는 이 중에서 스스로에게 가장 중요한 한 가지 요소를 먼저 정하는 것이 좋습니다.

② 한 가지 요소를 정할 때에는 사진에 반영하고자 하는 사용자의 의도를 우선적으로 감안하면 좋습니다. 예를 들어, 셔터스피드나 ISO는 나중에 정해도 상관없지만 사진의 심도만큼은 가능하다면 얕게 하여 아웃포커싱된 사진을 찍고 싶다면, 일단은 가장 먼저 최대개방에 근접한 조리개값을 정하고 시작하는 것입니다. 만약, 어느 멋진 장소에서 야간에 장노출을 통해 차량이나 빛의 움직임을 궤적으로 남기고자 한다면 우선적으로 셔터스피드부터 정할 수도 있습니다. 혹은, 심도나 셔터스피드는 지금 당장 중요하지 않지만, 일단 노이즈가 적고 깨끗한 느낌의 사진을 촬영하고 싶다면 다른 무엇보다 ISO를 가장 먼저 정하고 시작하는 것입니다.

③ 이렇게 가장 중요한 요소 한 가지를 먼저 정하고 나면 이제는 실질적으로 노출의 양을 따져볼 차례입니다. 만약 얕은 심도를 가신 아웃포커싱된 사진을 찍고 싶다면 조리개는 최대개방에 근접한 상태로 조절이 되어 있을 것입니다. 이제 적정노출을 갖기 위해 셔터스피드와 ISO를 정할 차례입니다. 조리개가 이미 최대개방에 근접해 있다면 상대적으로 많은 노출이 들어올 것으로 예상할 수 있고, 따라서 셔터스피드와 ISO를 조절하는 데 있어 여유를 가질 수 있습니다. 느린 셔터스피드를 사용하거나 높은 ISO를 사용하지 않아도 이미 조리개가 충분한 양의 노출을 받아줄 준비가 되어 있기 때문입니다.

따라서 이런 경우에는 제반 촬영 상황을 따져보아 셔터스피드와 ISO를 차근차근 정하면 됩니다. 피사체가 움직이지 않는다면 모션블러의 가능성은 낮다고 볼 수 있기 때문에 핸드블러를 방지할 수 있는 만큼의 셔터스피드를 선택하고[41], 그를 통해 정해진 조리개값과 셔터스피드값에서 최적의 노출을 만들어 낼 수 있는 ISO값을 선택하면 됩니다. 하지만, 만약 움직이는 피사체를 촬영해야 한다면 모션블러와 핸드블러를 모두 감안해야 하므로 피사체의 이동속도와 피사체와의 거리 등을 감안한 셔터스피드를 결정하고[42] 최적의 노출을 만들어 낼 수 있는 ISO값을 이어서 선택하면 됩니다.

---

41 '핸드블러를 방지할 수 있는 적정 수준의 셔터스피드'는 실제 촬영에 임하는 사용자의 숙련도와 카메라 자체에서 손떨림 방지 기능을 지원하는지의 여부에 따라 차이가 있을 수 있습니다. 필자의 경우, 수전증이 있음에도 불구하고 고도의 집중력을 발휘할 경우 1/4초까지는 삼각대 없이도 흔들리지 않는 사진을 촬영할 수 있습니다.

42 피사체가 카메라와 가까운 거리에서 움직일 경우, 같은 거리를 움직이더라도 카메라의 화각에서는 피사체의 움직임 변화가 더 크게 느껴지기 때문에 더 빠른 속도의 셔터스피드가 필요합니다. 반대로 피사체가 카메라와 먼 거리에서 움직일 경우, 같은 거리를 움직이더라도 카메라의 화

야간 장노출을 통해 궤적촬영을 하고자 할 때에는 기본적으로 느린 셔터스피드가 필요합니다. 궤적촬영에 최적화된 특정 셔터스피드값이 사전에 정해져 있는 것은 아닙니다. 다만 피사체의 움직이는 모습을 그대로 궤적으로 담기 위해서는 피사체가 사진의 프레임 안에 나타났다가 사라지는 시간을 감안하여 셔터스피드를 정해야 합니다. 이렇게 셔터스피드를 정하게 되면 느려진 셔터스피드로 인해 이미 충분한 노출이 들어올 것을 예상할 수 있으므로 조리개값과 ISO값에서는 상대적으로 여유가 생기게 됩니다. 굳이 조리개를 개방하거나 혹은 ISO를 지나치게 높이지 않더라도 적정한 수준의 노출은 확보할 수 있다는 뜻입니다.

④ 간혹, M모드에서 조리개와 셔터스피드를 처음부터 아예 특정한 값으로 고정해 두고 ISO만 Auto로 놓고서 촬영하는 경우도 있습니다. 이렇게 촬영할 경우, 매 순간 ISO는 적정노출을 추종하는 값으로 자동적으로 바뀌게 되지만 조리개와 셔터스피드는 특정한 값을 미리 고정한 상태로 촬영할 수 있습니다. 주로 이런 방식은 심도 확보와 블러 방지라는 두 마리 토끼를 모두 잡기 위한 목적에서 사용하는데 이 경우 ISO는 온전히 카메라 혼자서 결정하기 때문에 사실 완전한 형태의 M모드라고 보기는 어렵습니다. 그럼에도 불구하고 이 방식은 M모드를 활용하는 하나의 좋은 대안이 될 수 있습니다.

다만, 이런 형태의 촬영 방식에서는 저조도 환경에서 부족한 노출을 채우기 위해 ISO가 지나치게 올라갈 수 있기 때문에 처음부터 카메라 자체 설정을 통해 ISO의 최댓값을 우선 지정하는 방법을 함께 고려하는 것을 권장합니다. 아울러, ISO의 최댓값 설정과 별개로 조리개와 셔터스피드 역시 지나치게 타이트하게 잡기보다는 어느 정도 노출을 확보할 수 있는 수준으로 약간의 여유를 두는 것이 좋습니다.

이제까지 우리는 Class 03에서 다룬 노출의 3요소에서부터 시작하여 등가노출, 노출보정과 노출계를 다루는 방법, 그리고 M모드에 대한 내용까지 하나씩 살펴보았습니다. 이어서 다음 클래스에서는 다양한 렌즈의 종류와 심도에 대해 이야기 하겠습니다.

각에서 느껴지는 피사체의 움직임 변화는 가까운 거리일 때의 그것보다는 작을 것이므로, 셔터스피드를 약간은 더 느리게 할 수 있는 조금의 여유를 더 가질 수 있습니다.

CLASS

05

다양한 렌즈의 종류
그리고 초점과 심도에 대한 이해

Class 05에서는 다양한 렌즈의 종류를 다루고 실제 사진을 촬영할 때 중요한 요소인 초점과 심도에 대해 보다 깊이 살펴볼 예정입니다.

001 | 단렌즈와 줌렌즈

렌즈는 초점거리의 고정 여부에 따라 단렌즈와 줌렌즈로 구분합니다. 초점거리가 처음부터 고정되어 있어 오직 하나의 초점거리로 촬영할 수 있는 렌즈는 단렌즈라고 하고, 정해진 범위 내에서 초점거리를 자유롭게 변경할 수 있는 렌즈는 줌렌즈라고 부릅니다.

초점거리는 렌즈의 광학적 중심에서 촬상면까지의 거리를 뜻합니다. 렌즈의 광학적 중심은 렌즈를 통해 들어온 빛을 촬상면 위의 한 점으로 굴절시키는 가상의 중심점을 뜻하며, 촬상면은 상이 맺히는 공간, 즉 센서면을 뜻합니다.

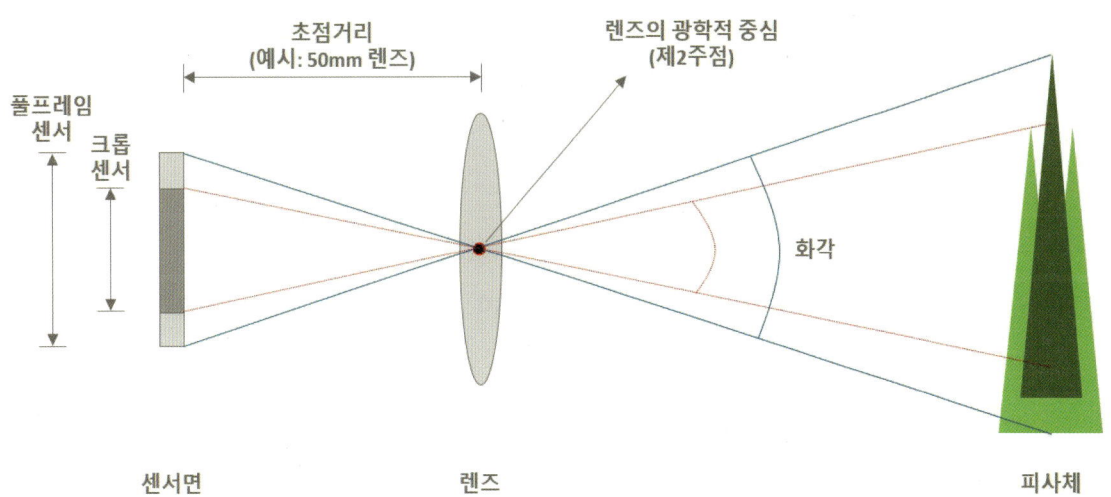

| 그림 2-5-1. 피사체로부터 반사된 빛이 렌즈를 거쳐 센서면에 도달하는 그림입니다.

번들렌즈는 사실 단렌즈나 줌렌즈처럼 어떤 하나의 특성에 따라 구분되는 렌즈라기보다는 렌즈 교환식 카메라를 구입할 때 제조사에서 함께 패키지로 제공해주는 렌즈를 말합니다. 소비자가 렌즈 교환식 카메라를 구입하였는데 정작 그 카메라에 끼워서 쓸 수 있는 렌즈가 없다면 바로 촬영을 시작할 수 없으니 저렴한 가격의 보급형 렌즈를 카메라 바디에 같이 끼워주는 것입니다. 그래서 번들렌즈를 다른 말로는 Kit 렌즈라고 부르기도 합니다. 구성품 Kit로서 카메라 바디와 함께 제공하는 렌즈라는 뜻입니다.

보통 이렇게 단렌즈와 줌렌즈로 구분을 할 때에 가장 많이 거론되는 주제 중 하나는, 두 렌즈 중에서 어떤 렌즈가 과연 더 좋은지에 대한 부분입니다. 사실 이 문제에 정답은 없습니다. 단렌즈와 줌렌즈 모두 각각의 장점과 단점이 명확하기 때문에, 사용자의 촬영 환경과 용도에 맞게 사용하면 그만입니다. 각각의 렌즈들의 장단점을 살펴보겠습니다.

	단렌즈	줌렌즈
장점	• 일반적으로 그와 동일한 초점거리를 구현할 수 있는 줌렌즈에 비해 단렌즈의 화질이 보다 우수한 편임[43] • 항상 그런 것은 아니지만 일반적으로 단렌즈는 줌렌즈에 비해 상대적으로 가벼운 편임	• 하나의 줌렌즈만 가지고도 다양한 화각으로 촬영이 가능함
단점	• 초점거리가 고정되어 있기 때문에 다양한 화각으로 촬영하는 것이 어려움 • 뛰어난 화질을 갖는 일부 고급형 단렌즈의 경우 오히려 줌렌즈보다도 더 크고 무거운 경우도 있음 • 다양한 종류의 단렌즈들을 일일이 챙겨가기 어려운 여행지와 같은 곳에서는 단렌즈만으로는 대응하기 어려운 측면이 있음	• 단렌즈에 비해 상대적으로 크고 무거움 • 렌즈를 설계할 때부터 다양한 화각을 고려해야 하기 때문에 일반적인 줌렌즈의 경우 한 가지 화각만을 갖는 단렌즈 대비 화질 면에서 아쉬운 경우가 많음 • 다양한 초점거리를 렌즈 하나로 선택할 수 있다는 점은 장점이나, 초점거리에 따라 화질 차이가 생기는 경우가 있음 • 최대개방 가능한 조리개값이 1점대 수준으로 낮은 줌렌즈가 거의 없음

단렌즈와 줌렌즈를 화각대별로 구분하자면 다음과 같습니다. 아래 기재된 초점거리들은 모두 풀프레임 기준이며, 크롭 센서 카메라나 풀프레임보다 작은 센서를 가진 카메라의 경우 해당 카메라 센서의 크롭 팩터를 초점거리에 곱하면 풀프레임으로 환산한 렌즈의 초점거리를 산출할 수 있습니다.

	단렌즈	줌렌즈
광각	20mm, 28mm 등	12-24mm, 15-35mm, 16-35mm 등
표준화각	35mm, 50mm, 55mm 등	24-70mm, 28-70mm, 28-75mm, 24-105mm 등
망원	85mm, 90mm, 100mm, 135mm 등	70-200mm, 100-400mm, 200-600mm 등

---

[43] 이는 일반적인 경우를 말하는 것으로서, 보급형 단렌즈와 고급형 줌렌즈를 비교할 경우에는 오히려 고급형 줌렌즈의 화질이 더 좋을 수 있습니다. 아울러, 렌즈의 화질에 대해 논하기 전에 모든 렌즈들은 조리개값에 따라 화질의 변화가 나타날 수 있다는 점을 감안해야 하며, 화질을 측정하고 평가하는 기준에 따라서도 어떤 렌즈의 화질이 더 우수하거나, 덜 우수하다는 상이한 결과가 나올 수 있다는 점을 미리 밝힙니다.

필자의 경우 결과물의 품질이 중요시되는 촬영이라면 여러 종류의 단렌즈를 가지고 촬영하는 편이지만, 그렇지 않은 일상적이고 가벼운 촬영에서는 표준화각을 가진 단렌즈 1개 또는 표준줌렌즈 1개를 가지고 다니는 편입니다.

002 | 줌렌즈를 사용할 때 반드시 알아야 할 한 가지

초점거리와 화각이 처음부터 고정되어 있는 단렌즈의 경우, 사용자가 원하는 화각을 맞추기 위해 촬영 공간 내에서 일일이 이동해야 한다는 점에서 분명 불편한 측면이 있습니다. 그래서 이런 경우를 '발줌'한다고 표현하기도 합니다. 단렌즈는 화각이 고정되어 있으니 직접 발로 걸어다니면서 줌인하거나 줌아웃하여 원하는 화각을 직접 맞추어 간다는 뜻입니다. 특히 좁은 실내 공간에서 초점거리가 긴 (= 화각이 좁은) 망원 단렌즈를 사용하거나, 반대로 지나치게 넓은 공간에서 초점거리가 짧은 (= 화각이 넓은) 광각 단렌즈를 사용할 때에는 원하는 주제를 프레임 안으로 고스란히 담아내는 데 있어 촬영 위치의 변경이 필요한 경우가 많습니다.[44]

이런 측면으로 인해 역설적이게도 단렌즈를 가지고 촬영하는 경험을 많이 쌓게 되면 해당 단렌즈의 화각을 경험적으로 이해하고 받아들이기에는 훨씬 수월합니다. 특정한 사진 1장을 보고서도 이 사진은 대략 어느 정도의 초점거리로 촬영했다는 것을 알 수 있게 되는 것입니다.

반면, 줌렌즈는 처음부터 초점거리와 화각을 허용 범위 내에서 자유롭게 바꿀 수 있습니다. 만약 24-70mm 줌렌즈를 사용한다면 24mm부터 70mm중에 사용자가 원하는 초점거리를 선택할 수 있습니다. 초점거리를 길게 하면 화각이 좁아지는 효과로 인해 피사체는 보다 확대된 상태로 사진에 담기므로 이를 줌인(Zoom-in)한다고 하고, 초점거리를 짧게 하면 반대로 화각은 넓어지므로 피사체는 보다 작게 담기게 되며 이를 줌아웃(Zoom-out)한다고 합니다. 언뜻 보아서는 이렇게 초점거리를 쉽게 변경할 수 있는 줌렌즈가 단렌즈에 비해 훨씬 사용하기 용이하다고 생각할 수도 있습니다. 어떻게 보면 맞는 이야기입니다. 하지만, 줌렌즈를 사용할 때에 반드시 유념해야 하는 한 가지가 있습니다.

다음 사진을 함께 보겠습니다. 첫 번째 사진은 24mm의 초점거리에서 촬영한 사진이며, 두 번째 사진은 같은 위치에서 동일한 카메라와 동일한 렌즈로 촬영하되 초점거리만 70mm로 변경한 사진입니다.

| 그림 2-5-2. 24mm로 촬영한 사진입니다.

| 그림 2-5-3. 70mm로 촬영한 사진입니다.

---

44 망원 단렌즈의 경우, 주제가 되는 피사체가 처음부터 프레임 안으로 꽉 차게 들어올 가능성이 높아지므로 일단 담아내고자 하는 피사체를 온전히 담아내는 것이 문제가 되며, (따라서 피사체와 보다 멀어져야 하며) 광각 단렌즈의 경우, 주제가 되는 피사체 외에도 다른 사물들이 프레임 안으로 비집고 들어올 가능성이 높아지므로 프레임 안에 넣고 싶지 않은 사물들을 덜어내는 것이 문제가 됩니다. (따라서 피사체에 보다 가까이 다가가야 합니다.)

두 사진을 비교해서 보면 70mm에서 촬영한 사진이 확실히 줌인되어 있다는 것을 쉽게 알 수 있습니다. 그런데 만약 24mm로 촬영한 사진의 중심부를 크롭하면 어떻게 될까요?

그림 2-5-4. 24mm로 촬영한 사진의 중앙 부분을 크롭해 보겠습니다.

그 결과는 그림2-5-5에서 확인할 수 있습니다. 비교를 위해서 최초 70mm로 촬영하였던 사진을 함께 살펴보겠습니다.

그림 2-5-5. 24mm로 촬영한 사진을 크롭한 사진입니다.

그림 2-5-3. 70mm로 촬영한 사진입니다.

위 비교를 통해 확인할 수 있다시피 24mm로 촬영하여 중앙 부분만 자른 것과 70mm로 촬영한 사진에 큰 차이가 없다는 것을 알 수 있습니다. 보다 정밀하게 촬영하면 24mm로 촬영한 사진을 가지고 같은 위치에서 70mm로 촬영한 사진과 거의 같은 화각에 같은 원근감을 가진 사진으로 만드는 것도 충분히 가능합니다.

따라서 촬영자가 동일한 장소에서 전혀 이동하지 않고 촬영하는 경우, 줌렌즈의 초점거리만을 변화시키는 것은 사진의 원근감에 아무런 영향을 미치지 못합니다. 즉, 그림2-5-2와 그림2-5-3을 비교하면 사실상 최초 촬영되었을 당시 원본 사진이 담고 있는 전체 공간이 넓은가 좁은가의 차이만 있을 뿐, 중앙 부분을 기준으로 보면 실질적으로는 두 사진은 같은 원근감을 가진 사진이라는 의미입니다.

이 설명에 동의한다면, 실질적으로 24-70mm과 같은 줌렌즈를 사용할 때 같은 장소에서 전혀 이동하지 않은 상태로 초점거리만 바꾸어 (줌링만 돌려서) 촬영하는 것은 크게 효용이 없다는 사실에도 동의하게 될 것입니다. 왜냐하면, 촬영하고 싶은 피사체가 있다면 일단 24mm로 넓게 담은 후 나중에 중심부만 크롭하여 잘라내면 되기 때문입니다.[45] 24mm로 넓게 담고 나서 약간만 크롭하면 35mm의 초점거리를 가진 사진이 되고, 조금 더 크롭하면 50mm나 70mm의 초점거리를 가진 사진을 만들어 낼 수 있기 때문입니다.

여기서 우리는 한 가지 중요한 결론에 도달할 수 있습니다. 효과적으로 줌렌즈를 사용하기 위해서는 촬영 위치에 변화를 주어야 한다는 것입니다. 즉, 어느 한 장소에서 24mm로 촬영한 후 이어서 70mm로 초점거리를 변경하였다면 조금 더 뒤로 이동함으로써 피사체와 배경 사이의 원근감에 변화를 주는 것이 좋습니다. 물론 이동을 하지 않은 상태로 렌즈의 줌링만 돌려서 70mm로 촬영하는 것이 문제 될 이유는 없습니다. 그것은 어디까지나 촬영자의 선택이며, 그것이 옳다거나 그르다고 따질만한 문제는 아닙니다.

반대로 70mm로 촬영한 후 24mm로 초점거리를 변경하였다면 조금 더 피사체에 다가가서 촬영하는 것이 좋습니다. 그래야만 다른 결과물을 얻을 수 있습니다. 전혀 이동하지 않은 채 같은 자리에서 줌렌즈의 초점거리만을 변화시키는 촬영방법으로는 의미있는 결과물의 차이를 만들어내기 어렵습니다. 결국 넓은 화각으로 촬영한 뒤 크롭하면 좁은 화각으로 촬영한 것과 같은 사진이 되기 때문입니다.

이러한 사실이 시사하는 바는, 결국 줌렌즈라는 것이 다양한 초점거리에서 여러 가지 화각을 만들어 낼 수 있는 렌즈이긴 하나, 실제 사용에 있어서는 마치 여러 종류의 단렌즈들을 연속적으로 바꾸어 끼운다고 생각하고 여전히 '발줌'을 통해 원하는 구도를 담아내도록 해야 한다는 점입니다. 이렇게 놓고 보면, 줌렌즈가 그저 편하게 쓰기 좋은 렌즈가 아니라는 사실을 이해하게 될 것입니다. 줌렌즈를 사용하면서 만약 초점거리를 바꾸었다면 촬영 위치 또한 다시 한번 생각해 보는 것이 보다 효과적인 줌렌즈 사용법입니다.

003 | 심도, 막상 알고 나면 그리 어렵지 않다!

심도는 앞서 Class 03의 조리개 편에서 잠시 다룬 적이 있습니다. 심도(Depth of Field)는 카메라에서 피사체로 초점을 맞추었을 때, 초점이 맞아있는 것으로 인식되는 범위를 뜻합니다. 심도는 초점이 맞아있는 범위를 의미하므로 길이의 단위로 표현하는 것이 일반적입니다.

그림 2-5-6. 심도가 얕을 경우, 심도 범위 바깥에 있는 사물들은 사진에서 뭉개지듯 표현됩니다.

---

[45] 이 단락에서는 초점거리 변화에 따른 원근감의 효과를 다루고자 하는 것이므로, 크롭을 하였을 때 화질이 저하될 수 있다는 점에 대해서는 논외로 합니다. 사실 크롭한 사진에서 화질이 저하되는 문제를 먼저 이야기하자면 이는 고화소 카메라에 고해상도 렌즈를 사용할 경우 어느 정도 보완이 가능하기 때문입니다.

| 그림 2-5-7. 심도가 깊을 경우, 사물들이 전체적으로 선명하게 표현됩니다.

그림2-5-6처럼 심도가 얕다는 말은, 초점이 맞아있는 가장 먼 영역과 초점이 맞아있는 가장 가까운 영역 간의 거리가 짧다는 뜻입니다. 반대로 심도가 깊다는 말은, 초점이 맞아있는 가장 먼 영역과 초점이 맞아있는 가장 가까운 영역 간의 거리가 길다는 뜻입니다.

따라서 심도가 얕아지면 사진 속 일부 공간에만 초점이 맞은 것으로 인식되고, 그 바깥 영역은 뭉개지듯 아웃포커싱된 사진으로 묘사됩니다. 반대로 심도가 깊어지면 사진이 전체적으로 선명하게 보이게 됩니다.

심도는 많은 요소들에 의해 결정됩니다. 심도를 결정하는 첫 번째 요소는 조리개입니다. 이는 Class 03에서 착란원의 개념을 이용하여 이미 설명한 바 있습니다. 요약하자면, 조리개 지름이 커질수록 심도는 얕아지고 조리개 지름이 작아질수록 심도는 깊어집니다. 즉, 조리개값이 작아지면 작아질수록 조리개 지름은 커지므로 심도는 얕아지고, 조리개값이 커지면 커질수록 조리개 지름은 작아지므로 심도는 깊어집니다.

조리개 외에도 심도를 결정하는 다른 요소들은 무엇이 있을까요? 우선 피사체와의 거리입니다. 동일한 조리개값으로 촬영하더라도 피사체와의 거리가 멀어지면 멀어질수록 심도는 깊어지게 되고, 피사체와의 거리가 가까우면 가까울수록 심도는 얕아집니다. 최대개방에 가깝게 조리개를 개방한 상태라도 피사체와의 거리가 멀어지게 되면 렌즈를 통해 굴절된 빛이 센서에 도달할 때에 만들어 내는 착란원의 크기가 작아지기 때문입니다.

| 그림 2-5-8. F/2.8의 조리개로 촬영한 사진입니다. 최대개방 조리개임에도 피사체와 충분히 떨어져 있어 의외로 심도가 깊게 촬영되었습니다. 다만, 최대개방 조리개값으로 촬영하여 주변부의 화질은 F/9.0에서의 사진에 비해 떨어집니다.

| 그림 2-5-9. F/9.0의 조리개로 촬영한 사진입니다. 심도도 깊을 뿐 아니라 그림2-5-8에 비해 사진의 주변부가 보다 선명합니다.

초점거리 또한 심도를 결정하는 요소가 됩니다. 동일한 조리개값을 가지지만 초점거리가 다른 두 종류의 렌즈로 동일한 거리에 놓인 피사체를 촬영하면, 초점거리가 긴 렌즈가 보다 얕은 심도를 만들게 됩니다. 왜냐하면 조리개값은 초점거리와 조리개 지름의 상대적인 비율이며, 초점거리가 긴 렌즈는 상대적으로 큰 조리개 지름을 갖게 되기 때문입니다. 그리고 조리개 지름의 변화는 다시 착란원의 크기를 변화시키고 이는 곧 심도에서의 차이를 발생시키게 됩니다.

이러한 내용들을 다음과 같이 정리할 수 있습니다.

■ **심도를 얕게 하고 싶다면…**
- 조리개값은 가능한 한 작게 하여 최대개방에 가깝게 한다. (즉, 조리개 지름을 크게 한다.)
- 피사체에는 가깝게 다가가고 배경은 최대한 멀게 놓는다.
- 가급적이면 초점거리가 긴 렌즈를 사용한다.

■ **심도를 깊게 하고 싶다면…**
- 조리개값을 가능한 한 크게 하여 조리개 지름이 작아지도록 한다.[46]
- 피사체와 거리를 두고, 피사체를 배경에 가깝도록 한다.
- 가급적이면 초점거리가 짧은 렌즈를 사용한다.

참고 풍경 사진을 보다 선명하게 촬영하려면 어떻게 해야 할까요?

카메라를 처음 구입하고서 야외에 나가 촬영을 하는 분들을 보면 최대개방에서의 아웃포커싱된 사진을 우선적으로 촬영하는 경우를 생각보다 많이 발견할 수 있습니다. 이는 조리개값을 단순히 낮추어 주는 것만으로도 피사체를 배경과 분리시키기에 좋고, 아웃포커싱을 이용하여 피사체가 두드러지게 보이는 효과도 손쉽게 낼 수 있기 때문입니다.

그렇다면 가까이 있는 피사체가 아니라 멀리 떨어져 있는 풍경을 촬영하는 경우라면 어떨까요? 이런 경우, 우선적으로 심도를 먼저 고려할 수 있습니다. 멀리 떨어진 풍경을 하나의 피사체로 간주한다면, 심도는 이왕이면 얕은 것보다는 깊은 것이 좋을 것이고, 따라서 심도를 깊게 하기 위해 조리개를 조이는 것을 고려할 수 있습니다.

물론, 풍경이라는 하나의 피사체가 처음부터 촬영자의 위치에서 많이 떨어져 있기 때문에 설령 조리개를 개방하더라도 심도는 이미 어느 정도 깊어질 것으로 예상할 수 있습니다. 하지만, 조리개를 개방할 경우 사진의 중심부에 비해 주변부의 화질이 저하되는 문제가 발생하기 때문에 이왕이면 조리개를 조인 상태로 촬영하는 것이 보다 효과적인 방법이라 할 수 있습니다. 조리개를 조인다면 중앙부뿐만 아니라 주변부까지도 선명하게 촬영할 수 있기 때문입니다.

조리개를 조이는 것에 덧붙여서 추가적으로 고려해야 할 요소는 바로 초점의 위치입니다. 배경과 피사체를 손쉽게 분리할 수 있는 윤곽선이 또렷한 단일 형태의 일반적인 사물과 비교할 때 풍경은 초점을 잡아야 할 곳이 마땅치 않다고 느끼는 경우가 많습니다. 예를 들어, 저 멀리 떨어진 산봉우리를 사진에 선명하게 담고 싶다면 과연 어디에 초점을 잡아야 할 것인가와 같은 고민을 하는 것입니다.

---

46 단, 심도를 깊게 하기 위해 지나치게 조리개를 조일 경우, 좁아진 조리개 틈을 통과한 빛에서 발생하는 회절 현상이 사진의 품질을 저해할 정도로 영향을 미치게 되므로 특별한 이유가 없다면 가급적 F/11~F/13 이상으로는 조이지 않는 것이 좋습니다. 물론, 렌즈에 따라서 조리개를 조였을 때 회절 현상이 사진의 품질을 저해하기 시작하는 시점은 다를 수 있기 때문에 F/11~F/13이라는 값은 달라질 수 있습니다. 참고로, 회절 현상은 빛이 좁은 틈을 통과할 때 빛의 파동이 서로 겹쳐지면서 줄무늬 형태의 패턴을 발생시키는 것을 뜻하며, 빛의 파동성을 입증하는 현상이기도 합니다.

이런 경우, 우리는 크게 2가지 방법을 고려해볼 수 있습니다. 하나는 1/3의 법칙이고 다른 하나는 2배의 법칙입니다. 결론적으로 이 두 가지 방법 모두 사실상 동일한 결과를 만들어 내게 되는데 우선 1/3의 법칙부터 살펴보겠습니다.

1/3의 법칙은, 현재 촬영하는 위치에서 피사체까지의 거리를 기준으로 1/3이 되는 지점에 초점을 잡는 것입니다. 만약 현재 위치에서 산봉우리까지의 거리가 99미터라고 한다면, 현재 위치에서 약 33미터 되는 지점에 위치한 어떤 피사체에 초점을 잡고 촬영하는 것입니다. 그렇게 하면 약 33미터 되는 지점에 놓인 피사체의 앞부분에서부터 시작하여 저 멀리 산봉우리까지를 모두 심도 범위 안에 담을 수 있게 됩니다. 초점은 분명 약 33미터 지점에 맞추었지만 사진에서는 그보다 훨씬 앞에서부터 산봉우리가 있는 뒷부분까지 선명하게 담을 수 있는 방법입니다.

그림 2-5-10. 1/3의 법칙을 이용하여 촬영한 사진입니다. 어느 곳에 초점을 맞추었는지 알기 어려울만큼 근경과 원경에서 선명한 느낌을 얻을 수 있습니다.

2배의 법칙은 더 간단합니다. 풍경을 담을 때에 사진 속에서 선명하게 담고 싶은 가장 가까운 피사체를 기준으로 촬영자와 해당 피사체 사이의 거리에 2배가 되는 특정 지점에 초점을 잡는 방법입니다. 이렇게 하여도 결과적으로는 1/3의 법칙과 동일한 결과를 얻을 수 있습니다.

이 두 가지 방법은 모두 과초점거리를 잡기 위해 고안된 방법입니다. 과초점거리란 촬영 위치로부터 특정한 거리에 있는 피사체에 초점을 잡았을 때 무한대의 영역으로 심도를 확장시킬 수 있는 촬영 거리를 말합니다. 과초점거리와 관련한 이론적인 설명은 생략합니다만, 이렇게 과초점거리에 맞추어 초점을 잡게 되면 보다 선명한 풍경 사진을 촬영할 수 있다는 점은 알아두면 좋겠습니다.

06 CLASS

White Balance

이번에는 화이트밸런스(White Balance)에 대해 이야기하고자 합니다. 화이트밸런스는 다른 말로 흰색균형이라고도 부릅니다. 쉽게 이야기해서, '사진 속에 담긴 사물들의 색상을 균형 있게 표현하는 것'을 의미합니다. 그리고 이렇게 색상을 균형 있게 표현하는 것은 모든 색에서 가장 기본이 되는 하얀색을 하얗게 보이도록 표현하는 것에서부터 출발합니다. 이러한 개념을 이해하기 위해 우리는 빛이 가지고 있는 온도의 속성에 대해 살펴볼 필요가 있습니다.

빛을 발산하는 물체를 광원이라고 합니다. 우리가 사진으로 어떤 피사체들을 담고자 하는 것도 결국 넓게 보자면 그 피사체가 발산하는 빛을 사진 속에 담아내는 것과 같습니다. 물론 사람이나 나무와 같은 피사체는 자체적으로 빛을 발산할 수 없기 때문에 실제로는 태양빛이 일차적으로 피사체에 닿아 피사체에서 다시 반사되어 나오는 빛을 우리가 카메라로 담아내는 것입니다. 하지만, 카메라의 입장에서는 그것이 설령 반사된 빛이든 자체적으로 발산한 것이든 상관없이 하나의 광원에서 나온 빛으로 인식합니다. 모든 광원이 발산하는 빛에는 고유의 색이 있으며 우리는 이를 색온도라고 부릅니다.

그림2-6-1을 같이 살펴보겠습니다.

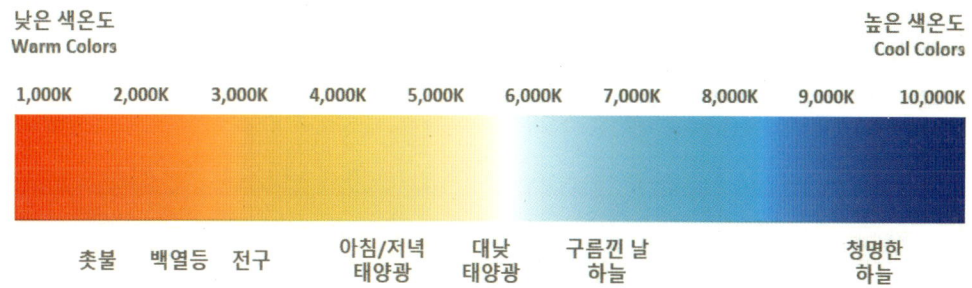

그림 2-6-1. 색온도에 따른 색상의 변화입니다.

그림2-6-1에 나타난 것이 바로 색온도입니다. 원래 색온도는 물리학에서 나온 개념입니다. 색온도는 외부로부터 도달한 빛을 전혀 반사하지 않고 오로지 100% 흡수만 하는 어떤 가상의 물체가 있다고 가정할 때[47], 이 물체가 온도 변화에 따라 어떠한 색을 표현하는지를 온도라는 개념으로 수치화한 것입니다. 이 가상의 물체는 외부의 빛을 다시 반사하지 않으므로 반사 에너지는 갖고 있지 않지만 스스로의 온도 변화에 따른 복사 에너지만 외부로 발산하기 때문에 이 물체가 발산하는 빛은 어디선가 반사된 빛이 아니라 오롯이 이 물체로부터 나온 빛이라고 간주할 수 있습니다.

---

47 이러한 이상적인 물체를 물리학에서는 흑체라고 부릅니다. 외부에서 도달한 빛을 전혀 반사하지 않는다고 전제한 이유는, 흑체로부터 발산되는 빛이 다른 물체로부터 복사된 빛을 반사하지 않고 오로지 흑체 고유의 복사 에너지로부터 발산된 것으로 보기 위함입니다.

이때, 이 물체의 온도가 점차적으로 올라감에 따라 서로 다른 색상을 가진 빛이 나오게 되며, 우리는 이를 절대온도의 단위인 K(Kelvins: 켈빈)를 이용하여 표현합니다. 켈빈값이 낮다면 색온도 자체는 낮지만 실제로 사람의 눈에는 이러한 색상들이 주로 따뜻하게 보이므로, 색상 측면에서는 따뜻한 색이라고 할 수 있습니다. 분명 우리 눈에는 따뜻한 색이지만 색온도는 낮은 색상입니다. 반대로 켈빈값이 높다면 색온도 자체는 높지만 사람의 눈에는 차갑게 보이므로, 색상 측면에서는 차가운 색이라고 할 수 있습니다. 색은 분명 차가운 색이지만 색온도는 높은 색상입니다.

이와 같은 논리를 그대로 이용하여, 피사체로부터 발산되는 빛 또한 색온도를 이용하여 표현할 수 있습니다. 색온도가 낮은 빛을 발산한다면 사람의 눈에는 따뜻한 색으로 보이고, 색온도가 높은 빛을 발산한다면 사람의 눈에는 차갑게 보이게 될 것입니다. 따라서 카메라는 이렇게 피사체의 색온도로 인해 색이 왜곡되어 보일 경우 낮은 색온도의 피사체에게는 (즉, 따뜻해 보이는 피사체에게는) 차가운 색상을 가미하고, 반대로 높은 색온도의 피사체에게는 (즉, 차가워 보이는 피사체에게는) 따뜻한 색상을 가미함으로써 색상들이 균형에 이르도록 조절합니다. 이것이 바로 카메라에 있는 AWB(Auto White Balance) 기능입니다.

AWB 외에도 요즘음 출시되는 디지털카메라들은 다양한 촬영 조건에 맞는 각기 다른 화이트밸런스 옵션을 제공하고 있으며, 세부적인 내용은 각 제조사마다 차이가 있을 수 있기에 현재 사용하고 있는 카메라의 사용설명서를 통해 확인할 수 있습니다.

| 그림 2-6-2. 카메라에 따라 이처럼 각각의 촬영 조건에 부합하는 화이트밸런스 옵션을 제공하고 있습니다.

따라서, 실제 촬영 시 촬영 환경에 맞는 색온도 옵션을 카메라에서 설정해 두는 것만으로도 피사체가 가진 색상을 왜곡되지 않도록 표현하는 것이 어느 정도는 가능합니다. 다만, 촬영 환경이 계속적으로 바뀌거나 색온도의 변화가 급격하게 큰 공간[48]에서 촬영하는 경우 일일이 대응하기 어려운 측면이 있기 때문에, 그런 경우에는 AWB로 촬영 후 라이트룸을 통해 색온도를 보정할 수 있습니다.

---

48 예를 들면, 예식장 실내에서 다양한 빛깔의 LED 조명이 발산되는 경우나 실내와 실외 사이를 반복적으로 왔다 갔다 해야 하는 경우들이 여기에 해당합니다.

RAW 파일 vs JPG 파일

사진 보정과 관련하여 알아야 할 또 다른 요소는 바로 RAW 파일입니다. 보통 디지털카메라로 촬영한 사진이라면 흔히들 JPG 파일을 떠올리게 되는데 사진 보정에서는 JPG 파일보다는 RAW 파일을 이용하는 것이 여러 가지 측면에서 유리합니다.

그렇다면 RAW 파일은 어떤 파일을 의미할까요? RAW 파일은 촬영된 사진에 대한 모든 데이터를 포함하고 있는 파일을 의미합니다. 그렇기 때문에 JPG 파일과 단순 비교했을 때 상당히 큰 용량을 갖게 됩니다. 단, RAW 파일이라고 해서 파일의 확장자가 ***.RAW라는 이름을 갖는다는 의미는 아닙니다. 제조사마다 다르지만, RAW 파일은 보통 ***.ARW, ***.CR2, ***.NEF, ***.DNG, ***.RAF와 같은 확장자를 가지고 있습니다. 따라서 이런 파일들을 접하게 된다면 이 파일은 카메라에서 RAW 모드로 촬영한 사진이라고 생각할 수 있습니다.

이해를 돕기 위해 예를 들어보겠습니다. 우리가 어떤 사진을 JPG의 형태로 촬영하였을 때 만들어지는 사진 파일은, 카메라가 피사체로부터 반사된 빛을 가지고 자체적인 연산과정을 거쳐 하나의 완성된 형태로 만들어 낸 파일입니다. 식빵으로 비유하자면, 식빵 덩어리를 가지고서 그중에서도 가장 맛이 있어 보이는 한 조각을 칼로 썰어 내어주는 것과 같습니다. 다른 부위를 먹고 싶다 해도 이미 빵은 잘려진 상태로 제공되었기 때문에 다른 부위를 골라 먹을 수 있는 선택 대안 자체가 없습니다. 반대로, RAW의 형태로 촬영한다면 식빵 덩어리 그 자체를 제공해 주는 것과 같습니다. 그 식빵 덩어리 중에서 어떤 부위를 골라서 먹을지는 사용자가 선택할 수 있습니다. 사용자의 취향에 맞게끔 원하는 부위를 골라서 먹을 수 있는 반면, 식빵 덩어리를 보관해 둘 넉넉한 공간이 항상 필요하게 됩니다.

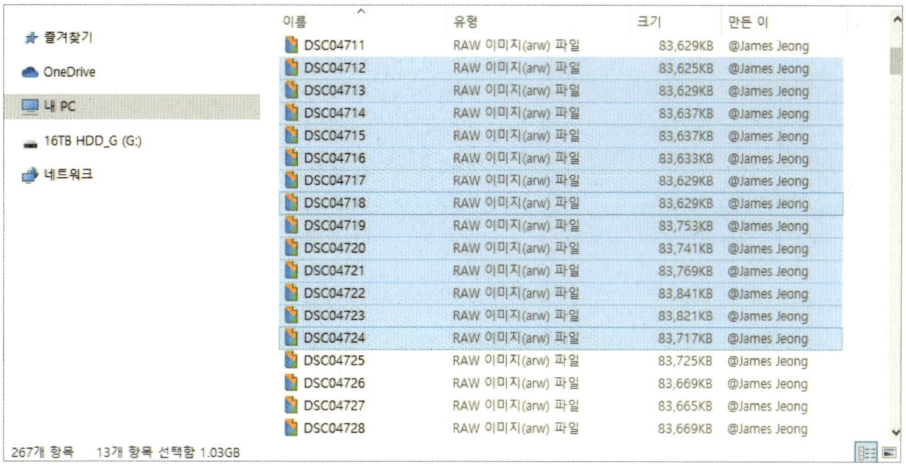

그림 2-7-1. 여러 개의 RAW 파일이 저장된 폴더의 모습입니다.

그림2-7-1처럼 경우에 따라서는 RAW 파일이 13개만 모여있더라도 어느새 1GB의 용량을 차지하기도 합니다. 일반적으로 JPG 파일이나 RAW 파일은 사진의 화소가 증가할수록 각 화소에 담긴 데이터의 총합이 늘어나기 때문에 파일의 용량 또한 비례하여 증가합니다. 같은 조건에서 촬영하였다면 12백만 화소로 촬영한 RAW 파일보다 42백만 화소로 촬영한 RAW 파일의 용량이 더 크다는 의미입니다.

RAW 모드로 촬영하게 되면 이렇듯 필연적으로 용량 문제에 봉착하게 되지만 보정에 있어서는 많은 이점이 있습니다. 사진 자체의 데이터가 많다 보니 JPG 파일에 비해 후보정으로 변화를 줄 수 있는 여지가 커집니다. 이러한 특징을 가리켜, RAW 파일은 JPG 파일에 비해 보정의 관용도가 훨씬 크다고 표현합니다.

| 그림 2-7-2. RAW 파일로 촬영한 원본입니다.

그림2-7-2는 역광 상태에서 촬영하여 피사체의 형태와 색상이 적절하게 나타나지 않은 것을 알 수 있습니다.

| 그림 2-7-3. RAW 파일로 촬영한 원본을 라이트룸으로 후보정한 사진입니다.

RAW 파일을 이용한다면 그림2-7-3과 같이 후보정을 통해서 원본에 비해 보다 풍부한 느낌의 사진을 만들 수 있습니다. 다음 표에서 JPG 파일과 RAW 파일의 장단점과 주요 활용 상황을 정리해 보았습니다.

	JPG 파일	RAW 파일
개념	• 그 자체로 하나의 '사진 파일'을 의미함	• 사진과 관련한 정보를 모두 담고 있는 '데이터 파일'을 의미함
장점	• 파일 용량이 작아서 다루기에 가벼움 • 범용 파일규격으로서 어떤 스마트폰이나 컴퓨터에서도 쉽게 열어볼 수 있음	• 보정의 관용도가 크기 때문에 후보정 시 JPG에 비해 유리함
단점	• RAW 파일에 비해 보정의 관용도가 크지 않음 • 결과물의 품질이 중요하게 여겨지는 촬영에서는 후보정으로 살려낼 수 있는 한계점에 빠르게 도달하다 보니 촬영 실패에 대한 위험 부담이 커짐	• 파일 용량이 크고 저장 공간을 많이 차지함 • 제조사마다 RAW 파일의 형태가 달라 RAW 파일의 내용을 확인하기 위해서는 별도의 사진 뷰어 프로그램이 필요한 경우가 많음
활용 상황	• 결과물의 품질에 부담이 없는 일상적인 촬영 • 수십에서 수백 장 정도의 연속 촬영을 지속적으로 해야 하는 상황 • 촬영에 실패하더라도 언제든지 재촬영이 가능한 상황	• 중요한 가족행사 등 (웨딩촬영 등) • 최상의 결과물이 필요한 상업촬영 • 재촬영이 쉽지 않은 해외 여행지에서의 촬영

둘 중 어떤 파일로 촬영해야 한다고 어딘가에 규정된 것은 없지만 표의 내용을 참고하여 각자의 상황에 맞는 방식을 선택하기 바랍니다.

참고로 이 책의 보정 클래스에서 다루고 있는 모든 샘플 사진들은 RAW 모드에서 촬영된 것임을 밝힙니다. 또한, 필자의 견해 역시도 독자들이 가급적이면 JPG 파일보다는 RAW 파일을 사용함으로써 현재 본인이 사용하는 카메라의 성능을 최대한 누리기를 바라는 마음입니다. RAW로 촬영한 사진들은 언제든 JPG로 바꿀 수 있지만, 일단 한번 JPG로 촬영한 사진은 RAW로 되돌릴 수 없다는 점도 고려할 필요가 있습니다.

참고 카메라에서 RAW 모드로 촬영하는 것은 어떻게 설정할 수 있나요?

> 일반적인 디지털카메라의 경우, 설정 메뉴에서 RAW로 촬영할지 JPG로 촬영할지 아니면 두 가지 모두를 이용하여 촬영할지 선택할 수 있습니다.
>
> • **RAW 파일로만 촬영하는 경우**: 설정 메뉴에서 RAW 파일로만 촬영하는 것으로 선택할 경우, 셔터를 1번 누를 때마다 하나의 RAW 파일이 생성되어 메모리 카드에 저장됩니다. (단, 연사로 촬영할 때에는 연사로 촬영된 사진 개수만큼의 RAW 파일이 생성되어 저장됩니다.)
>
> • **JPG 파일로만 촬영하는 경우**: 설정 메뉴에서 JPG 파일로만 촬영하는 것으로 선택할 경우, 셔터를 1번 누를 때마다 하나의 JPG 파일이 생성되어 메모리 카드에 저장됩니다. (단, 연사로 촬영할 때에는 연사로 촬영된 사진 개수만큼의 JPG 파일이 생성되어 저장됩니다.)
>
> • **RAW 파일 + JPG 파일로 촬영하는 경우**: 설정 메뉴에서 RAW 파일 + JPG 파일로 촬영하는 것을 선택할 경우, 셔터를 1번 누를 때마다 하나의 RAW 파일과 하나의 JPG 파일이 생성되어 메모리 카드에 저장됩니다. (단, 연사로 촬영할 때에는 연사로 촬영된 사진 개수만큼의 RAW와 JPG 파일이 각각 생성됩니다.)

일부 카메라 기종은 카메라 바디에 메모리 카드를 2개 삽입할 수 있습니다. 별도의 설정을 거쳐 하나의 메모리 카드에는 RAW 파일을 저장하고, 다른 하나의 메모리 카드에는 JPG 파일을 저장하도록 설정하는 것도 가능합니다.

통상 RAW 파일 + JPG 파일로 촬영하는 경우, RAW 파일은 후보정을 위한 주 작업 파일로 사용하고, JPG 파일은 촬영 이후 다른 기기를 통해 빠르게 리뷰를 할 필요가 있거나 보정하기 전의 사진을 타인과 공유해야 할 때에 사용하면 편리합니다.

참고 스마트폰 카메라만 가지고도 촬영이 가능할까요?

지금까지 다루었던 카메라와 관련한 내용들은 스마트폰 카메라에도 그대로 적용이 됩니다. 즉, 스마트폰 카메라 역시 일반적인 디지털 카메라와 마찬가지로 빛을 받아들이는 센서와 렌즈를 가지고 있으며, 디지털카메라와 유사한 프로세스를 거쳐 하나의 사진을 만들게 됩니다.

다만, 온전히 사진 촬영을 위해 설계된 디지털카메라와는 달리 스마트폰에서의 카메라는 설계 가능한 내부 공간의 제약과 디자인적인 측면, 그리고 부품 소형화 및 생산 단가 등과 같은 문제로 인해 아직까지는 대중적으로 많이 쓰이는 디지털카메라에 비해 카메라 기능 면에서 부족한 점이 있는 것도 사실입니다. 특히, 작은 센서 크기로 인해 빛이 부족한 야간이나 어두운 실내와 같은 저조도 환경에서의 노이즈와 다이내믹 레인지 성능은 디지털카메라에 비해 여전히 미흡한 점이 있습니다. 하지만, 기술이 발전함에 따라 스마트폰 카메라의 성능은 점차적으로 개선되어 가는 추세입니다.[49]

반면에 스마트폰으로 촬영을 할 때에 누릴 수 있는 이점들도 있습니다. 우선 스마트폰을 이용하게 되면 급한 상황에서도 신속하게 촬영을 할 수 있습니다. 또한 촬영된 사진을 곧바로 SNS나 메신저에 공유할 수 있어서 빠르게 촬영하고 전송하는 데 있어 편리합니다. 물론, 디지털카메라를 이용하더라도 평상시에 언제든 촬영을 할 수 있도록 카메라를 항상 가지고 다니며, 촬영된 사진을 WiFi 기능을 이용하여 곧바로 스마트폰으로 전송할 수도 있습니다. 하지만, 항상 카메라를 가지고 다닌다는 것은 번거로움이 따르는 데다가 사용하고 있는 카메라에서 WiFi 전송기능을 지원하지 않는다면 결국 실시간으로 전송하기 어려운 것이 사실입니다.

그러므로 만약 결과물의 품질이 중요한 사진을 촬영해야 하거나, 빛이 부족한 환경, 또는 밝은 곳과 어두운 곳의 차이가 심한 환경에서의 촬영을 생각한다면 가급적이면 디지털카메라를 사용하는 것이 좋습니다. 하지만, 빛이 충분한 환경에서 사진의 품질에 상관없이 그저 가볍게 일상을 담기 위한 목적이라면 스마트폰 카메라로 촬영하는 것도 괜찮다고 생각합니다.

---

49 짐작하시다시피, 여기서 언급하는 '스마트폰 카메라의 성능이 개선되어 가고 있다'는 의미는 결코 '화소가 점점 많아지고 있다'는 뜻이 아닙니다.

색공간에 대한 이해

08 CLASS

사진 보정과 관련하여 이야기를 할 때에 색공간(Color Space)에 대한 이야기를 빼놓을 수 없습니다. 우리가 카메라를 통해 피사체를 사진으로 담고 이것을 다시 모니터나 인쇄물로 감상한다는 것은, 결국 자연계에 존재하는 다양한 컬러들을 사람이 이해할 수 있는 방식으로 담아낸 후 이를 재현하는 행위라고 볼 수 있습니다.

이렇게 자연계에 존재하는 다양한 종류의 색을 담아내고 표현하기 위해서는 어떠한 기준이 필요하게 되는데, 색을 만드는 재료에 따라 보통 RGB 또는 CMYK로 분류하고 이들을 각각 색공간이라고 합니다. 빛을 이용해서 색을 만들었다면 RGB라는 색공간을 이용하고, 잉크나 물감과 같은 재료를 이용하여 색을 만들었다면 CMYK라는 색공간을 이용합니다. 따라서 컴퓨터 모니터나 스마트폰의 화면처럼 빛을 가지고 색을 표현하는 디스플레이들은, 그것이 설령 자체적으로 발광하는 소재(대표적으로 OLED를 들 수 있습니다.)를 가지고 구현된 것이든 디스플레이 후면에 있는 백라이트를 가지고 색을 표현한 것이든, 기본적으로 빛을 이용하여 색을 표현하는 것이므로 RGB 색공간을 기저에 두고 있다고 이해할 수 있습니다.

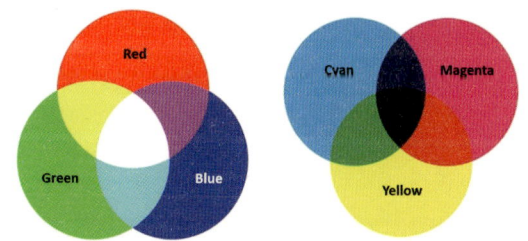

| 그림 2-8-1. 좌측은 RGB 색공간이며 우측은 CMYK 색공간입니다.

RGB 색공간에서 Red, Green, Blue 색상들을 서로 혼합하면 색이 점차적으로 밝아지며 모두를 혼합하면 White가 만들어집니다. CMYK 색공간에서 Cyan, Magenta, Yellow 색상들을 서로 혼합하면 색이 점차적으로 어두워지고 탁해지며 모두를 혼합할 경우 Black을 만들 수 있습니다.[50] CMYK 색공간에서 Black을 B가 아닌 K로 표기하는 이유는, 이미 RGB 색공간에서 Blue를 B로 표현하고 있기 때문에 이와 구분 짓기 위한 목적입니다.

---

50 이렇게 RGB와 CMYK에서 색상들을 혼합할수록 밝아지거나 어두워지는 것은 빛의 파장으로 설명할 수 있습니다. RGB에서 색상을 혼합하는 것은 서로 다른 파장을 지닌 빛을 더하는 방식이므로 혼합할수록 빛의 세기와 순도가 높아지는 반면, CMYK에서 색상을 혼합하는 것은 빛을 혼합하는 것과 달리 이차원 평면에서 각각의 도료를 섞는 과정이기 때문에 색상을 혼합하면 혼합할수록 빛의 파장을 오히려 흡수하게 되며 따라서 보는 이로 하여금 색이 어두워지는 것처럼 느끼게 합니다. RGB에서의 이러한 혼합 방식을 가산혼합이라 부르고, CMYK에서의 혼합 방식을 감산혼합이라고 부릅니다.

한편, RGB 색공간을 이용하는 모니터 화면에서 색을 표현할 경우, 표현할 수 있는 색상의 범위에 따라 색을 더욱 다채롭게 나타내는 것이 가능해지는데 이러한 색 표현의 기준이 되는 영역을 색역(Color Gamut)이라고 합니다. 엄밀히 말하자면 색공간(Color Space)과 색역(Color Gamut)을 구분하여 사용하는 것이 좋으나 현실에서는 두 가지 용어를 서로 혼용하고 있다는 점은 참고하기 바랍니다.

사진 작업에서 가장 많이 사용하는 색역으로는 sRGB와 Adobe RGB가 있고 이 외에도 ProPhoto RGB 등 여러 종류가 있습니다. 다만, 이 책에서는 sRGB와 Adobe RGB에 대해서만 간략히 살펴볼 예정입니다.

sRGB는 1996년 미국의 마이크로소프트社와 HP社가 만든 모니터 및 프린터 표준 색역으로서, 주로 웹페이지나 SNS에서 다른 색역에 비해 폭 넓게 사용되는 것입니다. Adobe RGB는 1998년 Adobe社에서 개발한 색역으로, 기존의 sRGB 보다 넓은 공간에 색을 재배열하는 방법을 통해 재현할 수 있는 색의 범위를 더 넓힌 것입니다. 다채로운 색상을 가진 사진을 인화하거나 출력물로서 전시를 해야할 때 특히 유용합니다.

색상과 밝기를 표현해내는 범주에서 보자면, sRGB는 발표 당시 디스플레이 개발 환경에 어느 정도 타협하여 설계된 측면이 있습니다. 그래서 현대에 와서는 sRGB 이후 등장한 다른 색역에 비해 색을 풍부하게 표현하지 못한다는 비판도 받고 있습니다. 하지만, 그런 비판에도 불구하고 범용적으로 제조되고 판매되는 보급형 디스플레이의 색재현율 척도로서 여전히 확고한 위상을 지니고 있으며, 특히 온라인에서 사진을 주고받을 때 두루 사용되고 있습니다.

한편 Adobe RGB나 ProPhoto RGB의 경우 sRGB에 비해 더 넓은 범주의 색상과 밝기를 표현할 수 있기에, 이러한 색역을 지원하는 디스플레이 환경에서 전문적인 용도로 주로 사용되고 있습니다. 하지만 이를 통해 만들어진 결과물을 다시 웹이나 SNS에서 공유하거나 이러한 색역을 충분히 지원하지 못하는 디스플레이 환경에 놓인 일반적인 소비자에게 전자적 수단을 통해 배포하는 경우, 최초 작업자가 의도한 것과는 다른 색상으로 사진을 보게 될 수도 있습니다. 간혹 지인과 사진을 주고받았는데 유독 나의 모니터에서만 그 사진이 칙칙한 색상으로 보인다면, 일차적으로 색역의 차이에서 발생한 문제일 가능성이 높은 것도 바로 이러한 맥락 때문입니다.

만약 카메라의 RAW 모드로 촬영한 RAW 파일의 경우, 보통 라이트룸을 통해 보정을 하기 전에는 특정한 색역이 미리 부여되지 않으며, 단지 내보내기를 하는 단계에서 사용자가 원하는 색역을 선택하면 됩니다. 참고로, 라이트룸은 기본적으로 Library 모듈에서는 Adobe RGB, Develop 모듈에서는 ProPhoto RGB를 이용하여 사진의 미리보기 이미지를 보여주는 방식을 채택하고 있습니다.

단순히 RAW 파일로 촬영한 사진을 라이트룸에서 보정하고 이를 다시 JPG 파일로 내보낸 후 SNS와 같은 온라인 플랫폼이나 스마트폰에서 활용할 목적이라면, RAW 파일을 카탈로그 안으로 가져와 원하는 보정을 마친 뒤 내보내기 설정에서 sRGB의 색역을 선택하면 됩니다. 색역과 관련한 그 외 다른 설정은 건드리지 않아도 무방합니다.

이번 클래스에서 소개한 색공간과 색역에 대한 내용은 깊이 있게 다루자면 책 한 권으로도 부족한 개념들이지만, 지금까지 설명한 내용만 충분히 이해하고 있어도 이어서 진행할 보정 작업을 어렵지 않게 소화할 수 있을 것으로 생각합니다. Chapter 03에서는 본격적으로 라이트룸의 기능들을 하나씩 살펴보기로 하겠습니다.

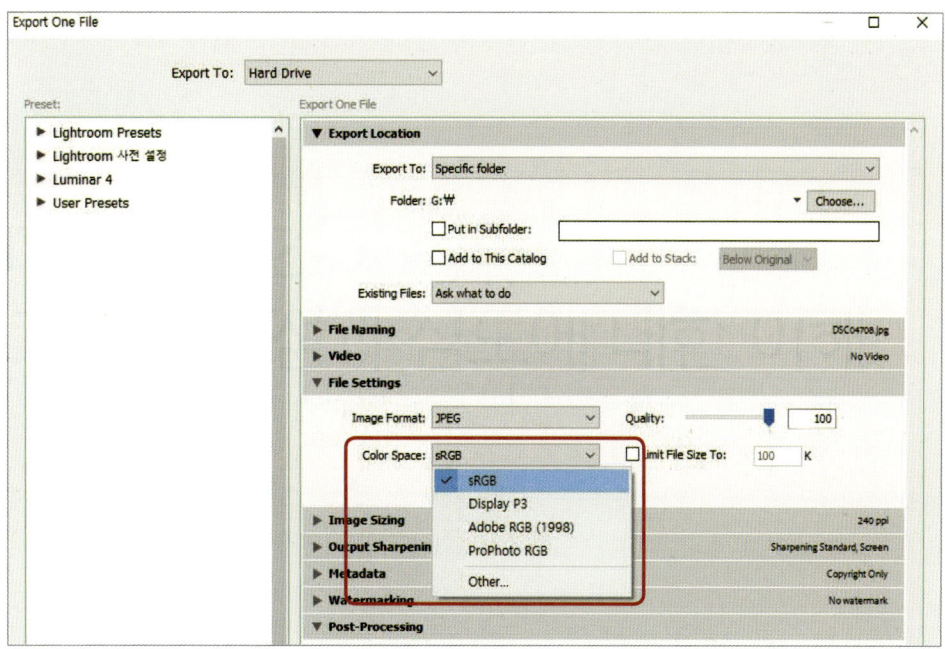

| 그림 2-8-2. 내보내기 설정에서는 sRGB뿐만 아니라 원하는 색역을 선택할 수 있습니다.

CHAPTER 3
예제 사진을 통해 배우는 라이트룸 기본 사용법

Chapter 03에서는 본격적으로 라이트룸을 다룹니다. 라이트룸의 Library 및 Develop 모듈과 각 모듈별 핵심적인 기능을 살펴보고 사진 보정에 앞서 유용하게 활용할 수 있는 사진 분류 방법에 대해 소개합니다.

아울러 본 서적의 집필 마무리 단계에서 라이트룸이 업데이트되어, 사용자 인터페이스가 소소하게 바뀌고 일부 기능에 의미있는 변화가 생겼습니다. 그중에서도 특히 사진 보정과 직결되는 부분은 독자분들에게 최신의 지식을 전달하고자 신 버전과 구 버전의 내용을 함께 기술합니다.

라이트룸의 기본 인터페이스

001 | 내 입맛에 맞게 로고와 모듈의 디자인을 변경하는 방법

이제부터 실제로 라이트룸을 실행하여 그 기능에 대해 하나씩 살펴보겠습니다. 우선 Chapter 01의 Class 02에서 설명한 대로 새로운 카탈로그를 하나 만들어 보겠습니다. 새로운 카탈로그를 만드는 방법은 Chapter 01을 참고하면 됩니다. 여기서는 그림3-1-1처럼 하나의 카탈로그를 만들었습니다.

| 그림 3-1-1. 아직 사진을 불러오지 않은 상태이기 때문에 이렇게 빈 화면으로 나타납니다.

그림3-1-1이 바로 우리가 어떠한 하나의 카탈로그를 만들었을 때 볼 수 있는 가장 기본적인 화면입니다. 그리고 앞서 설명한 것처럼 지금 이 화면에서 앞으로 작업할 사진들을 불러오게 됩니다.

사진을 불러오기에 앞서, 라이트룸의 기본적인 인터페이스를 보겠습니다. 먼저 좌측 상단에 프로그램의 로고가 보입니다. 사용자 환경에 따라 그림3-1-2의 로고는 다르게 보일 수 있으며, 개별적인 설정을 통해 나의 입맛에 맞게끔 커스텀하게 변경이 가능합니다.

설정하는 방법은 간단합니다. 로고가 보이는 곳에 마우스를 올려놓고 마우스의 오른쪽 버튼을 클릭합니다.

| 그림 3-1-2. 라이트룸의 로고입니다.

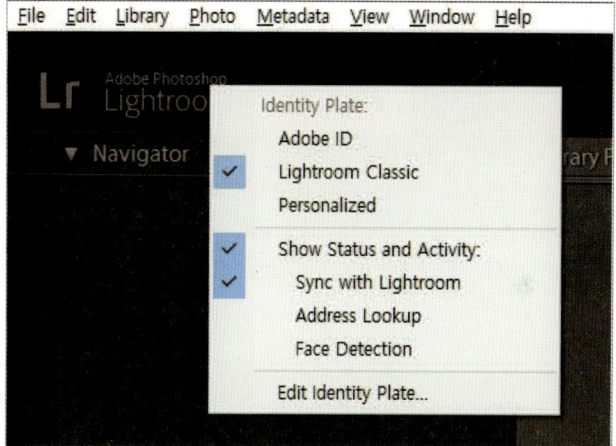

| 그림 3-1-3. 로고 위에 마우스를 올려놓고 마우스 오른쪽 버튼을 클릭하면 Identity Plate의 다양한 메뉴를 볼 수 있습니다.

Identity Plate에 나타난 메뉴들 중에 사용자가 마음에 드는 것을 선택하면 그에 따라 바뀐 로고를 확인할 수 있습니다.

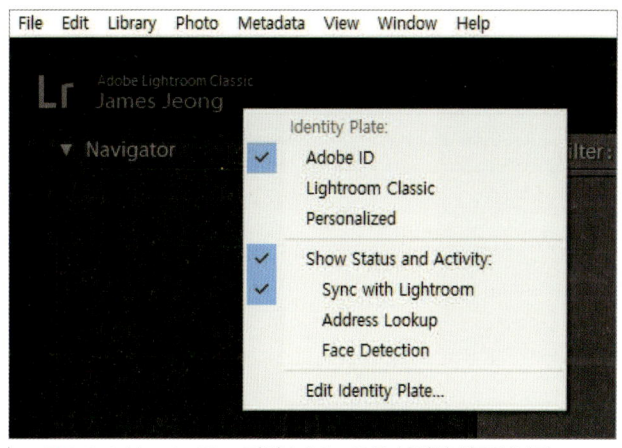

| 그림 3-1-4. Identity Plate에서 Adobe ID를 선택한 화면입니다.

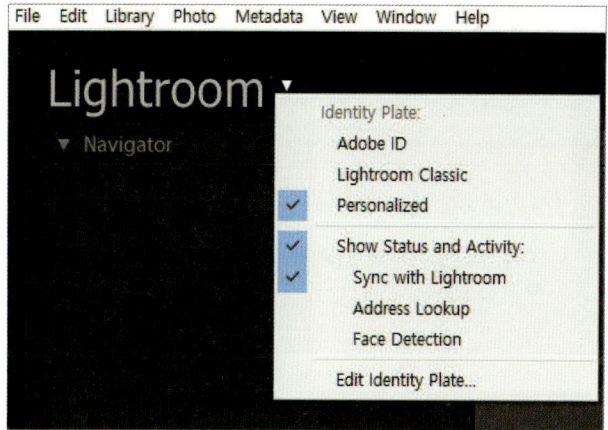

| 그림 3-1-5. Identity Plate에서 Personalized를 선택한 화면입니다.

Identity Plate에서 Personalized 옵션을 선택할 경우, Edit Identity Plate 기능을 이용하여 그림3-1-6과 같이 원하는 문구를 입력하고 글씨체도 변경할 수 있습니다. Edit Identity Plate 기능은 그림3-1-7과 같이 Edit 메뉴를 통해서도 접근이 가능합니다.

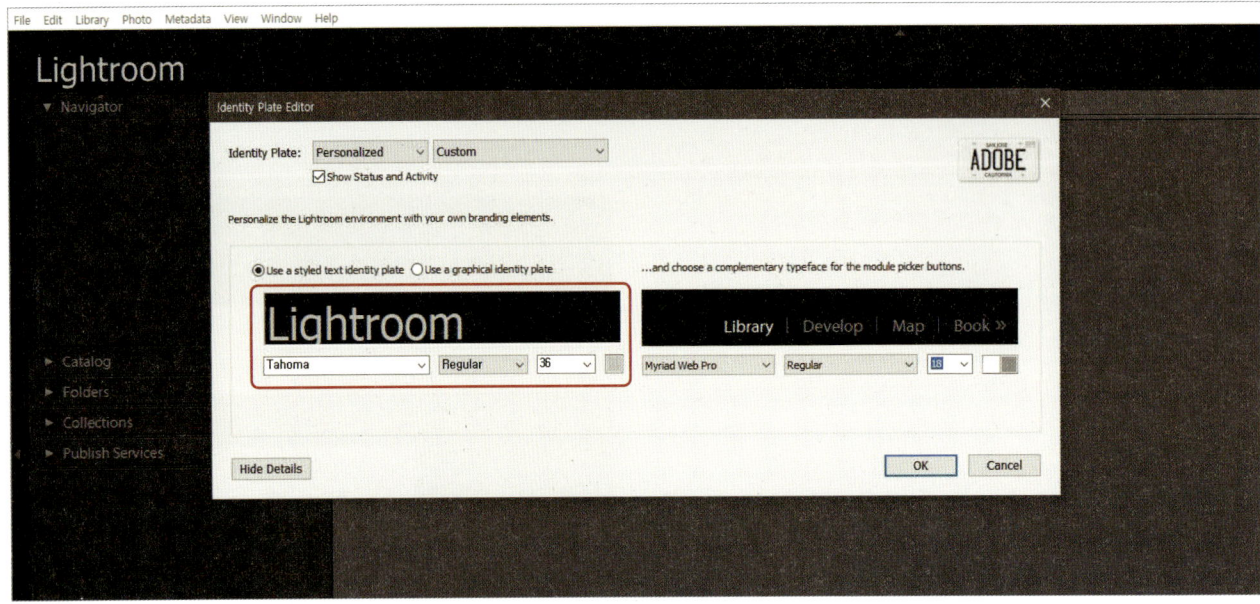

| 그림 3-1-6. 원하는 문구를 넣어 나만의 라이트룸 화면을 꾸밀 수 있습니다.

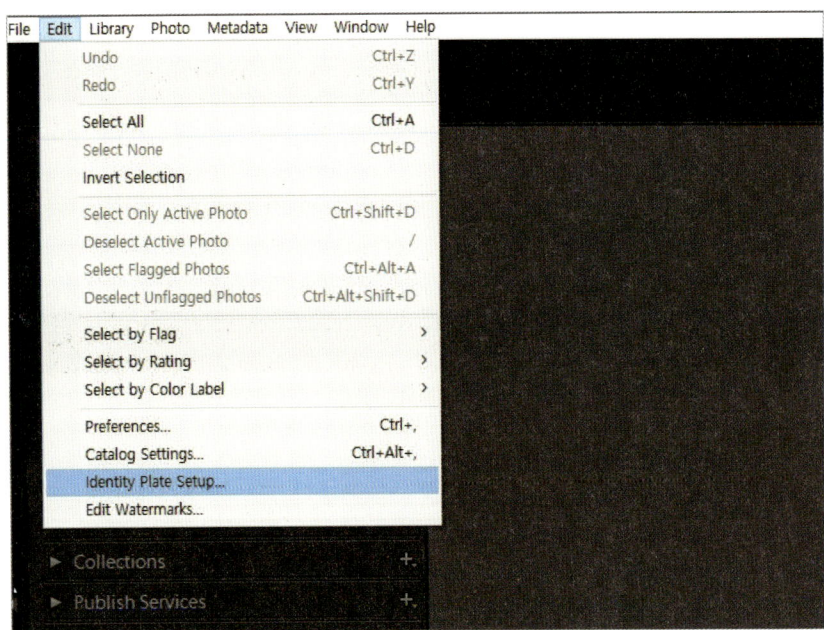

| 그림 3-1-7. Edit 메뉴에서도 Plate Setup을 변경할 수 있습니다.

이번에는 다시 그림3-1-1로 돌아가, 우측 상단의 화면을 보겠습니다. 여기에서 그림3-1-8과 같이 모두 7개의 모듈을 볼 수 있습니다.

그림 3-1-8. 7개의 모듈은 각각의 기능을 가지고 있습니다.

각 모듈의 역할은 다음과 같습니다.

❶ Library: 보정의 대상이 되는 사진들을 분류하고 관리하는 모듈입니다.
❷ Develop: 실제 사진 보정이 이루어지는 모듈입니다.
❸ Map: 사진 속에 촬영 장소에 대한 정보가 포함되어 있을 경우, 사진을 촬영한 위치를 실제 지도에서 확인할 수 있는 모듈입니다.
❹ Book: 사진들을 PDF 파일로 저장하여 실제 출판 작업과 연계할 수 있는 모듈입니다.
❺ Slideshow: 사진들을 슬라이드 방식으로 구성하여 PDF 파일이나 MP4 파일로 저장할 수 있는 모듈입니다.
❻ Print: 사진을 인화할 때 사용하는 모듈입니다.
❼ Web: 사진을 HTML 형식으로 웹페이지에 일괄적으로 업로드할 때 사용하는 모듈입니다.

이 책에서는 이 중에서도 사진 보정과 직접적으로 관련된 ❶ Library 모듈과 ❷ Develop 모듈을 중심으로 설명할 예정입니다.

로고와 마찬가지로, 각 모듈을 나타내는 글씨체 역시도 변경 가능합니다. 변경하는 방법은 Personalized에서와 동일합니다. 로고 위에 마우스를 올려둔 상태에서 마우스 오른쪽 버튼을 클릭하고, Edit Identity Plate를 클릭한 후, 우측에 보이는 글씨체 옵션을 변경하면 됩니다.

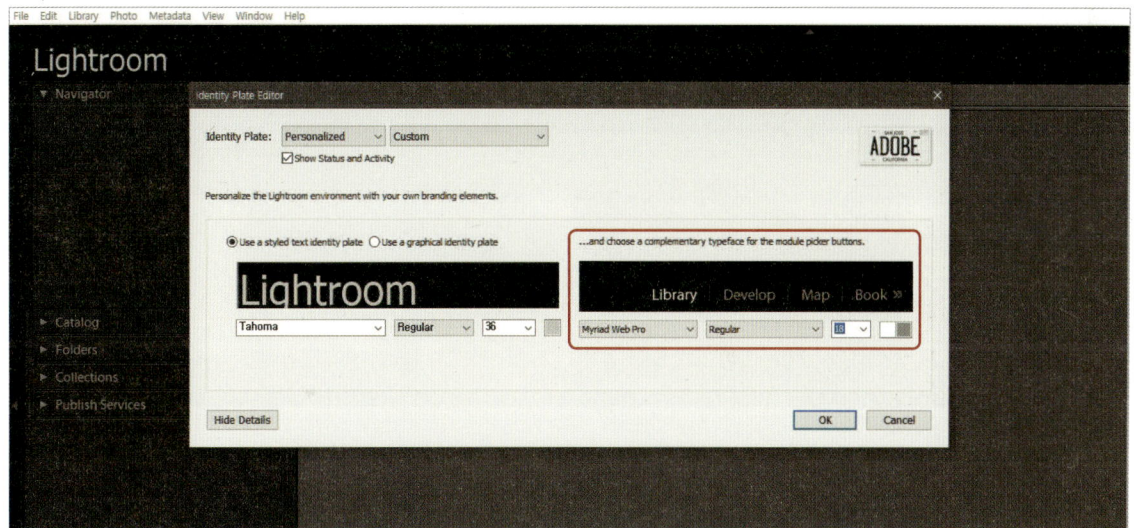

그림 3-1-9. 자신의 취향에 맞는 글씨체와 글자 크기를 선택할 수 있습니다.

이렇게 자신이 좋아하는 디자인을 적용해 둠으로써 보다 상쾌한 기분으로 라이트룸을 시작할 수 있습니다.

사진을 관리하는 공간, Library 모듈

Library 모듈은 보정의 대상이 되는 사진들을 분류하고 관리하는 공간입니다. 라이트룸에서의 실제 사진 보정 작업은 Develop 모듈에서 이루어지기 때문에 Library 모듈의 중요성을 간과하는 경우도 있습니다. 하지만, Library 모듈은 보정에 앞서 요구되는 사전 리뷰 작업을 비롯하여 사진 관리에 관한 대부분의 기능을 수행하기 때문에 잘만 이용한다면 상당히 유용합니다.

Library 모듈에 대해 알아보기 위해 현재 만들어 둔 카탈로그에 새로운 사진들을 가져와 보겠습니다. 사진을 가져오는 방법에 대해서는 Chapter 01의 Class 02에서 설명하였으므로 가져오는 과정에 대한 설명은 생략하겠습니다.

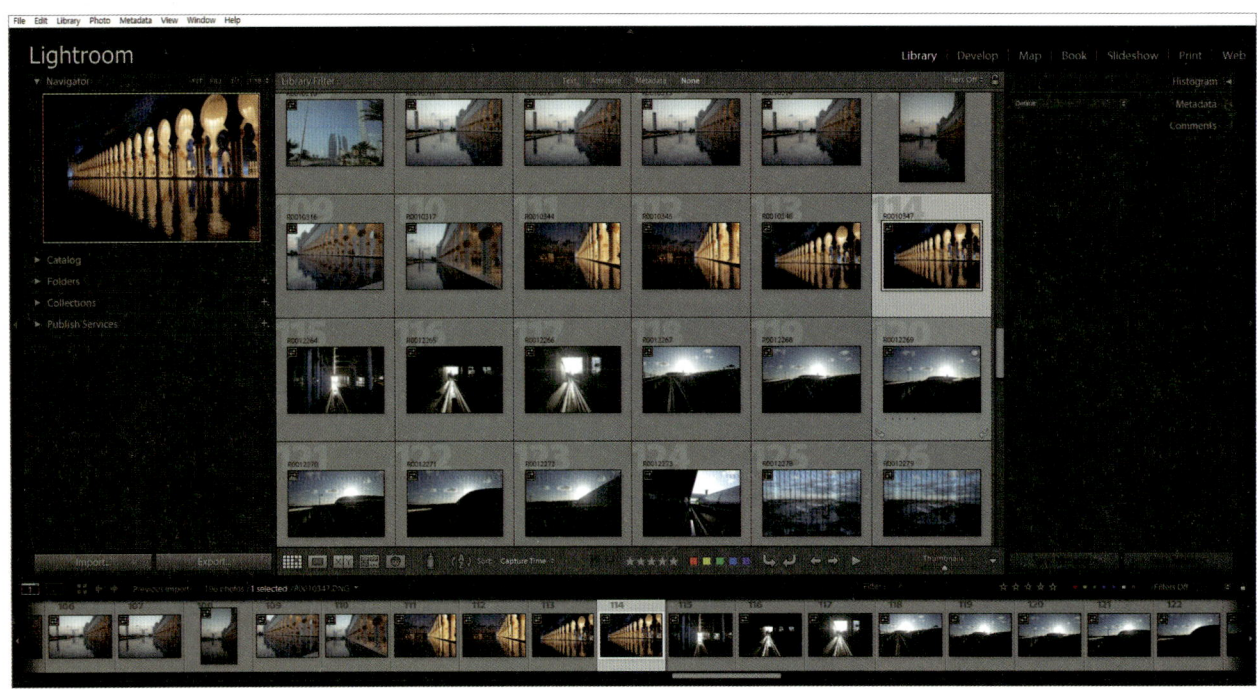

| 그림 3-2-1. 총 196장의 사진을 가져왔습니다.

가져온 사진의 전체 수량은 그림3-2-2와 그림3-2-3에서 확인할 수 있으며, 사진 썸네일 좌측 상단의 워터마크를 통해서 사진의 순번을 확인할 수 있습니다.

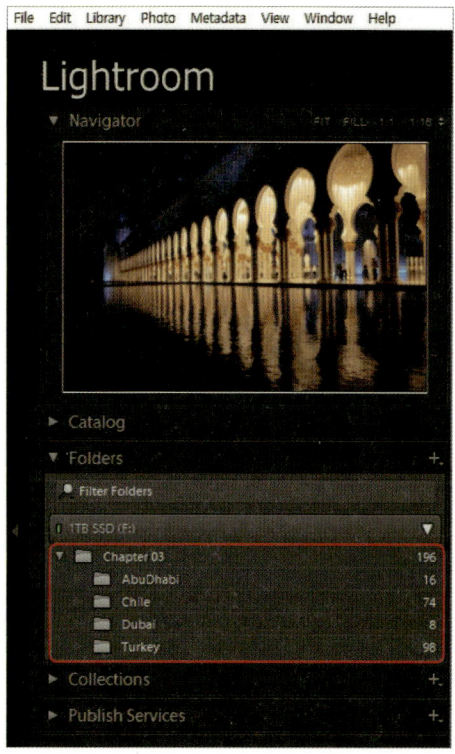

| 그림 3-2-2. 폴더별로 가져오기된 사진의 수량을 확인할 수 있습니다.

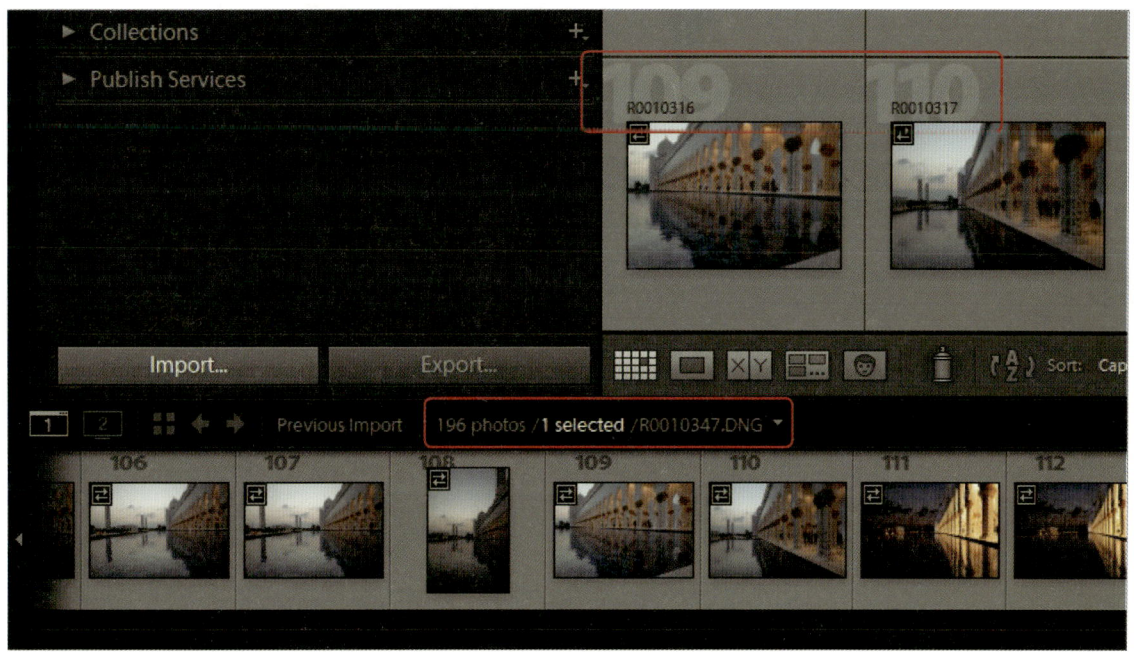

| 그림 3-2-3. 하단에 보이는 필름스트립에서도 사진의 수량을 확인할 수 있습니다.

001 | Library 모듈에서 사진을 확인하는 4가지 방법

이렇게 사진들을 가져온 상태에서 바로 사진을 분류할 수 있습니다. 사진을 분류하기에 앞서 우선 실제로 사진이 어떻게 촬영되었는지 육안으로 확인해야 하므로, 여기서는 그림3-2-4와 같이 총 4가지 방법을 소개합니다.

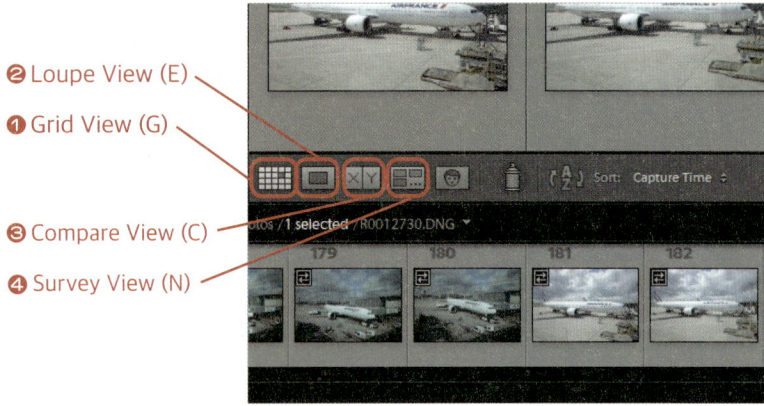

그림 3-2-4. Library 모듈에서 사진을 확인하는 4가지 방법입니다.

❶ Grid View (단축키 G)

Grid View는 여러 장의 사진들을 한꺼번에 보여주는 방식입니다. 개별적인 사진의 디테일을 확인하기에는 불편하지만, 많은 사진들을 동시에 조망할 수 있다는 점에서 유용합니다.

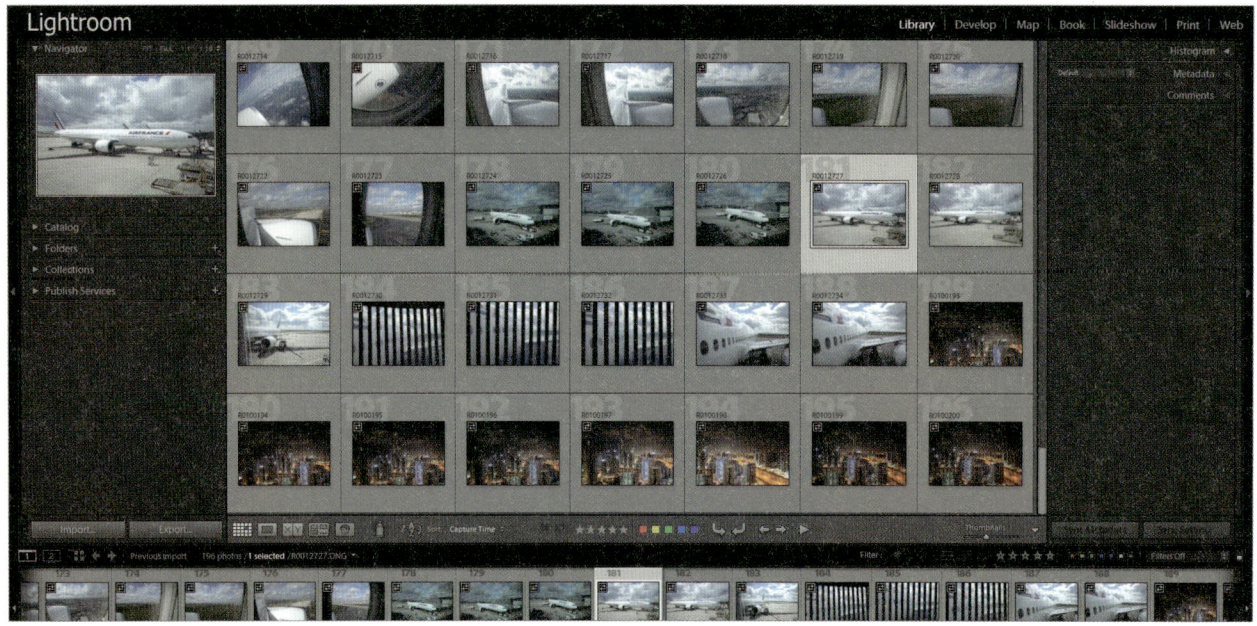

그림 3-2-5. Grid View를 이용하면 사진들을 전체적으로 살펴보기 쉽습니다.

Grid View에서는 썸네일 슬라이더를 움직여 각 사진의 크기를 조절할 수도 있습니다. 썸네일 크기는 그림 3-2-6처럼 화면 우측 하단에서 조절이 가능하며, 키보드의 Ctrl키를 누른 상태에서 마우스 중앙의 휠을 움직여도 마찬가지로 썸네일의 크기를 조절할 수 있습니다.

| 그림 3-2-6. 썸네일 슬라이더를 좌측으로 움직이면 썸네일의 크기가 작아지고, 우측으로 움직이면 커지는 것을 알 수 있습니다.

이처럼 Grid View에서 썸네일을 크게 할 경우, 각각의 사진들을 보다 크게 볼 수 있습니다.

| 그림 3-2-7. 썸네일 크기를 조절한 모습입니다.

Grid View 상태에서 사진을 제외한 나머지 배경의 밝기도 조절할 수 있습니다. 이렇게 할 경우 배경의 밝기를 낮춤으로써 보다 사진에 집중할 수 있습니다. 단축키는 L이며, 총 2단계에 거쳐 밝기 조절이 가능합니다.

| 그림 3-2-8. 밝기를 조절하기 전 모습입니다.

| 그림 3-2-9. 밝기를 조금 낮추었을 때(단축키 L을 한 번 눌렀을 때)의 모습입니다.

| 그림 3-2-10. 밝기를 더 낮추었을 때(단축키 L을 한 번 더 눌렀을 때)의 모습입니다.

그림3-2-10에서 단축키 L을 한 번 더 누를 경우 다시 원래의 화면으로 돌아오며, 이렇게 밝기를 조절하는 기능은 Grid View 뿐만 아니라 뒤이어 설명하게 될 나머지 View 옵션들은 물론 Develop 모듈에서도 공통적으로 적용이 가능합니다.

❷ Loupe View (단축키 E)

Loupe View는 선택된 사진을 화면 크기에 맞추어 볼 수 있는 기능입니다. Grid View에서보다 더 큰 화면으로 볼 수 있기에 자주 사용하는 기능이기도 합니다.

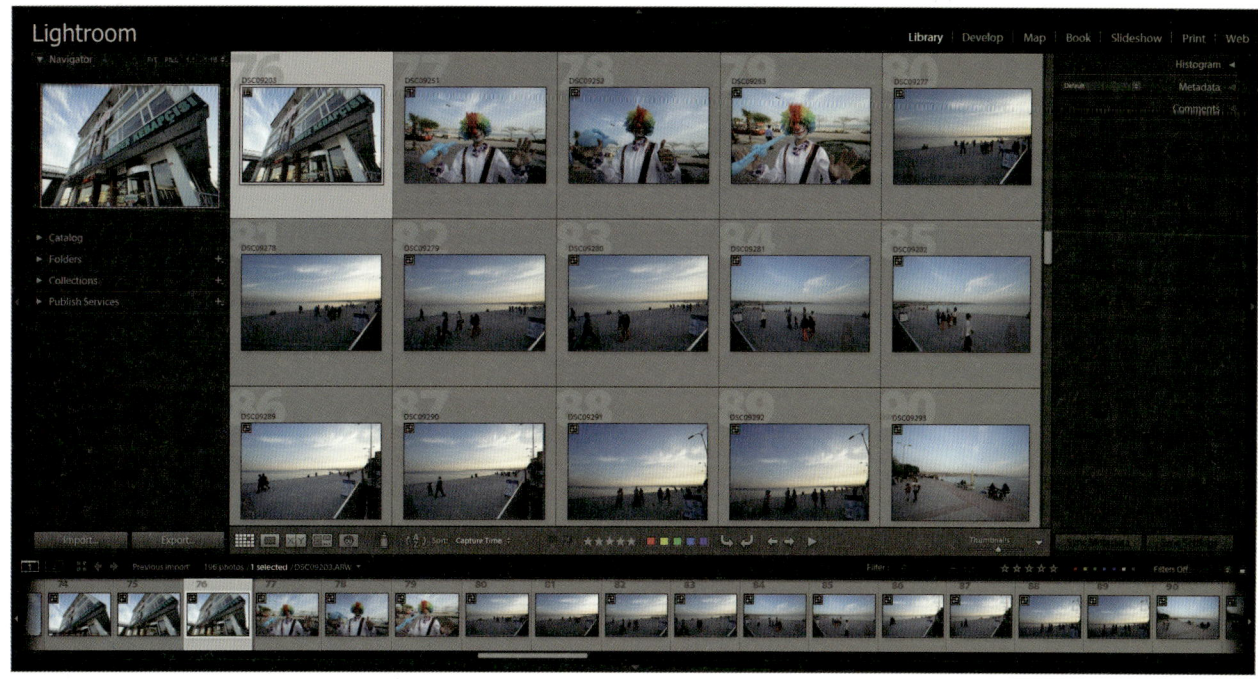

| 그림 3-2-11. 좌측 상단에 있는 76번 사진을 이제 Loupe View로 보겠습니다.

Chapter 3 예제 사진을 통해 배우는 라이트룸 기본 사용법

선택한 사진을 Loupe View로 보려면 단축키 E를 누르거나 Grid View에서 사진이 선택된 상태로 Enter 혹은 Spacebar를 누르면 됩니다. Loupe View 상태에서 다시 한번 Enter 혹은 Spacebar를 누르면 보다 확대된 상태로 사진을 볼 수 있습니다.

| 그림 3-2-12. Loupe View를 이용하면 현재 선택한 사진을 크게 볼 수 있습니다.

단축키 F를 눌러 사진을 전체화면으로 볼 수 있습니다. 다시 F를 누르면 원래의 화면으로 돌아갑니다.

| 그림 3-2-13. 전체화면으로 바라본 사진입니다.

❸ **Compare View (단축키 C)**

Compare View는 2장의 사진을 비교하여 보고 싶을 때 유용한 기능입니다. Grid View에서 비교하고 싶은 사진 2장을 선택해 보겠습니다. 이처럼 복수의 사진을 동시에 선택할 때에는 Ctrl키를 누른 상태에서 선택하고자 하는 사진을 클릭하면 됩니다. 만약 연속된 사진들을 선택하고 싶을 때에는 맨 처음 사진을 클릭하고 키보드의 Shift키를 누른 상태에서 맨 마지막 사진을 선택합니다.

| 그림 3-2-14. 77번 사진과 79번 사진을 선택하였습니다.

이렇게 사진 2장을 선택한 상태에서 단축키 C를 눌러, 선택한 사진들을 Compare View로 볼 수 있습니다.

| 그림 3-2-15. Compare View를 이용하여 사진들을 나란히 두고 비교할 수 있습니다.

Compare View 하단에 보이는 Zoom 기능을 이용하여 사진을 확대 또는 축소할 수도 있습니다.

❹ Survey View (단축키 N)

Survey View는 Compare View를 보다 확장시킨 개념으로서, 2장 이상의 사진들을 선택하여 모아서 볼 수 있는 기능입니다. 앞서 설명한 Compare View에서도 2장 이상의 사진을 맨 처음 사진과 한 장씩 비교하며 볼 수 있지만, 복수의 사진들을 하나의 화면에서 동시에 비교하려면 Survey View를 이용해야 합니다.

| 그림 3-2-16. Survey View 모드를 사용하기에 앞서 163번 사진과 164번 사진을 선택하였습니다.

이제 단축키 N을 눌러 Survey View를 활성화하면 그림3-2-17과 같은 모습을 볼 수 있습니다.

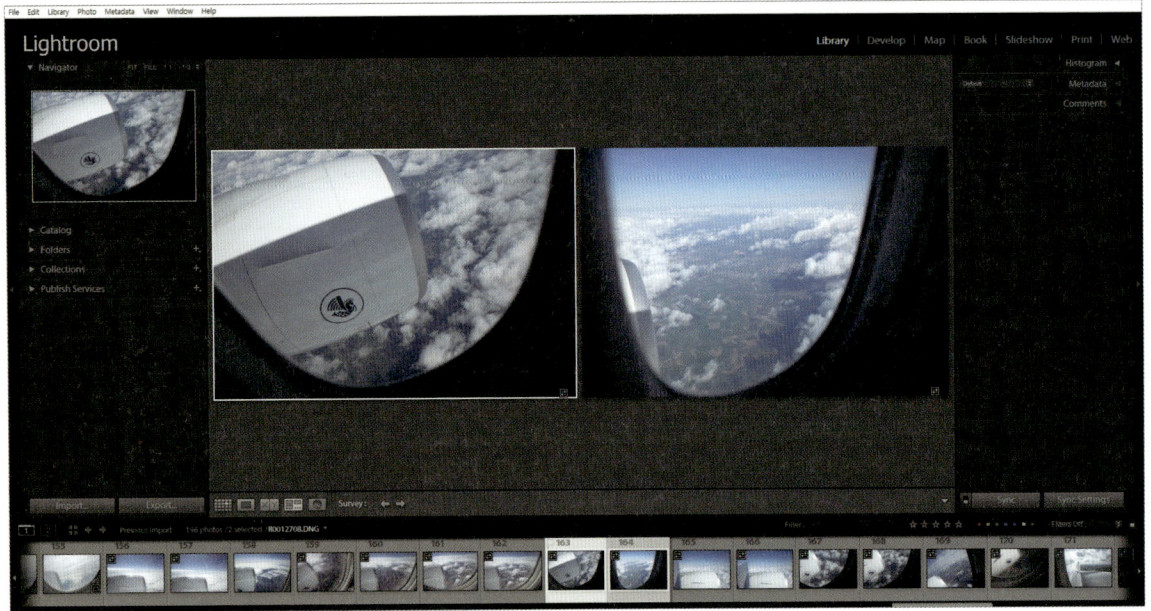

| 그림 3-2-17. Survey View에서 2장을 선택했을 때 보이는 화면입니다.

그림3-2-18과 그림3-2-19처럼 2장 이상의 사진을 선택했을 때에도 마찬가지로 Survey View를 사용할 수 있습니다.

| 그림 3-2-18. 4장의 사진을 Survey View로 본 화면입니다.

| 그림 3-2-19. 30장의 사진을 Survey View로 본 화면입니다.

이렇게 다양한 종류의 보기 모드를 통해 카탈로그로 불러온 사진들을 확인할 수 있습니다.

002 | Library 모듈에서 사진을 분류하는 3가지 기준

이제 Library 모듈에서 실제로 사진을 분류하는 기준에 대해 알아보려고 합니다. 지금부터가 Library 모듈의 진수를 맛볼 수 있는 부분입니다. 분류 기준에는 총 3가지가 있습니다.

(1) 별점

첫 번째 분류 기준은 별점입니다. 쉽게 말해서 사진에 별을 부여하는 것입니다. 별은 1개(★)부터 5개(★★★★★)까지 부여할 수 있으며, 여기에 별점을 아예 하나도 부여받지 못한 사진도 포함하면 총 6단계로[1] 사진을 분류할 수 있습니다.

| 그림 3-2-20. 아직까지 아무런 사진도 별점을 부여받지 않은 상태입니다.

그림3-2-20에서 각각의 사진에 실제로 별점을 부여하겠습니다. 사진에 별점을 부여하거나 반대로 별점이 부여된 사진의 별점을 제거하는 방법은 총 3가지가 있습니다.

■ **첫 번째 방법: 마우스 오른쪽 버튼 메뉴를 이용하여 별점을 선택하기**

원하는 사진 위에 마우스를 올려두고 마우스 오른쪽 버튼을 눌렀을 때 나오는 메뉴에서 원하는 별점을 직접 선택하는 방법입니다.

---

[1] 6단계: 별점이 하나도 없는 사진, 별점 1개를 부여받은 사진(★), 별점 2개를 부여받은 사진(★★), 별점 3개를 부여받은 사진(★★★), 별점 4개를 부여받은 사진(★★★★), 별점 5개를 부여받은 사진(★★★★★)

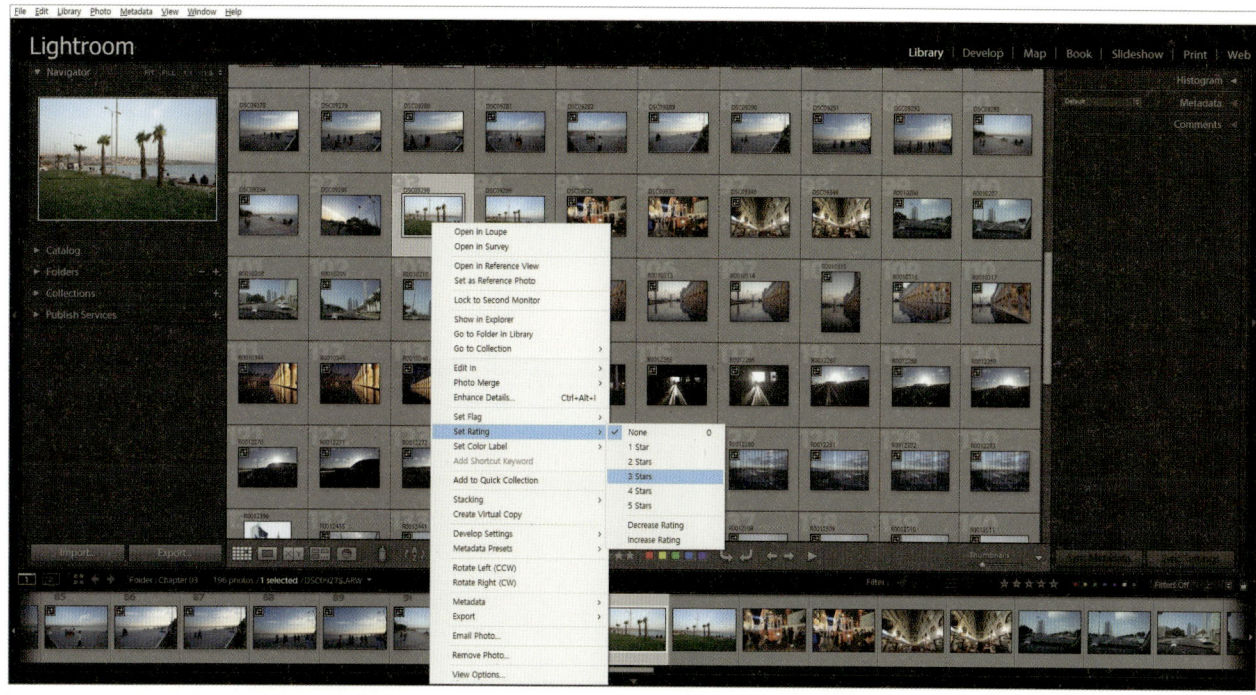

| 그림 3-2-21. 93번 사진 위에 마우스를 올려두고 마우스 오른쪽 버튼을 눌러 별점 3개를 부여하겠습니다.

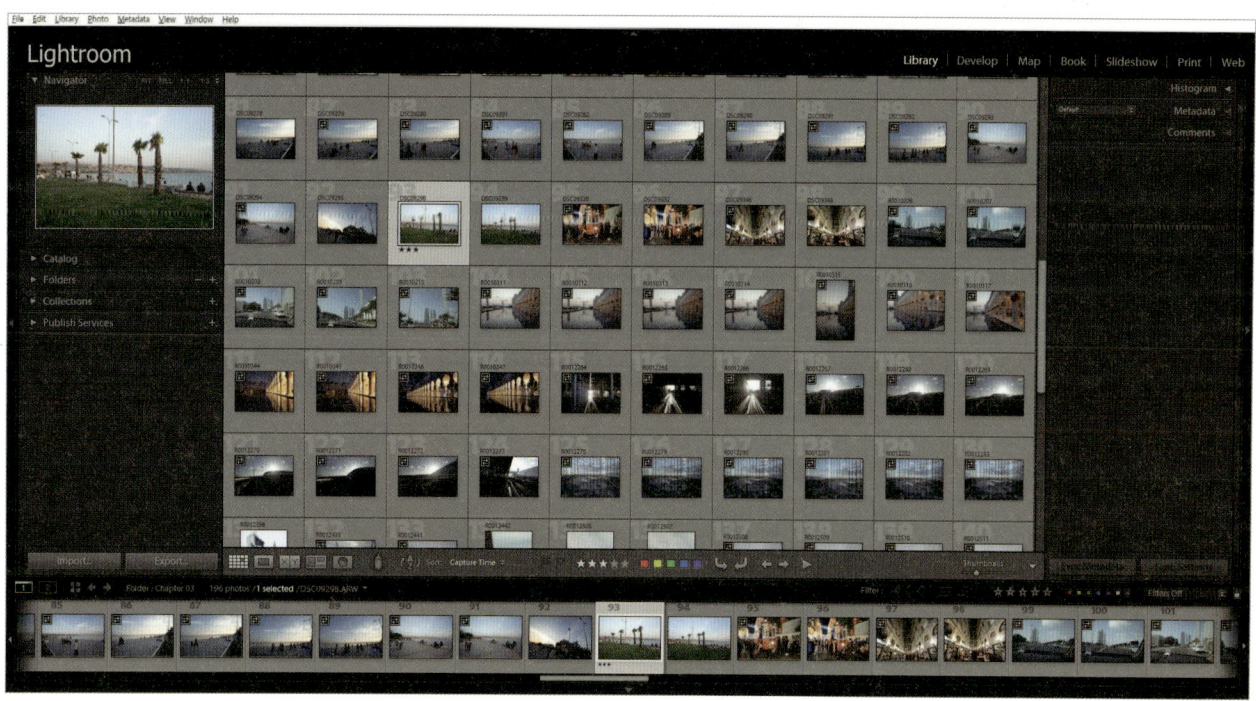

| 그림 3-2-22. 이제 93번 사진 하단에서 별점이 부여된 것을 확인할 수 있습니다.

똑같이 따라 했는데 사진 하단에 별점이 보이지 않아요

똑같이 별점을 부여했음에도 사진의 하단에서 별점이 표시되지 않는 경우, 현재 화면의 View Option을 조정함으로써 별점을 표시할 수 있습니다. 라이트룸을 이제 막 설치한 경우라면 별점이 사진 하단에 나타나는 것이 일반적이지만, View Option에서 이를 숨기거나 다시 표시할 수 있습니다.

우선 아무 사진이나 하나를 골라, 그 위에 마우스를 올려두고 마우스 오른쪽 버튼을 클릭합니다. 그러면 그림3-2-23과 같은 화면을 볼 수 있습니다.

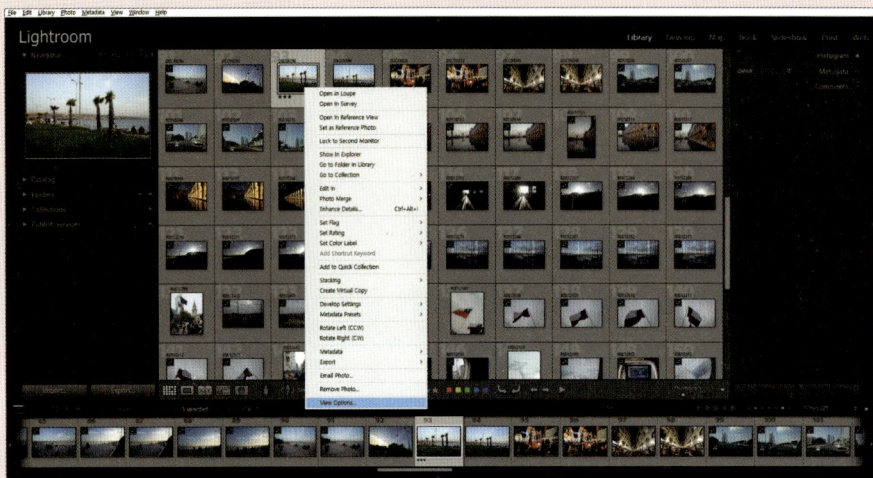

그림 3-2-23. 여기에서 가장 아래에 보이는 View Option을 클릭합니다.

View Option을 클릭하면 그림3-2-24와 같은 화면을 볼 수 있습니다.

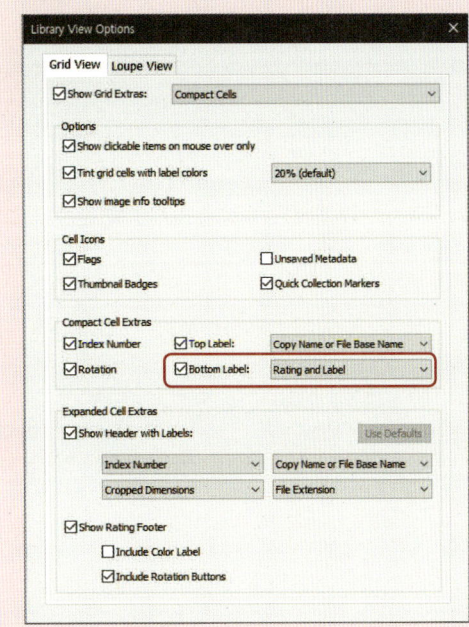

그림 3-2-24. 언뜻 보아서는 복잡해 보이지만 View Option은 사용자에게 최대한 다양한 선택지를 제시하기 위해 이처럼 여러 설정을 직접 선택할 수 있도록 구성되어 있습니다.

여기서 우리는 화면 하단에 별점을 표시하고 싶기 때문에, Bottom Label에 체크(✓) 표시를 한 후, Rating and Label을 선택하면 됩니다. 만약 별점이 아닌 다른 정보를 표시하고 싶을 때에는 그림3-2-25에 보이는 여러 대안 중에서 하나를 선택하면 됩니다.

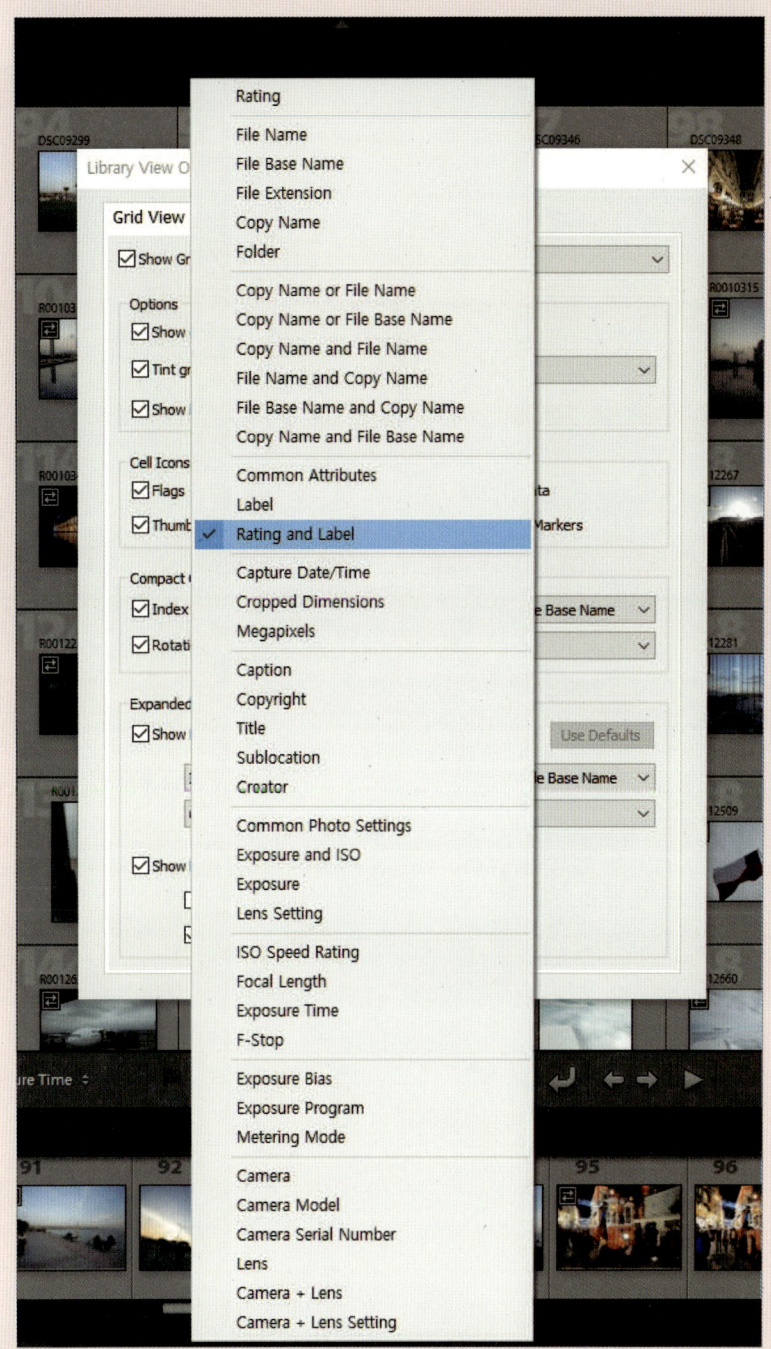

| 그림 3-2-25. 별점뿐만 아니라 초점거리를 비롯하여 노출의 3요소와 같은 정보도 표시할 수 있습니다.

■ **두 번째 방법: 마우스로 직접 별점을 부여하기**

두 번째 방법은 첫 번째 방법에 비해 보다 간단합니다. 별점을 주고 싶은 사진 위에 마우스를 올려두면 그림3-2-26처럼 다섯 개의 점을 볼 수 있습니다. 여기서 원하는 위치에 클릭을 하면 곧바로 별점이 부여되며, 다시 한번 동일한 위치를 선택할 경우 별점이 사라지게 됩니다.

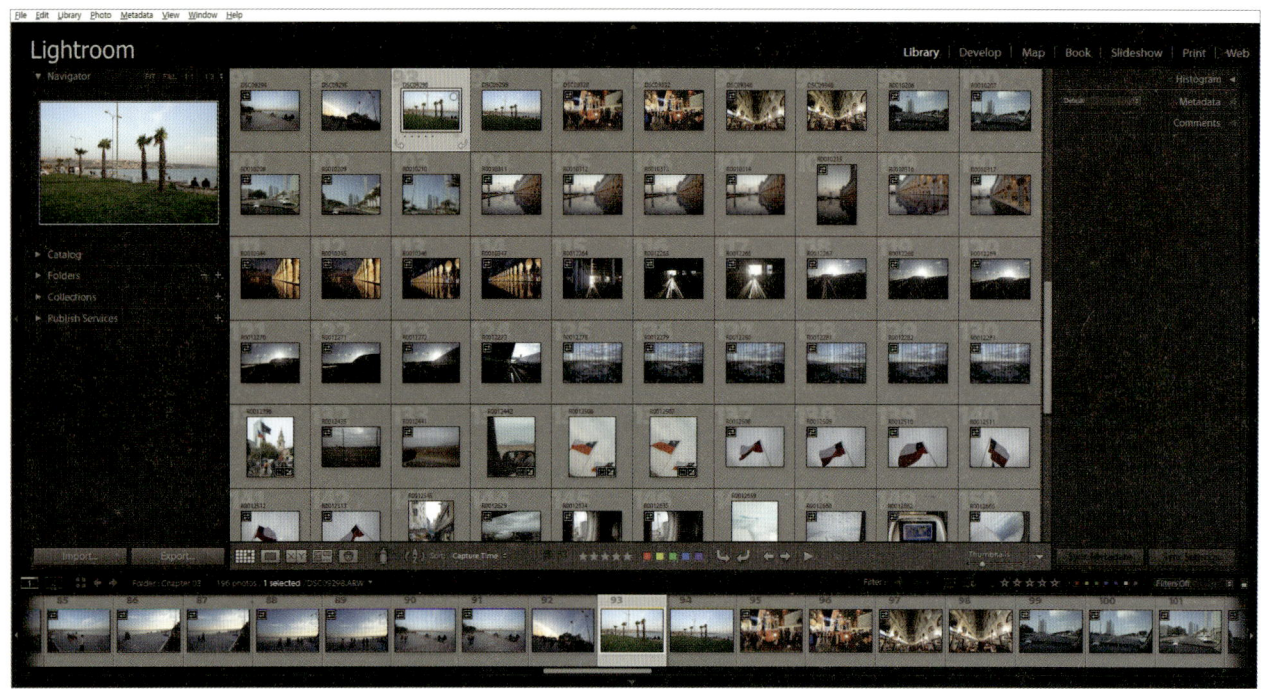

그림 3-2-26. 93번 사진 썸네일 하단에 보이는 다섯개의 점(■ ■ ■ ■ ■) 중에서 하나를 선택하면 됩니다.

이 외에도 그림3-2-27과 같이 필름스트립 바로 위에 보이는 툴바에서 별점을 클릭하면 동일하게 별점을 부여하거나 기존에 부여된 별점을 제거할 수 있습니다. 필름스트립은 화면 하단에 연속적으로 나열된 사진의 모음을 의미합니다. 마치 필름카메라의 필름 속 사진들이 나열된 모습과 유사하기 때문에 필름스트립이라는 이름을 가지고 있습니다.

그림 3-2-27. 이처럼 군데군데에 작게 표시된 아이콘 중에서도 유용한 기능들이 많습니다.

■ **세 번째 방법: 단축키를 이용하기**

마지막은 가장 빠른 방법이자, 필자 또한 가장 빈번하게 사용하는 방법입니다. 바로 단축키를 이용하는 것입니다. 별점 1개는 단축키 1, 별점 2개는 단축키 2, 이런 식으로 단축키 5까지 사용이 가능합니다. 단축키를 이용하면 마우스를 직접 움직이는 것에 비해 빠르게 별점을 부여할 수 있고, 가장 직관적이기도 합니다. 별점과 관련한 단축키는 다음과 같습니다.

별점 1개 부여	1	별점 5개 부여	5
별점 2개 부여	2	별점 초기화	0
별점 3개 부여	3	별점 1개만 증가	]
별점 4개 부여	4	별점 1개만 감소	[

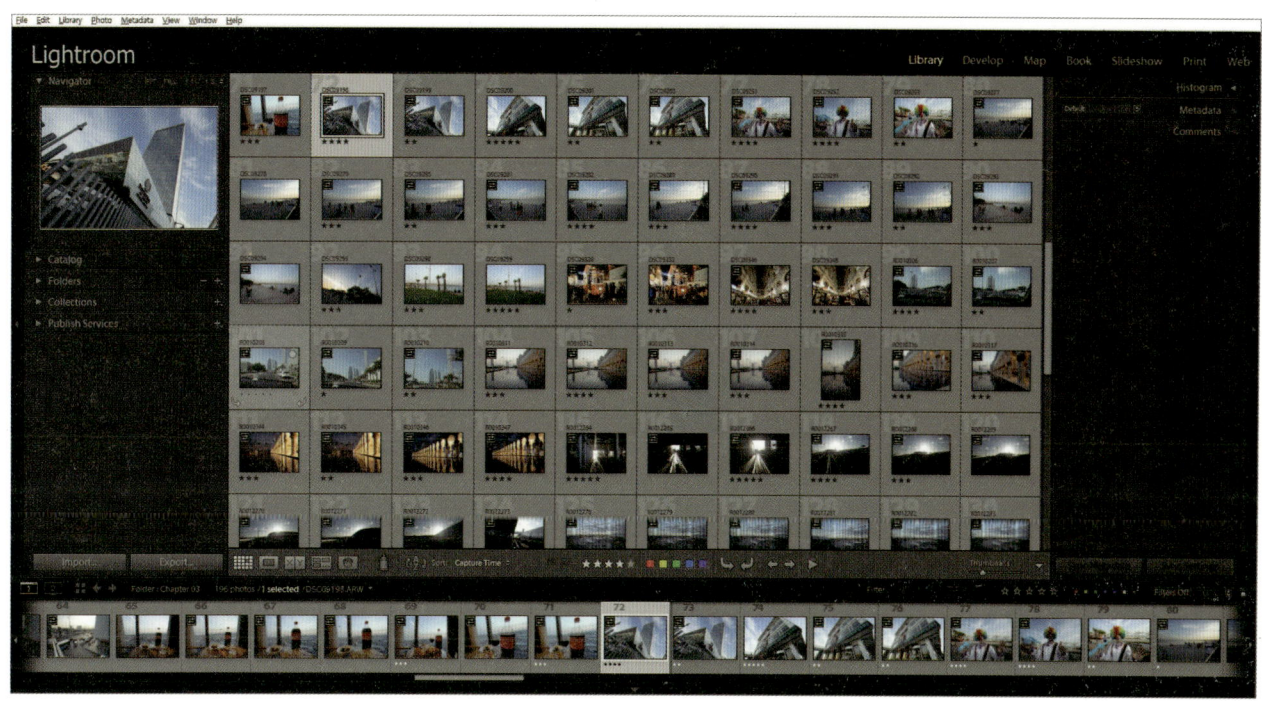

그림 3-2-28. 세 가지 방법을 활용하여 각각의 사진에 별점을 부여한 모습입니다.

(2) 색상 레이블

두 번째 분류 기준은 색상 레이블입니다. 앞서 다룬 별점이 별의 개수를 가지고 사진을 분류하는 방식이라면, 색상 레이블은 각기 다른 색상을 가지고 사진을 분류합니다. 색상 레이블은 총 5가지(Red, Yellow, Green, Blue, Purple)로 부여할 수 있으며, 여기에 색상 레이블이 부여되지 않은 사진까지 포함하면 총 6단계로 사진을 분류할 수 있습니다.

색상 레이블을 부여하는 방법은 2가지가 있습니다.

첫 번째 방법은 그림3-2-29와 같이 사진 위에 마우스를 올려두고 마우스 오른쪽 버튼을 눌러 직접 색상 레이블을 선택하는 것입니다. 또한 별점과 마찬가지로, 앞서 보았던 그림3-2-27과 같이 필름스트립 바로 위에 있는 툴바에서 색상 레이블을 새로 부여하거나 기존에 부여된 색상 레이블을 제거할 수 있습니다.

| 그림 3-2-29. 색상 레이블은 5가지 색상 중에서 하나를 선택하거나 아예 지정하지 않을 수도 있습니다.

색상 레이블을 부여하는 두 번째 방법은, 짐작하시다시피 단축키를 이용하는 것입니다.

Red	6
Yellow	7
Green	8
Blue	9
Purple	-
색상 초기화	해당 색상의 단축키 한번 더 누르기

| 그림 3-2-30. 각각의 사진에 색상 레이블을 추가한 모습입니다.

Red, Yellow, Green, Blue, Purple로 명명된 각각의 색상 레이블의 이름도 별도로 설정이 가능합니다. 이 부분은 Chapter 03 그림3-2-40에서 다시 다룰 예정입니다.

앞서 보았던 별점의 경우 부여된 별점의 개수를 바탕으로 자체적으로 사진의 품질을 평가하고 그에 따라 사진들을 분류할 수 있는 반면, 색상 레이블은 각각의 색상이 어떤 의미를 갖는지를 미리 정해두어야 하는 불편함이 따르긴 합니다. 그럼에도 불구하고 색상 레이블은 썸네일 자체에 색상을 넣는 방식이기 때문에 특히 Grid View와 같이 여러 장의 사진을 한꺼번에 조망하는 경우, 특정한 색상 레이블을 가진 사진들을 빠르게 확인할 수 있다는 점에서 큰 장점을 갖습니다. 또한 별점과 색상 레이블 그리고 이어서 설명하게 될 깃발을 함께 조합하는 경우 다양한 분류기준에 따라 사진들을 분류할 수 있습니다.

(3) 깃발

세 번째 분류 기준은 깃발입니다. 깃발은 하얀색과 검은색이 있으며 깃발이 부여되지 않은 사진까지 포함하면 총 3단계로 사진을 분류할 수 있습니다. 보통 하얀깃발은 Flagged 또는 Pick이라고 표현하며 특정한 사진을 '선택'했다는 의미입니다. 검은깃발은 Rejected라고 표현하며 특정한 사진을 '제외'했다는 의미입니다. 어느 깃발도 부여되지 않은 상태는 Unflagged 라고 표현합니다.

깃발을 부여하는 방법은 총 2가지가 있습니다.

첫 번째 방법은 그림3-2-31과 같이 사진 위에 마우스를 올려두고 마우스 오른쪽 버튼을 눌러 깃발을 선택하거나 필름스트립 상단에 있는 툴바에서 원하는 깃발 아이콘을 클릭하는 것입니다.

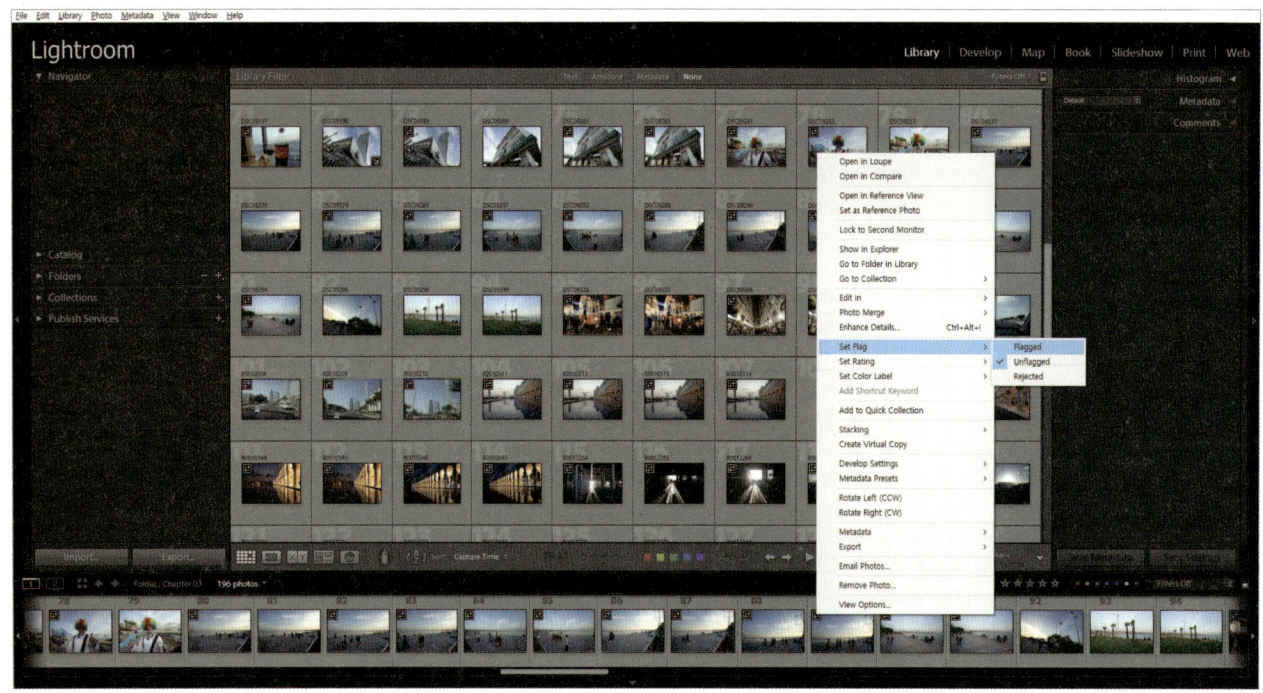

그림 3-2-31. 깃발을 부여하는 것 역시 크게 어렵지 않습니다.

두 번째 방법은 단축키를 이용하는 것입니다.

하얀깃발(Pick)	P
검은깃발(Rejected)	X
깃발 제거(Unflagged)	U

그림3-2-32처럼 하얀깃발이 꽂힌 사진의 경우 사진 테두리에 하얀색의 외곽선으로 강조 표시가 되며, 검은깃발이 꽂힌 사진의 경우 썸네일 이미지가 흐릿하게 처리됩니다.

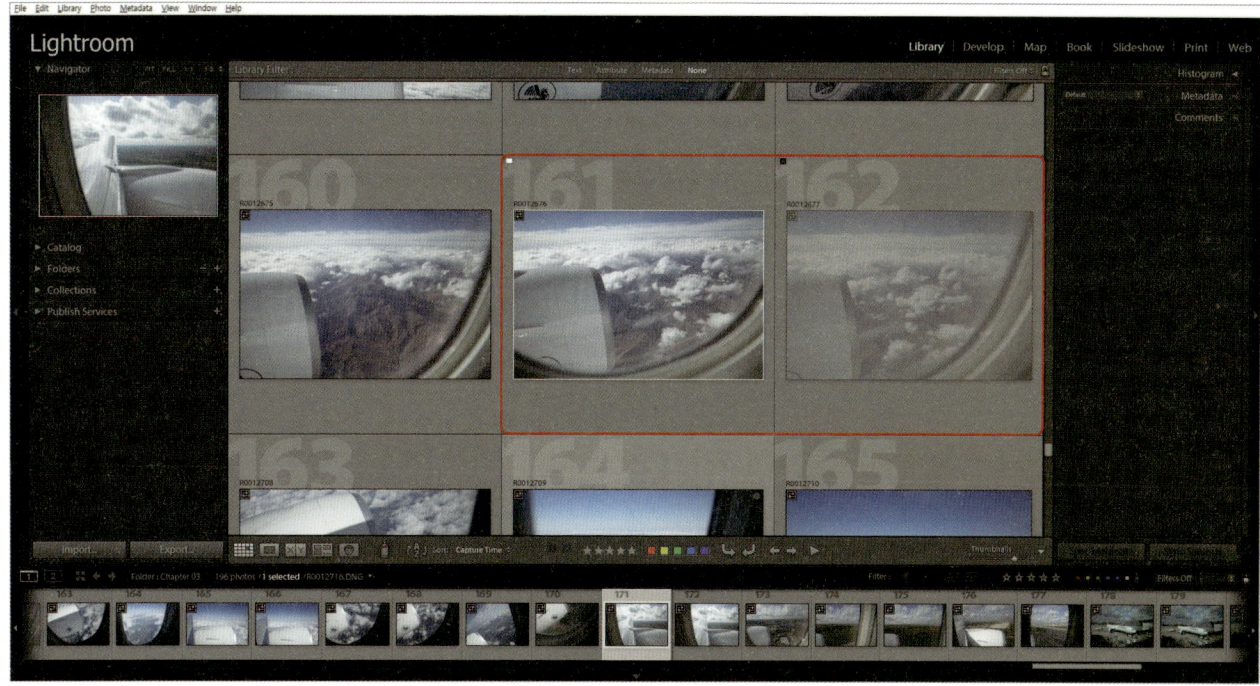

그림 3-2-32. 161번 사진은 하얀깃발이, 162번 사진은 검은깃발이 꽂혀져 있는 사진입니다.

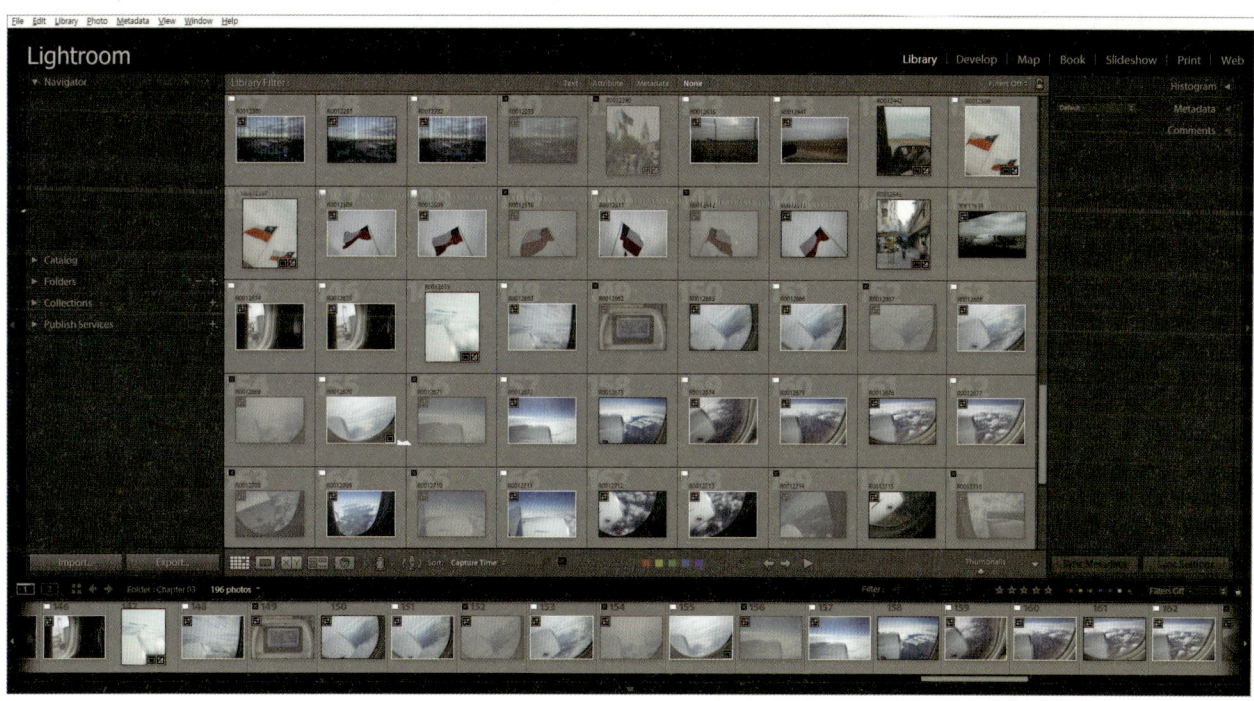

그림 3-2-33. 각각의 사진들에 깃발이 부여된 모습입니다.

Chapter 3 예제 사진을 통해 배우는 라이트룸 기본 사용법

현재까지 소개한 3가지 분류 기준을 활용하면 우리는 108가지의 서로 다른 기준으로 사진을 분류할 수 있습니다.

별점	색상 레이블	깃발
별점 없음	색상 없음	깃발 없음
★	Red	하얀깃발
★★	Yellow	검은깃발
★★★	Green	-
★★★★	Blue	-
★★★★★	Purple	-
총 6단계	총 6단계	총 3단계

6 x 6 x 3 = 108단계

아래는 별점과 색상 레이블 그리고 깃발을 가지고 만들 수 있는 사진 분류 기준의 예시를 보여주는 것이며, 실제 라이트룸에서 활용 가능한 경우의 수는 모두 108가지입니다.

- 별점 ★★★ + 색상 레이블 없음 + 깃발 없음
- 별점 ★★★★ + 색상 레이블 Red + 깃발 없음
- 별점 ★★ + 색상 레이블 Purple + 하얀깃발
- 별점 ★ + 색상 레이블 Blue + 검은깃발
- 별점 ★★★★★ + 색상 레이블 Red + 깃발 없음

003 | 3가지 분류 기준을 활용한 강력한 사진 분류 노하우

앞서 소개한 3가지 분류 기준을 바탕으로 이번에는 1,000장의 사진을 카탈로그로 가져오는 경우를 가정하여 사진을 분류해보겠습니다. 이에 앞서 3가지 분류 기준을 어떠한 방식으로 부여할지와 관련하여 아래와 같이 두 가지 예시를 들어보겠습니다. 다만, 이는 어디까지나 이해를 돕기 위한 것이며, 독자분들 스스로가 본인에게 적합한 기준을 가지고 분류하면 좋겠습니다.

■ **첫 번째 예시: 친구와 카페에서 찍은 1,000장의 사진 중 SNS에 올릴만한 사진만 분류하는 경우**

① 1단계 분류 (대상: 1,000장)

분류 기준: 망한 사진 걸러내기	사진 매수	별점	색상 레이블	깃발
• 보정하기도 아까울 정도로 못 찍었다고 생각하는 사진 • 초점이 아예 맞지 않는 사진 • 왜 이런 사진을 내가 찍었을까 하는 생각마저 드는 사진	700장	없음	없음	없음
• 그래도 이 정도면 잘 찍었고, 일단 이 중에서 더 마음에 드는 것을 골라야겠다고 생각하는 사진	300장	★★★ (별점 추가)	없음	없음

1단계 분류를 통해 1,000장의 사진 중에서 아예 보정이 필요하지 않은 700장의 사진들을 걸러내고 300장의 사진을 추려냈습니다. 이제 이 300장을 가지고 다시 2단계 분류를 해보겠습니다.

② 2단계 분류 (대상: 300장)

분류 기준: SNS에 올리고 싶은 사진 고르기	사진 매수	별점	색상 레이블	깃발
잘 찍긴 했지만 SNS에 올리기에는 조금 부족해 보이고 나만 보고 그냥 갖고 있어야겠다고 생각한 사진	200장	★★★ (1단계 별점에서 변동 없음)	없음	없음
잘 찍기도 했지만 SNS에 올려도 괜찮을 것 같은 사진	100장	★★★★ (별점 추가)	없음	없음

2단계 분류를 거쳐 다시 100장의 사진을 추려냈습니다. 이제 이 100장을 가지고 다시 3단계 분류를 해보겠습니다.

③ 3단계 분류 (대상: 100장)

분류 기준: SNS에 올릴 A컷만 고르기	사진 매수	별점	색상 레이블	깃발
잘 찍기도 했지만 SNS에 올려도 괜찮을 것 같은 사진	90장	★★★★ (2단계 별점에서 변동 없음)	없음	없음
막상 SNS에 올리려고 보니 100장은 너무 많아서 그중에서도 정말 마음에 드는 것만 추린 사진	10장	★★★★★ (별점 추가)	없음	없음

여기서 다시 다음과 같이 4단계 분류를 할 수도 있습니다.

④ 4단계 분류 (대상: 10장)

분류 기준: A컷 중에서 친구가 나오지 않은 사진 고르기	사진 매수	별점	색상 레이블	깃발
SNS에 올릴 사진 중 친구가 나온 사진	3장	★★★★★ (3단계 별점에서 변동없음)	없음	없음
SNS에 올릴 사진 중 친구가 나오지 않은 사진	7장	★★★★★ (3단계 별점에서 변동없음)	Red (색상 레이블 추가)	없음

이렇게 4단계까지 분류를 마치고 나면 언제든 나 자신이 정한 기준에 속한 사진들만 모아서 볼 수 있는 준비가 다 된 것입니다. 만약, SNS에 올릴 사진 중 친구가 나오지 않은 사진만 모아서 보고 싶다면 별점 5개에 색상 레이블이 Red인 사진만 호출하면 됩니다. 예를 들기 위해 이렇게 설명하긴 했지만, 이와 같은 분류 기준이 처음부터 명확히 잡혀있다면, 1단계 분류에서 바로 별점 5개를 부여하거나, 색상 레이블을 추가하는 식으로 분류작업을 할 수도 있습니다. 이렇게 사진을 분류하는 과정을 보통 "셀렉(Select)" 한다고 표현하기도 합니다.

■ **두 번째 예시: 유럽 여행에서 촬영한 2,000장의 사진을 각각의 기준에 따라 분류하는 경우**

① 1단계 분류 (대상: 2,000장)

분류 기준: 촬영 국가	사진 매수	별점	색상 레이블	깃발
아일랜드에서 촬영한 사진	800장	없음	Green (색상 레이블 추가)	없음
영국에서 촬영한 사진	500장	없음	Red (색상 레이블 추가)	없음
프랑스에서 촬영한 사진	700장	없음	Blue (색상 레이블 추가)	없음

1단계 분류를 통해 2,000장의 사진을 국가별로 분류하였습니다. 이제 2단계 분류를 해보겠습니다.

② 2단계 분류 (대상: 2,000장)

분류 기준: 촬영 장소	사진 매수	별점	색상 레이블	깃발
실내에서 촬영한 사진	900장	없음	(1단계에서 적용 완료)	하얀깃발 (깃발 추가)
야외에서 촬영한 사진	1,100장	없음	(1단계에서 적용 완료)	없음

2단계 분류를 통해 실내와 야외에서 촬영한 사진으로 다시 분류하였습니다. 이제 3단계 분류를 해보겠습니다.

③ 3단계 분류 (대상: 2,000장)

분류 기준: 사진의 품질	사진 매수	별점	색상 레이블	깃발
• 보정하기도 아까울 정도로 못 찍었다고 생각하는 사진 • 초점이 아예 맞지 않는 사진 • 왜 이런 사진을 내가 찍었을까 하는 생각마저 드는 사진	1,200장	없음	(1단계에서 적용 완료)	(2단계에서 적용 완료)
• 그래도 이 정도면 망한 것은 아니다라고 생각하는 사진	800장	★★ (별점 추가)	(1단계에서 적용 완료)	(2단계에서 적용 완료)

3단계에서 새롭게 추려낸 800장의 별점 2개짜리 사진들을 가지고 마지막으로 다음과 같이 4단계 분류를 해보겠습니다.

④ 4단계 분류 (대상: 800장)

분류 기준: 사진의 품질	사진 매수	별점	색상 레이블	깃발
망한 것은 아니지만 그렇다고 좋다고 생각되지도 않는 사진	500장	★★ (3단계 별점에서 변동 없음)	(1단계에서 적용 완료)	(2단계에서 적용 완료)
제법 마음에 들지만 A컷으로 보기에는 아쉬운 사진	270장	★★★ (별점 추가)	(1단계에서 적용 완료)	(2단계에서 적용 완료)
A컷으로 꼽더라도 손색이 없는 사진	23장	★★★★ (별점 추가)	(1단계에서 적용 완료)	(2단계에서 적용 완료)
이번 여행에서 남겨온 최고의 수확이자 가장 마음에 드는 사진	7장	★★★★★ (별점 추가)	(1단계에서 적용 완료)	(2단계에서 적용 완료)

이렇게 4단계까지 분류를 마치고 나면 첫 번째 예시와 마찬가지로 이제부터는 언제든 원하는 사진만 골라 보정 작업을 진행할 수 있습니다. 예를 들어, 아일랜드에서 담은 야외 촬영 사진 중 A컷으로 꼽더라도 손색이 없는 사진만 골라서 보고 싶다면 별점이 4개이면서 색상 레이블은 Green에 깃발이 없는 사진을 모으면 됩니다. 만약, 영국에서 촬영한 실내 사진 중 가장 마음에 드는 사진만 골라서 보고 싶을 경우에는 별점이 5개이면서 색상 레이블은 Red에 하얀깃발을 가진 사진을 모으면 됩니다.

그러면 이렇게 분류를 마친 사진들만 골라서 보려면 어떻게 해야 할까요? 가장 손쉬운 방법은 화면 상단에 있는 Library Filter의 Attribute 기능을 이용하는 것입니다. 만약 Library 모듈에서 그림3-2-34와 같이 Library Filter가 보이지 않을 때에는 키보드의 백슬래시(₩) 키를 누르면 Library Filter를 표시할 수 있습니다.

그림 3-2-34. Attribute 버튼은 좌측에서 두 번째에 있습니다.

먼저 현재 화면에서 Attribute 버튼을 눌러보겠습니다.

Attribute 버튼을 누르고 나니 그 아래쪽으로 여지껏 보지 못했던 각종 아이콘들이 나타나는 것을 확인할 수 있습니다. 이제 여기에서 본인이 필터링하고자 하는 분류 기준을 입력하면 그 기준에 해당하는 사진들을 모아서 볼 수 있습니다. 우선 별점이 3개이거나 그보다 많은 별점을 가진 사진들만 보이도록 Rating을 조정해 보겠습니다. 그 결과는 그림3-2-36과 같습니다.

| 그림 3-2-35. Attribute 버튼을 누른다고 해서 썸네일들이 당장 다르게 보이지는 않습니다.

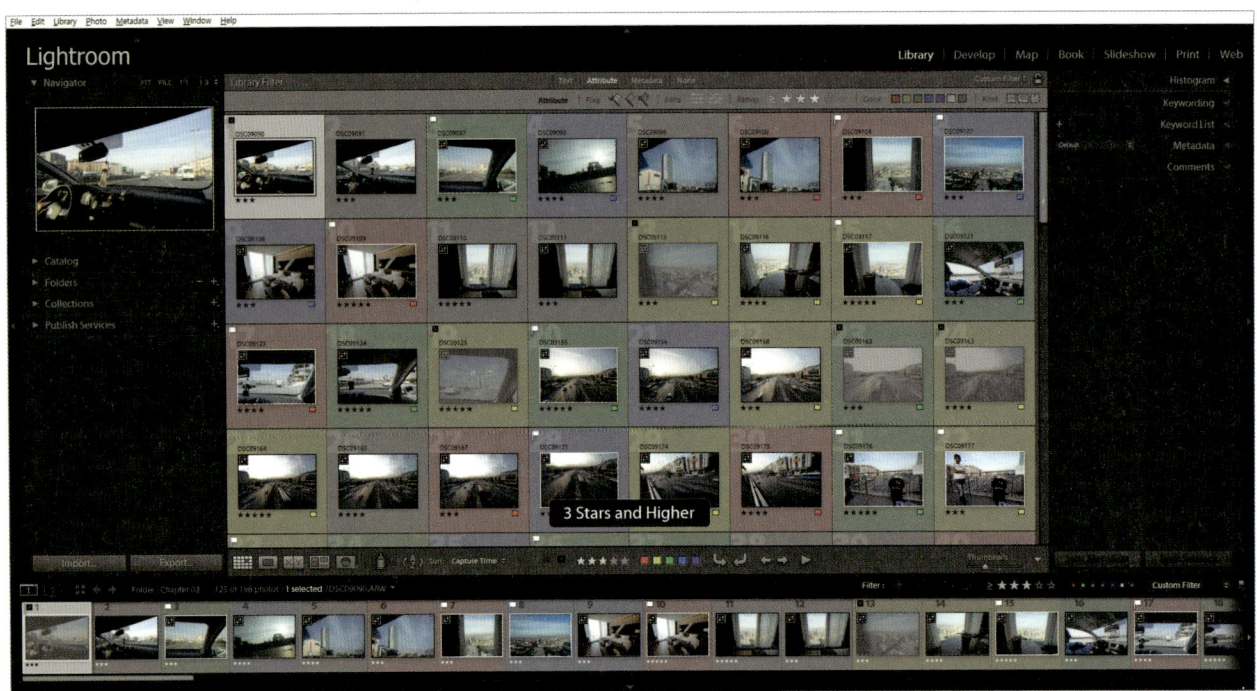

| 그림 3-2-36. 별점이 3개 이상인 사진들만 보이도록 한 모습입니다. 만약 부등호 방향을 반대로 바꿀 경우에는 별점이 3개보다 적은 사진만 보이도록 할 수 있습니다.

Atttribute에서는 별점뿐만 아니라 특정 색상 레이블 또는 깃발에 따라 분류하는 것도 가능합니다. 일단 사용자가 일관성 있는 기준에 따라 사진들을 잘 분류해 두었다면 이처럼 원하는 사진들만 모아 볼 수 있습니다. Attribute 버튼을 클릭하지 않더라도 그림3-2-37과 같이 필름스트립 우측 상단에 보이는 빠른 필터를 이용하면 동일한 분류의 사진들만 모아서 볼 수도 있습니다.

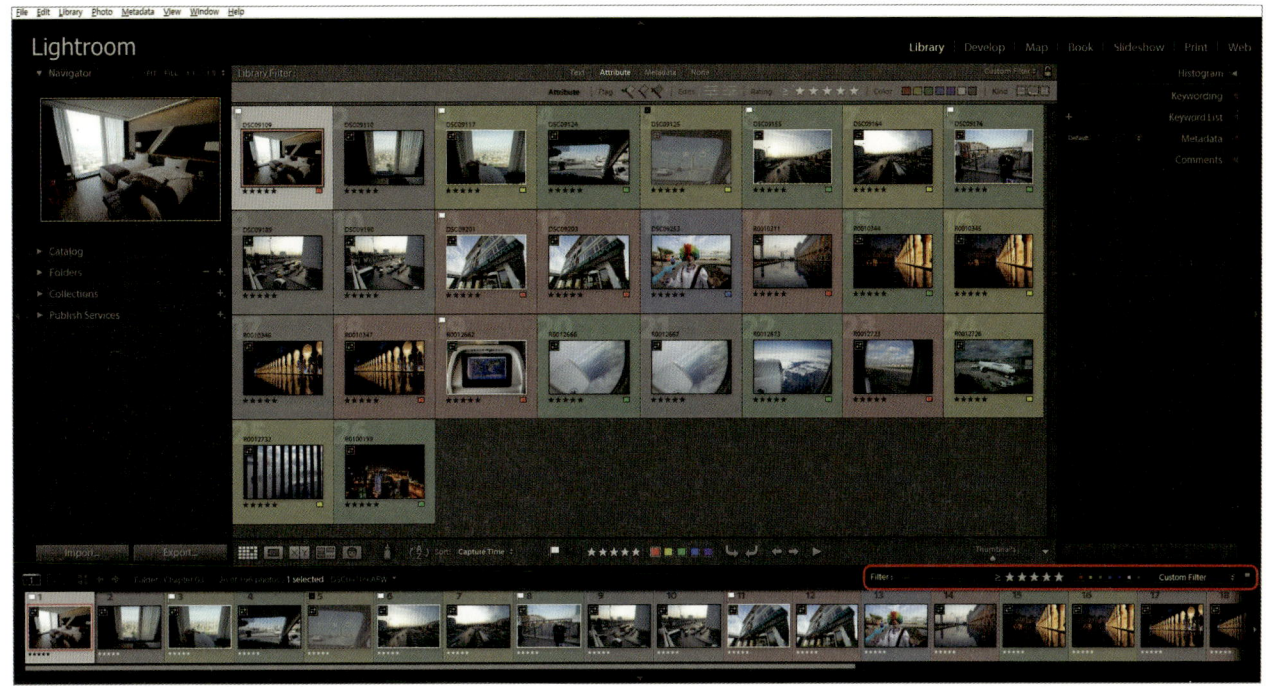

| 그림 3-2-37. 빠른 필터에서 별점 5개 이상인 사진들만 보여주도록 지정하면 이에 해당하는 사진만 Grid View에 나오는 것을 확인할 수 있습니다.

카탈로그로 가져온 사진이 10장 미만일 경우라면 이렇게 분류 작업을 거치는 것이 불필요하게 느껴질 수도 있습니다. 하지만, 만약 불러온 사진이 최소 수십 장에서 수천 장에 달한다면 어떤 사진에 보다 중점을 두고 보정을 할 것인지 미리 정해둘 필요가 있습니다. 아무런 분류기준도 정하지 않은 채 한창 보정을 하고 있는 상황에서, 혹시라도 이 사진 말고 다른 사진이 더 좋지 않을까 하는 생각이 일단 한번 들기 시작하면 작업의 흐름이 꼬이고 혼선이 생기기 때문입니다. 흐름이 좀 꼬이는 것이야 차치하더라도 보정을 하는 와중에 수많은 사진들을 다시 리뷰한다는 것은 상당히 비효율적이기도 합니다.

필자의 경우, 부담 없이 가볍게 촬영을 나가면 하루 종일 50장도 채 찍지 않고 돌아오는 경우도 빈번합니다만, 일단 마음먹고 촬영을 하는 날에는 반나절 동안에도 최소 3천장 가량 촬영하고 오는 경우도 있습니다. 촬영 컷수라는 것이 카메라의 성능에 따라 차이가 있기는 하나 통상 촬영 모드를 연사에 놓고 한 장소에서 셔터만 지그시 누르고 있어도 1분 동안 최소 100장 이상을 찍을 수 있기 때문에 따지고 보면 큰 의미는 없습니다. 그럼에도 불구하고, 이렇게 수천 장의 사진을 담아와 보정을 시작하려고 하면 아무리 숙련된 사람이라 하여도 막막한 경우가 많습니다.

그럴 때일수록 바로 보정부터 하려고 덤비기보다는, 우선 Library 모듈에서 최대한 효율적으로 사진을 분류해놓고 이어서 본격적인 보정 작업에 들어가면 작업에 여유가 생기게 됩니다. 설령, 보정 도중 다른 사진으로 갑자기 넘어가고 싶다 하여도 수많은 사진들 속에서 방향 감각을 상실할 가능성이 확연하게 줄어들기 때문입니다.

지금부터는 앞에서 설명하지 않았던 나머지 팁들에 대해 간략하게 소개하고자 합니다.

■ 사진 분류와 관련하여 알아두면 좋은 Tip!

① 사진의 중요도를 나타내는 별점의 중요성

별점과 색상 레이블, 그리고 깃발 중에서 사진의 중요도를 나타내기에 가장 유용한 분류 기준은 바로 별점입니다. 아무런 설명을 하지 않더라도, 별점 5개를 가진 사진이 별점 1개를 가진 사진보다 중요한 것처럼 느껴지는 것도 별점이라는 것이 대단히 직관적인 기준이기 때문입니다.

색상 레이블의 경우, 서로 다른 사진 2장을 놓고 비교하였을 때 한 사진이 다른 사진보다 더 중요하다는 인식을 하기에는 우리의 뇌는 별점에 비해 다소 복잡한 연산 과정을 거쳐야만 합니다. 사전에 어떤 색상의 레이블이 다른 색상의 레이블보다 중요하다는 것이 전제되어야 하고 여기에 다시 눈 앞에 놓인 사진을 대입하는 과정을 거쳐야 하기 때문입니다. 대신에 색상 레이블은 다른 측면에서 유용할 수 있습니다.

깃발 또한 하얀깃발과 검은깃발로 나누어 볼 수 있다는 측면에서는 유용할 수 있으나 단순히 하얀깃발 즉, Pick으로 선택된 사진과 그렇지 않은 사진(Rejected, Unflagged)으로만 나눌 수 있다는 점을 감안하면, 여러 단계를 가진 별점에 비해 쓰임새가 제한될 수 밖에 없습니다. 다만, 다른 분류 기준을 모두 배제한 상태에서 깃발을 그 자체의 목적에 부합하게 "선택한 사진"과 "선택에서 제외된 사진"으로만 사용할 경우에는 매우 심플하면서도 강력한 분류기준으로 사용할 수는 있습니다.

가장 좋은 방법은 이들 모두를 섞어서 사용하는 것입니다만, 오로지 사진의 중요도만을 구분할 때에는 이런 이유들로 인해 별점이 가장 편리하다고 볼 수 있습니다.

② 이름을 변경할 수 있는 색상 레이블의 매력

색상 레이블은 Red, Yellow, Green, Blue, Purple 이 다섯 가지 색상으로 구성됩니다. 색상 레이블에 배정된 색상 자체를 다른 색상으로 변경하는 것은 불가능하지만 각각의 색상을 나타내는 이름은 바꿀 수 있습니다. 그리고 이름을 바꾸게 되면 색상 레이블을 보다 효과적으로 사용할 수 있습니다.

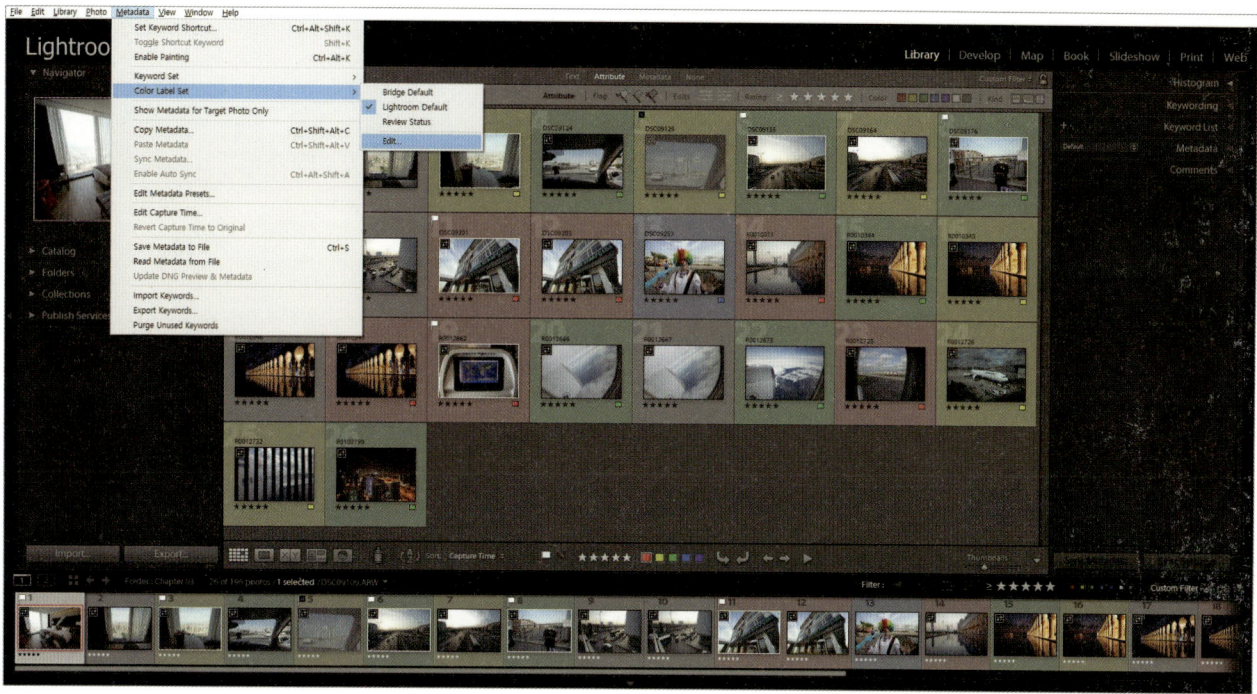

그림 3-2-38. 색상 레이블의 이름을 바꾸려면 상단 메뉴에서 Metadata로 들어간 후 Color Label Set에서 Edit를 누릅니다. Metadata 메뉴는 Library 모듈에서만 활성화되며 Develop 모듈에서는 메뉴 자체가 보이지 않으니 참고바랍니다.

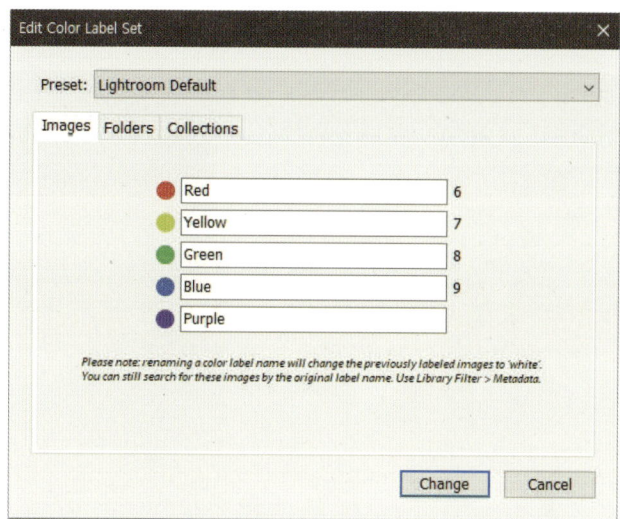

그림 3-2-39. 이 화면에서 원하는 이름을 넣게 되면 해당 이름을 가진 색상 레이블을 사용할 수 있습니다.

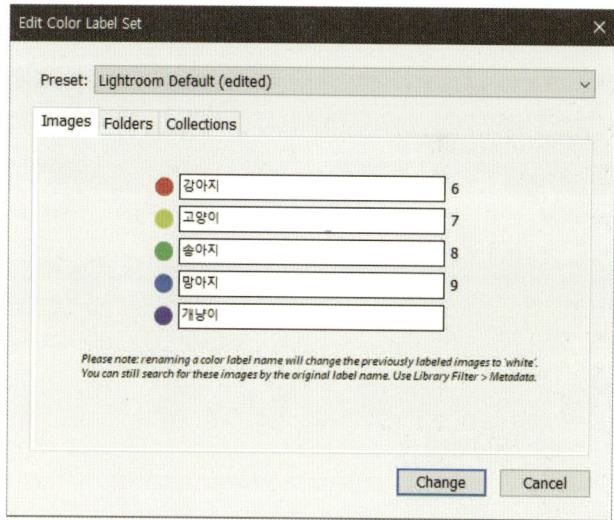

그림 3-2-40. 예를 들기 위해 여러 동물의 종류를 넣어보았습니다.

| 그림 3-2-41. 이제 색상 레이블의 이름이 바뀐 것을 확인할 수 있습니다.

변경된 색상 레이블의 이름은 그림3-2-38에 보이는 메뉴에서 Lightroom Default를 누르면 다시 원래 상태로 변경할 수 있습니다.

③ 대량의 사진을 한꺼번에 분류해주는 Painter

| 그림 3-2-42. Painter를 이용하면 대량의 사진도 빠르게 분류할 수 있습니다.

별점, 색상 레이블, 깃발을 이용하여 사진을 분류할 때에 단축키를 이용하더라도 사진이 많은 경우에는 일일이 분류를 하는 것이 부담스러울 때가 있습니다. 이럴 때에 유용하게 이용할 수 있는 기능이 바로 Painter입니다. Painter는 그림3-2-42와 같이 스프레이 모양을 하고 있습니다.

Painter 아이콘을 클릭하면 그림3-2-43과 같이 몇 가지 선택 옵션을 볼 수 있습니다.

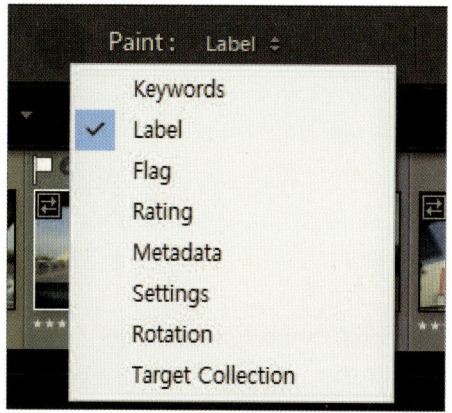

| 그림 3-2-43. Painter에서 선택할 수 있는 옵션들입니다.

만약 Painter를 이용해서 별점을 부여하고 싶다면 그림3-2-43의 옵션들 중에서 Rating을 선택한 후 원하는 별점을 바로 오른쪽에서 지정하고, 그 상태에서 바로 별점을 부여할 사진들 위로 마우스를 드래그하면 됩니다.

그림 3-2-44. 이제부터 드래그하는 사진들은 모두 별점 5개를 갖게 됩니다.

별점뿐만 아니라 색상 레이블과 깃발 역시도 Painter를 통해 부여하는 것이 가능하며, 후술하게 될 키워드나 Preset 역시도 Painter를 통해 바로 적용이 가능합니다.

④ 일관성 있는 기준의 중요성

이처럼 Library의 사진 분류 기능을 잘 이용하기 위해서는 무엇보다도 일관성 있는 기준을 유지하는 것이 필요합니다. 보정을 하다 보면 때로는 하나의 카탈로그에 수천 장 이상의 사진들이 순식간에 쌓이게 되는데 스스로 정한 분류 기준을 잘 유지하는 가운데, 사진을 불러올 때마다 분류 작업을 잘 해준다면 언제든 필요한 사진들을 바로 꺼내어 볼 수 있습니다. 하지만 스스로 정한 분류 기준을 어기게 된다면 그때부터는 오히려 사진들이 뒤섞이게 될 수도 있습니다.

예를 들어, 어떤 날에는 B컷으로 남겨두고 싶은 사진들에 별점 2개를 부여하기로 했다가 다른 날에는 B컷으로 남겨두고 싶은 사진들에 별점 2개를 부여하는 대신, Red 색상의 색상 레이블을 입히기로 했다면 나중에 실제로 B컷으로 남겨두고 싶은 사진들만 호출하고 싶을 때에 혼란이 생기는 것입니다.

이렇게 일관성 있는 기준을 유지하는 것은 하나의 카탈로그 내에서만 지켜주면 되는 스스로의 규칙이자 약속입니다. 기존에 분류 기준을 정해둔 카탈로그가 아닌, 새로운 카탈로그를 생성하고 그 안으로 새로운 사진들을 다시 불러오는 경우라면 다른 기준을 적용하여도 문제될 것이 없습니다. 다시 말해서, 하나의 카탈로그만 가지고 대량의 사진을 일괄적으로 관리할 경우에는 일관성 있는 기준을 유지하는 것이 중요한 요소이나, 만약 카탈로그를 하나씩 만들어서 일일이 관리할 경우에는 각각의 카탈로그 안에서 스스로 정한 기준만 지켜주면 됩니다.

앞서 설명한 방법들을 토대로 라이트룸의 Library 모듈을 잘 활용하면, 사진을 보정하기에 앞서 필요한 '사진 셀렉' 작업을 매우 효과적으로 진행할 수 있습니다.

004 | 사진가에게 더욱 유용한 Library Filter 기능

분류한 사진들을 다시 한데 모아서 보기 위해 앞서 Library Filter의 Attribute 기능에 대해 살펴보았습니다. 이번에는 Attribute 외에도 유용하게 활용 가능한 Library Filter의 다른 기능들에 대해 알아보겠습니다.

(1) Metadata: 사진 그 자체에 대한 많은 정보를 담고 있는 기능

Metadata는 Attribute 바로 우측에 자리 잡고 있는 기능입니다. 현재 화면에서 Metadata 버튼을 누르면 사진을 촬영날짜와 카메라 기종 그리고 렌즈 등에 따라 각각의 사진을 분류하여 볼 수 있습니다.

| 그림 3-2-45. 현재 카탈로그에 존재하는 모든 사진을 Metadata로 구분하여 볼 수 있습니다.

여기서 특정 날짜에 촬영한 사진 또는 특정한 카메라 기종이나 렌즈로 촬영한 사진만 보고 싶을 때에는 해당하는 곳을 클릭하면 됩니다.

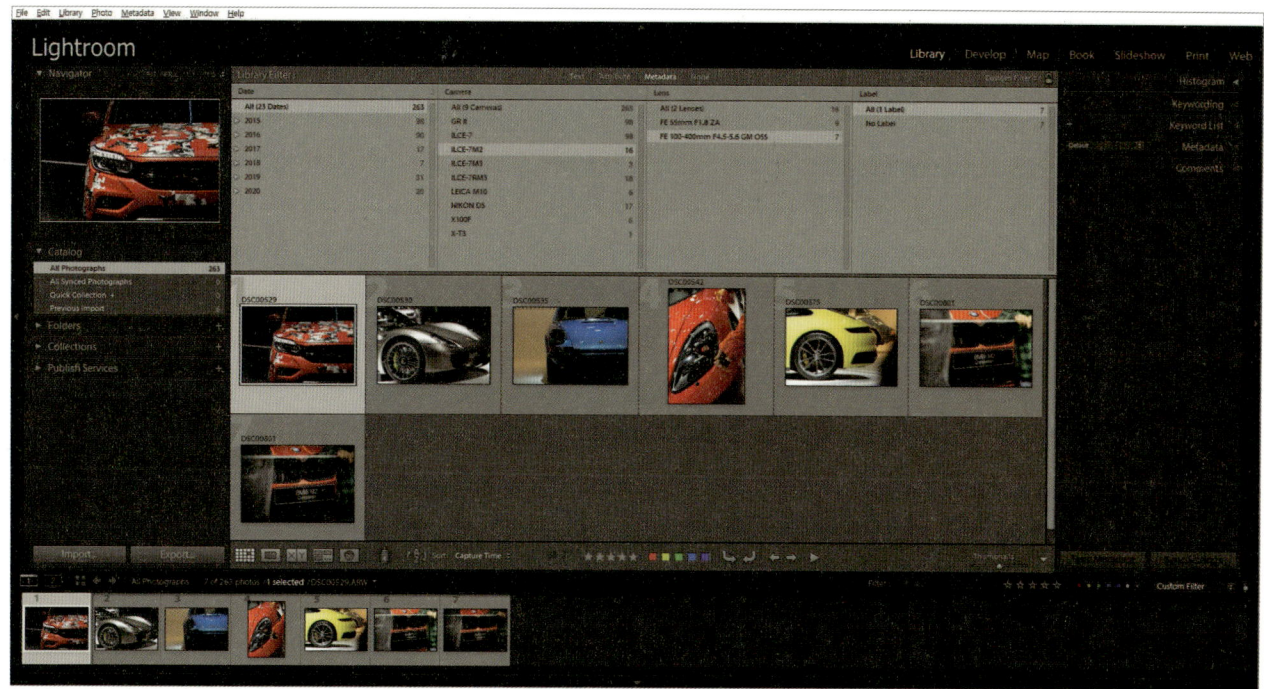

그림 3-2-46. ILCE-7M2라는 카메라와 FE 100-400mm GM렌즈를 이용하여 촬영한 사진만 나타나도록 한 모습입니다.

만약 필자와 같이 하나의 카탈로그 안으로 각기 다른 날짜에 여러 가지 카메라로 촬영한 사진을 담아두거나 여러 가지 렌즈를 이용하여 촬영한 사진을 불러온 경우, 이처럼 Metadata 기능을 이용하면 손쉽게 원하는 사진들만 불러오는 것이 가능합니다.

특히, 다양한 렌즈들로 촬영을 하고 온 경우라면 Metadata 기능을 활용하여 각각의 렌즈들로 촬영한 사진들을 구분할 수 있어 편리합니다. 설령 해당 사진들의 원본 파일이 각기 다른 폴더에 저장되어 있더라도 전혀 상관없이 이용할 수 있는 기능입니다.

(2) Exposure Info: 라이트룸이 사진가를 위한 보정 프로그램이라는 것을 보여주는 기능

Metadata 외에도 Exposure Info라는 커스텀 필터를 적용할 경우 활용 범위는 더욱 넓어집니다. Chapter 02에서 배웠던 노출의 3요소에 따라 사진을 분류할 수 있기 때문입니다.

적용하는 방법은 간단합니다. 그림3-2-47과 같이 Library Filter 우측에 보이는 No Filter를 클릭하면 여러 가지 선택 옵션들이 나타나는데 여기에서 Exposure Info를 클릭하면 됩니다.

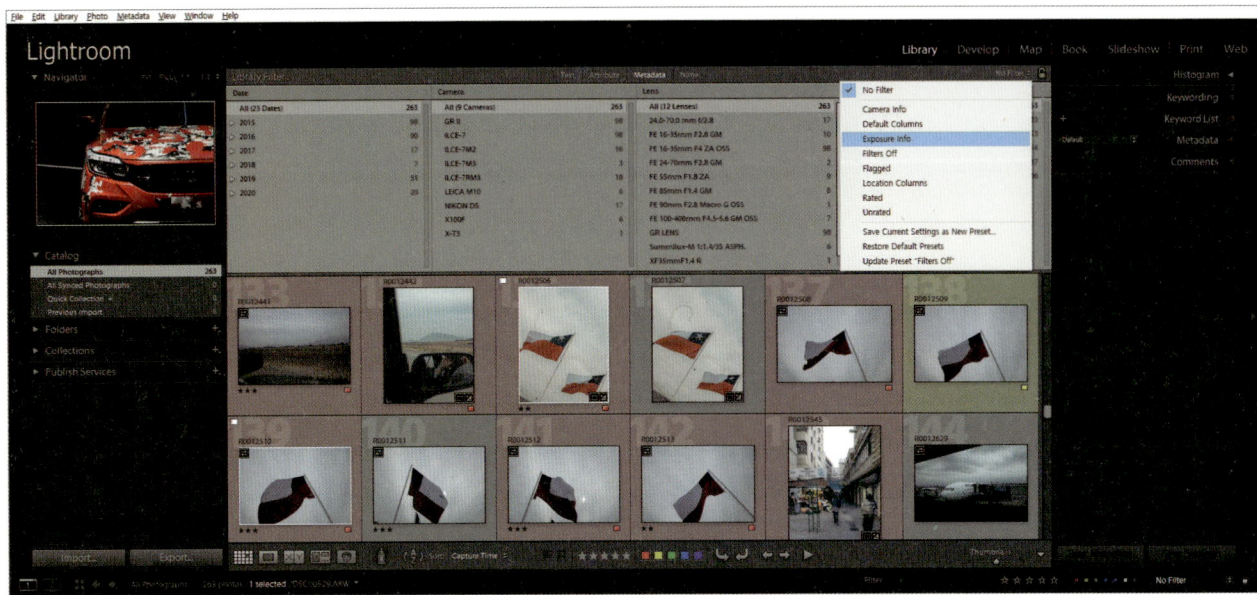

| 그림 3-2-47. Exposure Info는 위에서 세 번째에 자리 잡고 있습니다.

Exposure Info를 클릭하면 그림3-2-48과 같은 화면을 볼 수 있으며, 동시에 지금까지 보았던 사진들이 초점거리와 노출의 3요소에 따라 분류되는 것을 확인할 수 있습니다.

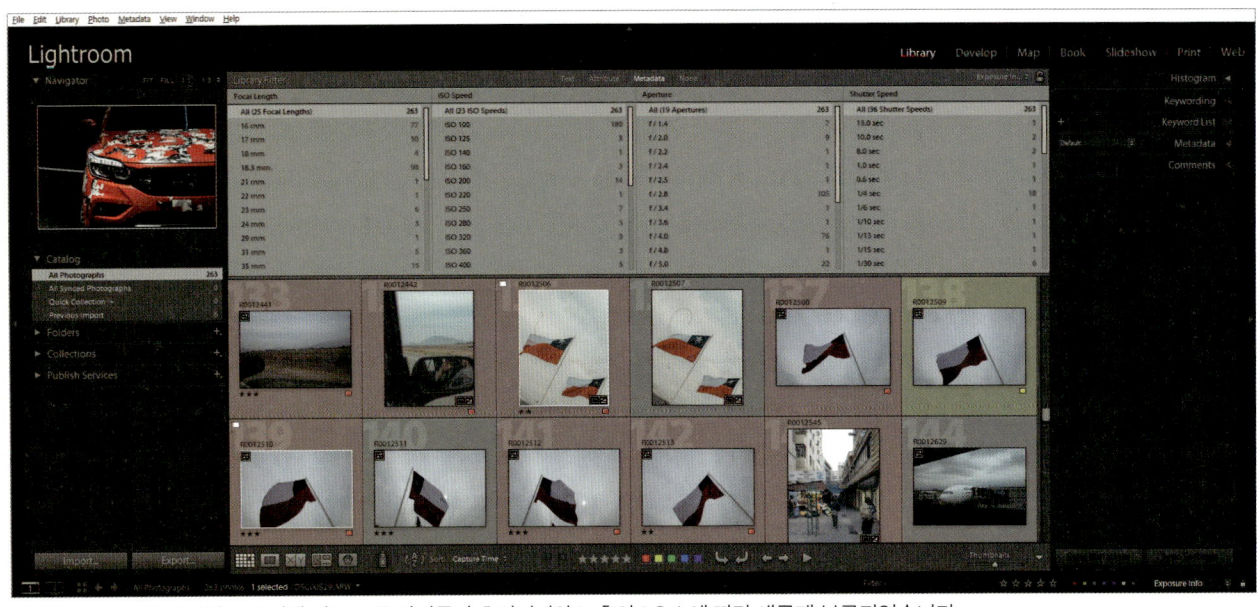

| 그림 3-2-48. 현재 카탈로그 내에 있는 모든 사진들이 초점거리와 노출의 3요소에 따라 새롭게 분류되었습니다.

이렇게 분류가 가능하다는 사실만으로도 라이트룸이라는 프로그램이 처음부터 사진가의 작업을 돕기 위한 목적으로 설계되었다는 것을 느낄 수 있습니다. 한편으로는 참으로 고마운 기능이기도 합니다. 그렇지만, Exposure Info라는 기능을 소개하는 이유는 단순히 그것 때문만이 아닙니다. 이 기능을 통해 우리는 소름 돋는 결론을 유추해낼 수 있습니다.

그림3-2-47은 필자가 현재 사용하고 있거나 과거에 사용했었던 장비들을 이용해 촬영한 사진들을 랜덤하게 골라 카탈로그로 가져온 후 Metadata를 활성화한 모습입니다. 따라서 많은 장비 목록들을 Metadata 안에서 볼 수 있습니다.

그렇다면 만약, 카메라 기초 이론을 완전히 습득하고 이제 막 사진에 입문한 사람이 1개의 카메라 바디와 24-70mm F/2.8 고정조리개를 갖는 표준줌렌즈 1개만을 가지고 있고 약 두 달에 걸쳐 촬영한 2,000장의 사진을 모두 한꺼번에 불러와 Exposure Info 필터를 적용한 Metadata 기능을 활성화했다고 가정하면 어떻게 될까요?

그 사람의 화면에는 24mm에서부터 70mm 중 각각의 초점거리에서 촬영한 사진의 수량과 조리개, 셔터스피드, ISO 세팅값에 따른 사진의 수량이 각각 표시될 것입니다. 왜냐하면 Exposure Info는 바로 그러한 정보를 표시해 주는 필터이기 때문입니다. 그리고 만약, 현재 카탈로그에 모인 전체 사진의 수량이 충분히 많다면 우리는 Exposure Info를 통해서 그 사람의 촬영 패턴을 짐작할 수 있게 됩니다.

이해를 돕기 위해 예시를 들겠습니다. 만약, Exposure Info에서 다음과 같이 각각의 초점거리와 조리개값 그리고 ISO에 따른 수량이 나타난다면 이것을 통해 무엇을 유추해 낼 수 있을까요?

초점거리 (Focal Length)	사진의 수량	조리개값 (Aperture)	사진의 수량	감도 (ISO)	사진의 수량
24mm	150장	F/2.8	1,700장	ISO 100	600장
35mm	1,500장	F/4.0	150장	ISO 120	500장
50mm	300장	F/8.0	150장	ISO 160	500장
65mm	50장	-	-	ISO 200	400장
누계	2,000장	누계	2,000장	누계	2,000장

우선 이 데이터들 속에서 유의미한 정보들만 정리해 보겠습니다.
- 이 사람은 24mm에서부터 70mm까지 모든 초점거리를 사용할 수 있는 줌렌즈를 두 달간 사용했음에도 불구하고 전체 촬영한 사진 중 75%를 35mm 구간으로 촬영하였음
- 또한, 전체 사진의 85%에 해당하는 사진들을 모두 최대개방 조리개인 F/2.8로 촬영하였음
- 프로그램 모드나, 조리개 우선모드와 같이 어떠한 종류의 촬영 모드를 사용하였는지는 이 데이터만으로 알기 어려우나, 특정한 ISO값이 압도적으로 많이 등장하기보다는 ISO 100~200 사이의 값들이 골고루 등장하는 것으로 보아 ISO는 Auto에 놓고 촬영했을 가능성이 상대적으로 높다고 볼 수 있음

따라서 이러한 내용을 종합해 볼 때 이 사람은 그것이 설령 의도한 것이 아닐지라도 본능적으로 35mm의 초점거리를 가장 선호하며, 피사체를 배경과 분리하여 담는 아웃포커싱된 사진을 좋아한다고 말할 수 있습니다.[2]

---

2   최대개방 조리개를 많이 사용하는 것으로 나타났다고 해서 아웃포커싱된 사진을 좋아할 것이라고 결론지으려면 그러한 조작이 실제로 아웃포

다시 말해서, 이 사람은 현재 사용하고 있는 24-70mm F/2.8 고정조리개 렌즈보다 더 큰 최대개방 조리개를 갖는 35mm 단렌즈 1개를 쓰는 것이 앞으로의 사진 생활에 더욱 도움이 될 것입니다. 그렇게 렌즈를 바꿀 경우 당장 줌렌즈를 쓰지 못하는 것에 불편함은 느끼겠지만, Exposure Info 데이터를 통해서 보았을 때 줌렌즈를 쓰지 못해서 느끼는 불편함보다 최대개방 조리개가 큰 렌즈를 사용함으로 인해 얻는 이득이 훨씬 더 클 것이기 때문입니다.

Exposure Info 필터를 그저 사진들을 분류해 주는 하나의 기준으로 인식하고, 그 안에서 원하는 사진들만 골라서 보고 끝내도 괜찮습니다. 그렇지만, 이러한 데이터들이 내포하는 의미들을 해석할 수만 있다면 Exposure Info는 상당히 의미 있는 지표가 될 수 있습니다. Exposure Info를 통해 촬영자의 촬영 성향을 직관적으로 분석하는 것이 처음에는 어려울 수 있습니다. 하지만 카탈로그에 대략 몇천 장의 사진이 일단 모이게 되면 Exposure Info 필터를 통해 본인이 가장 좋아하는 초점거리와 가장 자주 사용하는 조리개 구간을 알 수 있고, 향후에 렌즈를 구입할 때에 이를 참고할 수 있습니다.

(3) Text를 이용한 쉽고 빠른 사진 검색 방법

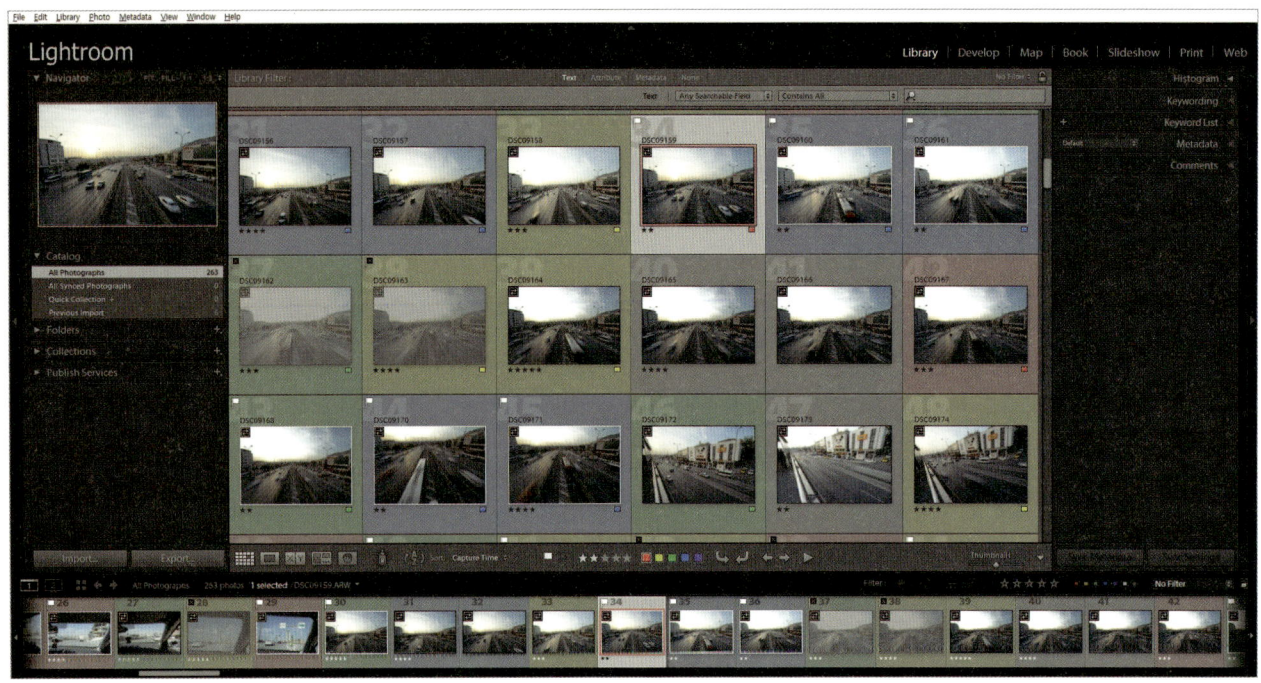

| 그림 3-2-49. Text 항목을 클릭하면 원하는 파일 이름으로 검색을 할 수 있습니다.

Library Filter에는 Metadata와 Exposure Info를 이용한 사진 분류 외에도 파일의 이름으로 사진을 검색하는 기능도 있습니다. 어떻게 보면 가장 쉽게 사진을 찾아볼 수 있는 방법이기도 합니다. Text를 이용하여 사진을 검색하기 위해서는 그림3-2-

> 커싱된 사진을 담기 위함인지 아니면 어두운 촬영 환경에서 추가적인 노출을 확보하기 위한 노력의 일환이었는지를 확인해 보아야 합니다. 그러나 제시된 데이터를 통해 드러난 ISO값이 매우 낮기 때문에, 처음부터 이 사람이 조리개를 최대개방에 놓고 촬영했던 이유가 단순히 노출을 확보하기 위해서였다고는 보기 어렵습니다. 왜냐하면 이 예시에서는 이 사람이 카메라 기초 이론을 모두 습득하였다고 가정하였고, 만약 합리적인 판단을 하는 상황이라면 단순히 노출을 더 확보하기 위해 굳이 사진의 심도에 막대한 영향을 끼칠 수 있는 조리개를 최대한으로 개방하고 대신 ISO값을 지극히 낮게 유지하였을 것이라고 볼 수 없기 때문입니다. 결국, 이 사람이 최대개방 조리개값을 이만큼 많이 사용했다는 것은 노출을 확보하기 위한 취지도 있겠지만 궁극적으로는 얕은 심도를 얻기 위한 목적이 더 우선한 것으로 추론할 수 있으며 이러한 추론은 상당한 신빙성을 갖습니다.

49와 같이 Library Filter에서 우선 Text 항목을 선택합니다. 화면 우측 상단에 보이는 빈 공간에 검색하고자 하는 파일 이름을 입력하면 해당하는 사진 파일을 바로 찾아볼 수 있습니다.

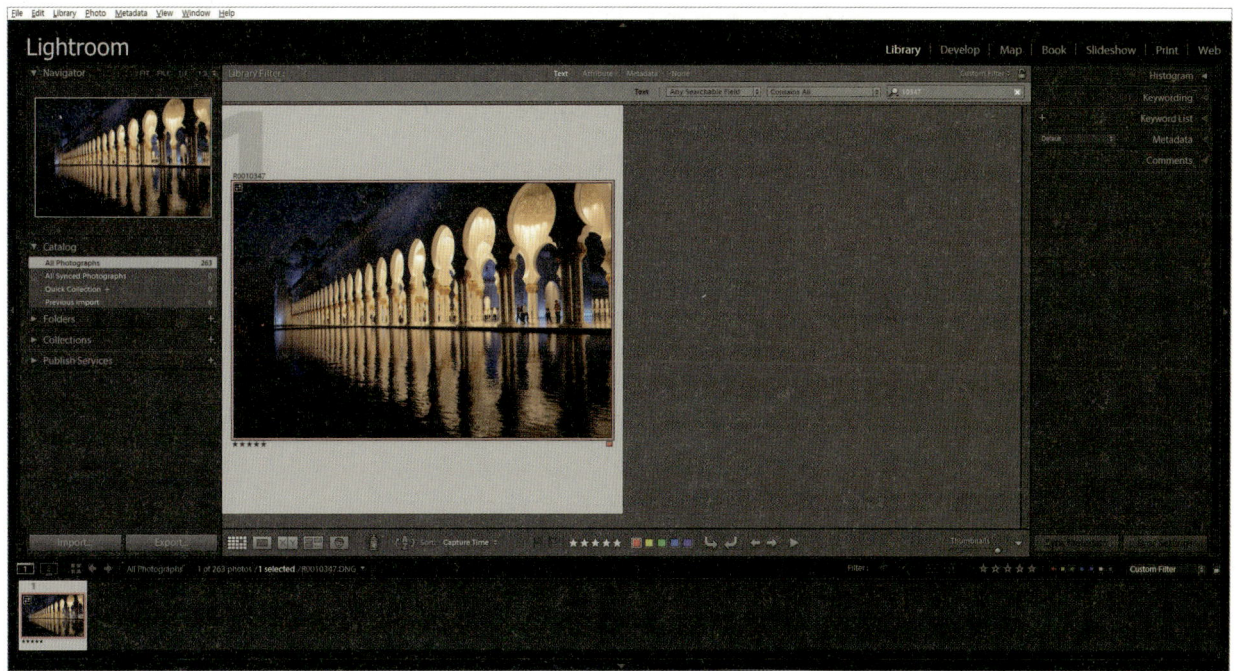

그림 3-2-50. 카탈로그에 존재하는 사진 중에서, 10347이라는 이름을 가진 사진을 찾은 결과입니다.

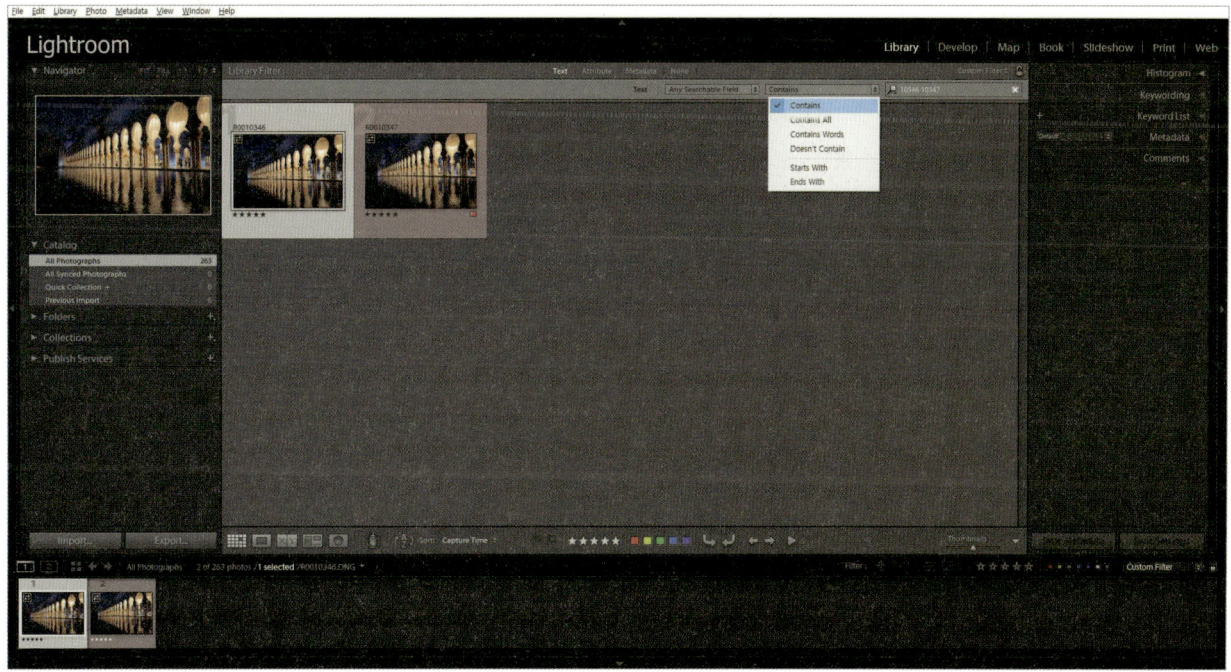

그림 3-2-51. 검색옵션을 Contains로 변경하면, 여러 장의 사진도 Text 기능을 이용하여 검색할 수 있습니다.

이처럼 Text 기능은 수많은 사진들 중에서 특정한 사진을 빠르게 검색할 때 편리하게 이용할 수 있습니다.

005 | Collections 패널을 이용한 대량의 사진 관리 방법

지금까지 Library 모듈에서 사진을 확인하는 4가지 방법과 별점, 색상 레이블, 깃발을 이용해서 사진을 분류하는 방법, 그리고 Library Filter를 사용하는 방법에 대해 살펴보았습니다. 그리고 지금부터 설명하는 Collections 기능을 통해 여러분은 라이트룸이 제공하는 사진 분류의 정점을 찍을 수 있습니다.

Collections란, 카탈로그 안에 가상의 폴더를 만드는 것과 같습니다. 그림3-2-52를 함께 보겠습니다.

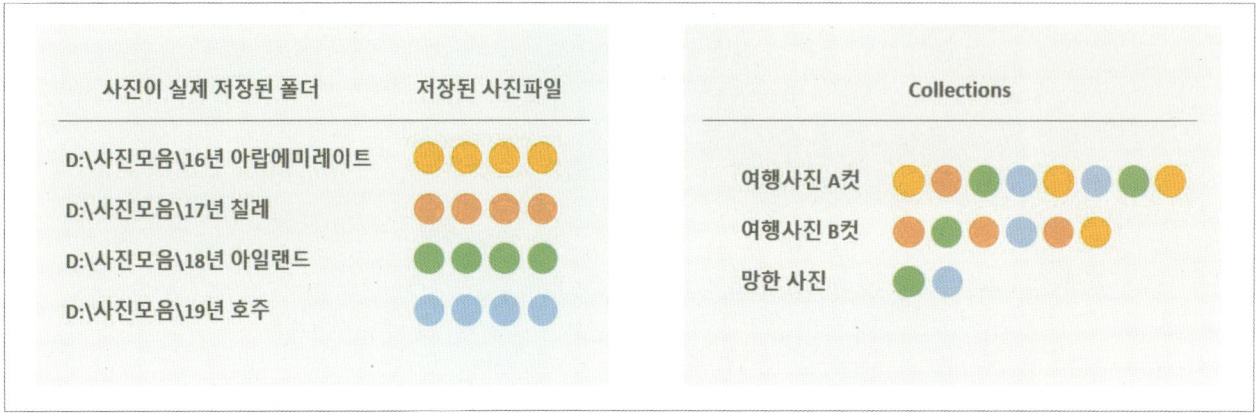

그림 3-2-52. 설령 사진의 실제 저장 위치가 달라도 카탈로그 내에서 Collections를 이용하면 마치 이들을 새로운 폴더에 담는 것처럼 관리할 수 있습니다.

이렇게 Collections로 사진을 새로이 담더라도 사진의 원본이 저장된 위치는 변하지 않습니다. 아울러, 카탈로그 안으로 새로운 사진이 들어오더라도 별점과 색상 레이블과 같은 분류를 통해 일단 Collections에 들어갈 수 있는 기준을 충족하면 새로운 사진일지라도 Collections에 자동으로 담을 수 있습니다.[3]

그러면 현재 카탈로그 내에 있는 사진들을 그림3-2-52처럼 Collections에 한번 담아보겠습니다. 새로운 Collections를 만들기 위해 좌측 Collections 패널에 있는 + 버튼을 클릭하고, Create Smart Collection을 선택합니다.

---

[3] Collections 종류 중에서도 특히 Smart Collection에서 적용되는 내용입니다.

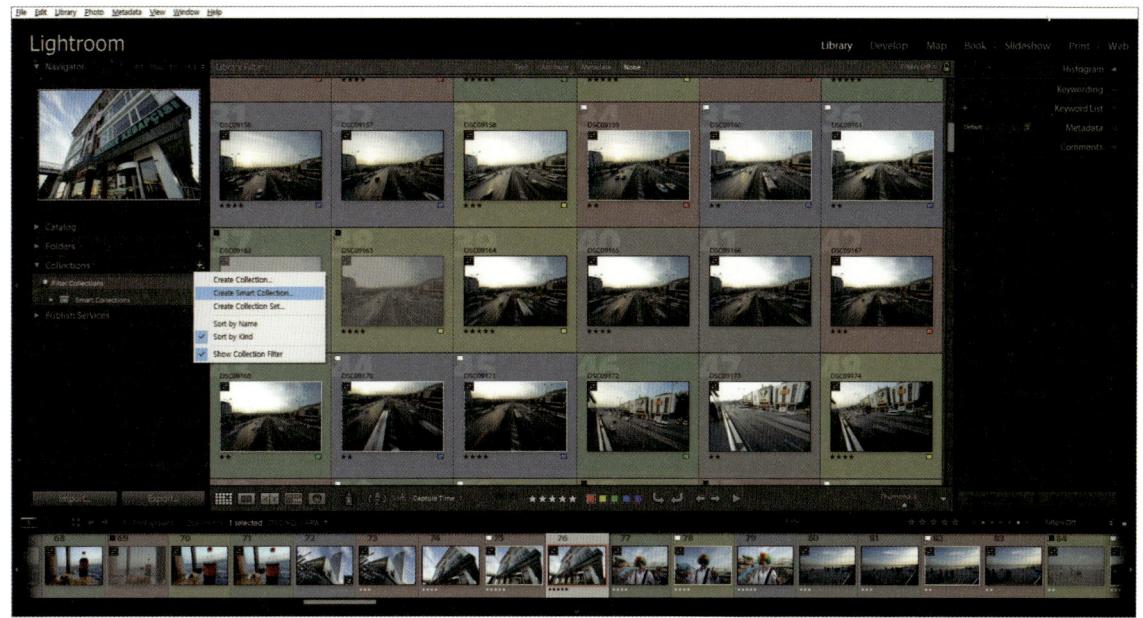

| 그림 3-2-53. Smart Collection은 사용자가 입력하는 조건을 충족하는 사진들만 한데 모아 관리하는 가상의 폴더를 의미합니다.

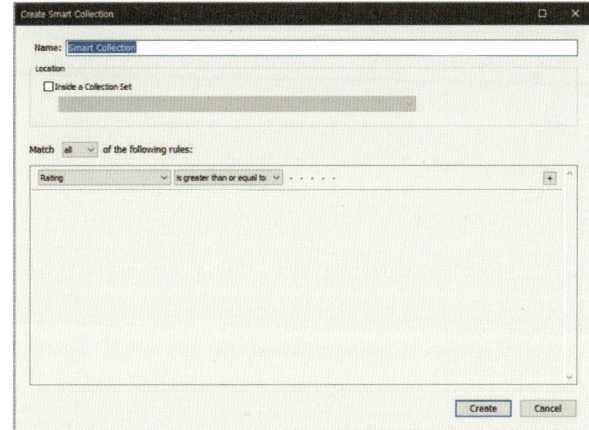

| 그림 3-2-54. Smart Collection을 선택하면, 이처럼 조건을 입력하는 화면을 볼 수 있습니다.

이때, 우리는 다음의 조건으로 사진들을 분류하기로 가정해 봅시다.

① 여행 사진 A컷

- 별점이 4개이거나 5개인 사진
- 별점과 무관하게 하얀깃발이 꽂힌 사진

② 여행 사진 B컷

- 3개 이하의 별점을 갖고 있으면서 동시에 색상 레이블이 Red인 사진

③ 망한 사진

- 별점이나 색상 레이블에 무관하게 검은깃발이 꽂힌 사진

그렇다면, 이제 앞의 조건에 따라 Smart Collection을 만들어주면 됩니다.

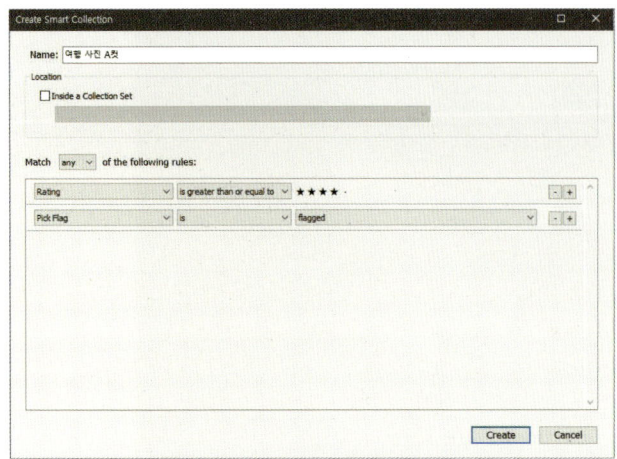

그림 3-2-55. 여행 사진 A컷에 대한 Smart Collection입니다. 4개 이상의 별점을 가지고 있으면서 하얀깃발이 꽂힌 사진을 고르되, 대신 어느 하나의 조건만 만족해도 충분하다는 조건을 입력한 것입니다.

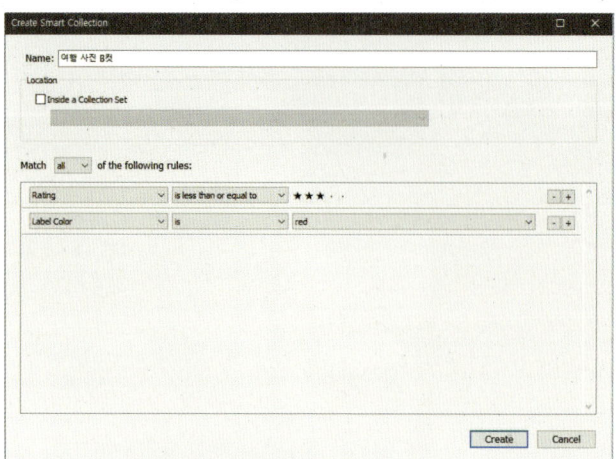

그림 3-2-56. 여행 사진 B컷에 대한 Smart Collection입니다. 별점이 3개 이하인 동시에 색상 레이블이 Red여야 한다는 조건을 입력한 것입니다. 두 가지 조건을 모두 만족시켜야 하기 때문에 Match 옵션을 Any가 아닌 All로 변경하였습니다.

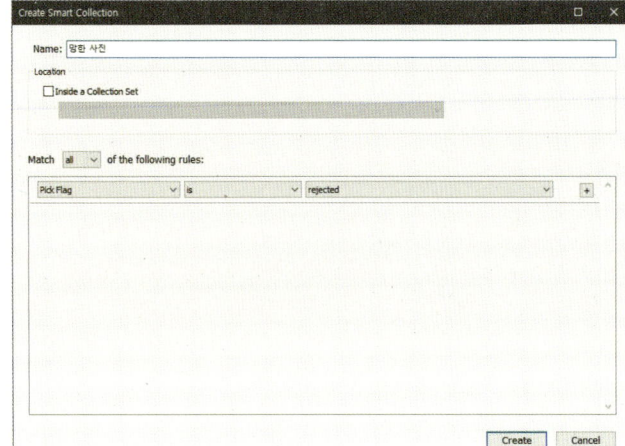

그림 3-2-57. 망한 사진에 대한 Smart Collection입니다. 별점이나 색상 레이블에 무관하게 검은깃발이면 모두 망한 사진으로 분류된다고 앞에서 정하였기 때문에 해당 조건을 입력하였습니다.

이렇게 총 3가지의 Smart Collections를 만들어 준 뒤, 최초에 정한 기준에 따라 263장의 사진을 다시 분류하고 나면 이제 카탈로그에 불러왔던 사진들이 그림3-2-58과 같이 Smart Collection에 모인 것을 확인할 수 있습니다.

그림 3-2-58. 각각의 Smart Collection들은 저마다의 기준을 갖고 있기 때문에 카탈로그 내에 있는 전체 사진의 합과 Smart Collection에 포함되어 있는 모든 사진의 합이 일치하지 않을 수도 있습니다.

현재 카탈로그에 존재하는 사진 외에 새로운 사진을 불러와 동일하게 별점과 색상 레이블 그리고 깃발을 부여하면 현재 만들어진 각각의 Smart Collection의 조건에 부합하는 사진들은 자동적으로 Smart Collection에 포함됩니다.

한편, 이렇게 새롭게 생성하는 Smart Collection들이 많아질수록 내가 원하는 Collection을 바로 찾아가기가 어려울 수 있습니다. 이럴 때에는 그림3-2-59와 그림3-2-60에서처럼 Smart Collection 자체에도 색상 레이블을 입힐 수 있습니다

그림 3-2-59. 원하는 Smart Collection 위에 마우스를 올려두고 마우스 오른쪽 버튼을 클릭하면 나오는 메뉴에서 Add Color Label to Collection을 선택하여 원하는 색을 고릅니다.

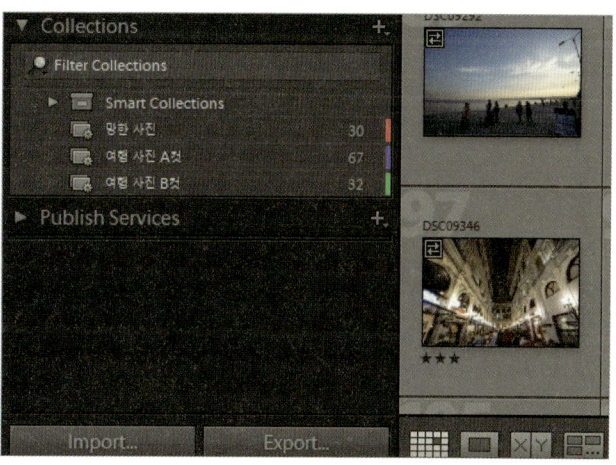

그림 3-2-60. 이제 Smart Collection에 원하는 색상이 반영된 것을 확인할 수 있습니다.

특정한 조건에 부합하는 사진들만 모아주는 Smart Collection과 달리 아무런 조건도 필요하지 않은 Collection도 있습니다.

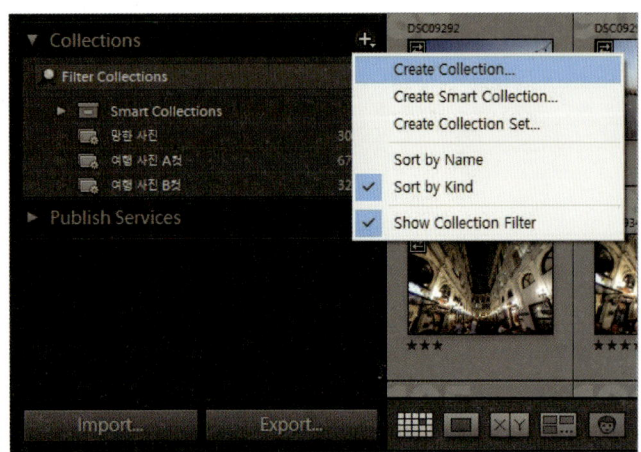

그림 3-2-61. 이번에는 Collections에서 + 버튼을 눌러 Create Collection 을 선택합니다.

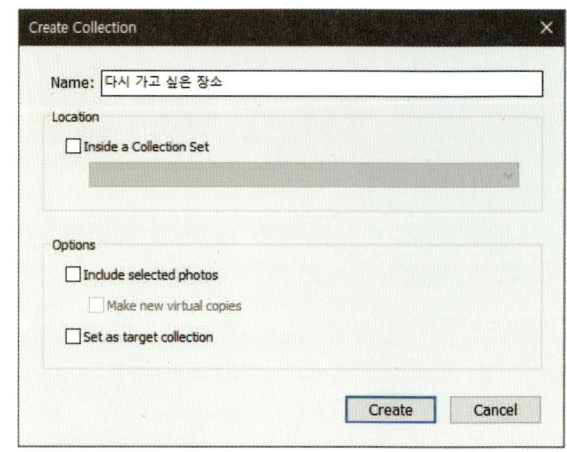

그림 3-2-62. 다시 가고 싶은 장소라는 이름으로 하나의 Collection을 만들어 보겠습니다. 하단에 있는 옵션 중 Include selected photos를 체크(✓)하면 사전에 선택해 둔 사진만 Collection에 담을 수도 있지만 여기서는 일단 체크(✓)하지 않고 비워두겠습니다.

이렇게 아무런 조건이 부여되지 않은 Collection을 하나 만들어 둔 후, 그림3-2-63과 같이 사진의 썸네일 상단에 있는 동그라미(○) 버튼을 클릭합니다.

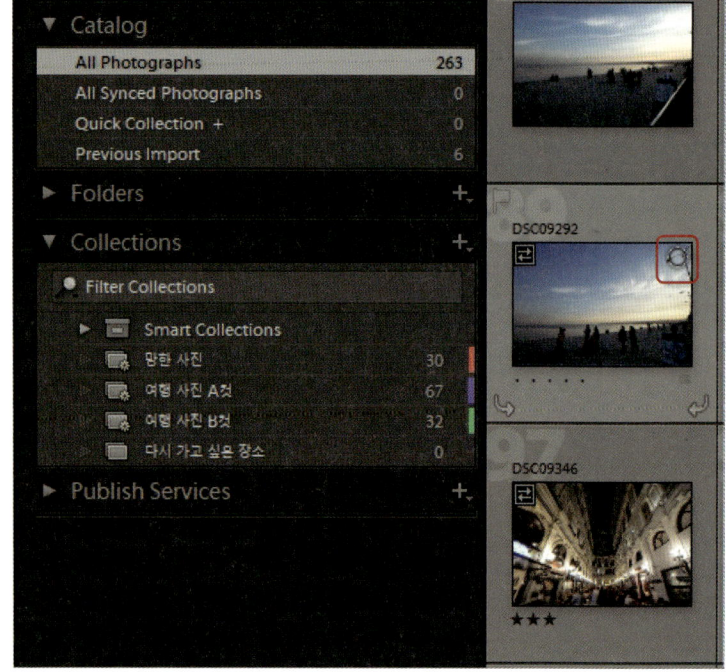

그림 3-2-63. 동그라미(○) 버튼은 평상시에는 보이지 않지만 마우스 포인터를 썸네일 위에 두면 나타납니다.

이렇게 동그라미(○) 버튼을 클릭하면 해당 사진은 그림3-2-64와 같이 Catalog 패널의 Quick Collection에 추가되며 동그라미(○) 버튼은 음영으로 표시됩니다. Quick Collection은 특정 Collection을 생성하지 않더라도 모든 카탈로그에 기본적으로 생성되는 Collection을 의미하며, 동그라미(○) 버튼을 클릭하는 대신 단축키 B를 눌러 Quick Collection에 사진을 담을 수도 있습니다.

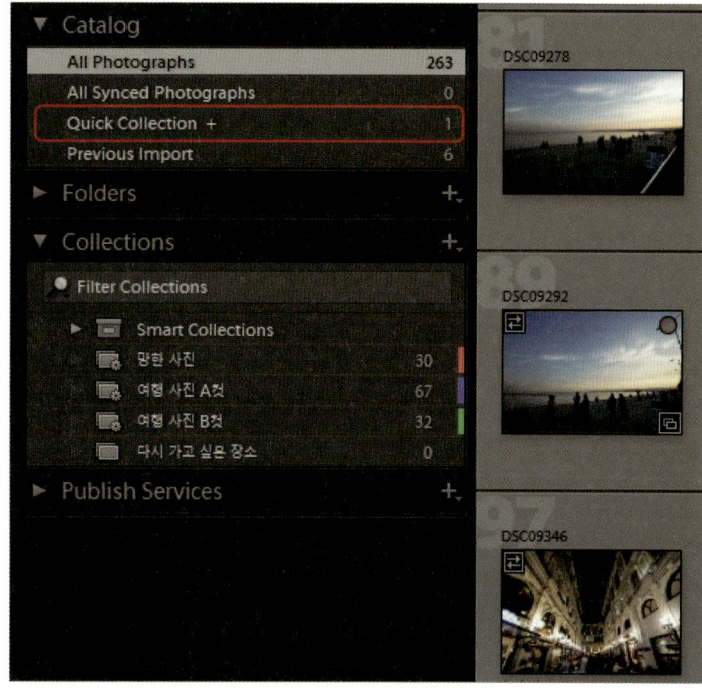

그림 3-2-64. 급하게 Collection을 이용해야 할 때에는 Quick Collection도 유용할 수 있습니다.

여기서 우리는 라이트룸이 기본으로 제공하는 Quick Collection을 이용하기에 앞서 미리 만들어 둔 '다시 가고 싶은 장소'라는 Collection을 이용할 것이기 때문에 동그라미(○) 버튼을 클릭했을 때에 해당 사진이 우리가 만들어 둔 Collection으로 모일 수 있도록 설정을 바꾸어야 합니다. 설정을 바꾸는 방법은 그림3-2-65와 같습니다.

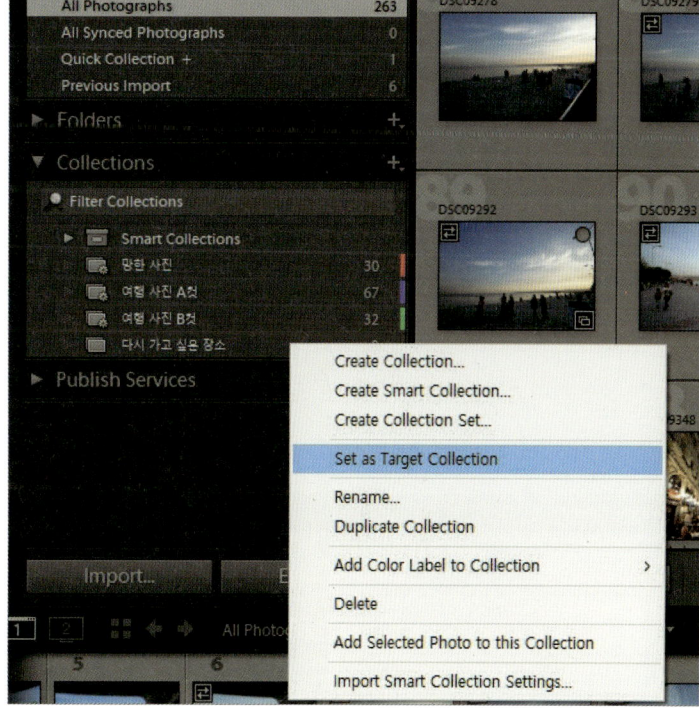

그림 3-2-65. '다시 가고 싶은 장소'라는 이름 위에 마우스를 올려두고 마우스 오른쪽 버튼을 클릭하면 나오는 메뉴에서 Set as Target Collection을 선택합니다.

이제부터 동그라미(○) 버튼이 눌러진 모든 사진들은 '다시 가고 싶은 장소'라는 Collection에 자동적으로 모이게 됩니다. 그리고 이렇게 Target Collection이 되면 해당 Collection의 이름 옆에 '+' 기호가 붙게 됩니다.

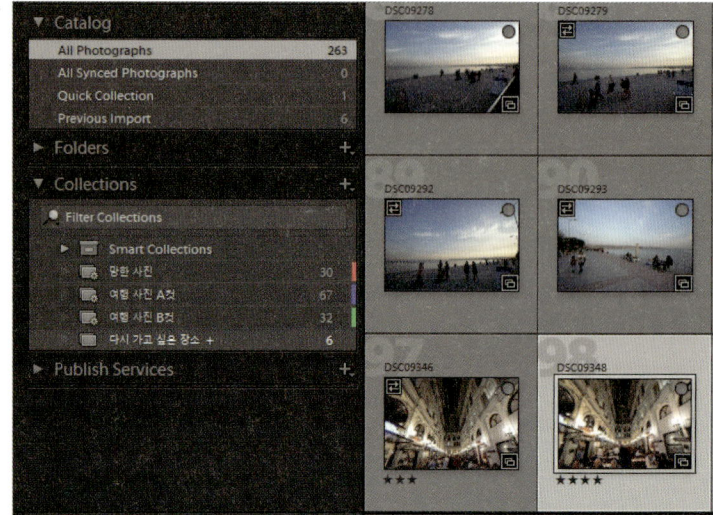

그림 3-2-66. 6장의 사진에 있는 동그라미(○) 버튼을 눌렀음에도 불구하고 Quick Collection에 포함된 사진의 숫자는 변하지 않았고 대신 '다시 가고 싶은 장소'라는 Collection에 포함된 사진의 숫자만 증가하였습니다.

그렇다면, 라이트룸이 기본으로 제공하는 Quick Collection에 포함되어 있던 1장의 사진은 어떻게 해야 할까요?

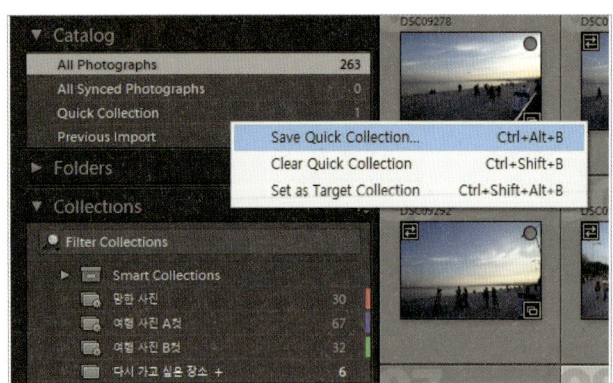

그림 3-2-67. Quick Collection 위에 마우스를 올려두고 마우스 오른쪽 버튼을 누르면 나타나는 메뉴에서 Save Quick Collection을 선택하면, Quick Collection에 포함되어 있던 사진들을 다시 하나의 새로운 Collection으로 담아낼 수 있습니다.

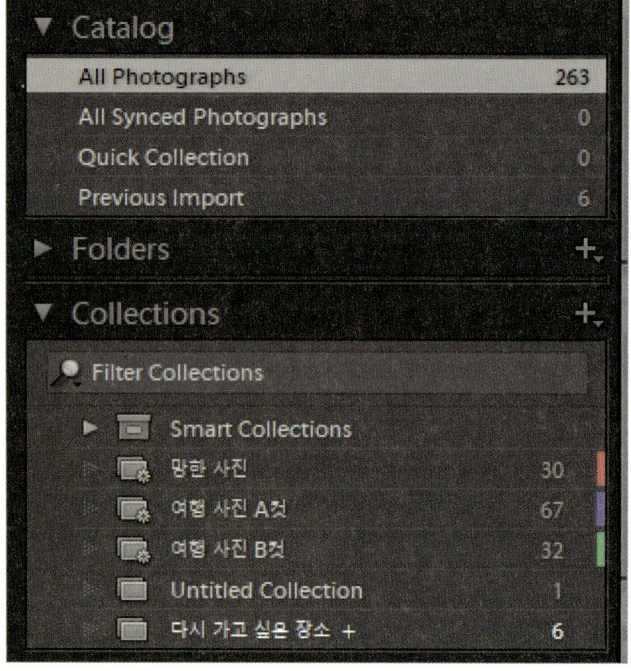

그림 3-2-69. 이제 우리는 모두 5개의 Collection을 갖게 되었습니다.

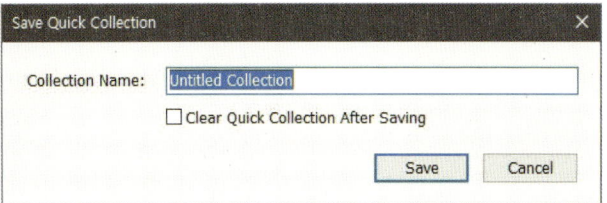

그림 3-2-68. Quick Collection에 포함된 사진을 새로운 Collection으로 저장할 수 있습니다.

이 중에서 망한 사진, 여행 사진 A컷, 여행 사진 B컷의 3개 Collection은 특정한 조건을 만족하는 사진만 보관하는 Smart Collection입니다. '다시 가고 싶은 장소' 라는 이름의 Collection은 아무런 조건 없이 생성된 Collection이자, Quick Collection으로 선택된 사진들을 담아내는 Target Collection입니다. 그리고 Untitled Collection은 최초에 Quick Collection에 포함된 사진이 하나의 유의미한 Collection으로 재탄생한 것입니다. 같은 Collection이라도 이렇게 다양한 성격을 지니고 있는 것을 보면 Adobe社가 Collections라는 기능에 심혈을 기울였다는 것을 알 수 있습니다. 랜덤한 사진들에 규칙을 부여하고, 그 규칙에 따라 사진을 분류하는 것이 사진가에게는 굉장히 중요한 작업이라는 것을 이미 알고 있는 것입니다.

Collection들이 많아지면 색상 레이블만으로도 구분이 어려울 수 있습니다. 이럴 때에는 그림3-2-70과 같이 새로운 Collection Set를 만들어 폴더처럼 관리할 수 있습니다.

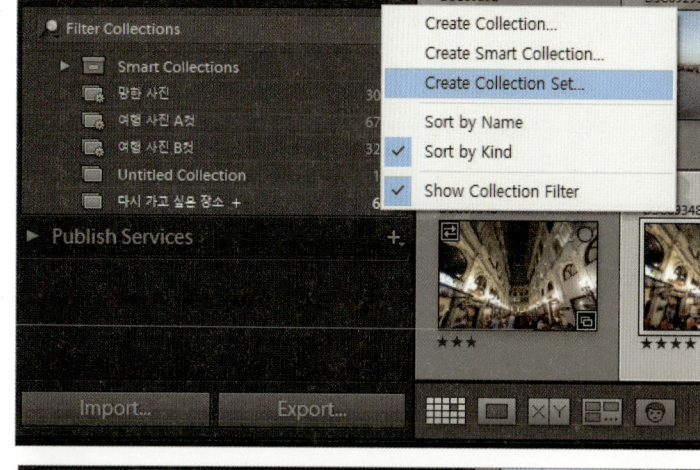

그림 3-2-70. 여러 개의 Collection들을 담기 위한 공간이 Collection Set입니다.

그림 3-2-71. 여행사진 모음이라는 Collection Set를 만들고 그 안에 여태까지 만들었던 모든 Collection을 드래그하여 넣어둔 모습입니다.

지금까지 사진 분류를 위해 다루었던 별점과 색상 레이블, 그리고 깃발이라는 기준과 Library Filter에 더하여 Collections 기능을 이용하면 수천 장의 사진을 분류하는 것도 이제 크게 어려운 일이 아닙니다. 일관성 있는 기준을 적용하여 사진을 분류할 수만 있다면 Collections 기능은 사용자에게 많은 편의를 가져다줄 것입니다.

006 | 키워드를 이용한 사진 분류 방법

앞서 소개한 별점, 색상 레이블, 깃발 외에 더 많은 분류 기준이 필요하거나 특정한 주제를 가지고 정리하고 싶을 때에는 키워드를 이용해서 사진을 분류할 수 있습니다. 사용자가 직접 입력한 키워드를 원하는 사진에 선택하여 넣을 수 있기 때문에 보다 큰 범주에서 사진을 관리할 수 있습니다.

먼저 키워드를 생성하는 방법을 소개합니다. 키워드를 부여할 사진을 선택한 상태에서 그림3-2-72에 보이는 Keywording 패널에서 새롭게 만들고 싶은 키워드를 입력합니다. 만약 여러 개의 사진을 대상으로 키워드를 입력하고 싶을 때에는 키보드의 Ctrl이나 Shift키를 이용하여 사진을 선택한 후 키워드를 입력하면 됩니다.

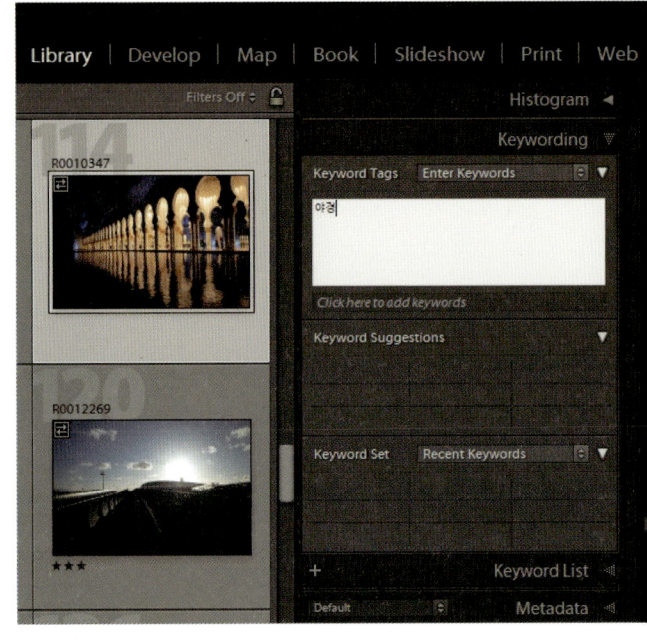

그림 3-2-72. 원하는 키워드를 입력하고 Enter 키를 누르면 선택한 사진에 해당 키워드가 부여됩니다.

여러 개의 키워드를 입력하고 싶을 때에는 콤마(,)를 이용해 각각의 키워드를 구분하여 입력할 수 있습니다.

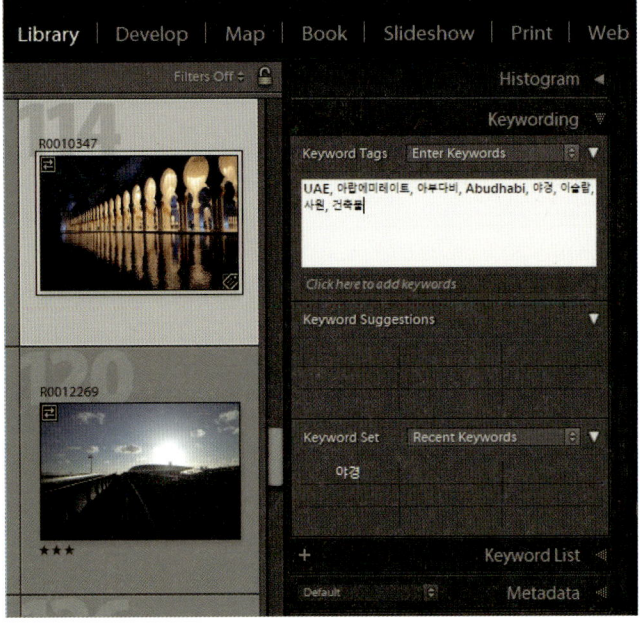

그림 3-2-73. 여러 개의 키워드를 입력하고 Enter 키를 누르면 여러 개의 키워드가 사진에 부여됩니다.

특정한 키워드를 가지고 있는 사진들만 모아서 보고 싶을 때에는 Keyword List 패널에서 원하는 키워드 위에 마우스를 올려둔 상태에서, 오른쪽 끝에 보이는 화살표(→)를 누르면 됩니다.

그림 3-2-74. 화살표를 클릭하면 해당 키워드를 가진 사진들을 한꺼번에 볼 수 있습니다.

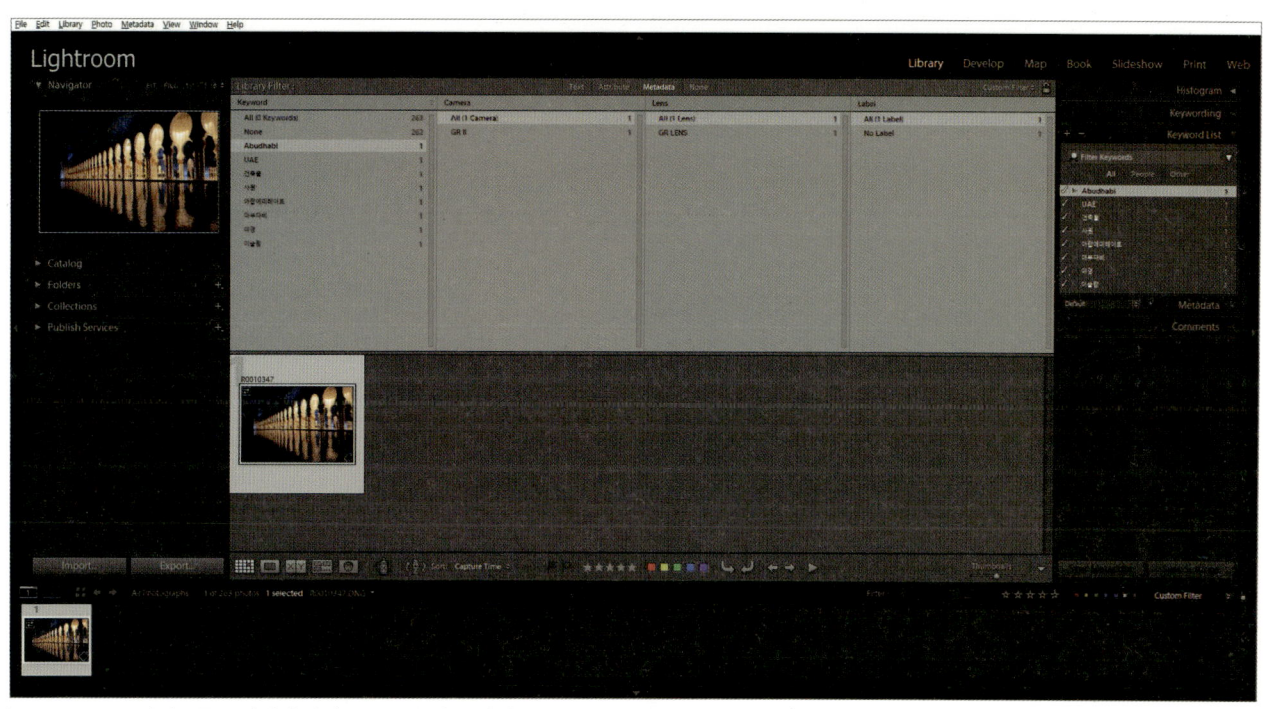

그림 3-2-75. 화살표를 클릭하면 이제 Abudhabi라는 키워드를 가진 사진들이 Grid View에서 나타납니다.

또한, 라이트룸은 사용자들의 편의를 위해 기본적으로 사용할 수 있는 몇 가지 키워드 모음을 제공합니다. 현재 화면에서 Keyword Set을 클릭하면 사용 가능한 키워드 모음들을 확인할 수 있습니다.

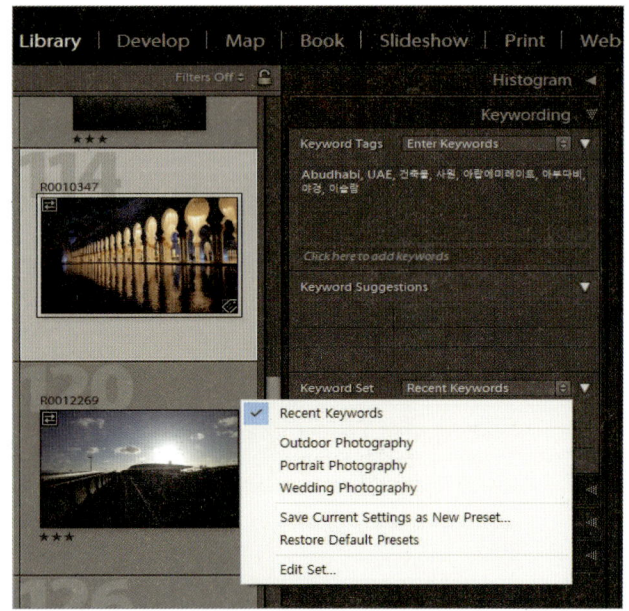

그림 3-2-76. Outdoor, Portrait, Wedding 사진과 관련하여 빈번히 사용할 것으로 생각되는 키워드들이 각각의 세트들에 포함되어 있습니다.

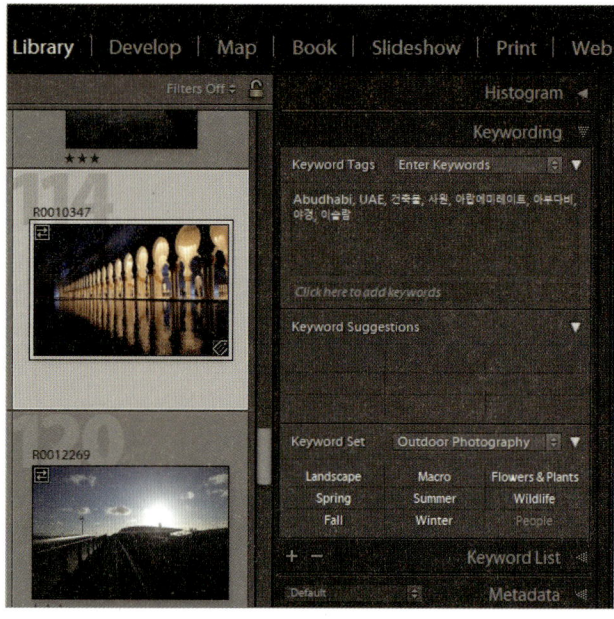

그림 3-2-77. 예를 들어 Outdoor Photography를 클릭하면 이처럼 야외 활동과 관련한 추천 키워드를 확인할 수 있습니다.

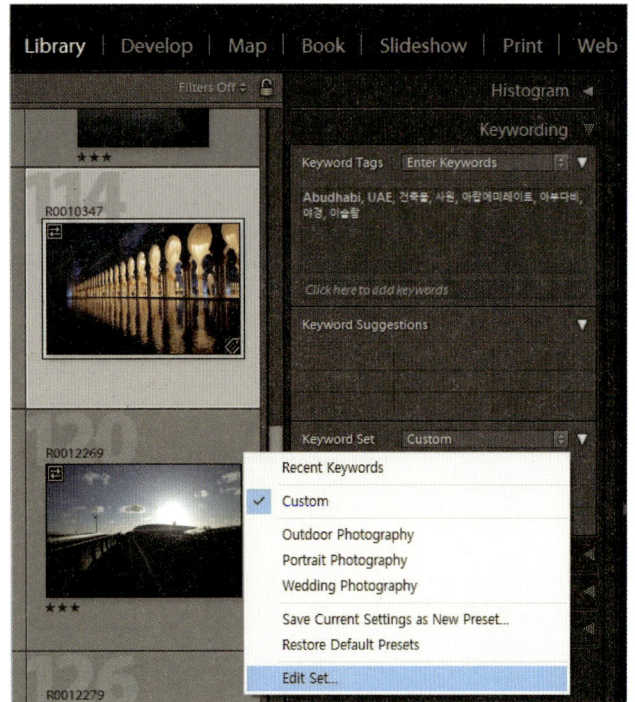

그림 3-2-78. Edit Set를 클릭하여 키워드 세트를 직접 수정할 수 있습니다.

만약, 라이트룸에서 기본적으로 제공하는 키워드가 마음에 들지 않거나 사용자가 직접 입력한 키워드들을 수정하고 싶을 때에는 키워드 세트에서 Edit Set를 눌러 변경할 수 있습니다.

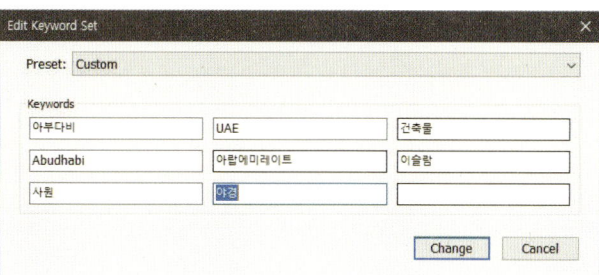

그림 3-2-79. 원하는 키워드를 새롭게 입력하거나 수정할 수 있습니다.

이 외에도 그림3-2-80과 같이 사진을 처음 불러올 때에도 특정한 키워드를 부여할 수 있으며, Painter 기능을 이용해서 대량의 사진에 일괄적으로 키워드를 부여하는 것도 가능합니다. 또한, Alt + 숫자(1~9) 단축키를 이용하여, 키워드 세트에서 미리 정해놓은 키워드들을 사진에 부여할 수도 있습니다.

그림 3-2-80. 사진을 불러올 때부터 키워드를 부여하는 모습입니다.

사진을 보정하는 공간, Develop 모듈

03 CLASS

이제부터는 본격적으로 사진 보정을 담당하는 Develop 모듈의 여러 가지 기능들을 하나씩 살펴보겠습니다.

001 | Develop 모듈에서 사진을 확인하는 방법

먼저 Develop 모듈의 중앙에는 현재 보정하고자 하는 사진이 나타납니다.

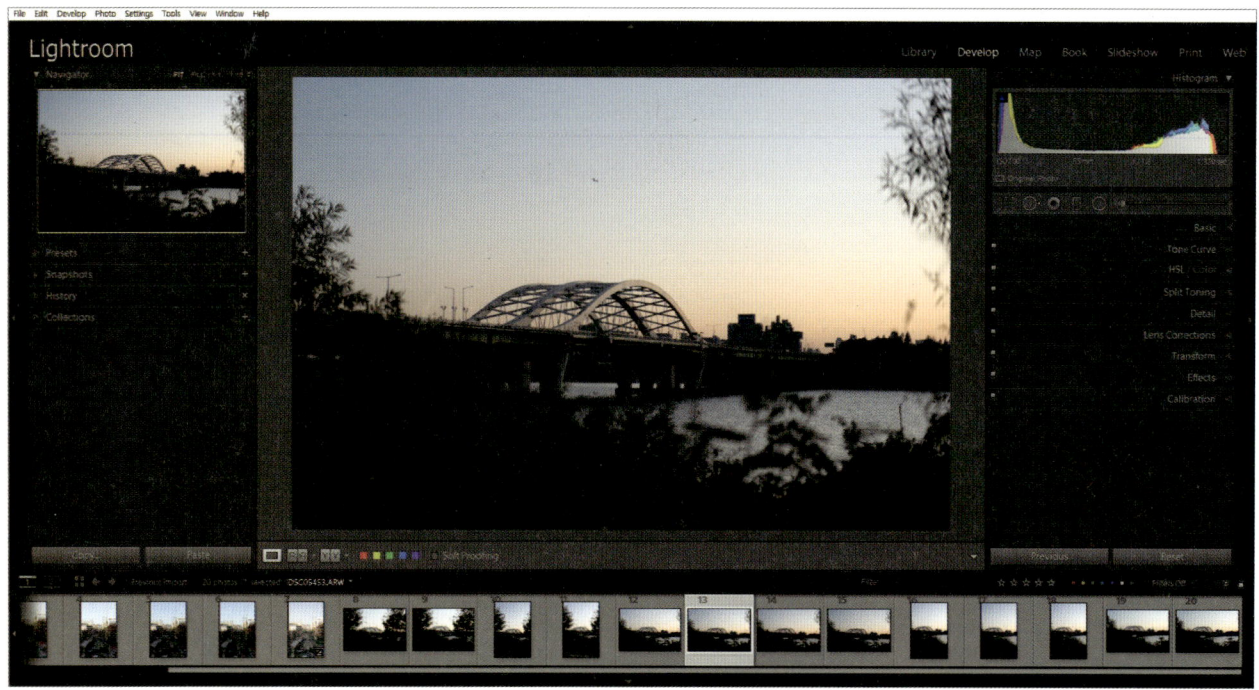

그림 3-3-1. 우측 상단의 Develop을 클릭하여 Library 모듈에서 Develop 모듈로 넘어왔습니다.

■ 보정 전/후 비교하기

그림3-3-2의 Y │ Y 아이콘을 클릭하면 현재 상태에서 보정 전과 보정 후의 사진을 비교하여 볼 수 있습니다.

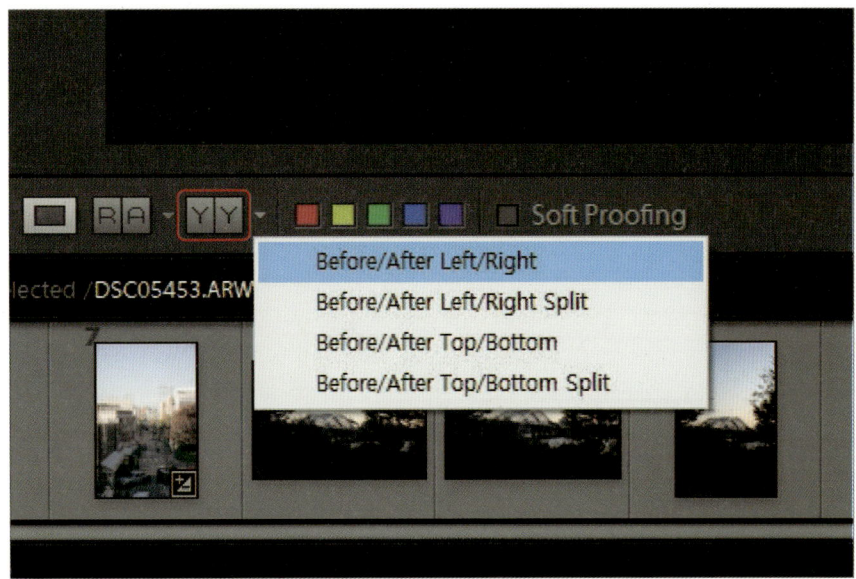

| 그림 3-3-2. 보정 시, 전/후 비교를 하는 경우가 많기 때문에 유용하게 사용하는 기능입니다.

| 그림 3-3-3. 보정 전/후 사진을 좌우에 각각 배치했을 때의 모습입니다.(Before/After Left/Right 단축키 Y)

Chapter 3 예제 사진을 통해 배우는 라이트룸 기본 사용법 **157**

| 그림 3-3-4. 보정 전/후 사진을 좌우로 나누어 볼 때의 모습입니다.(Before/After Left/Right Split 단축키 Shift+Y)

| 그림 3-3-5. 보정 전/후 사진을 위아래에 각각 배치했을 때의 모습입니다.(Before/After Top/Botton 단축키 Alt+Y)

| 그림 3-3-6. 보정 전/후 사진을 위아래로 나누어 볼 때의 모습입니다.(Before/After Top/Bottom Split 단축키 Alt+Y를 누른 후 Shift+Y)

이 외에도 Develop 모듈에서 작업 시, 키보드의 백슬래시(₩) 키를 누르면 바로 보정 전 사진을 확인할 수 있습니다.

■ 다른 사진과 비교하기

보정 전/후를 비교하는 것 외에도 지금 내가 보정하는 사진을 다른 사진과 비교할 수 있는 옵션도 있습니다.

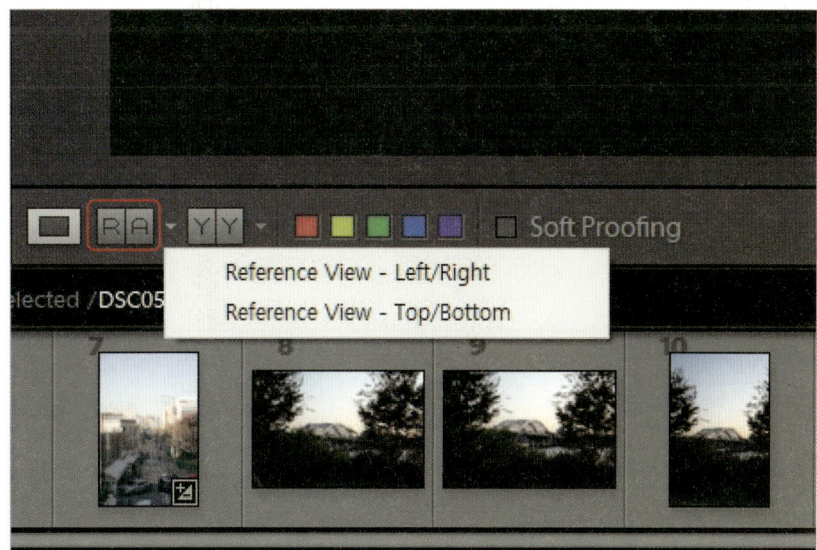

| 그림 3-3-7. Reference View 또한 유용하게 사용할 수 있는 기능입니다.

Reference View를 이용하면, 참고하고자 하는 사진을 한쪽에 띄워둔 상태에서 보정 작업을 이어서 할 수 있습니다. 이전에 보정했던 다른 사진이나 다른 사람이 작업한 사진을 참고하고 싶을 때 자주 사용하는 기능입니다.

| 그림 3-3-8. Reference View를 활성화한 모습입니다.(단축키 Shift+R)

002 | 사진의 정보를 담고 있는 히스토그램

(1) 히스토그램을 읽는 방법

히스토그램은 Develop 모듈의 우측 상단에서 볼 수 있는 그래프입니다. 다소 어렵게 보이지만 실제로는 그렇게 어려운 개념은 아닙니다. 히스토그램은 쉽게 말해서 사진의 밝기 정보와 색 정보를 그래프로 나타낸 것입니다. 사진에서 특정한 색상값이 변하게 되면, 이는 곧 사진의 밝기에도 영향을 미치기 때문에 단순히 히스토그램을 사진의 밝기 정보를 나타낸 그래프라고 하여도 큰 틀에서는 무방합니다. 왜냐하면 모든 색상값은 그것을 구성하는 색조와 채도 그리고 밝기값을 가지고 있기 때문입니다.

중앙을 기준으로, 히스토그램의 좌측 영역은 사진 속에서 어둡게 나타나는 픽셀들의 분포를 나타내고, 우측 영역은 밝게 나타나는 픽셀들의 분포를 나타냅니다.

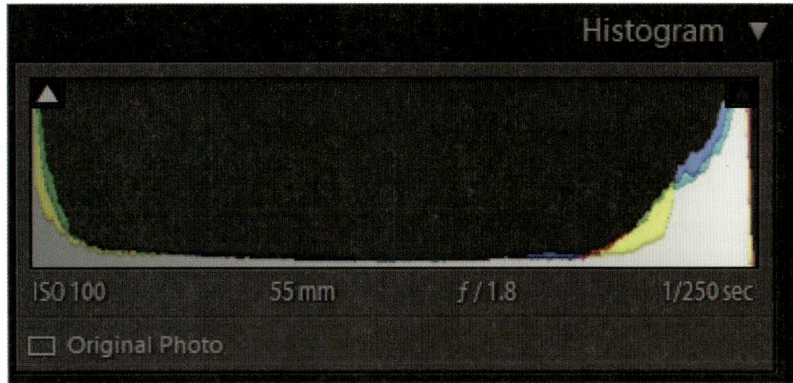

그림 3-3-9. 히스토그램의 예시입니다.

따라서 그림3-3-9와 같이 중앙 영역은 거의 비어있고 좌우측으로만 치우쳐있는 히스토그램이라면, 이 사진을 직접 보지 않더라도 분명 밝은 영역(명부)과 어두운 영역(암부)이 상대적으로 많은 공간을 차지하며 중간 정도의 밝기를 지닌 픽셀들은 많지 않은 사진이라는 것을 미루어 짐작할 수 있습니다.

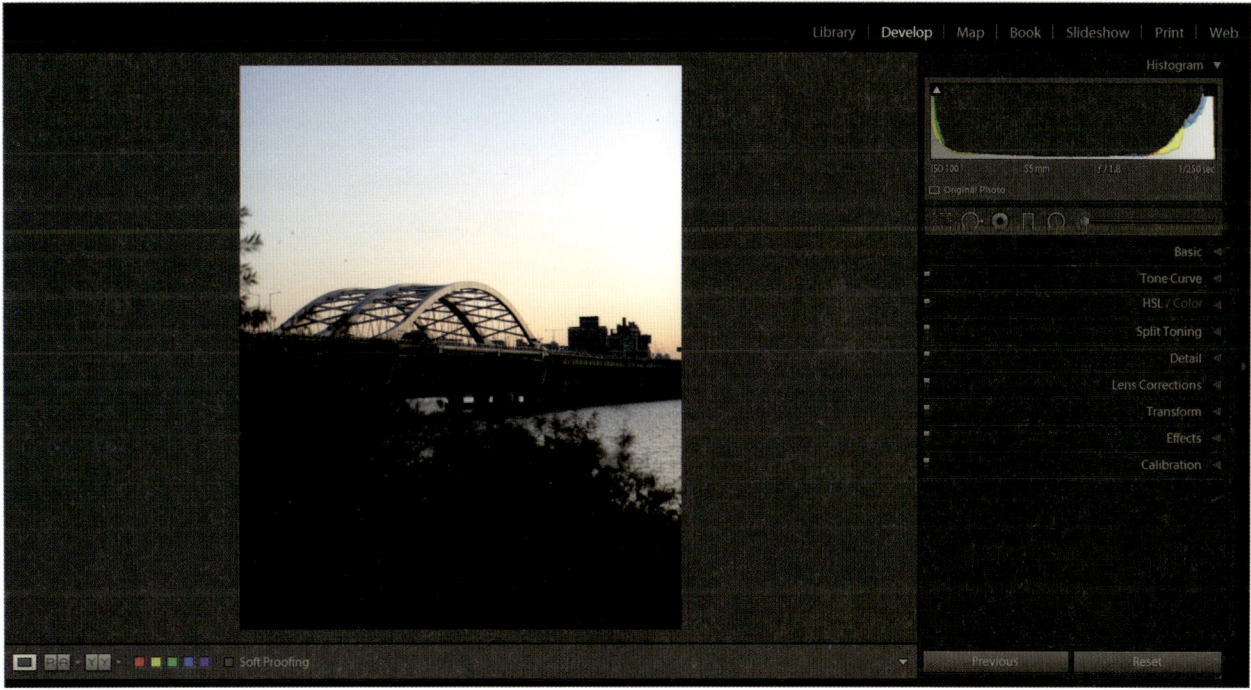

그림 3-3-10. 그림3-3-9에서 보았던 히스토그램을 가진 사진입니다.

이처럼 밝은 영역과 어두운 영역의 차이를 우리는 Contrast 혹은 '대비'라고 부르며, 밝은 영역과 어두운 영역의 차이가 큰 사진을 '대비가 강한 사진'이라고도 합니다.

그렇다면 그림3-3-11과 같은 히스토그램은 어떤 사진을 의미할까요?

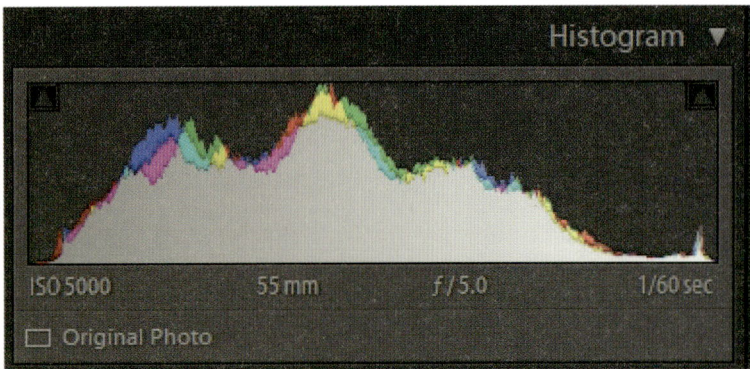

그림 3-3-11. 또 다른 히스토그램의 예시입니다.

이 사진은, 명부와 암부를 나타내는 픽셀들의 양이 많지 않고 오히려 중간 정도의 밝기를 가진 영역이 고르게 분포된 사진임을 알 수 있습니다.

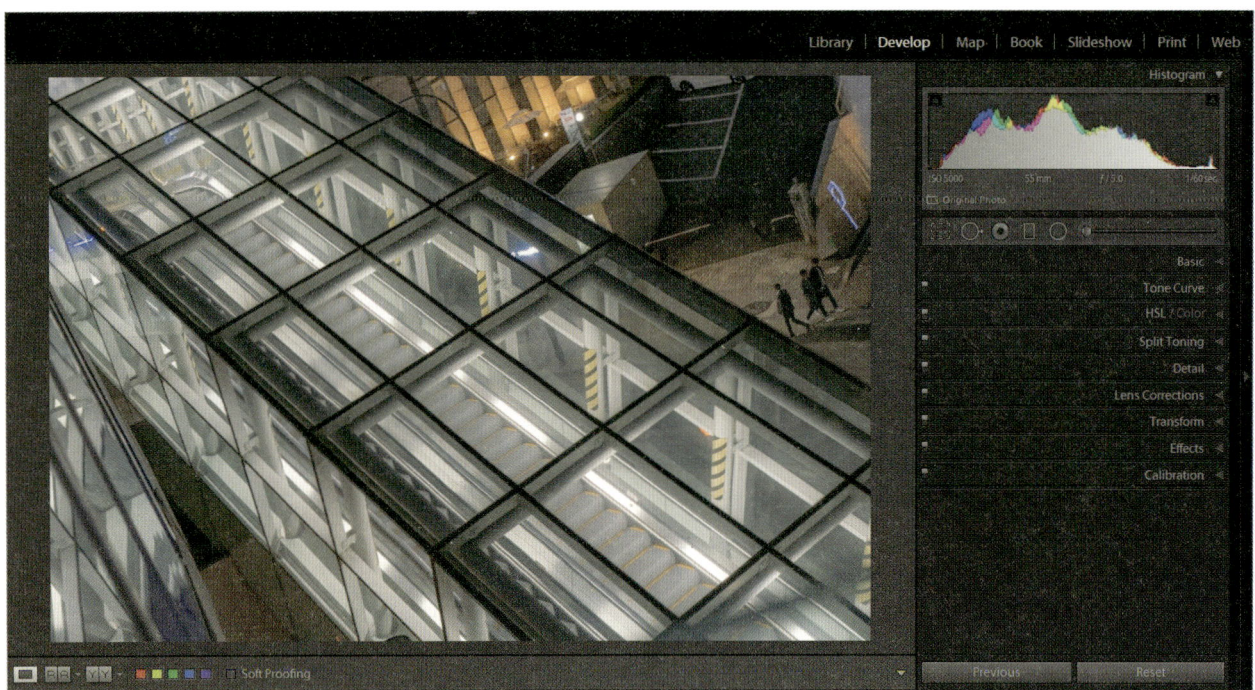

그림 3-3-12. 조금 전 예상했던 것처럼 명부와 암부의 차이가 심하지 않고 중간 정도의 밝기를 많이 가진 사진이라는 것을 확인할 수 있습니다.

이번에는 다음 히스토그램을 같이 살펴보겠습니다. 이러한 히스토그램을 통해 어떤 사진을 유추할 수 있을까요?

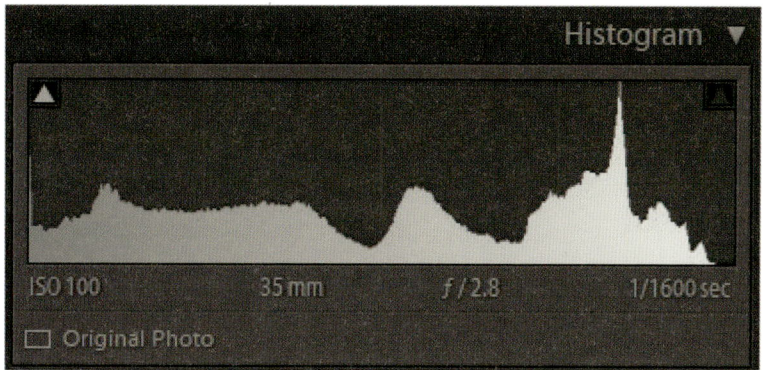

| 그림 3-3-13. 앞서 보았던 다른 히스토그램과는 조금 다른 모습입니다.

그림3-3-13의 히스토그램과 같이 다른 색상들은 나타나지 않고 오로지 회색으로만 표현된 히스토그램은 흑백 사진을 의미합니다. 또한, 사진 전체적으로 명부와 암부의 차이가 심하지 않고 고르게 표현된 것을 볼 때 대비가 강하지 않으면서도 다소 밋밋한 느낌을 주는 사진일 것으로 예상할 수 있습니다. 있습니다. 그림3-3-14는 그림3-3-13의 히스토그램을 가진 사진입니다.

| 그림 3-3-14. 평상시 히스토그램을 먼저 관찰하고 나서 사진을 바라보는 연습을 한다면 히스토그램에 더욱 익숙해질 수 있습니다.

앞서 세 가지 경우의 히스토그램을 살펴보았습니다만 이는 몇 가지 예시에 불과합니다. 각각의 사진은 저마다 서로 다른 히스토그램을 갖고 있습니다. 그렇기 때문에 특정한 형태의 히스토그램을 가진 사진이 반드시 좋다고 말할 수 없으며, 보정을 할 때에도 특정한 형태를 가진 히스토그램을 만들어내기 위해 과도하게 몰두하지 않아도 됩니다.

(2) 클리핑 영역으로 확인할 수 있는 화이트홀과 블랙홀

사진의 밝기 정보를 나타내는 것 외에, 우리는 히스토그램을 이용하여 사진의 클리핑 정보를 얻을 수 있습니다. 클리핑(Clipping)이라는 단어는 사진에서 표현할 수 있는 밝기의 한계를 넘어선 영역을 의미합니다.

예를 들어 +3부터 +12까지의 밝기를 사진으로 표현해 낼 수 있는 어떤 카메라가 있다고 가정해 보겠습니다. 이 카메라에 있어 +3은 완전한 어두움을 의미하며, +12는 완전한 밝음을 의미합니다. 이때, 이 카메라를 이용하여 +1만큼의 어두운 영역을 담거나 +15만큼의 밝은 영역을 담고자 한다면, 두 가지 모두 카메라가 표현할 수 있는 범위를 벗어나기 때문에 +1만큼의 어두운 영역은 이 카메라가 표현할 수 있는 가장 어두운 단계인 +3으로 담기게 될 것이고 +15만큼의 밝은 영역은 마찬가지로 +12로 담기게 될 것입니다.

또한, 모니터를 통해 사진을 바라보는 디지털 이미징의 관점에서는 RGB 색공간을 이용하기 때문에[4] 완전히 어두운 영역은 사진 속에서 Red 0%, Green 0%, Blue 0%에 가깝게 표현되고, 반대로 완전히 밝은 영역은 Red 100%, Green 100%, Blue 100%에 가깝게 표현됩니다.

이렇게 사진 속에서 완전하게 어두운 영역을 가리켜 보통 블랙홀(Black Hole)이라고 부르고, 그와 반대되는 완전하게 밝은 영역은 화이트홀(White Hole)이라고 합니다. 사진 속에서 블랙홀이나 화이트홀로 표시되는 곳에는 오로지 완전한 어두움과 완전한 밝음만 있을 뿐 그 외 다른 정보는 없다는 뜻이기도 합니다. 그리고 그러한 영역을 우리는 히스토그램을 통해 확인할 수 있습니다. 그림3-3-15를 보겠습니다.

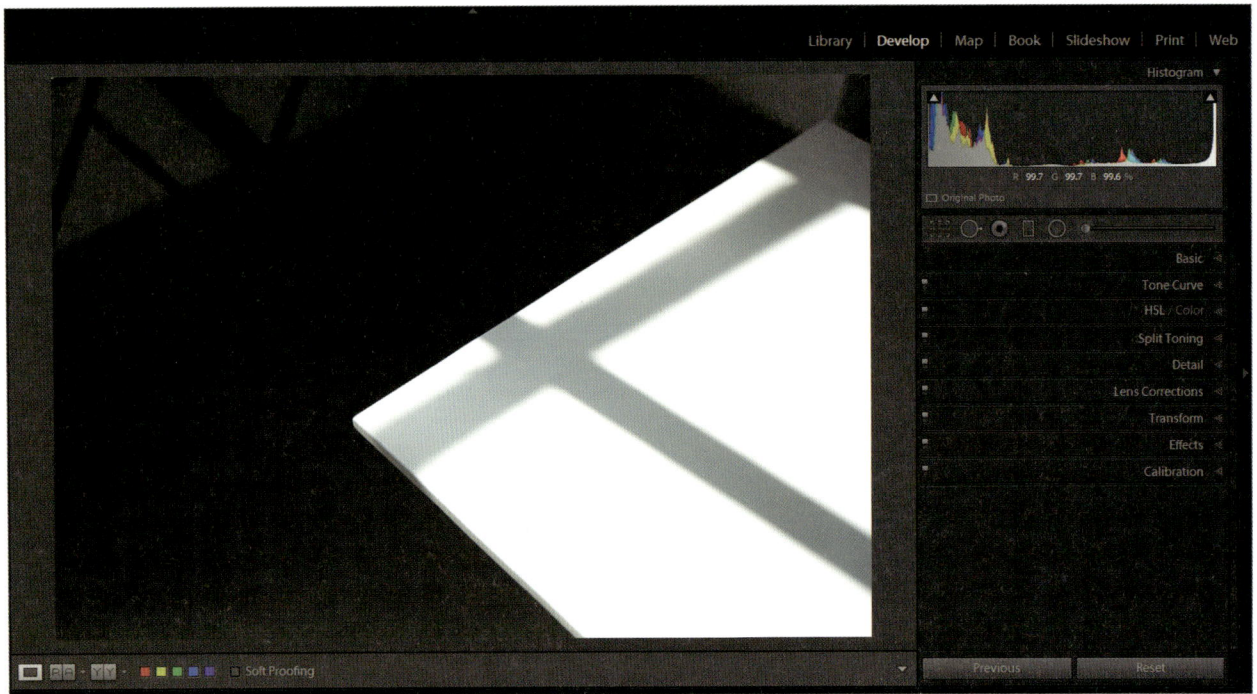

| 그림 3-3-15. 이 사진 속에는 화이트홀과 블랙홀이 숨어있습니다.

---

4 Chapter 02의 Class 08 부분을 다시 한번 참고하기 바랍니다.

그림3-3-15에서 숨겨진 화이트홀과 블랙홀을 찾기 위해 히스토그램 좌우측 상단에 있는 세모 표시를 각각 클릭하거나 키보드에서 단축키 J를 누르면 그림3-3-16과 같은 모습을 볼 수 있습니다.

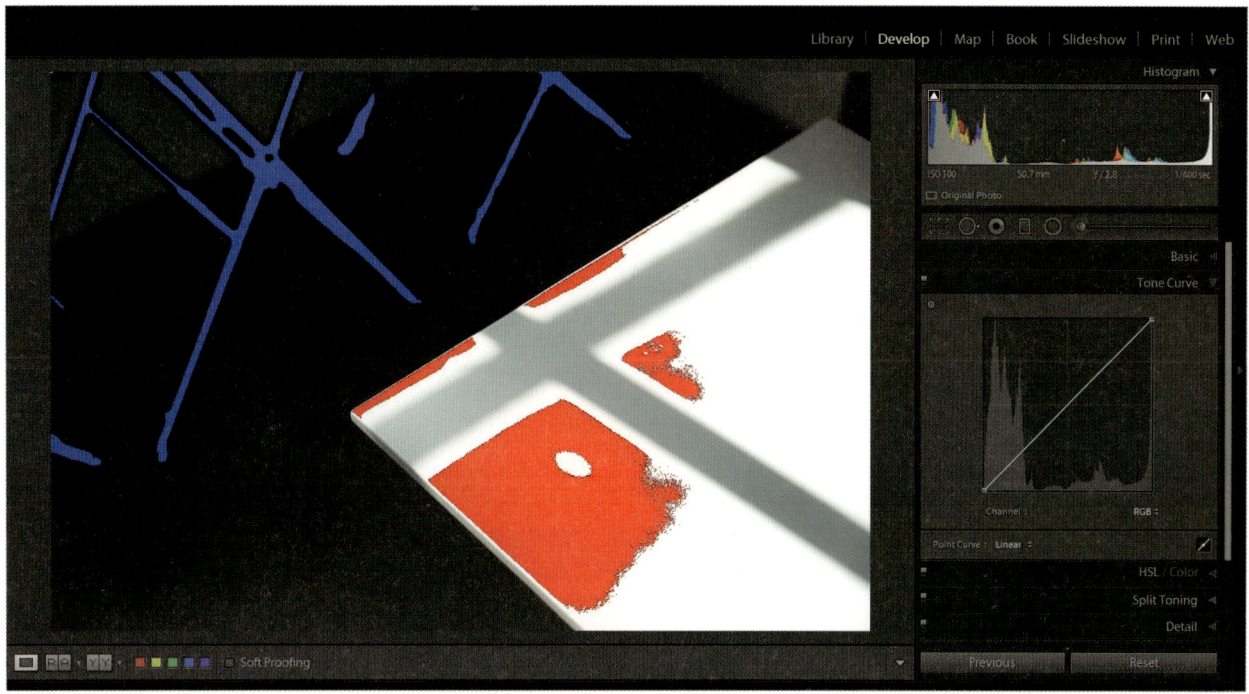

그림 3-3-16. 파란색으로 표시된 곳은 완전한 어두움을 가진 영역이고, 빨간색으로 표시된 곳은 완전한 밝음을 가진 영역입니다.

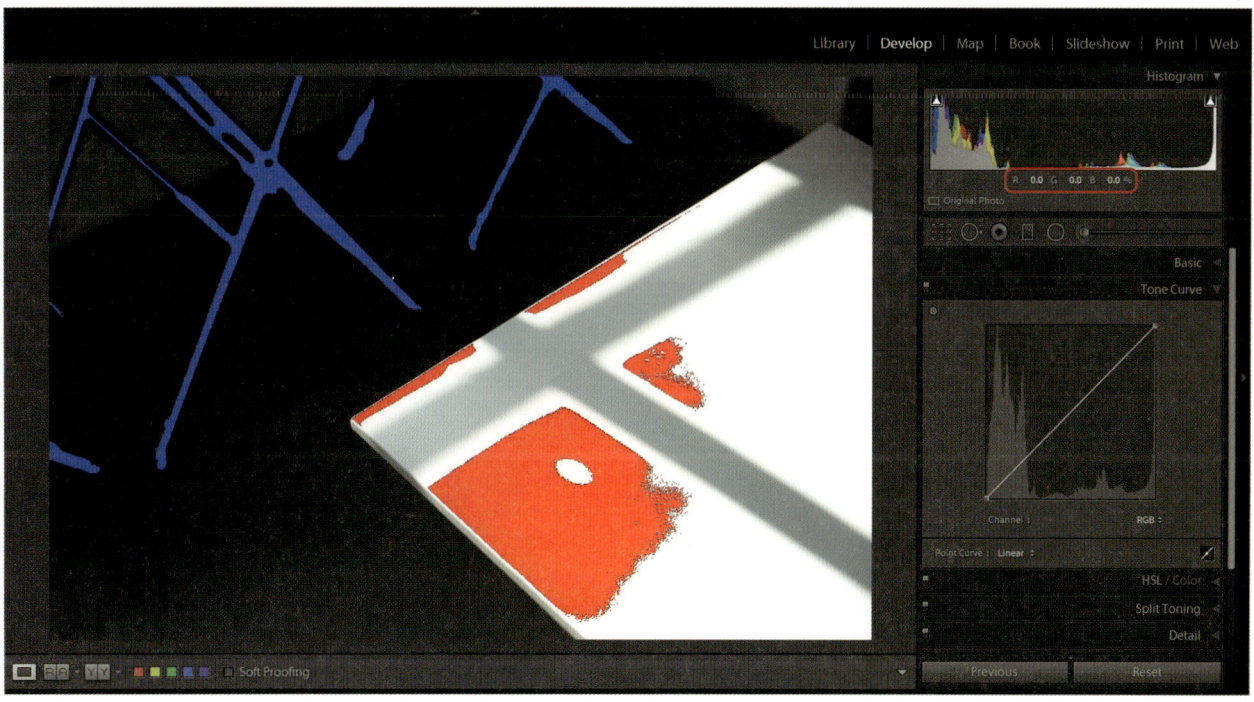

그림 3-3-17. 파란색으로 표시된 곳에 마우스 포인터를 올리면 히스토그램 하단에 RGB의 비율이 0%로 표시되는 것을 확인할 수 있습니다.

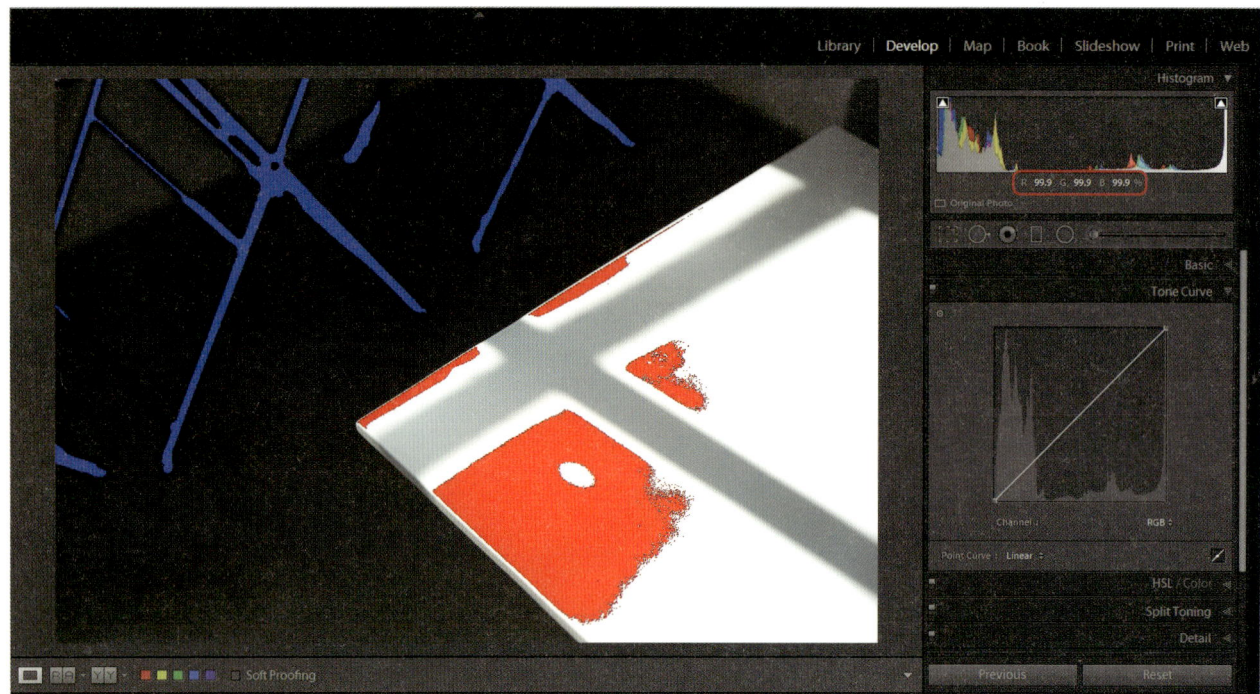

| 그림 3-3-18. 빨간색으로 표시된 곳에 마우스 포인터를 올리면 히스토그램 하단에 RGB의 비율이 100%에 가깝게 표시되는 것을 확인할 수 있습니다.

이렇게 히스토그램으로 클리핑 영역을 확인할 수 있으며 실제 보정 시 클리핑된 곳의 밝기를 조절함으로써 사진 속에서 표현되는 밝음의 표현단계[5]를 보다 풍부하게 만들 수 있습니다.

003 | 사진을 원하는 대로 자르고 구도를 조절하는 Crop Overlay 툴

(1) 사진을 원하는 규격으로 잘라보자

Crop Overlay 툴을 이용하여 사진의 크기를 조절하고 원하는 각도로 사진을 회전할 수 있습니다. 특히 사진의 구도를 바로 잡을 때에 매우 유용하게 사용할 수 있습니다. 먼저 사진을 잘라서 원하는 구도로 만드는 방법을 알아보겠습니다.

| 그림 3-3-19. Crop Overlay 툴을 적용할 사진 원본입니다.

---

5   이를 "계조"라고 합니다.

| 그림 3-3-20. Crop Overlay 툴은 히스토그램 바로 아래에 자리 잡고 있습니다.

이제 Crop Overlay 버튼을 눌러보겠습니다. 단축키는 R입니다.

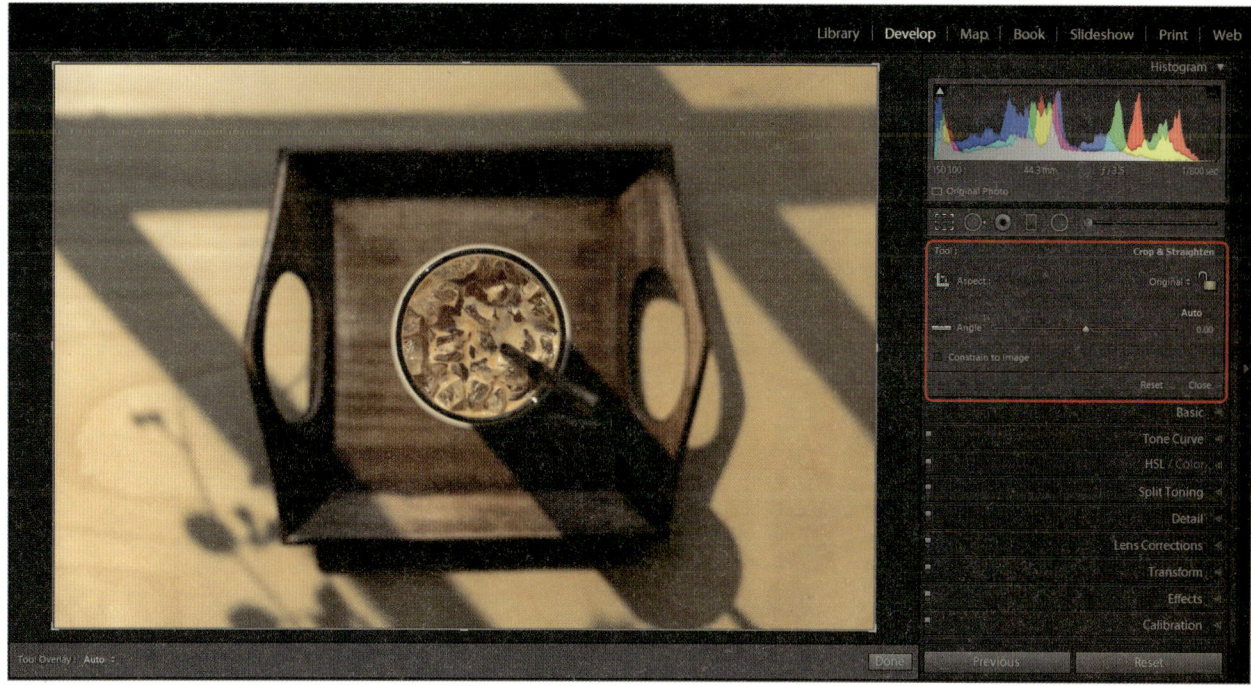

| 그림 3-3-21. Crop Overlay 버튼을 누르면, 사진의 크기를 조절할 수 있는 창이 나타납니다.

예시의 사진은 카페에서 음료를 촬영한 것인데 피사체의 위치가 애매하다 보니 사진이 산만해 보이는 측면이 있습니다. 이를 바로잡기 위해 우선 Crop Overlay 버튼을 누른 상태에서 단축키 O를 눌러, 도움이 될만한 참고선을 표시해보겠습니다. 단축키 O를 누를 때마다 다음과 같이 다양한 구도 참고선을 확인할 수 있습니다.

그림 3-3-22. 3분할구도

그림 3-3-23. 사선구도

그림 3-3-24. 변형3분할구도

그림 3-3-25. 변형사선구도

그림 3-3-26. 나선구도

그림 3-3-27. 사전지정비율

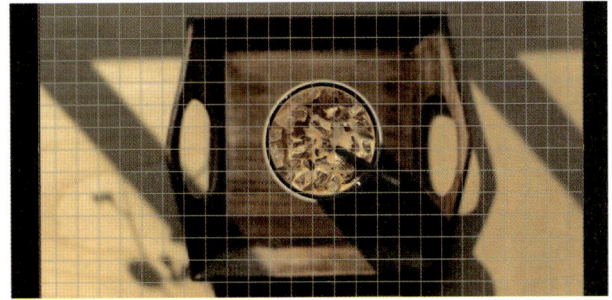
그림 3-3-28. 격자구도

그림 3-3-29. 2분할구도

모든 사진에는 그 사진 고유의 느낌과 분위기라는 것이 있기 때문에 어떤 특정한 구도가 항상 좋다고 말할 수는 없습니다. 일반적으로 가로변의 3등분점과 세로변의 3등분점을 서로 연결하였을 때 만나는 4개의 점 중 하나 혹은 두 곳에 피사체를 위치시키는 3분할구도를 많이 사용하긴 합니다만, 3분할구도가 항상 정답이 아닐 수도 있습니다.

음료가 사진의 중앙으로 올 수 있도록 Crop Overlay 툴을 이용하여 그림3-3-30와 같이 구도를 다시 잡아보겠습니다.

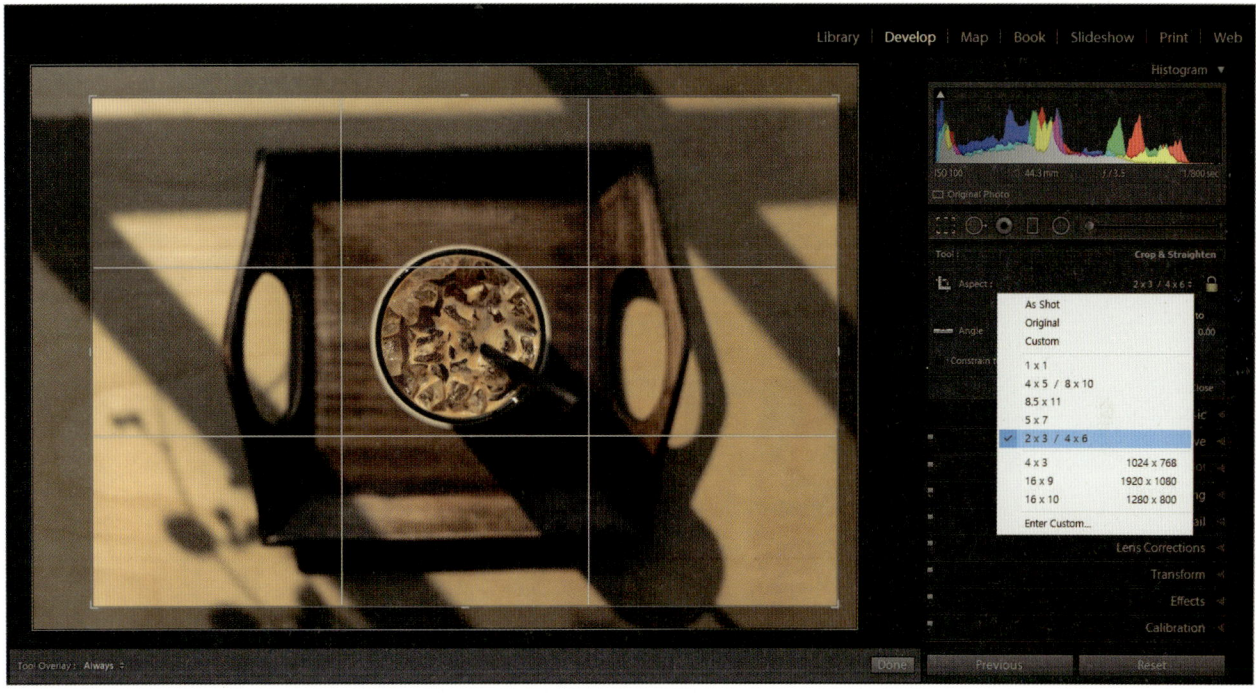

| 그림 3-3-30. 우선 Crop Overlay 툴에서 Original이라고 써 있는 부분을 클릭하여 사전 지정된 비율 중에서 2 × 3 / 4 × 6을 선택하였습니다.

사진에 나타난 4개의 모서리 중 하나를 선택하여 직접 마우스를 드래그하여 원하는 구도로 프레임을 만들었습니다. 원하는 구도를 만든 이후에 Enter 키를 누르거나 Crop Overlay 버튼을 한 번 더 누르거나 단축키 R을 누르면 최종적으로 적용됩니다. 그림3-3-31은 Crop Overlay를 적용하고 난 이후의 모습입니다.

| 그림 3-3-31. 처음 사진에 비해 음료 잔이 가운데에 위치한 것을 확인할 수 있습니다.

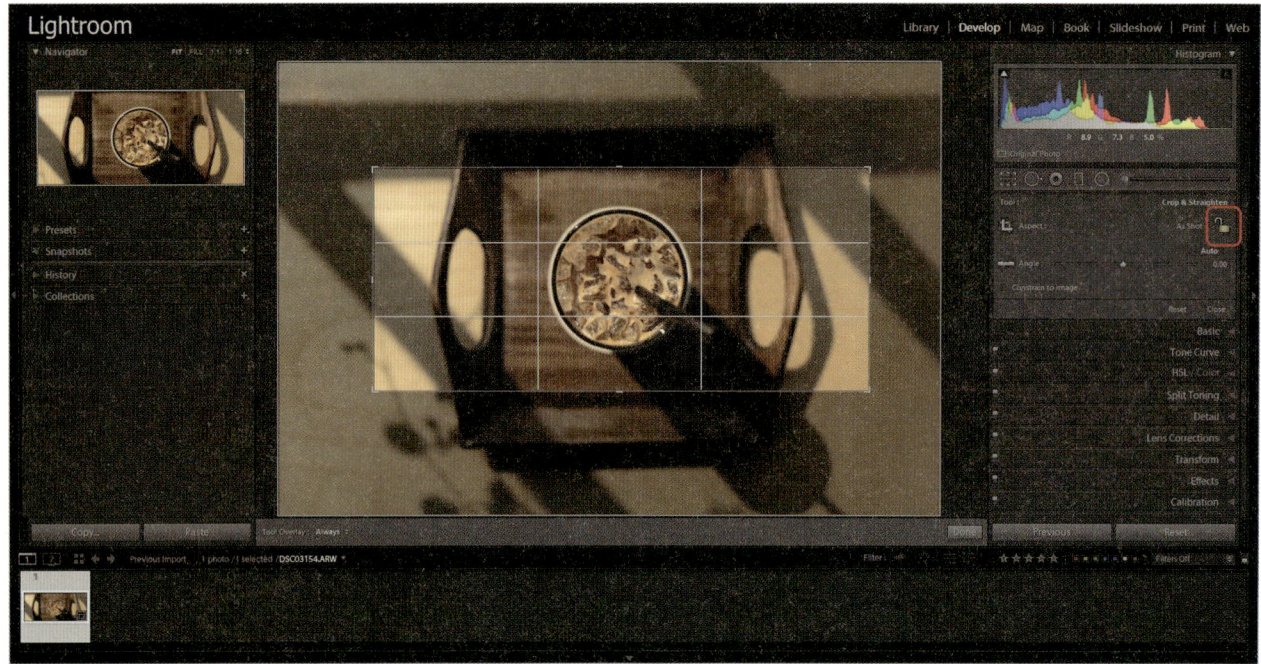

│ 그림 3-3-32. 자물쇠 표시를 해제하게 되면 가로세로 비율에 상관없이 원하는 프레임을 만들어 낼 수 있습니다.

만약 사전에 지정된 비율이 아닌 사용자가 원하는 구도로 사진을 잘라내고 싶을 때에는 그림3-3-32과 같이 Crop Overlay 툴에서 자물쇠를 해제한 후, 사진의 4개 모서리 중 하나를 선택하여 마우스로 드래그하면 됩니다. 자물쇠를 해제하였다 하더라도 Shift 키를 누른 상태에서 드래그를 하면 비율을 그대로 유지한 채로 잘라낼 수 있습니다.

가로나 세로가 긴 프레임에서 단축키 X를 누르면 가로와 세로 비율을 바꿀 수도 있습니다.

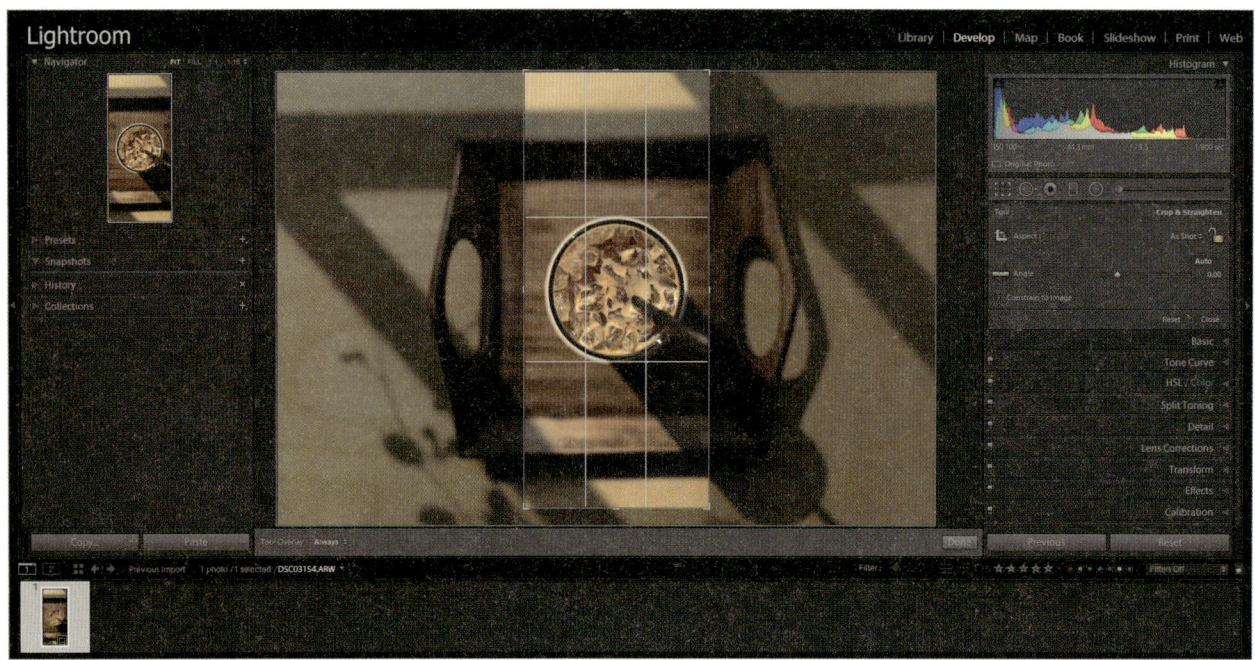

│ 그림 3-3-33. 그림3-3-32에서 단축키 X를 누른 모습입니다.

(2) 사진을 회전하는 방법

Crop Overlay 툴을 이용하면 사진을 회전시킬 수도 있습니다. 사진을 회전시키는 방법은 크게 세 가지가 있습니다.

① 첫 번째 방법: 사진 모서리 바깥쪽에 마우스를 위치시킨 상태에서 원하는 각도만큼 드래그 하기

| 그림 3-3-34. 마우스를 드래그하는 동안 Crop Overlay 창의 Angle값이 함께 변하는 것을 확인할 수 있습니다.

② 두 번째 방법: Angle값을 직접 입력하기

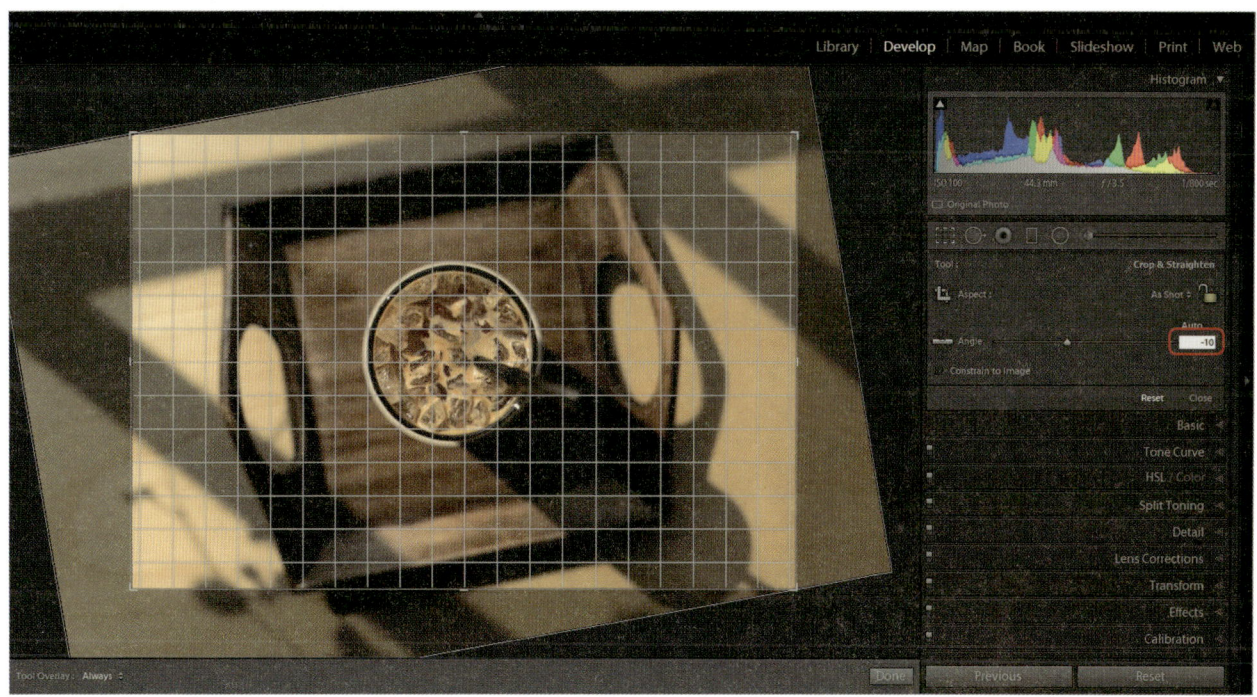

| 그림 3-3-35. Angle값 영역을 클릭하여 원하는 회전 각도를 직접 입력할 수도 있습니다.

Chapter 3 예제 사진을 통해 배우는 라이트룸 기본 사용법

③ 세 번째 방법: Angle 슬라이더로 각도 조절하기

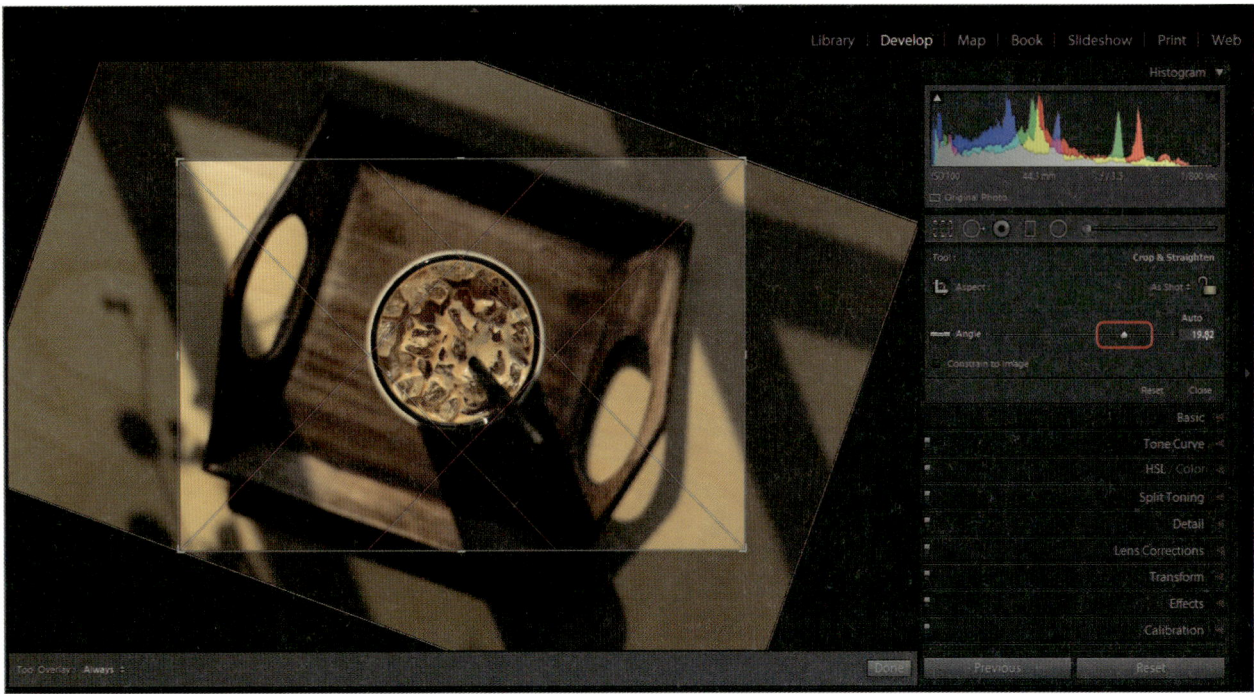

그림 3-3-36. Angle 슬라이더를 조절하여도 원하는 만큼 사진을 회전시킬 수 있습니다.

이러한 방법들을 이용하면 사용자가 원하는 각도로 사진을 회전시킬 수 있습니다. 또한 라이트룸에서는 Angle을 자동적으로 맞추어 주는 것도 가능한데, Angle값 바로 위에 보이는 Auto 버튼을 누르면 됩니다. Auto 버튼을 누르게 되면 라이트룸은 수평과 수직을 최대한 맞추기 위해 사진을 회전시키게 됩니다.

(3) 사진의 수평과 수직을 맞추는 방법

Crop Overlay 툴을 이용하면 사진을 자르거나 회전시킬 수 있으며 이를 이용하여 사진의 수평과 수직을 맞추는 것도 가능합니다. 앞서 설명하였듯이 Auto 기능을 이용해서 수평과 수직을 맞추는 것도 가능하지만 사용자가 직접 원하는 구도에 맞추어 수평과 수직을 맞출 수도 있습니다.

| 그림 3-3-37. Crop Overlay 툴로 이 사진의 수평과 수직을 맞추어 보겠습니다.

Crop Overlay 툴로 수평과 수직을 맞추는 것은 간단합니다. 사진을 수평 혹은 수직에 맞추어 회전시키기만 하면 됩니다. 그림3-3-37을 이제 회전시켜보겠습니다.

| 그림 3-3-38. Crop Overlay 툴로 그림3-3-37을 회전하여 수평과 수직을 잡으려고 한 사진입니다.

그림3-3-38의 결과물만 놓고 보자면 수평과 수직이 어느 정도 맞추어진 것 같습니다만, 이 사진을 자세히 들여다보면 수평에 비해 여전히 수직이 맞지 않는다는 것을 알 수 있습니다. Crop Overlay 툴로 수평과 수직을 맞추려고 했음에도 불구하고 여전히 수평 혹은 수직 한쪽이 맞아보이지 않는 까닭은 안타깝게도 처음부터 원본 사진이 그렇게 촬영되었기 때문입니다.

Chapter 3 예제 사진을 통해 배우는 라이트룸 기본 사용법

물론 예를 들기 위해 처음부터 수평과 수직이 맞지 않은 사진을 가져오긴 했지만 실제로 카메라를 손으로 들고 촬영을 해보면 원본 그 자체를 수평과 수직에 맞추어 정밀하게 촬영한다는 것은 쉬운 일이 아니라는 것을 알 수 있습니다. 피사체가 존재하는 그 높이에 맞추어 카메라를 들고 피사체가 존재하는 면에 정확하게 평행한 곳에 카메라 센서를 고정시켜야 하며, 아울러 렌즈로 인한 주변부 왜곡이 발생해서는 안 되기 때문입니다.

그리고 이처럼 일단 수평과 수직이 맞지 않은 상태로 촬영된 원본 사진이라면 Crop Overlay 툴만으로는 정확하게 수평과 수직을 맞출 수 없습니다. Crop Overlay 툴의 본연의 기능은 사진을 자르거나 회전시키는 것이기 때문입니다. 이런 경우에 우리는 Transform 패널을 이용할 수 있습니다. Transform 패널을 이용하기 위해 우선 그림3-3-39와 같이 Transfom 패널을 클릭하여 열어보겠습니다.

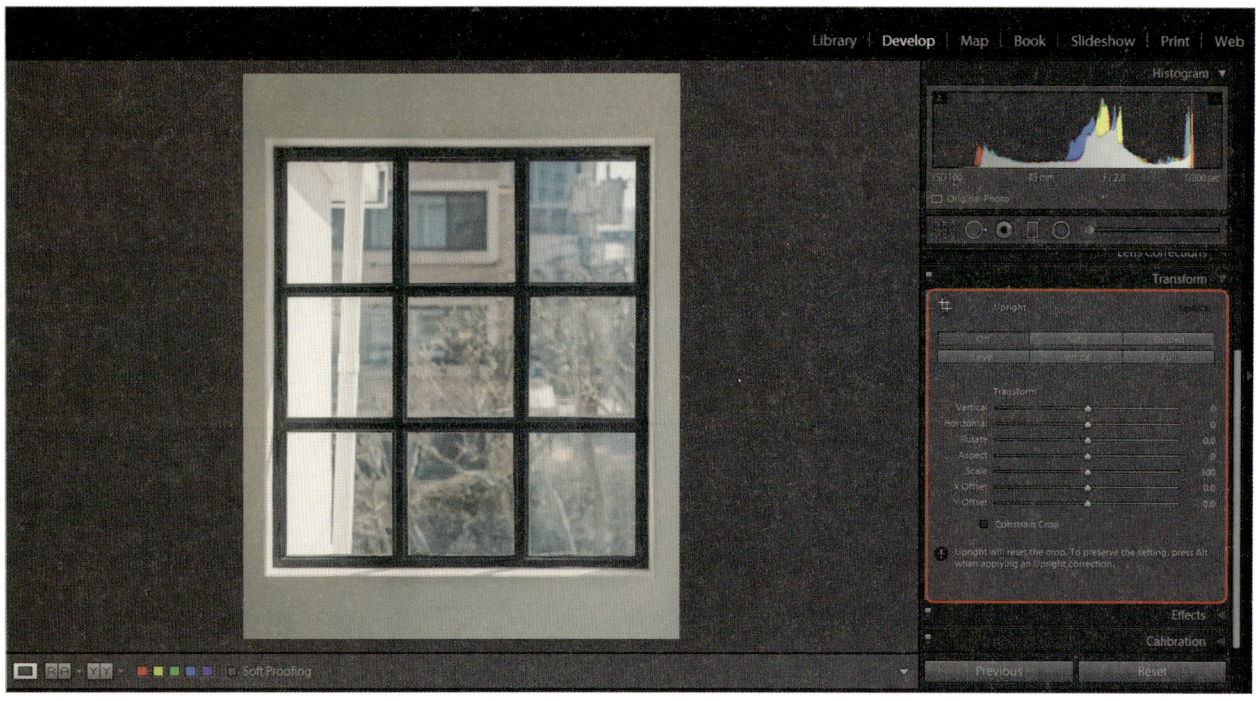

| 그림 3-3-39. Transform 패널의 모습입니다.

Transform 패널을 이용하여 사진의 수평수직을 바로잡는 방법은 크게 두 가지가 있습니다. 첫 번째 방법은 Auto 기능을 이용하는 것입니다. Transform 패널에서 바로 Auto 버튼을 누르면 라이트룸이 알아서 사진의 수평과 수직을 맞추어 줍니다. 물론 이렇게 한다고 해서 언제나 수평과 수직을 정확하게 맞출 수 있는 것은 아니지만 빠르게 작업을 해야 할 때에는 어느 정도 유용할 수 있습니다.

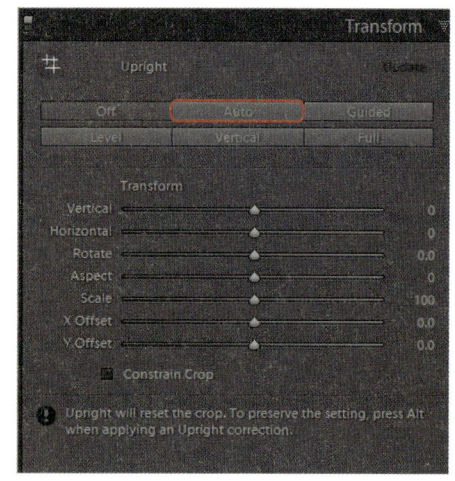

| 그림 3-3-40. Auto 버튼을 누르면 자동적으로 사진의 수평과 수직을 맞추어 줍니다.

두 번째 방법은 이렇게 Auto 버튼을 눌렀음에도 불구하고 여전히 사진의 수평과 수직이 맞지 않을 때 사용하는 것으로, 어느 지점을 기준으로 수평과 수직을 맞출 것인지를 사용자가 직접 정하는 방법입니다. 이 방법을 사용하기 위해서는 그림3-3-41과 같이 Guided 버튼을 누르거나 Transform 패널 좌측 상단에 있는 격자 아이콘을 클릭합니다. 이 아이콘을 Guided Upright Tool이라고 합니다. 단축키는 Shift + T 입니다.

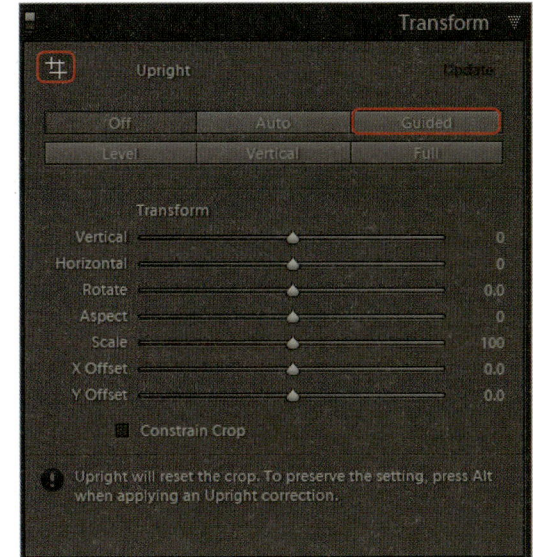

그림 3-3-41. 평상시 필자가 매우 유용하게 사용하는 기능이 바로 이 Guided Upright Tool입니다.

Guided 버튼이나 격자 아이콘을 클릭하면 마우스 포인터의 모양이 바뀌면서 이제부터 수평과 수직의 기준이 되는 선을 최대 4개까지 그을 수 있습니다. 그리고 그 선끼리는 서로 평행을 유지하게 됩니다. 따라서 2개의 선은 수평을 잡는 데 사용하고, 나머지 2개의 선은 수직을 잡는 데 사용하면 그 선에 따라 사진이 자유롭게 변형되면서 수평과 수직을 잡을 수 있습니다.

그림 3-3-42. 지금부터 긋는 선에 따라 사진의 수평과 수직이 맞게 되므로 최대한 멀리 떨어져 있는 선을 기준으로 하여 사진 전체 영역에 영향을 미치도록 하는 것이 좋습니다.

이제부터 그림3-3-42의 창틀 모서리에 있는 빨간색 동그라미를 기준으로 수평선 2개, 수직선 2개를 각각 그어보겠습니다.

그림 3-3-43. 이렇게 선을 모두 긋고 난 뒤에 격자 아이콘을 다시 누르면 모든 수정은 끝이 납니다.

방금 그었던 선에 따라 사진의 수평과 수직이 제대로 잡힌 것을 확인할 수 있습니다.

그림 3-3-44. Crop Overlay 툴과 달리 Transform 패널은 사진의 형태를 인위적으로 변형하여 수평과 수직을 맞추어 주는 기능입니다.

Transform 패널은 수평과 수직을 맞추는 기능 외에도 사진의 수평수직 비율을 변형하는 데에도 유용하게 사용됩니다.

004 | Spot Removal 툴을 이용한 잡티 제거 방법

의도하지 않게 사진에 자잘한 잡티가 보일 경우에는 Spot Removal 툴을 이용하여 제거할 수 있습니다. 센서면이나 렌즈에 먼지가 묻어있을 경우 이러한 잡티들이 사진에 나타날 수 있습니다.

그림 3-3-45. Spot Removal 툴을 적용할 사진입니다.

| 그림 3-3-46. Spot Removal 툴은 Crop Overlay 툴의 바로 오른쪽에 있습니다.

이제 Spot Removal 툴을 실행해보겠습니다. 단축키는 Q입니다.

| 그림 3-3-47. Spot Removal 툴을 실행하면 몇 가지 옵션을 볼 수 있습니다.

① **Clone**: Clone은 복제 도구입니다. 따라서 사진 속에 있는 어떤 내용물을 다른 위치로 복사하고 싶을 때 사용합니다.

② **Heal**: Heal은 복구 도구입니다. 사진에서 지우고 싶은 잡티나 흔적들을 지울 때 사용합니다. Heal과 Clone은 비슷해 보이긴 하지만 Clone이 단순히 내용물을 복사해오는 기능이라면, Heal은 지우고 싶은 잡티나 흔적이 있는 곳에 다른 위치에 있는 내용물을 가져와 덮어씌움으로써 원래 있던 잡티나 흔적을 보이지 않게끔 하는 데에 중점을 둔 기능입니다.

③ **Size**: 브러시의 크기를 지정합니다.

④ **Feather**: 브러시의 윤곽선의 진하기를 지정합니다.

⑤ **Opacity**: 브러시의 강도를 지정합니다.

이제 본격적으로 사진에 나타난 잡티를 지워보겠습니다. 현재 사진의 좌측 상단에 검은 먼지가 하나 보이지만 보다 명확하게 보기 위해 그림3-3-48과 같이, 사진 하단의 Visualize Spots 옵션을 켜고 우측의 슬라이더를 움직여 잡티들을 표시해 보겠습니다.

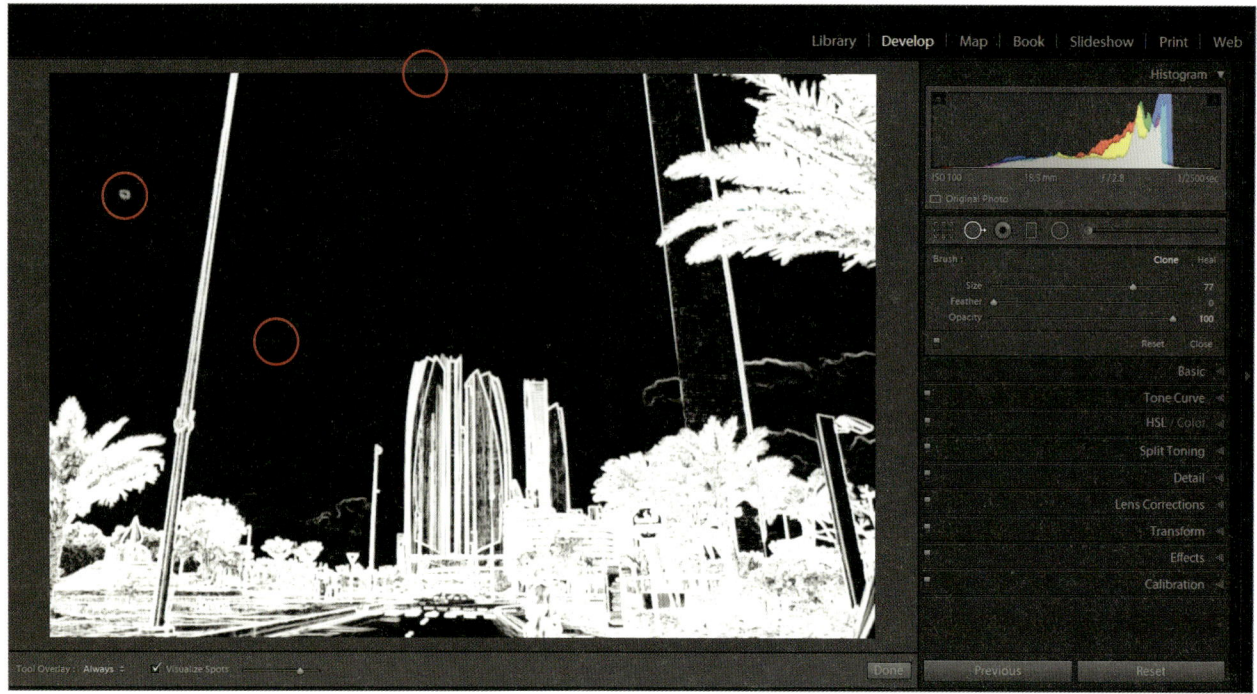

| 그림 3-3-48. Visualize Spots 옵션을 켜고 나니 어떤 곳에 잡티가 있는지 보다 확실하게 알 수 있습니다.

이제 지우고자 하는 잡티에 맞게 브러시의 크기를 조절하고 적절한 Feather값과 Opacity값을 정한 후, 잡티가 있는 곳에 마우스를 올려두고 클릭합니다.

그림 3-3-49. 지우고자 하는 영역에 따라 브러시 크기는 다르게 조절할 수 있습니다.

이렇게 클릭을 하고 나면 그림3-3-50과 같이 해당 영역이 말끔하게 덧씌워진 것을 알 수 있습니다.

그림 3-3-50. 본 예시에서는 Heal을 사용하여 잡티를 제거하였지만 이처럼 파란 하늘과 같은 단순한 배경 위에 있는 잡티라면 Clone을 이용하여 복제를 하더라도 사실상 동일한 결과물을 얻을 수 있습니다.

Chapter 3 예제 사진을 통해 배우는 라이트룸 기본 사용법 **179**

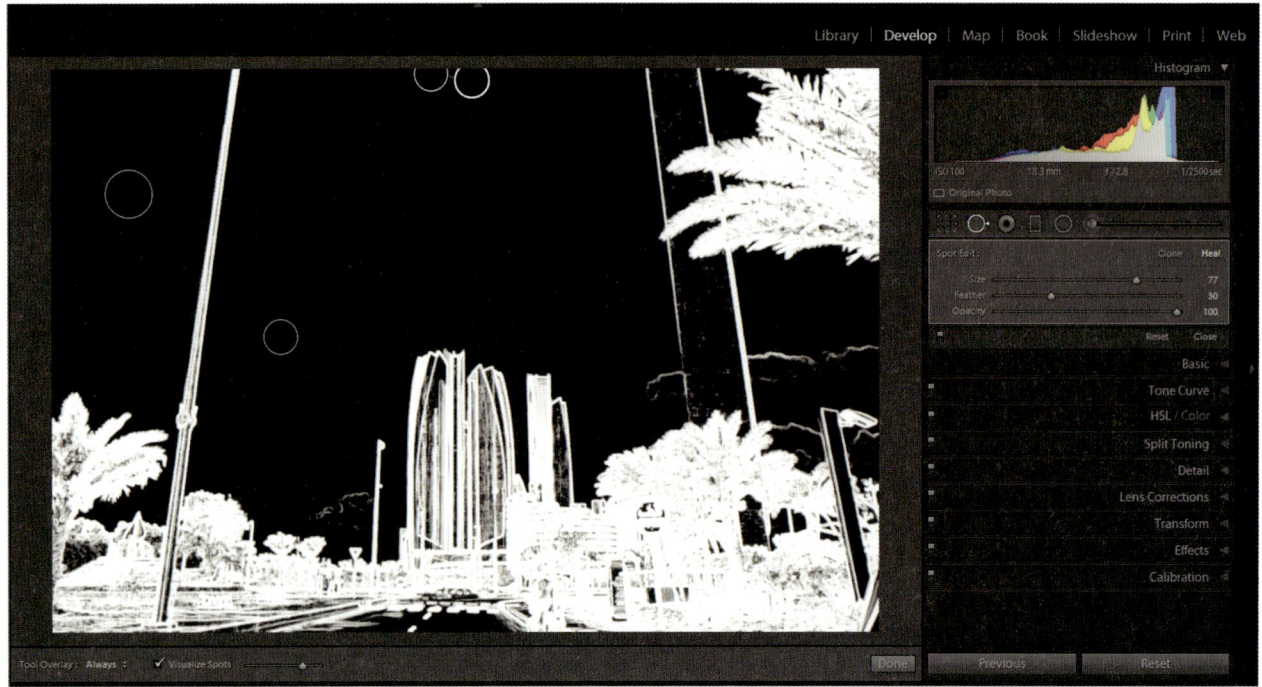

그림 3-3-51. 나머지 잡티들도 이어서 하나씩 제거를 해보겠습니다.

만약 잡티 제거를 하였음에도 해당 영역이 원하는대로 깨끗하게 지워지지 않는다면, 잡티 제거를 위해 복사된 기존 영역을 새로운 영역으로 옮기거나, 키보드의 슬래시(/)키를 누름으로써 라이트룸이 스스로 새로운 영역을 읽어오도록 할 수 있습니다.

그림 3-3-52. Spot Removal을 한 번 더 클릭하여 종료함으로써 잡티 제거를 모두 마친 사진입니다.

Spot Removal 툴을 이용하면 단순히 잡티뿐만 아니라 인물의 피부에 있는 점을 지우거나 일정한 패턴을 복사하는 것도 가능합니다.

005 | 가장 기본적이면서도 가장 중요한 Basic 패널

본격적인 사진 보정은 Basic 패널에서부터 시작합니다. Basic 패널은 사진의 색온도와 밝기, 그리고 대비와 재질감 등을 조절하는 패널이며, Basic 패널이라는 이름에서 유추할 수 있듯이 라이트룸을 이용한 사진 보정에서 가장 기본이 되는 다양한 보정 도구들을 제공합니다.

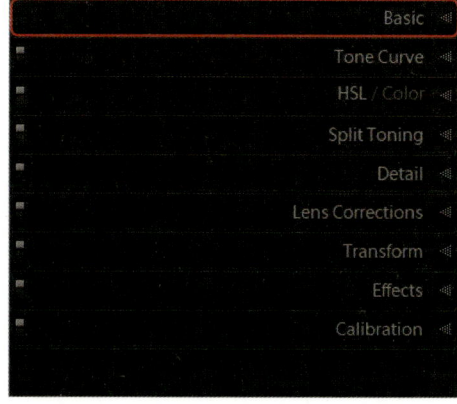

| 그림 3-3-53. Basic 패널은 우측에 있는 패널 중 가장 상단에 위치하고 있습니다.

그림3-3-54와 같이 각 패널은 맨 왼쪽에 해당 기능을 사진에 반영하거나 반영하지 않도록 하는 Toggle Switch를 가지고 있는 반면, Basic 패널에는 Toggle Switch가 없다는 것을 알 수 있습니다.

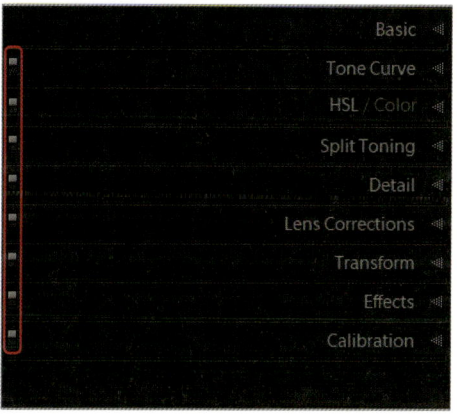

| 그림 3-3-54. 각각의 패널을 가지고 보정을 하더라도 Toggle Switch를 클릭하여 끄게 되면, 그 효과는 사진에 반영되지 않습니다.

프로그램을 처음 개발할 때 8개의 다른 패널들이 가지고 있는 Toggle Switch를 Basic 패널에도 하나 넣어주는 것이 그리 어려운 일은 아닐 텐데 유독 Basic 패널에만 Toggle Switch가 부여되어 있지 않다는 사실은 생각보다 중요한 의미를 지닙니다.

라이트룸으로 보정을 할 때 반드시 이렇게 해야만 한다는 정해진 순서나 가이드라인이 있는 것은 아닙니다만, Basic 패널에 Toggle Switch가 빠진 것은 Basic 패널에 있는 보정 도구만큼은 처음부터 Switch를 끄거나 켤 필요 없이 기본적으로 진행하는 것을 권장하는 개발사의 의도를 보여줍니다. 물론, 이는 필자의 주관적인 추측이지만 다년간 수십만 장의 사진을 라이트룸으로 보정한 경험에서 볼 때, Basic 패널은 이어서 설명하게 될 Tone Curve 패널과 더불어 라이트룸에서 가장 깊이 있게 이해해야 할 부분이자 모든 보정의 기초가 되는 패널이라고 생각합니다.

(1) 색온도를 조절하여 사진의 분위기를 바꾸는 방법

이제부터 그림3-3-55를 가지고 각각의 기능들을 하나씩 살펴보겠습니다.

그림 3-3-55. 아무런 보정이 가해지지 않은 원본 사진입니다.

우선 White Balance부터 살펴 보겠습니다. White Balance는 앞서 Chapter 02의 Class 06에서 다룬 적이 있습니다. 예시 사진은 카메라 본체에서 제공하는 Auto White Balance 기능을 설정하고 촬영한 사진이지만, Auto White Balance로 촬영한 사진이더라도 보정에 앞서 우선적으로 사진의 White Balance를 세부적으로 조정하여 전체적인 사진의 분위기를 만들어주는 작업이 필요합니다.

White Balance를 바꾸는 방법은 크게 3가지가 있습니다. 첫 번째는 그림3-3-56과 같이 라이트룸에서 기본적으로 제공하는 세팅을 이용하는 것입니다. 이 중에서 실제 촬영이 이루어진 환경에 맞는 세팅을 선택하면 됩니다.

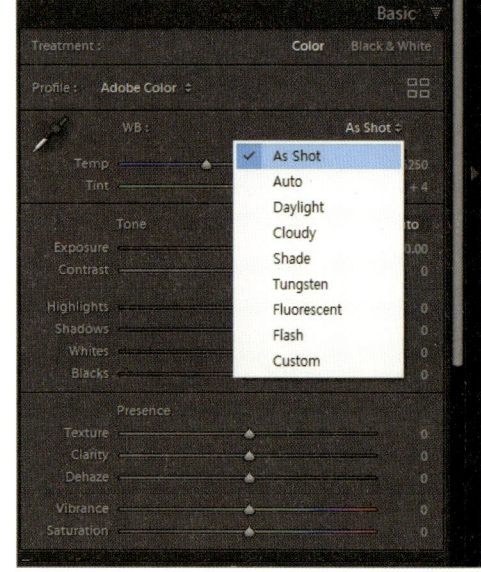

그림 3-3-56. As shot이라는 부분을 클릭하면 이처럼 다양한 사전설정값을 볼 수 있습니다.

두 번째는 그림3-3-57과 같이 Temp와 Tint 슬라이더를 마우스로 직접 조절하거나 원하는 설정값을 직접 입력하는 방법입니다. Temp는 Temperature의 줄임말로서 사진에 나타나는 색의 따뜻한 정도를 의미합니다. JPG 파일을 보정할 때에는 -100에서 +100까지의 상댓값으로만 조절할 수 있으나, RAW 파일을 보정할 때에는 2,000에서 50,000까지 조절이 가능합니다. Tint는 사진의 색조를 나타내는데 Green과 Magenta의 상대적인 양을 조절할 수 있습니다.

그림 3-3-57. Temp값이 2,000에 근접할수록 사진의 색온도는 높아지고 사진은 Cool Color를 띠게 됩니다.

그림 3-3-58. Temp값이 50,000에 근접할수록 사진의 색온도는 낮아지며 사진은 Warm Color를 띠게 됩니다.

그림3-3-57, 그림3-3-58과 같이 Temp값이 높아질수록 사진은 Warm Color를 띠고 Temp값이 낮아질수록 사진은 Cool Color를 띠게 됩니다. 그러나 이는 우리가 Chapter 02에서 다루었던 내용과 정확하게 상반되는 결과입니다. 왜냐하면, 이론상 색온도가 높아질수록 사람의 눈에는 파란색에 가까운 Cool Color로 보이고 색온도가 낮아질수록 빨간색에 가까운 Warm Color로 보이기 때문입니다.

그러므로 엄밀히 말해서 라이트룸 Basic 패널에 나온 Temp값은 색온도 그 자체를 나타내는 수치라고 이해하기보다는 색온도에 반대되는 개념이라고 보는 것이 적절합니다. 그러나 생각보다 아주 많은 사용자들이 Basic 패널에 있는 Temp값을 단순히 색온도와 동일한 개념으로 받아들여 사용하고 있으며, Temp값을 높이면 당연히 색온도 또한 높아질 테니 그러면 사진의 색 또한 따뜻한 색을 띤다고 이해하고 있습니다. 그렇게 받아들이는 것이 이론과는 상반될 수 있어도 직관적일 수 있습니다. 따라서, 혼동을 방지하기 위해 다음과 같이 정리하고자 합니다.

- Temp값을 올리면 색온도는 내려간다. 하지만 색온도와 무관하게 어쨌든 사진은 더 따뜻하게 보인다. 즉, Temp값을 올리면 사진은 따뜻하게 보인다.

- Temp값을 내리면 색온도는 높아진다. 하지만 색온도와 무관하게 어쨌든 사진은 더욱 차갑게 보인다. 즉, Temp값을 내리면 사진은 차갑게 보인다.

White Balance를 조절하는 세 번째 방법은 White Balance Selector를 이용하는 것입니다. 단축키는 W입니다.

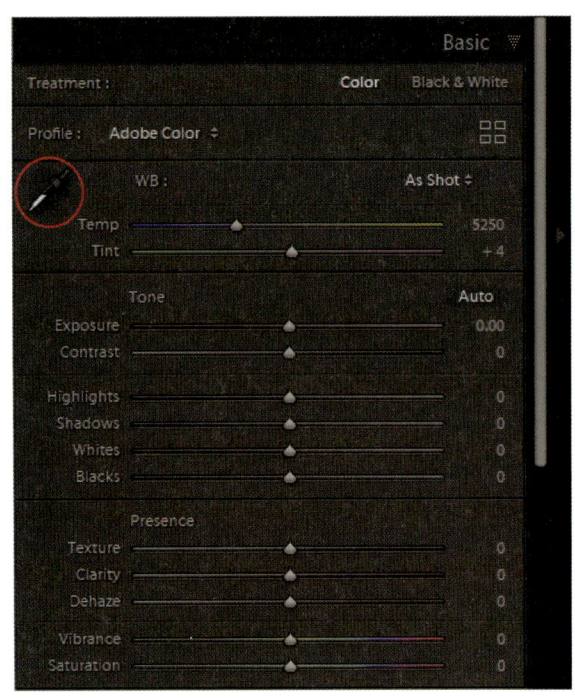

| 그림 3-3-59. 스포이드처럼 생긴 것이 바로 White Balance Selector입니다.

그림3-3-59의 스포이드를 클릭하거나 단축키 W를 누르면 White Balance Selector를 활성화할 수 있으며, 이제부터 사용자가 설정하는 기준점을 중심으로 색온도를 설정할 수 있습니다.

| 그림 3-3-60. White Balance Selector를 활성화하고 기준점을 찾아보겠습니다.

기준점을 찾는 방법은 간단합니다. White Balance Selector를 활성화한 후 사진 속에서 '현재 흰색으로 보이지 않지만 원래는 흰색처럼 보여야 하는 바로 그 지점'을 찾아 클릭하는 것입니다. 그러한 지점을 찾아 클릭하게 되면 해당 기준점은 흰색에 가깝게 변하고 그 기준점의 색상이 변함에 따라 사진 전체의 색온도가 달라지게 됩니다.

| 그림 3-3-61. 강아지 뒤편에 있는 건물의 외벽이 원래 하얀색임에도 사진에서는 다소 파란색처럼 보이기 때문에 저 지점을 기준으로 White Balance Selector를 클릭해 보겠습니다.

| 그림 3-3-62. 기준점을 클릭하기 전의 모습입니다.

| 그림 3-3-63. 기준점을 클릭하고 난 이후의 모습입니다.

그림3-3-63에서 약간의 Magenta가 도는 것을 볼 수 있지만, 건물 외벽에 묻어있던 파란끼가 빠지면서 전체적으로 사진이 따뜻하게 보이는 것을 확인할 수 있습니다. White Balance Selector를 통해 잡지 못한 Tint는 수동으로 조절하여 최종적인 White Balance를 맞추면 됩니다.

| 그림 3-3-64. Tint값을 조절하기 전의 모습입니다.

| 그림 3-3-65. Tint값을 조절하고 난 이후의 모습입니다.

| 그림 3-3-65. 조절을 마치면 변경된 Temp와 Tint값을 확인할 수 있습니다.

항상 그런 것은 아니지만 색온도 중에서도 특히 Tint값을 조절할 때 'Green을 첨가하기 위해 Green 쪽으로 값을 옮긴다' 혹은 'Magenta를 첨가하기 위해 Magenta 쪽으로 값을 옮긴다'라고 생각하면 복잡하게 느껴질 수 있습니다. 사진 전반에 걸쳐 Green이 묻어나있는 것처럼 보인다고 해서 Green에다가 Magenta를 첨가하여 이를 중화시킨다는 생각이 직관적으로 연상되는 개념이 아니기 때문입니다. 반대로, 사진에 Magenta가 묻어나있는 것처럼 보인다고 해서 이를 상쇄하기 위해 Green을 첨가한다는 것 또한 초심자 입장에서는 쉽게 이해되지 않을 수 있습니다.

그러므로, '사진에 드러난 Green끼를 제거하기 위해 Tint 슬라이더를 Green과 멀리 떨어진 Magenta 쪽으로 옮긴다' 내지는 '사진에 드러난 Magenta끼를 제거하기 위해 Tint 슬라이더를 Magenta와 멀리 떨어진 Green 쪽으로 옮긴다'는 개념으로 이해하면 보다 쉽게 조절이 가능합니다.

또한, White Balance Selector를 이용할 때에 사진에서 완전한 흰색으로 밝게 보이는 지점을 기준점으로 선택할 경우 그림3-3-66과 같이 경고창이 나타나는 경우가 있는데 그럴 때에는 그보다 조금 더 어두운 지점을 선택하면 됩니다.

| 그림 3-3-66. White Balance Selector로 색온도를 조절하다 보면 종종 마주하게 되는 경고 메시지입니다.

촬영 상황과 빛 조건에 따라 다르긴 하나, 필자는 인물 사진을 촬영하면서 간혹 기준으로 삼아야할 White Balance 기준점을 찾기 어려울 때에는 사람의 눈에 있는 흰자를 클릭하는 경우도 있습니다. 사람 눈의 흰자를 기준점으로 선택한다는 것이 별 것 아닌 이야기 같지만 막상 시도해보면 생각보다 괜찮은 방법이라는 것을 느끼게 될 것입니다.

다음 사진들은 사진 원본에 다른 보정은 일절 가하지 않고 오로지 색온도만 조절한 예시입니다.

그림 3-3-67. Temp 5150, Tint -10

그림 3-3-68. Temp 7668, Tint +64

그림 3-3-69. Temp 6150, Tint +13

그림 3-3-70. Temp 4166, Tint +8

그림 3-3-71. Temp 5550, Tint +10

그림 3-3-72. Temp 4300, Tint +16

이처럼 별다른 보정 없이 White Balance를 조정하는 것만으로도 사진의 분위기를 크게 변화시킬 수 있습니다.

(2) 노출과 대비를 조절하는 방법

White Balance를 조정하였으니 이제 사진의 밝기를 조절해 보겠습니다. Basic 패널의 Tone 영역에서 사진의 밝기를 조절할 수 있습니다. Tone 영역은 그림3-3-73와 같습니다.

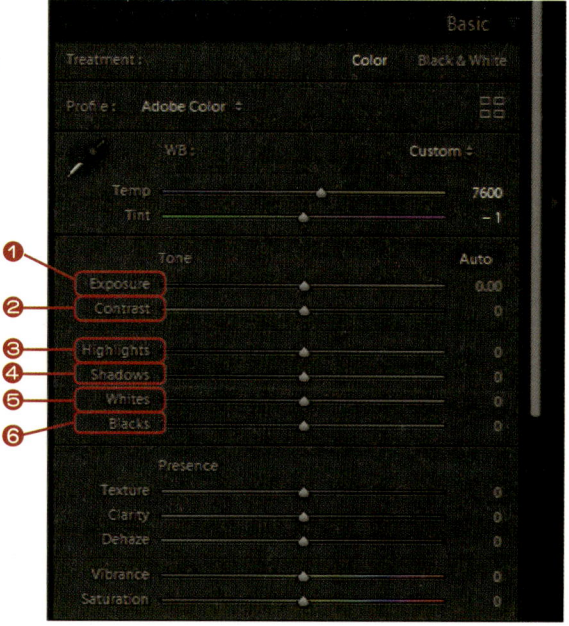

그림 3-3-73. Tone 영역에 있는 각각의 보정 도구들은 사진 보정에서 가장 자주 사용하는 것들이기도 합니다.

❶ Exposure

- 사진의 밝기를 조절합니다. Chapter 02에서 살펴보았던 노출의 3요소와 직접적으로 관련이 있는 부분이기도 합니다. -5스탑에서 +5스탑까지 조절할 수 있습니다.
- Exposure 슬라이더를 오른쪽으로 움직이면 노출이 많아짐으로 인해 사진은 밝아지고, 왼쪽으로 움직이면 반대로 노출이 줄어듦으로 인해 사진은 어두워집니다.
- 카메라 센서를 통해 들어온 빛이 한 장의 사진에 담겨진 바로 그 상태의 데이터만 가지고 사진을 밝게 하거나 어둡게 하는 기능이기 때문에 Exposure 도구는 마치 카메라에서 ISO값을 조절하는 것과 유사한 원리로 작동합니다.[6]

❷ Contrast

- 사진의 대비를 조절합니다. 대비는 밝은 영역과 어두운 영역의 '차이'를 뜻합니다.
- 따라서 대비를 크게 하면 밝은 영역과 어두운 영역의 차이가 커지고, 대비를 작게 하면 밝은 영역과 어두운 영역의 차이가 작아지게 됩니다.
- 대비는 Exposure처럼 사진의 밝기나 노출에 직접적으로 영향을 주는 요소는 아니지만 대비를 크게 하거나 작게 하는 행위는 사진의 밝음과 어두움에 영향을 미치므로 결국 사진의 밝기를 변화시키게 됩니다.
- 따라서, Contrast 슬라이더는 다음에서 설명하게 될 Clarity와 달리 Basic 패널의 Tone 영역에 위치하고 있습니다.

---

6 Chapter 02의 Class 03 ③ISO편을 참고 바랍니다.

❸ **Highlights**
- 사진에 나타난 밝은 영역을 늘리거나 줄입니다. 주로 빛을 직접적으로 받은 피사체의 밝기를 조절합니다.
- 히스토그램에서 화이트홀 경고를 활성화할 경우(단축키 J) Highlights를 조절함으로써 화이트홀을 줄일 수 있습니다.

❹ **Shadows**
- 사진에 나타난 어두운 영역을 늘리거나 줄입니다. 주로 그림자로 표현된 피사체의 밝기를 조절합니다.
- 히스토그램에서 블랙홀 경고를 활성화할 경우(단축키 J) Shadows를 조절함으로써 블랙홀을 줄일 수 있습니다.

❺ **Whites**
- 사진에 나타난 흰색 계열을 늘리거나 줄입니다. 직접적으로 빛을 받은 피사체뿐만 아니라 직접적으로 빛이 닿지 않더라도 밝게 표현된 곳의 밝기를 조절할 수 있습니다.

❻ **Blacks**
- 사진에 나타난 검정 계열을 늘리거나 줄입니다. 그림자로 표현된 피사체뿐만 아니라 사진 안에서 어둡게 표현된 곳의 밝기를 조절할 수 있습니다.

사진의 대비는 Contrast를 통해 조절합니다. 하지만, Contrast는 밝은 영역과 어두운 영역의 차이를 뜻하기 때문에 설령 Contrast를 낮춘다 하여도 Highlights와 Shadows 또는 Whites와 Blacks를 어떻게 변화시키는지에 따라 밝은 영역과 어두운 영역의 차이는 언제든지 만들어질 수 있고 이는 다시 사진의 대비를 강하게 만들 수 있습니다. 반대로, Contrast를 높여서 대비가 강한 사진을 만든다 하여도 Highlights와 Shadows 또는 Whites와 Blacks의 변화에 따라 사진의 대비는 언제든 다시 낮아질 수 있습니다.

그러므로 처음부터 원하는 만큼의 대비를 만들기 위해 Contrast를 조절하더라도 뒤이어 만약 Highlights와 Shadows 그리고 Whites와 Blacks를 조절하게 되면 최초에 만들어 놓은 대비는 변화하게 되며, 그로 인해 결국 다시 Contrast 레벨을 조절해야 할 수도 있습니다. 따라서 앞으로 설명을 할 때에 이런 점을 감안하여 보정의 순서를 잡아갈 예정입니다.[7]

Tone 영역의 기능들을 활용하여 실제로 보정을 해보겠습니다. 일단 앞에서 White Balance는 잡아두었기 때문에 그 상태에서 바로 이어서 시작합니다.

그림3-3-74을 가지고 사진의 밝기를 보정하기에 앞서 어떻게 보정해 나갈지부터 먼저 생각해 보겠습니다. 보정의 큰 그림을 그리지 않고 일단 마우스부터 손에 쥔 채로 각각의 도구들을 이리저리 왔다갔다 움직여보는 것도 물론 좋습니다.[8] 하지

---

[7] 지극히 당연한 이야기이지만, 처음부터 Contrast를 조절하고 이어서 Highlights와 Shadows, Whites와 Blacks를 조절한 뒤 다시 Contrast를 조절한다고 해서 문제가 되는 것은 아닙니다. 다만 필자가 말하고자 하는 것은, 보정의 방법론적인 측면에서 반복되는 작업은 최대한 피함으로써 보정 작업의 효율성을 높이고 각각의 기능들이 어떻게 서로에게 영향을 주고 상호작용하는지를 이해하고서 보정을 시작하자는 것입니다.

[8] 실제로 이렇게 하나의 값을 가지고 최소값에서 최댓값까지 움직여보는 것은 그 기능을 익히는 데 있어 대단히 좋은 방법입니다. 예를 들어 Highlights라고 한다면 -100에서부터 +100까지 움직여보면서 그때 그때 사진이 어떻게 달라지는지를 '관찰'해 보는 것입니다. 필자 또한 라이트룸을 막 입문했을 때에 그렇게 하나씩 움직여 보면서 사진의 색상과 밝기가 어떻게 변하는지, 그리고 그렇게 변하는 동안 사진 보정이라는 큰 흐름 안에서 어떻게 보정의 패턴이 만들어지는지를 깊이 있게 고민했던 경험이 있습니다.

만, 나중을 생각한다면 어떤 사진을 보정하기에 앞서 방향성을 잡고 가는 것이 더 좋은 방법입니다. 그렇게 하지 않을 경우, 한참 보정이 이루어지고 나서야 '내가 이 사진을 어떻게 보정하려고 했지?'라는 질문에 쉽사리 답을 하지 못하게 되고 결국 보정의 방향성이 상실된 상태에서 아무런 결과물 없이 이것도 만져봤다가 저것도 만져봤다가 하며 혼란에 빠질 수도 있기 때문입니다.

그림 3-3-74. White Balance만 보정된 상태의 사진입니다.

일단 현재 상태만 놓고 보자면 하늘과 땅의 대비가 큰 것을 알 수 있습니다. 즉, 하늘 부분은 너무 밝고, 강아지가 서 있는 땅 부분은 그에 반해 너무 어둡게 나타나 있습니다. 밝은 영역과 어두운 영역의 차이가 크기 때문에 대비가 크다고 할 수 있습니다. 이는 그림3-3-74의 히스토그램을 통해서도 쉽게 알 수 있습니다. 대비가 큰 사진도 그 나름의 느낌이 있고 때로는 대비를 일부러 강하게 가져가야 할 때도 있습니다만, 이 사진만으로 한정하여 본다면 대비를 조금 더 낮추어 주는 것이 사진 전체의 분위기를 표현하기에는 더 좋다는 생각이 듭니다.

따라서 이 사진의 대비를 낮추기 위해 다음과 같은 순서로 보정해 보겠습니다.

① Highlights를 낮춰서 하늘 부분의 디테일을 조금 더 살리고, 원래대로라면 사진에 담겨야 했었던 하늘의 본연의 색을 찾아준다.

② Shadows를 높여서 땅 부분이 더 밝게 보이게 만든다.

③ Highlights를 낮춤으로 인해 사진이 전체적으로 어둡게 보일 수 있는 부분을 감쇄하기 위해 White는 조금 더 올려준다.

④ Shadows를 높임으로 인해 너무 사진이 밝게 떠 있는 듯한 느낌이 들지 않도록 Blacks를 조금 낮춰준다.

⑤ 그리고 나서 Contrast를 가지고 전체적인 대비를 조절한다.

현재 사진의 경우, 사진의 대비가 조금 커 보일 뿐 노출이 부족하거나 과다한 것으로 보이지는 않기 때문에 먼저 이렇게 대비를 조정하고 나서 다시 한번 노출을 확인해 보겠습니다. 일단 앞에서 정리한 것처럼 Highlights부터 낮추어보겠습니다. Highlights를 어느 정도까지 낮추어야 하는지 애매할 때에는 키보드의 Alt 키를 누르고 있는 상태에서 Highlights를 움직이면 화이트홀 경고 표시를 켜두지 않았더라도 화이트홀이 나타나거나 사라지는 모습을 확인하면서 Highlights를 조절할 수 있습니다.

| 그림 3-3-74. Highlights를 조절하기 전 모습입니다.

| 그림 3-3-75. Highlights를 조절하고 난 이후의 모습입니다.

Highlights를 조절함으로써 하늘 본연의 색이 보다 잘 나타나고 하늘의 밝기가 낮아지면서 구름의 디테일이 살아난 것을 확인할 수 있습니다. Highlights만 조절했기 때문에 처음부터 빛이 강하게 들어오지 않았던 강아지가 서 있는 곳의 변화는 거의 나타나지 않습니다. 이제 Shadows를 조절해 보겠습니다. Shadows의 경우도 마찬가지로 Alt 키를 누르고 있는 상태에서 Shadows를 움직이면 설령, 블랙홀 경고 표시를 사전에 켜두지 않았더라도 블랙홀이 나타나거나 사라지는 모습을 확인하면서 Shadows를 조절할 수 있습니다.

| 그림 3-3-75. Shadows를 조절하기 전 모습입니다.

| 그림 3-3-76. Shadows를 조절하고 난 이후의 모습입니다.

Shadows를 조절하고 나니 강아지가 서 있는 곳이 전체적으로 밝아진 것을 확인할 수 있습니다. 하늘 부분에는 그림자가 거의 없었기 때문에 Shadows를 조절하였음에도 하늘 부분에서의 변화는 거의 느껴지지 않습니다.

이제 Whites와 Blacks를 조절해 보겠습니다.

그림 3-3-76. Whites, Blacks를 조절하기 전 모습입니다.

그림 3-3-77. Whites, Blacks를 조절하고 난 이후의 모습입니다.

Whites와 Blacks를 조절하기 전에 비해 큰 변화는 없지만 최초에 의도했던 수준으로 잘 보정된 것으로 보입니다. 또한 우려했었던 노출 역시도 현재 상태에서 크게 문제는 없어 보입니다. 만약 사진의 노출이나 대비에 변화를 주고 싶다면 다음과 같이 Exposure나 Contrast를 조절할 수 있습니다.

그림 3-3-78. Exposure +0.5스탑

그림 3-3-79. Exposure -0.5스탑

그림 3-3-80. Contrast +50

그림 3-3-81. Contrast -50

조금 더 뚜렷한 차이를 드러내기 위해 Contrast를 +50과 -50으로 비교하긴 했습니다만, 실제 보정 시에는 한 번에 너무 많은 양을 처음부터 과한 수준으로 값을 정하기보다는 조금씩 변화를 주면서 원본 사진에서 어떻게 변화되는지를 확인하면 좋습니다. 이는 마치 음식의 간을 할 때에 소금을 한꺼번에 많이 넣어서 단번에 간을 맞출지 아니면 조금씩 넣어가면서 천천히 간을 맞출지와도 유사한 측면이 있습니다.

Basic 패널의 Tone 영역을 보정했다면 사실상 사진 그 자체의 밝기와 관련한 보정은 어느 정도 마무리가 되었다고 보아도 됩니다. 다만, Tone Curve 패널을 통해서 세부적인 조절이 가능한데 이와 관련한 내용은 뒤에서 다시 설명합니다.

(3) 사진의 재질감을 살리고 사진을 보다 선명하게 만드는 방법

Basic 패널에서 할 수 있는 또 다른 보정은 바로 Presence라고 하는 외관 보정입니다. Presence 영역에는 다음의 5가지 기능이 있습니다.

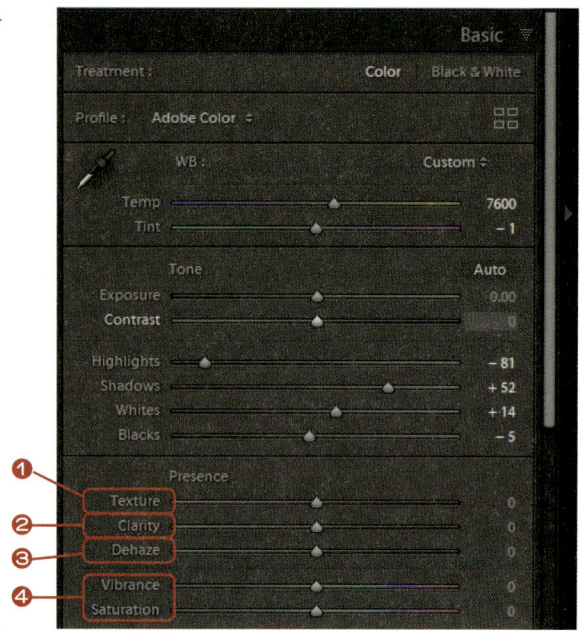

그림 3-3-82. Presence 영역에서 사용 가능한 5가지 도구들입니다.

❶ Texture

- 피사체의 재질감을 조절합니다.
- 피사체의 재질감을 드러내고 싶을 때에는 Texture를 키웁니다.
  - 예) 빵이나 과자처럼 표면 재질의 표현이 중요한 피사체, 나무/숲과 같은 자연 경관 등
- 반대로 피사체의 재질감을 감추고 싶을 때에는 Texture를 줄입니다.
  - 예) 인물의 피부, 얼굴의 흉터, 초점이 맞지 않은 불필요한 배경 등

❷ Clarity

- 선과 면이 표현되는 강도를 조절하여 피사체를 보다 분명하게 표현하거나 반대로 보다 흐릿하게 표현하는 기능입니다.
- 라이트룸 한글판에서는 Clarity를 '부분대비'라고 번역해 두었기 때문에 간혹 '대비'라고 번역되어 있는 'Contrast'와 '부분대비'로 번역되어 있는 'Clarity'를 구분하는 데에 어려움을 느끼는 경우가 있습니다. 심지어는 이를 문자 그대로 해석하여 Contrast는 사진 전체에 대비를 주는 것이고, Clarity는 부분적으로 대비를 주는 것이 아니냐라고 이해하는 경우도 있습니다.[9] 하지만, 알고 보면 Contrast와 Clarity는 그리 혼동되는 개념은 아닙니다.

  ▼ Contrast
    - 밝은 영역과 어두운 영역의 차이를 의미합니다.
    - 따라서 Contrast를 높이거나 낮추는 것은 사진의 밝기에 영향을 미칩니다.

---

[9] 이러한 미묘한 번역의 뉘앙스 차이 때문에, 이 책의 집필을 시작할 때부터 한글판을 기준으로 할지 영문판을 기준으로 할지 고민하다가 결국 영문판을 기준으로 정하게 되었습니다. 영문판에서 Contrast와 Clarity라는 단어는 서로 의미하는 바가 완전히 다르기 때문에 헷갈릴 여지가 상대적으로 적기 때문입니다.

- Contrast는 사진의 밝기에 영향을 미치기 때문에 결국 Contrast를 조절하면 좌우측으로 넓게 퍼진 히스토그램이 가운데로 모이거나 가운데에 집중된 히스토그램이 좌우측으로 퍼지게 됩니다.

▼ Clarity

- 선과 면이 강하게 보이는 정도를 조절하는 기능이며, 사진에 존재하는 윤곽선에 대비(Contrast)를 더하거나 빼는 방식으로 작동합니다.
- 따라서 Clarity를 높이면 선과 면이 보다 분명하게 표현되므로 사진이 더욱 선명하게 드러나고, Clarity를 낮추면 선과 면이 연하게 표현되어 수채화 같은 느낌이 나타나게 됩니다.
- Clarity를 변화시키면 선과 면의 분명한 정도가 달라지므로 간접적으로는 사진의 밝기에도 영향을 미치나, 실질적으로는 사진의 밝기보다는 사진의 재질감 표현에 더욱 영향을 미칩니다. 따라서 Clarity는 Basic 패널 내에서도 Contrast처럼 밝기와 관련 있는 도구들이 모여있는 Tone영역이 아니라 Presence의 영역에 위치해 있습니다.
- 그러므로 Contrast가 그러했던 것처럼 Clarity를 변화시킨다고 해서 히스토그램이 좌우 양 끝으로 퍼지는 극단적인 움직임을 보이지는 않으며 대신 히스토그램의 중간 영역을 중심으로 좌우로 퍼지거나 다시 중간 영역으로 집중되는 국소적인 변화 양상만을 나타냅니다. 이러한 특성 탓에 Clarity가 사진에서 '중간 정도의 밝기로 표현된 영역(이를 중간톤 또는 미드톤이라고도 합니다.)의 대비를 변화시키는 도구'라고 설명하는 경우도 있습니다만 '중간톤의 대비를 변화시킨다'는 개념 자체가 초심자에게는 쉽게 와닿지 않는 데다가 Contrast와의 혼동을 재차 야기할 수 있기 때문에 주의가 필요합니다.

❸ Dehaze

- 사진에 나타나는 연무(Haze)를 없애거나 더하는 도구입니다.
- 미세먼지가 자욱한 상황에서 촬영된 사진은 Dehaze를 올려주면 보다 선명한 사진으로 만들 수 있으며, 반대로 너무 선명하게 보이는 사진은 Dehaze를 낮춤으로써 마치 목탄화와 같은 뿌연 느낌으로 만들 수 있습니다.

❹ Vibrance와 Saturation

- 두 가지 모두 사진의 채도를 높이거나 낮추는 도구입니다.
- Saturation의 경우, 사진에 포함된 전체 색의 채도를 높이거나 낮춥니다. 따라서 채도를 -100으로 조절하면 완전한 흑백 사진을 만들 수 있으며, 반대로 채도를 +100으로 조절하면 사진의 채도가 최대한으로 높아지게 됩니다.[10]
- 반면, Vibrance는 Saturation과는 조금은 다른 목적을 가진 기능입니다. Vibrance는 사진의 채도를 높이거나 낮추지만, 이미 채도가 충분히 높아진 영역에 대해서는 상대적으로 영향을 적게 미칩니다. 따라서 Vibrance를 -100으로 조절하여도 완전한 흑백 사진이 만들어지지 않으며 Vibrance를 +100으로 조절하여도 Saturation과는 다른 결과를 얻게 됩니다.[11]

---

[10] 다만, 포토샵에서의 Saturation과 라이트룸에서의 Saturation은 채도의 강한 정도에서 차이가 있습니다. 포토샵에서는 Saturation을 최대한으로 높임으로써 사진을 마치 포스터물감으로 그린 만화나 팝아트와 같은 느낌으로 만드는 것이 가능하지만, 라이트룸에서는 점진적필터와 같은 부가적인 필터를 중복해서 적용하지 않는 한 처음부터 그러한 느낌을 내는 것에 제약이 있습니다. (불가능한 것은 아닙니다.) 이는 개발사인 Adobe社에서 사진이 단 한 번의 보정으로 마치 만화나 포스터처럼 과장되어 보이는 것은 사진 전문 보정 프로그램이 지향하는 바에서 벗어나 있고, 이미 포토샵에서 충분히 지원하기 때문에 두 개의 프로그램에서 조절 가능한 Saturation의 범위에 차별점을 둔 것으로 보여집니다.

[11] 간혹, Vibrance를 +100으로 하면 Saturation을 +100으로 할 때보다 특정 색상이 더 진해 보이는 경우도 있습니다. 해당 색상의 채도가 원본 사진에서 상대적으로 낮았을 때 주로 이런 현상이 발생하는데, Vibrance는 이미 채도가 충분히 높은 색상에 대해서는 영향을 적게 미치기 때문입니다.

- 사진의 채도를 높이기 위해 처음부터 Saturation을 사용하게 되면 이미 채도가 충분히 높은 색상의 채도 또한 함께 따라서 올라가기 때문에 이런 경우에 사용할 수 있도록 만든 것이 바로 Vibrance입니다. 특히 인물이 나온 사진에서 Vibrance를 이용해 채도를 높이더라도 Saturation에 비해 상대적으로 피부의 채도 변화는 커지지 않습니다. 이런 점에서 Vibrance를 Smart Saturation(영리하게 채도를 조절하는 도구)이라고 부르기도 합니다. 즉, Vibrance를 이용하면 사진 전체의 채도에는 영향을 적게 미치면서 군데군데 드러나 보이지 않았던 색상을 중심으로 채도를 조절할 수 있습니다.[12]
- 채도가 높은 색상은 가급적 건드리지 않고, 상대적으로 채도가 낮은 색을 중점적으로 조절한다는 측면에서 Vibrance를 '중간톤을 가진 색상의 채도를 변경하는 도구'라고 설명하기도 합니다.
- 참고로 Vibrance를 라이트룸 한글판에서는 '생동감'으로, 포토샵 한글판에서는 '활기'로 표현하고 있습니다. Saturation의 경우 두 가지 프로그램에서 모두 '채도'로 표현하고 있습니다.
- 간혹 일부에서는 Vibrance가 인물의 피부에 영향을 미치지 않고 사진의 채도를 높이는 도구라고 설명하기도 하지만, 이는 단지 Vibrance를 통해 구현할 수 있는 여러 효과 중 하나일 뿐 Vibrance의 기능을 정의하는 것으로 받아들이기에는 적절하지 않은 측면이 있다는 점은 미리 언급하고 싶습니다. 사진에서 인물이라는 피사체가 없다하여도 Vibrance는 앞서 언급한 방식에 따라 작동하며, Vibrance의 쓰임새를 단순히 인물의 피부 표현에 국한하여 설명하는 것은 자칫 본연의 기능에 대한 오해를 불러일으킬 수 있기 때문입니다.

이제 앞에서 Tone 조절을 마친 사진을 가지고 실제 보정을 해보겠습니다.

그림 3-3-83. Tone 조절을 마친 사진입니다.

---

12 그렇다고 해서 Saturation에 비해 Vibrance가 반드시 더 유용하다는 이야기를 하려는 것은 아닙니다. 각각의 도구의 특성을 이해하고 상황에 맞게 사용하면 그만입니다.

시작하기에 앞서 어떠한 방향으로 보정을 할지 정리해 보겠습니다. Presence 영역에서 진행하는 보정의 경우 Tone 영역에서의 보정과 달리 보정의 선후 관계에 크게 영향을 받지 않습니다.[13] 따라서 다음과 같이 진행하겠습니다.

① 현재 사진의 주된 피사체는 강아지이므로 강아지 털의 디테일을 살리기 위해 Texture를 +64만큼 올린다.[14]

② 주변 배경으로부터 강아지를 조금 더 부각시키기 위해 Clarity를 +38만큼 올린다.

③ 현재 사진이 그다지 뿌옇게 보이지 않기 때문에 Dehaze를 올리지 않을 것이고, 그렇다고 일부러 뿌옇게 만드는 것도 현재 사진의 느낌에서는 어울리지 않기 때문에 Dehaze는 그대로 둔다.

④ Vibrance는 +10만큼 올려서 사진의 채도를 약간만 증가시키고 Saturation은 그대로 둔다.

이렇게 정한 순서에 따라 하나씩 보정을 해보도록 하겠습니다. 먼저 그림3-3-84과 같이 Texture를 조절해 보겠습니다.

| 그림 3-3-83. Texture 조절 전의 모습입니다. | 그림 3-3-84. Texture를 조절하고 난 이후의 모습입니다.

그림3-3-84의 일부를 확대한 모습입니다. Texture를 통해 질감의 표현이 더 섬세해진 것을 확인할 수 있습니다.

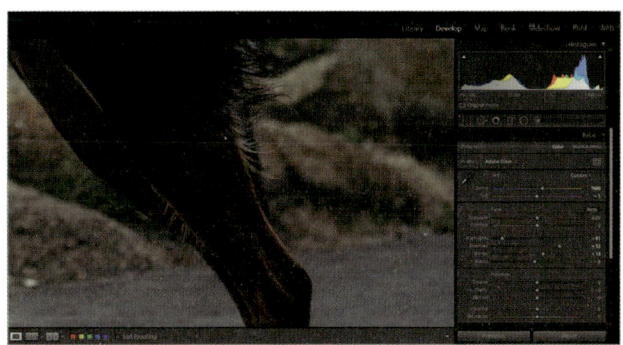 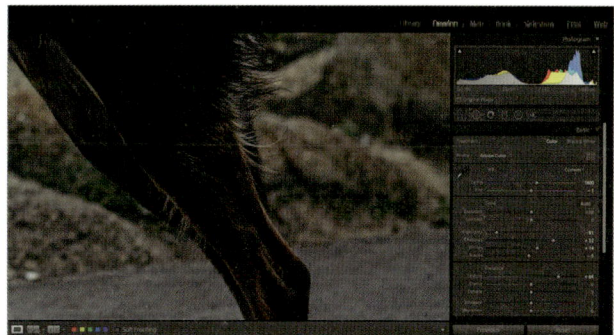

| 그림 3-3-85. Texture 조절 전 | 그림 3-3-86. Texture 조절 후

---

13 다만 Vibrance와 Saturation의 경우, 후술하게 될 HSL과의 관계를 따져서 그 값을 결정해야 할 때가 있습니다. 이는 HSL 패널에서 다시 설명할 예정입니다.

14 Texture를 +64만큼 올린다는 것은 예를 들어 설명하기 위함일 뿐, 여기에서 +64라는 값에 큰 의미를 부여하지 않기를 바랍니다. 이는 앞으로 설명하게 될 다른 모든 보정 도구들에서도 마찬가지 입니다. 보정값은 원본 사진의 상태에 따라 얼마든지 달라질 수 있기 때문에 각각의 보정값이 몇으로 설정되는지는 크게 의미가 없습니다.

이번에는 Clarity를 조절해 보겠습니다.

| 그림 3-3-84. Clarity 조절 전의 모습입니다. | 그림 3-3-87. Clarity를 조절하고 난 이후의 모습입니다. |

그리고 마지막으로 Vibrance를 조절해 보겠습니다.

| 그림 3-3-87. Vibrance 조절 전의 모습입니다. | 그림 3-3-88. Vibrance를 조절하고 난 이후의 모습입니다. |

이 결과물을 다시 원본 사진과 비교해서 보겠습니다.

| 그림 3-3-89. Basic 패널 보정 전의 모습입니다. | 그림 3-3-90. Basic 패널의 보정을 완료한 모습입니다. |

Basic 패널의 보정만으로도 원본에 비해 제법 달라진 느낌을 받을 수 있습니다.

(4) 원하는 영역만 지정하여 보정하는 방법

Basic 패널의 각각의 도구들을 이용하여 보정하면 앞서 보았던 것처럼 사진 전체 영역에 그 영향을 주게 됩니다. Texture를 +20만큼 올린다면 사진 전체의 Texture가 +20만큼 증가하고, Saturation을 -50만큼 낮춘다면 마찬가지로 사진 전체의 Saturation이 -50으로 감소하게 됩니다.

하지만, 보정을 하다보면 사진의 특정한 부분만을 선택하여 보정을 하고 싶을 때가 있습니다. 이때에 사용할 수 있는 3가지 도구를 알아보겠습니다.

① Adjustment Brush (단축키 K)

Adjustment Brush는 '조정브러시'라고도 부릅니다. 브러시를 칠한 영역에만 선택적으로 보정을 할 수 있기 때문에 이 역시도 상당히 자주 사용하는 기능 중 하나입니다. Adjustment Brush를 적용할 사진을 1장 불러오겠습니다.

그림 3-3-91. Crop Overlay 도구를 이용해 사진의 크기만 조정하였을 뿐, 그 외 다른 보정을하지 않은 원본 사진입니다.

그림3-3-91에서 Adjustment Brush를 이용해 하얗게 날아간 하늘 부분을 보정해 보겠습니다. 전체 영역이 아닌 하늘 부분에만 보정을 할 것이기 때문에 일단 Adjustment Brush를 활성화하고 보정할 영역을 선택합니다.

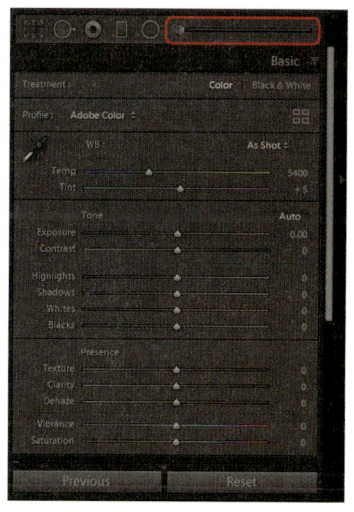

그림 3-3-92. Adjustment Brush는 Basic 패널 상단 맨 우측에 자리잡고 있습니다.

Adjustment Brush는 다른 아이콘에 비해 크기 때문에 아이콘의 어느 곳을 클릭하더라도 쉽게 활성화할 수 있습니다.

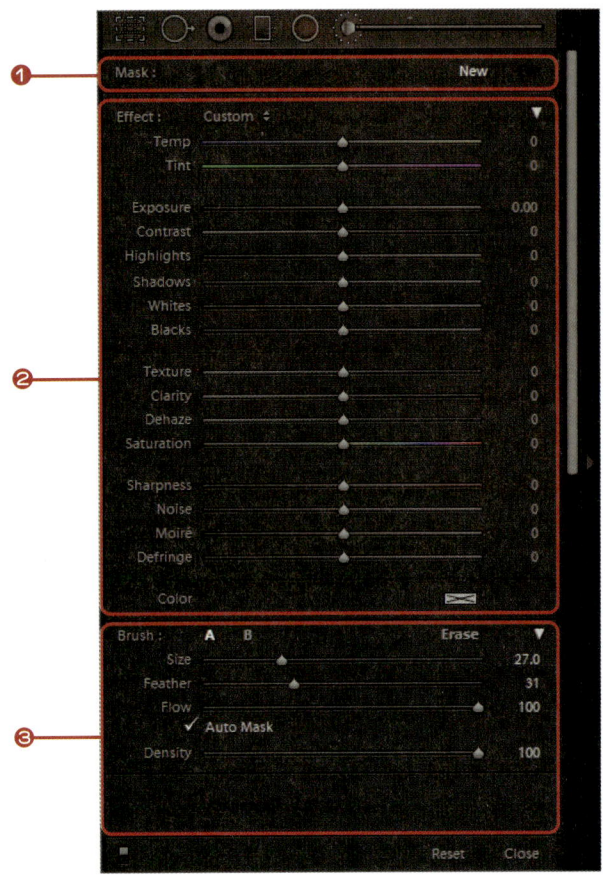

그림 3-3-93. Adjustment Brush 아이콘을 활성화한 모습입니다. 2020년 6월 업데이트 하지 않은 사용자는 이와 동일한 화면을 볼 수 있습니다.

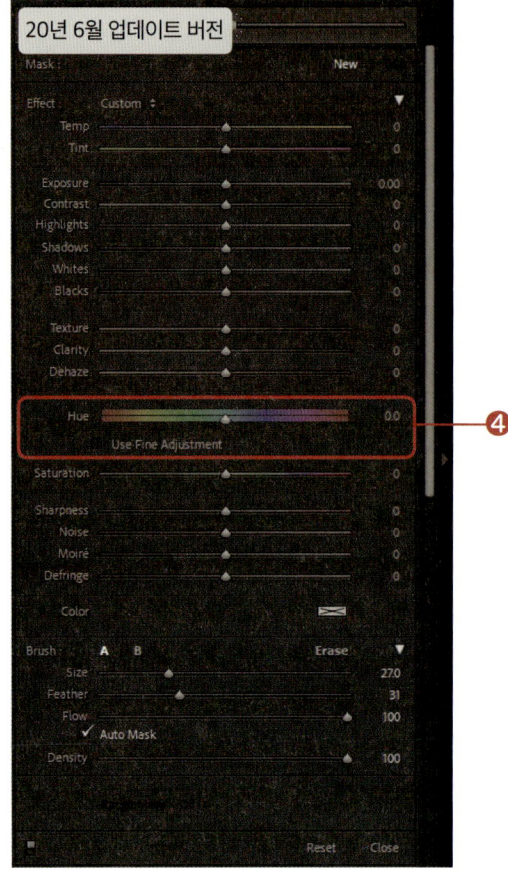

그림 3-3-94. 2020년 6월 업데이트를 적용한 사용자는 Adjustment Brush에서 색조(Hue) 또한 조절할 수 있습니다.

각 버튼의 기능은 다음과 같습니다.

❶ Mask
- 브러시를 새로 그려 넣으려면 New를 선택합니다.
- 기존에 그려둔 브러시를 선택하고 편집하는 경우에는 자동적으로 Edit가 활성화됩니다.

❷ Effect
- 브러시가 칠해진 영역에 적용할 각각의 보정값을 지정하는 곳입니다.
- Effect에서 조절할 수 있는 보정 도구는 Basic 패널과 동일하며 다음 5가지 사항을 추가적으로 조절할 수 있습니다.
  ① **Sharpness**: 브러시가 칠해진 영역의 선명도를 조절합니다.
  ② **Noise**: 브러시가 칠해진 영역의 노이즈 정도를 조절합니다.

③ **Moire**: 브러시가 칠해진 영역의 모아레의 발생 정도를 조절합니다. 모아레는 주로 로우패스필터가 제거된 카메라로 사진을 촬영하거나 특정한 촬영 조건에서 사진에 나타나는 물결 모양의 패턴을 의미합니다. 그 정도가 심하지 않을 때에는 그대로 두어도 무방하지만 경우에 따라서는 사진의 품질을 저하시키는 원인이 되므로 제거하는 것이 좋습니다.

④ **Defringe**: 브러시가 칠해진 영역의 색수차 정도를 조절합니다. 사진 전체 영역을 대상으로 한 색수차 조절은 이번 Chapter의 Lens Corrections 패널에서 자세히 다룹니다.

⑤ **Color**: 브러시가 칠해진 영역에 특정한 색상을 입힐 수 있습니다.

❸ **Brush**

- 브러시의 속성을 정하는 영역입니다.
- 브러시의 속성은 A와 B로 구분하여 각각 다르게 지정할 수 있습니다. 즉, 필요에 따라 서로 다른 속성을 가진 브러시를 A와 B로 따로 지정하고서 원하는 브러시를 상황에 맞게 골라서 사용할 수 있습니다.
- Erase는 기존에 칠해진 Adjustment Brush 영역을 지우기 위해 사용하는 것으로, A나 B 브러시처럼 특정한 속성을 지정할 수 있습니다.

① **Size**: 브러시의 크기를 지정합니다.

② **Feather**: 브러시 윤곽선의 진하기를 지정합니다. Feather값이 작을수록 윤곽선의 경계선이 또렷해지고 커질수록 윤곽선의 경계가 모호해집니다.

③ **Flow**: 브러시의 진하기를 설정합니다. Flow값이 작을수록 연하게, Flow값이 커질수록 진하게 칠해집니다.

④ **Auto Mask**: Auto Mask를 활성화하면 사진의 윤곽선을 인식하여 보다 쉽게 브러시를 칠할 수 있습니다.

⑤ **Density**: Effect에서 설정한 값을 어느 정도의 양으로 적용할지를 선택합니다. Density값이 100이라면 Effect에서 설정한 값이 100%의 강도로 적용됩니다.

⑥ **Range Mask**: 사진의 색상과 밝기 그리고 심도에 따라 원하는 영역만 골라 선택적으로 브러시를 칠할 수 있는 기능입니다.

❹ **Hue**

- 브러시가 칠해진 영역의 색조를 조절할 수 있습니다.
- 다른 보정도구와 마찬가지로 Adjustment Brush 뿐만 아니라, Radial Filter 및 Graduated Filter에서도 동일하게 사용할 수 있는 기능입니다.
- Use Fine Adjustment 옵션을 체크(✓)하면 보다 정밀한 조절이 가능합니다.

위에서 소개한 Hue 기능은 사용자가 브러시로 지정한 영역의 색조를 조절할 수 있는 기능으로서 이 책에서 본격적으로 색감별 보정방법을 설명하는 Chapter 04에서는 다루지 않습니다. 또한, 라이트룸 업데이트 여부에 따라 그림3-3-93과 같이 화면에 나타나지 않을 수 있습니다. 사진 전체 영역을 대상으로 색조를 조절하는 기능은 이번 Chapter의 HSL 패널 부분에서 자세히 소개합니다.

그렇다면 다시 그림3-3-91의 사진으로 돌아와 사진에서 하늘 부분만 보정하기 위해 브러시로 해당 영역을 선택하겠습니다. Adjustment Brush 아이콘을 클릭한 상태에서 선택하고자 하는 영역을 쓱쓱 칠해주면 됩니다. 일단 Auto Mask를 켜지 않은 상태에서 브러시 칠을 해보겠습니다.

그림 3-3-95. 하늘 부분에 브러시가 칠해진 모습입니다.

브러시가 칠해진 영역은 빨갛게 표시됩니다. 이는 빨간색으로 보정이 되어 색이 바뀐 것이 아니라, 단순히 브러시가 칠해진 영역을 표시하기 위함입니다. 이를 마스크라고 합니다. 하단 Show Selected Mask Overlay 단추의 체크(✓)를 해제하면 해당 영역의 빨간색 마스크를 숨긴 상태로 사진을 볼 수 있습니다.

Auto Mask 기능을 끈 채로 브러시 칠을 하다 보니 하늘과 산의 경계선에서 원치 않는 영역까지 브러시 칠이 넘어간 것을 확인할 수 있습니다. 이런 상황에서 대응할 수 있는 방법은 크게 2가지가 있는데, 첫 번째 방법은 Erase 브러시를 이용해서 산으로 넘어간 영역만 다시 지우는 것이고 다른 하나는 Auto Mask 기능을 켠 상태에서 처음부터 다시 브러시 칠을 하는 것입니다.

여기서는 앞서 칠해놓은 브러시 영역을 Delete 키를 이용하여 지우고, Auto Mask를 켠 상태에서 새롭게 브러시 칠을 해보겠습니다. 참고로 Auto Mask를 끈 상태에서 브러시 칠을 할 때, 키보드의 Ctrl키를 누른 채로 칠하면 Auto Mask 기능을 켠 상태와 마찬가지로 브러시 칠이 가능합니다. 반대로 Auto Mask 기능을 켠 채로 브러시 칠을 할 때, Ctrl키를 누르고 브러시를 칠하면 마치 Auto Mask를 끈 것처럼 브러시 칠을 할 수도 있습니다.

| 그림 3-3-96. 조금 전에 비해 보다 깔끔하게 브러시가 칠해진 것을 확인할 수 있습니다.

이 상태에서 실제 보정값을 적용해야 하므로 Show Selected Mask Overlay 단추의 체크(✓)를 잠시 해제하여 마스크를 보이지 않도록 하고서 하늘의 디테일을 살리기 위해 다음과 같이 Effect 값을 조절해 보겠습니다.

▼ Tone 보정

- Contrast: -9
- Highlights: -91
- Shadows: -20

▼ Presence 보정

- Texture: +5
- Clarity: +51

그러고 나서 Adjustment Brush 아이콘을 한 번 더 클릭하면 보정은 끝이 납니다. Adjustment Brush를 사용할 때에는 원하는 영역을 먼저 칠한 이후 보정값을 입력하여도 되지만, 보정값을 먼저 입력한 이후 원하는 영역을 칠해도 그 효과는 사진에 동일하게 반영됩니다.

그림 3-3-97. 하늘 부분만 선택하여 보정한 결과물입니다.

② Radial Filter (단축키 Shift+M)

Radial Filter는 방사형필터라고 합니다. 보정하고 싶은 영역에 원 모양의 브러시로 칠한 후, 그 안쪽이나 바깥쪽에 선택적으로 보정을 할 수 있는 도구입니다. 따라서 원의 형태를 지닌 Adjustment Brush라고도 볼 수 있으며, 실제로도 브러시의 형태만 다를 뿐 둘은 거의 같다고 보아도 무방합니다.

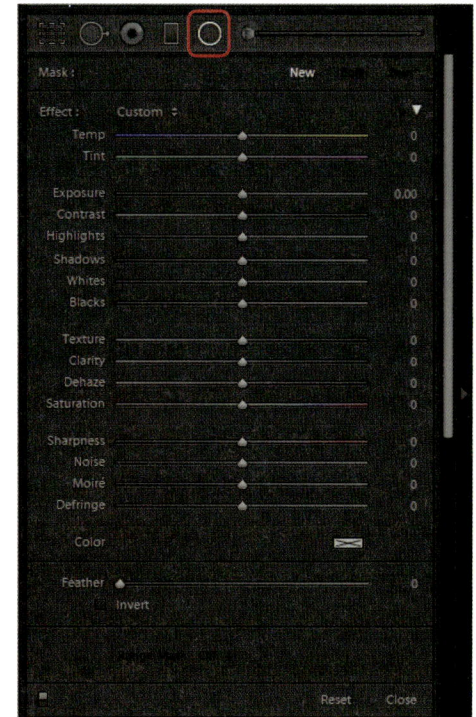

그림 3-3-98. 동그라미 아이콘이 Radial Filter입니다.

그림3-3-98과 같이 Radial Filter 아이콘을 클릭하면 Adjustment Brush와 거의 유사한 모습을 볼 수 있습니다. 오히려 Adjustment Brush에서 보았던 Size나 Flow 그리고 Density를 Radial Filter 에서는 별도로 설정하지 않아도 되기 때문에 보다 더 간단하게 보이는 면도 있습니다.

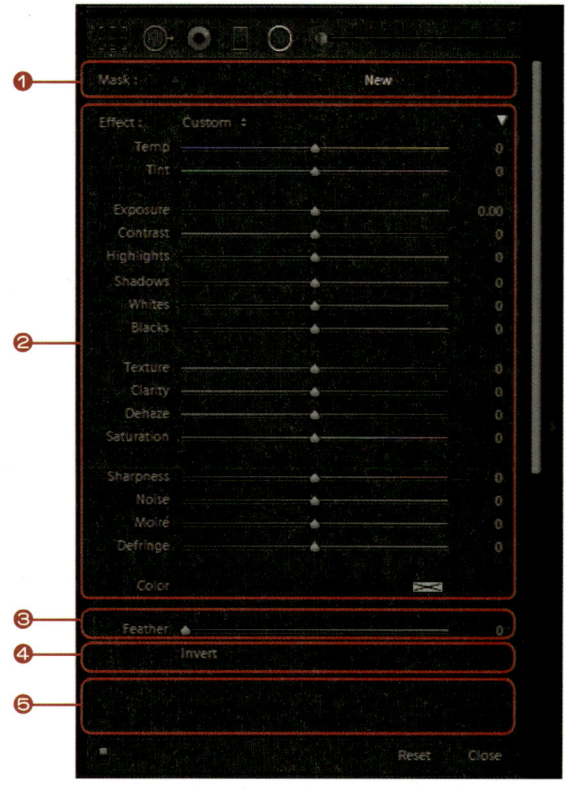

| 그림 3-3-99. Radial Filter 아이콘을 클릭한 모습입니다.

각각의 기능은 다음과 같습니다. Adjustment Brush와 마찬가지로 2020년 6월 발표된 업데이트를 적용하면, 그림3-3-99에 Hue 기능이 추가되는 것을 확인할 수 있습니다.

❶ Mask
- Radial Filter를 새로 그려넣으려면 New를 선택합니다.
- 기존에 그려둔 Radial Filter를 선택하고 편집하는 경우에는 자동적으로 Edit가 활성화됩니다.
- 기존에 그려둔 Radial Filter에 추가적으로 브러시를 칠할 때에는 Brush를 선택합니다.

❷ Effect
- Radial Filter가 입혀지는 영역에 적용할 각각의 보정값을 지정하는 곳이며, 각 항목은 Adjustment Brush와 동일합니다.

❸ Feather
- Radial Filter의 윤곽선의 진하기를 지정합니다. Feather값이 작을수록 윤곽선의 경계선이 또렷해지고 커질수록 윤곽선의 경계가 모호해집니다.

❹ Invert
- Radial Filter 윤곽선 안쪽에 효과를 넣을지 바깥쪽에 효과를 넣을지를 선택하는 옵션입니다.
- 체크(✓)할 경우에는 원의 안쪽에 보정 효과가 적용되며, 체크(✓)를 해제할 경우 원의 바깥쪽에 적용됩니다.

❺ Range Mask
- 사진의 색상과 밝기 그리고 심도에 따라 원하는 영역만 골라 선택적으로 Radial Filter를 입힐 수 있는 기능입니다.

그러면 이제부터 Radial Filter를 이용하여 그림3-3-100의 사진을 보정해 보겠습니다.

| 그림 3-3-100. Basic 패널에서의 기본적인 보정만 이루어진 사진입니다.

먼저 Radial Filter를 클릭하고 보정할 범위를 지정하겠습니다. 마우스를 사진에 올려둔 채로 원하는 영역을 드래그하여 선택하면 됩니다.

| 그림 3-3-101. Radial Filter로 보정할 범위를 지정한 화면입니다. Invert 버튼을 눌러서 선택 영역이 원 안으로 올 수 있도록 하였습니다.

Adjustment Brush와 마찬가지로 Show Selected Mask Overlay를 켜줌으로써 어느 부분에 필터가 씌워졌는지 확인할 수 있습니다. 또한, Radial Filter는 이처럼 완전한 형태의 원뿐만 아니라 타원형으로도 적용 가능하며 선택한 영역이 사진의 프레임을 벗어나도 괜찮습니다.

그림3-3-101과 같이 Radial Filter를 씌운 상태에서, 가운데에 있는 빵이라는 피사체를 보다 강조하기 위해 Texture와 Clarity를 올리고 이어서 Sharpness까지 조절해 보겠습니다. Sharpness를 올리게 되면 강조하고 싶은 피사체를 보다 선명하게 할 수 있고, Sharpness를 내리게 되면 반대로 다소 초점이 맞지 않은 듯한 느낌으로 만들 수 있습니다.

그림 3-3-102. Radial Filter를 이용해 보정한 결과물입니다.

단, 그림3-3-102에서는 Radial Filter를 굳이 적용하지 않아도 되는 피사체(빵)의 바깥 영역까지 Radial Filter가 영향을 미치고 있으므로, 이 부분을 다시 다듬을 필요가 있습니다. 이를 위해 Radial Filter를 선택한 상태에서 Mask 탭의 Brush를 클릭하겠습니다.

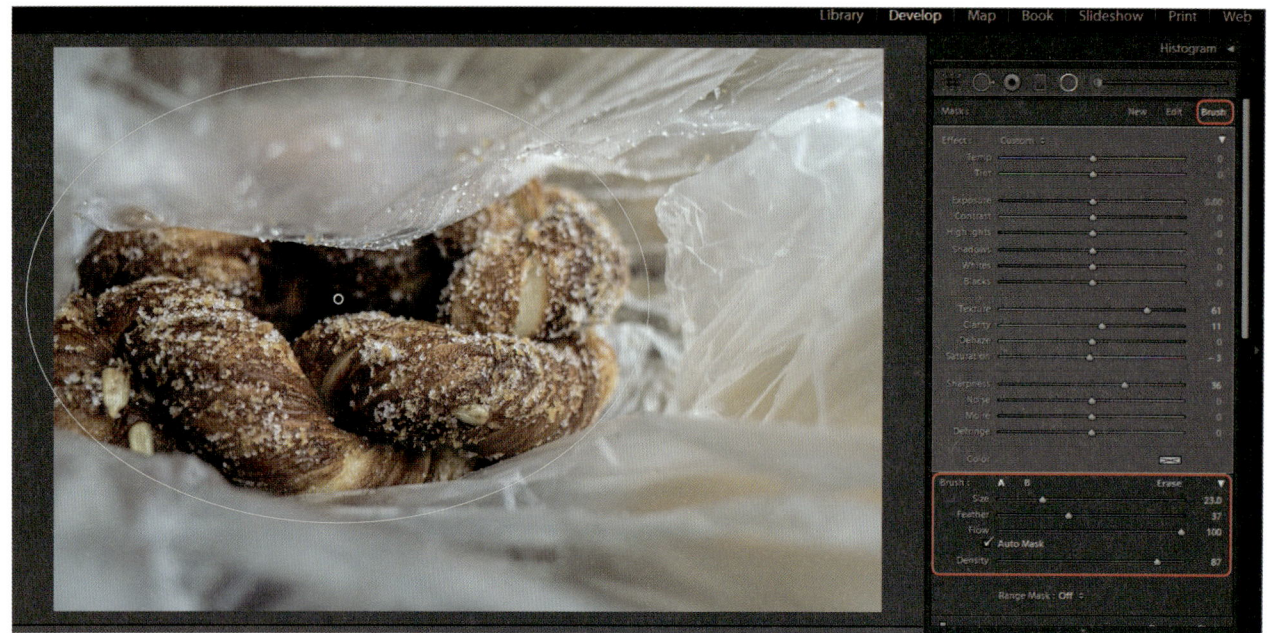

| 그림 3-3-103. Brush를 클릭하면, Adjustment Brush와 유사한 화면을 볼 수 있습니다.

현재는 Radial Filter를 이용한 작업을 하고 있지만 이렇게 Brush를 선택하게 되면 Radial Filter로 선택한 영역을 유지한 상태에서 필요한 부분에 다시 브러시를 이용하여 보정할 영역을 추가하거나 반대로 필요 없는 부분을 지울 수 있습니다. 여기에서는 주된 피사체(빵)의 바깥 영역에 걸쳐있는 Radial Filter를 지워야하므로 Brush에서 Erase를 선택하고 적절한 브러시 크기를 지정한 후 그림3-3-104와 같이 필요 없는 부분을 지워보도록 하겠습니다.

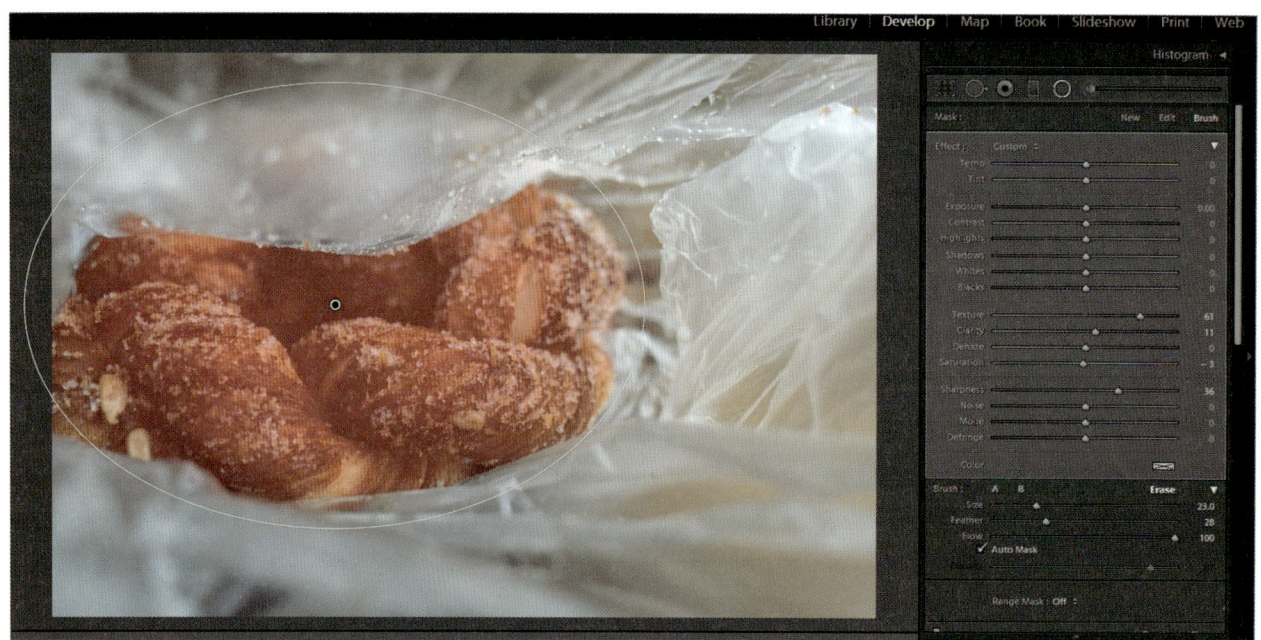

| 그림 3-3-104. Erase 브러시를 이용하여 불필요한 부분의 마스크를 지운 상태입니다.

이 상태에서 다시 한번 Radial Filter 아이콘을 클릭하면 그림3-3-105와 같이 완성된 모습을 확인할 수 있습니다.

| 그림 3-3-105. 원하는 영역으로 보정이 적용된 사진입니다.

Adjustment Brush나 Radial Filter 그리고 이어서 설명할 Graduated Filter는 한 장의 사진에서도 여러 번 반복하여 사용할 수 있습니다. 그렇기 때문에 그림3-3-105의 사진에 다시 한번 Radial Filter를 적용하는 것도 가능합니다. 이번에는 Radial Filter를 이용하여 비네팅 효과[15]를 만들어보겠습니다. 우선 비네팅 효과를 만들기 위해 다시 한번 Radial Filter를 클릭하고 그림 3-3-106과 같이 새로운 범위를 지정합니다.

| 그림 3-3-106. 앞서 만들었던 Radial Filter 외에 새로운 Radial Filter가 또 하나 생겼습니다.

15   사진의 중앙부에 비해 주변부를 어둡게 만듦으로써 보다 중앙부에 시선이 보다 집중되도록 하는 것을 비네팅(Vignetting) 효과라고 합니다.

비네팅 효과를 주기 위해 Exposure와 Clarity를 내리고 Sharpness를 조금 줄여보도록 하겠습니다. 이렇게 하면 주변부가 어두워지고 흐릿해지면서 사진을 바라보는 사람의 시선은 보다 중앙의 피사체로 집중될 수 있습니다.

그림 3-3-107. 새로운 선택 영역에 보정값을 반영한 결과물 입니다.

그림 3-3-108. Radial Filter를 적용하기 전의 모습입니다. | 그림 3-3-109. Radial Filter가 적용된 이후의 모습입니다.

이렇게 Radial Filter를 이용하면 원하는 영역에 원의 형태로 선택적인 보정이 가능합니다.

③ Graduated Filter (단축키 M)

Graduated Filter는 점진적필터라고 합니다. 원하는 영역만 선택적으로 보정할 수 있다는 측면에서는 Adjustment Brush나 Radial Filter와 유사합니다. 다만, Graduated Filter는 마치 커튼을 한 겹 치는 듯한 느낌으로 영역을 선택할 수 있기 때문에 주로 하늘이나 땅처럼 수직과 수평의 경계가 두드러지는 곳에서 특히 유용합니다. 그림3-3-110의 Graduated Filter 아이콘을 클릭하면 이제는 익숙한 화면이 나타나는 것을 알 수 있습니다.

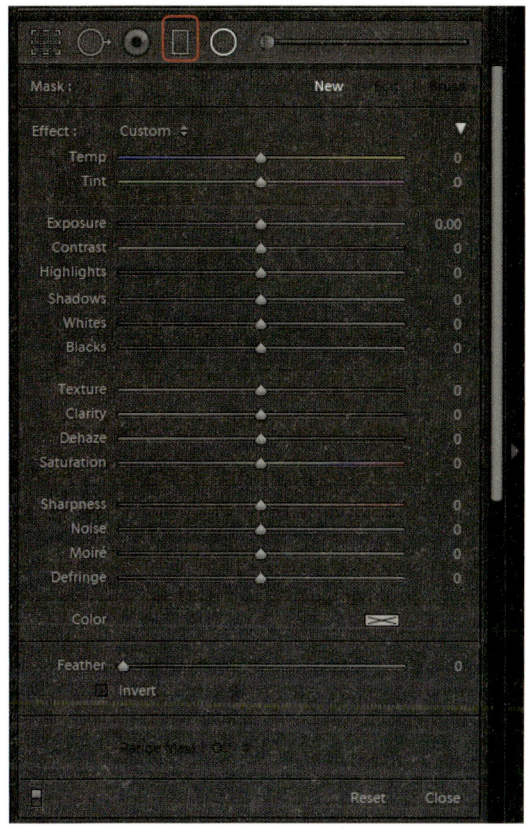

그림 3-3-110. 사각형 아이콘이 Graduated Filter입니다.

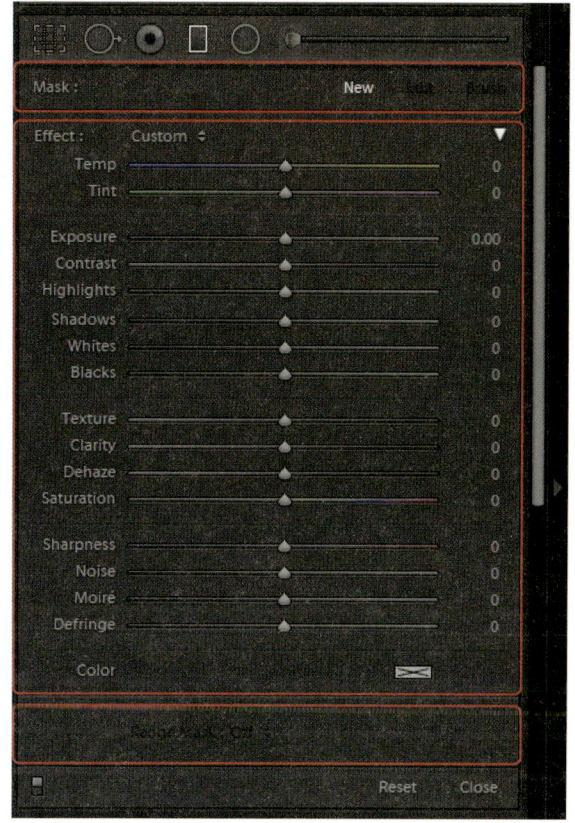

그림 3-3-111. Graduated Filter의 기본적인 사용법은 Radial Filter와 거의 유사합니다.

이제부터는 Graduated Filter를 이용하여 그림3-3-112의 사진을 보정해 보겠습니다.

그림 3-3-112. Basic 패널에서의 기본적인 보정만 이루어진 사진입니다.

먼저 Graduated Filter를 클릭하고 보정할 범위를 지정하겠습니다. 이 사진에서는 하늘과 호수라는 두 가지의 배경이 지평선을 기준으로 위아래로 나누어져 있기 때문에 Graduated Filter를 두 번 사용하는 방식으로 보정을 진행할 예정입니다. 우선 하늘 부분을 선택하기 위해 Graduated Filter 아이콘을 클릭하고, 하늘의 중앙 부분에서 시작하여 지평선 방향으로 쭈욱 드래그를 하면 그림3-3-113과 같이 보정할 영역을 선택할 수 있습니다. Shift를 누른 상태에서 드래그할 경우에는 수평수직을 유지하면서 Graduated Filter를 입힐 수 있습니다.

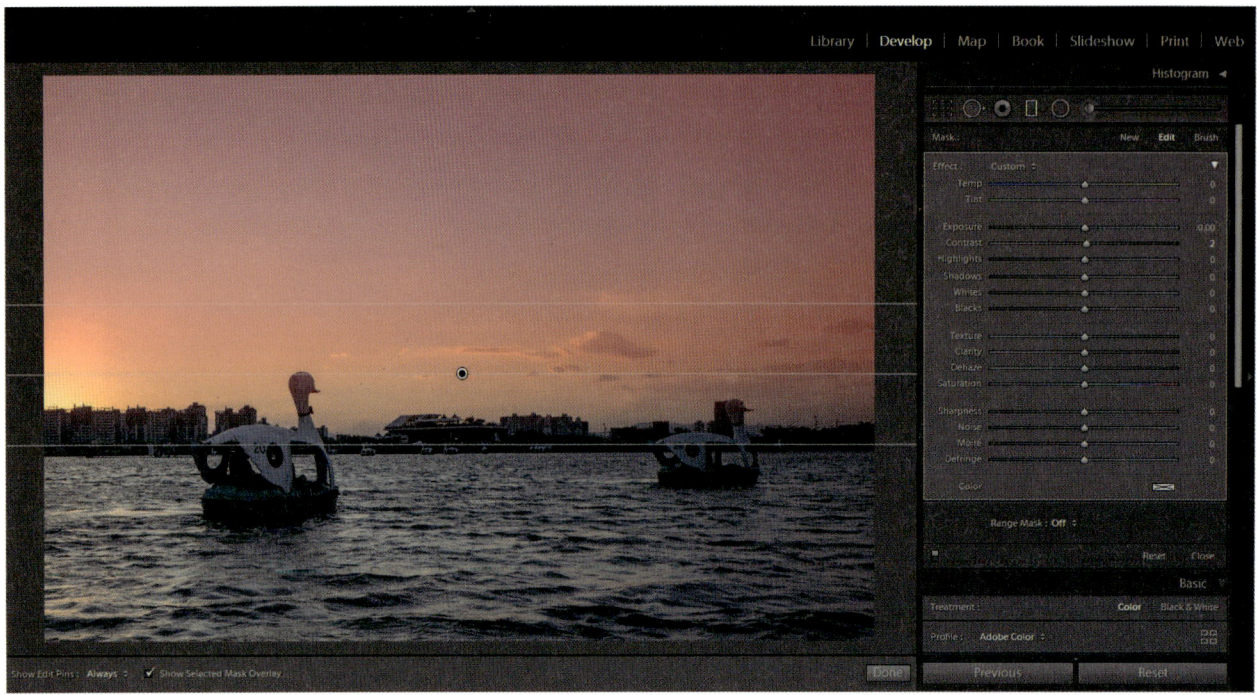

| 그림 3-3-113. Graduated Filter를 이용하여 하늘 부분을 선택하였습니다.

마우스 드래그를 시작한 지점을 기준으로 그 바깥 영역은 100%의 강도로 보정이 들어가기 때문에 마스크의 농도가 짙게 나타나며, 마우스 드래그가 끝난 지점을 기준으로 그 바깥 영역은 0%의 강도로 보정이 들어가므로 마우스 드래그가 끝난 지점 이후로는 마스크가 표시되지 않는다는 것을 확인할 수 있습니다. Graduated Filter를 효과적으로 사용하려면 이러한 특징에 대해 잘 이해하고 있어야 합니다.

이제 하늘 부분을 보정해 보겠습니다. 원본 사진에서의 하늘 부분이 다소 밋밋하게 보였기 때문에 보다 드라마틱한 느낌을 주기 위해 그림3-3-114와 같이 보정하기로 합니다.

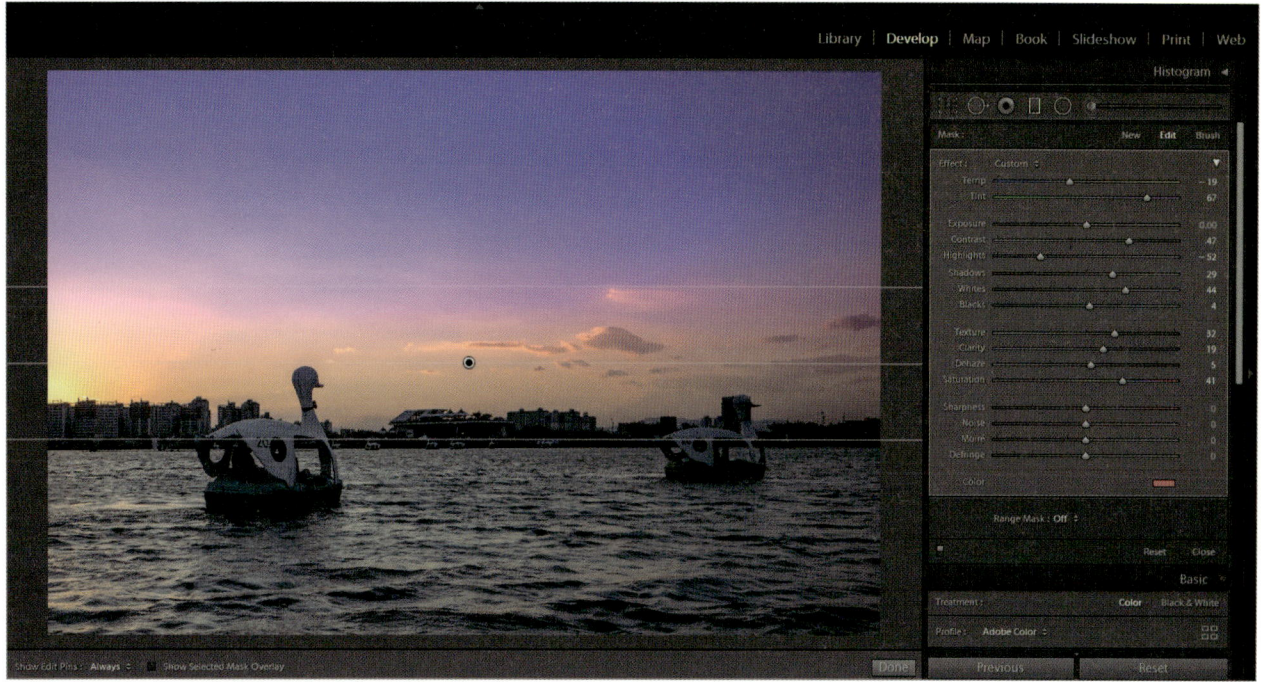

| 그림 3-3-114. 하늘 부분을 선택하고 보정한 모습입니다.

노을이 지는 시간대에 촬영한 사진이니만큼 노을을 연상하게 하는 느낌을 담기 위해 Tint 슬라이더를 보다 Magenta 방향으로 이동하였으며, 아련하게 보이는 구름의 대비를 강하게 하기 위해 Contrast를 가미했습니다. 특히 Effect 도구 중 하단에 있는 Color 탭에서 다홍색을 새롭게 입힘으로써 다채로운 느낌이 나게 하였습니다. 이 정도만으로도 원본에 비해 많이 달라진 것을 느낄 수 있지만 아직 호수 부분에 대한 보정이 남아있습니다.

| 그림 3-3-115. 새로운 Graduated Filter를 하나 더 만들어 호수 부분을 보정한 모습입니다.

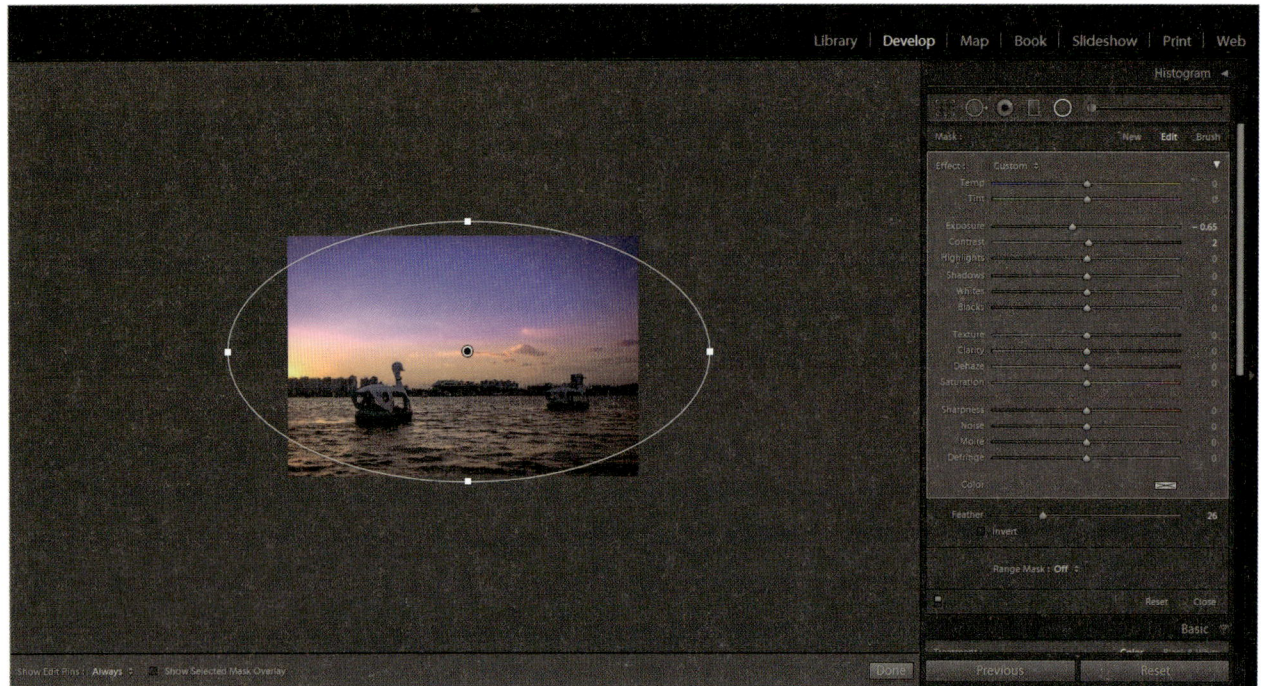

그림 3-3-116. 마지막으로, 중앙으로 시선이 집중되도록 Radial Filter를 이용하여 주변부의 Exposure를 살짝 내려주었습니다.

호수와 같은 수면은 보통 하늘의 빛깔을 그대로 반사하는 특성이 있기 때문에, 앞서 보정한 하늘의 색감을 십분 반영하여 보정값을 설정하였으며 이는 그림3-3-115에서 확인할 수 있습니다.

이렇게 하여 그림3-3-118과 같이 최종적인 결과물이 나왔습니다. 이는 라이트룸에서 활용 가능한 다른 보정 패널을 이용하지 않고 오로지 Basic 패널의 기능만을 이용한 것입니다. 다만, 그림3-3-118의 결과물은 Graduated Filter에 대한 설명을 위해 일부러 조금은 과하다 싶을 정도의 색을 첨가한 것이기 때문에 보는 사람에 따라 이러한 보정에 대한 선호도가 달라질 수 있다는 점은 참고하기 바랍니다.

그림 3-3-117. Basic 패널의 기본 보정만 이루어진 사진입니다.

그림 3-3-118. 필터를 이용한 보정이 모두 마무리된 사진입니다.

006 | 무궁무진한 가능성을 지닌 Tone Curve 패널

Basic 패널에 이어 이번에는 Tone Curve 패널에 대해 알아보겠습니다. 라이트룸 보정에서 가장 기본이 되는 Basic 패널은 크게 White Balance, Tone 그리고 Presence라는 3가지 요소로 구성되어 있다는 것을 기억하실 것입니다. 지금부터 이야기할 Tone Curve 패널은 Basic 패널의 3가지 요소 중에서도 특히 밝기와 관련한 Tone 보정을 더욱 심층적으로 할 수 있는 공간입니다. 아울러, Tone Curve 패널을 이용하면 사진의 분위기를 매우 다양하게 표현하는 것도 가능합니다.

Tone Curve 패널은 크게 4가지 요소로 구분할 수 있으며, 이는 다음과 같습니다.

① **Point Curve:** Tone Curve의 뼈대가 되는 Curve로서, Point Curve를 이용하면 Tone Curve의 기본적인 형태를 미리 만들 수 있기 때문에 매우 유용합니다. Point Curve 위에 점을 찍어 Curve의 모양을 잡을 수 있기 때문에 다른 말로는 '점 곡선'이라고도 합니다. 이와 관련해서는 Chapter 04의 Class 01과 Class 07에서 구체적으로 설명합니다.

② **Tone Curve:** Point Curve 위에 Region 영역 값이 반영된 최종적인 형태의 Curve를 의미합니다. 예전에는 Tone Curve를 Point Curve(점 곡선)와 구분하기 위해 '톤 곡선'이라는 용어로 지칭하였으나 2020년 6월 업데이트를 통해 '매개변수곡선'이라는 새로운 이름을 갖게 되었으며, 그에 따라 영문 명칭인 Tone Curve 또한 Parametric Curve로 변경되었습니다.

즉, 'Tone Curve 패널' 안에는 2개의 Curve가 존재한다고 볼 수 있습니다. 그중 하나는 Tone Curve의 모양을 잡아주는 'Point Curve(점 곡선)'이며, 다른 하나는 Point Curve의 모양 위에 Region 영역의 값들이 반영되어 만들어진 실질적인 'Tone Curve(톤 곡선)' 입니다. 2020년 6월 업데이트에서는 바로 이 'Tone Curve(톤 곡선)'의 이름이 'Parametric Curve(매개변수곡선)'로 변경되었으며 기능은 이전과 동일합니다.

③ **Region 영역:** 밝기와 관련한 보정값을 조절하는 공간입니다. Region 영역에서는 Basic 패널과 유사하게 Highlights, Lights, Darks, Shadows 등을 조절할 수 있습니다. Region 영역에서 입력된 값들이 ①에서 언급한 Point Curve에 반영되면 최종적인 Tone Curve(Parametric Curve)의 형태를 결정합니다. 단순화하자면, Point Curve + Region 영역의 값 = Tone Curve(Parametric Curve)라고 할 수 있습니다.

④ **Red, Green, Blue Curve:** Red, Green, Blue 각 색상 채널에 대한 독립적인 조절이 가능한 Curve입니다. 색상 채널과 관련한 내용은 Chapter 04의 Class 05에서 구체적으로 설명합니다.

그럼 Tone Curve 패널을 살펴보겠습니다.

그림3-3-119의 우측 하단 아이콘을 클릭하면 그림3-3-121과 같이 실제 Tone Curve와 Region 영역의 여러 보정 도구를 볼 수 있습니다. 2020년 6월 업데이트를 적용한 사용자는 그림3-3-120에서 상단에 있는 Adjust 항목들 중 가장 좌측의 아이콘을 클릭하면 그림3-3-122와 같이 실제 Tone Curve(Parametric Curve)와 Region 영역의 여러 보정 도구들을 볼 수 있습니다. Adjust 항목의 아이콘들은 Tone Curve(Parametric Curve) - Point Curve - Red 채널 - Green 채널 - Blue 채널의 순서로 구성되어 있습니다.

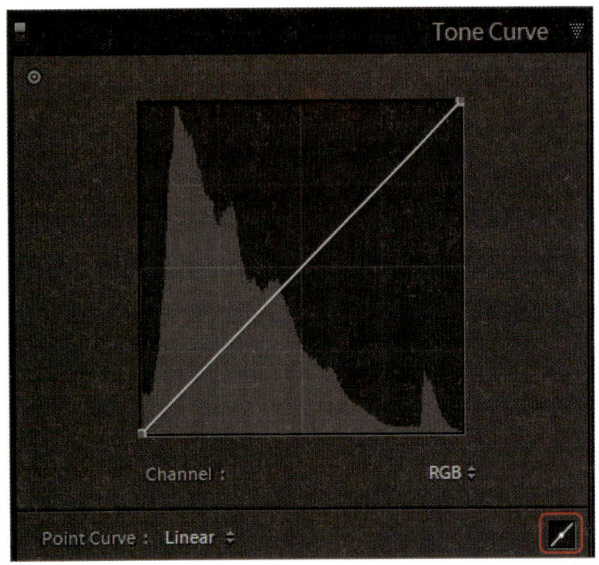

그림 3-3-119. Tone Curve 패널입니다. 이 화면은 Tone Curve 패널의 4가지 요소 중 Point Curve의 모습입니다.

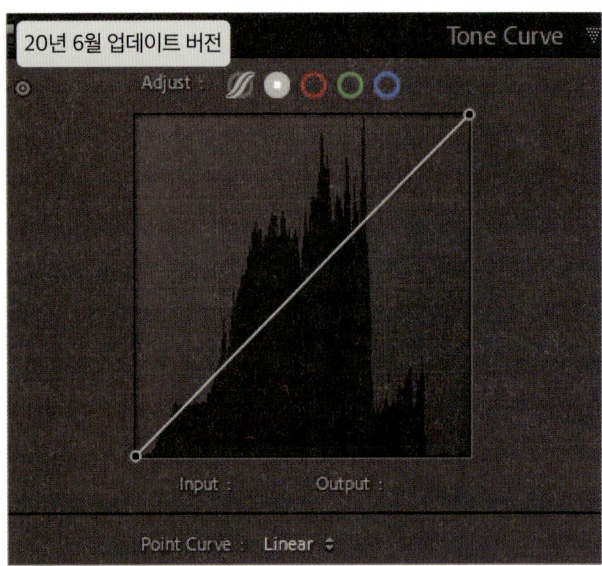

그림 3-3-120. 2020년 6월 업데이트를 적용한 사용자는 이와 같은 화면을 볼 수 있습니다.

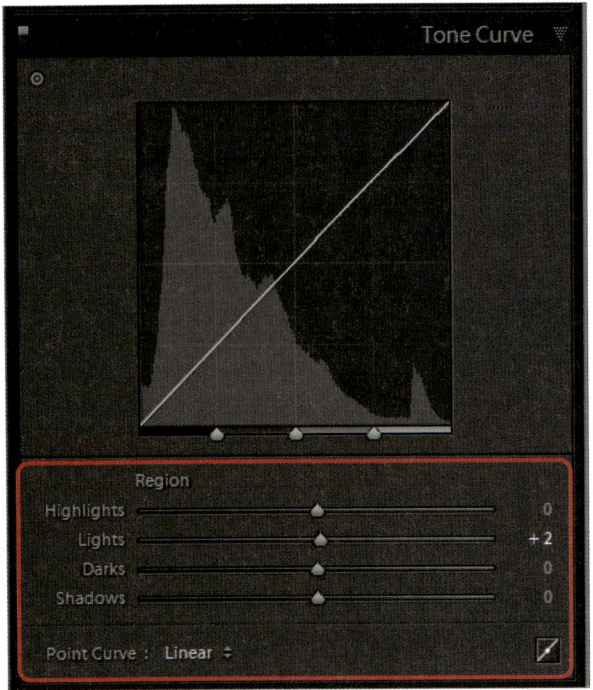

그림 3-3-121. 상단에 위치한 Tone Curve와 하단에 있는 Region 영역의 보정 도구를 확인할 수 있습니다.

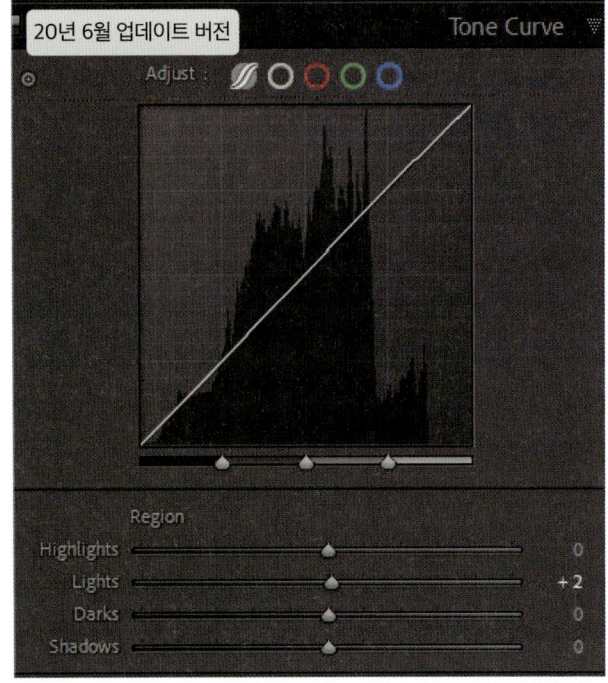

그림 3-3-122. 2020년 6월 업데이트를 적용한 사용자는 이와 같은 화면을 볼 수 있습니다.

그림3-3-119와 그림3-3-120, 그리고 그림3-3-121과 그림3-3-122는 인터페이스에서 약간의 차이가 있을 뿐, 동일한 기능을 갖습니다.

기본적으로 Basic 패널의 Tone 보정과 Tone Curve 패널은 사진의 밝고 어두움을 조절할 수 있다는 점에서는 맥락을 같이 합니다. 그러나 Basic 패널의 Tone 보정은 사진 전체를 대상으로 이루어지는 데 반해서, Tone Curve 패널에서는 사진의 밝기를 기준으로 하여 밝은 영역이나 중간 영역 혹은 어두운 영역 등 사용자가 원하는 영역에 선택적으로 Toning을 할 수 있다는 측면에서 보다 폭 넓게 보정을 할 수 있습니다.

또한, Tone Curve 패널은 Basic 패널에는 없는 Toggle Switch를 가지고 있습니다. 다시 말해서, Tone Curve 패널을 통해 어떤 보정 작업을 하는 와중에도 Toggle Switch를 이용한다면 그 보정 효과가 적용되지 않은 상태를 빠르게 확인할 수 있습니다. 그렇기 때문에 Basic 패널에서 기본적인 Tone 보정을 마친 이후 Tone Curve 패널을 통해 보완하는 방식으로 보정의 프로세스를 잡을 경우 Tone Curve 패널은 Basic 패널의 Tone 보정과 더불어 시너지를 낼 수 있습니다. 또한 Tone Curve 패널에서는 Red, Green, Blue의 각 색상 채널별로 사진에 색을 입히는 작업도 가능합니다.

Basic 패널을 포함하여 Calibration 패널까지, 라이트룸이 Develop 모듈에서 지원하는 9가지 보정 패널 중, 가장 심오하면서도 강력한 기능을 갖춘 것이 Tone Curve 패널이라고 감히 말할 수 있을 만큼 Tone Curve 패널을 어떻게 활용하는지에 따라 사진은 다양하게 변화할 수 있습니다. Tone Curve 패널의 세부적인 기능과 활용 방법은 Chapter 04의 각 보정 클래스에서 개별적으로 설명합니다.

007 | 각각의 색상을 분리하여 다룰 수 있는 HSL 패널

HSL은 Hue(색조), Saturation(채도), 그리고 Luminance(광도)를 의미합니다. HSL 패널을 통해서 사진에 포함된 여러 색상들의 색조와 채도, 그리고 광도를 원하는 대로 조절할 수 있습니다. 참고로 HSL 패널에서 조절하는 각각의 색상들은 Basic 패널에서 설정된 Vibrance와 Saturation값에 따라 최종적으로 사진에 투영되므로 보정에 앞서 유의해야 합니다.

| 그림 3-3-123. Hue를 조절하는 탭입니다.

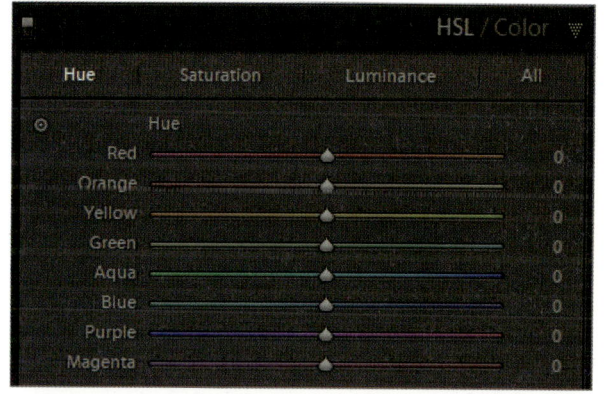

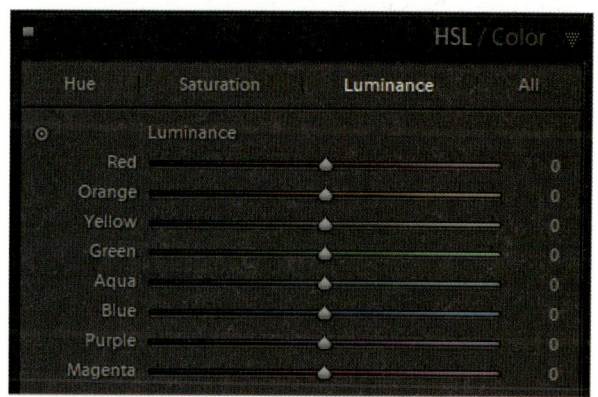

| 그림 3-3-124. Saturation을 조절하는 탭입니다. | 그림 3-3-125. Luminance를 조절하는 탭입니다.

이제 그림3-3-126의 사진을 보겠습니다.

| 그림 3-3-126. Basic 패널에서의 기본적인 보정만 이루어진 사진입니다.

이 사진에서도 특히 운동장에 보이는 녹색의 잔디를 조금 더 가을 느낌이 나도록 조절해 보겠습니다. 사진 속에 나타난 색상 그 자체를 변화시켜야 하므로 색조와 채도 그리고 광도 중에서 가장 먼저 색조를 조절하는 것이 좋겠습니다. 그림3-3-127은 색조를 바꾸기 위해 Hue 탭에서 Green 슬라이더를 보다 좌측으로 이동한 것입니다.

| 그림 3-3-127. Green의 색조를 바꾸어 줌으로써 운동장의 잔디 색상에 변화가 생긴 것을 알 수 있습니다.

이번에는 그림3-3-128과 같이 Saturation 탭에서 Green의 채도를 조금만 낮추어 보도록 하겠습니다.

그림 3-3-128. Green의 채도를 약간 더 낮춤으로써 잔디 색상이 조금 더 연해진 것을 알 수 있습니다.

마지막으로 그림3-3-129와 같이 Luminance 탭에서 Green의 광도를 조금만 올려보도록 하겠습니다.

그림 3-3-129. Green의 광도를 약간 더 올림으로써 잔디 부분을 조금 더 밝게 해보았습니다.

| 그림 3-3-130. HSL 패널 보정 전의 모습입니다.

| 그림 3-3-131. HSL 패널 보정 후의 모습입니다.

HSL 패널 보정을 하기 전과 비교하면 사진의 분위기가 사뭇 달라진 것을 알 수 있습니다. 원래 이 사진에서 가장 눈에 들어왔던 색상은 Green이었습니다. Green이 사진에서 차지하는 공간이 가장 넓기도 했지만, 그에 못지 않게 채도 또한 높았기 때문입니다.

학계에서 사용하는 전문용어는 아니지만 필자는 이처럼 사진의 전체적인 분위기에 크게 영향을 미치는 색상을 일컬어 "사진을 지배하는 색상"이라고 부릅니다. 그리고 "사진을 지배하는 색상"을 컨트롤할 수 있다면, 사진의 색감을 다루는 것도 아주 어려운 일은 아닙니다. 그런 면에서 볼 때, HSL 패널은 특정한 색상을 변화시킨다는 측면에서도 유용하지만 보다 거시적인 관점에서 사진을 지배하는 색상을 조절하는 데에 있어서도 탁월한 도구 중 하나라고 할 수 있습니다.

008 | 손쉽게 사진의 분위기를 바꿀 수 있는 Split Toning 패널과 Color Grading 패널

Split Toning 패널은 사진의 밝은 영역(Highlights)과 어두운 영역(Shadows)에 각각의 색을 입힐 수 있는 도구입니다. 라이트룸에서는 Tone이라는 용어를 주로 "사진의 밝기"와 관련하여 사용하고 있지만, Split Toning에서의 Toning은 "색을 입힌다"라는 의미에 가깝습니다. Split Toning 패널의 기능은 포토샵에서의 Gradient Map과도 유사하지만 라이트룸에서는 포토샵에 비해 직관적이고 손쉽게 사용할 수 있습니다.

한편, 'Color Grading 패널'은 2020년 10월 업데이트를 통해 새롭게 등장한 기능으로 기존의 'Split Toning 패널'을 대체합니다. Color Grading 패널은 Split Toning 패널과 유사하지만 몇 가지 새로운 기능을 포함하고 있습니다.

이 책에서는 라이트룸의 최신 업데이트를 적용한 사용자와 그렇지 않은 사용자 모두에게 동일한 깊이의 정보를 전달하고자 합니다. 하여 Split Toning 패널을 기본으로 설명하되, 동일한 효과를 나타내는 Color Grading 패널의 설정들도 함께 다룹니다. 일단 Split Toning 패널에 대해 이해하면 Color Grading 패널의 탄생 배경과 어떤 부분에서 개선이 이루어졌는지를 쉽게 이해할 수 있을 것입니다.

(1) Split Toning 패널

먼저 그림3-3-132를 함께 보겠습니다.

그림 3-3-132. Basic 패널에서의 기본적인 보정만 이루어진 사진입니다.

Split Toning을 적용하기 위해 Split Toning 패널을 클릭해 보겠습니다. Split Toning 패널에서는 Highlights에 적용할 색상과 Shadows에 적용할 색상을 각각 선택할 수 있고 Saturation으로 각각의 색상에 대한 채도를 지정할 수 있습니다.

석양이 지는 하늘 부분이 다소 밋밋해 보이기 때문에 Highlights에 주황색 계열의 색을 적용해 보겠습니다. 어떤 색상이 어울리는지 고민이 될 때에는 키보드에서 Alt 키를 누른 상태에서 Hue 슬라이더를 움직이면 해당 색상이 사진에 반영되는 모습을 실시간으로 확인할 수 있습니다.

그림 3-3-133. Highlights에 주황색 계열의 색을 넣은 결과물입니다.

이어서 Shadows 부분에는 보라색 계열의 색을 넣어 보겠습니다.

그림 3-3-134. Shadows에 보라색 계열의 색을 넣은 결과물입니다.

Saturation 값을 정할 때에는 처음부터 과한 수준으로 값을 정하기보다는 조금씩 변화를 주면서 원본 사진에서 어떻게 변화되는지를 확인하면 좋습니다. Highlights와 Shadows에 각각의 색상을 입힌 후에는 중앙에 보이는 Balance를 이용하여 Highlights 색상의 비중을 크게 할지 Shadows 색상의 비중을 크게 할지를 조절할 수 있습니다. Balance 값이 +100에 근접할수록 Highlights 색상의 비중이 커지며 -100에 근접할수록 Shadows 색상의 비중이 커집니다. Split Toning을 완료한 이후에는 다시 원본과의 비교를 통해 원하는 느낌이 충분히 사진에 반영되었는지를 확인하면 됩니다.

그림 3-3-135. Split Toning 보정하기 전의 모습입니다.

그림 3-3-136. Split Toning 보정한 후의 모습입니다.

Split Toning 패널을 이용하면 이처럼 손쉽게 사진에 원하는 색감을 넣을 수 있습니다.

(2) Color Grading 패널

Color Grading 패널은 기존의 Split Toning 패널을 대체하는 기능으로, 그림3-3-138과 같이 조금 다른 인터페이스를 가지고 있습니다.

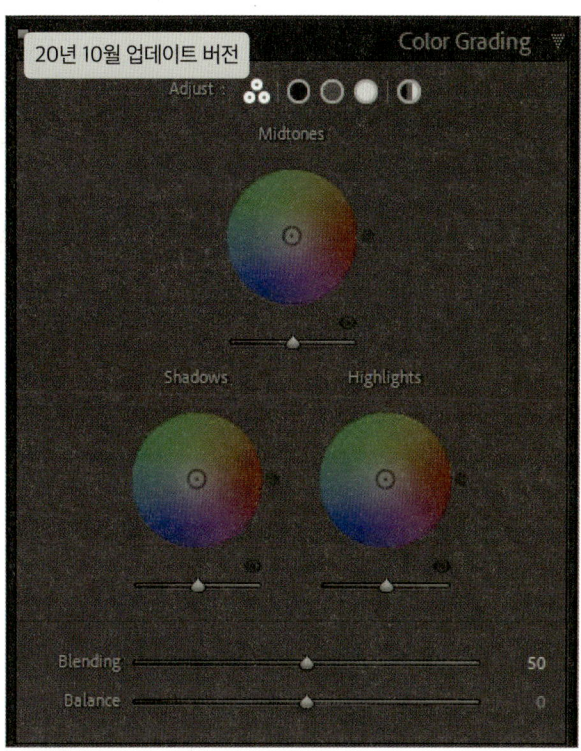

그림 3-3-137. 기존 Split Toning 패널의 모습입니다.

그림 3-3-138. 2020년 10월 업데이트 버전의 Color Grading 패널입니다.

Color Grading 패널에서 조절할 수 있는 보정 도구는 다음과 같습니다.

① **Highlights**: 사진의 밝은 영역에 원하는 색상을 입히고 밝기를 조절할 수 있습니다. 기존 Split Toning 패널의 Highlights 와 동일하지만, 사진의 밝은 영역에 해당하는 밝기까지 조절할 수 있는 기능이 새롭게 추가되었습니다. (그림3-3-139 참고)

② **Midtones**: 중간 정도 밝기에 해당하는 영역에 원하는 색상을 입히고 밝기를 조절할 수 있습니다. 기존 Split Toning 패널에서는 볼 수 없었던 새로운 기능입니다. (그림3-3-140 참고)

③ **Shadows**: 사진의 어두운 영역에 원하는 색상을 입히고 밝기를 조절할 수 있습니다. 기존 Split Toning 패널에서의 Shadows와 동일하지만, 사진의 어두운 영역에 해당하는 밝기까지 조절할 수 있다는 점은 새롭게 추가된 기능입니다. (그림 3-3-141 참고)

④ **Global**: 사진의 전체 영역에 원하는 색상을 입히고 밝기를 조절할 수 있습니다. 이미 Highlights나 Midtones 혹은 Shadows에 특정한 색상이 지정되어 있더라도 Global을 이용하여 다시 이들과 색상을 혼합할 수 있습니다. Global 또한 기존 Split Toning 패널에서는 지원하지 않았던 기능입니다. (그림3-3-142 참고)

■ Blending

- Highlights와 Shadows로 지정한 색상 간에 혼합되는 농도를 조절하는 도구입니다.
- Blending은 Highlights와 Shadows 간에 혼합되는 농도를 의미하므로, 바꾸어 말하면 그 둘의 중간에 위치한 Midtones의 상대적인 비율을 의미한다고도 볼 수 있습니다.
- Blending은 0에서 100까지 조절이 가능하며 Blending을 100으로 설정할 경우, Highlights와 Shadows는 가장 강한 비율로 섞이게 됩니다. 이 경우, 중간에 놓인 Midtones로 지정된 색상이 사진에 미치는 영향은 상대적으로 감소하게 되므로 Blending 값이 100이라면 Color Grading 패널의 효과는 Midtones에 해당하는 색상 자체를 지정할 수 없었던 Split Toning 패널에서와 같아집니다.
- 단, 이렇게 Blending 값을 100으로 설정한 상태에서 두 패널 간에 완전히 동일한 결과를 얻기 위해서는 Color Grading 패널의 Midtones에 해당하는 색상이 별도로 지정되지 않아야 합니다. 왜냐하면 Split Toning 패널에서는 Midtones를 지원하지 않았기 때문입니다.

■ Balance

- Highlights, Midtones, Shadows 간의 비중을 조절하는 도구입니다.
- Color Grading 패널의 Balance 슬라이더는 Split Toning 패널에서의 그것과 동일한 역할을 합니다. Balance값이 +100에 근접할수록 Highlights로 지정한 색상이 사진에 영향을 미치는 비중이 커지고, -100에 근접할수록 Shadows로 지정한 색상이 사진에 영향을 미치는 비중이 커집니다.

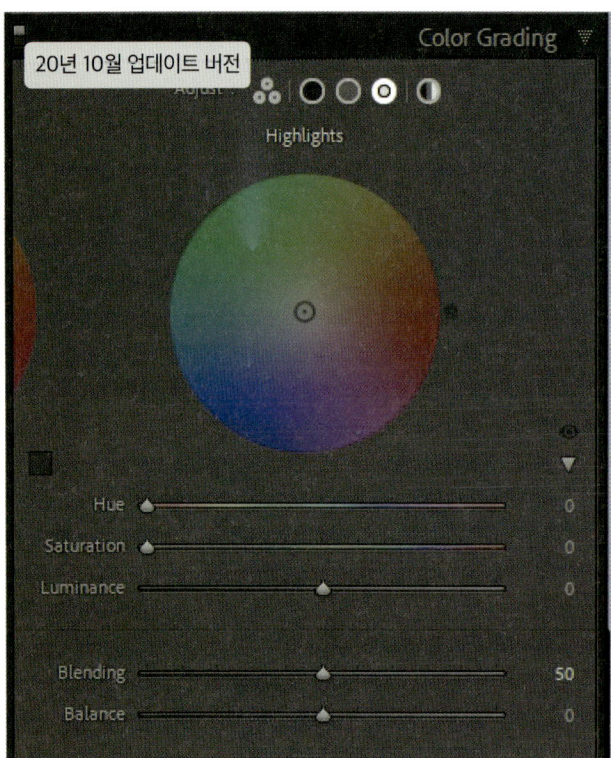

그림 3-3-139. Highlights를 조절하는 공간입니다. 상단의 Adjust에서 Highlights, Midtones, Shadows, Global 아이콘을 클릭하면 이처럼 크게 볼 수 있습니다.

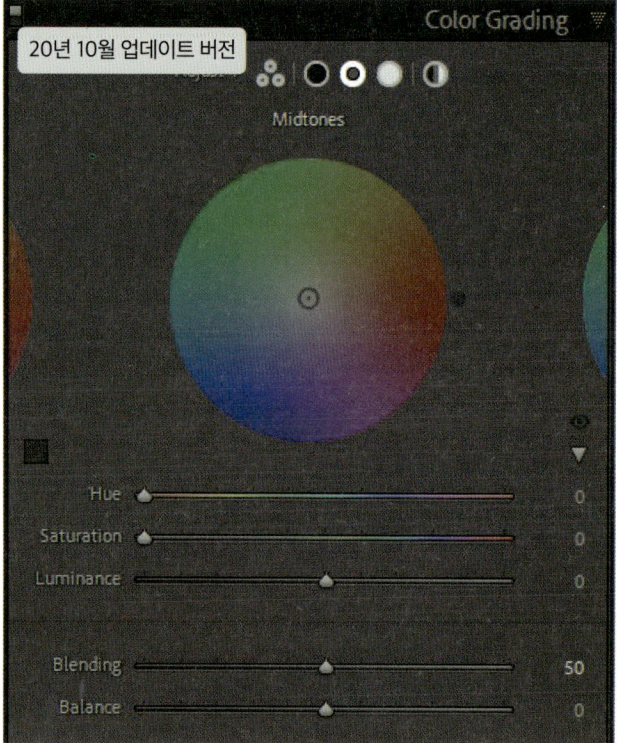

그림 3-3-140. Midtones를 조절하는 공간입니다.

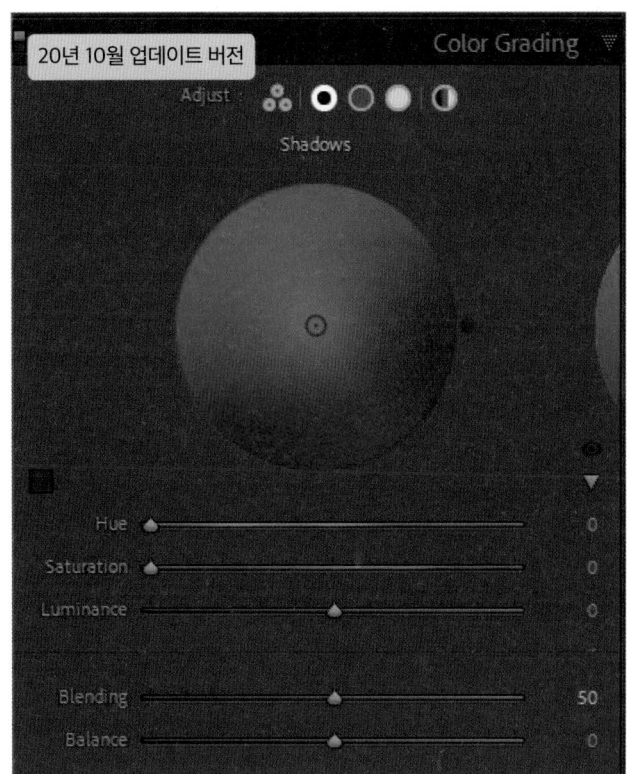

그림 3-3-141. Shadows를 조절하는 공간입니다.

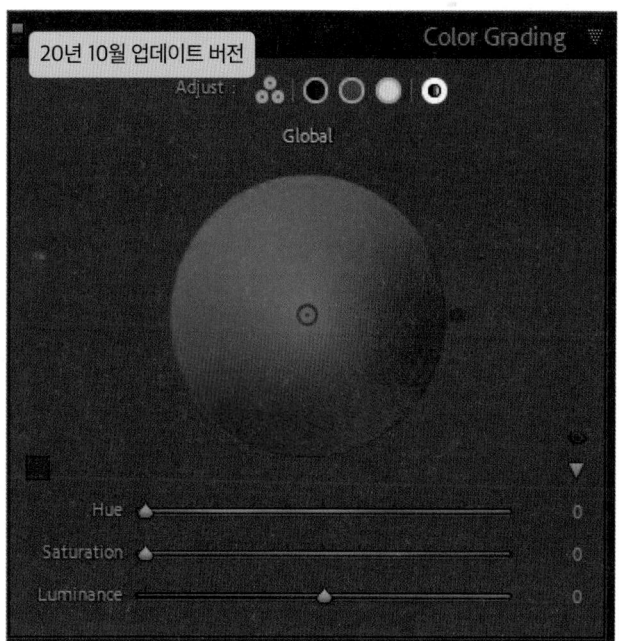

그림 3-3-142. Global을 조절하는 공간입니다.

이렇게 해서 Color Grading 패널의 기본적인 기능을 살펴보았습니다. 기존 Split Toning 패널의 기능과 비교해 본다면, Color Grading 패널은 Highlights와 Shadows 뿐만 아니라 중간 정도의 밝기에 해당하는 영역(Midtones)에 손쉽게 Toning 하길 원하는 기존 사용자들의 니즈를 반영한 것으로 이해할 수 있습니다. 또한, 각 영역에 대한 밝기 조절까지 하나의 패널 안에서 가능하게 함으로써 사진 전체 영역에 걸쳐 원하는 색감을 다양하게 구현할 수 있게 되었습니다.

참고로, 라이트룸 한글판에서 Split Toning 패널은 '명암별 색보정', Color Grading 패널은 '색상 등급'으로 번역되어 있습니다. 해외에서는 Color Grading이라는 단어가 때로는 넓은 의미의 '색감 보정'을 통칭하는 큰 범주의 용어로 사용되는 점을 감안한다면, '색상 등급'이라는 번역이 Color Grading 패널의 다재다능한 활용성을 담지 못하는 것처럼 느껴지는 부분도 있습니다. 그럼에도 불구하고, 이렇게 새로운 기능이 반영된 것은 사용자 입장에서 충분히 반가운 부분입니다.

009 | 사진의 표면을 다듬는 기술, Detail 패널

라이트룸에는 단순히 사진의 색상뿐만 아니라 사진의 표면 처리를 도와주는 도구도 있습니다. 그중 대표적인 것이 바로 Detail 패널입니다. Detail 패널에는 사진을 선명하게 하는 Sharpening과 사진의 Luminance Noise(광도 노이즈)나 Color Noise(컬러 노이즈)를 제거하는 Noise Reduction이 있습니다.

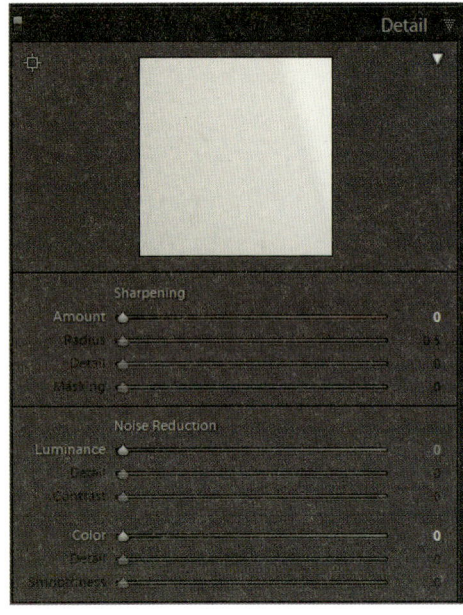

그림 3-3-143. Sharpening과 Noise Reduction은 서로 독립적으로 작동하는 도구이므로, 동시에 적용하는 것이 가능합니다.

(1) Sharpening

Sharpening은 사진을 선명하게 하는 도구입니다. Sharpening을 적절하게 사용하면 분명 사진을 또렷하게 만들 수 있지만 그 정도가 지나치면 사진에 불필요한 노이즈가 나타날 수 있다는 점을 유의할 필요가 있습니다. Sharpening의 옵션들은 다음과 같습니다.

① **Amount**: Sharpening의 양을 조절합니다. Amount값이 클수록 사진은 보다 더 선명해집니다. Amount는 0부터 150까지 조절 가능합니다.

② **Radius**: Sharpening을 통해 선명하게 표현되는 경계선의 두께를 조절합니다. Radius값이 작다면 보다 얇은 경계선의 형태를 볼 수 있는 반면, Radius값이 크다면 보다 두꺼운 경계선의 형태를 볼 수 있습니다. Radius값은 0.5픽셀에서 3.0픽셀까지 조절 가능합니다.

③ **Detail**: Sharpening을 통해 표현되는 세부적인 묘사 정도를 조절합니다. Detail값이 작을 경우 잔잔한 형태로 표현되지만 Detail값이 커질수록 입자에 가까운 형태를 확인할 수 있습니다. Detail값은 0에서 100까지 조절가능하며, Detail값을 지나치게 올릴 경우 노이즈가 나타나는 것 같은 느낌을 줄 수 있기 때문에 주의가 필요합니다.

④ **Masking**: Sharpening이 적용되는 영역을 조절합니다. Masking값이 작을수록 Sharpening이 적용되는 범위는 넓어지며, Masking값이 커질수록 Sharpening이 적용되는 범위는 좁아집니다. Masking값 역시 0에서 100까지 조절 가능합니다.

그림3-3-144를 보겠습니다.

| 그림 3-3-144. Sharpening 효과가 적용되지 않은 사진입니다.

| 그림 3-3-145. Sharpening이 적용된 사진입니다.

그림3-3-135에서 볼 수 있는 것처럼, Sharpening이 적용되면 사진이 보다 또렷해지고 초점이 선명해지는 듯한 느낌을 받게 됩니다. Sharpening에서 각 옵션에 대한 적정한 값을 정할 때에는 키보드의 Alt 키를 누른 상태에서 조절하고자 하는 슬라이더를 움직이면 실제 사진 속에서 어느 정도로 Sharpening이 들어가는지 확인할 수 있으며, 이러한 방법은 후술하게 될 Noise Reduction에서도 동일하게 사용할 수 있습니다. 사진에 따라 적절한 Sharpening의 정도가 달라질 수 있기 때문에 특정한 양을 미리 정해놓고 일괄적으로 적용하기보다는 사진에 어울리는 값을 찾아 적용하는 것이 좋습니다.

(2) Noise Reduction

Noise Reduction은 사진에 나타나는 노이즈를 제거하는 도구입니다. 노이즈는 그 원인과 발생하는 패턴에 따라 여러 종류가 있지만 라이트룸에서는 그중에서도 대표적인 노이즈라 할 수 있는 Luminance Noise와 Color Noise를 제거하는 기능을 제공합니다.

이러한 노이즈들은 촬영 현장의 빛이 부족한 상태에서 억지로 노출을 올려 촬영하는 경우나, 처음부터 어둡게 촬영된 사진을 후보정을 통해 밝게 만드는 경우에 주로 나타납니다. 아울러, 카메라의 기종에 따라 발생하는 빈도와 양에서도 차이를 보입니다.

Luminance Noise는 보통 자글자글한 입자의 형태로 나타납니다. Luminance Noise가 심한 사진은 자글자글한 입자들이 사진 전반에 걸쳐 나타나기 때문에 보는 사람에게 거친 느낌을 전해주며 사진이 깔끔해 보이지 않는 인상을 줍니다.

Color Noise는 Red, Green, Blue의 색상을 가진 픽셀의 형태로 나타납니다. Luminance Noise가 거칠고 깔끔해 보이지 않는 느낌을 준다면, Color Noise는 사진 자체의 품질이 상당히 떨어진 듯한 느낌을 줍니다.

경우에 따라서는, 의도적으로 사진에 노이즈를 넣는 경우도 있기 때문에 무엇이 좋다거나 좋지 않다고 이분법적으로 규정할 수는 없습니다. 하지만 이 두 가지 노이즈 중에서 사진의 품질에 더욱 악영향을 미치는 것을 고르자면 Color Noise라고 할 수 있습니다. 일반적으로 Luminance Noise가 심한 사진은 어느 정도 수긍하고 바라보는 경향이 있지만, Color Noise가 심한 사진에 대해서는 수긍을 하기에 앞서 사진 자체의 품질이 떨어진다고 생각하기 때문입니다.

| 그림 3-3-146. Luminance Noise와 Color Noise를 모두 가지고 있는 사진입니다.

| 그림 3-3-147. Color Noise를 제거하고 Luminance Noise만 남겨둔 사진입니다.

그림 3-3-148. Luminance Noise를 제거하고 Color Noise만 남겨둔 사진입니다.

Noise Reduction에서 사용할 수 있는 각각의 옵션은 다음과 같습니다.

■ Luminance Noise Reduction

① **Luminance**: 제거할 노이즈의 양을 조절합니다. 0에서부터 100까지 조절 가능하며, Luminance값이 100일 경우 Luminance Noise를 최대한으로 억제할 수 있지만 사진의 디테일이 뭉개지는 듯한 느낌을 받을 수 있습니다.
② **Detail**: 노이즈 감소를 통해 상실될 수 있는 사진의 디테일을 살리는 옵션입니다. 0에서 100까지 조절 가능합니다.
③ **Contrast**: 노이즈 감소를 통해 상실될 수 있는 사진의 대비를 살리는 옵션입니다. 역시 0에서 100까지 조절 가능합니다.

■ Color Noise Reduction

① **Color**: 제거할 노이즈의 양을 조절합니다. 0에서부터 100까지 조절 가능하며, Color값이 100일 경우 Color Noise를 최대한으로 억제할 수 있지만 사진에 따라서는 Color값이 100에 근접해갈수록 채도가 낮아지는 듯한 느낌을 받을 수 있습니다.
② **Detail**: 노이즈 감소를 통해 상실될 수 있는 사진의 디테일을 살리는 옵션입니다. 0에서 100까지 조절 가능합니다.
③ **Smoothness**: 노이즈를 감소하였을 때 특정한 색이 사진에서 이탈됨으로 인해 사진에 나타날 수 있는 반점 무늬의 양을 조절하는 옵션입니다. Smoothness는 100에 근접할수록 반점 무늬가 나타나지 않습니다. 라이트룸 한글판에서는 Smoothness를 매끄러움을 조절하는 옵션으로 번역하고 있습니다.

010 | 렌즈의 한계를 극복하는 Lens Corrections 패널

우리가 사용하는 카메라의 렌즈들은 그 정도의 차이가 있을 뿐, 저마다의 광학적 한계를 가지고 있는 경우가 많습니다. 그러한 한계가 발생하는 원인은 간단히 말해서 렌즈 설계에 있어 Trade-Off 관계가 따르기 때문이라고 생각할 수 있습니다.

보통 제조사에서 새로운 렌즈를 설계할 때에 어떤 기술적인 스펙을 충족하고자 한다면, 반대급부로 다른 하나 혹은 그 이상의 스펙을 충족하는 데에는 어려움을 느끼는 경우가 있습니다. 사실상 완벽하다고 할 수 있는 무결점 렌즈를 만들어낸다 하더라도 그 렌즈의 가격이 지나치게 비싸다면 오히려 상품성이 떨어질 수 있습니다. 그렇기 때문에 결국 일반 소비자를 타깃으로 만들어지고 판매되는 렌즈는 어떻게든 조금씩의 기술적 한계를 갖게 됩니다. 렌즈를 가공하는 기술 수준이 미치지 못하는 것도 하나의 이유로 생각할 수는 있겠지만, 오히려 그러한 기술적 측면보다는 충분한 시장성과 상품성을 동시에 갖춘 공산품을 만들어야 하는 까닭이 크다고 볼 수 있습니다.

예를 들어 보겠습니다. 어떤 렌즈는 35mm의 초점거리를 갖고 있으면서 최소피사체거리[16]도 짧아서 피사체에 가까이 다가가서 촬영하기에는 편하지만, 반대로 최대개방 조리개에서의 선예도[17]가 떨어지거나 핀쿠션 디스토션(Pincusion Distortion)[18]이 발생하는 단점이 있을 수 있습니다.

또한, 어떤 렌즈는 55mm의 초점거리를 갖고 있지만 최소피사체거리가 너무 길어서 간단한 음식 사진을 한 장 찍더라도 피사체와 상당한 거리를 두고 촬영해야 하고, 최대개방 조리개에서 색수차가 심하게 발생하는 데다가 완전한 원형이 아닌 타원형의 찌그러진 보케를 가진 단점이 있습니다. 하지만 현존하는 자동초점 렌즈들 중에서 다섯 손가락 안에 꼽을 정도의 엄청난 선예도와 상대적으로 저렴한 가격, 그리고 경쟁 모델에 비해 가벼운 무게를 자랑하는 경우도 있습니다. 이 또한, 렌즈 설계에 따른 Trade-Off로 볼 수 있습니다. 극강의 선예도와 저렴한 가격을 위해 다른 광학적 특징들을 양보한 것입니다.

하지만, 라이트룸에 있는 Lens Corrections 패널을 다룰 수 있다면 우리는 이러한 렌즈의 한계들로부터 조금은 자유로워질 수 있습니다. 라이트룸에서 보정이 가능한 렌즈의 한계들은 크게 3가지로서 색수차와 왜곡, 그리고 비네팅입니다.

색수차는 빛이 렌즈를 통과할 때 각 파장 영역 간의 굴절률 차이로 촬상면에서 상이 번지는 현상을 의미합니다. 왜곡은 크게 볼록형 왜곡인 배럴 디스토션(Barrel Distortion)과 오목형 왜곡인 핀쿠션 디스토션(Pincusion Distortion)이 있습니다. 그리고 비네팅(Vignetting)은 여러 원인에 의해 사진의 주변부가 어두워지는 현상을 의미합니다.

경우에 따라서는 보정을 통해 의도적으로 왜곡이나 비네팅을 사진에 넣기도 하지만 사용자가 원하지도 않았던 왜곡이나 비

---

[16] 최소피사체거리는 Minimum Focal Distance라고도 하는데, 카메라가 피사체에 초점을 잡을 수 있는 가장 짧은 '촬상면에서 피사체까지의 거리'를 뜻합니다. 간혹 이를 최소초점거리라는 용어로 표현하기도 합니다만, 엄밀히 말해서 초점거리는 Focal Length를 번역한 단어로서 본래 렌즈의 광학적 중심인 제2주점에서부터 촬상면까지의 거리를 뜻합니다. 때문에 최소초점거리라는 용어를 액면 그대로 사용할 경우 Focal Length 중에서 가장 짧은 Focal Length를 의미하는 것이 아닐까 하는 혼동이 생길 수 있습니다. 따라서 이 책에서는 보다 명확하게 의미를 전달하고자, 최소초점거리 대신 최소피사체거리라는 용어를 사용합니다. 최소피사체거리는 다른 말로, 최단촬영거리라고도 합니다. 참고로, Length라는 단어는 사실 "거리"라는 뜻 보다는 "길이"라는 의미에 더 가깝다고 볼 수 있습니다만 최소초점거리라는 용어 또한 관용적으로 많이 사용하고 있습니다.

[17] 피사체가 선명하고 예리하게 보이는 정도를 의미하며, Sharpness라고도 합니다.

[18] 오목형 왜곡을 의미하는 단어로서, 주변부에 비해 중앙부가 움푹 파인 것 같은 느낌을 주는 왜곡 현상을 의미합니다. 그 반대인 볼록형 왜곡은 배럴 디스토션(Barrel Distortion)이라고 합니다.

네팅이 처음부터 사진에서 나타나는 것과 사후적으로 그러한 효과를 첨가하는 것은 서로 다른 맥락의 이야기입니다.

그러면 Lens Corrections 패널을 한번 살펴보겠습니다. Lens Corrections 패널을 클릭하면 그림3-3-149의 화면을 볼 수 있습니다.

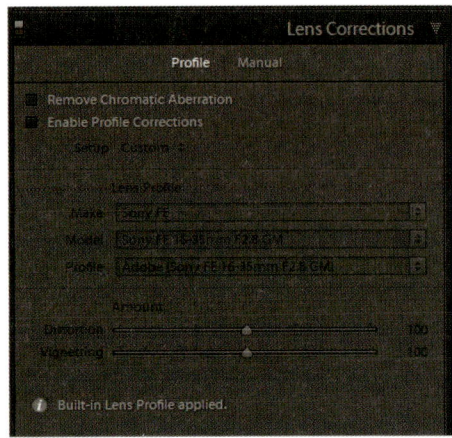

| 그림 3-3-149. 현재 화면에서는 활성화된 기능이 아직 없는 상태입니다.

그림3-3-149에서 Enable Profile Corrections 버튼을 체크하면, 라이트룸은 해당 사진 파일에 포함되어 있는 촬영 정보를 통해 이 사진이 어떤 렌즈로 촬영되었는지 읽어오게 되고 그에 대응하는 렌즈 프로파일을 매칭합니다.

| 그림 3-3-150. Enable Profile Corrections 버튼을 체크한 화면입니다.

Enable Profile Corrections 버튼을 클릭함으로써 이제 우리는 이 사진을 촬영한 렌즈에 대한 정보를 기준으로 하여 해당 렌즈에 부합하는 왜곡과 비네팅 보정을 할 수 있습니다. 설령 추후에 새로운 렌즈가 출시되더라도 라이트룸은 해당 렌즈에 대한 프로파일을 새롭게 업데이트해 주기 때문에 편리하게 사용할 수 있습니다. 이제 이 사진을 가지고 왜곡과 비네팅 보정을

진행해 보겠습니다. 우선 그림3-3-150의 사진에서 약간의 볼록형 왜곡과 주변부에 비네팅 현상이 발생한 것을 확인할 수 있습니다. 참고로 이 사진은 16mm의 초점거리에서 촬영하였습니다. 이 정도의 짧은 초점거리를 가진 광각렌즈에서 보통 이와 같은 볼록형 왜곡을 관찰할 수 있습니다. 아울러, 비네팅 현상은 일반적으로 최대개방 조리개로 촬영할 때 가장 잘 나타나는 경향이 있습니다.

Enable Profile Corrections 버튼을 클릭한 상태에서 하단의 Distortion과 Vignetting값을 변화시켜 보겠습니다.

그림 3-3-151. Distortion값을 변화시킴으로써 사진의 왜곡을 교정하였습니다.

그림 3-3-152. 이번에는 Vignetting값을 변화시킴으로써 주변부가 어둡게 보였던 현상을 교정하였습니다.

원본 사진의 상태에 따라 최적의 Distortion값과 Vignetting값이 달라질 수 있기 때문에, 사용자가 직접 사진의 상태를 확인하면서 적절한 값을 찾는 것이 필요합니다.

이번에는 Lens Corrections 패널을 이용해 색수차를 제거해 보겠습니다. 그림3-3-153에서 보라색으로 빛나는 부분이 바로 색수차가 발생한 곳입니다. 색수차는 주로 조리개가 개방된 상태에서 촬영할 때, 금속이나 반사재질을 가진 물체에 빛이 닿는 부분이나 역광 상황에 놓인 피사체의 윤곽선에서 찾아볼 수 있습니다.

그림 3-3-153. 최대개방 조리개에서 여러 개의 전구와 장식물을 촬영한 사진입니다.

그림 3-3-154. 그림3-3-153의 사진을 확대한 사진입니다.

사진 속에서 현재 보라색으로 빛나는 장식물이 만약 원래부터 보라색을 띠고 있었다면 색수차라고 보기에는 무리가 있습니다. 하지만, 이들은 처음부터 보라색을 띠고 있지 않았기 때문에 보정의 대상이 되는 색수차라고 볼 수 있습니다.

라이트룸에서 색수차를 제거하는 방법은 크게 3가지가 있는데 하나씩 살펴보겠습니다. 첫 번째 방법은 Remove Chromatic Aberration을 클릭하여 활성화하는 것입니다.

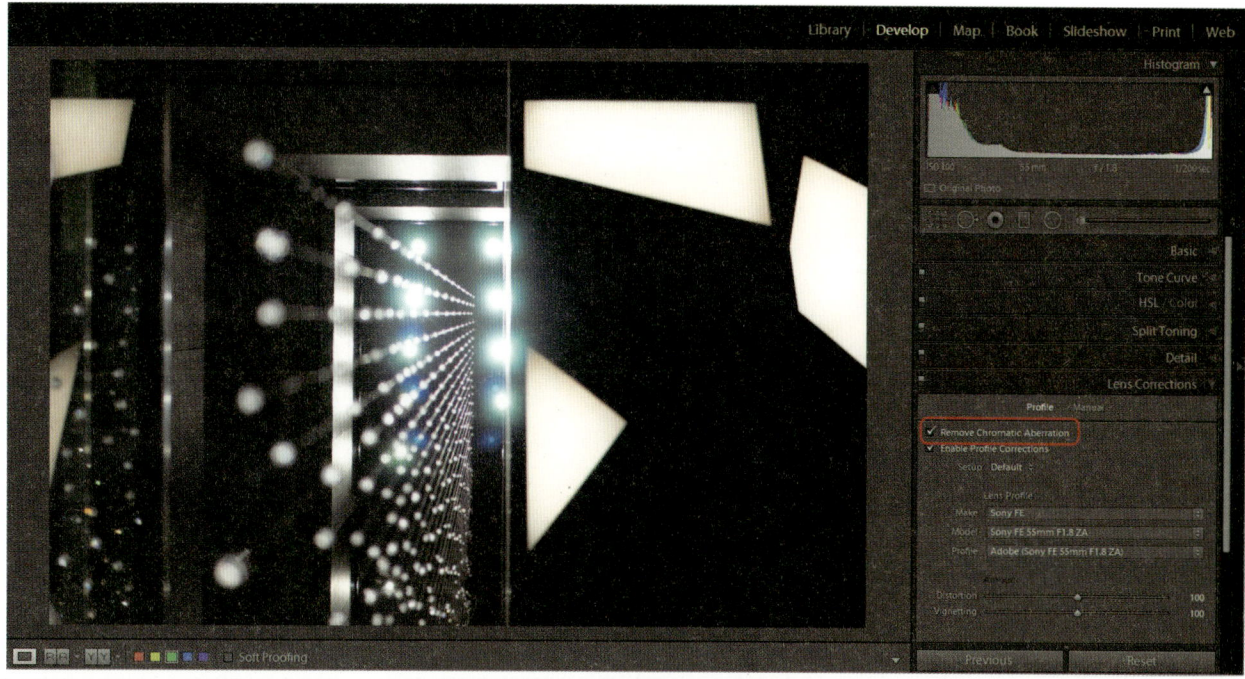

| 그림 3-3-155. Remove Chromatic Aberration은 색수차를 자동으로 제거해주는 기능입니다.

이 방법으로 사진의 색수차가 제거된다면 다행이지만 이렇게 하였음에도 색수차가 아직 남아있을 때에는 수동으로 색수차를 제거해야 합니다. 수동으로 색수차를 제거하기 위해서 Lens Corrections 패널의 Manual 탭을 클릭합니다.

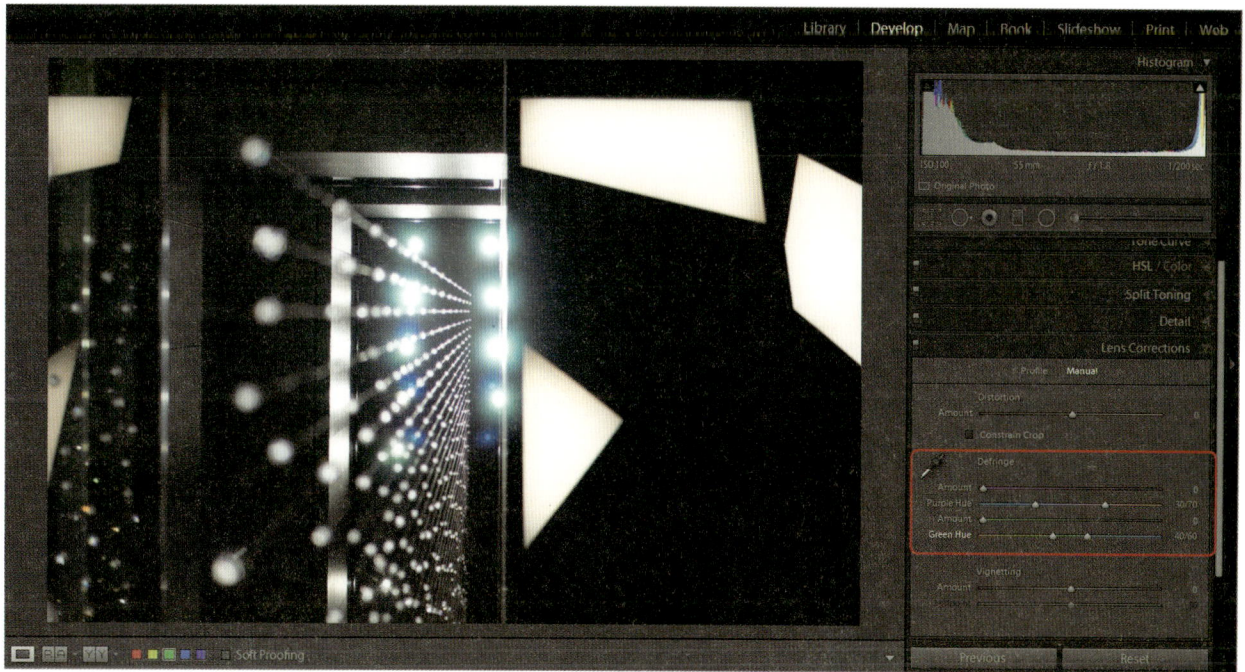

| 그림 3-3-156. Manual 탭의 모습입니다.

Manual 탭에서도 우리가 사용할 기능은 바로 Defringe입니다. 색수차를 제거하는 두 번째 방법은 Defringe 중에서도 아래에 있는 Purple과 Green 슬라이더를 우측으로 움직여줌으로써 실제 사진에서 색수차가 제거되는지를 육안으로 확인하는 것입니다. 색수차가 어떤 색상으로 나타나는지에 따라 Purple을 조절할지 혹은 Green을 조절할지 결정해야 합니다.

마지막 방법은, Defringe에 있는 Fringe Color Selector[19]를 이용하여 실제 색수차가 나타난 영역을 직접 지정하는 것입니다.

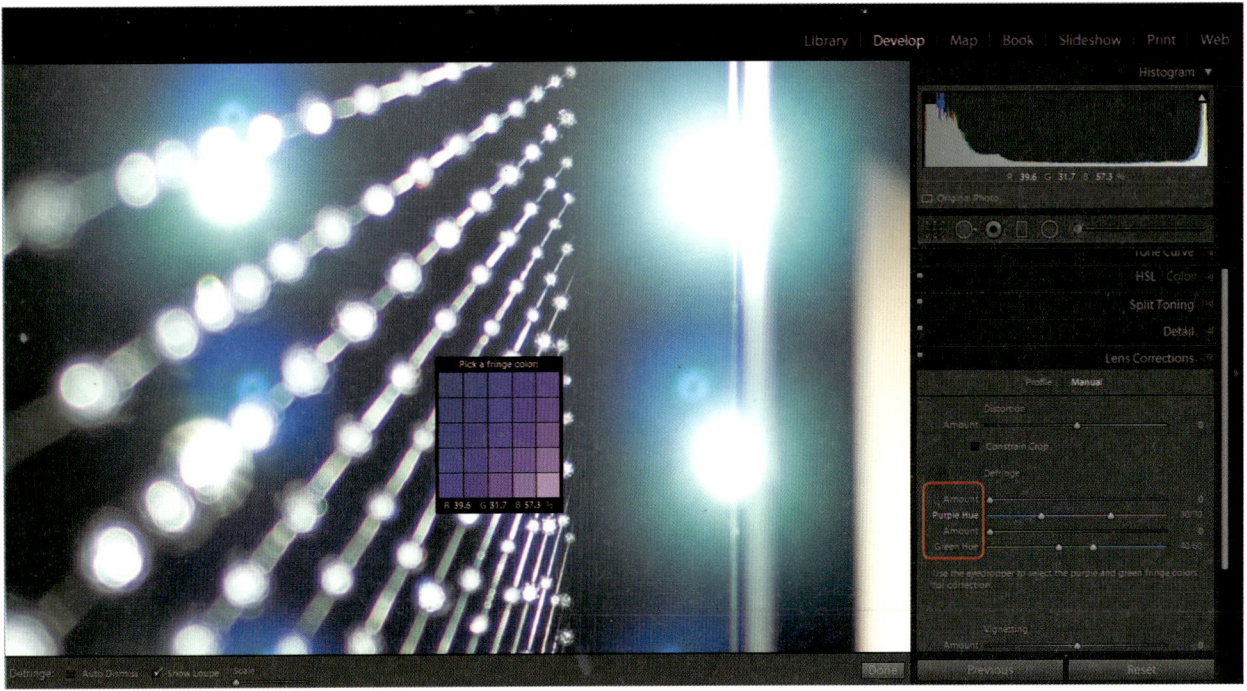

그림 3-3-157. Fringe Color Selector를 클릭하고 색수차가 나타난 곳을 클릭하는 모습입니다.

이렇게 색수차가 발생한 지점을 클릭하면 라이트룸은 그에 맞게끔 Defringe 항목의 값들을 변화시킴으로써 사진에서 색수차가 제거되도록 합니다. 이렇게 하여 보정된 사진이 그림3-3-148입니다.

그림 3-3-154. 색수차 보정 전 사진입니다.

그림 3-3-148. 색수차 보정이 이루어진 사진입니다.

19 Basic 패널에서 색온도를 조절할 때 보았던 그 스포이드와 똑같이 생겼습니다.

011 | 사진에 색다른 느낌을 내는 Effects 패널

Effects 패널에서는 크게 두 가지 작업을 할 수 있습니다. 첫 번째는 사진의 주변부를 어둡거나 밝게 하는 것이고, 두 번째는 사진에 인위적으로 노이즈를 첨가하는 것입니다.

(1) Post-Crop Vignetting

사진의 주변부를 어둡거나 밝게 하는 보정은 Effects 패널의 Post-Crop Vignetting에서 담당합니다. 비네팅이라는 용어 자체는 주변부가 어두워진 현상을 뜻하지만, Post-Crop Vignetting에서는 주변부를 어둡게 하는 것뿐만 아니라, 밝게 하는 것도 가능합니다.

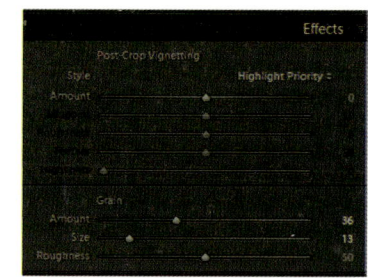

| 그림 3-3-159. Effects 패널을 클릭하면 상단의 Post-Crop Vignetting 탭을 확인할 수 있습니다.

Post-Crop Vignetting에는 3가지의 Style과 5가지의 설정 옵션이 있습니다.

■ Style

① **Highlight Priority**: 사진의 주변부에 빛이 들어가 있는 밝은 영역이 있을 경우, 그 밝은 영역에 대한 비네팅 효과의 정도를 조절할 수 있는 스타일입니다.
② **Color Priority**: 비네팅 효과로 인해 발생할 수 있는 주변부의 색상 변화를 최소화하는 스타일입니다.
③ **Paint Overlay**: 주변부를 채도가 낮은 회색의 계열로 바꿈으로써 비네팅 효과를 적용하는 스타일입니다. Highlights Priority나 Color Priority 스타일에서 비네팅 효과를 입히면 중심부와 수변부의 밝기 차이로 인해 대비가 높아질 수 있지만, Paint Overlay 스타일에서는 상대적으로 낮은 대비를 구현할 수 있습니다.

■ 설정 옵션

① **Amount**: Amount 슬라이더를 왼쪽으로 옮기면 주변부가 어두워지고, 오른쪽으로 옮기면 주변부가 밝아집니다. Amount는 -100에서 +100까지 변화합니다.
② **Midpoint**: 중간 영역의 크기를 지정합니다. Midpoint가 커지면 커질수록 중간 영역의 크기가 커지기 때문에 주변부가 어두워지거나 밝아지는 정도가 작아지고, Midpoint가 작아지면 작아질수록 중간 영역의 크기는 작아지기 때문에 주변부가 어두워지거나 밝아지는 정도는 커지게 됩니다. Midpoint는 0에서 100까지 변화합니다.
③ **Roundness**: 비네팅 효과의 원형률을 결정합니다. Roundness 슬라이더를 왼쪽으로 옮길수록 비네팅의 효과는 타원형에 가깝게 변하고, 오른쪽으로 옮길수록 비네팅의 효과는 원형에 가깝게 변합니다. -100에서 +100까지 조절할 수 있습니다.
④ **Feather**: 비네팅 효과가 적용되는 윤곽선의 진하기를 결정합니다. Feather는 0에서 100까지 변화하며 100에 근접할수록 윤곽선은 보다 연하게 나타납니다.
⑤ **Highlights**: Highlight Priority와 Color Priority 스타일에서 비네팅의 Amount 슬라이더가 0을 기준으로 좌측으로 이동

하는 경우(즉, 주변부를 어둡게 하는 경우)에만 활성화되는 옵션입니다. Highlights 옵션을 통해 밝은 영역의 대비를 조절할 수 있습니다.

그러면 이제 실제 사진을 가지고 Post-Crop Vignetting을 적용해 보겠습니다.

│ 그림 3-3-160. Post-Crop Vignetting이 적용되기 전의 사진입니다.

Post-Crop Vignetting 스타일은 Highlight Priority로 하여 그림3-3-160에 비네팅을 적용하면 그림3-3-161과 같이 변화합니다.

│ 그림 3-3-161. Highlight Priority 비네팅을 적용한 사진입니다.

주변부가 어두워지면서 중앙부에 있는 피사체로 시선이 더 집중되는 듯한 효과가 나타났습니다. 아울러 현재 Post-Crop Vignetting 스타일이 Highlights Priority로 정해져 있고 주변부가 어두워지도록 Amount 슬라이더가 좌측 방향으로 조절되어 있기 때문에 그림3-3-162와 같이 Highlights 슬라이더를 추가적으로 조절하는 것도 가능합니다.

그림 3-3-162. 각각의 옵션들을 사진에 맞게 조절하면 원하는 수준의 비네팅 효과를 만들어낼 수 있습니다.

(2) Grain

Effects 패널의 Grain을 통해 거친 입자와 같은 느낌을 나타낼 수 있습니다. 이를 필름 그레인(Film Grain)이라고 부르기도 하는데, 마치 필름 카메라로 촬영한 것과 같은 느낌을 표현할 수 있기 때문입니다.

사실 필름 카메라로 촬영한다고 해서 사진의 표면에 항상 거친 입자들이 생긴다고 할 수는 없는 데다가 디지털카메라로 촬영하고 인화한 사진을 다시 스캔하는 과정에서 그러한 입자의 느낌이 묻어나는 경우도 있기 때문에 Film Grain이라는 표현이 적절하지 않을 수도 있습니다. 그러나 Grain을 어떻게 부르든지 간에 이 기능을 활용하면 일반적인 디지털 이미지 원본에서 담아내기 어려운 특유의 느낌을 살릴 수 있다는 점에서 유용하다고 할 수 있습니다.

Grain을 통해서 다음과 같은 느낌을 표현할 수 있습니다.
- 필름 카메라로 촬영하였거나 인화한 사진을 다시 디지털 이미지로 스캔한 듯한 질감의 표현
- 모니터로 사진을 바라봄에도 불구하고 마치 종이에 인쇄된 사진을 바라보는 느낌
- 선명하게 초점이 맞은 사진임에도 불구하고 다소 초점이 흐려진 듯한, 레트로한 느낌의 표현

Grain은 그림3-3-163에서 확인할 수 있습니다.

각 옵션의 기능은 다음과 같습니다.
① **Amount**: Grain의 양을 조절합니다.
② **Size**: Grain으로 표현되는 입자의 크기를 조절합니다.
③ **Roughness**: Grain의 거칠기를 조절합니다.

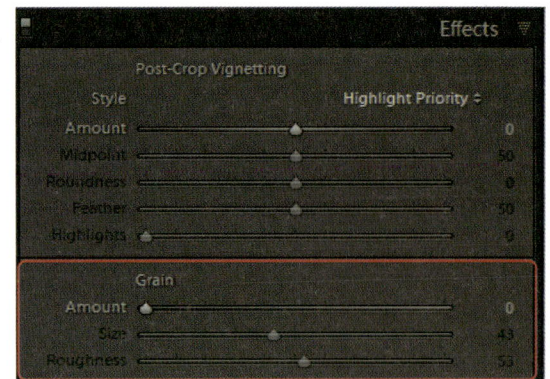

그림 3-3-163. Grain은 3가지 설정 옵션을 가지고 있습니다.

각각의 옵션들은 모두 0에서부터 +100까지 조절할 수 있습니다.

이제 실제 사진에 Grain 효과를 입혀보도록 하겠습니다. 그림3-3-164는 Grain이 적용되지 않은 사진입니다.

그림 3-3-164. Grain을 제외한 다른 보정은 마친 상태입니다.

그림3-3-164에 Grain을 입히면 그림3-3-165와 같은 느낌을 낼 수 있습니다.

| 그림 3-3-165. Grain을 적용한 이후의 모습입니다.

Grain의 Amount와 Size 그리고 Roughness는 사진에 어울리는 느낌을 선택하여 반영하면 됩니다.

012 | Calibration

마지막으로 살펴볼 기능은 바로 Calibration 패널입니다. Calibration 패널은 9가지 보정 패널 중 가장 하단에 위치한 것으로서 특히 그 기능과 사용법이 일반적인 라이트룸 사용자에게 명확하게 알려지지 않은 도구 중 하나입니다. 필자는 사진 보정에 있어 Calibration 패널을 적극적으로 활용하는 편인데 평소 Calibration 패널에 대해 궁금증이 있었던 분들은 이번 기회에 확실하게 짚고 넘어가면 좋겠습니다.

(1) Calibration 패널은 도대체 무엇인가

Calibration 패널의 본질적인 기능에 대해 이해하기 위해 한 가지 예시를 들어보겠습니다.

> 어느 마을에 페인트 칠을 하는 인부가 살고 있었습니다. 어느 날, 마을 이장님 댁에 담벼락을 파란색으로 칠해달라는 요청을 받고 시장에서 파란색 페인트를 사서 담벼락을 칠했습니다. 며칠 후, 페인트가 마른 것을 확인한 이장님에게서 연락이 왔습니다. 자기는 파란색으로 칠해달라고 했는데 담벼락에 칠해진 색은 자기가 생각했던 파란색보다 조금 더 어두운 파란색이라는 것입니다.

인부는 적잖이 당황했지만, 이장님이 그렇게 이야기하는 것에 반박하지 않고 다시 새로운 페인트를 사서 칠했습니다. 그리고 다시 며칠 후, 이번에는 담벼락에 칠해진 파란색이 너무 밝은 파란색이며, 자신이 생각하는 파란색은 아니라는 이장님의 연락을 받았습니다. 이장님은 읍내에서 열리는 마을회의에 며칠간 다녀올 테니 그 전까지 다시 칠을 해놓으라는 말을 남기고 사라져 버렸습니다.

인부는 이 상황을 어떻게 해결해야 할지 몰라 고민하던 중, 시장에 가서 최대한 파란색으로 보이는 페인트들을 20통 사와 동네 사람들을 불러 놓고 가장 파란색에 가까운 파란색을 골라달라고 부탁했습니다. 하지만, 사람들은 저마다 자기가 생각하는 각기 다른 파란색을 골랐을 뿐, 인부는 도대체 어떤 파란색이 진짜 파란색인지 여전히 알 수 없는 상황에 빠지게 되었습니다.

실제 카메라에서도 이야기와 같은 일이 벌어집니다. 분명 피사체의 색상은 하나로 정해져 있는데[20] 촬영하는 카메라에 따라 제각기 다른 색상이 사진에 나타나는 것입니다.

사실 이런 상황은 카메라 자체의 기계적인 문제나 결함 때문이 아니라, 카메라 제조사마다 센서를 통해 빛을 받아들이고 이를 사진에 담아내는 방식에 차이가 있기 때문에 발생합니다. 엄밀히 말해서, 카메라 센서의 구조, 센서면에서의 컬러필터의 배열, 피사체의 색상을 해석하고 사진 위에 채워나가는 보간법 알고리즘의 차이, 이미징 프로세서의 차이 등이 이러한 결과를 유발합니다. 어쨌거나 이런 원인에 의해 같은 피사체를 담은 사진이라도 카메라에 따라 그 사진은 다르게 보일 수 있습니다. 그리고 그러한 차이를 교정하기 위해 만들어진 도구가 바로 Calibration 패널입니다.

우리는 사진 보정을 위해 라이트룸을 사용하지만, 라이트룸 한글판에서 유일하게 '보정'이라는 단어로 번역된 것이 바로 이 Calibration 패널입니다. 그렇기 때문에 이제 막 라이트룸에 입문한 사람들 중에는, 사진 보정을 하려면 일단 Calibration 패널을 가지고 어떻게든 '보정'을 해야 하는 것 아니냐는 생각을 하는 경우도 있습니다. 그렇다고 해서 Calibration이라는 단어를 '보정'으로 번역한 것이 바람직하지 않다는 의미는 아닙니다. 실제로 Calibration의 사전적 의미 중에는 '보정'이라는 뜻이 있기 때문입니다. 다만, 사용자 입장에서는 Calibration을 '사진 보정'보다는 '카메라 보정'의 의미로 이해하는 것이 혼란을 최소화하는 것이라 할 수 있겠습니다.[21]

정리하자면, Calibration 패널은 카메라마다 조금씩 다르게 표현될 수 있는 색상들을 바로잡기 위한 목적으로 만들어진 도구입니다. 라이트룸의 입장에서는 프로그램 사용자들이 어떤 카메라를 가지고 사진을 찍어올 것인지 미리 예측할 수 없기 때문에 사용자로 하여금 스스로 색상의 차이를 교정할 수 있도록 해준 것입니다. 따라서 어떤 면에서는 대단히 고마운 기능이라고 할 수 있습니다.

(2) Calibration 패널의 작동 방식

Calibration 패널의 본질에 대해 알아보았습니다. 그렇다면 실제 사진 보정에 있어 Calibration을 어떻게 활용할 수 있을까요? 필자는 이와 관련하여 크게 2가지의 방법을 제시하고자 합니다. 각각의 활용 방법을 설명하기에 앞서 Calibration 패널의 작동 방식을 살펴보겠습니다.

---

[20] 이는 피사체에서 반사된 빛을 통해서 사람의 눈이 인식하는 색상을 의미합니다.

[21] 실제로, 라이트룸 구 버전에서 Calibration 패널은 Camera Calibration이라는 이름을 가지고 있었습니다.

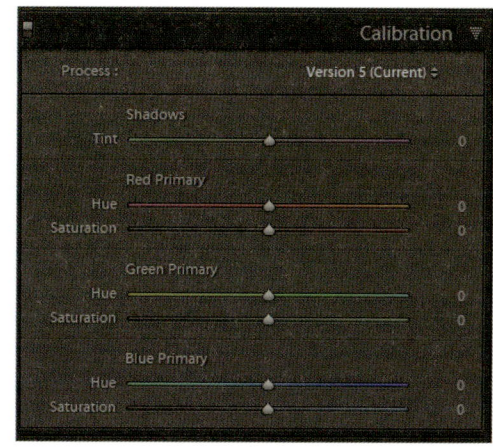

그림 3-3-166. Calibration 패널의 모습입니다.

① **Process**: 라이트룸이 이미지를 처리하는 알고리즘을 의미합니다. 다른 말로는 이를 '프로세스 엔진'이라고도 하는데, 구 버전의 라이트룸으로 보정된 이미지를 다시 불러와 재작업하는 것이 아닌 이상 가장 상단에 보이는 Version 5(Current) 를 선택하면 됩니다. 프로세스 엔진은 라이트룸이 새 버전으로 업데이트될 때 한 번씩 업데이트되긴 하지만 그 주기는 수년에 한 번 정도이며 다른 기능들에 비해 자주 업데이트 되지는 않습니다.

② **Shadows**: 암부의 Tint값을 조절할 수 있습니다. 사진의 암부에 Green 계열 또는 Magenta 계열의 색상이 묻어있을 경우, Tint값을 조절함으로써 이를 제거하거나 혹은 인위적으로 첨가할 수 있습니다.

③ **Red / Green / Blue Primary**: 각각의 픽셀에 Red, Green, Blue값을 첨가하거나 제거할 수 있습니다. 인터페이스만 놓고 보면 HSL 패널에서 보았던 Hue, Saturation 보정을 연상하게 하지만 실제로는 HSL 보정과는 전혀 다른 결과물을 만들어 낼 수 있습니다. 아래 예시에서 보다 상세히 다룰 예정입니다.

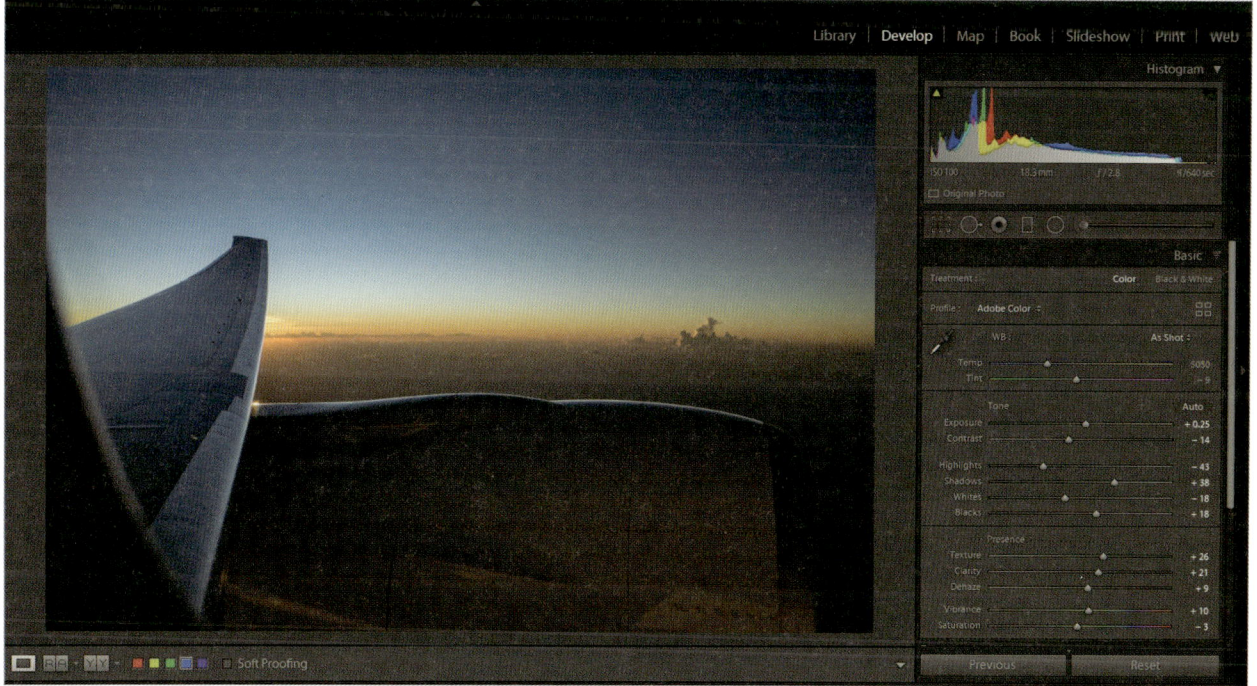

그림 3-3-167. Basic 패널의 기본적인 보정만 이루어진 사진입니다.

그림3-3-167의 사진에서는 Red 계열로 보이는 색상은 나타나 있지 않습니다. 그렇기 때문에 HSL 패널에서 Red 부분의 Hue, Saturation, Luminance를 아무리 바꾸더라도 이 사진에서 유의미한 변화를 보기 어렵습니다. 과연 실제로 그러한지 그림3-3-168에서 확인해 보겠습니다.

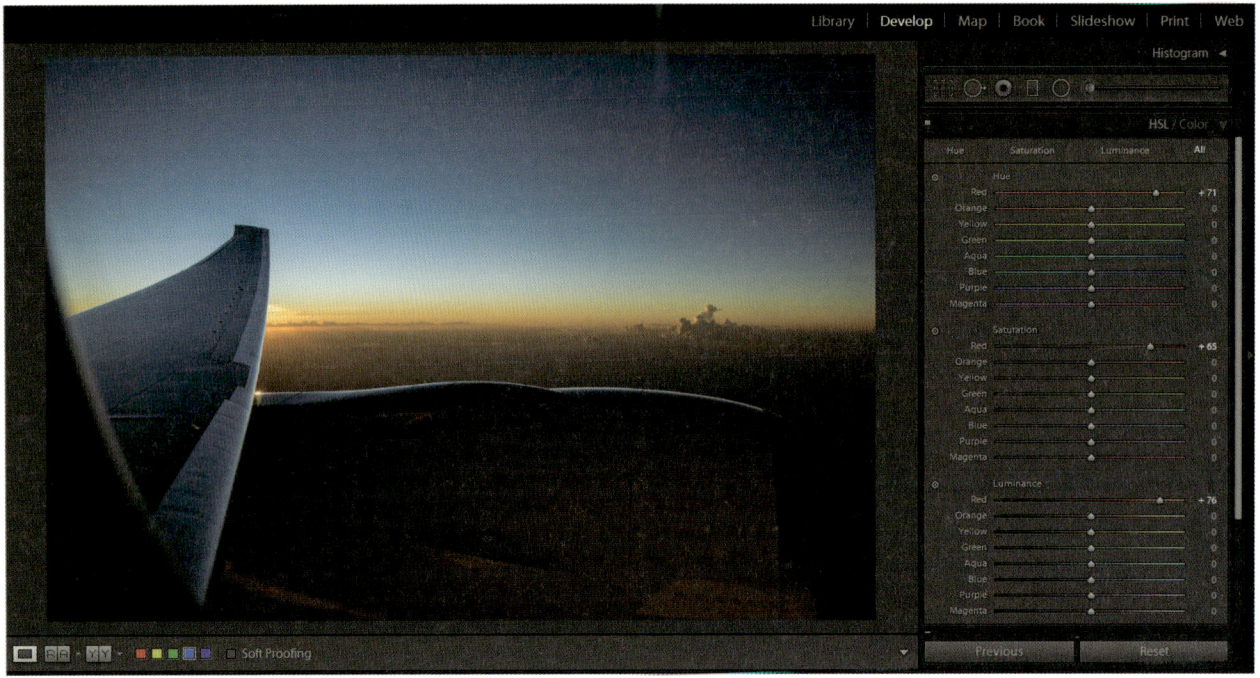

| 그림 3-3-168. HSL 패널에서 Red와 관련한 모든 값을 조정한 결과입니다.

그림3-3-168은 사실 처음부터 충분히 예상할 수 있었던 결과를 보여줍니다. HSL 패널은 개별적인 색상들을 다루는 패널이기 때문에, 처음부터 사진에 Red 계열의 색상이 거의 없었다면 HSL 패널에서 아무리 Red 계열을 변화시킨다 한들 사진에서 큰 변화를 기대하기 어렵기 때문입니다.

그러나, Calibration 패널은 다릅니다. Calibration 패널은 애초부터 '카메라'가 피사체가 가진 색상을 해석하고 사진에 담아내는 그 방식을 사용자의 입맛에 맞게 다시 '보정'하기 위해 만들어진 것이기 때문에 사진에 담겨진 최종적인 색상에 대해서는 크게 관심을 갖지 않습니다. 오히려 하나의 픽셀에 들어있는 RGB값의 비율을 조절하는 것이 Calibration 패널의 주된 관심사항이라고 할 수 있습니다.

다시 그림3-3-167을 보겠습니다. 이 사진에서는 Red 계열로 보이는 색상은 찾아보기 힘들지만 픽셀 단위로 놓고 보면 상황이 조금 달라집니다. 그림3-3-169와 같이 하늘 부분에 마우스를 올려놓은 상태로 히스토그램의 RGB 비율을 보면 Red, Green, Blue가 적당히 배합되어 있다는 것을 알 수 있기 때문입니다. 또한, 하늘과 구름이 맞닿은 노을 부분을 보더라도 여전히 Red, Green, Blue가 섞여있다는 것을 확인할 수 있습니다.

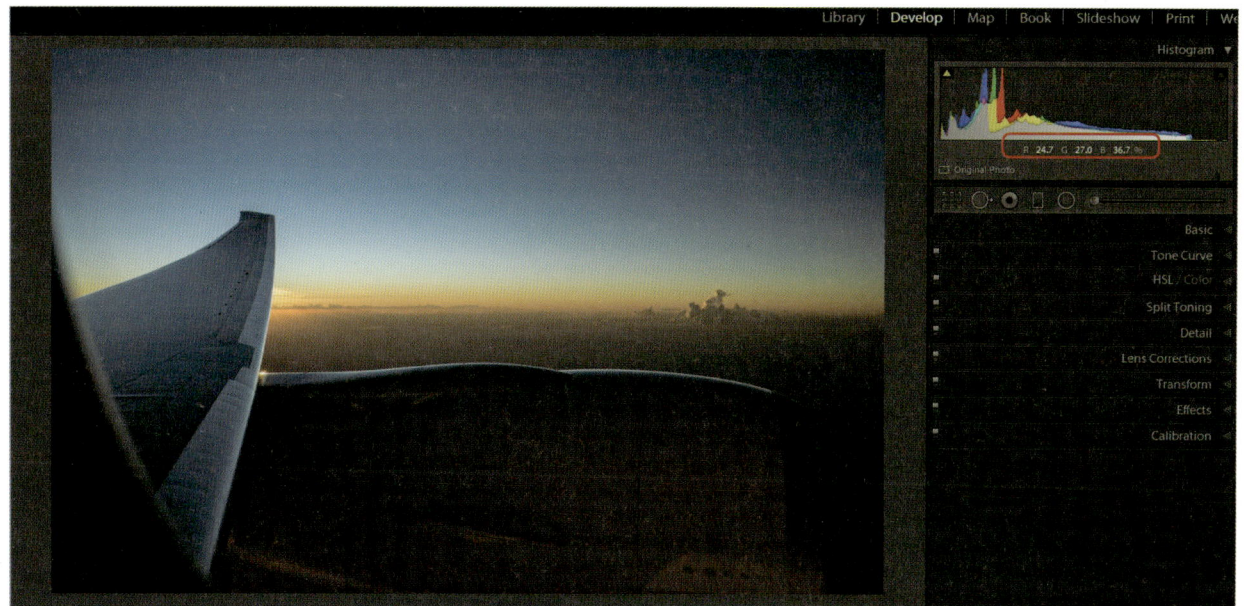

| 그림 3-3-169. 히스토그램 하단에서 이러한 색상들의 배합 비율을 확인할 수 있습니다.

이러한 결과는 Chapter 02의 Class 08 색공간 편에서도 설명한 바와 같이, 디지털 이미지가 RGB라는 색공간을 기반으로 만들어져 있기 때문에 나타납니다. 다시 말해서, Red, Green, 그리고 Blue를 배합하면 디지털 이미지의 모든 색을 표현할 수 있기 때문에[22], 실제 우리 눈에서 Red 계열로 보이지 않더라도 Red값을 가진 픽셀은 사진 전 영역에 걸쳐 존재할 수 있다는 뜻이기도 합니다. 그렇기 때문에 그림3-3-167의 사진에서 Calibration 패널의 Red Primary에 해당하는 Hue나 Saturation값에 변화를 가하면, 사진을 구성하는 각각의 픽셀에 포함된 Red값의 비율에 영향을 미치게 되고 원래의 사진은 그림3-3-170과 같이 변화하게 됩니다.

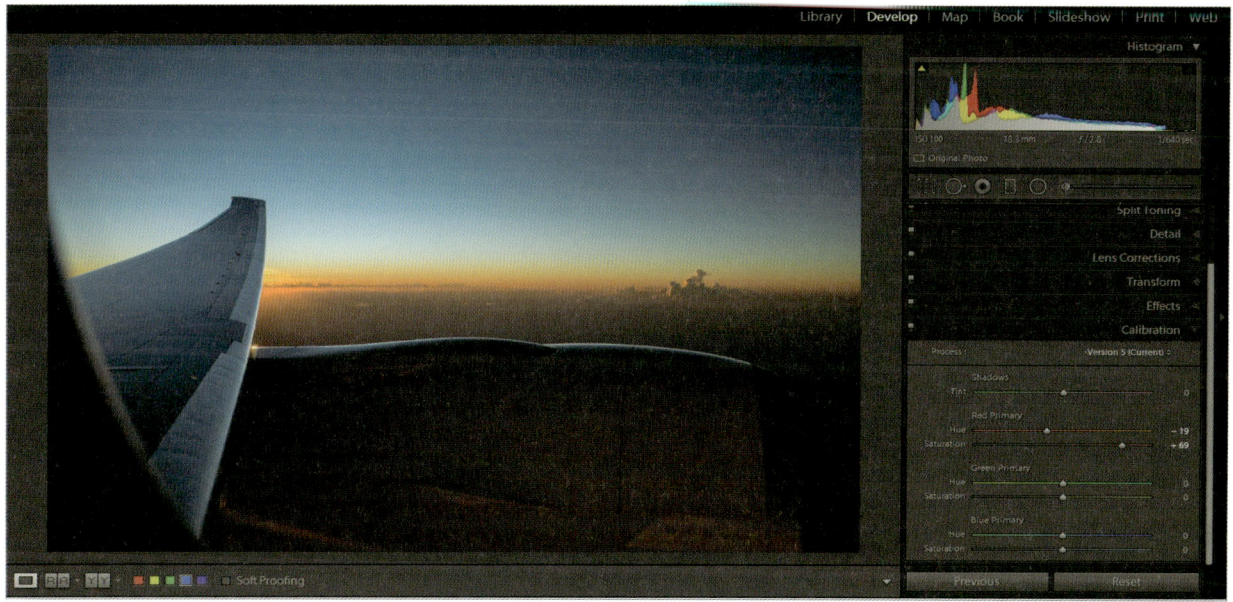

| 그림 3-3-170. Red Primary값을 조절한 모습입니다.

---

22   이는 마치 영어의 알파벳들을 가지고 모든 영어 단어와 문장을 만들 수 있다는 말과도 같은 맥락입니다.

마찬가지로 Green Primary나 Blue Primary를 조절하더라도 사진에 변화를 줄 수 있습니다.

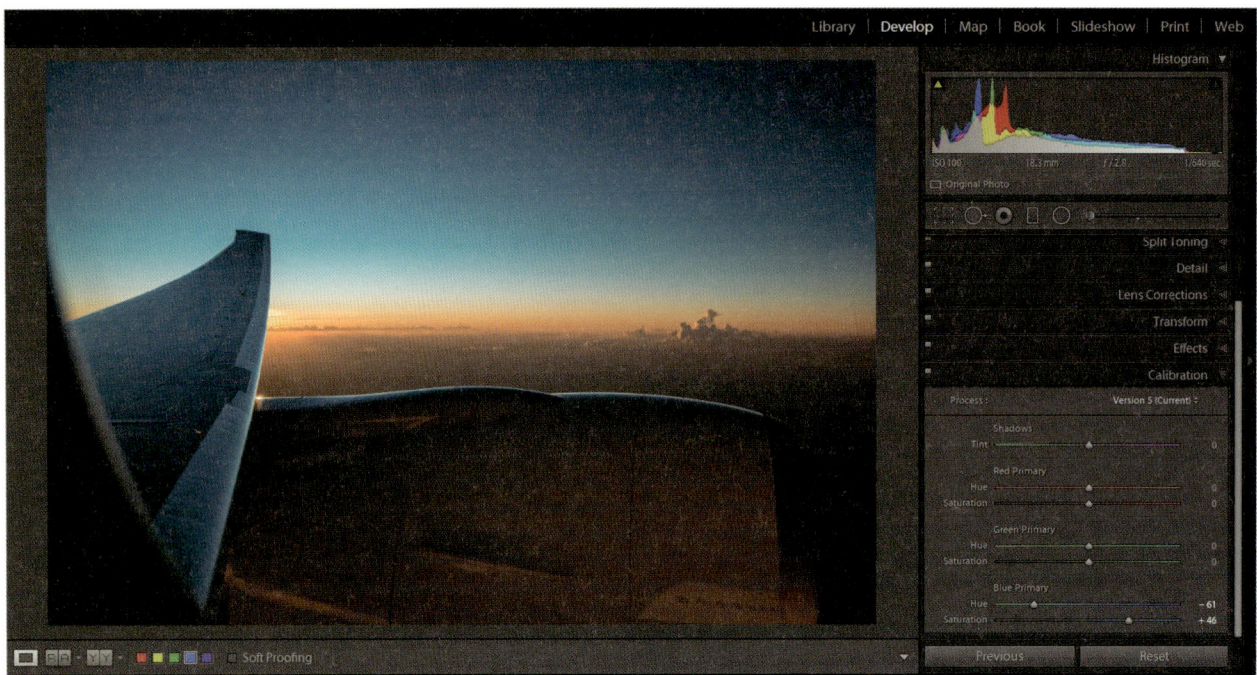

그림 3-3-171. Blue Primary값을 조절한 모습입니다.

이쯤 되면 한 가지 의문이 드는 분도 있으리라 생각합니다. Calibration 패널의 개념이나 작동 원리에 대해서는 이해하겠는데, 실제 사진을 보정할 때 어떻게 사용할 수 있는 것인가 하는 의문이 바로 그것입니다.

(3) Callibration 패널의 활용 방법

Calibration 패널을 활용하는 2가지 방법에 대해 이야기하겠습니다. 첫 번째 방법은, 사진을 본격적으로 보정하기에 앞서 내가 사용 중인 카메라의 특성에 따라 문자 그대로 '카메라 보정'의 개념으로 Calibration 패널을 이용하는 것입니다. 현재 내가 사용하는 카메라가 특정한 색상을 내 마음에 들지 않게 표현하는 경향이 있다면, 그 색상의 색조나 채도를 변화시키기 위한 목적으로 Calibration 패널을 이용하는 것입니다.

그리고 이러한 보정값을 Chaper 04의 Class 11에서 설명하게 될 Preset으로 미리 만들어 둔다면 사진을 카탈로그 안으로 불러올 때부터 해당 Preset을 적용함으로써, 별다른 조작 없이도 카메라가 색을 표현하는 방식을 일차적으로 보정한 상태에서 그 다음 보정들을 이어나갈 수 있습니다. 어떻게 보면 Calibration 패널의 기능을 단순히 '카메라 보정'이라는 것으로 한정해 버리기 때문에 가장 소극적인 방법이라고 할 수도 있지만, Calibration 패널의 개발 취지에는 가장 부합하는 방법이라 할 수 있습니다.

두 번째 방법은, 색 보정을 할 때에 Calibration 패널을 적극적으로 이용하는 것입니다. Calibration 패널 자체는 카메라의 색 표현 방식에 대한 사용자의 임의적인 교정을 목적으로 만들어지긴 했지만, 이 역시도 결과론적으로 놓고 보면 사진에 드러나는 색상을 변화시키기 때문에 이런 특성을 활용하여 실제 색 보정에 활용하는 방법입니다.

이 방법을 통해 색 보정을 할 때에는 Red, Green, Blue Primary값의 변화가 어떤 형태로 사진에 영향을 주는지를 이해하고 있어야 합니다. Calibration 패널은 HSL 패널과 달리 각각의 색상 배합비율에 직접 영향을 미치는 데다가 특정한 색상이 사진에서 표현되지 않더라도 충분히 적용되는 고유의 특성을 가지기 때문에, Red나 Green 혹은 Blue Primary의 Hue나 Saturation 슬라이더를 조절하였을 때의 변화되는 모습을 사전에 예측하기 어려운 측면이 있습니다. 따라서 Calibration 패널을 색 보정에 이용하기 위해서는 많은 연습을 통해 색상 변화에 대한 감을 익히는 것이 중요합니다.

(4) Calibration 패널의 특징

안타깝게도 Calibration 패널은 라이트룸의 많은 기능 중에서도 그동안 사용자들이 그 중요성을 간과해 왔거나 혹은 제대로 이해하지 못하고 넘어갔던 부분 중 하나입니다. 당장 개별적인 색상들의 보정과 관련해서는 HSL 패널이라는 그럴듯한 대체재가 존재하는 데다가 시중에서 손쉽게 구할 수 있는 라이트룸 관련 서적을 보더라도 Calibration 패널과 관련한 현실적이고 구체적인 사용 방법을 제시하는 경우는 그리 흔치 않습니다.

하지만 Calibration 패널을 이용하면 카메라마다 상이하게 나타날 수 있는 색상 차이를 교정할 수 있을 뿐 아니라 간단한 조작만으로도 사진의 색상 표현에 상당한 변화를 줄 수 있습니다. 그런 면에서 볼 때, 필자는 HSL 패널이 Calibration 패널의 기능을 대신할 수 있는 대체재라기보다는 두 가지 패널을 서로 함께 사용하였을 때 보다 큰 효과를 낼 수 있는 보완재의 관계에 있다고 생각합니다. 물론 HSL 패널을 비롯한 여러 패널과 필터의 기능을 복합적으로 활용하면 Calibration 패널을 사용하지 않고서도 Calibration 패널과 유사한 결과물을 만들어내는 것이 가능합니다만, 중요한 점은 Calibration 패널이 처음부터 그러한 작업에 특화된 도구라는 점입니다.

그림 3-3-172. Basic 패널의 보정조차 하지 않은 그야말로 날것의 원본 사진입니다.

그림 3-3-173. 다른 보정은 하지 않고 그저 Calibration 패널에서 Blue Primary만 조절한 결과물입니다. 단 두번의 마우스 클릭만으로도 이렇게 사진의 느낌을 쉽게 바꿀 수 있다는 것은 Calibration 패널이 지닌 장점 중 하나입니다.

반면, 이러한 장점에도 불구하고 Calibration 패널은 충분한 연습을 거치지 않은 초심자에게는 보정값을 조절한 이후의 결과물을 쉽게 예측하기 어렵다는 측면에서 직관성이 다소 떨어진다는 단점을 갖고 있습니다. 또한, 앞서 설명한 것처럼 Calibration 패널을 굳이 사용하지 않더라도 라이트룸의 다른 기능들을 복합적으로 활용하면 그와 유사한 결과물을 만들어 내는 것이 가능하기 때문에 Calibration 패널의 효용성에 대한 논란이 전혀 없는 것은 아닙니다. 그렇지만 Calibration 패널 뿐 아니라 이번 Chapter에서 설명한 그 어떤 보정 도구를 사용하든지 간에 사용자 스스로가 각각의 기능들을 이해하고 그것들을 적재적소에 사용할 수 있다면 이미 사진을 보정하고 즐기기에는 충분하다고 생각합니다. 이어지는 Chapter 04에서는 각각의 색감을 하나의 주제로 하여, 이 색감을 실제로 구현하는 과정을 차근차근 설명할 예정입니다.

CHAPTER

4 색감 보정 심화 클래스

Chapter 04까지 오시느라 고생이 많으셨습니다. Chapter 04에서는 지금까지 설명한 내용을 바탕으로, 다양한 색감에 따라 보정하는 방법을 다룹니다. 단순히 '이렇게 따라서 보정하면 됩니다'라는 피상적인 설명에서 탈피하여, 독자 스스로가 다양한 보정 방법을 경험하고 그를 통해 보정에 대한 통찰력을 갖도록 하는 것이 본 Chapter의 목표입니다.

본 Chapter에서 다루는 사진들은 아래 링크를 통해 다운받을 수 있으며, 다운받은 사진으로 실습할 수 있습니다.

사진 다운로드 링크: https://bipublic.tistory.com/385

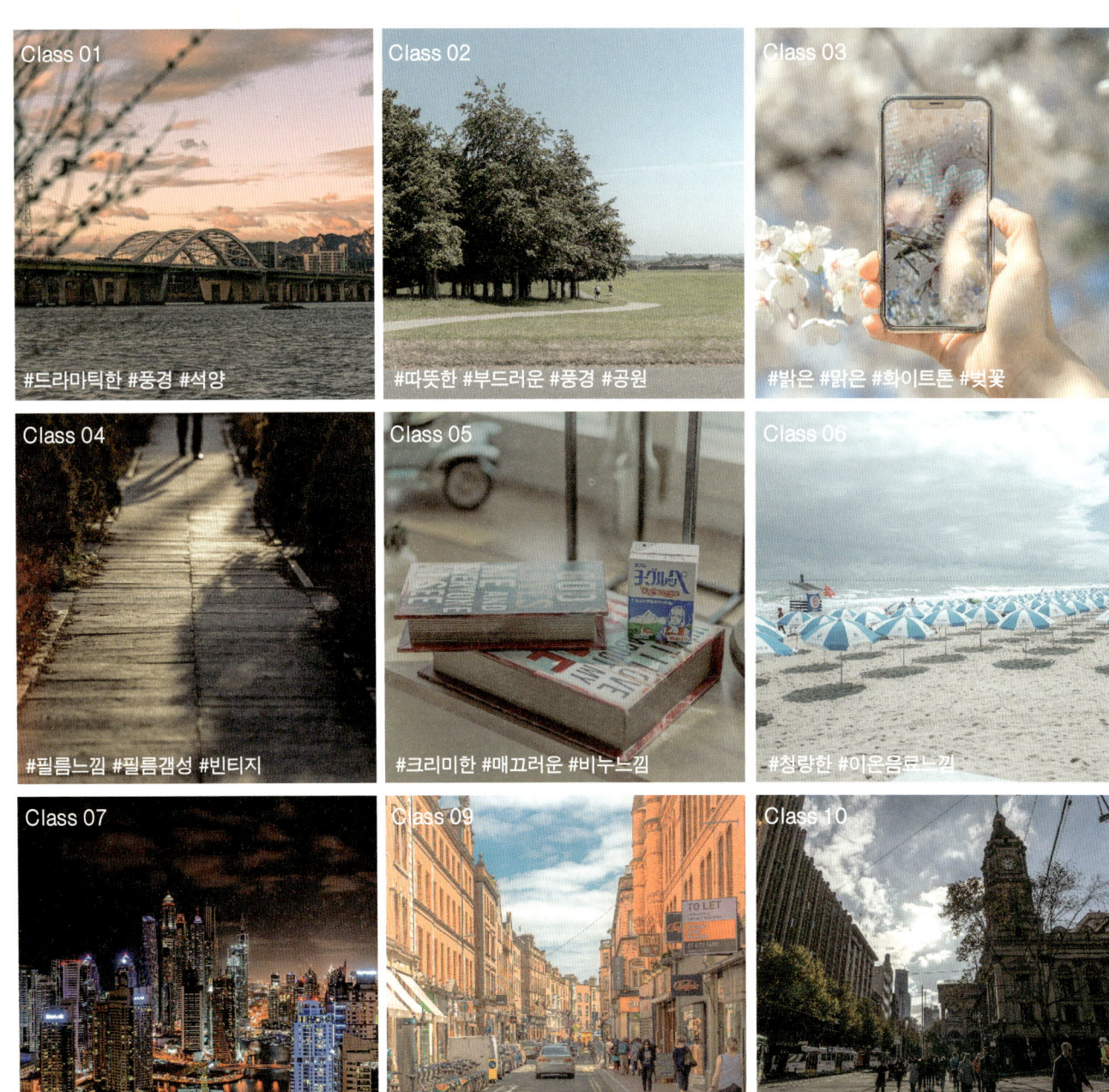

01 CLASS

#드라마틱한 #풍부한색표현 #풍경 #석양

Class 01에서는 풍경이나 석양의 모습을 드라마틱하면서도 풍부한 색으로 표현하는 보정 방법을 다룹니다. 일상의 풍경이나 석양은 쉽게 찾아볼 수 있는 피사체이기 때문에 라이트룸을 이용한 보정의 감을 익히기에 좋을 것으로 생각합니다.

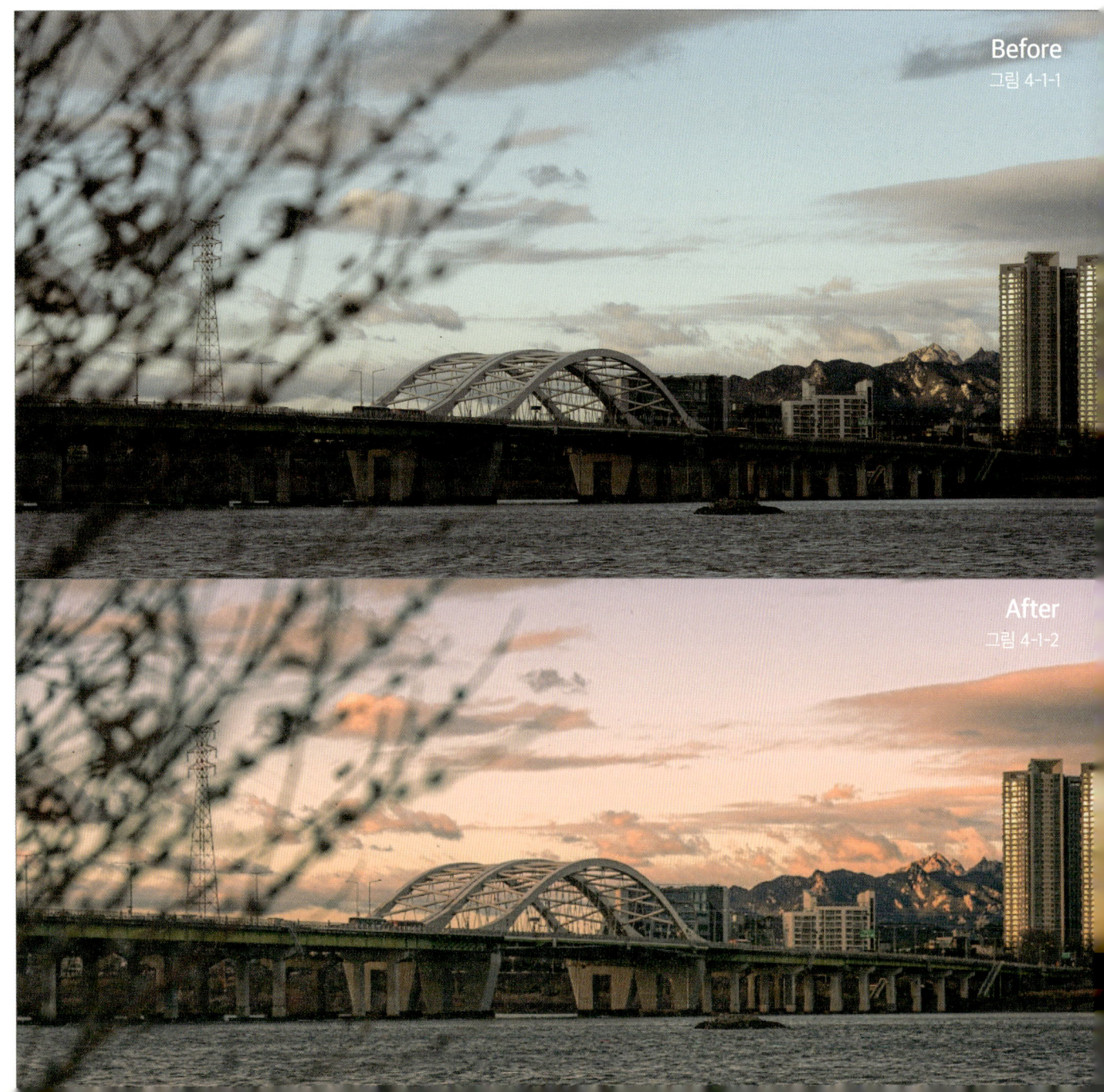

Before
그림 4-1-1

After
그림 4-1-2

001 | 일상의 풍경과 석양을 담아보자

모든 사진 보정이 그러하지만 특히 풍경이나 석양 사진의 경우, 보정의 재료가 되는 원본 사진을 잘 담아내는 것이 중요합니다. 따라서 본격적인 보정에 앞서 촬영에 대한 부분을 간략히 살펴보겠습니다.

(1) 촬영 장소

일상적인 풍경이라면 촬영 장소에 크게 구애를 받지는 않습니다. 내가 촬영하고 싶은 바로 그 장소에서 내가 담고 싶은 풍경을 담으면 그만입니다. 하지만, 석양을 촬영하기로 한 경우에는 장소 선정에서 염두에 두어야 할 것이 있습니다.

그것은 바로, 서쪽 하늘을 담아야 한다는 것입니다. 알고 나면 아주 단순한 부분이지만 사실 가장 중요한 부분이기도 합니다. 우리나라를 기준으로, 태양은 동쪽에서 떠서 서쪽으로 지기 때문에 석양을 담기 위해서는 굳이 태양을 사진에 함께 담으려는 의도가 아니더라도 태양이 지고 있는 서쪽 하늘을 담아야 합니다. 사진 촬영이란 어디까지나 촬영자 개인의 촬영 의도를 반영한 창작 활동이기 때문에 무조건 서쪽을 찍어야 하는 것은 아니지만, 석양을 촬영한다는 목적을 가지고 바라볼 때 서쪽 하늘이 동쪽 하늘에 비해 갖는 몇 가지 이점이 있습니다.

서쪽 하늘은 태양이 지는 방향이기 때문에 동쪽 하늘에 비해 풍부한 빛을 가지고 있습니다. 또한, 서쪽 하늘에 구름이 잔잔하게 깔려 있을 경우 구름 주위로 빛이 산란되면서 보다 드라마틱한 모습을 담을 수 있습니다. 특히 구름의 색상이 파스텔 톤으로 흐르는 듯한 느낌은 동쪽 하늘에 비해 서쪽 하늘에서 보다 두드러지게 나타납니다.

따라서 석양을 촬영하기로 하고 촬영 장소를 선정할 때에는 내가 촬영하기로 한 위치에서 서쪽 하늘을 조망할 수 있는지, 그리고 서쪽에는 어떤 피사체들이 위치하고 있는지를 함께 고려하는 것이 좋습니다. 만약 서쪽 하늘에서 강렬하게 빛을 뿜는 태양을 정면으로 마주하고 싶지 않을 때에는 살짝 각도를 틀어 남서쪽을 담더라도 석양의 느낌을 잘 담을 수 있습니다.

그림4-1-3과 그림4-1-4는 지난 20년 5월 27일 오후 7시 19분에 촬영한 동쪽 하늘과 서쪽 하늘의 모습입니다. 두 사진은 같은 시간에 같은 장소에서 촬영 방향만 동쪽과 서쪽으로 달리하여 촬영한 것으로, 해당 일자에 기상청 발표 일몰 시간은 오후 7시 44분이었음을 참고 바랍니다.

그림 4-1-3. 동쪽 하늘의 모습이며, 아무런 보정을 가하지 않은 원본 사진입니다.

그림 4-1-4. 같은 시간에 촬영한 서쪽 하늘의 원본 사진입니다.

참고로, 사진의 좌측 상단에는 필요에 따라 촬영 시간이나 사진의 해상도를 표시할 수 있으며, 단축키는 I(i)입니다. 단축키 I(i)를 한번 더 누르면 노출의 3요소 정보와 초점거리 등을 확인할 수 있습니다.

(2) 촬영 시간

석양을 담기 위해서는 태양의 고도가 충분히 낮아진 시간대에 촬영하는 것이 좋습니다. 태양의 고도가 낮아지면 태양 빛이 우리 눈에 도달하기까지 대기 중에서 부딪히는 입자[1]의 양이 태양의 고도가 높았을 때에 비해 상대적으로 많아지기 때문에, 그로 인해 태양 빛은 보다 더 다채롭게 산란하게 됩니다. 그리고 이는 곧, 사진 안에서 더욱 드라마틱한 모습으로 표현됩니다.

일반적으로 이렇게 태양의 고도가 충분히 낮아져 보다 많은 빛의 산란이 일어나는 시간대를 매직아워(Magic Hour) 또는 골든아워(Golden Hour)라고 하며, 보통 일몰 전후 30분을 지칭합니다. 따라서 일몰 전후 30분 동안 집중적인 촬영을 하기 위해 현장에 보다 일찍 도착하여 모든 촬영 준비를 마치는 것을 기준으로 촬영 계획을 세우면 좋습니다.

(3) 촬영 장비

촬영은 DSLR이나 미러리스 카메라 또는 스마트폰 카메라 모두 이용할 수 있습니다. 그리고 Chapter 02에서 설명한 것처럼 만약 RAW 촬영이 가능하다면, 후보정을 감안하여 가급적 RAW 파일로 촬영하는 것을 권장합니다.

(4) 촬영 세팅

촬영 모드는 사용자가 조리개를 직접 조절할 수 있는 완전 수동모드(M모드)나 조리개 우선모드(A모드, Av모드) 또는 프로그램모드(P모드)를 권장하며, 반드시 완전 수동모드일 필요는 없습니다. 풍경이나 노을 사진은, 이미 촬영하고자 하는 피사체가 촬영 위치로부터 충분히 멀리 떨어져 있기 때문에 설령 조리개를 최대로 개방하여 촬영하더라도[2] 사진 전체 영역에서 심도를 확보하는 데에 큰 문제는 없습니다. 다만, 조리개를 최대로 개방하게 되면 조리개를 조여서 촬영하는 것에 비해 주변부의 화질이 떨어질 수 있으므로 가급적이면 이같은 풍경 촬영에서는 어느 정도는 조리개를 조이고 촬영하는 것을 권장합니다.

(5) 초점

풍경 촬영 시 초점은 Chapter 02에서 설명한 것과 같이 과초점거리를 이용하면 됩니다. **과초점거리와 관련한 내용은 Chapter 02의 Class 05 내용을 다시 한번 참고 바랍니다.**

002 | 풍부한 색을 가진 드라마틱한 느낌의 석양 보정 방법

이렇게 촬영한 원본으로 실제 보정을 하기에 앞서 큰 틀에서 보정의 방향을 먼저 세워보겠습니다. 사진을 보정할 때마다 매번 보정의 방향을 세울 수는 없는 노릇이지만, 아무런 방향성이 없는 상태에서 보정을 하게 될 경우 사진이 조금씩 달라지

---

[1] 주로 대기 중의 수증기나 먼지와 같은 작은 입자들을 의미합니다.
[2] 일반적으로 이렇게 조리개를 최대로 개방하게 되면 심도는 가장 얕아집니다만, 만약 촬영자와 피사체의 거리가 충분히 떨어져 있을 경우에는 사진 전체 영역으로 심도가 확대됩니다. **심도와 관련한 상세한 내용은 Chapter 02의 Class 05를 참고하기 바랍니다.**

는 과정 속에서 보정의 끝을 명확히 가늠하기 어렵게 됩니다. 뿐만 아니라 아무런 방향성 없이 이것저것 조절해보다가[3] 우연히 어떤 좋은 색감을 발현하게 되더라도 다음번에 다시 새로운 사진을 보정할 때에는 전에 진행했던 사진 보정의 흐름을 동일하게 밟아가는 데에 어려움을 느낄 수 있습니다. 따라서 이번 클래스뿐만 아니라 앞으로의 다른 보정 클래스에서도 이처럼 보정의 방향을 우선적으로 세우는 작업을 진행할 예정입니다.

그렇다면 다시 한번 원본 사진을 보겠습니다.

| 그림 4-1-1. 이번 클래스에서 보정할 첫 번째 원본 사진입니다. 참고로 이 사진은 세로로 길게 촬영한 후 가로가 더 길어 보이도록 크롭한 것입니다.

보정의 방향성을 잡기 위해 원본 사진에서 아쉬운 점을 찾아보겠습니다. 아쉬운 점을 찾을 때에는 어떤 정해진 순서가 있다기보다는 순서에 상관없이 그저 브레인스토밍하듯이 자유롭게 스스로의 생각을 정리하면 됩니다.

필자가 생각하는 원본 사진의 아쉬운 점은 다음과 같습니다.

- 노을이 지는 시간대에 촬영하였다고 보기에는 조금은 애매한 하늘의 색감
- 하늘에 비해 상대적으로 어둡고 칙칙해 보이는 다리
- 사진의 주제가 되는 교각이 하늘에 비해 두드러지게 보이지 않는 문제
- 전체적으로 진한 감흥을 전해주지 못하는 사진의 색감

---

[3] 막무가내로 "이것저것 조절해보는" 보정 방법이 부적절하다는 의미는 아닙니다. 라이트룸을 처음 시작하여 기능을 익히는 단계에서는 오히려 막무가내식으로 접근하는 것도 각각의 기능에 친숙해지는 방법 중 하나일 수 있습니다.

아쉬운 부분을 바로잡기 위해 다음의 순서에 따라 보정을 진행하고자 합니다.

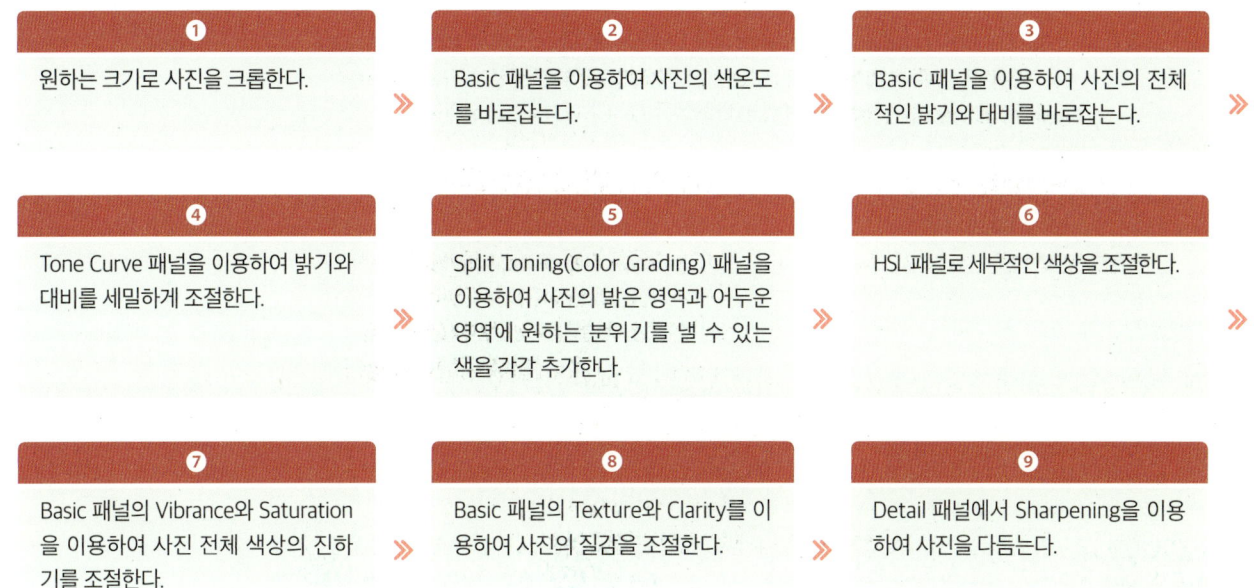

이러한 순서대로 보정해 보겠습니다.

(1) 원하는 크기로 사진을 크롭하기

최초 사진은 원래 세로로 촬영한 사진이었기에 세로가 가로에 비해 길었습니다. 따라서 이 사진을 Crop Overlay 툴을 이용하여 가로가 긴 사진으로 바꾸어보겠습니다.

| 그림 4-1-5. 크롭을 하지 않은 원본 사진입니다.

| 그림 4-1-6. Crop Overlay 툴을 선택하고 가로세로 비율을 2:3으로 선택한 후 원하는 부분만 잘라낸 모습입니다.

아울러, 오른쪽에 걸쳐있는 아파트의 수직선에 따라 사진을 0.56도만큼 회전하였습니다. 이제 이 상태에서 Enter 키를 누르거나 Crop Overlay 아이콘을 한 번 더 누르면 크기 조절은 완료됩니다. 이렇게 처음부터 크기 조절을 해두면 사진 보정을 하는 동안 특별한 상황이 발생하지 않는 이상, 다시 크기를 조절할 필요가 없기 때문에 다른 보정 과정에 선행하여 진행하기로 합니다.

(2) Basic 패널을 이용하여 사진의 색온도와 전체적인 밝기를 조절하기

| 그림 4-1-7. Crop Overlay 툴을 이용하여 사진의 크기만 조절한 사진입니다.

그림 4-1-8. Basic 패널에서 밝기와 관련한 보정을 마친 사진입니다.

원본 사진에서는 하늘과 그 외 나머지 부분의 밝기 차이로 인해 대비가 강한 느낌을 주기 때문에 Basic 패널을 이용하여 이를 조금 더 부드럽게 조절하겠습니다. 참고로 이 사진은 Auto White Balance로 설정하고 촬영한 것임에도 불구하고 실제 촬영 현장의 상황과 사진에 표현된 색온도 간의 편차가 크게 느껴지지 않습니다. 하지만 색온도도 같이 살펴보겠습니다.

우선 사진 전체적으로 노출의 양은 적절하다고 판단되어 Exposure값은 별도로 조절하지 않는 대신 자연스럽고 부드러운 느낌을 위해 Highlights의 값을 낮추고 Shadows의 값은 높였습니다. Highlights값을 낮춤으로써 밝게만 보였던 하늘이 조금 더 원래의 색을 찾아가는 듯한 느낌을 얻게 되고, Shadows값을 높임으로써 어둡고 칙칙했던 다리 부분에 생기가 돌게 되었습니다. 또한 Whites와 Blacks도 적정하다고 여겨지는 수준으로 조절하였습니다. 이렇게 일차적으로 밝기를 맞춘 후, Contrast값을 이용하여 추가적으로 대비를 조금 더 낮추었습니다.[4]

만약, 이처럼 밝기 보정을 하기에 앞서 사진의 밝은 영역과 어두운 영역의 차이를 줄이기 위해 Contrast값을 낮추는 보정부터 시작했다면 현재 필자가 설정한 값(-14)보다 훨씬 더 낮은 수준으로 Contrast값을 조절하려고 했을 것입니다. 왜냐하면, 밝기와 관련한 보정이 전혀 되어 있지 않은 상태에서의 대비는 상대적으로 더 크게 느껴지기 때문입니다.

그렇게 하는 것이 문제가 될 소지는 없지만, Contrast값을 먼저 조절한 후 다시 밝기 조절을 통해 명부와 암부의 디테일을 살리는 작업을 하고 나면 처음에 설정해 둔 Contrast값이 생각보다 너무 내려가 있다는 생각을 하게 될 것입니다. 따라서 중복되는 작업을 피하기 위해 밝기 보정을 먼저 완료한 이후에 Contrast값을 조절하는 식으로 순서를 잡았습니다.

아울러 색온도의 경우, 이 사진에서는 크게 건드리지 않아도 무방하지만 여기서는 Temp와 Tint값을 조금씩만 내려보았습니다. Basic 패널에서 할 수 있는 Texture와 Clarity와 같은 외관 보정도 현재 단계에서 함께 진행하여도 무방하지만, 앞서 정한 보정 순서에 따라 이들 보정은 마무리 단계에서 진행하기로 합니다.

---

4 어떤 사진을 보정할 때에, 간혹 Highlights값은 얼마로 하고 Shadows값은 얼마로 해야 된다는 식의 이야기를 하는 경우도 있습니다. 하지만, 이런 값들은 실제 내 사진을 보정함에 있어 중요한 의미를 지니지 못합니다. 각기 다른 빛 정보를 담고 있는 사진으로 어떻게 똑같은 값을 획일적으로 적용할 수 있겠습니까? 그렇기 때문에 필자 역시도 독자분들에게 단순히 특정한 값을 알려주는 방식에서 탈피하여, 어떠한 효과를 내기 위해서 어떻게 보정하면 되는지에 대한 원리적인 부분에 집중하여 설명하고자 합니다.

(3) Tone Curve 패널을 이용하여 밝기와 대비를 세부적으로 조절하기

이어서 진행할 보정은 Tone Curve 패널을 이용한 밝기와 대비 조절입니다. Chapter 03의 Tone Curve 패널 편에서도 잠시 언급한 바와 같이 Tone Curve 패널은 무궁무진한 가능성을 지니고 있습니다. 다른 보정값을 일치시킨다 하더라도 Tone Curve 패널의 보정만으로 전혀 다른 느낌을 연출할 수 있을 정도입니다. Basic 패널에서 충분히 밝기와 대비 조절을 하였지만 Tone Curve 패널을 이용하여 조금 더 다듬어 보겠습니다.

| 그림 4-1-8. Basic 패널에서 밝기와 관련한 보정을 마친 사진입니다.

우선 아무런 보정이 이루어지지 않은 사진과 그림4-1-8을 비교해 보면, 아직 미완성의 상태이긴 하지만 향후 보정을 위한 기본적인 작업은 진행된 것으로 보입니다. 이 상태에서 바로 다음 단계인 Split Toning(Color Grading) 패널로 넘어가도 좋습니다. 하지만, 원하는 수준의 대비를 맞추기 위해 밝기를 조절하다 보니 너무 밝았던 곳은 다소 차분해지고, 너무 어두웠던 곳은 밝아졌지만 그로 인해서 사진이 전체적으로 밋밋한 느낌이 나는 것을 알 수 있습니다. 이럴 때 Tone Curve 패널을 이용하여 분위기에 변화를 줄 수 있습니다.

일단 그림4-1-9의 Tone Curve 패널에서 하단의 Point Curve 아이콘을 클릭하여 그림4-1-10과 같이 Point Curve 모드에 들어가겠습니다. Point Curve는 Curve 위에 일일이 점을 찍어 Curve의 모양에 변형을 가할 수 있는 도구입니다. 2020년 6월 업데이트를 적용한 사용자는 Tone Curve 패널 상단에 있는 Adjust 아이콘 중 왼쪽에서 두 번째에 있는 아이콘을 클릭하면 Point Curve 모드에 들어갈 수 있으며, Point Curve의 역할에 대해서는 Chapter 03의 Tone Curve 패널 편을 참고하기 바랍니다.

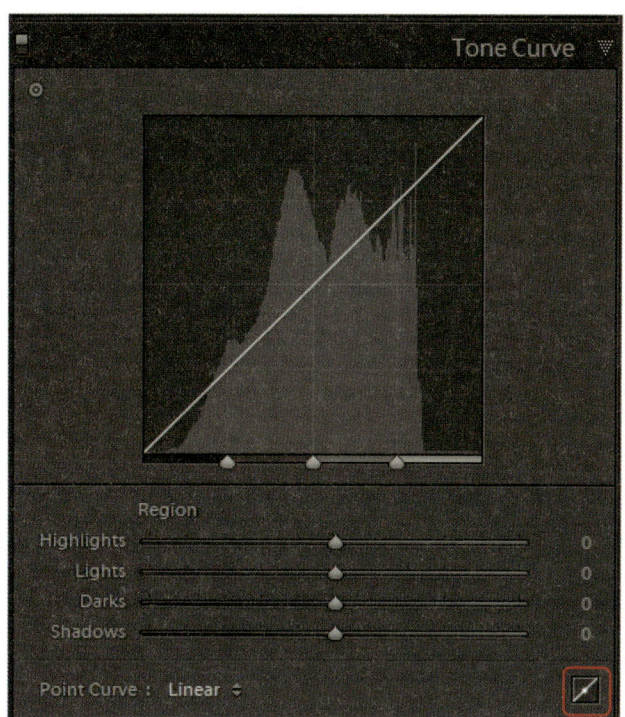

| 그림 4-1-9. Tone Curve(Parametric Curve)의 모습입니다.

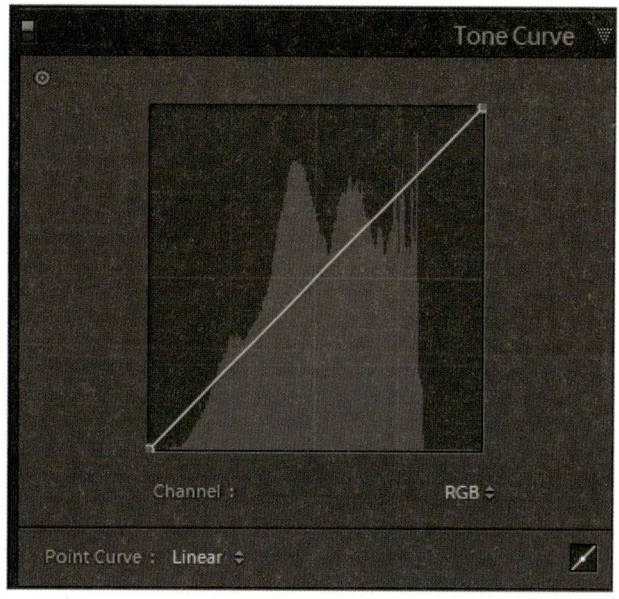

| 그림 4-1-10. Point Curve 아이콘을 클릭하면 이 화면을 볼 수 있습니다.

예리한 독자분이라면 눈치를 채셨겠지만, Tone Curve(Parametric Curve)나 Point Curve에서 보이는 뒷 배경의 그래프는 히스토그램과 매우 유사하게 보입니다. 그리고 실제로 이 둘은 동일한 패턴이 맞습니다. 단지 히스토그램에서는 0에서부터 255까지의 총 256단계를 기반으로 사진의 밝기를 나타내고 있다면 Tone Curve 패널에서는 0%에서부터 100%로 사진의 밝기를 표현한다는 것이 차이입니다. 그리고 우리는 이러한 특징을 이용하여 Tone Curve 패널을 효과적으로 사용할 수 있습니다.

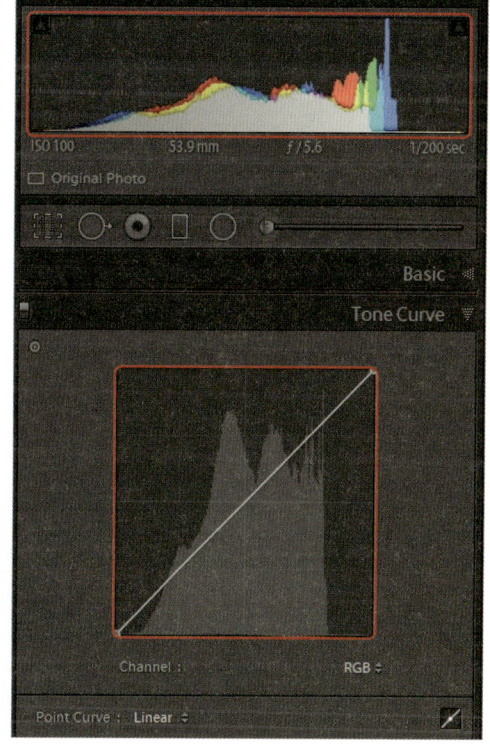

| 그림 4-1-11. 자세히 보면 두 그래프는 높낮이와 폭에서 차이를 보일 뿐, 사실상 같은 패턴을 보이고 있다는 것을 알 수 있습니다.

따라서 히스토그램과 마찬가지로 Tone Curve(Parametric Curve) 혹은 Point Curve에서의 좌측은 사진의 어두운 영역을 의미하고, 우측은 사진의 밝은 영역을 의미합니다. 또한 중간 부분은 중간 정도의 밝기를 지닌 영역을 의미합니다.

사용법은 간단합니다. Point Curve의 좌측 영역을 잡아 올리면 사진의 어두운 영역이 밝아지고, 좌측 영역을 잡아 내리면 사진의 어두운 영역이 더 어두워집니다. Point Curve의 우측 영역을 잡아 올리면 사진의 밝은 영역이 더욱 밝아지고, 우측 영역을 잡아 내리면 사진의 밝은 영역은 보다 어두워집니다. 중앙도 마찬가지입니다.

이제 Point Curve 위에 2개의 지점을 클릭하여 점을 만들어주고 그림4-1-12와 같이 조절해 보겠습니다. Point Curve는 양 끝의 두 지점을 포함하여 총 16개의 지점을 임의로 클릭하여 원하는 그래프의 모양을 만들 수 있으며, 해당 점 위에 마우스 오른쪽 버튼을 클릭했을 때 나타나는 메뉴에서 Delete Control Point를 누르면 만들어진 점을 제거할 수 있습니다. 마우스 오른쪽 버튼을 클릭했을 때 나타나는 메뉴에서 Flatten Curve를 선택하면 Point Curve 자체를 초기화하는 것도 가능합니다. 업데이트된 버전에서는 Flatten Curve라는 메뉴 대신 Reset Channel을 이용하여 Point Curve를 초기화할 수 있습니다.

그러면, 그림4-1-12와 같은 조작을 통해서 우리는 무엇을 유추할 수 있을까요? 사진의 결과물이 어떻게 바뀔지는 아직 모르지만, 좌측 영역을 잡아 올렸기 때문에 전에 비해 어두운 영역은 보다 더 밝아질 것이라는 것을 예상할 수 있습니다. 그런 다음, 다시 Point Curve 아이콘을 클릭하여 그림 4-1-13과 같이 Tone Curve(Parametric Curve) 모드로 돌아가 보겠습니다.

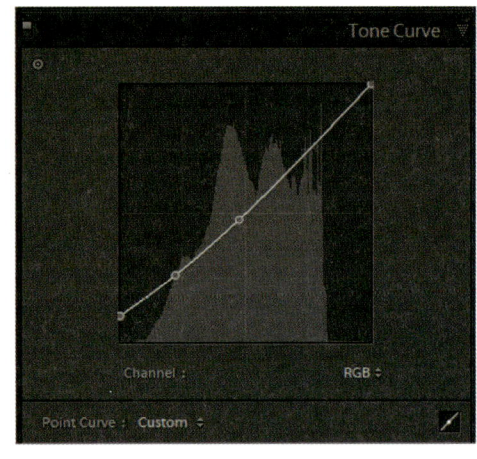

그림 4-1-12. 2개의 지점을 클릭하여 점을 만든 후 마우스로 드래그하면 이와 같은 모양을 만들 수 있습니다.

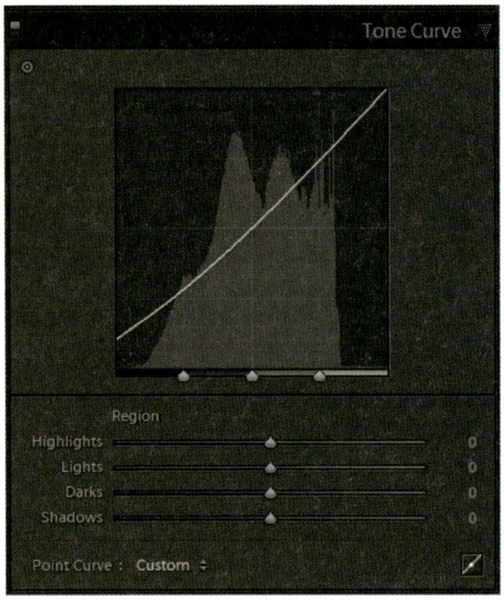

그림 4-1-13. 조금 전 만들어두었던 Point Curve가 그대로 반영된 것을 확인할 수 있습니다.

이렇게 Point Curve를 조절하는 것만으로 Tone Curve 패널에서의 보정을 마무리할 수 있습니다. 하지만 여기에서는 Region 영역을 이용하여 보다 세부적인 조절을 해보겠습니다. Region 영역의 보정 도구들을 이용하면 Basic 패널에서와 유사하게 사진의 밝고 어두운 영역을 조절할 수 있습니다.

그림 4-1-14. Region 영역의 값들을 조절한 모습입니다.

Lights를 올림으로써 사진의 밝은 영역을 조금 더 밝게 하고, Darks는 내림으로써 사진의 어두운 영역을 약간 더 어둡게 조절하여 자칫 밋밋해 보일 수 있는 사진에 약간의 대비를 첨가하였습니다. 또한 앞서 Tone Curve를 이용하여 어두운 영역을 조금 더 밝게 조절해 두었기 때문에 사진의 어두운 부분이 지나치게 검게만 보이는 것을 방지하였습니다. 이렇게 조절하고 나면 맨 처음 Point Curve를 이용하여 만들어 두었던 Tone Curve(Parametric Curve)의 모양이 이 값들의 영향을 받아 원래의 모양에서 변하게 됩니다. 즉, Chapter 03에서 설명한 것과 같이 Point Curve에 Region 영역의 값들이 반영됨에 따라 Tone Curve(Parametric Curve)의 모양이 변한다는 것을 확인할 수 있습니다.

이쯤 되면 독자분 중에는 앞서 Basic 패널 보정에서 실컷 밝기를 보정하고 여기까지 왔는데 왜 다시 Tone Curve 패널에서 이런 작업을 해야하는지에 대한 의문을 제기하는 분도 있으리라 생각합니다. 쉽게 이야기해서 Basic 패널은 사진 전체 영역을 놓고 밝음과 어두움을 조절하는 기능인 반면, Tone Curve 패널은 사용자가 원하는 영역에서 선택적으로 밝음과 어두움을 조절할 수 있다는 데에 근원적인 차이가 있습니다. 바꾸어 말해서, Basic 패널에서 할 수 있는 밝기 보정은 기본적으로 Tone Curve에서도 가능하지만 Basic 패널에서 흉내낼 수 없는 Tone Curve의 독특한 보정 영역이 존재하는 것입니다.

이러한 특성 때문에 사진의 밝기와 관련한 보정을 Tone Curve 패널에 전적으로 의존하는 사용자도 있습니다. 그리고 그 방법이 결코 잘못되었다고 말할 수도 없습니다. 다만, Tone Curve 패널은 Basic 패널이 갖고 있지 않은 Toggle Switch를 가지고 있기 때문에 Basic 패널을 보완하는 도구로 사용할 때에 그 효과를 극대화할 수 있다는 것이 필자의 생각입니다. 이를 위해 맨 처음 Basic 패널에서는 사진의 대비는 낮추더라도 하늘은 다소 어둡게 조절하고 다리 부분의 그림자는 밝게 조절하여 각 영역이 가진 사물의 디테일이 확보되도록 조절하였으며, 그로 인해서 밋밋해 보일 수 있는 사진에 다시 대비를 첨가하기 위해 Tone Curve 패널을 이용한 것입니다. 많은 사람들이 오해하고 있는 것 중 하나가 바로 이 '대비'인데, 대비란 단순히 Basic 패널의 Contrast 슬라이더를 내렸다 올렸다 하는 식으로 해서 끝나는 것이 아닙니다. 대비란 결국 밝기의 차이를 뜻하기 때문에 사진의 밝기에 변화를 주는 조작들은 결국 대비에 영향을 미치게 됩니다. 그리고 그렇게 밝기의 변화를 통해 만들어진 대비는 단순히 Contrast 슬라이더를 조작하는 것 이상의 효과를 나타내게 됩니다. 이러한 드라마틱한 효과를 만들어내기 위한 최적의 도구가 바로 Tone Curve 패널이라고 할 수 있습니다.

Tone Curve 패널까지 보정함으로써 이제 사진의 밝기나 대비와 관련한 보정은 사실상 끝이 났습니다. 그리고 이는 곧, 색상과 관련한 보정을 할 준비가 되었다는 의미이기도 합니다.

(4) Split Toning(Color Grading) 패널을 이용하여 사진을 지배하는 색감 만들기

Split Toning(Color Grading) 패널은 아주 단순한 조작만으로도 사진의 색감을 바꿀 수 있는 도구입니다. 색상이라는 단어가 개별적인 색을 지칭한다면, 색감은 사진 전체에 담긴 여러 색상들이 만들어내는 분위기를 의미한다고 이해하면 좋을 것 같습니다. 어떠한 느낌의 색감을 넣을지를 결정하기 위해 Tone Curve 패널까지의 보정이 끝난 사진을 다시 보겠습니다.

| 그림 4-1-14. Tone Curve 패널까지의 보정이 끝난 사진입니다.

모든 보정이 그렇지만 Split Toning(Color Grading) 패널에서도 정답이 미리 정해진 것은 아닙니다. 사용자가 생각하는 최적의 색감, 내지는 사진에 가장 어울릴 것 같은 색감을 찾아 입혀주면 됩니다. 필자는 이 사진이 석양을 촬영했다고 보기에는 다소 애매해 보이는 색상 톤을 가지고 있고 전체적으로 진한 감흥을 전해주지 못하는 것을 아쉬운 점으로 생각했습니다. 따라서 이러한 부분을 보완하기 위해 하늘 부분 즉, 밝은 영역에 다홍색 계열의 색을 첨가해 보기로 하겠습니다.

| 그림 4-1-15. 밝은 영역에 다홍색 계열을 첨가한 사진입니다.

하늘 부분의 색은 어느 정도 자리를 잡았지만 과다한 Saturation으로 인해 강 부분까지도 다홍색이 심하게 침범한 것을 알 수 있습니다. 이에 어두운 영역에는 하늘색 계열의 색을 첨가하겠습니다.

| 그림 4-1-16. 어두운 영역에 하늘색 계열을 첨가한 사진입니다.

그리고 최종적으로 Balance 슬라이더를 조절하여 밝은 영역에 첨가되는 색과 어두운 영역에 첨가되는 색의 비율을 조절한 것이 그림4-1-17입니다.

그림 4-1-17. Split Toning이 완료된 사진입니다.

2020년 10월 업데이트를 적용한 경우, 그림4-1-18과 그림4-1-19와 같이 Color Grading 패널의 Highlights와 Shadows를 조절하면 그림4-1-17과 동일한 효과를 만들 수 있습니다. Chapter 03의 Split Toning(Color Grading) 패널 편에서 설명한 것처럼 그림4-1-18과 그림4-1-19에서의 Blending값을 100으로 설정하면 Split Toning 패널의 효과와 Color Grading 패널의 효과가 같아집니다.

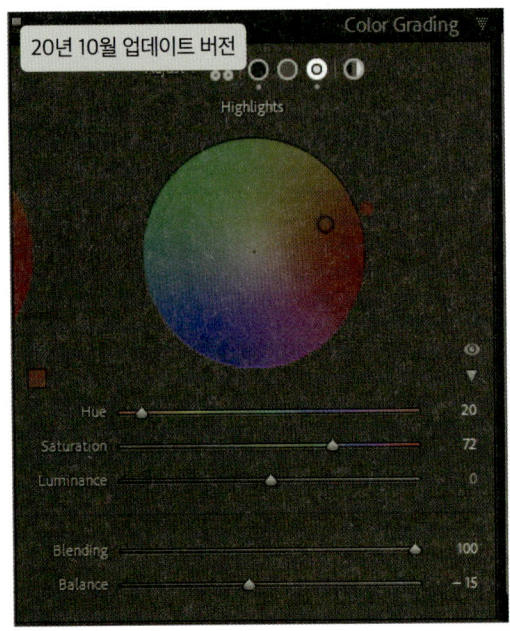

그림 4-1-18. Color Grading 패널에서의 Highlights 설정입니다.

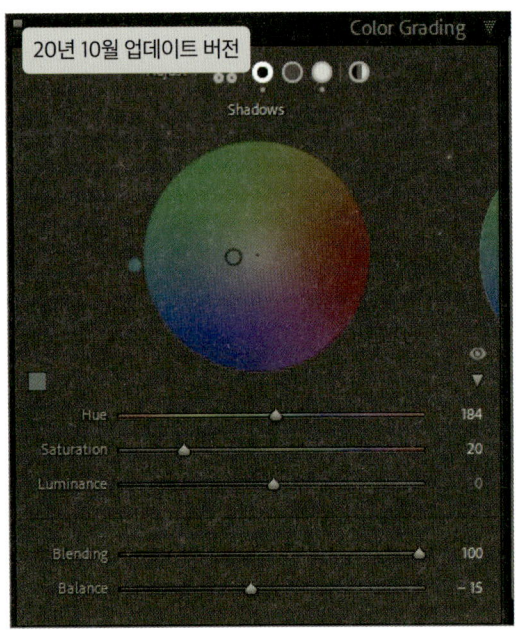

그림 4-1-19. Color Grading 패널에서의 Shadows 설정입니다.

(5) HSL 패널을 이용하여 개별적인 색을 조절하기

Split Toning(Color Grading) 패널을 통해 사진에 전체적인 색감을 입혀주었다면 이번에는 HSL 패널로 각각의 색을 조절해 보도록 하겠습니다. HSL 패널을 통해 먼저 개별적인 색을 만지고 난 후, Split Toning(Color Grading) 패널을 통해 사진에 전체적인 색감을 입히는 경우도 있습니다만, 이번 클래스에서는 Split Toning(Color Grading) 패널에 이어 HSL 패널 보정을 하는 것으로 순서를 정해 보았습니다.

현재 사진에서는 Split Toning(Color Grading) 패널의 효과로 인해 사진을 지배하는 색상이 사진 전체적으로 뚜렷하게 드러나고 있기 때문에 HSL 패널에서 크게 손을 댈만한 것은 없어 보입니다. 따라서 그림4-1-20과 같이 주황색과 노란색 계열만 조금 손을 보기로 합니다. 다만 경우에 따라서는 Split Toning(Color Grading) 패널을 전혀 이용하지 않고 HSL 패널의 보정만으로도 색감을 잡아가는 경우도 있으니 그 점은 참고 바랍니다.

그림 4-1-20. HSL 패널 보정이 완료된 사진입니다.

(6) Basic 패널에서 사진 전체의 채도 조절하기

Split Toning(Color Grading) 패널과 HSL 패널을 모두 거쳤기 때문에 사실상 색감과 관련한 작업은 거의 마무리되었습니다. 이제 다시 Basic 패널로 돌아가서 Vibrance와 Saturation을 가지고 사진의 채도만 마지막으로 조절해 보겠습니다.

맨 처음 Basic 패널에서 밝기 보정을 할 때에는 Vibrance와 Saturation을 조절하지 않다가 이제 와서 다시 이 값들을 조절하려는 이유는, 최초에 우리가 세운 보정의 순서 안에 Split Toning(Color Grading) 패널과 HSL 패널을 거치는 과정이 포함되어 있었기 때문입니다. 어차피 이 두 가지 패널을 거치면서 사진 속에 표현된 색상들을 조절할 것이었기 때문에 처음부터 이러한 작업에 영향을 미치는 Vibrance나 Saturation을 미리 조절하지 않았던 것입니다. 하지만 이와 상반되게 처음부터 색감 관련 보정을 전혀 하지 않은 상태에서 Basic 패널의 Vibrance와 Saturation값들을 원하는 수준으로 조절하고 이어서 Split

Toning(Color Grading) 패널이나 HSL 패널의 값을 조절하는 것도 하나의 보정 방법이 될 수 있습니다. 라이트룸의 모든 보정 도구는 사용자의 입맛에 따라 얼마든지 먼저 혹은 나중에 조절하거나 아예 조절하지 않을 수 있기 때문에 독자분들의 입장에서 어떤 방식은 맞고, 어떤 방식은 틀리다는식의 프레임으로 바라보기 보다는 여러 방법이 가진 장단점을 이해하고 흡수하기를 권장합니다.

| 그림 4-1-21. Vibrance와 Saturation을 각각 조절한 결과물입니다.

채도가 강해 보이는 색의 채도는 약간 줄이는 대신, 채도가 두드러지지 않았던 색의 채도를 키우기 위해 Saturation은 내리고 Vibrance는 올렸습니다. 이 부분의 설명이 잘 이해되지 않는 독자분들은 Chapter 03에서 설명한 Saturation과 Vibrance 부분을 다시 한번 참고하면 좋겠습니다.

(7) Basic 패널에서 사진의 질감 조절하기

사진의 색감과 관련한 작업은 이제 모두 끝이 났기 때문에 지금부터는 사진의 질감을 조절해 보겠습니다. 여기서는 사진의 질감을 조절하기 위해 Basic 패널의 Texture와 Clarity를 이용할 예정입니다.

| 그림 4-1-22. 아직 질감을 조절하지 않은 상태의 사진입니다.

| 그림 4-1-23. 사진의 질감을 보다 강화한 결과물입니다.

질감 표현을 위해 Texture는 올리는 한편 Clarity는 낮춤으로써 피사체의 윤곽선이 과도하게 진해보이지 않도록 하였습니다. Clarity를 올리는 것 또한 여기서는 좋은 선택일 수 있지만 Clarity를 올리는 형태로 질감을 보완할 경우 특히 교각이 심하게 두드러져 보일 수 있기 때문에 여기서는 오히려 Texture의 값을 늘리고 Clarity는 낮추는 대안을 선택 하였습니다. 여기에 Dehaze를 +5까지 늘림으로써 풍경 사진에서의 드라마틱한 효과를 조금 더 첨가하였습니다.

Chapter 4 색감 보정 심화 클래스 **267**

(8) Detail 패널에서 사진의 선명도 조절하기

사진의 질감 표현까지 보정이 완료되었다면 실질적인 보정은 모두 끝이 났습니다. 여기에서는 추가적으로 Detail 패널을 이용하여 사진의 선명도를 조절해 보도록 하겠습니다.

그림 4-1-24. Detail 패널의 보정이 적용되기 전 모습입니다.

그림 4-1-25. Detail 패널의 보정이 끝난 모습입니다.

현재 사진은 ISO가 100으로서 노이즈가 그리 심하지 않기 때문에 Luminance Noise Reduction이나 Color Noise Reduction은 거의 건드리지 않고 대신 Sharpening을 통해 사진을 조금 더 선명하게 하였습니다. Sharpening의 효과가 피사체에 집중될 수 있도록 Masking을 이용하여 Sharpening이 적용되는 범위를 보다 축소하였습니다.

이렇게 하여 모든 보정이 마무리되었습니다. 색감 보정의 첫 번째 클래스치고는 다양한 패널들의 기능을 복합적으로 이용하였기 때문에 다소 어렵게 느끼는 독자분도 있으리라 생각합니다. 그러나, 석양과 같은 일반적인 풍경들은 일상에서 쉽게 접할 수 있는 데다가 특히 다채로운 색상들을 담아낼 수 있기 때문에 맨 처음 보정을 연습하기에 매우 적합하다고 할 수 있습니다. 이번 클래스에서 배운 내용을 토대로 가까운 곳에 가서 석양의 모습을 담은 후 여러분만의 느낌으로 보정을 해보는 건 어떨까요?

02 CLASS

#따뜻한 #부드러운 #풍경 #공원

Class 02에서는 Class 01과 같은 풍경 사진이지만 낮 시간대에 촬영한 사진을 가지고 조금은 다른 느낌으로 보정해 보려고 합니다.

Before
그림 4-2-1

After
그림 4-2-2

001 | 낮 시간대 풍경 사진 촬영을 위한 빛의 이해

낮 시간대에는 태양광이 사진 전체적으로 막대한 영향을 미치기 때문에 태양의 위치에 따른 빛의 변화에 주목할 필요가 있습니다. 흔히 순광, 측광, 그리고 역광이라고 부르는 것이 바로 그것입니다. 먼저 예시 사진을 한번 살펴보겠습니다.

■ 순광

그림 4-2-3. 피사체 전체로 빛이 풍부하게 들어오는 순광에서 촬영한 사진입니다.

순광이란 피사체가 빛을 정면에서 받고 있는 상황을 의미합니다. 따라서 촬영자가 빛을 완전히 등진 상태에서 촬영하게 되면 그때는 자연스레 순광의 촬영 환경이 조성됩니다. 순광에서 촬영하는 경우, 피사체는 빛을 정면에서 받게 되므로 사진 전체적으로 풍부한 빛을 담을 수 있습니다. 그로 인해 순광에서는 다른 촬영 조건에 비해 상대적으로 많은 노출을 확보할 수 있으며, 이는 곧 노출의 3요소를 정하는데 있어 많은 이점을 갖게 합니다. 즉, 이미 노출이 충분하기 때문에 조리개를 조임으로써 심도를 깊이 하거나 낮은 ISO를 설정해두고 촬영할 수도 있으며, 부족해진 노출을 얻기 위해 애써 셔터스피드를 느리게 하지 않아도 됩니다.

하지만, 순광에서는 그림4-2-3처럼 빛이 피사체 전체에 내리쬠으로 인해 피사체의 음영이나 질감이 강한 빛에 그대로 묻히게 될 가능성이 높아집니다. 따라서 밝고 화사하게 피사체를 촬영할 수는 있어도 사진의 대비가 떨어짐으로 인해 사진이 전체적으로 밋밋해지거나 피사체를 돋보이도록 하기에는 부족함이 있을 수 있습니다. 특히 인물 사진에서 이런 현상이 두드러지며, 풍경 사진에서도 순광에서 촬영하는 것만을 고집할 경우 아무리 좋은 카메라, 값비싼 렌즈로 촬영한 사진이더라도 사진이 지나치게 평범하다거나 단조로워 보이는 느낌을 줄 수 있다는 점을 인지할 필요가 있습니다.

■ 측광

그림 4-2-4. 피사체의 옆면에서 빛이 들어오는 측광에서 촬영한 사진입니다.

측광은 피사체가 빛을 옆에서 받고 있는 상황을 의미합니다. 빛이 들어오는 각도에 따라서는 대략 90도 전후의 각도에서 들어오는 빛은 측광, 45도 전후의 각도에서 들어오는 빛은 사광으로 구분하기도 합니다. 순광과 달리 측광에서 촬영하게 되면 처음부터 어느 정도 그림자가 발생하는 것을 허용하는 경우라고 볼 수 있습니다. 빛이 옆에서 들어오기 때문에 피사체가 만약 도드라진 표면을 가지고 있다면 그 부분에는 그림자가 생기게 되고 그로 인해 사진에서는 마치 무엇인가가 그 위치에 자리하고 있는 것과 같은 부피감과 질감이 발생하게 됩니다. 그리고 그 도드라진 표면은, 인물의 피부가 될 수도 있고 도로나 길에 떨어진 자갈이 될 수도 있으며, 사막의 모래가 될 수도 있습니다. 도드라진 표면이 있는 피사체라면 측광이나 사광을 통해 그 표면의 느낌을 생생하게 담아낼 수 있다는 것이 중요한 부분입니다.

같은 밝기의 빛이라도 순광은 그림자를 거의 만들어 내지 않는 반면, 측광은 그림자를 어느 정도 허용하기 때문에 사진은 다소나마 어두워질 수는 있지만, 오히려 그림자로 인해서 사진에는 대비가 생겨나게 되고 피사체는 더욱더 돋보이는 효과를 만들어 낼 수 있습니다.

■ 역광

| 그림 4-2-5. 피사체의 뒷면에서 빛이 들어오는 역광에서 촬영한 사진입니다.

역광이란 피사체의 뒤에 빛이 위치하는 상황을 뜻합니다. 그렇기 때문에 역광에서 촬영하게 되면 처음부터 피사체에 빛이 들어가지 않거나 들어간다 하더라도 조금만 들어가는 상황이 조성됩니다. 인물 사진에서 역광을 이용하면, 인물의 실루엣을 살리는 특유의 드라마틱한 느낌을 만들어 낼 수 있기 때문에 의도적으로 역광을 이용하기도 합니다. 이는 풍경 사진에서도 유효하게 활용할 수 있는 하나의 촬영 방법이긴 하나, 실루엣을 인위적으로 부각시키는 경우가 아니라면 오히려 역광에서의 촬영은 피사체를 어둡게 만들기 때문에 피사체가 가진 디테일을 떨어뜨릴 수 있다는 점은 참고하면 좋겠습니다.

방금 설명한 내용을 키워드로 정리하자면 다음과 같습니다.

- 순광 = 밝음, 화사함
- 측광 = 덩어리감, 부피감, 재질감
- 역광 = 장엄함, 드라마틱함, 어두움

002 | 풍경 사진을 위한 적절한 피사체 선택 방법

빛의 종류에 따른 표현 방법의 차이를 살펴보았으니 이번에는 풍경 사진에서의 피사체와 관련한 이야기를 해보겠습니다. 우리가 그 동안 숱하게 촬영해 왔던 많은 풍경 사진에서 공통적으로 관찰할 수 있는 현상은, 한 장의 사진에 너무나도 많은 피사체가 담겨있다는 것입니다. 지금 이렇게 이야기를 전하고 있는 필자의 경우도 이러한 현상에서 예외가 될 수 없습니다. 하지만 생각을 해보면 그도 그럴 것이, 풍경 사진이란 기본적으로 눈앞에 펼쳐진 넓은 장면을 하나의 사진 속 프레임에 담는 것이기 때문에 처음부터 어떠한 의도를 갖고서 촬영하는 것이 아닌 이상 일단 넓게 찍히기 마련이고 그러다 보면 많은 피사체들이 한 장의 사진 속 프레임 안에 산만하게 담기기 쉽습니다. 그렇다고 좁은 영역을 확대하여 담을 수 있는 망원렌즈를 사용해서 풍경을 촬영하자는 말을 하려는 것은 아닙니다. 망원렌즈를 이용해서 풍경 사진을 촬영하는 것 또한 상당히 매력적인 작업이기는 하지만, 여기서는 조금 더 일반적인 차원에서 도움이 될 수 있는 몇 가지 팁을 소개합니다.

(1) 본인이 생각했던 것보다 조금만 더 가까이 가서 촬영한다[5]

이는 단순히 풍경 사진뿐만 아니라 다른 장르의 사진에서도 공통적으로 적용되는 말입니다. 특히 광활한 풍경을 담는 것이 일반적인 풍경 사진에서는 내 자신이 담고자 하는 피사체에 보다 더 가까이 가서 촬영하는 것은 불필요한 무엇인가를 미리 프레임 안에서 제거할 수 있다는 측면에서 확실히 도움이 되며, 이는 곧 사진을 통해 표현하고자 하는 의도를 보다 명확히 전달할 수 있게 합니다.

(2) 크롭을 활용한다

공간의 제약으로 인해 피사체에 더 가까이 가지 못할 때에는 후보정을 통해 사진을 크롭하는 것 또한 좋은 대안이 될 수 있습니다.

그림 4-2-6. 크롭하기 전의 모습입니다.

그림 4-2-7. 불필요하다 생각되는 부분을 프레임에서 제거하기 위해 크롭한 사진입니다.

---

5 이와 관련하여 'If your pictures aren't good enough, you're not close enough.'라는 말이 있습니다. Magnum Photos의 설립자 중 한 명인 'Robert Capa'가 했던 말입니다.

(3) 같은 풍경 속에서도 시선을 끄는 무언가를 찾으려고 노력한다

눈앞에 보이는 것들을 뭉뚱그려서 담기보다는 그 안에서 주제가 될 수 있는 피사체를 찾기 위해 노력하는 것 또한 좋은 방법입니다. 보는 이의 시선을 끄는 피사체 혹은 프레임 안에 하나의 스토리를 구성하는 장면처럼 사진가 본인이 의도하는 바를 잘 나타내어 주는 것들이 그러한 피사체가 될 수 있습니다.

(4) 하나의 프레임에 여러 가지 색이 잡다하게 들어가지 않았는지 확인한다

우리가 어떤 한 장의 사진을 바라볼 때에 사진의 내용적인 측면에서 사진의 주제가 되는 피사체와 그 피사체를 둘러싼 배경으로 인식하기도 하지만, 한편으로는 사진에 나타나 있는 색상으로 그 사진을 인식하고 받아들이기도 합니다. 결론부터 이야기하자면, 오색찬란한 색을 포함한 사진보다는 눈에 들어오는 몇 가지의 색을 가진 사진에서 사람의 눈은 주제가 되는 피사체와 배경을 보다 더 쉽게 분리하여 인식할 수 있고, 그로 인해 사진이 전달하고자 하는 메시지를 보다 더 쉽게 이해하고 받아들일 수 있습니다. 다시 말해서, 차후에 후보정을 거친다고 하더라도 원본 사진을 촬영할 때부터 프레임 안에 이런저런 색들이 뒤섞이지 않게끔 촬영하는 것이 중요합니다.

필자의 경험으로는 대략 5가지 이상의 색이 한 장의 사진 속에 뒤섞이게 되면 그때부터는 사진이 가진 색상들로부터 어떤 의미 있는 이끌림을 느끼기가 어려웠습니다. 많은 피사체와 많은 색이 들어갈 수 밖에 없는 풍경 사진이라면 특히나 이 점에 유의할 필요가 있습니다. 단순히 이번 클래스를 설명하기 위함 뿐만 아니라 일반적인 사진으로 그 범주를 확대해 보더라도 사진에 포함되는 색을 단순화하여 촬영하는 것은 중요한 의미를 지닙니다.

003 | 따뜻하고 부드러운 느낌의 풍경 사진 보정 방법

이제부터는 다시 원본 사진을 보면서, 어떤 방식으로 이 사진을 보정하면 좋을지 생각해 보겠습니다.

그림 4-2-1. 이번 클래스에서 보정할 원본 사진입니다.

보정의 방향성을 잡기 위해 원본 사진에서 아쉬운 점을 찾아보겠습니다. 필자가 생각하는 원본 사진의 아쉬운 점은 다음과 같습니다.

- 녹색이 지나치게 강조된 듯한 나무와 잔디의 색상
- 나뭇가지 군데군데 보이는 그림자로 인해 강해진 대비
- 도로에 그대로 드러나 있는 도로 공사의 흔적
- 전체적인 사진의 색감이 너무 평범해 보이는 문제

아쉬운 부분을 바로잡기 위해 다음의 순서에 따라 보정을 진행하고자 합니다.

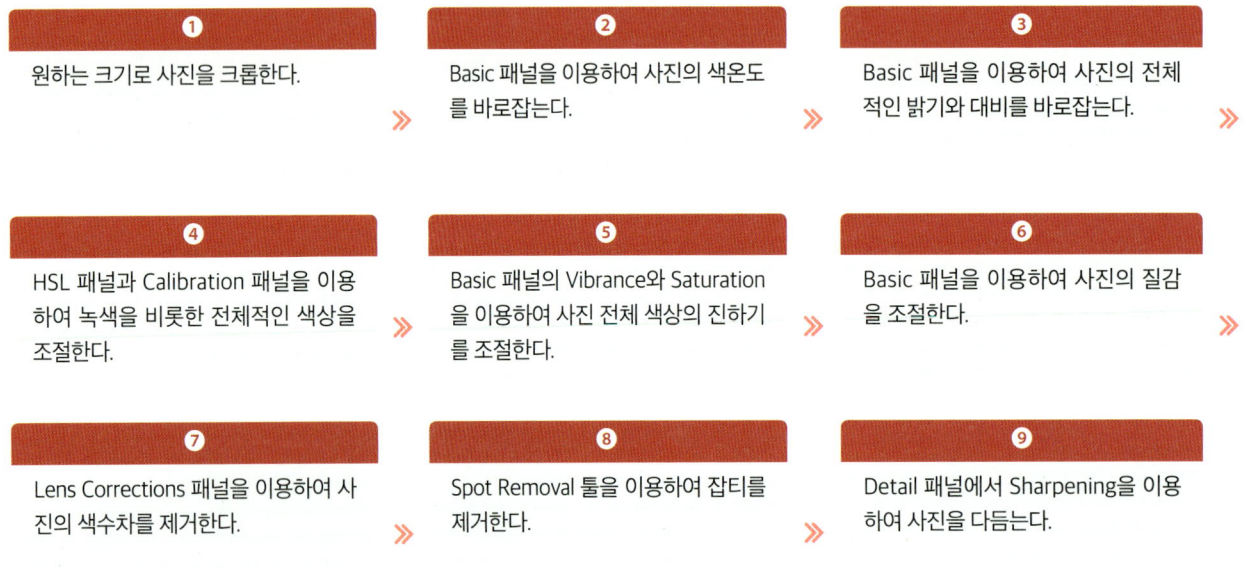

① 원하는 크기로 사진을 크롭한다.
② Basic 패널을 이용하여 사진의 색온도를 바로잡는다.
③ Basic 패널을 이용하여 사진의 전체적인 밝기와 대비를 바로잡는다.
④ HSL 패널과 Calibration 패널을 이용하여 녹색을 비롯한 전체적인 색상을 조절한다.
⑤ Basic 패널의 Vibrance와 Saturation을 이용하여 사진 전체 색상의 진하기를 조절한다.
⑥ Basic 패널을 이용하여 사진의 질감을 조절한다.
⑦ Lens Corrections 패널을 이용하여 사진의 색수차를 제거한다.
⑧ Spot Removal 툴을 이용하여 잡티를 제거한다.
⑨ Detail 패널에서 Sharpening을 이용하여 사진을 다듬는다.

이러한 순서대로 보정해 보겠습니다.

(1) 원하는 크기로 사진을 크롭하기

최초 사진은 원래 가로로 촬영한 사진이었습니다. 따라서 이 사진을 Crop Overlay 툴을 이용하여 세로가 긴 사진으로 바꾸어보겠습니다.

| 그림 4-2-8. 아직 크롭을 거치지 않은 원본 사진입니다.

| 그림 4-2-9. Crop Overlay 툴을 선택하고 가로세로 비율을 4:5로 선택한 후 원하는 부분만 잘라낸 모습입니다.

그림4-2-9와 같이 Crop Overlay 툴을 이용해서 사진의 일부분만 잘라낸 모습이 다소 생소하게 보일 수도 있습니다. 하지만, 때에 따라서는 사진에서 불필요한 부분을 잘라내고 원하는 구도를 잡기 위해 이렇게 Crop Overlay 툴을 활용할 수 있습니다. 이 상태에서 Enter 키를 누르거나 Crop Overlay 아이콘을 한 번 더 누르면 크기 조절은 완료됩니다.

(2) Basic 패널을 이용하여 사진의 색온도와 전체적인 밝기를 조절하기

원본은 다소 평범하게 보였기 때문에 우선 색온도를 따뜻하게 조절하여 사진의 분위기를 잡아보겠습니다. 또한 나무 그림자로 인해 강하게 보이는 대비도 Basic 패널을 통해 조절해 보겠습니다. 이런 점을 감안하여 Basic 패널에서 보정한 결과물이 그림4-2-10입니다.

| 그림 4-2-10. Basic 패널을 이용하여 색온도 및 밝기와 관련한 보정을 완료하였습니다.

따뜻한 느낌을 위해 원본 사진보다 Temp값을 올렸으며, Highlights의 값은 낮추어 밝은 하늘의 디테일을 살리고 Blacks를 많이 높임으로써 사진의 어두운 부분들을 밝게 조절하였습니다. Shadows와 Whites는 각각 적정하다고 여겨지는 수준으로 조절하였습니다. 이렇게 일차적으로 밝기를 맞춘 후, 사진을 보다 부드럽게 표현하기 위해 Contrast를 이용하여 추가적으로 대비를 조금 더 낮추었습니다.

(3) HSL 패널과 Calibration 패널로 녹색을 비롯한 사진의 전체적인 색상을 조절하기

이번에는 HSL 패널과 Calibration 패널을 가지고 각각의 색을 조절해 보겠습니다. 그림4-2-10을 보면 가장 먼저 녹색이 눈에 들어올 만큼 사진 전체적으로 녹색이 골고루 분포되어 있는 것을 알 수 있습니다. 여러 가지 색이 뒤죽박죽 섞이지 않고 이렇게 나무의 녹색과 배경의 하늘색으로 단순화되어 있기에 혼란스럽지 않고 정돈된 느낌을 받을 수 있습니다.

하지만, 사진 속 녹색은 그동안 우리가 주변에서 흔하게 보았던 그 녹색과 유사한 톤을 지니고 있습니다.[6] 당장 현관 문을 열고 나가 동네 뒷산만 가보아도 한겨울이 아니라면 이와 유사한 녹색을 그리 어렵지 않게 찾아볼 수 있습니다. 다시 말해서, 이 사진이 가진 녹색은 우리나라에서 오랫동안 살아온 사람들의 눈에는 아주 흔한 색상이기 때문에 자칫하면 식상해 보인다는 프레임에 갇히기 쉽습니다.

시베리아의 툰드라 지대에 거주하고 있거나 더운 사막 지대에 살고 있는 사람에게는 이런 녹색이 신선하게 느껴질 수도 있지만, 우리는 이미 이런 녹색에 너무 익숙해져 있는 것입니다. 꼭 이런 까닭만 있는 것은 아니겠지만 해외의 자연을 담은 풍경 사진들을 보고 이국적인 느낌을 받는 것 또한 그 지역의 식생과 그것들이 가진 고유의 색상들과 전혀 무관하다고 할 수는 없습니다. 이런 점을 감안하여 HSL 패널을 통해 녹색을 비롯한 사진의 전체적인 색상을 조절해 보도록 하겠습니다.

---

[6] 참고로, 이 사진은 아일랜드 더블린에 있는 피닉스 공원에서 촬영한 사진입니다.

| 그림 4-2-11. HSL 패널 보정을 완료한 사진입니다.

HSL 패널까지 보정을 마친 상태에서, Calibration 패널을 이용하여 조금 더 세밀하게 색을 조절해 보겠습니다. Calibration 패널과 관련한 세부적인 내용은 Chapter 03의 Calibration 패널 편에서 다루고 있으니 참고하기 바랍니다.

| 그림 4-2-12. Calibration 패널 보정을 완료한 사진입니다.

나무 그림자 부분에 어두운 녹색의 그림자를 넣기 위해 Shadows의 Tint 슬라이더를 좌측으로 -30만큼 이동하였으며, Green Primary를 이용하여 녹색의 톤을 조금 더 조절하였습니다.

Chapter 4 색감 보정 심화 클래스 **279**

(4) Basic 패널에서 사진 전체의 채도 조절하기

HSL 패널과 Calibration 패널의 보정을 마친 후 이번에는 Basic 패널에서 Vibrance와 Saturation을 가지고 사진의 채도를 조절하겠습니다. 사진에서 마치 튀는 것처럼 드러나는 색을 억제하기 위해 Saturation을 낮추는 대신, 그로 인해 낮아진 사진의 채도를 보완하기 위해 Vibrance를 올리는 보정을 하였습니다.

그림 4-2-13. Vibrance와 Saturation을 각각 조절한 결과물입니다.

(5) Basic 패널에서 사진의 질감 조절하기

이제부터는 사진의 질감과 관련한 보정을 해보겠습니다. 여기서는 Basic 패널의 Texture와 Clarity, 그리고 Dehaze를 이용합니다.

그림 4-2-14. 사진의 질감을 보다 강화한 결과물입니다.

여전히 나무 부분이 진하게 보이기 때문에 일단 Clarity를 조절하여 나무 부분의 강한 느낌을 낮추는 한편, Dehaze도 낮춤으로써 전체적으로 조금 더 부드러운 느낌이 감돌 수 있게끔 조절하였습니다. 이렇게 조절하였을 때 사진의 디테일이 떨어져 보일 수 있기 때문에 Texture는 충분히 올려주었습니다.

(6) Lens Corrections 패널을 이용한 색수차 제거하기

이어서 진행할 보정은 색수차를 제거하는 보정입니다. Chapter 03의 Lens Corrections 패널 편에서도 언급한 것처럼 색수차는 조리개가 개방된 상태에서 촬영할 때 금속이나 반사재질을 가진 물체에 빛이 닿거나 역광 상황에 놓인 피사체의 윤곽선에서 주로 발견할 수 있습니다.

현재 사진은 F/2.8의 조리개로 촬영한 사진이며, F/2.8의 조리개값은 이 사진을 촬영한 렌즈의 최대개방 조리개값입니다. 따라서 이런 조건에서 낮 시간대에 나무가 들어간 사진을 촬영한 경우에는 특히나 나뭇가지나 잎사귀 부분에 색수차가 들어가 있지는 않은지 살펴보는 것이 필요합니다. 물론 처음부터 색수차를 발견하고 그에 따라 필요한 보정을 하면 좋겠지만, 지금과 같이 색수차가 의심되는 촬영 조건에서는 설령 색수차가 눈에 띄지 않더라도 전체적으로 확인을 해보는 것도 좋은 습관입니다.

색수차 확인을 위해 현재 작업 중인 사진을 확대해 보겠습니다.

| 그림 4-2-15. 우려했던 것처럼 나뭇가지 부분에 보라색의 색수차가 보입니다.

색수차인지 아닌지 애매하게 여겨질 경우에는, '이 사진을 찍었을 때, 원래 저 나뭇가지 부분이 보라색이었나?'라는 질문을 스스로에게 던져보면 됩니다. 이 사진을 촬영한 필자의 기억으로는 나뭇가지 부분에 드러난 보라색은 원래의 피사체에는 존재하지 않았던 색상이므로 색수차로 간주하여 제거 작업을 할 예정입니다.

색수차를 제거하기 위해 Lens Corrections 패널로 들어가, 자동으로 색수차를 제거하는 옵션인 Remove Chromatic Aberration에 체크(✓)하였습니다. 그리고 색수차가 제거되었는지 다시 한번 사진을 확인해보겠습니다.

| 그림 4-2-16. 여전히 색수차가 남아있는 것이 보입니다.

색수차 제거가 완전하게 되지 않았으므로, Manual 탭으로 들어가서 수동으로 색수차를 제거해보겠습니다. Manual 탭에서 Purple Amount 슬라이더를 18까지 조절하면 그림4-2-17의 모습을 볼 수 있습니다.

| 그림 4-2-17. 그림4-2-16에 비해 색수차가 제거된 것을 확인할 수 있습니다.

이렇게 하여 사진에 나타난 색수차를 제거하였습니다. 모든 보정 과정이 마찬가지이지만 색수차 역시 반드시 제거하고 넘어가야 하는 것이라기보다는, 사용자의 판단에 따라 하거나 하지 않을 수 있는 보정입니다. 자칫 보정의 단계를 복잡하게 할 수 있는 색수차 보정을 처음부터 강요하는 것은 아닙니다. 하지만 색수차를 제거하는 작업을 진행하게 되면, 피사체가 원래부터 가지고 있지 않았던 색이 사진에서 나타나는 단점을 바로잡을 수 있으며 그로 인해 사진의 품질을 개선할 수 있습니다. 특히 이렇게 조리개를 개방한 상태에서 색수차로 의심되는 부분이 있다면 일단은 짚고 넘어가는 것을 추천합니다.

(7) Spot Removal 툴을 이용한 잡티 제거하기

색수차까지 제거하였기 때문에 사실상의 보정은 거의 마무리되었지만 아직 남아있는 단계가 있습니다. 바로 도로 위에 남아있는 도로 공사의 흔적을 제거하는 것입니다. 이를 위해 Spot Removal 툴을 이용해 보겠습니다.

| 그림 4-2-18. Spot Removal 툴을 활성화한 후 제거하고 싶은 흔적의 크기에 맞게 브러시 크기를 조정하였습니다.

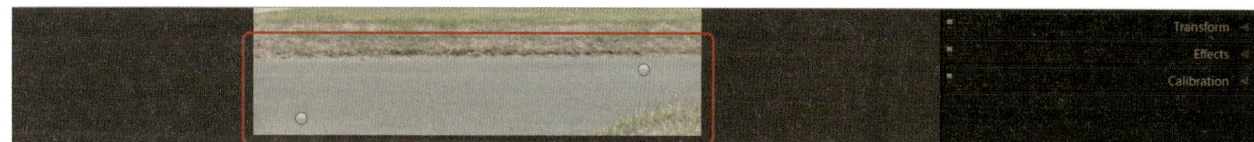

| 그림 4-2-19. Spot Removal 툴을 이용하여 도로 공사의 흔적을 제거하였습니다.

본격적인 보정에 앞서 Spot Removal 툴을 이용하여 사진의 잡티를 먼저 깔끔하게 제거한 이후 나머지 보정을 순차적으로 진행해도 무방합니다. 다만, Spot Removal 툴을 여러 군데에 적용하고 난 뒤 이어서 보정을 할 때에 간혹 라이트룸이 버벅이면서 느려지는 경우가 발생할 수 있기 때문에, 필자는 Spot Removal을 이용한 잡티 제거 보정을 후순위에 두고 진행하였음을 참고하기 바랍니다.

(8) Detail 패널을 이용한 사진 다듬기

마지막으로, Detail 패널을 이용하여 사진의 선명도를 조절하도록 하겠습니다.

그림 4-2-20. Detail 패널에서 Sharpening을 적용한 결과물입니다.

현재 사진은 낮 시간대에 촬영한 사진으로서 노이즈가 그리 심하지 않기 때문에 Luminance Noise Reduction이나 Color Noise Reduction은 건드리지 않았습니다. 대신 Sharpening을 통해 사진을 조금 더 선명하게 보이도록 하였고, Masking을 이용하여 Sharpening이 적용되는 범위를 축소하였습니다.

이렇게 하여 모든 보정이 마무리되었습니다. 풍경 사진 보정은 어떤 느낌, 어떤 색감으로 보정하는지에 따라 수천 수만 가지 방법이 있을 수 있습니다. 따라서, 이번 클래스에서 배운 내용을 바탕으로 여러 번 연습을 통해 스스로가 원하는 색감을 만들어보기 바랍니다. 특히, 예시 사진처럼 녹색을 많이 포함한 사진의 경우에는 녹색을 어떻게 보정하는지에 따라 사진의 느낌이 많이 달라질 수 있다는 점을 유념하면 좋겠습니다.

03 CLASS

#밝은 #맑은 #화이트톤 #벚꽃

Class 03에서는 밝고 맑은, 하얀 느낌으로 벚꽃 사진을 보정해 보겠습니다.

Before
그림 4-3-1

After
그림 4-3-2

001 | 꽃 사진 촬영 시 3가지 유의사항

먼저 꽃 사진 촬영에 대한 이야기를 해보겠습니다. 사계절이 뚜렷하고 계절에 따라 피어나는 꽃들이 조금씩 변화하는 우리나라는 그야말로 꽃 사진을 찍기 좋은 나라입니다. 해마다 겨울을 지나 봄에 이르러 조금씩 날씨가 따뜻해질 때면 많은 사람들이 가까운 공원이나 근교로 꽃 구경을 다녀오는 모습도 흔히 볼 수 있습니다.

꽃이라는 피사체는 이처럼 주위에서 어렵지 않게 찾아볼 수 있는 데다가 크게 공을 들이지 않더라도 어느 정도는 다른 피사체보다 예뻐 보이게끔 담을 수 있다는 점 때문에 우리들에게 친숙한 피사체이기도 합니다. 그렇다면 꽃을 촬영할 때는 어떤 점을 고려하여 촬영하면 좋을지 생각해 보겠습니다.

(1) 꽃을 주제로 담을 것인지, 꽃이 피어있는 배경을 담을 것인지 명확히 하자

'무슨무슨 꽃처럼 아름답다'라는 말이 있을 만큼, 꽃은 우리에게 아름다움과 쉽게 결부되는 대표적인 피사체 중 하나로 각인되어 있습니다. 꽃이라는 피사체를 예로 들긴 했습니다만, 이렇게 그 자체로도 아름다운 피사체가 사진에 담겨있을 때에 우리는 그 사진과 피사체를 동일시하는 경향이 있습니다. 사진이란 짧은 순간의 영속적인 기록임과 동시에 결국 피사체와 구도, 그리고 그 안에 내포된 색을 가지고 사진가가 말하고자 하는 메시지를 전달하는 것이기 때문에, 예쁘고 아름다운 피사체를 담은 사진이라면 사진의 다른 요소들은 둘째 치더라도 일단 예쁘고 아름답다고 느끼는 것이 어떻게 보면 자연스러울지도 모릅니다.

단순히 이런 이유 때문만은 아니겠지만, 일반적으로 사람들이 꽃처럼 아름다운 피사체를 마주하고 이를 사진으로 담을 때만큼은 다른 사진을 촬영할 때와 달리 유독 그 촬영의 흐름이 단조로워지는 경향이 있습니다. '이 피사체는 지금 이렇게 보아도 예쁘니까 내가 사진으로 찍으면 그 사진 또한 예쁘게 보이겠지'라는 의식의 흐름이 생기는 것으로도 볼 수 있습니다. 이렇게 말은 하고 있지만, 따지고 보면 필자 역시도 이러한 의식의 흐름에서 크게 벗어나지 못하는 사람 중의 한 명입니다.

그렇게 사진을 담고 나면 비로소 내 사진의 문제가 보이기 시작합니다. 유독 꽃 사진에서 자주 볼 수 있는 현상은 바로, 이 사진이 꽃을 주제로 담은 것인지 아니면 꽃이 피어있는 배경을 담은 것인지 애매하게 보이는 경우가 많다는 것입니다. 그리고 이러한 현상의 원인은 '성급함'에서 기인한다고 생각합니다. 분명 꽃을 찍긴 찍었는데 사진이 어수선해 보이거나 산만하게 느껴지는 것입니다. 따라서 다른 피사체도 마찬가지이겠지만 특히나 꽃을 찍을 때에는 조금만 더 마음의 여유를 갖고서 이 꽃들을 가지고 어떤 사진으로 담아낼 것인지 생각해보는 것이 좋습니다.

전체를 담을지 아니면 수많은 꽃들 중에서 어떤 특정한 꽃만 담을지, 전체를 담는다면 주변 경관과 어떻게 하면 어울리게 담을 수 있는지, 특정한 꽃만 담는다면 어떤 꽃을 어떻게 담을지 고민하고 촬영한다면 보다 새로운 느낌을 찾게 될 것입니다.

(2) 바람, 특히 봄바람을 조심하자

생각보다 꽃은 약한 바람에도 쉽게 흩날립니다. 바람이 일관되게 꾸준히 불어오는 상황이라면 차라리 꽃이 바람에 흩날리는 느낌을 염두에 두고 촬영할 수 있겠지만 봄바람은 특히나 예측하기 어려운 방향에서 불어오기 때문에 현장에서는 분명 선명하게 촬영한 사진일지라도 집에 와서 사진을 열어보면 미세하게 흔들려있는 경우가 생각보다 많습니다.

그렇기 때문에 꽃을 주제로 촬영하고자 한다면 바람의 흐름에 유의할 필요가 있습니다. 예를 들어, 벚꽃이 만개한 상황에서 벚꽃 잎이 날리는 모습을 담고 싶다면 바람이 불어오는 방향과 바람이 부는 타이밍을 주시하여 촬영해야 하고, 정지된 느낌의 꽃을 촬영하고자 할 때에는 바람이 불지 않는 타이밍을 노리는 것이 필요합니다. 필요에 따라서는 셔터스피드를 더 빠르게 조절하는 것도 좋은 방법일 수 있습니다.

(3) 가장 중요한 것은 역시 빛!

아울러 꽃 사진 역시 다른 장르의 사진과 마찬가지로 빛이 중요한 역할을 합니다. 화창한 느낌의 꽃을 담아내기 위해서는 순광과 사광이 적절하고, 조금 더 드라마틱한 느낌으로 꽃을 담기 위해서는 역광이 유리합니다. 같은 장소에 피어있는 꽃이라 하더라도 어떤 방향에서 어떤 구도로 촬영하는지에 따라 꽃 사진은 전혀 다른 느낌을 줍니다. 그림4-3-3과 그림4-3-4는 같은 장소에서 촬영한 사진입니다.

그림 4-3-3. 꽃과 같은 높이에 카메라 앵글을 맞춘 상태에서 사광의 조건에서 전체를 담은 사진입니다.

그림 4-3-4. 바닥에 밀착한 상태에서 꽃의 일부분만 나오도록 카메라를 들어 앵글을 잡고 역광의 조건에서 담은 사진입니다.

002 | 밝고 맑은 화이트톤의 벚꽃 사진 보정 방법

지금부터는 봄에 촬영한 벚꽃 사진을 가지고 밝고 맑은 화이트톤으로 보정을 해보도록 하겠습니다. 다른 클래스와 마찬가지로 먼저 원본 사진을 통해, 어떤 방식으로 이 사진을 보정하면 좋을지 생각해 보겠습니다.

| 그림 4-3-1. 이번 클래스에서 보정할 원본 사진입니다.

보정의 방향성을 잡기 위해 원본 사진에서 아쉬운 점을 찾아보겠습니다. 필자가 생각하는 원본 사진의 아쉬운 점은 다음과 같습니다.

- 사진 전체적으로 드러난 보라색 계열의 색상으로 인해 사진이 탁하고 칙칙하게 보임

- 밝고 선명하게 보여야 하는 스마트폰 화면이 역광으로 촬영되면서 제대로 부각되지 않고 이로 인해 사진의 대비 또한 강하게 보임

- 스마트폰 화면이 미세하게 기울어져 삐뚤게 보이는 문제

아쉬운 부분을 바로잡기 위해 다음의 순서에 따라 보정을 진행하고자 합니다.

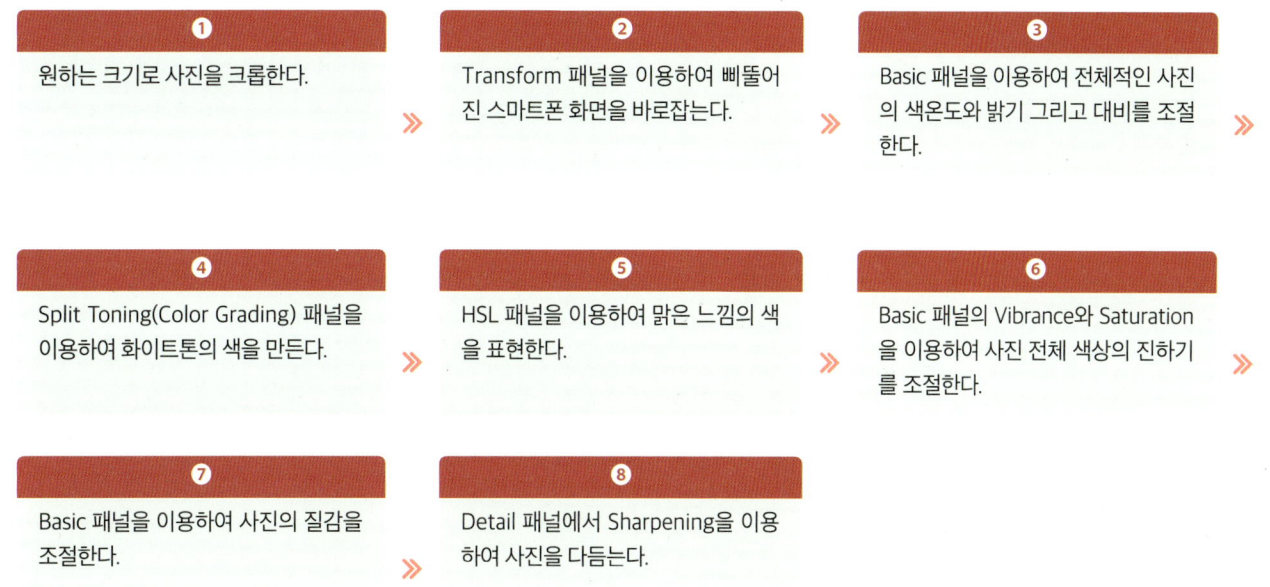

이러한 순서대로 보정해 보겠습니다.

(1) 원하는 크기로 사진을 크롭하기

최초 촬영한 원본 사진을 Crop Overlay 툴을 이용하여 원하는 구도로 사진을 잘라보겠습니다.

그림 4-3-5. 크롭을 하지 않은 원본 사진입니다.

| 그림 4-3-6. Crop Overlay 툴을 선택하고 가로세로 비율을 4:5로 선택한 후 원하는 부분만 잘라낸 모습입니다.

그림4-3-6을 보면, 스마트폰의 화면이 사진의 프레임에 비해 기울어져 있다는 것을 알 수 있습니다. 이는 아마도 촬영을 할 때부터 스마트폰 화면을 정면에서 담지 못하고 비스듬하게 담았기 때문일 것입니다. 처음부터 완전히 수평과 수직을 유지한 상태에서 촬영했다면 좋았겠지만, 실제 촬영한 사진을 보면 이처럼 미세하게 틀어진 경우가 종종 발생합니다. 이런 경우에는 Crop Overlay 툴을 이용하여 사진을 회전시키는 것으로는 바로잡기가 어렵기 때문에 Transform 패널을 이용해야 합니다. 일단 Crop Overlay 툴을 이용하여 사진을 원하는 구도로 잘라낸 후 Enter 키를 누르거나 Crop Overlay 아이콘을 한 번 더 누르면 크기 조절은 완료됩니다.

(2) Transform 패널을 이용하여 사진 구도 바로잡기

첫 번째 단계에서 Crop Overlay 툴을 이용해 사진을 원하는 구도로 잘라내었지만 여전히 주제가 되는 스마트폰 화면이 삐뚤게 보이는 문제가 남아있습니다. 이를 바로잡기 위해 Transform 패널을 이용해 보겠습니다.

| 그림 4-3-7. Crop Overlay 툴을 이용하여 크롭한 사진입니다.

| 그림 4-3-8. Transform 패널의 Guided Upright Tool을 이용하여 4개의 기준선을 그은 모습입니다.

Chapter 03의 Transform 패널 편에서도 설명한 바와 같이, Transform 패널의 Guided 기능을 이용하면 Crop Overlay 툴로는 맞출 수 없었던 사진의 수평과 수직을 정밀하게 맞출 수 있습니다.

그림4-3-7에서 주제가 되는 중앙의 스마트폰 화면이 삐뚤어져 있기 때문에 이를 교정하기 위해 그림4-3-8과 같이 Guided

Chapter 4 색감 보정 심화 클래스 **291**

Upright Tool 아이콘을 클릭하고 스마트폰 화면의 모서리를 중심으로 4개의 기준선을 그었습니다. 이렇게 기준선을 긋고 다시 한번 Guided Upright Tool 아이콘을 누르거나 키보드의 Shift + T를 누르면 기준선에 따라 사진의 수평과 수직이 다시 배열됩니다.

기준선을 잘못 그었을 때에는 해당하는 기준선을 마우스로 클릭하여 선택한 후, 키보드의 Del 키를 눌러 해당 선분을 삭제한 후 다시 선을 그을 수 있으며, 해당 선분을 지우지 않고도 각 선분의 끝점을 마우스로 다시 드래그하여 원하는 위치로 이동시킬 수 있습니다. 이렇게 Transform 패널을 이용하여 스마트폰 화면을 중심으로 수평과 수직을 모두 맞추었습니다.

| 그림 4-3-9. Transform 패널의 보정을 마친 모습입니다. 전에 비해 구도적인 측면에서 보다 안정감이 느껴집니다.

Crop Overlay 툴이나 Transform 패널의 보정을 전체 보정 순서의 초반에서 진행한 이유는, 이렇게 보정하고 나서 추후에 다시 수정할만한 여지를 조금이라도 줄이기 위함입니다. 앞에서 설명한 바와 같이 사진 보정에 있어 어떤 명문화된 규칙이나 정해진 순서는 없습니다. 그렇게 만들어진 보정의 결과물 또한 사진과 관계되지 않은 타인이 마음대로 평가하고 비난할 수 없는 순수한 사진가의 창작물로서의 지위를 갖습니다.

다만, 보다 효율적이면서도 사진 보정이라는 그 목적에 부합하는 일관된 흐름을 위해 필자는 다시 한번 수정해야 할 필요성이 있는 보정은 가급적 후반부에서 진행하는 방향으로 설명하고 있으며[7] 나중에라도 웬만해서는 다시 손을 대지 않을 것 같은 보정은 먼저 진행하는 방향으로 설명하고 있다는 점 참고 바랍니다.[8]

---

[7] 어차피 앞에서 한번 보정하고 나서 뒤에서 이를 다시 수정해야 한다면, 굳이 앞단에서부터 그 보정을 해야할 필요성은 떨어지기 때문입니다.

[8] 대신, Spot Removal 툴이나 Detail 패널의 보정은 지금 당장 해도 무방하고 나중에 해도 다른 보정 프로세스들과 크게 영향을 주고받지 않기는 하나, 프로그램 구동 속도에 미미하나마 영향을 줄 수 있다는 점을 감안하여 가급적 후반부에 진행하는 식으로 설명합니다. 보정 순서에 크게 영향을 받지 않는 보정 절차들인데 그것들이 행여라도 프로그램을 느리게 만드는 요인이 된다면 아예 후반부에 진행하겠다는 것입니다.

(3) Basic 패널을 이용하여 사진의 색온도와 전체적인 밝기를 조절하기

이제부터는 Basic 패널을 이용하여 가장 기본적인 사진의 밝기와 대비, 그리고 색온도를 조절하도록 하겠습니다. 첫 번째 보정 클래스부터 지금까지 순차적으로 읽고 따라해 본 독자라면 아마 지금쯤이면 Basic 패널에서의 보정에 대해서 크게 어려움을 느끼지 않을 것으로 생각합니다.

사진의 문제점을 분석할 때 언급했다시피 현재 사진은 전체적으로 그림자가 드리워진 가운데 보라색 계열이 많아 사진이 탁하고 칙칙해 보이는 문제가 있었습니다. 따라서 이 부분에 중점을 두고 Basic 패널의 보정을 진행하겠습니다.

그림 4-3-10. 먼저 색온도를 조절하였습니다.

그림4-3-10에서는 맨 처음 5100이었던 Temp값을 4950까지 낮추어 줌으로써 조금 더 차가우면서도 맑은 느낌이 나도록 조절하였습니다. Tint 또한 +10에서 -13까지 낮추어서 사진에 묻어있는 것처럼 보였던 보라색을 어느 정도 제거하였습니다. 아직 밝은 영역과 어두운 영역의 차이로 인해 대비도 강하고 사진은 여전히 어두워 보이지만 Basic 패널에서 밝기를 조절하고 나면 나아질 것으로 보입니다.

색온도 조절을 마쳤으니 이번에는 밝기와 관련한 보정을 해보겠습니다.

원본 사진의 대비가 너무 강해 보였기 때문에 그림4-3-11과 같이 밝은 영역인 Highlights는 최대한으로 낮추고 Shadows는 +69만큼 올렸습니다. 그렇게 하였음에도 원하는 만큼의 대비가 확보되지 않은 가운데 사진은 여전히 어두워 보였기에 Whites와 Blacks를 적절한 수준으로 조절하고 Contrast까지 -24로 낮추는 한편 Exposure값은 +0.48스탑만큼 올렸습니다.

아직 원하는 만큼의 느낌이 사진에서 나타나 보이지는 않지만 남아있는 보정이 많기 때문에 하나씩 단계를 밟아보겠습니다.

| 그림 4-3-11. Basic 패널에서 밝기 조절을 마쳤습니다.

(4) Adjustment Brush(조정브러시)를 이용한 특정 부분 보정하기

주제로 표현하고자 하는 스마트폰 화면과 배경의 밝기 차이가 생각보다 심하기 때문에 사진 전체 영역을 대상으로 하는 Basic 패널로 조절하기에는 다소 무리가 따를 것으로 예상됩니다. 스마트폰 화면에 중점을 맞추어 보정하다 보면 다른 부분들까지 모두 영향을 받아 변화하기 때문입니다. 그렇기 때문에 여기서는 Adjustment Brush를 이용하여 스마트폰의 화면에 해당하는 부분에 한정하여 영역을 설정한 후 보정하도록 하겠습니다.

Adjustment Brush를 이용하기 위해 우선 히스토그램 하단에 있는 Adjustment Brush 아이콘을 클릭하겠습니다.

| 그림 4-3-12. Adjustment Brush가 활성화되었습니다.

이제 보정을 진행할 영역을 지정하는 브러시 칠을 해야 하는데 우리가 보정하고자 하는 영역이 사진의 다른 부분에 비해 어둡기 때문에, 이런 특성을 이용한다면 보다 빠르고 정확하게 브러시 칠을 할 수 있습니다. 그를 위해 Adjustment Brush의 기능 중에서도 Range Mask를 이용해 보겠습니다.

그림4-3-12에서는 Range Mask가 비활성화되어 있기 때문에, 이를 활성화하기 위해 우선 현재 조건에서 바로 원하는 영역에 브러시 칠을 해보겠습니다. 어차피 Range Mask 기능을 이용할 것이기 때문에 굳이 Auto Mask에 체크(✓)하지 않고 칠해도 됩니다만, 보다 빠르고 정확한 결과를 얻기 위해 Auto Mask를 체크(✓)한 상태로 일차적인 칠을 해보겠습니다.

| 그림 4-3-13. 일자직으로 브러시 칠을 마쳤습니다.

Auto Mask 기능을 켜 두고 칠을 하였기 때문에 두루뭉술하게 칠했음에도 생각보다 스마트폰 화면 바깥으로 넘어간 영역이 그리 많지는 않아 보입니다. 그림4-3-13과 같이 브러시 칠한 영역이 빨갛게 보이지 않을 때에는 화면 하단의 Show Selected Mask Overlay에 체크(✓)를 하면 됩니다.

이렇게 칠을 마치고 나니 신기하게도 앞서 비활성화되어 있었던 Range Mask가 활성화된 것을 확인할 수 있습니다. Range Mask가 활성화되었기 때문에 지금부터는 이렇게 일차적으로 칠이 된 상태에서 Range Mask를 사용할 수 있습니다. 참고로, Adjustment Brush가 어느 정도 숙달이 되고 나면 Range Mask를 사용하지 않더라도 Auto Mask를 활성화하고 브러시의 크기와 Feather값을 조절해가면서 조심스럽게 원하는 영역에 브러시 칠을 하는 것도 가능합니다.

Range Mask를 활용하기 위해 현재 Range Mask: OFF로 되어 있는 부분을 클릭해 보겠습니다.

| 그림 4-3-14. Range Mask를 클릭하고 나니 몇 가지 옵션이 나타납니다.

① Color는 특정한 색을 기준으로 해당 색상을 포함하는 영역에만 브러시를 칠하는 기능입니다. Color는 최대 5곳의 색상을 기준점으로 설정할 수 있습니다.
② Luminance는 사진의 밝고 어두운 영역을 기준으로 특정한 밝기 영역에만 브러시를 칠하는 기능입니다.
③ Depth는 사진의 심도를 기준으로 특정한 심도 영역에만 브러시를 칠하는 기능입니다.

그림4-3-12에서는 스마트폰 화면과 배경의 밝기 차이가 심하게 나타났기 때문에 여기에서는 이를 이용하여 브러시 칠을 할 수 있는 Luminance를 선택할 것입니다. 만약 인물 사진에서 얼굴의 피부결을 보정하기 위해 피부 부분만 선택해야 할 경우에는 Color를 이용하면 편리합니다. 원하는 색상만 선택하여 빠르게 브러시 칠을 할 수 있기 때문입니다.

그림4-3-15는 Luminance Mask를 이용하기 위해 Luminance를 선택한 화면입니다.

| 그림 4-3-15. Luminance를 클릭했을 때 새로운 옵션 창이 나타납니다.

① Range는 우리가 앞서 일차적으로 브러시 칠을 했던 그 영역을 기준으로 모든 밝기 단계를 나타냅니다. 즉, 그림4-3-15에서는 Range 값이 0에서부터 100까지로 지정되어 있기 때문에 우리가 손수 브러시 칠했던 그 영역이 화면에 그대로 보이는 것을 알 수 있습니다.

② Smoothness는 Range Mask를 가지고 실제로 브러시 칠이 되어야 하는 곳과 브러시 칠이 되지 않아야 하는 곳을 나눌 때에 어느 정도의 부드러움으로 영역을 구분할지를 결정하는 옵션입니다.

③ Luminance Range Selector는 좌측 상단에 있는 스포이드처럼 생긴 아이콘입니다. Basic 패널에서 색온도를 지정할 때처럼, 이를 이용하여 원하는 지점을 선택하면 해당 지점을 기준으로 Range의 값을 변화시킬 수 있는 도구입니다.

이제부터 스마트폰 화면 바깥으로 튀어나온 부분을 제거하기 위해 Range의 양 끝점을 마우스로 드래그하여 원하는 영역을 설정해 보겠습니다. 필자는 직접 마우스를 가지고 Range 슬라이더를 드래그할 예정이지만 독자분들은 Luminance Range Selector를 이용해도 무방합니다.

| 그림 4-3-16. 마우스를 이용하여 Luminance Mask의 Range를 새로이 지정한 화면입니다.

그림4-3-15에서 스마트폰 화면의 바깥으로 튀어나온 부분은 주로 밝은 영역들이었기 때문에 Range를 지정할 때 어두운 영역은 그대로 0에 두고 원래 100에 있었던 밝은 영역을 37까지 끌어내렸습니다. 이로 인해 그림4-3-16에서는 밝은 영역에 묻어있던 브러시 칠이 많이 사라진 것을 확인할 수 있습니다.

그림4-3-16 정도의 결과라면 충분히 영역이 잘 선택되었지만 완벽하게 하기 위해 Range Mask로도 걸러지지 않은 부분들을 지워보도록 하겠습니다. 이를 위해 그림4-3-17과 같이 Erase를 클릭합니다.

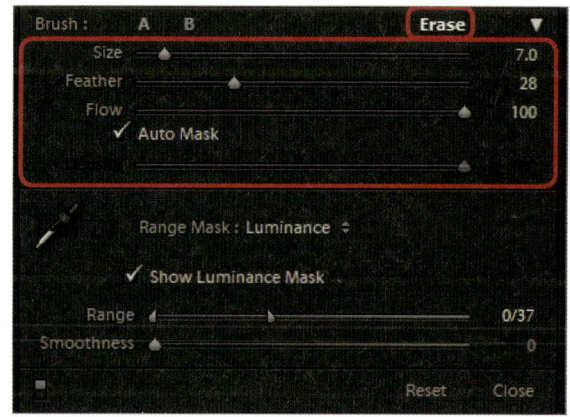

| 그림 4-3-17. Adjustment Brush에서 Erase를 선택한 화면입니다.

라이트룸에서 부분적인 영역에 효과를 넣기 위해 사용하는 Adjustment Brush나 Radial Filter 그리고 Graduated Filter에서는 총 3가지 종류의 브러시를 사용할 수 있습니다. 하나는 A 브러시고 다른 하나는 B 브러시며, 나머지는 Erase 브러시 입니다. 각각의 브러시 타입에 원하는 Size와 Feather, 그리고 Flow값을 입력하여 필요에 따라 활용할 수 있습니다.

혼동될 수 있는 부분이라 다시 한번 정리하겠습니다. 우리는 맨 처음 Adjustment Brush 아이콘을 클릭하였습니다. 이때 따로 언급하지는 않았지만 우리는 A 브러시를 이용하여 스마트폰 화면에 두루뭉술하게 일차적으로 브러시 칠을 했습니다. 그림4-3-13을 보면 A 브러시가 이미 선택되어 있다는 것을 알 수 있습니다. 그리고 스마트폰 화면 바깥으로 튀어나온 부분을 바로잡기 위해 Range Mask를 활성화하였고 그중에서도 밝기 차이를 활용하는 Luminance Mask를 이용하였습니다. Luminance Mask를 이용하여 원하는 영역에만 브러시 칠을 하였지만, 여전히 남아있는 바깥의 잔재물을 정리하기 위해 다시 Erase 브러시를 꺼내온 것입니다.

Erase 브러시는 쉽게 말해서 이미 브러시 칠이 된 영역을 다시 지우는 브러시입니다. 이를 이용해서 스마트폰 화면 바깥의 남아있는 영역들을 지워보겠습니다.

| 그림 4-3-18. Erase 브러시로 스마트폰 화면 바깥의 잔재물을 정리하였습니다.

그림4-3-18에서 보듯이 이제 최초에 의도한 것처럼 스마트폰 화면에만 말끔하게 브러시 칠이 된 것을 확인할 수 있습니다. 다소 복잡해 보일 수 있지만 막상 따라서 해보면 마우스 클릭 몇 번만으로도 쉽게 원하는 영역에 브러시 칠을 할 수 있습니다.

그러면 이제 이렇게 브러시 칠이 된 영역에 대해서 원하는 보정을 하기 위해 Show Luminance Mask를 체크(✓) 해제하여 화면에서 실제로 빨간색의 선택 영역이 사라지는 대신 원래의 사진이 보이도록 해보겠습니다.

| 그림 4-3-19. 화면에서는 보이지 않지만 이미 스마트폰 화면에 브러시 칠이 완료된 상태입니다.

그림4-3-19에서 세부적인 항목에 대해 각각의 보정값을 적용하여 스마트폰 화면 부분만 보정한 것이 그림4-3-20입니다.

| 그림 4-3-20. 원하는 부분만 보정이 된 것을 확인할 수 있습니다.

우선 어두웠던 화면을 밝게 하기 위해 Exposure를 +1.25스탑만큼 올렸으며, 스마트폰 화면이 보다 더 선명하고 또렷하게 보이도록 Highlights는 -5까지 낮추고 Shadows는 +13까지 올렸습니다. 아울러 Whites를 +32까지 올림으로써 조금 더 밝은 느낌을 가미하는 한편, Contrast는 -22까지 낮춤으로써 전체적인 대비를 추가적으로 줄였습니다.

이렇게 밝기와 관련한 보정을 한 후, 이어서 Texture는 +55까지 올려서 스마트폰의 화면이 보다 선명하게 보이도록 하되 Clarity는 오히려 -15까지 낮춤으로써 벚꽃들의 윤곽선이 과도하게 드러나지 않도록 하였습니다. 아울러 Saturation은 +35까지 올려서 주변의 벚꽃들에 비해 스마트폰 화면에 표시된 벚꽃들의 색상이 묻히지 않도록 하였습니다. 참고로, 사진 전체 영역에 대한 Texture와 Clarity 등은 아직 조절하지 않았지만 브러시 칠이 가해진 영역에 대해서는 우선적으로 Texture와 Clarity를 조절하였습니다.

이 상태에서 Adjustment Brush 아이콘을 한 번 더 눌러주면 해당 영역에 대한 보정은 모두 끝이 납니다.

(5) Split Toning(Color Grading) 패널을 이용하여 화이트톤의 분위기 만들기

이번에는 Split Toning(Color Grading) 패널을 이용하여 사진에 화이트톤의 분위기를 만들어 줄 차례입니다. Split Toning(Color Grading) 패널은 간단한 조작만으로도 사진의 분위기를 바꿀 수 있는 매우 강력한 도구입니다.

| 그림 4-3-21. Split Toning(Color Grading) 패널의 보정을 하기 전 모습입니다.

그림4-3-21의 경우 사진의 밝기나 대비 면에서는 어느 정도 정돈되었지만 이번 클래스에서 표현하고자 하는 느낌은 아직 나타나지 않아 보입니다. 따라서 Split Toning(Color Grading) 패널을 적용해 보기로 하되 밝은 영역과 어두운 영역에 각각 어떤 색을 넣어주면 될지 한번 생각해 보겠습니다.

앞서 색온도 조절을 통해 사진에 드러난 보라색 특유의 느낌을 배제했지만, 사진 속에서 여전히 은은하게나마 주황색 내지는 노란색 계열이 남아있는 것을 알 수 있습니다. 따라서 이러한 부분을 감쇄하기 위해 그들의 보색이 되는 파란색 계열의 색을 넣으면 각각의 색이 서로 섞이면서 처음에 의도했었던 맑고 하얀 느낌이 나타날 것으로 예상됩니다.

그 예상이 맞아떨어지는지 한번 시도해 보겠습니다.

| 그림 4-3-22. Split Toning(Color Grading) 패널의 보정을 거친 결과물입니다.

아직 조금 부족해 보이긴 하지만 그래도 Split Toning(Color Grading) 패널을 통해 사진의 분위기가 사뭇 달라진 것을 확인할 수 있습니다. 만약, 이처럼 원하는 느낌이 한 번에 바로 나오지 않을 때에는 보정의 흐름을 되짚어가면서 다양한 시도를 해보는 것도 좋은 방법입니다.

2020년 10월 업데이트를 적용한 경우, 그림4-3-23과 그림4-3-24와 같이 Color Grading 패널의 Highlights와 Shadows를 조절하면 그림4-3-22와 동일한 효과를 만들 수 있습니다. Split Toning 패널의 효과와 Color Grading 패널의 효과가 동일하도록 Blending값은 100으로 설정하였습니다.

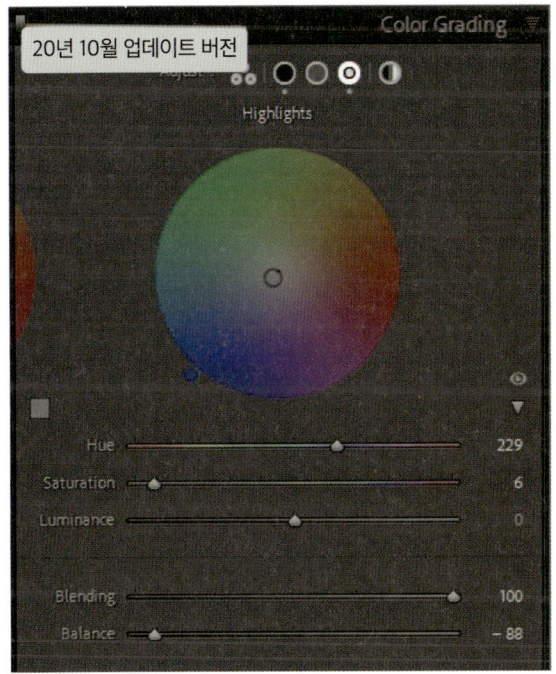

| 그림 4-3-23. Color Grading 패널에서의 Highlights 설정입니다.

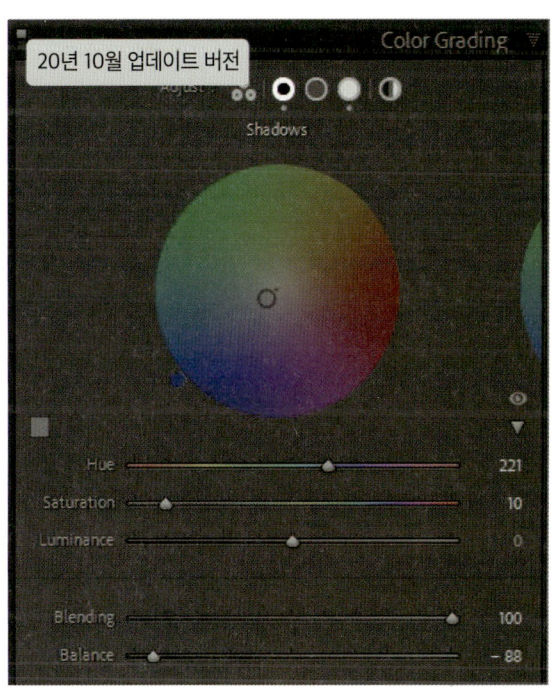

| 그림 4-3-24. Color Grading 패널에서의 Shadows 설정입니다.

(6) HSL 패널을 이용하여 맑은 느낌의 색으로 다듬기

앞에서 Split Toning(Color Grading) 패널을 이용하여 사진의 분위기에 변화를 주었다면 이번에는 HSL 패널을 이용하여 개별적인 색들을 조절해 보도록 하겠습니다. 만약 Split Toning(Color Grading) 패널의 보정을 거치기 전에 HSL 패널을 먼저 거쳤을 경우, 여전히 사진의 분위기는 변화하지 않은 상태였을 것이기 때문에 원하는 느낌을 만들어 내기 위해 많은 색상들을 건드려야 했을 것입니다. 그러나 지금은 그 반대의 상황이기 때문에 HSL 패널에서는 생각보다 많은 보정이 필요하지는 않을 것 같습니다. 바로 이런 측면에서 보정의 순서를 정하는 작업이 중요하다고 할 수 있습니다.

그림 4-3-25. HSL 패널에서 각각의 색을 조절한 결과물입니다.

벚꽃과 손목 부분에 맺힌 그림자를 조금 더 밝게 하기 위해 Red, Orange 및 Yellow의 광도를 올렸으며 나머지 부분들은 사진에 어울리는 정도의 수준으로만 조절하였습니다.

(7) Basic 패널을 이용하여 색상의 진하기를 조절하기

색상과 관련한 보정은 거의 끝이 났습니다. 이제 다시 Basic 패널로 가서 Vibrance와 Saturation을 이용하여 사진 전체 색상의 진하기를 조절해 보겠습니다.

그림4-3-26에서도 다른 클래스 때와 마찬가지로 Saturation을 낮춤으로써 사진 전체적으로 진하게 묻어나는 색상은 최대한 낮추어주고, 대신 Vibrance를 올림으로써 부족한 채도를 보완하는 방식으로 조절하였습니다.

| 그림 4-3-26. Basic 패널에서 Vibrance와 Saturation을 조절한 결과물입니다.

(8) Basic 패널을 이용하여 사진의 질감을 조절하기

이어서 Basic 패널에서 Texture와 Clarity를 이용하여 사진의 질감을 다듬어보겠습니다.

| 그림 4-3-27. Texture와 Clarity를 각각 조절한 모습입니다.

맑으면서도 부드러운 질감 표현을 위해 Clarity를 -18까지 낮추었으며, 대신 그로 인해서 사진의 윤곽선이 지나치게 무디어지게 보이는 것을 방지하기 위해 Texture는 +45까지 올렸습니다.

(9) Detail 패널에서 보정을 마무리하기

마지막으로 Detail 패널에서 Sharpening을 이용하여 사진을 조금 더 선명하게 해보겠습니다.

그림 4-3-28. Sharpening을 적용한 모습입니다.

현재 사진은 노이즈가 그리 심하지 않기 때문에 Luminance Noise Reduction이나 Color Noise Reduction은 건드리지 않는 대신 Sharpening을 통해 사진을 조금 더 선명하게 보이도록 하였고, Masking을 이용하여 Sharpening이 적용되는 범위를 축소하였습니다.

이렇게 하여 모든 보정이 마무리되었습니다. 이번 클래스의 보정이 다소 어렵게 느껴졌던 독자분도 있었을 것으로 예상합니다. 사람들은 간혹 그런 이야기를 합니다. 사진 보정이란 결국 본능과 느낌에 의존하는 창의적인 활동이기 때문에 일률적이고 짜인 틀에 맞추어 할 수 없는 것이라고 말입니다. 필자 역시도 이 말에 대체적으로 공감합니다.

하지만, 이번 클래스에서 우리가 밟아왔던 과정들을 떠올리면 사진 보정이라는 것이 단순히 느낌에 따라서만 하는 것은 아니라고 생각하게 될 것입니다. 맨 처음 마음에 들지 않는 원본 사진으로부터 어떤 것들을 조절해야겠다는 의식의 흐름이 생겨났고 이에 따라 무엇을 조절할지 하나씩 순서를 정했습니다. 그리고 그렇게 정한 순서에 따라 조금의 시행착오를 거치면서 궁극적으로는 원하는 느낌으로 보정을 마쳤습니다.

사진 보정이 개개인의 느낌에 의존하는 측면이 강한 작업이라는 것은 어쩌면 부정하지 못할 수도 있습니다. 같은 원본 사진을 보더라도 어떤 이의 눈에는 보정을 해야만 하는 문제점으로 보이는 것이, 다른 이의 눈에는 별것 아닌 것으로 인식될 수 있기 때문입니다. 하지만, 일단 의식의 흐름이 생겨나고 보정의 방향성을 설정한 이후에는 지극히 이성적이고도 논리정연한 순서와 절차를 따라 진행했다는 점을 기억하면 좋겠습니다. 이어지는 보정 클래스 역시도 '의식의 흐름'을 놓치지 말고 잘 따라와 주기 바랍니다.

04 CLASS

#필름느낌 #필름갬성 #빈티지 #물빠진색감

Class 04에서는 몇해 전부터 SNS를 통해 빠르게 유행하고 있는 필름 느낌으로 사진을 보정해 보겠습니다.

Before
그림 4-4-1

After
그림 4-4-2

001 | 필름 느낌, 필름 '갬성'에 대한 이야기

시작하기에 앞서 필름 느낌에 대한 이야기를 해보려고 합니다. 필름 느낌의 사진이란 과연 어떤 것일까요? '필름' 느낌이라는 단어에서 알 수 있듯이, 이 말의 본원적인 의미는 필름 카메라로 촬영한 사진처럼 보이는 느낌을 의미합니다. 필름 느낌에 대한 사람들의 생각을 다음과 같이 정리해 보았습니다.

- DSLR이나 미러리스와 같은 디지털카메라로 촬영했을 때 느껴지는 깨끗하고 선명한 느낌보다는 뿌옇거나 초점이 뚜렷하지 않게 보이는 것
- 사진에 불규칙적인 노이즈가 나타남으로 인해 그 자체만으로도 보는 이의 감성을 자극하는 느낌
- 물이 살짝 빠진 것 같으면서도 진득하고 꾸덕꾸덕한 색 표현
- 조금은 빛바래고 오래된 사진과도 같은 느낌
- 마치 필름 카메라로 촬영한 듯한 느낌이 나는 사진이나 흑백 사진

위에서 보듯이 필름 느낌이란 사람에 따라서 한 가지로 규정하기 어려운 여러 느낌을 함축하는 단어로 사용되고 있습니다. 그런 까닭에서인지 누군가 필름 느낌을 떠올려보라고 하면 대충은 어떤 느낌이라고 짐작할 수 있지만, 반대로 필름 느낌을 하나의 문장으로 정의 내려 보라고 하면 그 단어가 지닌 추상적이고 포괄적인 의미 때문에 어려움을 느끼게 됩니다. 이 이야기를 꺼낸 이유는 보정의 방향성을 설정하기 위해 필름 느낌에 대한 독자와 필자 간에 이해와 약속이 필요하기 때문입니다. 그래서 지금부터는 사람들이 소위 '필름 느낌'이라 생각하는 것들에 대해 하나씩 짚어 보도록 하겠습니다.

(1) 선명해 보이지 않고 뿌옇게 보이거나 초점이 뚜렷하지 않으면 필름 느낌일까

여기 한 장의 사진이 있습니다. 이 사진이 필름 카메라로 촬영하여 인화지에 인화한 후 이를 JPG 파일로 스캔한 사진인지, 아니면 처음부터 디지털카메라로 촬영한 사진인지에 대한 정보는 없다고 가정해 보겠습니다. 이 사진은 선명해 보이지 않고 뿌옇게 보이는 데다가 초점 또한 뚜렷하지 않습니다. 이런 사진을 보고 필름 느낌이라고 생각할 수 있습니다. 충분히 납득할 수 있는 상황입니다.

하지만, 디지털카메라로 촬영하더라도 일부러 그렇게 조작을 하거나 실수로 조작을 잘못하여 이와 유사한 느낌으로 촬영되는 경우가 있습니다. 또한 사진의 선명도는 카메라 그 자체보다는 오히려 렌즈의 성능과 더욱 밀접한 연관이 있기 때문에 렌즈의 고유한 특성에 따라 다르게 표현될 수 있습니다. 심지어 인위적으로 빛 갈라짐을 만들어내는 크로스필터를 렌즈에 부착하고 광원이 또렷하게 나타나지 않는 흐린 날 디지털카메라로 촬영하는 경우에도 뿌옇게 보이는 효과를 만들어낼 수 있습니다.

(2) 사진에 불규칙적인 노이즈가 나타난다면 필름 느낌일까

디지털카메라로 촬영을 하더라도 노출이 부족한 상황에서는 ISO가 올라감에 따라 불규칙적인 패턴의 노이즈가 나타날 수 있습니다. 노출이 충분한 경우에도 인위적으로 ISO를 올려서 촬영할 경우에도 마찬가지입니다. 이 외에도 노이즈는 센서면에서의 온도 변화나 카메라 내부의 데이터 전송 과정에서도 발생할 수 있습니다.

이와 상반되게 필름 카메라로 촬영을 하더라도 의외로 깨끗한 느낌의 사진을 얻을 수 있습니다. 일반적인 필름의 경우 디지털카메라와 달리 각 필름에 감도가 표시되어 있는데, 특히 감도가 낮은 필름을 사용한다면 해당 감도에 상응하는 수준의 적

은 노이즈를 얻을 수 있습니다.

그럼에도 불구하고 불규칙적인 잡티나 노이즈를 필름 느낌으로 쉽게 받아들이는 이유는 실제 고감도의 필름을 사용하였을 때 그러한 잡티나 노이즈를 사진에서 관찰할 수 있기 때문입니다. 물론 디지털카메라에서 발생하는 노이즈와 고감도 필름에서 발생하는 노이즈(소위 말하는 필름 그레인)는 언뜻 보아도 육안으로 구별될 정도로 다르지만 필름 느낌이라는 측면에서 사람들은 이 둘을 비슷하게 바라보는 경향이 있습니다. 아울러, 필름으로 촬영한 사진을 디지털 사진으로 변환하기 위해 스캔하는 경우 스캐너의 해상력에 따라 때로는 사진이 약간은 뭉개진 것처럼 보이거나 잡티가 들어가는 것처럼 보이기도 합니다.

(3) 물이 살짝 빠진 것 같은 진득하고 꾸덕꾸덕한 색상 표현은 필름만의 것일까

디지털카메라의 색상 표현은 대체적으로 카메라의 센서 구조와 이미징 프로세서의 영향을 받는 반면, 필름 카메라의 색상은 필름의 종류에 따라 각양각색으로 나타납니다. 따라서 동일한 필름 카메라로 촬영하더라도 어떤 필름을 사용하는지에 따라 색상 표현은 달라질 수 있습니다. 그러므로 단순히 물이 살짝 빠진 것 같은 진득하고 꾸덕꾸덕한 색상이라 할지라도 그것을 액면 그대로 필름만의 고유 느낌이라고 단정하기에는 무리가 있습니다.

(4) 조금은 빛바래고 오래된 사진과도 같은 느낌은 필름 느낌일까

디지털카메라의 경우 전자적인 형태로 데이터가 저장되고 보존되기 때문에 데이터 자체의 손실이 없다면 사진 품질에서의 변질은 일어날 수 없습니다. 하지만 필름 카메라로 촬영하고 인화지에 인화하는 경우, 보존 상태에 따라 품질의 변화는 일어날 수 있습니다. 이렇게 오래된 사진을 스캔한다면 스캔된 JPG 파일은 당연하게도 오래된 필름 사진의 느낌을 담을 수 있을 것입니다. 반대로 갓 인화한 사진을 스캔한다면 앞서 설명한 것처럼 약간의 잡티는 스캔 과정에서 발생할 수 있지만 본래 오래된 사진의 느낌이 나지는 않을 것입니다.

그렇기 때문에 단순히 빛바래고 오래된 사진처럼 보인다고 해서 이를 액면 그대로 필름 느낌이라고 말할 수는 없습니다. 심지어 디지털카메라로 촬영하더라도 이를 인화지에 인화한 후 보관하다가 사진의 품질에 변질이 일어난다면 최초의 사진이 필름 카메라로 촬영한 것인지 혹은 디지털카메라로 촬영한 것인지 구분하기는 쉽지 않을 것입니다.

(5) 흑백 사진

필름 카메라로 촬영하더라도 컬러 필름을 사용하면 다양한 색을 가진 사진을 촬영할 수 있으며, 디지털카메라 역시도 평상시 컬러 사진으로 촬영하다가도 원한다면 언제든 흑백 사진으로 변환하여 촬영하거나 촬영된 사진을 흑백 사진으로 보정할 수 있습니다.[9]

이렇게 사람들이 필름 느낌이라고 표현하는 것들에 대해 간략히 살펴본 것처럼 필름 느낌이라는 것이 쉽게 이해하려면 쉽지만, 보정의 방향성을 잡기 위한 측면에서 세부적으로 짚어 보자면 왠지 모르게 추상적으로 느껴지는 측면이 있다는 사실도 부인할 수 없습니다.

따라서 이런 점을 충분히 감안하되, 대중들이 일반적으로 생각하는 필름 느낌이라는 이미지와 관련하여 큰 틀에서 벗어나지 않도록 다음과 같이 필름 느낌 혹은 필름 '갬성'에 대해 정리하고자 합니다.

---

[9] 드문 사례이긴 하나, 현재 시판 중인 디지털카메라 중에서 오로지 흑백 사진만 촬영할 수 있는 카메라가 있기는 합니다.

① 고감도의 필름 카메라로 촬영하고, 이를 다시 해상도가 다소 떨어지는 보급형 스캐너로 스캔한 것과 같이 자잘한 잡티가 드러난 사진
② 물이 살짝 빠진 것 같으면서도 진득하고 꾸덕꾸덕한 색상을 가진 사진
③ 필름 카메라로 촬영하다가 원하지 않는 타이밍에 필름 안으로 살짝 빛이 들어가면서 마치 실수로 사진의 특정 영역에 빛샘 현상이 일어난 듯한 사진

이 외에도 여러 가지 특징들을 떠올릴 수 있지만, 위와 같은 주안점에 맞추어 보정을 한다면 만족할만한 결과물을 얻을 수 있을 것입니다. 필름 느낌에 대한 각자의 생각은 다를 수 있기 때문에 어디까지나 보정의 방향성을 정하기 위해 이와 같이 정리한 것임을 유념하기 바랍니다.

002 | 필름 '갬성'을 가진 빈티지하고 진득한 느낌의 사진 보정 방법

지금부터는 예시 사진을 가지고 실제로 필름의 느낌으로 보정을 해보겠습니다. 먼저 원본 사진을 다시 보면서 보정의 방향성을 생각해 보겠습니다.

| 그림 4-4-1. 이번 클래스에서 보정할 원본 사진입니다.

필름 '갬성'으로 정해놓은 3가지 주안점을 염두에 둔 상태에서 원본 사진에서 아쉬운 점을 찾아보겠습니다. 필자가 생각하는 원본 사진의 아쉬운 점은 다음과 같습니다.

- 사진에서 명확하게 드러나지 않는 노이즈의 느낌
- 지나치게 사실적으로만 보이며 진득함이나 빈티지함이 느껴지지 않는 색상 표현
- 전체적으로 필름의 갬성이 느껴지지 않는 문제

아쉬운 부분을 바로잡기 위해 다음의 순서에 따라 보정을 진행하고자 합니다.

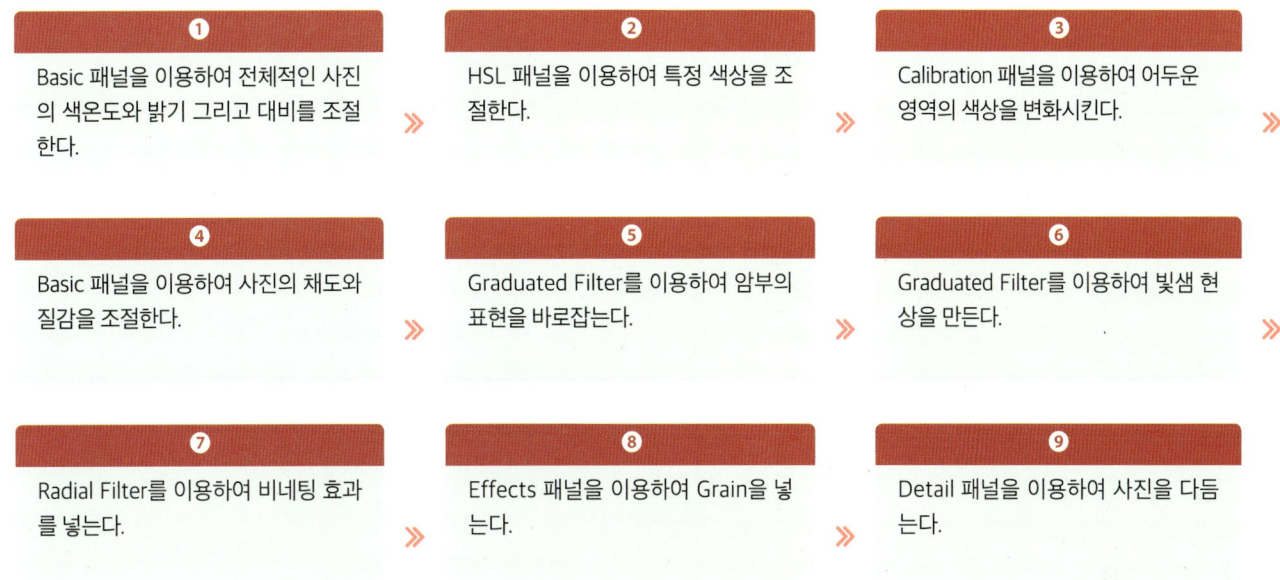

이러한 순서대로 보정해 보겠습니다.

(1) Basic 패널을 이용하여 사진의 색온도와 전체적인 밝기를 조절하기

먼저 Basic 패널을 이용하여 가장 기본적인 사진의 밝기와 대비, 그리고 색온도를 조절하도록 하겠습니다.

그림 4-4-3. 아무런 보정이 이루어지지 않은 원본 사진입니다.

앞에서 진행했던 클래스에서는 주로 사진의 밝은 영역과 어두운 영역의 차이를 줄이는 방식으로 보정을 진행했었습니다. 밝은 영역과 어두운 영역의 차이가 줄어듦으로 인해 사진이 보다 부드러운 느낌을 가질 수 있고, 동시에 밝고 어두웠던 부분에 숨어있던 디테일을 살릴 수 있기 때문입니다. 그러나 이번 클래스에서는 인위적으로 대비를 키우는 방식으로 보정을 진행할 예정입니다. 대비를 키우게 되면 대비를 줄였을 때에 비해 디테일을 살리는 측면에서는 다소 손실이 있을 수는 있으나 특유의 강하면서도 사진을 물에 한번 적신 듯한 진득한 느낌을 살리는 데 도움을 주기 때문입니다. 그렇게 보정한 결과물이 그림4-4-4입니다.

| 그림 4-4-4. Basic 패널의 Tone 영역에서 밝기와 대비를 조절한 모습입니다.

우선 Basic 패널의 Tone 영역에 있는 보정값들을 살펴보면 전체적으로는 사진의 디테일은 살리도록 조절하면서도, 동시에 대비를 확보하기 위해 Contrast는 올리고 Blacks는 낮추었다는 것을 알 수 있습니다. 다만 색온도의 경우, 사진에서 전체적으로 Orange 계열의 톤이 느껴지기 때문에 Blue 계열의 톤을 첨가하는 방식으로 보정을 진행할 수 있습니다. 하지만 이 사진을 촬영한 시간대가 일몰 약 1시간 전인 데다가 Orange 계열의 톤을 처음부터 중화시킬 경우 사진의 분위기 자체가 차갑게 느껴질 수 있기 때문에 색온도는 최초 원본 사진이 가진 기본값을 그대로 유지하였습니다.

(2) HSL 패널을 이용하여 색상 조절하기

이번에는 곧바로 HSL 패널로 이동하여 필름 느낌을 만들어 내기 위해 특정 색상들을 조절해 보도록 하겠습니다. 그림4-4-4에서 보듯이 현재 사진에는 Orange 계열과 Yellow 계열이 강하게 묻어있는 상태이기 때문에 이 색상들의 채도와 광도를 낮춘다면 과하지 않은 색상 표현이 가능할 것으로 보입니다. 채도를 조절하면 색상의 진하기가 변하지만 광도를 조절하면 색상의 밝기가 달라지기 때문에 이 두 가지 요소를 함께 조절해 보겠습니다.

| 그림 4-4-5. HSL 패널에서 각각의 색을 조절한 모습입니다.

Basic 패널에서 색온도를 전혀 건드리지 않은 상태에서 HSL 패널에서 Orange와 Yellow에 대한 채도와 광도만 조절하였습니다. 사진의 색온도와 관련해서는 아무런 보정을 하지 않았기 때문에 사진은 여전히 따뜻한 느낌으로 남아있지만 HSL 패널에서 특정한 색상을 조절함으로써 과하게 느껴졌던 색상들이 차분해지게 되었습니다. 여기서는 두 가지 색상만 조절하였지만, 실제 사진에 나타난 색상이 어떤 것들인지 확인한 후 그중에서 유난히 눈에 들어오는 색상이 있다면 HSL 패널을 이용하여 조절해주면 됩니다.

(3) Calibration 패널을 이용하여 어두운 영역의 색상 조절하기

HSL 패널 보정을 마친 후에는 바로 Calibration 패널로 이동하여 어두운 영역의 색상을 조절해 보겠습니다. 항상 그런 것은 아니지만 보통 필름으로 촬영한 사진들을 보면, 디지털카메라로 촬영했을 때에 비해 어두운 영역이 단순히 검고 어둡게 보이지 않고 색이 들어간 것처럼 보이는 경우가 있습니다. Calibration 패널을 이용하여 그러한 느낌을 추가해 보도록 하겠습니다.

그림 4-4-6. Calibration 패널에서 Tint를 조절한 모습입니다.

Calibration 패널에서 Tint 슬라이더를 +20만큼 Magenta 방향으로 움직여 줌으로 인해 사진 중앙 우측에 드러난 그림자와 나무 사이에 은은하게 Magenta가 묻어나는 것을 확인할 수 있습니다. Chapter 03의 Calibration 패널 편에서도 설명한 것처럼 Calibration 패널의 Shadows를 이용하면 사진의 어두운 영역에 Green이나 Magenta의 느낌을 추가하는 것이 가능하며, 반대로 원치 않는 Green이나 Magenta가 사진에 드러나 있을 때에는 슬라이더를 반대 방향으로 조절함으로써 제거하는 것도 가능합니다. 여기에서는 Calibration 패널을 이용하였지만, Tone Curve 패널을 이용하더라도 비슷한 효과를 낼 수 있다는 점은 참고하면 좋겠습니다.

보정을 모두 마쳤을 때 자칫 사진에서 지나칠 정도로 심하게 보정한 느낌이 나는 것을 피하고자 여기서는 +20만큼만 조절하였지만 독자분들의 취향에 따라 Tint 슬라이더를 Magenta 방향으로 움직이거나 Green 방향으로 움직이면서 사진의 변화 양상을 확인해 보기를 권장합니다. Chapter 03에서도 이야기했던 것처럼 사진을 보정하는 과정은 마치 음식의 간을 맞추는 것과도 비슷한 측면이 있기 때문에, 한 번에 하나의 보정 도구로 단번에 보정을 하겠다는 생각보다는 정말로 음식의 간을 하는 것처럼, 조금씩 조절해가며 중간중간 계속해서 사진의 상태를 확인하는 것이 좋습니다. 그렇게 한다고 해서 보정의 결과물이 보다 더 좋아진다고 단정 지을 수 없지만, 최소한 사진이 과보정되는 상황은 예방할 수 있습니다.

(4) Basic 패널을 이용하여 사진의 채도와 질감을 조절하기

이번에는 다시 Basic 패널로 돌아와 사진의 채도와 질감을 조절해 보겠습니다. 우선 Texture와 Clarity 그리고 Dehaze를 이용하여 사진이 보다 필름 느낌에 가까워지도록 해보겠습니다.

| 그림 4-4-7. Basic 패널에서 Texture와 Clarity, Dehaze를 조절한 모습입니다.

질감 보정을 위해 가장 먼저 Clarity를 -7까지 낮추었습니다. Clarity를 낮춤으로써 사진에 보이는 피사체들의 윤곽선이 부각되거나 두드러지지 않게 하였습니다. 보다 더 초점이 선명하지 않은 듯한 느낌을 위해서 지금보다 Clarity를 낮추는 것도 고려할 수 있지만 이번 예시에서는 -7만큼의 수준에서 타협을 하도록 하겠습니다. 또한, Clarity를 낮춤으로 인해 전체적으로 흐릿한 느낌이 드는 것을 보완하기 위해 Texture와 Dehaze를 올려주었습니다.

이어서 Basic 패널의 Vibrance와 Saturation을 이용하여 사진의 채도를 조절해 보겠습니다.

그림 4-4-8. Basic 패널에서 Vibrance를 조절한 모습입니다.

물이 빠진 것과 같은 색상 표현을 위해 Vibrance를 -21까지 낮추었습니다. 이 상황에서 굳이 Vibrance를 조절하지 않고 Saturation을 조절하는 것도 대안이 될 수 있습니다. 하지만 흑백 사진처럼 보이게 하려는 것이 아니라, 물 빠진 듯한 느낌만 살짝 내는 것이 목적이기 때문에 Saturation에 비해 상대적으로 영향이 적은 Vibrance를 이용하였습니다.

(5) Graduated Filter(점진적필터)를 이용하여 필름 느낌의 암부 표현하기

지금부터는 사진에서 보다 필름 느낌이 나도록 부가적인 보정을 하겠습니다. 먼저 Graduated Filter를 이용하여 암부의 표현을 보다 필름 느낌에 가깝게 보정해 보겠습니다.

필름 그 자체의 다이내믹 레인지가 디지털카메라에 비해 결코 부족하다고 말할 수는 없습니다만, 필름 카메라로 촬영하고 이를 다시 스캔한 사진들을 보면 특히 암부의 표현이 디지털카메라와는 조금 다르다는 느낌을 받게 됩니다. 지금부터 진행할 보정은 바로 그런 느낌을 내기 위한 과정입니다.

먼저 Graduated Filter를 이용하기 위해 히스토그램 하단에 있는 Graduated Filter 아이콘을 클릭하겠습니다.

| 그림 4-4-9. Graduated Filter를 활성화한 모습입니다.

Graduated Filter를 활성화한 상태에서 보정하고자 하는 영역을 선택해 보겠습니다. 여기서 선택할 영역은 바로 사진의 좌우측에 어둡게 보이는 나무들입니다. 먼저 오른쪽 나무 부분을 Graduated Filter로 선택하겠습니다. Graduated Filter 아이콘을 클릭한 상태에서 사진 오른쪽 상단에서 중앙 방향으로 마우스를 드래그하면 그림4-4-10과 같이 보정할 영역을 설정할 수 있습니다.

| 그림 4-4-10. 나무 부분을 커버할 정도로 잘 선택된 것을 확인할 수 있습니다.

이처럼 빨갛게 선택된 영역이 보이지 않을 때에는 화면 좌측 하단에 있는 Show Selected Mask Overlay를 체크(✓)하거나 키보드에서 단축키 O를 누르면 됩니다. 이렇게 영역을 설정한 다음, 우측 화면에서 원하는 보정값을 입력해보겠습니다.

그림 4-4-11. 선택한 영역에 반영될 보정값을 입력한 모습입니다.

어떤 값들이 반영되었는지 하나씩 살펴보겠습니다. 우선 해당 영역의 밝기를 조금 더 낮추고자 Exposure를 -0.50스탑만큼 내렸습니다. 그 상태에서 해당 영역의 그림자를 강화하기 위해 Shadows를 -100까지 내렸습니다. 이렇게 하면 나무 부분은 거의 검게 변하다시피 어두워집니다. 그리고 Blacks를 +38까지 올림으로써 해당 영역이 분명 어둡긴 하지만, 밝으면서도 어두운 듯한 느낌이 나도록 하였습니다. 다시 말해서, 그림자가 지는 부분을 그림자로 보이게끔 처리하되 필름 사진에서와 유사한 어두움을 표현하기 위해 해당 그림자의 어둠의 정도를 조절한 것입니다.

이번에는 왼쪽 나무 부분을 살펴보겠습니다. 오른쪽 나무들과 달리 왼쪽의 나무들은 그림자가 그리 심하지는 않지만 나뭇가지의 그림자가 군데군데 드러나 있는 것을 확인할 수 있습니다. 이 부분 역시도 오른쪽과 유사하게 보정할 예정입니다. 그를 위해 다시 한번 범위를 지정해야 하지만, 다행스럽게도 조금 전 우리는 오른쪽 나무 부분을 선택해 둔 Graduated Filter를 하나 가지고 있습니다. 그리고 이것을 이용한다면 그리 어렵지 않게 왼쪽 나무들에게도 범위를 지정할 수 있습니다.

방금 전에 만들어 둔 Graduated Filter를 나타내는 동그라미 위에 마우스를 올려두고 마우스 오른쪽 버튼을 누르면 그림4-4-12와 같은 모습을 볼 수 있습니다.

이 상태에서 상단의 Duplicate를 클릭하면 직전에 작업해 둔 Graduated Filter가 동일한 위치에 그대로 하나 더 복사됨과 동시에, 해당 영역이 보다 더 밝아지는 것을 확인할 수 있습니다. 만들어 두었던 필터를 복사하는 명령을 하였기 때문에 그 자리에서 그대로 필터 하나가 겹쳐진 상태로 생겼기 때문입니다. 즉, 오른쪽 나무 부분을 보정하기 위해 만들었던 필터가 같은 자리에 중복해서 생기면서 두 배의 효과가 발생한 것입니다. 따라서 지금부터는 방금 이렇게 만들어진 필터를 왼쪽으로 이동시켜 보겠습니다.

| 그림 4-4-12. Graduated Filter를 복사하기 위한 준비 단계입니다.

그림4-4-13은 Graduated Filter의 위치를 나타내는 동그라미를 마우스로 끌고 와 왼쪽으로 이동시킨 화면입니다.

| 그림 4-4-13. 오른쪽과 왼쪽에 각각 Graduated Filter가 하나씩 생성된 것을 볼 수 있습니다.

오른쪽에서 만들어 둔 필터를 그대로 복사한 이후, 왼쪽으로만 가져온 상태이기 때문에 새로 만들어진 필터는 그림4-4-14와 같이 여전히 오른쪽 영역을 선택한 상태로 존재하고 있습니다.

Chapter 4 색감 보정 심화 클래스 **317**

| 그림 4-4-14. 왼쪽으로 끌어온 필터의 선택 영역을 표시한 화면입니다.

따라서 왼쪽에 위치한 필터를 회전시켜 왼쪽 영역에만 영향을 미치도록 해보겠습니다. Graduated Filter의 동그라미 주변에 마우스 포인터를 가까이 하였을 때 마우스 포인터가 바뀌면 그 상태에서 원하는 각도로 마우스를 드래그하여 필터를 회전시킬 수 있습니다.

| 그림 4-4-15. 왼쪽 나무들에게만 영향을 미치도록 Graduated Filter를 회전한 모습입니다.

이제 그림4-4-15에서 보듯이 동일한 보정값을 갖는 2개의 필터가 우리가 지정한 영역에 대해서만 영향을 미치게 되었습니다. 이 상태에서 Graduated Filter 아이콘을 다시 한번 클릭하면 이번 단계에서의 보정은 마무리됩니다. 참고로, 이처럼 Graduated Filter나 Radial Filter 혹은 Adjustment Brush를 사용함에 있어 이미 설정해 둔 보정값의 적용 강도를 일괄적으로 조절하고 싶을 때가 있습니다. 그럴 때는 키보드의 Alt 키를 누른 상태에서 해당 필터를 나타내는 점 위에 마우스 포인터를 위치시키고, 그 점을 좌우로 드래그 함으로써 필터의 강도를 조절할 수 있습니다. 이와 같은 방법을 통해 그림4-4-15에서도 왼쪽으로 복사해서 가져온 Graduated Filter의 적용 강도가 마음에 들지 않을 때 이를 별도로 조절할 수도 있습니다.

(6) Graduated Filter(점진적필터)를 이용하여 빛샘 현상 표현하기

이어서 진행할 보정은 Graduated Filter를 이용하여 빛샘 현상을 만드는 것입니다. 빛샘이란, 필름 카메라를 사용할 때 의도치 않게 필름 안으로 빛이 새어들어가면서 실제 사진 속에서 나타나는 빛줄기를 의미합니다. 빛샘 현상이 필름 카메라에서만 느낄 수 있는 고유의 감성이라고 이야기하는 분들도 있는 반면, 깨끗하게 나왔어야 할 사진에 빛이 들어감으로 인해 사진의 품질이 저하되거나 아예 사용하지 못할 정도로 사진이 훼손되는 경우도 있기 때문에 상당한 스트레스를 받는 분들도 있습니다.

Graduated Filter를 이용하여 간단하면서도 사진의 품질에 크게 영향을 주지 않을 정도의 빛샘 현상을 만들어보겠습니다. 이번에도 우선 Graduated Filter 아이콘을 클릭한 후 영역을 지정해 보도록 하겠습니다.

| 그림 4-4-16. 사진의 좌측 모서리에 빛샘을 넣을 예정입니다.

빛샘 현상은 다양한 패턴과 다양한 색상으로 불규칙하게 나타나기 때문에 정확하게 어떻게 보정해야 된다고 정의 내리기는 어렵습니다. 바꿔 말해서, 처음부터 정해진 패턴이나 색상이 없기 때문에 자유롭게 원하는 느낌을 넣을 수 있는 여지가 있다고 할 수 있습니다. 여기에는 빨간색 계열의 빛샘을 표현해 보겠습니다.

| 그림 4-4-17. 선택한 영역의 위치를 다시 한번 조절한 후, 보정값을 반영한 결과물입니다.

우선 그림4-4-17을 보면, 우측 하단의 Color에 특정한 색이 들어가 있는 것을 확인할 수 있습니다. Color는 Graduated Filter 나 Radial Filter 혹은 Adjustment Brush로 선택한 영역에 특정한 색상을 입힐 때 사용하는 기능입니다.

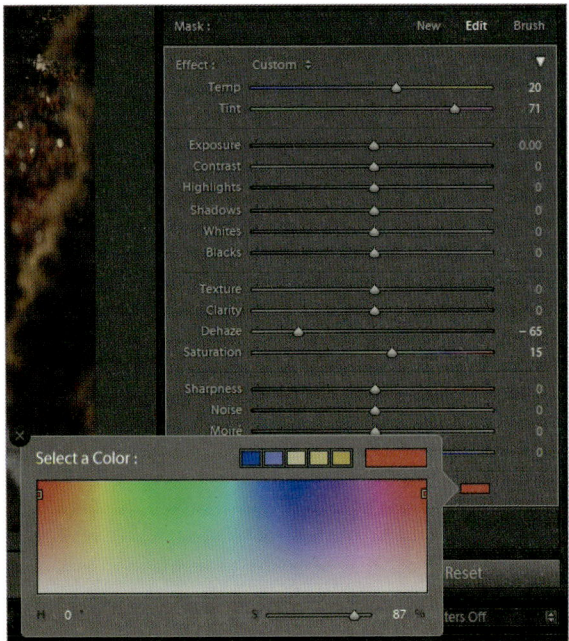

| 그림 4-4-18. 빛샘을 표현하고자 빨간색 계열의 색상을 Color로 지정하였습니다.

Color를 지정한 후, Temp와 Tint값을 조절하여 원하는 느낌이 색상에 표현되도록 하였습니다. Temp와 Tint는 Basic 패널에서 색온도를 조절하는 도구들이지만 이렇게 필터를 이용하는 경우에는 특정 색상을 사진에 입히는 용도로도 사용할 수 있습니다. 또한, Dehaze를 -65까지 내려줌으로써 Graduated Filter로 선택한 영역에 빛이 들어오면서 뿌옇게 변하는 듯한 느낌을 추가하였습니다. 앞서 설명한 것과 같이 Graduated Filter나 다른 필터를 사용할 때에는 Duplicate 기능을 이용하여 해당 필터를 같은 위치에서 중복하여 적용할 수 있습니다. 따라서 일단 보정값을 입력하고 난 후 Duplicate를 이용하여 같은 필터를 중복하여 적용하면 그 효과를 보다 강하게 반영할 수 있습니다.

(7) Radial Filter(방사형필터)를 이용하여 비네팅 효과 만들기

이번에는 사진에 비네팅 효과를 넣어보려고 합니다. 비네팅 효과라면 Effects 패널에 있는 Post-Crop Vignetting을 가장 먼저 떠올리실 거라 생각합니다. 만약 그렇다면, Chapter 03을 잘 읽고 Chapter 04로 넘어온 분입니다. 하지만 이번에는 Chapter 03의 Basic 패널에서 잠시 소개하였던 Radial Filter를 활용해 보겠습니다.

그림 4-4-19. Radial Filter 아이콘을 클릭하여 활성화합니다.

이 상태에서 비네팅을 넣을 공간에 Radial Filter를 이용하여 영역을 설정합니다.

| 그림 4-4-20. 사진 상단에 빛이 닿아있기 때문에 가급적 하단에 비네팅 효과가 들어가도록 영역을 설정한 모습입니다.

그림4-4-20을 보고 나면, 왜 Radial Filter를 이용하여 비네팅 효과를 넣으려고 하는지 아마 이해가 되시리라 생각합니다. Post-Crop Vignetting과는 달리 Radial Filter를 이용하면 사진의 어느 공간이든 원하는 영역에 비네팅 효과를 줄 수 있기 때문입니다. 더욱 놀라운 사실은, Radial Filter를 이용하면 단순히 주변부가 어두워지는 비네딩뿐만 아니라 Basic 패널에 있는 여러 도구를 함께 사용할 수 있고 특히 주변부에 특정한 색상이 반영된 비네팅도 만들어 줄 수 있다는 점입니다. 영역이 선택된 상태에서 비네팅 효과를 내기 위해 몇 가지 보정값을 입력해 보겠습니다.

| 그림 4-4-21. 비네팅 효과가 반영된 사진입니다.

주변부를 어둡게 하기 위해 Exposure를 -0.5스탑만큼 내렸으며, 주변부가 어두워지면서도 진득한 느낌을 유지하도록 하기 위해 Dehaze는 +13까지 올렸습니다. Effects 패널을 통해서도 비네팅을 넣는 것이 가능하지만 이렇게 Radial Filter를 이용하면 비네팅으로 표현할 수 있는 효과의 범위가 넓어질 수 있습니다.

(8) Effects 패널을 이용한 Grain 효과 넣기

이제 Effects 패널에서 Grain 효과를 넣어보겠습니다. Chapter 03의 Effects 패널 편에서 설명한 것과 같이 Grain을 이용하면 특히 이러한 필름 느낌의 보정에서 탁월한 효과를 볼 수 있습니다. Grain을 넣기 위해 Effects 패널로 이동한 후, 원하는 느낌의 Grain 효과를 반영해 보도록 하겠습니다.

그림 4-4-22. Grain 효과가 반영된 사진입니다.

Grain을 넣을 때에는 단순히 Amount나 Size 그리고 Roughness의 양을 조절한다고 해서 사진 전체에 들어가는 Grain의 느낌을 파악하기는 어렵기 때문에 사진의 크기를 축소하거나 확대한 상태에서 어떻게 보이는지를 확인하는 것이 좋습니다.

| 그림 4-4-23. Grain의 느낌을 확인하기 위해 사진을 보다 축소한 모습입니다(단축키는 Ctrl을 누른 상태에서 -키를 누르면 됩니다).

| 그림 4-4-24. Grain의 느낌을 확인하기 위해 사진을 보다 확대한 모습입니다(단축키는 Ctrl을 누른 상태에서 +키를 누르면 됩니다).

(9) Detail 패널을 이용하여 사진을 다듬기

마지막으로 Detail 패널에서 Sharpening을 이용하여 사진을 더 선명하게 해보겠습니다.

그림 4-4-25. Sharpening을 적용한 결과물입니다.

필요에 따라서는 Luminance Noise Reduction이나 Color Noise Reduction을 이용하여 사진의 노이즈를 줄일 수도 있으나, 현재 사진은 ISO가 100으로서 노이즈가 그리 심하지 않은 데다가 일부러 Grain까지 넣어둔 상태이기 때문에 별도로 다시 노이즈를 제거하지는 않았습니다. 대신 Sharpening을 통해 사진을 조금 더 선명하게 보이도록 하였고, Masking을 이용하여 Sharpening이 적용되는 범위를 축소하였습니다.

이렇게 하여 모든 보정이 끝났습니다. 필름 느낌이라는 것에 대한 생각을 정리하여 보정의 방향성을 설정하였으며, 이에 따라 각 단계마다 필요한 보정을 거쳤습니다. 앞으로 여러분이 어떤 특정한 느낌으로 사진을 보정하고 싶을 때에도 그와 비슷한 흐름을 밟아간다면 어렵지 않게 대강의 맥락을 잡을 수 있을 것입니다. 원하는 느낌이 있다면, 그 느낌은 어떤 요소들로 구성이 되어 있으며 각각의 요소를 발현하기 위해서는 어떤 툴을 이용하면 되는지 하나씩 풀어나가 보기 바랍니다. 그러면 어느 순간 여러분도 사진 보정의 고수가 되어 있을 것입니다.

#크리미한 #매끄러운 #비누느낌

05 CLASS

Class 05에서는 크리미(creamy)하면서도 매끄러운 비누 느낌으로 보정을 해보겠습니다.

Before
그림 4-5-1

After
그림 4-5-2

001 | Tone Curve 패널을 이용하여 색감을 만드는 방법

이번 클래스 중에서는 특히 Tone Curve 패널을 이용하여 보정에 필요한 색감을 만들어 볼 예정입니다. 따라서 본격적인 보정을 시작하기에 앞서 Tone Curve 패널로 색감을 만드는 기본적인 원리에 대해 살펴보겠습니다.

(1) Tone Curve 패널의 기본 개념

Chapter 03의 Tone Curve 패널 편과 Chapter 04의 Class 01에서 다룬 것과 같이 Tone Curve 패널은 사진의 밝기 영역에 따라서 선택적으로 Toning을 할 수 있는 도구입니다. Basic 패널에서 사진 전체 영역을 대상으로 사진의 밝기를 조절하는 것이 가능했다면 Tone Curve 패널에서는 보다 확장된 개념으로서 원하는 영역의 밝기를 선택적으로 조절할 수 있습니다.

여기에 덧붙여 Tone Curve 패널에서는 Red, Green, Blue 색상 채널별로 독립된 Point Curve를 제공하기 때문에, 이를 이용하면 단순히 밝기를 조절하는 것뿐만 아니라 원하는 만큼의 색감을 사진에 첨가하는 것이 가능합니다. 그림4-5-3을 함께 보겠습니다.

앞서 설명한 것처럼 그림4-5-3의 Point Curve 위의 원하는 위치에 점을 찍고, 이를 움직이면 그에 따라 사진의 밝기를 조절할 수 있습니다. 여기서 Channel 부분을 클릭하면 그림4-5-4와 같은 모습을 볼 수 있으며, 2020년 6월 업데이트를 적용한 경우 Adjust 항목에서 조절하고자 하는 색상 채널을 직접 선택할 수 있습니다.

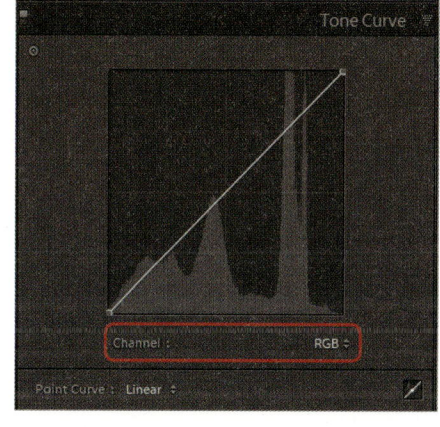

| 그림 4-5-3. Tone Curve 패널에서 Point Curve 아이콘을 클릭하면 이처럼 Curve를 직접 움직일 수 있는 Point Curve 화면을 볼 수 있습니다.

그림4-5-4에 나타난 4가지 채널에 따라 Point Curve를 독립적으로 조절하는 것이 가능합니다. 각각의 채널은 다음과 같습니다.

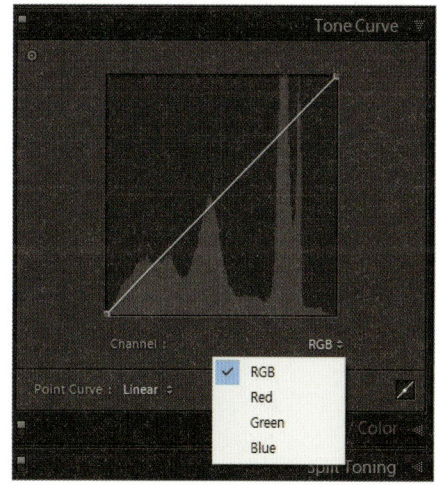

| 그림 4-5-4. Channel 부분을 클릭하면 각각의 채널을 독립적으로 조절할 수도 있습니다.

① **RGB 채널**: Red, Green, Blue의 채널이 모두 합쳐진 채널입니다. RGB의 색 공간에서 Red, Green, Blue를 더하면 White가 되고, 반대로 Red, Green, Blue를 제거하면 Black이 되기 때문에, RGB 채널에서는 이를 가지고 사진의 어둡고 밝은 정도를 조절할 수 있습니다. 어두운 영역, 즉 좌측 부분의 Point Curve를 올리거나 내리면 어두운 영역의 밝기가 변화하고, 밝은 영역, 즉 Point Curve의 우측 부분의 Point Curve를 올리거나 내리면 밝은 영역의 밝기가 변화합니다. 별다른 언급 없이 단순히 Point Curve라고 한다면 이는 이처럼 사진의 밝기에 영향을 미치는 RGB 채널의 Point Curve를 의미합니다.

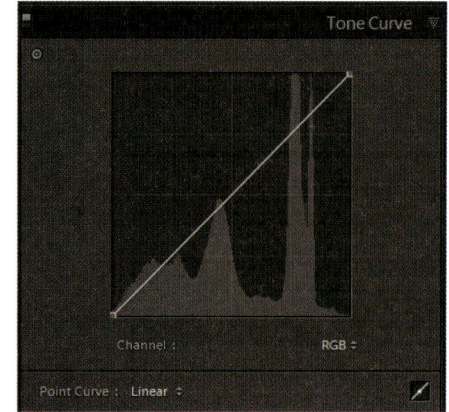

| 그림 4-5-5. RGB 채널

② **Red 채널**: Red값만 조절하는 채널입니다. 어두운 영역이나 밝은 영역에 Red를 첨가하거나 제거할 수 있습니다. Point Curve를 위로 올려서 Red값을 첨가할 경우 하나의 픽셀이 가진 Red의 비율이 높아짐에 따라 사진은 점점 빨갛게 변화하며, Point Curve를 아래로 끌어내려서 Red값을 제거할 경우 반대로 하나의 픽셀이 가진 Red의 비율이 낮아짐에 따라 사진은 점점 Red의 보색인 Cyan을 띠게 됩니다.

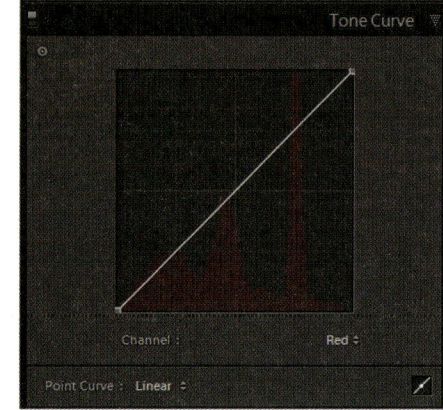

| 그림 4-5-6. Red 채널

③ **Green 채널**: Green값만 조절하는 채널입니다. 어두운 영역이나 밝은 영역에 Green을 첨가하거나 제거할 수 있습니다. Point Curve를 위로 올려서 Green값을 첨가할 경우 하나의 픽셀이 가진 Green의 비율이 높아짐에 따라 사진은 점점 녹색으로 변화하며, Point Curve를 아래로 끌어내려서 Green값을 제거할 경우 반대로 하나의 픽셀이 가진 Green의 비율이 낮아짐에 따라 사진은 점점 Green의 보색인 Magenta를 띠게 됩니다.

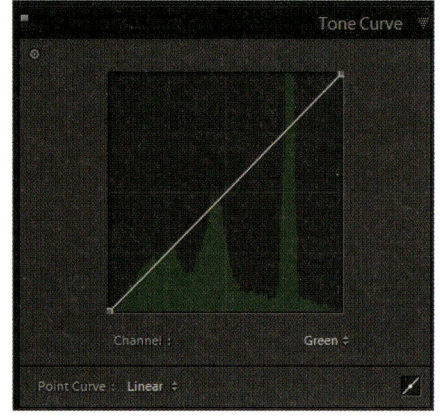

| 그림 4-5-7. Green 채널

④ **Blue 채널**: Blue값만 조절하는 채널입니다. 어두운 영역이나 밝은 영역에 Blue를 첨가하거나 제거할 수 있습니다. Point Curve를 위로 올려서 Blue값을 첨가할 경우 하나의 픽셀이 가진 Blue의 비율이 높아짐에 따라 사진은 점점 파랗게 변화하며, Point Curve를 아래로 끌어내려서 Blue값을 제거할 경우 반대로 하나의 픽셀이 가진 Blue의 비율이 낮아짐에 따라 사진은 점점 Blue의 보색인 Yellow를 띠게 됩니다.

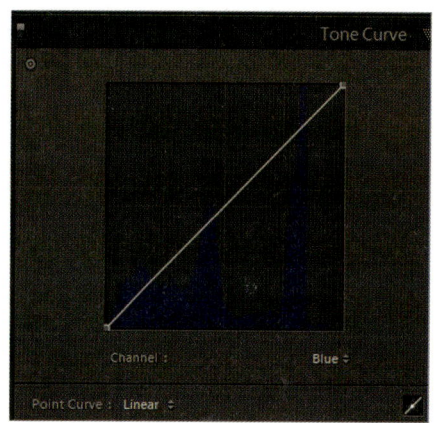

| 그림 4-5-8. Blue 채널

그리고 RGB 채널은 Red, Green, Blue의 채널이 모두 합쳐진 것으로 이해할 수 있습니다. 이상의 내용을 다음의 표로 정리해 보았습니다.

구분	역할	변화 모습		
RGB 채널	사진의 밝기를 변화시킴	White	↔	Black
Red 채널	사진의 Red값을 변화시킴	Red	↔	Cyan
Green 채널	사진의 Green값을 변화시킴	Green	↔	Magenta
Blue 채널	사진의 Blue값을 변화시킴	Blue	↔	Yellow

Red, Green, Blue는 그 자체로 디지털 디스플레이에서 사용하는 RGB의 색공간을 구성하는 요소임과 동시에 디스플레이 내에서 이들의 '빛'을 혼합하면 다른 여러 가지 색을 만들 수 있기 때문에 빛의 3원색이라고 합니다. 컴퓨터 모니터와 같은 디지털 디스플레이는 디스플레이 내부에서 발광된 빛을 이용하여 화면에 보이는 색을 만들어 내기 때문에 RGB의 색공간을 사용하는 것입니다.

Red, Green, Blue의 보색인 Cyan, Magenta, Yellow는 이들 각각의 '색'을 혼합하면 다른 여러 가지 색을 만들 수 있기 때문에 색의 3원색이라고 합니다. 따라서 잉크를 가지고 색을 표현하는 인쇄 작업에서 CMYK (K는 Black의 K임)의 색공간을 이용합니다.

다시 말해서 Red, Green, Blue 채널의 Point Curve를 이용하면, Red, Green, Blue 그리고 Cyan, Magenta, Yellow 간에 원하는 색의 조합을 무궁무진하게 만들어 낼 수 있습니다. 단순히 색의 조합만 무궁무진하게 만들어 내는 것뿐만 아니라, 내가 원하는 사진의 영역에 선택적으로 색을 집어넣을 수 있습니다. 예를 들자면, 사진의 중간 정도 되는 밝기 영역에 50%의 Red와 15%의 Magenta와 5%의 Yellow가 합쳐진 색을 넣고, 사진의 아주 밝은 부분에는 65%의 Red와 35%의 Yellow만 추가하는 등의 작업이 가능하다는 뜻입니다.

(2) Tone Curve 패널과 관련한 다양한 응용 방법

이번에는 다음 6가지 Case를 바탕으로 Tone Curve 패널을 활용하는 방법에 대해 알아보겠습니다.

그림 4-5-9. 첫 번째 Case 사진

① **Case 1.** 여기 그림4-5-9와 같이 아무런 보정을 하지 않은 사진이 있습니다. Tone Curve 패널에서 RGB 채널의 Point Curve를 그림4-5-10과 같이 변경하면 이 사진은 우리 눈에 어떻게 보일까요?

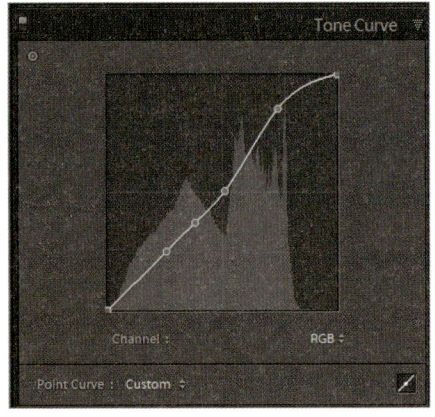

그림 4-5-10. RGB 채널의 Point Curve에 4개의 점을 찍어 그래프를 조절한 모습입니다.

이미 Chapter 03의 Tone Curve 패널 편과 Chapter 04의 Class 01을 읽고 온 분이라면 쉽게 예상할 수 있다시피, 사진의 밝은 영역에 해당하는 Point Curve 우측 부분을 위로 잡아 올렸기 때문에 어두운 영역의 변화는 거의 없는 상태에서 밝은 영역만 전보다 더 밝아질 것으로 예상할 수 있습니다.

| 그림 4-5-11. RGB 채널을 조절했을 때 달라진 모습입니다.

예상했던 것처럼 하늘 부분이 보다 밝아진 것을 확인할 수 있습니다.

② **Case 2.** 이번에는 이 상태에서 그림4-5-12와 같이 Point Curve를 변경하면 어떻게 될까요?

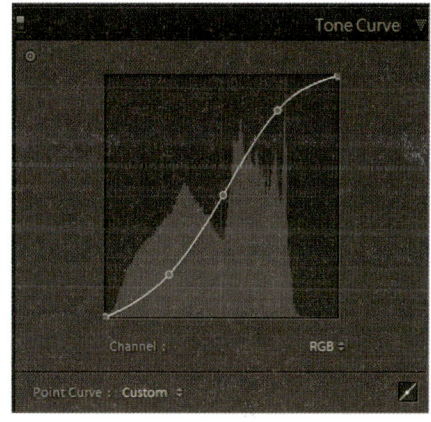

| 그림 4-5-12. RGB 채널의 Point Curve를 다시 조절한 모습 입니다.

어두운 영역에 해당하는 Point Curve 좌측 부분을 아래로 끌어내렸기 때문에 사진의 어두운 영역만 전보다 더 어두워질 것으로 예상할 수 있습니다.

| 그림 4-5-13. 예상했던 결과물을 볼 수 있습니다.

그림4-5-9와 그림4-5-13을 비교하면 놀라운 결론을 얻을 수 있습니다. 우리는 Basic 패널의 Contrast 항목을 전혀 건드리지 않은 상태에서도 Tone Curve 패널만을 이용하여 사진의 대비를 보다 강하게 만들어 줄 수 있었습니다. Point Curve의 밝은 영역을 보다 더 밝게 하였고, 어두운 영역은 보다 더 어둡게 하였기 때문에 사진의 밝기에 변화가 나타나게 되었고, 전에 비해 밝은 영역과 어두운 영역의 밝기 차이가 더 심해졌기 때문에 사진의 대비는 더 커지게 된 것입니다.

Point Curve를 이처럼 S자 형태에 가깝게 만들면 Basic 패널에서 Contrast를 건드리지 않고서도 사진의 대비를 키울 수 있습니다.

| 그림 4-5-14. 세 번째 Case 사진

③ **Case 3.** 그렇다면 그림4-5-14에 나와 있는 Red 채널의 Point Curve를 그림 4-5-15와 같이 조절하면 어떻게 될까요?

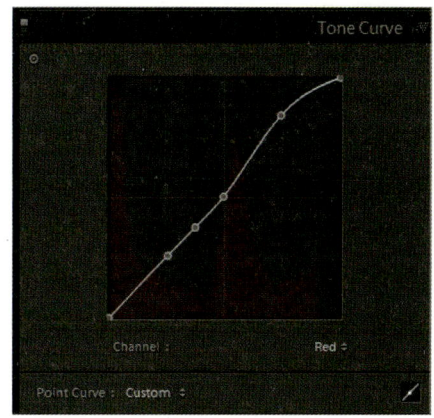

| 그림 4-5-15. Red 채널의 Point Curve를 조절한 모습입니다.

Red 채널의 밝은 영역에 해당하는 Point Curve를 위로 잡아 올렸기 때문에, 사진의 밝은 영역에 걸쳐서 빨간색이 드러나게 될 것으로 예상할 수 있습니다.

| 그림 4-5-16. 예상했던 것처럼 사진의 밝은 영역에 빨간색이 나타난 것을 확인할 수 있습니다.

| 그림 4-5-17. 네 번째 Case 사진

④ **Case 4.** 그림4-5-17에 나와 있는 Blue 채널의 Point Curve를 그림4-5-18과 같이 조절하면 어떻게 될까요?

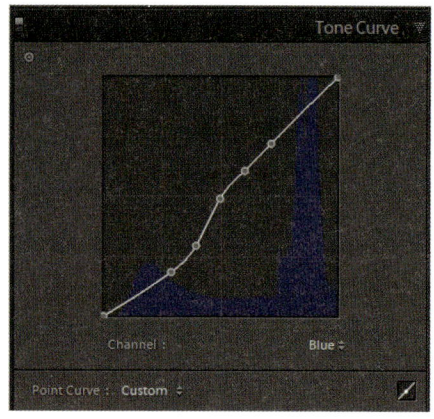

| 그림 4-5-18. Blue 채널의 Point Curve를 조절한 모습입니다.

Blue 채널의 어두운 영역에 해당하는 Point Curve를 아래로 끌어내렸기 때문에, 사진의 어두운 영역에 걸쳐서 파란색의 보색인 노란색이 드러나게 될 것으로 예상할 수 있습니다.

| 그림 4-5-19. 예상했던 것처럼 사진의 어두운 영역에 노란색이 드리워진 것을 확인할 수 있습니다.

| 그림 4-5-20. 다섯 번째 Case 사진

⑤ **Case 5.** 그림4-5-20에 나와 있는 Red 채널과 Blue 채널의 Point Curve를 그림4-5-21과 그림4-5-22와 같이 조절하면 어떻게 될까요?

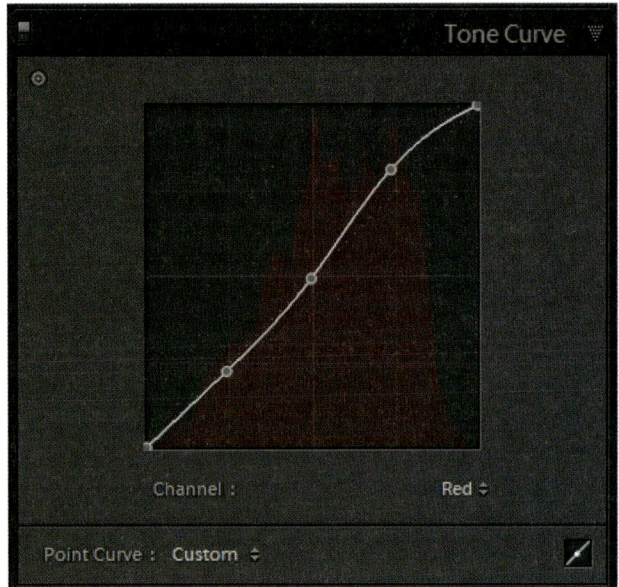

| 그림 4-5-21. Red 채널의 Point Curve를 조절한 모습입니다. | 그림 4-5-22. Blue 채널의 Point Curve를 조절한 모습입니다.

이번 케이스에서는 Red와 Blue의 두 가지 채널을 동시적으로 조절하였습니다. 먼저 Red 채널 중 밝은 영역에 해당하는 Point Curve를 올렸기 때문에, 사진의 밝은 영역에는 빨간색이 나타날 것입니다. 또한, Blue 채널 중 밝은 영역에 해당하는 Point Curve를 내렸기 때문에, 사진의 밝은 영역에서는 파란색의 보색인 노란색이 나타날 것입니다. 따라서 빨간색과 노란색을 혼합한 색이 사진의 밝은 영역에서 보일 것이라 예상할 수 있습니다.

| 그림 4-5-23. 원래의 사진의 밝은 영역에 새로운 색상이 묻어난 것을 확인할 수 있습니다.

그림4-5-23의 경우, 처음부터 사진의 밝은 영역에 파란색의 하늘이 자리잡고 있었기 때문에 그 위에 다시 빨간색과 노란색이 함께 첨가된 결과가 나타난 것을 알 수 있습니다. 따라서 Tone Curve 패널을 이용하여 색감 작업을 할 때에는 원본 사진에 원래부터 포함되어 있는 색상에 유의할 필요가 있습니다.

| 그림 4-5-24. 여섯 번째 Case 사진

⑥ **Case 6.** 마지막으로 그림4-5-24의 Red, Green, Blue 채널의 Point Curve를 각각 동일한 영역에서 동일한 값만큼 올리거나 내린다면 사진에는 어떤 변화가 생길까요?

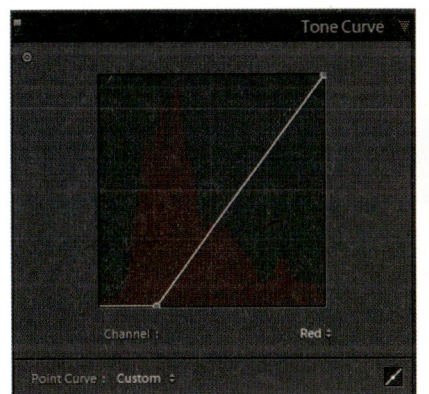 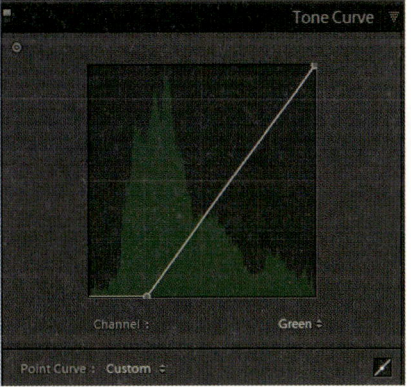 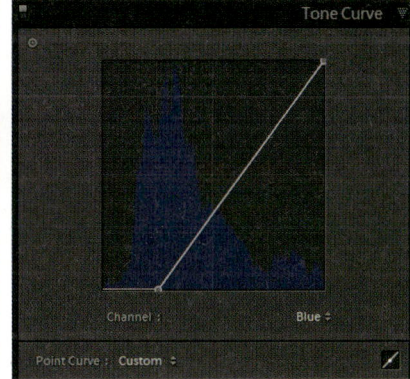

| 그림 4-5-25. Red 채널 | 그림 4-5-26. Green 채널 | 그림 4-5-27. Blue 채널

이번에는 3가지 채널을 모두 섞었기 때문에 Case 5에서처럼 사진 안에서 어떠한 색감의 변화가 나타날 것으로 짐작할 수 있습니다. 하지만 이 경우, 3가지 채널이 모두 같은 비율로 섞인 상황이기 때문에 각 채널들이 섞이면서 만들어 내는 색감의 변화는 결국 RGB 채널이 단독적으로 움직인 것과 같은 결과를 가져오게 됩니다.

다시 말해서, 그림4-5-25~27까지 채널을 조절하는 경우라면 사진은 색의 변화 없이 밝기만 변화하게 되며, Point Curve의 좌측 부분이 밑으로 꺾인 상태이기 때문에 사진의 어두운 영역이 보다 더 어두워지게 될 것으로 예측할 수 있습니다.

| 그림 4-5-28. 놀랍게도 사진의 색상 변화 없이 밝기만 낮아진 것을 확인할 수 있습니다.

그림4-5-28의 결과는 Red, Green, Blue 채널을 모두 초기화하고 단순히 RGB 채널만을 이용하여 아까와 같은 패턴의 Point Curve로 만들어도 똑같이 구현할 수 있습니다.

| 그림 4-5-29. RGB 채널의 Point Curve만을 움직여서 그림4-5-28과 동일한 결과를 만든 모습입니다.

지금까지 살펴보았던 6가지 Case를 바탕으로 Tone Curve 패널에 있는 각 채널의 기능을 정리해 보겠습니다.

① RGB 채널의 Point Curve를 이용하면 사진의 밝기에 영향을 주는 보정을 할 수 있습니다. 또한, 사진의 밝기를 바꿀 수 있기 때문에 결국 RGB 채널을 이용하면 사진의 대비에도 영향을 주는 보정을 할 수 있습니다.

② Red나 Green 혹은 Blue 채널의 Point Curve를 이용하면 사진의 색상에 영향을 주는 보정을 할 수 있습니다. 사진이 어떻게 변화하는지는 각각의 채널이 의도하는 색상들의 혼합 비율과 사진의 어느 부분에 영향을 미치도록 조절하는지에 따라 다양하게 나타날 수 있습니다.

③ 만약, Red, Green, Blue 채널의 Point Curve가 동일한 구간에서 동일한 양으로 모두 함께 변화할 경우 이 역시 사진의 색상에 영향을 주게 되지만, 동일한 구간에서 동일한 양으로 움직이는 것은 결과적으로 White나 Black에만 영향을 주는 결과를 낳게 되므로 실질적으로 사진의 색상에 영향을 주기보다는 사진의 밝기에만 영향을 미치게 됩니다. 그리고 이는 결국 RGB 채널의 Point Curve가 동일한 모양으로 단독적으로 움직였을 때와 같은 결과를 낳습니다.

여기까지 이해를 했다면 Split Toning(Color Grading) 패널과 Tone Curve 패널을 비교하는 것도 가능합니다. Split Toning 패널은 밝은 영역과 어두운 영역이라는 2가지 기준에 따라 원하는 색을 쉽게 골라 넣어주는 도구입니다(물론, 새롭게 업데이트된 Color Grading 패널은 여기에 더해서 중간 밝기 영역과 사진 전체 영역에 원하는 색을 넣을 수 있습니다). Tone Curve 패널은 단순히 밝은 영역, 어두운 영역뿐만 아니라 사용자가 원하는 그 어떤 영역에라도 원하는 색상을 배합하여 넣을 수 있습니다.

따라서 Split Toning(Color Grading) 패널은 Tone Curve 패널로 가능한 작업을 보다 쉽고 빠르게 할 수 있는 도구라고 볼 수 있습니다. 바꿔 말해서, Tone Curve 패널은 Split Toning(Color Grading) 패널의 기능을 내포하면서도 보다 많은 자유도를 사용자에게 주는 도구로 이해할 수 있습니다. 사용자 스스로가 일일이 색의 배합을 신경 써가며 작업해야 하기 때문에 Split Toning(Color Grading)에 비해 어렵게 느껴질 수도 있지만 하나의 보정 도구가 해낼 수 있는 능력치로만 본다면 Tone Curve 패널은 상당히 강력한 도구라고 할 수 있습니다.

002 | 크리미하고, 매끄러운, 비누 느낌의 보정 방법

지금부터는 크리미(creamy)하면서도 매끄러운 비누 느낌으로 보정을 해보겠습니다. 이번 클래스에서도 다른 클래스와 마찬가지로 먼저 원본 사진을 통해 어떤 방식으로 이 사진을 보정하면 좋을지 생각해 보겠습니다.

그림 4-5-1. 이번 클래스에서 보정할 원본 사진입니다.

보정의 방향성을 잡기 위해 원본 사진에서 아쉬운 점을 찾아보겠습니다. 필자가 생각하는 원본 사진의 아쉬운 점은 다음과 같습니다.

- 창문 밖으로부터 그대로 들어온 빛으로 인해 밝은 영역과 어두운 영역의 차이가 커짐에 따라 사진의 대비가 강해짐
- 피사체의 재질감이 살아나 보이긴 하나 강한 대비와 맞물려 사진이 전체적으로 거칠어 보임

아쉬운 부분을 바로잡기 위해 다음의 순서에 따라 보정을 진행하고자 합니다.

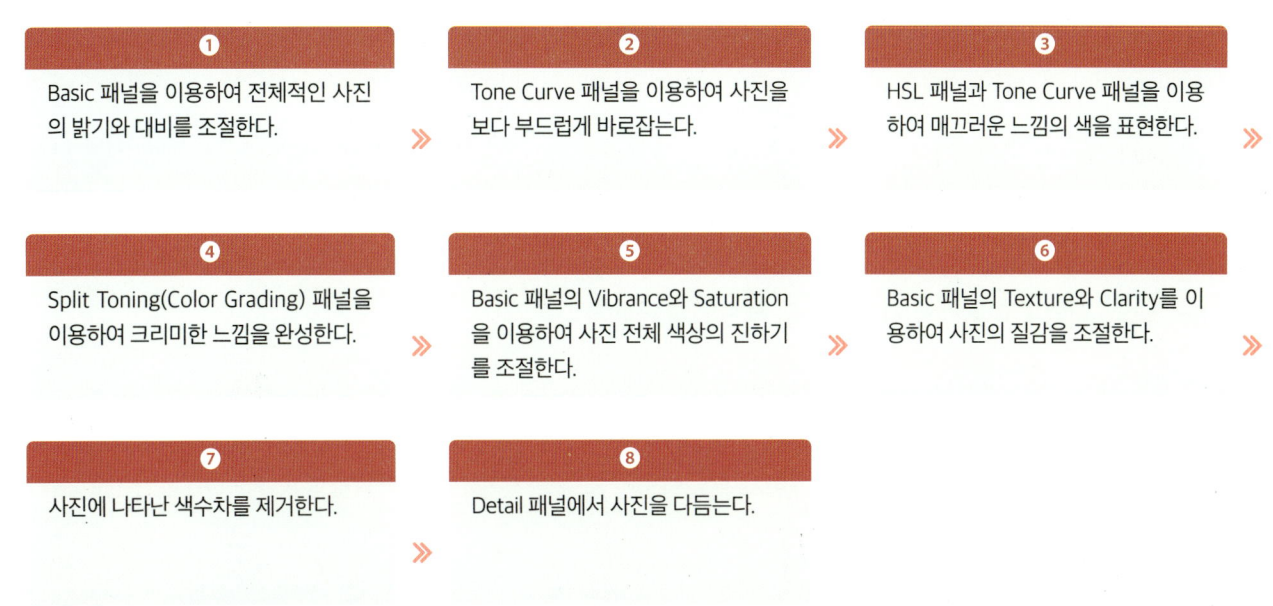

이러한 순서대로 보정해 보겠습니다.

(1) Basic 패널을 이용하여 사진의 전체적인 밝기와 대비를 조절하기

이제부터는 Basic 패널을 이용하여 사진의 전체적인 밝기와 대비를 조절하도록 하겠습니다.

사진의 문제점을 분석할 때 언급했다시피 현재 사진은 창문 밖에서 들어온 빛으로 인해 대비가 강해 보이는 문제가 있었습니다. 따라서 이 부분에 중점을 두고 Basic 패널의 보정을 진행하겠습니다.

| 그림 4-5-30. 밝기와 관련한 보정을 우선 진행하였습니다.

우선, 강한 대비를 줄이기 위해 밝은 영역인 Highlights를 -95까지 낮추고 Shadows는 +100까지, Blacks는 +53까지 올렸습니다. 추가적으로 원하는 만큼의 대비를 표현하기 위해 Contrast를 -10만큼 더 낮추었으며, Exposure와 Whites는 적절해 보이는 수준으로 조절하였습니다.

Basic 패널이 사진의 기초 화장을 하는 가장 중요한 단계이기는 하지만, 이번 사진의 보정에서는 거쳐야 할 다른 도구들이 아직 많이 남아있기 때문에 우선 이 정도로만 하고 넘어가도록 하겠습니다.

(2) Tone Curve 패널을 이용하여 사진을 보다 부드럽게 만들기

매끄럽고 크리미한 느낌을 만드는 포인트 중 하나는, 사진의 밝은 영역이라 하더라도 지나치게 밝아 보이지 않도록 밝은 영역을 조금 더 눌러주는 데에 있습니다. 이렇게 하게 되면 대비가 보다 낮아지는 느낌을 낼 수 있음과 동시에 사진이 보다 부드럽게 보이게 됩니다. 이러한 느낌을 내기 위해 바로 Tone Curve 패널로 이동하여 RGB 채널의 Point Curve를 조절해 보겠습니다.

| 그림 4-5-31. RGB 채널의 Point Curve를 조절한 모습입니다.

그림4-5-31을 보면, RGB 채널의 우측 상단 그래프를 아래쪽으로 끌어내린 것을 알 수 있습니다. 사진의 밝은 영역에 해당하는 RGB 채널의 Point Curve를 아래로 끌어내렸기 때문에 Basic 패널에서 조절했던 것 이상으로 사진의 밝은 영역에 들어왔던 빛들이 상당 부분 빠져나간 것을 확인할 수 있습니다. 그림4-5-31보다도 더 급격한 경사로 Point Curve를 끌어내리게 되면 원래의 사진과 비교하였을 때 지나치게 이질적으로 보일 정도로 사진의 밝은 영역이 어두워지게 됩니다. 따라서 적정 수준을 유지하며 보정하는 것이 중요합니다.

이 상태에서 Point Curve 아이콘을 한 번 더 클릭하여 Region 영역의 값들을 이어서 조절해 보겠습니다. 2020년 6월 업데이트를 적용한 경우 Adjust 항목 중 맨 왼쪽의 아이콘을 클릭하면 Region 영역의 값들을 조절할 수 있습니다.

| 그림 4-5-32. Region 영역의 값들을 조절하면 Point Curve가 따라서 함께 움직입니다.

Point Curve에서 미세하게 조절하지 못했던 값들을 Region 영역에서 조절하였습니다. 첫 번째 보정 클래스에서도 언급한 것처럼 모든 보정에서 항상 Tone Curve 패널을 사용할 필요는 없습니다. 하지만, 이렇게 Basic 패널에서 사진의 밝기를 기본적으로 잡아둔 이후 Tone Curve 패널을 이용하여 세부적인 조절을 함께 해준다면 원하는 느낌을 만들어 내기가 한결 수월해집니다.

(3) HSL 패널을 이용하여 대비를 줄이고 매끄러운 느낌의 색을 표현하기

이번에는 HSL 패널을 이용하여 매끄러운 비누 느낌으로 사진의 색상을 조절해 보겠습니다.

| 그림 4-5-33. HSL 패널 보정을 하기 전 모습입니다.

| 그림 4-5-34. HSL 패널 보정을 마친 모습입니다.

그림4-5-34만 보았을 때는 많은 색상들을 조절한 것으로 보이지만 여기서에서는 어떠한 색을 어떻게 조절했는가보다는 Saturation의 변화에 주목할 필요가 있습니다. 사진에 드러나는 색상들의 채도를 낮춤으로써 은은하지만 부드러운 느낌으로 색상들이 표현되도록 하였고, 특히 보정 전 두드러지게 보였던 Orange와 Yellow의 채도를 중점적으로 낮추었습니다.

Saturation의 경우 색상의 진하기를 조절하는 것이기 때문에 그 색상이 원래부터 어떤 색상을 띠고 있는지와는 별개로 사진의 분위기에 큰 영향을 미치게 됩니다. 밝고 어두움의 차이로부터 대비가 생겨나는 것처럼, 각각의 색상이 지닌 채도의 차이에 따라서도 대비가 생기거나 줄어들기 때문입니다(이를 채도 대비라고 합니다). 색상과 관련한 대비는 채도 대비 외에도 색상 대비, 보색 대비 등이 있습니다.

(3-1) Tone Curve 패널을 이용하여 미세하게 색감 조절하기

HSL 패널 보정을 마친 뒤, 바로 이어서 Tone Curve 패널의 Red, Green, Blue 채널을 가지고 원하는 색감을 넣어보도록 하겠습니다. 여기에서는 앞서 설명하였던 Tone Curve 패널을 이용하여 색감을 추가하는 방법을 응용해 보겠습니다.

| 그림 4-5-35. Red 채널의 Point Curve를 조절한 모습입니다.

우선 HSL 패널 보정을 마친 그림4-5-34를 보았을 때, 약간의 핑크 톤이 드리워진 것을 알 수 있습니다. 따라서 이를 없애기 위해 Red 채널의 Point Curve 중 어두운 영역에 해당하는 좌측 구간의 Point Curve를 살짝 낮추었습니다. 이렇게 해서 만들어진 그림4-5-35를 그림4-5-34와 비교하여 보면, 보다 더 매끈하면서도 뉴트럴한 느낌에 가까워진 것을 확인할 수 있습니다. 왜냐하면 Red 채널의 Point Curve 중 특히 어두운 영역에 해당하는 좌측 구간의 Point Curve를 낮추었으므로 상대적으로 사진의 어두운 영역에는 밝은 파란색(Cyan)이 들어가기 때문입니다. 그리고 이는 원래 사진 속에 자리잡고 있던 핑크 톤과 만나 뉴트럴한 느낌으로 상쇄됩니다.

| 그림 4-5-36. Green 채널의 Point Curve를 조절한 모습입니다.

이어서 Green 채널의 Point Curve를 조절하였습니다. Green 채널의 경우에도 Red 채널과 비슷한 패턴으로 조절하여 사진에 남아있는 녹색의 느낌을 조금 더 낮추었습니다. 다만, 이 사진에서는 Green 채널의 Point Curve를 조절하였음에도 실질적으로 사진에서 느껴지는 변화는 크지 않기 때문에 Green 채널에 대한 Point Curve 조절은 취향에 따라 진행하면 됩니다.

(4) Split Toning(Color Grading) 패널을 이용하여 색감 조절하기

HSL 패널과 Tone Curve 패널을 통해 다듬었던 색감을 이제 Split Toning(Color Grading) 패널을 이용하여 정리해 보도록 하겠습니다. 한 장의 사진을 이렇게 보정하는 것도 가능하다는 것을 설명하기 위해 Split Toning(Color Grading) 패널도 함께 사용하는 것이지만, 실제 독자분들이 직접 보정할 때에는 특정한 도구나 툴에 연연해하지 말고 사진에 어떤 느낌을 담을 것인지에 우선 집중하기 바랍니다. 보정을 하기에 앞서 스스로가 원하는 느낌을 떠올려보고 사진에서 부족한 느낌들을 채워나갈 수 있는 적절한 도구를 이용하면 그만입니다.

그림 4-5-37. Split Toning(Color Grading) 패널의 보정을 마친 결과물입니다.

그림4-5-37에서는 Highlights와 Shadows에 각각 파란 계열의 색을 조금 더 첨가하였습니다. 2020년 10월 업데이트를 적용한 경우, 그림4-5-38과 그림4-5-39와 같이 Color Grading 패널의 Highlights와 Shadows를 조절하면 그림4-5-37과 동일한 효과를 만들 수 있습니다. Split Toning 패널의 효과와 Color Grading 패널의 효과가 동일하도록 Blending값은 100으로 설정하였습니다.

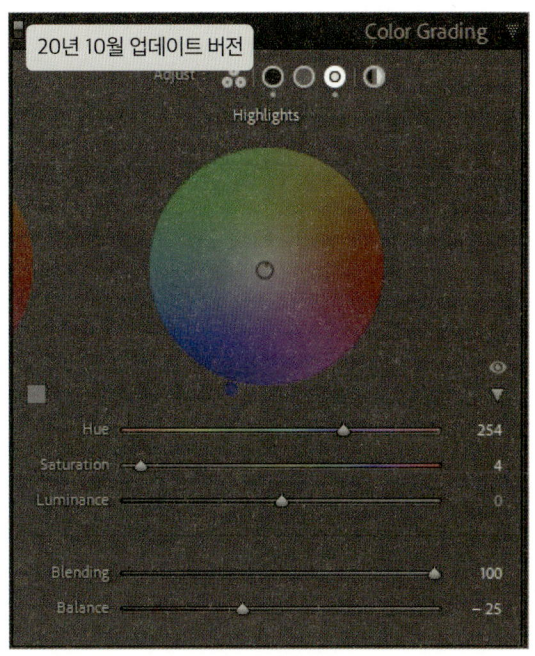

| 그림 4-5-38. Color Grading 패널에서의 Highlights 설정입니다.

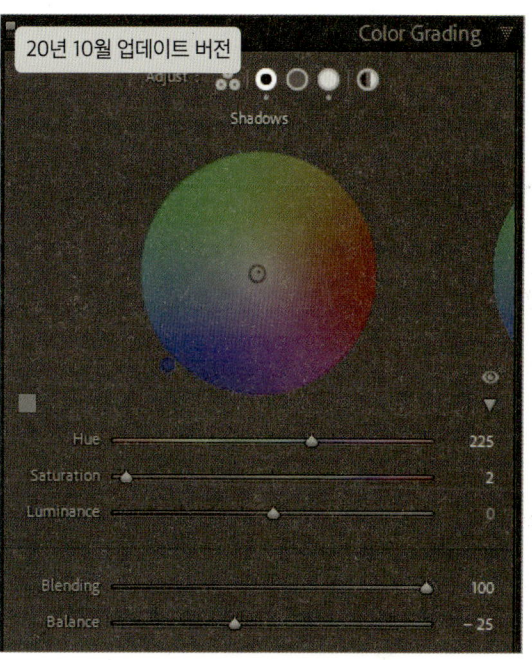

| 그림 4-5-39. Color Grading 패널에서의 Shadows 설정입니다.

(5) Basic 패널을 이용하여 색상의 진하기를 조절하기

색상과 관련한 보정은 거의 끝이 났습니다. 이제 다시 Basic 패널로 가서 Vibrance와 Saturation을 이용하여 사진 전체 색상의 진하기를 조절해 보겠습니다.

| 그림 4-5-40. Basic 패널에서 Vibrance와 Saturation을 조절한 결과물입니다.

Saturation을 -15까지 낮춤으로써 사진 전체적으로 진하게 묻어나는 색상은 낮추어주고, 대신 Vibrance를 +25까지 올림으로써 부족한 채도를 보완하는 방식으로 조절하였습니다.

(6) Basic 패널을 이용하여 사진의 질감을 조절하기

이어서 Basic 패널에서 Texture와 Clarity를 이용하여 사진의 질감을 다듬어보겠습니다.

그림 4-5-41. Texture와 Clarity를 각각 조절한 결과물입니다.

매끄럽고 부드러운 느낌을 위해 피사체의 재질감을 낮추어야 하기 때문에 Texture는 -25까지 낮추었으며, 대신 피사체의 초점이 흐려지는 것을 막기 위해 Clarity를 올렸습니다. Clarity를 과다하게 올리게 되면 피사체의 윤곽선이 진해지면서 대비가 강해 보일 수 있기 때문에 Clarity는 +5만큼만 올렸습니다.

(7) 사진의 색수차를 제거하기

아울러, 피사체의 상단 윤곽선에 미세하게 나타난 색수차를 제거해 보겠습니다. 언뜻 보아서는 잘 보이지 않지만 그림4-5-42와 같이 사진을 확대하면 색수차를 확인할 수 있습니다.

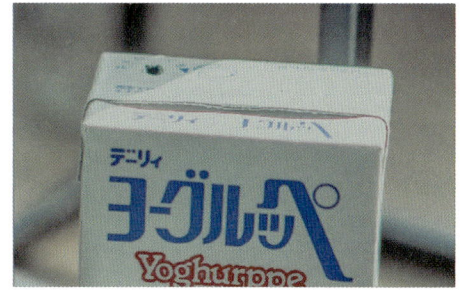

그림 4-5-42. 보라색과 녹색으로 색수차가 나타나 있습니다.

색수차를 제거하기 위해 우선적으로 Lens Corrections 패널의 Remove Chromatic Aberration 기능을 켜보았으나 원하는 만큼 제거되지 않는 것을 알 수 있습니다. 따라서 수동으로 제거를 해야 하는데 이번에는 Lens Corrections 패널을 이용하지 않고 Basic 패널을 이용하여 색수차를 제거해 볼 예정입니다.

일반적으로 색수차 제거는 Lens Corrections 패널에서 담당하기는 하나, Basic 패널에서 부분적으로 영역을 지정하면 Lens Corrections 패널과 유사하게 색수차를 제거할 수 있습니다. 그림4-5-43을 함께 보겠습니다.

| 그림 4-5-43. Adjustment Brush(조정브러시) 아이콘을 클릭한 후 색수차가 나타난 부분을 골고루 칠합니다.

이어서 하단에 보이는 보정 영역에서 Defringe의 값을 +100으로 올리면 현재 브러시가 칠해진 영역에 존재하는 윤곽선 중에서 그 색이 번져있는 것처럼 보이는 곳의 색수차가 줄어들게 됩니다.

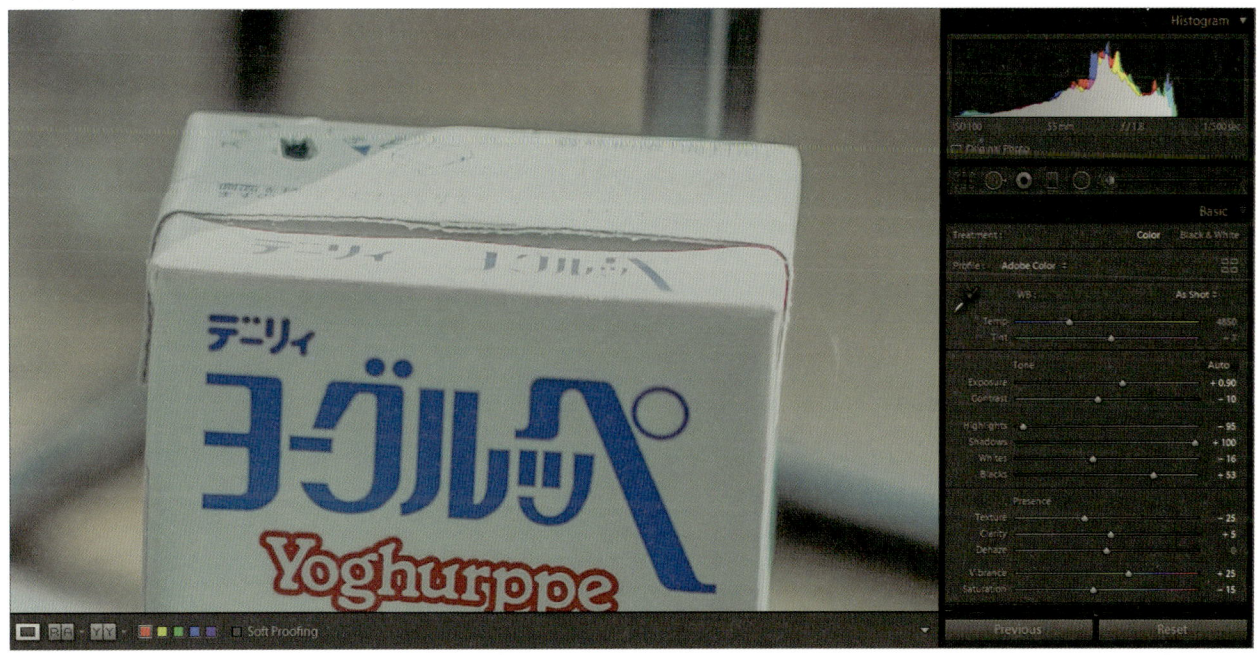

| 그림 4-5-44. Adjustment Brush 아이콘을 다시 클릭하여 색수차 제거를 마쳤습니다.

특히 이 사진처럼 렌즈의 최대개방 조리개값을 이용하여 촬영하는 경우, 사진의 불특정한 영역에서 색수차가 나타날 수 있다는 점에 유념하여 꼼꼼하게 확인하는 것이 좋습니다.

(8) Detail 패널에서 Sharpening과 Noise Reduction을 이용하여 사진 다듬기

현재 사진은 ISO가 100으로서 노이즈가 그리 심하지는 않지만 매끄러운 느낌을 위해 Luminance Noise Reduction과 Color Noise Reduction을 적극적으로 사용해 보겠습니다. 우선 이를 적용하기 위해 Detail 패널로 이동하겠습니다.

그림 4-5-45. Noise Reduction을 적용한 결과물입니다.

지금까지의 보정 클래스에서는 주로 Detail 패널에서는 Sharpening 위주로만 보정을 하고 Noise Reduction에 대해서만큼은 적용을 하지 않았습니다. 하지만, 이번 보정에서 추구하는 느낌이 매끄럽고 부드러우면서도 비누와도 같은 느낌이기 때문에 의도적으로 Luminance Noise와 Color Noise를 제거하기로 합니다.

Luminance Noise Reduction의 Luminance값을 +70까지 올림으로써 사진이 전체적으로 부드럽게 보이도록 하는 대신, 디테일이 뭉개지는 느낌이 들지 않도록 Detail과 Contrast값 또한 각각 +80과 +75까지 올렸습니다. 아울러 Color Noise Reduction의 Color값을 +50까지 올려서 미세하게 나타난 Color Noise 또한 제거하였습니다.

이로써 모든 보정이 마무리되었습니다. 이번 클래스에서는 특히 Tone Curve 패널을 이용하여 색감을 넣는 방법과 Tone Curve 패널을 활용하는 다양한 방법들에 대해서 살펴보았습니다. 아직 Tone Curve 패널이 어렵게 느껴질 수도 있지만 그만큼 다양하게 활용할 수 있는 도구이니 확실하게 알고 넘어가면 좋겠습니다.

아울러, 대비가 강하게 느껴졌던 사진을 가지고 매끄럽고 부드러운 느낌으로 만드는 보정을 함께 진행해 보았습니다. 보정한 결과물이 독자 한 분 한 분의 마음에 들거나 혹은 마음에 들지 않을 수도 있습니다. 하지만, 그 결과물은 어디까지나 수많은 보정의 예시 중 하나일 뿐이므로 여러 가지 보정 과정에서 독자 여러분에게 필요한 지식을 잘 흡수하고 넘어가면 좋겠습니다.

06 CLASS

#청량한 #이온음료느낌

Class 06에서는 청량한 이온음료 느낌으로 보정하는 방법을 알아보겠습니다.

Before
그림 4-6-1

After
그림 4-6-2

001 | 청량한 이온음료 느낌을 담아내기 위한 몇 가지 고려사항

청량한 이온음료 느낌으로 사진을 담고 싶을 때에 참고할만한 몇 가지 사항들에 대해 먼저 알아보겠습니다.

(1) 촬영 환경

청량한 느낌으로 사진을 담기 위한 첫 번째 방법은, 촬영을 할 때부터 청량한 느낌이 나도록 찍는 것입니다. 언뜻 언어유희처럼 들리지만 언어유희가 아닙니다. 청량하다는 것은 맑고 시원한 느낌을 뜻하기 때문에, 처음부터 맑고 시원한 느낌이 날 수 있게끔 촬영하는 것은 이후의 후보정 작업을 감안하더라도 매우 중요한 부분 중 하나입니다.

그렇다면 어떻게 촬영해야만 맑고 시원한 느낌으로 촬영할 수 있을까요? 여기서는 단순히 카메라의 촬영 모드나 렌즈의 화각 혹은 조리개값에 대한 부분보다는 촬영 환경에 대한 고려가 우선적으로 필요합니다.

첫 번째로 고려해야 할 촬영 환경은 바로 촬영 시간대입니다. Chapter 02의 Class 06 색온도 편에서도 언급한 것과 같이, 야외 자연광 촬영 조건에서는 시간대에 따라 태양의 색온도가 달라지게 됩니다.

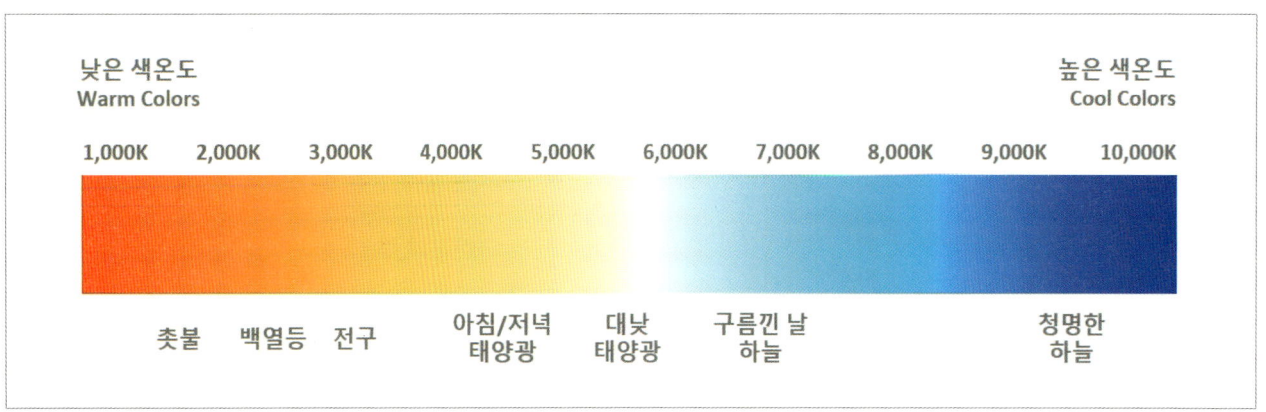

그림 4-6-3. 색온도에 따른 색상의 변화

따라서 청량감 있으면서도 맑은 느낌으로 담기 위해서는 가급적이면 태양의 고도가 높은 낮 시간대에 촬영하는 것이 좋습니다. 그렇다고 해서 반드시 대낮에 촬영을 해야만 청량한 느낌을 낼 수 있다는 것은 아니지만 청량한 느낌의 사진을 촬영하기를 희망하면서 정작 일출이나 일몰 시간대에 촬영하는 것은 서로가 모순되는 상황이라고 볼 수 있습니다.

아울러 가급적이면 대기 중에 미세먼지가 많지 않고 파란 하늘이 잘 보이는 날이 적합합니다. 모든 야외 촬영을 할 때 미세먼지가 많은 것보다는 없는 것이 결국 좋은 것 아니냐고 반문하는 분이 있을지도 모르겠습니다. 하지만, 어떤 느낌을 담을 것인지에 따라서 때로는 구름이 잔뜩 낀 흐린 날이 촬영에 적합할 수 있습니다. 심지어 비가 오는 날에만 촬영할 수 있는 사진이 있기 때문에 그런 사진을 찍기 위해서 비 오는 날만 손꼽아 기다리는 경우도 있습니다.

결론적으로 태양의 고도가 높은 한낮, 대기가 맑은 날 촬영한다면 원본 사진부터가 일단 청량하게 담길 가능성이 높습니다. 만약 촬영 전날 비가 왔다면 대기 중의 미세먼지 농도는 더욱더 떨어질 수 있기 때문에 좋은 촬영 환경이 조성될 수 있습니다.

(2) 피사체와 배경

청량한 이온음료 느낌의 사진을 담기 위한 그 다음 고려사항은 바로 피사체와 배경의 색상입니다. 다른 색감들과는 달리 청량한 이온음료의 느낌은 사람들의 머릿속에 어떤 특정한 컬러들의 조합으로 이미 각인이 되어 있습니다. 따라서 어떤 사진을 청량한 이온음료의 느낌처럼 보이도록 하기 위해서는 처음부터 청량하게 보이는 색상을 가진 피사체와 배경을 활용하는 것이 하나의 좋은 방법이 될 수 있습니다.

청량한 이온음료 느낌에서 가장 기본이 되는 색상은 하얀색과 파란색입니다. 사진 속에 하얀색과 파란색이 잘 분포되어 있다면 설령 아무런 보정을 거치지 않더라도 청량하게 보일 가능성이 높습니다. 다만, 하얀색과 파란색만 분포되어 있을 경우 지나치게 뻔한 느낌을 줄 수 있기 때문에 주황색이나 빨간색과 같이 포인트가 될만한 색상을 사진 한구석에 첨가해 보는 것도 좋은 방법입니다.

일상에서 가장 쉽게 찾아볼 수 있는 파란색은 바로 하늘입니다. 따라서 하늘을 배경으로 선택할 경우에는 앞서 말한 것과 같이 낮 시간대에 맑은 기상 여건 속에서 촬영하는 것이 다시 한번 중요한 요소로 작용합니다. 하늘 외에도 도심지 주변에 흐르는 작은 강이나 하천 혹은 바다에서도 파란색을 찾아볼 수 있으며, 육교의 난간이나 계단에서도 파란색으로 칠해진 곳이 있기 때문에 청량한 사진을 담기 위해 이런 곳들을 배경으로 활용할 수 있습니다.

이렇게 파란 배경을 선택했다면 하얀색을 어디에 포함시킬지 고민해야 합니다. 만약, 인물 사진이라면 처음부터 인물이 하얀색의 의상을 착용하는 것을 고려할 수 있습니다. 인물이 등장하지 않는 풍경 사진이라면 파란색의 배경과 조화로운 하얀색의 피사체를 찾아 배경과 어우러지게 배치하는 것을 생각할 수 있습니다.

법과 사회규범이라는 울타리 안에서 자신이 표현하고 싶은 대로 담아낼 수 있는 창작의 자유로움을 사진이 가진 매력 중 하나로 꼽을 수 있습니다. 그런데 굳이 이렇게 피사체와 배경 그리고 각각의 것들이 가진 색상을 인위적으로 조합해서까지 사진을 찍어야 하는가라는 부분에서 어쩌면 적잖이 회의감이 들거나 피로감을 느낄 수도 있습니다. 이는 필자 또한 마찬가지입니다. 지극히 자연스러운 사진을 추구하면서도 어쩔 수 없이 연출을 해야 하는 상황에서는 이렇게까지 하면서 사진을 찍어야 하는가라는 생각을 때로는 하기도 합니다. 하지만, 그동안 SNS나 웹 상에서 독자분들이 보기에 청량하다고 느껴왔던 수많은 사진들을 떠올려본다면 이렇게 컨셉을 잡고 촬영하는 것이 사진을 통해 표현하고자 하는 느낌을 보다 효과적으로 드러내는 요소가 될 수도 있다는 점은 참고하면 좋겠습니다.

002 | 청량한 이온음료 느낌의 보정 방법

지금부터는 실제 보정을 진행해 보도록 하겠습니다. 다른 클래스와 마찬가지로 먼저 원본 사진을 통해, 어떤 방식으로 이 사진을 보정하면 좋을지 생각해 보겠습니다.

그림 4-6-1. 이번 클래스에서 보정할 원본 사진입니다.

보정의 방향성을 잡기 위해 원본 사진에서 아쉬운 점을 찾아보겠습니다. 필자가 생각하는 원본 사진의 아쉬운 점은 다음과 같습니다.

- 해안선의 수평선이 미세하게 틀어져 있는 부분
- 청량한 느낌을 다소 저해하는 해변 모래사장의 색상
- 파라솔의 그림자가 지나치게 부각됨으로 인해 사진의 대비가 강하게 드러나는 부분

아쉬운 부분을 바로잡기 위해 다음의 순서에 따라 보정을 진행하고자 합니다.

이러한 순서대로 보정을 진행해 보겠습니다.

(1) Crop Overlay 툴을 이용하여 사진의 수평을 바로잡기

가장 먼저 Crop Overlay 툴을 이용하여 사진의 수평을 바로잡도록 하겠습니다.

| 그림 4-6-4. 아무런 보정을 거치지 않은 원본 사진입니다.

| 그림 4-6-5. Crop Overlay 툴을 선택하고, Angle 아이콘을 클릭합니다.

Angle 아이콘을 클릭하고 사진에 보이는 지평선을 따라 마우스를 드래그하면서 기준이 되는 선분을 그으면, 해당 선분을 기준으로 수평이 바로잡히게 됩니다. 이 방법 외에도 사진의 모서리 부근에 마우스를 위치한 상태에서 직접 사진을 회전하는 방식으로도 수평을 잡을 수 있으며, Crop Overlay 툴의 Angle 슬라이더를 움직이거나 Angle값을 직접 입력하는 방식으로도 수평을 바로잡는 것이 가능합니다.

(2) Basic 패널을 이용하여 사진의 색온도와 전체적인 밝기를 조절하기

사진의 수평을 바로잡은 후에는 Basic 패널을 이용하여 기본적인 사진의 밝기와 대비, 그리고 색온도를 조절하도록 하겠습니다.

| 그림 4-6-6. 먼저 사진의 밝기를 조절하였습니다.

원본 사진의 경우 낮에 촬영한 사진이다 보니 밝은 영역과 어두운 영역이 크게 부각되면서 사진의 대비가 강해보이는 측면이 있었습니다. 따라서 Highlights를 -100까지 내려줌으로써 지나치게 밝게 나타난 곳의 디테일을 살려주었으며, 반대로 Shadows는 +47까지 올려줌으로써 그림자가 드리워진 어두운 곳은 조금 더 밝게 만들었습니다. 이렇게 보정하게 되면 대비는 조금 더 약해질 수 있지만 그로 인해 사진이 밋밋해 보일 수 있습니다. 그렇기 때문에 Whites는 -36까지 내리고 Blacks는 +61까지 올려줌으로써 그러한 부분을 보완하였습니다. 이어서 Contrast는 +20까지 올려줌으로써 사진에서 조금 더 또렷한 느낌이 나타나도록 하였습니다.

| 그림 4-6-7. Contrast까지 조절을 마친 모습입니다.

Basic 패널에서 밝기와 관련한 보정을 할 때에는 이처럼 먼저 사진의 전체적인 상태를 확인한 이후 Highlights와 Shadows를 조절하여 살려내야 하거나 버려야 할 부분을 정리하고, 그런 다음 Whites와 Blacks를 조절하여 적절한 수준의 밝기와 대비를 나타내도록 조절해주면 좋습니다.

원본 사진의 Temp값은 5100에 Tint값은 -10으로서 아직까지는 크게 문제는 없어 보입니다. 독자분들이 직접 촬영한 사진을 청량한 느낌으로 보정하고자 할 때, 만약 낮 시간대가 아닌 아침 시간이나 늦은 오후 무렵에 촬영한 사진이라면 전반적으로 따뜻한 느낌이 묻어날 가능성이 높기 때문에 색온도 또한 함께 다듬어 주어야 할 가능성이 높습니다. 그런 경우에는 원본 사진에 나타난 분위기보다 조금 더 차가운 느낌이 나도록 조절해 주면 됩니다.

(3) Tone Curve 패널로 사진의 밝기와 대비를 세부 조절하기

Basic 패널에서 기본적인 밝기와 대비 보정을 마쳤으면 이어서 Tone Curve 패널로 넘어가겠습니다. Tone Curve 패널에서도 Basic 패널과 마찬가지로 밝기와 관련한 보정을 진행할 예정입니다.

그림4-6-8의 Tone Curve 패널에서는 별도로 Point Curve를 건드리지 않은 상태에서 Region 영역에 위치한 Highlights를 -70까지 내려서 밝은 영역을 다시 한번 낮추어주었고 그로 인해 사진이 어두워지는 것을 보완하고자 Lights는 +45까지 올려주었습니다. 마찬가지 원리로 Shadows는 +41까지 올리고, 대신 Darks는 -21까지 내려주었습니다.

Tone Curve 패널을 거친 그림4-6-8의 결과물을 보면 알 수 있다시피, 이처럼 별도로 컬러 채널의 Point Curve를 움직이지 않고 단순히 Region 영역의 값들만 움직이는 것으로는 큰 차이를 느끼기는 어려울 수도 있습니다.[10]

---

10 이는, Basic 패널에서 이미 만족할만한 수준으로 밝기와 대비 보정을 마친 경우라면 Tone Curve 패널의 Region 영역은 크게 의미가 없을 수 있다는 뜻입니다. 다만, 사진에 따라서는 Tone Curve 패널의 Region 영역의 값들도 함께 조절해야만 표현할 수 있는 독특한 느낌이 있을 수 있기 때문에 자칫 Region 영역만 가지고 진행하는 보정이 큰 의미가 없다는 뜻으로 오해하지 않기를 바랍니다.

| 그림 4-6-8. Tone Curve 패널을 조절한 모습입니다.

다만, 어떻게 보정하는지에 따라서 사용자마다 다른 결과물을 도출할 수 있기 때문에 이와 같이 소극적인 형태로 Tone Curve 패널을 이용하는 것도 Basic 패널에서 미처 다듬지 못했던 부분들을 조절하는 측면에서는 의미를 가집니다. Tone Curve 패널의 컬러 채널별 조정은 조금 뒤 다시 다루어 볼 예정입니다.

(4) Split Toning(Color Grading) 패널을 이용하여 청량한 느낌의 색감 만들기

이번에는 Split Toning(Color Grading) 패널을 이용하여 본격적으로 청량한 느낌의 색감을 만들어 보겠습니다. Chapter 03의 Split Toning(Color Grading) 패널 편에서도 설명한 것처럼 Split Toning(Color Grading) 패널은 특정한 사진의 분위기를 만들어 내는 데에 있어 아주 좋은 도구입니다.

청량하고 시원한 느낌을 만들기 위해 Split Toning(Color Grading) 패널에서는 Highlights와 Shadows에 각각 파란색 계열의 색을 입혀 보겠습니다. 밝은 영역과 어두운 영역에 각각 파란색이 들어가게 되면 결국 사진 전체적으로도 파란색이 입혀지는 효과가 나타날 것이기 때문입니다.

| 그림 4-6-9. Split Toning(Color Grading) 패널의 보정을 적용하기 전의 모습입니다.

| 그림 4-6-10. Split Toning(Color Grading) 패널의 보정을 적용한 결과물입니다.

그림4-6-9와 그림4-6-10을 비교하면 확실히 그림4-6-10에서 보다 청량한 느낌을 확인할 수 있습니다. 다만, 그림4-6-10에 나타나 있는 Hue값이나 Saturation값이 청량한 느낌을 내기 위한 최적의 값이 아닐 수는 있습니다. 사진마다 가지고 있는 색상이 다르고 촬영 환경과 그에 따른 빛이 다르기 때문입니다. 따라서 독자분 스스로가 촬영한 사진으로 보정을 할 때에는 사진에 어울리는 적절한 수준의 색을 찾아보기를 권장합니다.

2020년 10월 업데이트를 적용한 경우, 그림4-6-11과 그림4-6-12와 같이 Color Grading 패널의 Highlights와 Shadows를 조절하면 그림4-6-10과 동일한 효과를 만들 수 있습니다. Split Toning 패널의 효과와 Color Grading 패널의 효과가 동일하도록 Blending값은 100으로 설정하였습니다.

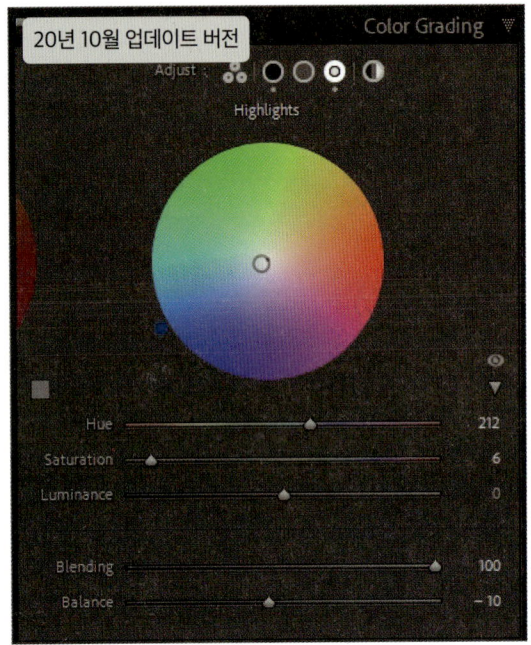

| 그림 4-6-11. Color Grading 패널에서의 Highlights 설정입니다.

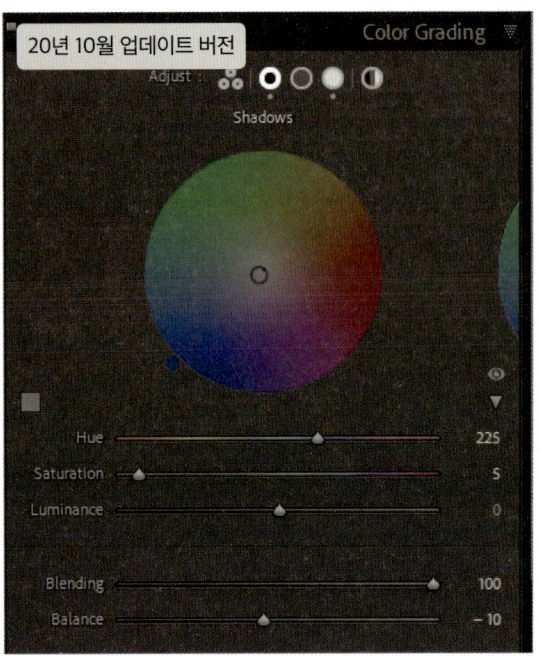

| 그림 4-6-12. Color Grading 패널에서의 Shadows 설정입니다.

이와 관련하여, Split Toning(Color Grading) 패널을 대신하여 청량한 느낌을 발현해 낼 수 있는 다른 대안들을 몇 가지 제시해 보겠습니다.

■ **Basic 패널의 색온도 조절**

가장 손쉬운 방법은 Basic 패널의 색온도를 이용하여 처음부터 청량감이 나타나도록 하는 것입니다. 그림4-6-13은 Split Toning(Color Grading) 패널을 적용하지 않은 상태에서 Basic 패널의 색온도만을 이용하여 청량함을 나타낸 것입니다.

그림4-6-13과 같이 기존에 5100이었던 Temp값을 4690으로 낮추니 사진에 청량한 느낌이 나타납니다. 처음부터 적정한 색온도가 나오게끔 촬영하는 경우라면 이처럼 Temp값을 조절하여 청량감을 표현할 수 있는 보정폭이 그리 크지 않을 수도 있습니다. 하지만, 만약 색온도가 심하게 왜곡되어 있거나 촬영 여건 상 처음부터 따뜻한 느낌으로 촬영된 사진이라면 라이트룸에서 Temp나 Tint와 같은 항목을 조절하는 것만으로도 어느 정도의 시원한 느낌을 발현하는 것이 가능합니다.

| 그림 4-6-13. Split Toning(Color Grading) 패널의 Toggle Switch를 꺼둔 상태에서 Basic 패널의 색온도를 새롭게 적용한 결과물입니다.

■ Basic 패널의 필터를 이용하여 색 입히기

아울러 Basic 패널의 필터를 이용하여 청량한 색을 입히는 것도 하나의 방법이 될 수 있습니다. 포토샵에 익숙한 독자분이라면 여기서 설명하고자 하는 것이 포토샵의 Solid Color 기능과 유사하다고 이해하면 좋을 것 같습니다.

필터를 이용하는 방법은 간단합니다. 먼저 Basic 패널에서 사용하고자 하는 필터를 하나 선택합니다. Graduated Filter(점진적필터)도 좋고, Radial Filter(방사형필터)도 가능하며, Adjustment Brush(조정브러시)를 이용해도 괜찮습니다. 이 중에서 하나의 필터를 선택한 다음, 사진의 전체 영역으로 효과가 적용될 수 있도록 범위를 지정합니다. 필자는 그림4-6-14와 같이 Graduated Filter를 이용하여 예를 들어보겠습니다.

| 그림 4-6-14. Graduated Filter를 이용하여 사진의 전체 영역을 선택한 모습입니다.

그림4-6-14를 보았을 때, 이 화면에서 도대체 Graduated Filter가 어디에 있는 것인지 가늠하기 어려울 수도 있습니다. 자세히 보면 Graduated Filter는 사진의 우측 변에 약 1cm 가량 되는 폭으로 설정되어 있는 것을 확인할 수 있습니다. Graduated Filter 바깥쪽은 100%의 세기로 효과가 반영된다는 것을 응용한 영역 설정입니다. 이제 그림4-6-15와 같이 청량함을 줄 수 있는 파란색 계열의 색상을 Color로 지정하면 작업은 끝이 납니다.

그림 4-6-15. Graduated Filter 영역이 설정된 상태에서 파란색 계열의 색을 선택하였습니다.

그림 4-6-16. 이번에도 역시 앞서 작업했던 사진들과 비슷한 느낌을 확인할 수 있습니다.

참고로, Graduated Filter 외에도 Radial Filter나 Adjustment Brush를 이용해서도 동일하게 색상을 입히는 것이 가능합니다. Adjustment Brush의 경우 사진 전체 영역으로 브러시를 칠하면 되기 때문에 어렵지 않게 하실 것으로 간주하여, Radial Filter를 이용한 방법만 간단히 소개합니다. 결국, 사진 전체 영역을 선택한 후 원하는 색상을 Color로 지정하기만 하면 되기 때문에 진짜 문제는 과연 Radial Filter만으로 사진의 전체 영역을 어떻게 선택하느냐가 될 것입니다. 그림4-6-17을 함께 보겠습니다.

그림 4-6-17. Radial Filter를 사진 바깥쪽에 그려놓고 원의 바깥쪽에 영역이 설정된 상태에서 Color를 넣는 모습입니다.

Graduated Filter 외에 다른 필터를 사용하더라도 결국 사진의 전체 영역에 영향을 미칠 수 있기 때문에 이와 유사한 느낌을 만들어 내는 것이 가능합니다. 또한, 이처럼 색을 입히는 것 외에도 필터마다 Tone 영역이나 Presence 영역에서 서로 다른 보정값을 넣어주면, 이들 필터를 마치 포토샵의 레이어처럼 활용할 수도 있습니다. 각각의 필터는 여러 번 중복해서 사용할 수 있기 때문입니다.

■ Tone Curve 패널을 이용하여 색 입히기

Basic 패널 외에도 Tone Curve 패널을 이용하여 청량한 색을 추가하는 것이 가능합니다. Basic 패널에서도 색을 입히는 작업이 가능하다는 것을 설명하기 위해 먼저 Basic 패널을 언급하기는 했지만 색을 입히는 작업으로 보자면 단연코 Tone Curve 패널에서 할 수 있는 작업들이 훨씬 많습니다.

우리의 목표는 청량감 있는 느낌이기 때문에, Tone Curve 패널 중에서도 특히 Blue 채널을 이용해 볼 예정입니다. 그림4-6-18을 보겠습니다.

그림 4-6-18. Blue 채널의 Point Curve를 조절한 모습입니다.

Blue 채널 중에서도 특히 밝은 영역에 해당하는 구간의 Point Curve를 올려주었습니다. 과하게 올리기보다는 약간의 색감만 첨가한다는 느낌으로 조금만 올려주는 것이 이 작업의 포인트입니다.

앞에서 소개한 방법 외에도 HSL 패널을 이용하여 각각의 색을 일일이 조절하는 것도 대안이 될 수는 있습니다. 하지만, 이는 수고스러움이 따르기 때문에 쉽지만 효과적으로 할 수 있는 방법 위주로 설명하였습니다.

(5) HSL 패널을 이용하여 청량한 느낌으로 다듬기

다시 Split Toning(Color Grading) 패널의 보정까지 마쳤던 상황으로 돌아가겠습니다. 이번에는 HSL 패널을 이용하여 청량한 느낌이 나도록 몇 가지 색상들을 다듬어 보겠습니다.

| 그림 4-6-19. Split Toning(Color Grading) 패널의 보정까지 마친 결과물입니다.

| 그림 4-6-20. HSL 패널의 보정을 마친 결과물입니다.

그림4-6-20을 하나씩 살펴보도록 하겠습니다. 먼저 사진에 남아있는 따뜻한 느낌을 조금 더 없애기 위해 Orange와 Yellow의 채도를 각각 낮추었습니다. 이렇게 함으로써 모래사장에 묻어있던 따뜻한 느낌이 조금 더 사라진 것을 확인할 수 있습니다.

실제로 이렇게 Orange와 Yellow의 채도를 낮추는 보정은 단순히 청량감 있는 보정뿐만 아니라 인물 사진의 보정에서도 효과를 발휘합니다. 특히 자연광에서 촬영할 때 인물의 피부가 태양빛으로 인해 노랗게 변하거나 주황색을 띨 경우, 이들 색상의 채도를 낮춰줌으로써 더욱 투명한 느낌을 줄 수 있습니다. 이와 더불어 이들 색상에 대한 광도를 함께 조절하면 투명하면서도 밝은 느낌으로도 보정이 가능합니다.

아울러, Blue의 광도를 내려줌으로써 파란색 계열의 밝기를 전체적으로 낮추었고 이를 통해 파란색들이 보다 더 선명하게 나타날 수 있게끔 조절하였습니다.

(6) Calibration 패널을 이용하여 색상 다듬기

이어서 Calibration 패널을 이용하여 파란색의 표현을 조금 더 다듬어 보도록 하겠습니다.

그림 4-6-21. Calibration 패널의 보정을 마친 결과물입니다.

그림4-6-21에서 보는 것과 같이 Calibration 패널에서는 파란색을 중심으로 Hue와 Saturation을 조절하였습니다. Hue값을 낮춤으로써 조금 더 청량한 파란색이 나타나도록 조절하였으며 Saturation 또한 함께 내려줌으로써 색상 표현이 지나치게 진해지지 않도록 조절하였습니다.

또한, 파라솔로 인해 생겨난 그림자 부분의 색을 조절하기 위해 Shadows Tint를 -20만큼 조절하였습니다. 이렇게 할 경우, 그림자 부분에 Green이 새롭게 들어가는 것 아니냐고 생각할 수도 있지만, 반대로 Magenta가 -20만큼 빠진다고 이해할 수도 있습니다. 어떻게 생각하는지는 각자의 몫이지만, 필자는 무엇인가를 새롭게 추가한다는 개념보다는 기존에 있던 무엇인가를 빼낸다는 느낌으로 보정을 합니다. 기존의 색에 새로운 색을 첨가한다는 것은 그러한 색상 혼합의 과정을 통해서 사진이 어떻게 변할 것인가와 관련한 복잡한 사고 과정을 요구하지만, 기존에 보이는 색을 그저 빼낸다고 생각하면 오히려 더 직관적으로 이해할 수 있기 때문입니다.

Chapter 03의 Calibration 편에서도 설명한 것과 같이, Calibration으로 사진 전체에 포함된 픽셀의 색상 구성을 조절할 수 있습니다. 다만, 예시 사진은 Calibration 패널의 Blue값을 조절하여도 색상의 변화를 나타내는 다른 영역들이 많지 않다는 것을 알 수 있습니다. 따라서 Calibration 패널이 아닌, HSL 패널에서 Blue의 Hue나 Saturation을 조절하여도 이번 경우만큼은 크게 다르지 않은 결과물을 만들어 낼 수 있습니다. 물론 그렇게 한다고 하더라도 Shadows Tint는 Calibration 패널에서 별도로 조절이 필요합니다.

(7) Basic 패널에서 사진의 채도를 조절하기

색상과 관련한 보정의 마무리 단계로서, 다시 Basic 패널로 돌아가 Vibrance와 Saturation을 조절해 보겠습니다.

그림 4-6-22. Basic 패널에서 Vibrance와 Saturation을 조절한 결과물입니다.

이미 HSL 패널과 Calibration 패널을 거치면서 어느 정도 색상과 관련한 보정을 해둔 상태이기 때문에, Basic 패널에서는 많은 보정을 하기보다는 Saturation을 -15만큼 낮추고 Vibrance는 +10까지 올렸습니다.

(8) Basic 패널을 이용하여 사진의 질감을 조절하기

이어서 Basic 패널에서 Texture와 Clarity를 이용하여 사진의 질감을 다듬어보겠습니다.

그림 4-6-23. Texture와 Clarity를 각각 조절한 결과물입니다.

청량하지만 부드러운 느낌을 위해 Clarity를 -20까지 낮추었으며, 대신 사진의 질감은 살리고자 Texture는 +10까지 올렸습니다. 현재 사진의 경우 중앙을 기준으로 그 아래 부분에 모래사장이 펼쳐져 있기 때문에 Graduated Filter를 이용하여 모래사장 부분이 두드러질 수 있도록 그 부분에만 Texture를 높이는 식의 보정이 가능하지만 여기에서는 생략하도록 하겠습니다.

(9) Detail 패널에서 보정을 마무리하기

다른 보정 클래스와 마찬가지로 마무리는 Detail 패널에서 진행하도록 하겠습니다.

그림 4-6-24. Sharpening을 적용한 결과물입니다

현재 사진은 노이즈가 그리 심하지 않기 때문에 Luminance Noise Reduction이나 Color Noise Reduction은 별도로 조절하지 않는 대신 Sharpening의 Amount를 +60까지 올려 사진을 조금 더 선명하게 보이도록 하였고, Masking을 이용하여 Sharpening이 적용되는 범위를 축소하였습니다.

이렇게 하여 모든 보정이 마무리되었습니다. 청량하고 시원한 느낌의 사진은 많은 사람들이 한 번쯤은 찍어보고 싶은 혹은 찍혀보고 싶은, 그런 느낌의 사진이 아닐까 생각합니다. 지금까지 진행해 왔던 보정의 과정들을 다시 돌아보았을 때, 특별히 어려운 보정 과정은 없었던 점을 감안한다면 실상 청량한 이온음료 느낌의 사진은 다른 어떤 사진들에 비해 '촬영 환경'이 미치는 영향이 크다고 볼 수 있습니다.

따라서 가급적이면 촬영을 할 때부터 빛의 특성을 감안하여 적절한 시간대를 선정하고, 처음부터 청량하게 보이도록 찍는 것이 중요합니다. 대신 대낮에 촬영하게 되면, 강한 태양빛으로 인해 사진 전체적으로 대비가 강해질 수 있으며, 특히 인물의 얼굴이나 광대 쪽에 그림자가 드리워질 가능성이 높습니다. 이런 부분을 미리 감안하고 촬영에 임하는 것이 좋습니다.

07 CLASS

#선명한 #쨍한 #야경사진

Class 07에서는 야경 사진을 쨍한 느낌으로 보정하는 방법을 알아보겠습니다.

Before
그림 4-7-1

After
그림 4-7-2

001 | 선명하고 깨끗하게 야경을 담는 방법

보정을 시작하기에 앞서 야경을 담는 방법에 대해 생각해 보겠습니다. 야간에 실외에서 촬영한 사진은 어둡게 나오거나 밝게 나오는 것과는 관계 없이 일단 사진의 품질이 떨어져 보이는 경우가 많습니다. 이는 주간에 비해 야간에 빛이 부족하기 때문입니다.

이처럼 야간에는 주간에 비해 절대적인 노출의 양이 부족하기 때문에, 결국 노출의 양을 늘리기 위해 셔터스피드를 길게 하거나 ISO를 높이는 경우 의도치 않게 사진이 흔들리거나 사진에서 노이즈가 많이 발생하게 됩니다. 그리고 이는 사진의 품질을 저하시킵니다. 바로 이런 경우, 선명하면서도 깨끗한 느낌으로 야경을 담기 위한 방법이 소위 말하는 장노출 촬영입니다. 장노출로 사진을 촬영하는 방법은 어떤 피사체를 담는지에 따라 여러 가지가 있지만 여기에서는 가장 기본적이면서도 핵심적인 방법에 대해서 살펴보겠습니다. 우선, 장노출 촬영이란 어떤 것을 말하는 것일까요?

장노출 촬영은 노출의 3요소 중 셔터스피드를 느리게 조절함으로써 노출시간을 길게 하여 촬영하는 것입니다. Chapter 02의 Class 03에서도 설명한 것과 같이, 셔터스피드는 결국 노출시간을 의미하기 때문에 만약 셔터스피드를 충분히 느리게 조절할 수만 있다면 설령 촬영 장소의 절대적인 노출의 양이 부족하더라도 충분한 양의 노출을 담아낼 수 있습니다. 셔터스피드를 조절하여 충분한 시간 동안 셔터를 개방할 수 있다면, ISO를 높이거나 조리개를 굳이 개방하지 않더라도 사진을 촬영하는 데에 있어 필요한 만큼의 노출을 확보할 수 있기 때문에 사진의 품질이 저하될 가능성 또한 낮아지게 됩니다.

(1) 장노출 촬영의 세팅 방법

앞에서 설명한 것과 같이 장노출 촬영은 셔터스피드를 길게 조절하는 것이 핵심입니다. 따라서 셔터스피드를 사용자가 직접 조절할 수 있는 모드에서 촬영해야 합니다. 셔터스피드를 직접 조절할 수 있는 모드는 셔터스피드 우선모드(S모드, Tv모드)와 완전 수동모드(M모드)입니다. 물론 프로그램 모드(P모드)에서도 셔터스피드를 조절하는 것은 가능하지만, 그 경우 조리개값이 그와 맞물려 함께 변화하기 때문에 여기에서는 언급하지 않았습니다. 이렇게 셔터스피드 우선모드와 완전 수동모드 중 하나를 이용한다면 장노출 촬영이 가능합니다. 다만, 셔터스피드 우선모드는 사용자가 지정한 셔터스피드에 따라 다른 노출의 3요소들이 바뀔 수 있기 때문에 가급적이면 완전 수동모드를 이용하여 촬영하는 것을 권장합니다.

여기에서는 완전 수동모드를 이용하여 촬영하는 경우를 생각해 보겠습니다. 우선 카메라의 촬영 모드는 완전 수동모드로 설정한 다음, 노출의 3요소들을 하나씩 정해야 합니다. 장노출 촬영은 셔터스피드가 핵심이기 때문에 완전 수동모드에서도 특히 셔터스피드를 우선적으로 정하기로 합니다.

■ 셔터스피드

야경을 촬영할 땐 5~30초 이내의 값을 권장합니다. 하나의 특정한 값을 제시하지 않고 이렇게 개략적인 범위로 제시한 까닭은, 촬영 현장의 상황에 따라 값이 달라질 수 있는 여지가 있기 때문입니다. 가로등 불빛 하나 없는 깜깜한 밤이라면 보다 긴 셔터스피드를 이용해야 하고, 밝은 도심의 환경이라면 그보다 짧은 셔터스피드를 이용하더라도 충분한 양의 빛을 담을 수 있습니다.

따라서 5~30초 이내의 값을 권장한다고는 하였지만, 1/2초만 가지고서도 충분한 양의 노출을 담을 수 있는 환경이라면 1/2초로도 충분히 촬영이 가능합니다. 만약, 야경과 함께 차량이 움직이는 궤적까지 하나의 흐름으로 담기를 원할 때에는 차량이 움직이는 시간과 차량의 이동 경로를 감안하여 셔터스피드를 정하면 좋습니다. 그러므로 한 번의 결정으로 셔터스피드를 정하기보다 촬영한 사진을 현장에서 바로 리뷰하고 셔터스피드가 부족한지 과한지를 판단하여 차츰차츰 노출의 양을 조절하는 것이 좋습니다.

■ 조리개

셔터스피드를 길게 설정하고 나면 셔터스피드를 통해 대부분의 노출을 확보할 수 있으므로, 나머지 노출의 3요소인 조리개와 ISO는 어느 정도의 여유가 생기게 됩니다. 따라서 조리개를 개방하는 것도 가능하며, 반대로 조리개를 개방하지 않고 조여서 촬영하는 것 또한 고려 대상이 될 수 있습니다. 단, 조리개를 개방할 경우 최대개방에 근접할수록 주변부의 화질이 떨어지는 문제가 발생할 수 있기 때문에 가급적이면 어느 정도 조리개를 조인 상태에서 촬영하는 것을 권장합니다. 필자의 경우 어떤 렌즈를 사용하는지에 따라 다르긴 하나 보통 F/5.6에서 F/11 사이에서 조리개를 선택합니다.

■ ISO

ISO 역시도 셔터스피드를 충분히 길게 조절했다면 조리개와 마찬가지로 선택의 폭이 넓어집니다. 보통은 노이즈가 가장 적게 나타나는 가장 낮은 수준의 ISO를 이용합니다. 이미 셔터스피드 조작을 통해 많은 양의 노출을 받아들일 수 있는 장노출 촬영에서 특별한 목적이 있지 않은 한 ISO를 높일 이유는 없기 때문입니다.

(2) 장노출 촬영 시 유의사항

위의 세팅에 따라 카메라를 준비하고, 촬영하고자 하는 곳에 카메라의 앵글을 맞추면 촬영 준비는 끝이 납니다. 촬영에 앞서 유의해야 할 내용들을 살펴보겠습니다.

- 장노출 촬영 시에는 셔터스피드가 길어지기 때문에, 촬영 도중 카메라가 움직일 경우 그 움직임이 사진에 그대로 나타나게 됩니다. 따라서 삼각대를 이용하여 카메라가 촬영 도중 움직이지 않도록 잘 고정하는 것이 중요합니다. 삼각대가 별도로 준비되어 있지 않는 상황에서 장노출 촬영을 해야 한다면 주변의 지형지물을 활용하는 것도 방법입니다.

- 삼각대를 이용하거나 주변 지형지물을 활용하여 카메라를 잘 고정하였다 하더라도 셔터를 누르는 순간의 움직임이 카메라에 영향을 끼칠 수 있습니다. 따라서 셔터를 누르는 행위가 카메라에 미치는 영향을 최소화하기 위해 별도의 릴리즈 장치를 이용하거나 카메라 자체적으로 내장되어 있는 2초나 5초의 딜레이 촬영 기능을 이용하는 것을 권장합니다.

- 야경 촬영의 경우, 특히 초점을 잡는 부분에서 어려움을 겪을 수 있습니다. 기본적으로 풍경을 촬영하기 때문에 광활한 풍경 속 사물 중 어느 곳에 초점을 맞추어야 하는지 애매함을 느끼는 것도 문제이지만, 특히 야간에는 카메라의 자동초점 기능이 제 성능을 발휘하기 어려운 경우가 많기 때문입니다.

 우선, 풍경에서 초점을 잡아야 하는 위치는 Chapter 02에서 설명한 1/3의 법칙을 참고하면 좋습니다. 조리개를 충분히 조인 상태에서 촬영자의 현재 위치로부터 선명하게 담고 싶은 가장 뒤쪽에 놓인 피사체까지의 거리 중 1/3에 해당하는 곳에 초점을 잡는다면 대부분의 풍경을 선명하게 담을 수 있습니다. 다시 말해서 과초점거리를 이용하는 방법입니다.

- 1/3에 해당하는 지점에 초점을 잡으려고 시도하였음에도 Auto Focus의 문제로 인해 정확한 초점 설정이 되지 않을 때에는, 초점 모드를 Manual Focus로 변경한 후 직접 렌즈의 초점링을 돌려 수동으로 초점을 잡을 수도 있습니다.
- 측광이나 노출보정의 경우, 필요에 따라 활용할 수 있지만 실질적으로 야경을 담기 위한 장노출 촬영에서는 큰 의미는 없다고 볼 수 있습니다. 특히, 완전 수동모드에서 노출의 3요소에 특정한 값을 각각 할당한다면 노출보정 기능 자체가 작동하지 않기도 합니다. 참고로 촬영 시, 가급적 RAW 모드를 이용하여 추후 후보정에서의 관용도를 높이는 것이 좋습니다.

(3) 장노출 촬영 예시

그림 4-7-2. 이번 클래스의 보정을 모두 마친 사진입니다.

그림4-7-2는 UAE 두바이에서 촬영한 사진입니다. 현지 시각으로 오후 10시 36분에 촬영한 사진이며 셔터스피드는 8초, 조리개는 F/5.0, ISO는 100으로 촬영하였습니다. 2017년 2월경, 필자가 UAE에 출장차 방문하였을 당시 삼각대가 갖추어지지 않은 상태에서 호텔 테라스 난간에 카메라를 세워두고 2초 딜레이 모드로 촬영한 사진입니다. 지금에 와서 하는 말이지만 카메라가 난간 밑으로 떨어질까봐 조마조마했던 기억이 납니다.

촬영 당시 적절한 셔터스피드 값을 찾아내기 위해 대략 10여 차례 정도 같은 장소에서 셔터스피드를 바꾸어가며 촬영하여 이 사진을 담을 수 있었습니다. 독자 여러분 중에서 이 사진을 보고 혹여 찍기 어려운 사진이라고 생각하는 분도 있을지 모르겠습니다. 하지만 이 사진은 단순히 노출의 3요소만 정하고 원하는 위치에 초점을 잡아 그대로 장노출로 촬영한 사진이기 때문에 어떤 복잡한 테크닉이 들어간 사진으로 볼 수는 없으며 촬영 난이도 역시 상중하 중에서 하에 속하는 아주 쉽게 촬영할 수 있는 장노출 사진으로 이해하면 됩니다.

| 그림 4-7-3. 또 다른 장노출 사진의 예시입니다.

그림4-7-3은 호주 멜버른에서 촬영한 사진입니다. 현지 시각으로 오후 9시 13분에 촬영한 사진이며 셔터스피드는 25초, 조리개는 F/8.0, ISO는 100으로 촬영하였습니다. 이 사진 역시도 삼각대가 갖추어지지 않은 상태에서 강둑 위에 카메라를 세워두고 2초 딜레이 모드로 촬영하였습니다.

적절한 셔터스피드 값을 찾는 것과 더불어 강물에 비치는 반사 이미지를 만들어 내기 위해 바람의 방향과 세기를 살펴가며 여러 번 시도한 끝에 촬영한 사진입니다. 이 사진도 그림4-7-2와 마찬가지로 노출의 3요소를 정하는 것은 어렵지 않지만 바람의 영향을 계속 살피면서 촬영해야 했기 때문에 촬영 난이도는 상중하 중에서 중 정도에 속하는 사진으로 볼 수 있습니다. 바람이 심하게 부는 상황에서는 위 사진과 같이 강물에 반사되는 이미지가 선명하게 표현되지 않을 수 있기 때문입니다.

위에서 보듯이 장노출 사진은 그리 어려운 것이 아닙니다. 세팅을 바꾸어가면서 촬영 환경에 가장 적합한 최적의 세팅을 찾고 그 안에서 촬영자 본인이 담아내고자 하는 모습을 담으면 됩니다. 한번의 시도로 원하는 사진이 나오지 않았다면 재차 시도하면 그만입니다. 경우에 따라서는 마음에 드는 한 장의 사진을 얻기 위해 같은 장소에서 수백 장의 사진을 촬영하기도 합니다.

002 | 선명하고 쨍한 느낌의 야경 사진 보정 방법

다시 본론으로 돌아와 예시 사진을 바탕으로 선명하면서도 쨍한 느낌으로 보정하는 클래스를 이어가 보도록 하겠습니다. 다른 클래스와 마찬가지로 먼저 원본 사진을 통해, 어떤 방식으로 이 사진을 보정하면 좋을지 생각해 보겠습니다.

| 그림 4-7-1. 이번 클래스에서 보정할 원본 사진입니다.

보정의 방향성을 잡기 위해 원본 사진에서 아쉬운 점을 찾아보겠습니다. 필자가 생각하는 원본 사진의 아쉬운 점은 다음과 같습니다.

- 전체적으로 Warm Color로 보이는 사진의 색온도
- 사진에 담긴 불빛들의 애매한 채도와 사진이 전체적으로 뿌옇게 보이는 느낌
- 건물들의 윤곽선이 또렷하게 보이지 않는 문제

아쉬운 부분을 바로 잡기 위해 다음의 순서에 따라 보정을 진행하고자 합니다.

❶ Crop Overlay 툴을 이용하여 원하는 크기로 사진을 자른다. »
❷ Basic 패널을 이용하여 전체적인 사진의 색온도와 밝기 그리고 대비를 조절한다. »
❸ Tone Curve 패널을 이용하여 사진의 밝기와 대비를 세부 조절한다. »

❹ Split Toning(Color Grading) 패널을 이용하여 사진의 색감을 조절한다. »
❺ HSL 패널을 이용하여 개별적인 색상들을 다듬는다. »
❻ Basic 패널을 이용하여 사진의 채도를 조절한다. »

❼ Basic 패널을 이용하여 사진의 질감을 조절한다. »
❽ Detail 패널을 이용하여 사진을 다듬는다.

이러한 순서대로 보정해 보겠습니다.

(1) Crop Overlay 툴을 이용하여 원하는 크기로 사진을 자르기

가장 먼저 Crop Overlay 툴을 이용하여 원하는 크기로 사진을 자르도록 하겠습니다.

| 그림 4-6-4. 아무런 보정을 거치지 않은 원본 사진입니다.

| 그림 4-6-5. Crop Overlay 툴을 선택하여 원하는 크기로 사진을 잘라냈습니다.

풍경의 경우 특히 Crop Overlay 툴을 잘 활용하면 원하는 구도를 만들어 내는 데 더욱 효과적일 수 있습니다. 따라서 처음부터 Crop Overlay 툴을 사용할 것을 염두에 두고 약간은 넓게 담는 것도 하나의 팁이라고 할 수 있습니다.

현재 사진의 경우, 수평과 수직이 잘 맞아 별다른 보정이 필요 없을 것으로 보이지만 여러분이 촬영한 사진을 직접 보정할 경우에는 Crop Overlay 툴을 이용하여 사진의 기울기를 조절하거나 필요에 따라서는 Transfrom 패널을 이용하여 수평과 수직을 바로잡는 과정을 거치는 것이 좋습니다.

(2) Basic 패널을 이용하여 사진의 색온도와 전체적인 밝기를 조절하기

원하는 크기로 사진을 잘라내었으니 이제 Basic 패널을 이용하여 기본적인 사진의 밝기와 대비, 그리고 색온도를 조절하도록 하겠습니다.

| 그림 4-7-6. 먼저 사진의 색온도를 조절하였습니다.

최초 4250이었던 Temp값을 4100까지 낮추고, -14에 머물렀던 Tint값을 -18까지 낮추어줌으로써 사진에서 보다 차분한 느낌을 받을 수 있도록 조절하였습니다. 이어서 바로 Tone 영역의 값들을 조절해 보겠습니다.

우선 그림4-7-7과 같이 Highlights를 -86까지 낮추어서 지나치게 밝게 빛나던 도로의 가로등과 건물 불빛의 밝기를 조절하였습니다. 아울러, Shadows는 +26까지 올려줌으로써 그림자 부분이 조금 더 밝아질 수 있도록 조절하였습니다. 한편, Whites는 -42까지 낮추고 Blacks는 +70까지 올려서 전체적으로 계조가 풍부한 느낌이 나타나도록 하였습니다. 그 상태에서 보다 선명한 느낌을 주기 위해 Contrast는 +36까지 올려주었습니다. Basic 패널의 Tone 영역에서 할 수 있는 보정은 어디까지나 사진의 밝기와 대비를 바로잡는 과정이기 때문에 필자의 방식과 다소 차이가 있더라도 여러분의 판단에 따라 사진과 가장 어울리는 방식으로 진행하면 됩니다.

그림 4-7-7. 이어서 밝기와 대비를 조절한 모습입니다.

(3) Tone Curve 패널로 사진의 밝기와 대비를 세부 조절하기

Basic 패널에서 기본적인 밝기와 대비 보정을 마친 후 바로 Tone Curve 패널로 넘어가 보다 세부적인 조절을 해보도록 하겠습니다. 이번 예시의 경우, 건물들의 윤곽선이 또렷하게 보이지 않는 문제가 있었다고 진단하였기 때문에 Tone Curve 패널을 이용하여 조금 더 대비를 확보할 예정입니다. 이를 위해 우선 Tone Curve 패널에 있는 RGB 채널의 Point Curve를 그림 4-7-8과 같이 조절해 보겠습니다.

그림 4-7-8. RGB 채널의 Point Curve를 조절한 모습입니다.

RGB 채널의 Point Curve 중에서 어두운 영역에 해당하는 Point Curve는 아래로 조금 더 내리고, 밝은 영역에 해당하는 Point Curve는 위로 올렸기 때문에 사진에서 밝기의 차이가 더 나타나게 되었습니다. 그리고 이로 인해 사진의 대비가 더 커졌습니다.

이 상태에서 다시 Region 영역으로 돌아와 나머지 값들을 조절해 보겠습니다.

그림 4-7-9. Tone Curve 패널의 Region 영역의 값들을 조절한 모습입니다.

이미 Point Curve를 통해 일차적으로 밝기를 조절하였으므로, Region 영역에서 조절하는 값들은 이미 만들어진 Point Curve를 기반으로 사진에 영향을 주게 됩니다. 다시 말해서, Point Curve를 조절하지 않은 상태에서 진행하는 Region 영역의 보정들은 아무런 변형이 가해지지 않은 Tone Curve(Parametric Curve) 위에 영향을 미치게 되지만, 이미 Point Curve를 통해 Tone Curve(Parametric Curve)에 변화를 주었기 때문에 그 이후에 보정하는 Region 영역의 값들은 한 차례 변형된 Tone Curve(Parametric Curve)를 기반으로 사진에 영향을 미치는 것입니다.

Chapter 04의 Class 01에서도 잠시 언급한 것처럼 Point Curve는 어디까지나 사용자가 직접 Curve 위에 점을 찍어 원하는 형태의 Tone Curve(Parametric Curve)를 만들기 위한 하나의 수단입니다. 따라서 본 예시에서처럼 미리 Point Curve를 가지고 원하는 만큼의 밝기와 대비를 만들어 둔다면 그 이후 진행하는 Region 영역에서의 보정들은 이미 만들어진 Point Curve를 바탕에 두고 움직일 수 있게 됩니다.

그렇기 때문에 Tone Curve 패널에서 보정을 할 때에, 만약 RGB 채널의 Point Curve를 변형할 계획이라면 Region 영역의 값들을 조절하기에 앞서 Point Curve를 조절하는 것이 보정의 흐름상 적절합니다. 그렇게 하지 않는다고 문제가 되는 것은 아닙니다. 하지만 Region 영역의 값을 먼저 조절하고 이어서 다시 RGB 채널의 Point Curve를 조절한다면 이를 통해 나타날 보정의 결과물을 예상하기 어려울 뿐만 아니라 Tone Curve 패널을 100% 활용한다는 거시적인 관점에서 스스로의 발목을 잡게 됩니다. 단, RGB 채널이 아닌 각 색상 채널의 Point Curve는 Region 영역의 값들과 무관하게 사진에 영향을 미치기 때문에 보정 순서에 있어서는 Region 영역의 값들과 상충하지는 않습니다.

그림4-7-9에서는 사진의 계조는 풍부하게 살리면서 동시에 약간의 대비를 추가하기 위해 Darks는 +32까지 올리는 대신, Shadows는 -31까지 낮추었습니다. 아울러 Lights는 -10까지 내려줌으로써 사진에 나타나는 밝은 빛들의 밝기를 조금 더 낮추어 주었습니다.

(4) Split Toning(Color Grading) 패널을 이용하여 사진의 분위기 조절하기

이어서 Split Toning(Color Grading) 패널을 통해 사진의 분위기를 조절해 보도록 하겠습니다.

그림 4-7-10. Split Toning(Color Grading) 패널의 보정을 아직 거치지 않은 사진입니다.

그림 4-7-11. Split Toning(Color Grading) 패널의 보정을 거친 사진입니다.

밝은 영역에 진한 파란색을 넣어줌으로써 사진의 밝은 영역이 주황색으로 들떠 보이는 것을 잡아주었으며, 어두운 영역에는 조금 더 밝은 파란색을 넣어 밝은 영역과의 균형을 맞추었습니다.

2020년 10월 업데이트를 적용한 경우, 그림4-7-12와 그림4-7-13과 같이 Color Grading 패널의 Highlights와 Shadows를 조절하면 그림4-7-11과 동일한 효과를 만들 수 있습니다. Split Toning 패널의 효과와 Color Grading 패널의 효과가 동일하도록 Blending값은 100으로 설정하였습니다.

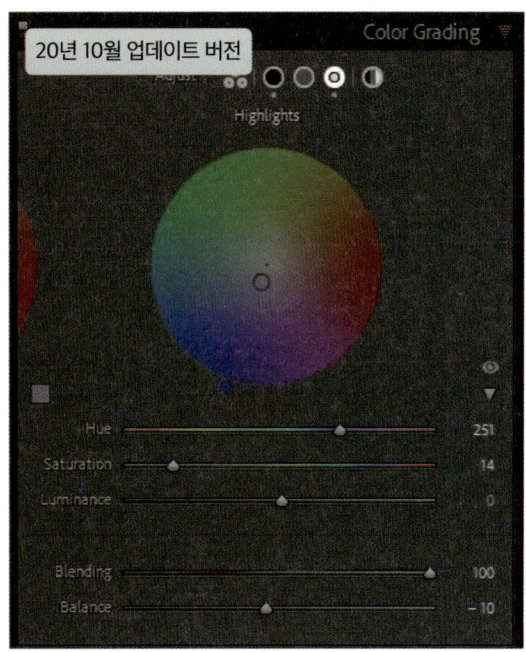

| 그림 4-7-12. Color Grading 패널에서의 Highlights 설정입니다.

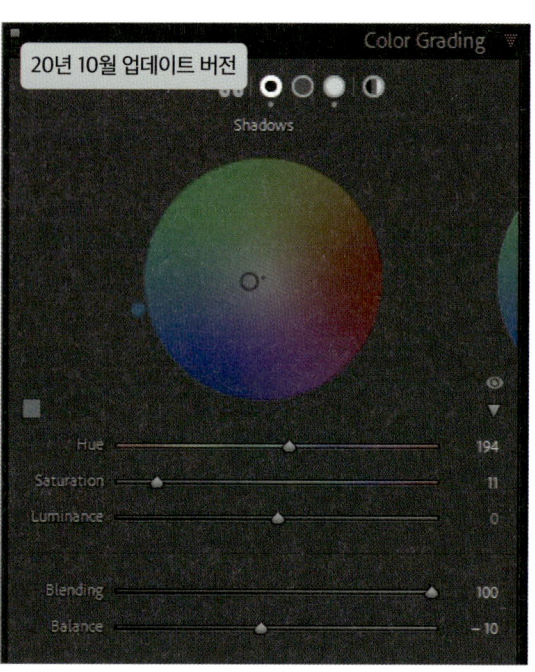

| 그림 4-7-13. Color Grading 패널에서의 Shadows 설정입니다.

(5) HSL 패널을 이용하여 개별적인 색상 다듬기

Split Toning(Color Grading) 패널을 통해 사진의 분위기를 조절한 이후에는 HSL 패널을 이용하여 개별적인 색상들을 다듬어보도록 하겠습니다.

그림 4-7-14. Split Toning(Color Grading) 패널의 보정까지 진행한 사진입니다.

그림 4-7-15. HSL 패널의 보정을 마친 결과물입니다.

그림4-7-15를 살펴보겠습니다. 먼저 Hue 영역에서 Orange와 Yellow 그리고 Purple의 색조를 조절하여 사진에서 각각의 색상이 전해주는 느낌을 조금은 다르게 표현하였습니다. 아울러 Saturation 영역에서는 Blue, Purple, 그리고 Magenta의 채도를 조절하여 Blue는 조금 연하게 표현하고, Purple과 Magenta는 보다 두드러지게 조절하였습니다. 마지막으로 Luminance 영역에서는 Yellow의 밝기는 조금 더 높이고 Blue의 밝기는 조금 더 낮추었습니다. 야경 사진 보정 시, HSL 패널의 값들은 여러분의 색상 취향에 맞게 선택하면 됩니다.

(6) Basic 패널을 이용하여 사진의 채도 조절하기

HSL 패널까지 보정을 마쳤기 때문에 다시 Basic 패널로 돌아와 Vibrance와 Saturation을 이용하여 사진의 채도를 조절해 보도록 하겠습니다.

| 그림 4-7-16. Basic 패널에서 채도를 조절한 결과물입니다.

이미 충분히 진하게 보이는 색상들의 채도는 건드리지 않고, 그렇지 않은 색상들의 진하기를 중점적으로 늘리기 위해 Vibrance만 +30까지 올렸습니다. 이 부분 역시도 Chapter 03에서 설명한 Vibrance와 Saturation의 기본적인 작동원리를 이해하고 있다면, 독자분 스스로의 취향에 따라 조절이 가능한 부분입니다.

(7) Basic 패널을 이용하여 사진의 질감 다듬기

Basic 패널에서 채도까지 조절하였다면 이제 색상과 관련한 보정은 모두 끝이 났습니다. 이제부터는 Basic 패널과 Detail 패널을 이용하여 사진의 질감을 다듬어 보도록 하겠습니다. 우선 지금 단계에서는 Basic 패널의 Texture와 Clarity, 그리고 Dehaze를 사용하여 보다 뚜렷한 느낌으로 사진을 보정해 보겠습니다.

먼저 그림4-7-17과 같이 Texture를 +55까지 충분히 올려줌으로써 건물들의 재질감이 더욱더 잘 드러나도록 조절하였습니다. 또한 Clarity도 +20까지 올려서 사진에 보이는 피사체들의 윤곽선이 뚜렷하게 나타나도록 하였습니다. Dehaze의 경우 일단 +5까지 올렸습니다만, 만약 촬영한 사진이 안개나 미세먼지로 인해 또렷하게 보이지 않는다면 Dehaze를 조절하여 보다 선명한 느낌을 넣어줄 수 있습니다.

| 그림 4-7-17. Basic 패널에서 질감을 조절한 결과물입니다.

(8) Detail 패널을 이용하여 사진 다듬기

Detail 패널에서는 Sharpening과 Luminance Noise Reduction을 이용하여 사진을 다듬어보도록 하겠습니다.

| 그림 4-7-18. Detail 패널의 보정을 거친 결과물입니다.

Sharpening에서는 Amount를 +74까지 올림과 동시에 Radius를 2.1만큼 올려줌으로써 선명하게 보이는 정도와 경계선의 두께를 각각 키웠습니다. 대신 이렇게 Sharpening을 하였을 때 특유의 Sharpening 노이즈가 나타나는 것을 억제하기 위해 Masking으로 Sharpening이 적용되는 범위를 건물에 한정시켰습니다.

또한, Luminance Noise Reduction을 이용하여 사진에 나타나는 입자들이 보다 더 곱고 부드럽게 표현되도록 하였습니다. Luminance Noise Reduction을 심하게 넣으면 사진이 전체적으로 뽀얗게 보이는 부작용이 나타날 수 있습니다. 그러나 이미 Basic 패널에서부터 Texture와 Clarity를 충분히 올려두었고 Sharpening이 들어가 있는 상태이기 때문에 현재 상태의 Luminance Noise Reduction은 사진을 뽀얗게 만들기보다는 오히려 표면만 조금 더 깨끗하게 보이도록 영향을 미치게 될 것입니다.

이로써 모든 보정이 마무리되었습니다. 사용자의 기호에 따라 여기에서 추가적으로 비네팅 효과를 넣거나 필요한 부분만 다시 영역을 설정하여 보정할 수 있습니다. 도심에서의 야경 사진은 낮 시간대에 촬영한 사진에 비해 태양의 고도나 위치에 따른 빛의 영향이 덜하고 특히 피사체에 맺히는 그림자를 크게 신경을 쓰지 않아도 되기 때문에, 일단 원본 사진을 흔들림 없이 잘 담아낼 수만 있다면 후보정을 통해 드라마틱한 느낌을 담아내기가 훨씬 수월합니다.

따라서 이러한 장노출 촬영은 가까운 곳에 야경이 잘 보이는 장소가 있거나, 새로운 곳으로 여행을 떠나게 된다면 한 번쯤 시도해볼 만하다고 생각합니다. 물론 야경 장노출을 위해서는 삼각대가 필요하다는 전제 조건이 붙지만, 이번 클래스에서 보정한 사진 또한 삼각대 없이 촬영한 것이기 때문에 다양한 시도를 해보고 본인만의 노하우를 쌓기를 권장합니다.

08 CLASS

한 장의 사진을 여러 가지 색감으로 보정하는 방법

이번 클래스는 잠시 쉬어가는 의미로, 여러 가지 색감을 가진 사진들을 동시에 다루는 방법에 대해 알아보겠습니다. 우선 본격적인 논의에 들어가기에 앞서 Chapter 01에서 다룬 라이트룸의 장점 중 ⑩번에서 특정한 보정 위치를 별도로 저장할 수 있다고 언급한 바 있습니다. 지금부터 그 부분에 대해 조금 더 자세히 살펴보도록 하겠습니다.

001 | History 패널의 기능

우선 한 장의 사진으로 예를 들어보겠습니다. 그림4-8-1은 아무런 보정이 가해지지 않은 원본 사진입니다. 이제 이 사진을 가지고 Basic 패널을 거쳐 그림4-8-2까지 보정을 마쳤다고 가정해 보겠습니다.

그림 4-8-1. 아무런 보정이 이루어지지 않은 원본 사진입니다.

그림 4-8-2. Basic 패널의 보정을 마친 사진입니다.

현재 상태에서 그림4-8-3의 화면 좌측에 놓인 패널들 중 History 패널을 보면 현재까지 작업했던 내용들이 작업 순서에 따라 차례대로 나열되어 있는 것을 볼 수 있습니다.

그림 4-8-3. History 패널에서는 이처럼 작업 내역들을 순차적으로 확인할 수 있습니다.

그림4-8-3의 화면에서 History 패널에 기록된 어느 하나의 작업 내역을 클릭하면 사진은 그에 해당하는 보정을 하고 있던 당시의 상황으로 이동하게 되며, 따라서 그 이후 작업했던 내역들은 사진에 반영되지 않은 상태로 보이게 됩니다.

| 그림 4-8-4. History 패널에서 Clarity를 클릭한 모습입니다.

따라서 그림4-8-4와 같이 History 패널 중에서 Clarity를 클릭하면, Clarity를 보정하였던 작업까지의 내역들은 사진에 반영이 되지만 그 이후에 진행했던 보정들은 사진에 반영이 되지 않는다는 것을 알 수 있습니다. 예를 들어, Vibrance나 Saturation 의 경우 Clarity 조절을 마친 후 보정을 하였기 때문에 History 패널에서 Clarity를 클릭하였을 때 사진에 이들 보정값은 전혀 반영되어 있지 않다는 것을 확인할 수 있습니다.

그러므로 History 패널을 이용하면 언제든 과거의 보정 시점으로 되돌아갈 수 있습니다. 다시 말해서, 1번부터 10번까지의 보정을 마친 상태에서 7번부터 10번까지 진행한 보정이 마음에 들지 않는다면 History 패널에서 6번 작업 내역을 클릭하면 됩니다. 그렇게 할 경우, 사진은 1번부터 6번까지의 보정 작업이 반영된 채로 나타나고 7번부터 10번까지의 보정 작업들은 사진에 반영이 되지 않은 상태가 됩니다. 만약, 이렇게 Clarity를 클릭한 상태에서 다른 새로운 보정을 시도하면 그 이후의 작업 내역들은 History 패널에서 사라지게 되며 다시 Clarity부터 새로운 작업 내역들이 쌓이게 됩니다.

002 | History 중에서도 특정한 위치를 저장하고 싶을 때 사용하는 Snapshot

History 패널을 이용하여 원하는 보정 위치로 되돌아갈 수 있다는 점은 연속적으로 이루어지는 보정 작업에서 특히 유용한 기능입니다. 단순히, Ctrl + Z키를 누름으로써 방금 진행한 작업을 취소하고 직전 단계로 되돌아가는 것에서 벗어나 사용자 가 원하는 보정 위치로 언제든 돌아갈 수 있기 때문입니다.

그렇지만 History 패널을 이용하여 원하는 보정 위치로 찾아가는 것이 때로는 복잡하게 생각될 수도 있습니다. 그림4-8-5를 보겠습니다.

| 그림 4-8-5. History 패널에 기록된 작업 내역들입니다.

아직까지는 그렇게 많은 작업들이 기록되어 있지는 않아 보입니다. 하지만, 만약 여기에서 그림4-8-6과 같이 몇 가지 작업 내역만 더 추가된다 하더라도 History 패널에서 원하는 위치를 찾는 것에서부터 스트레스를 받을 수 있습니다.

| 그림 4-8-6. 몇 가지 작업을 추가적으로 진행한 모습입니다.

실질적으로 그림4-8-6은, 그림4-8-5와 동일하게 보이지만 수많은 작업들을 새로 진행하고 다시 취소하는 과정에서 History 패널이 상당히 지저분해진 것을 확인할 수 있습니다. 그림4-8-6의 좌측 하단에 보이는 Vibrance가 그림4-8-5에서는 가장 상단에 있었던 Vibrance라는 점을 감안하면 원하는 보정의 위치를 단 한 번의 클릭으로 찾아간다는 것이 쉬운 일이 아니라는 것을 짐작할 수 있습니다. 이런 경우 History 패널의 작업 내역 중 원하는 위치에 마우스 포인터를 올려두고 마우스 오른쪽 버튼을 눌러서 상위의 작업 내역들을 모두 삭제하는 것도 가능하지만 우선은 작업 내역을 지우지 않는다는 전제로 진행해 보겠습니다.

이런 경우 우리는 Snapshots 패널을 이용하여 History 패널의 특정한 작업 위치를 저장해 둘 수 있습니다. 그리고 그렇게 저장된 위치를 Snapshots 패널에서 선택하기만 하면, 한 번에 바로 그 위치로 돌아가는 것이 가능합니다. Snapshot을 만드는 방법은 크게 2가지가 있습니다.

(1) Snapshot을 만드는 첫 번째 방법: Snapshots 패널에서 현재 상태 바로 저장하기

첫 번째 방법은, 현재 작업 중인 화면에서 Snapshots 패널을 이용하여 현재 상태 그대로를 Snapshot으로 저장하는 것입니다. 그림4-8-7을 보겠습니다.

그림 4-8-7. Snapshots 패널에서 + 버튼을 누른 모습입니다.

현재 작업 중인 바로 그 상태에서 Snapshots 패널의 + 버튼을 누르게 되면 현재 작업 중인 모습을 그대로 하나의 Snapshot으로 저장할 수 있습니다. 새롭게 생성될 Snapshot의 이름을 입력하고 Create 버튼을 누르면 새로운 Snapshot이 생성됩니다.

그림 4-8-8. 새로운 Snapshot이 만들어진 것을 확인할 수 있습니다.

Snapshot이란 결국, History 패널에 나타난 수많은 작업 내역 중 하나의 위치를 기억해 두기 위한 것이기 때문에 현재 어떤 작업을 하고 있었는지와 무관하게 어느 상황에서든 미리 만들어두었던 Snapshot을 클릭하면 앞서 저장해둔 위치로 다시 돌아오는 것이 가능합니다. 다시 말해서, Snapshots 패널은 History 패널을 보다 효과적으로 사용하기 위한 보조적인 수단이라고 볼 수 있습니다.

(2) Snapshot을 만드는 두 번째 방법: History 패널에서 저장할 위치 선택하기

두 번째 방법은, History 패널에서 원하는 작업 내역 위에 마우스 포인터를 올려두고 마우스 오른쪽 버튼을 클릭하여 새로운 Snapshot을 만드는 방법입니다. 그림4-8-9를 보겠습니다.

그림 4-8-9. Vibrance 작업 내역 위에 마우스 포인터를 올려둔 채로 마우스 오른쪽 버튼을 클릭한 모습입니다.

그림4-8-9에서 Create Snapshot을 클릭하면 나오는 그림4-8-10의 화면에서 Snapshot의 이름을 입력할 수 있습니다.

그림 4-8-10. 새로운 Snapshot의 이름을 지정하는 모습입니다.

첫 번째 방법과 두 번째 방법은 결과적으로 동일합니다. 다만, 첫 번째 방법은 Snapshot의 이름을 정할 때 현재 날짜와 작업 시간을 기본값으로 하는 반면, 두 번째 방법은 History 패널에 기록되어 있는 작업 내역의 이름을 기본값으로 하고 있다는 데에서 차이가 있습니다. 물론, Snapshot의 이름은 처음 생성할 때부터 사용자가 지정할 수 있고 혹은 Snapshot이 생성된 이후에도 해당 Snapshot에 마우스 포인터를 올려둔 상태에서 마우스 오른쪽 버튼을 클릭하여 이름을 변경할 수 있습니다.

003 | Snapshots 패널을 이용하여 한 장의 사진을 여러 가지 색감으로 보정하는 방법

이제부터는 Snapshots 패널을 이용하여 한 장의 사진을 여러 가지 색감으로 보정하는 방법에 대해 알아보겠습니다. 눈치가 빠른 독자분이라면 이미 짐작하시겠지만, 여기에서 소개하고자 하는 방법은 매우 간단합니다. 그 방법은 바로 여러 가지 색감으로 사진을 보정하면서 하나의 색감이 완성될 때마다 각각의 색감들이 완성된 바로 그 시점을 Snapshot으로 만들어 두는 것입니다. 그림4-8-11을 같이 보겠습니다.

| 그림 4-8-11. Basic 패널까지 보정을 마쳤던 사진을 가지고 특정한 분위기를 가진 사진으로 연이어 보정한 결과물입니다.

이어서 이 사진을 다른 느낌으로 보정해 보겠습니다. 그 전에 현재 위치에서 Snapshot을 하나 만들어 두도록 하겠습니다.

| 그림 4-8-12. Snapshot의 이름은 보정느낌_1로 지정하였습니다.

이번에는 이 사진을 흑백으로 보정하겠습니다. 라이트룸에서 사진을 흑백으로 보정하는 방법은 크게 3가지가 있습니다. 첫 번째는 Basic 패널에서 Black & White를 선택하여 사진을 바로 흑백으로 변환하는 것이고, 두 번째는 Basic 패널에서 Saturation을 -100으로 조절하는 것이며, 세 번째는 HSL 패널에서 각각의 색상의 Saturation을 -100으로 조절하는 것입니다. 이 세 가지 중 첫 번째 방법을 이용하여 사진을 흑백으로 바꾸어 보도록 하겠습니다.

| 그림 4-8-13. Basic 패널의 Black & White를 클릭하여 사진을 흑백으로 변환하였습니다.

그림4-8-13의 화면 좌측에서 앞서 만들어 둔 Snapshot의 존재를 확인할 수 있습니다. 이왕 이렇게 흑백으로 변환하였으니 조금은 색다른 색감을 입혀보도록 하겠습니다. 우선 그림4-8-14와 같이 Basic 패널을 이용하여 사진의 대비와 밝기를 조절하고, Effects 패널에서 Grain을 첨가해 보도록 하겠습니다.

| 그림 4-8-14. Basic 패널에서 밝기와 대비를 다시 한번 조절하고 Effects 패널에서 Grain을 입힌 결과물입니다.

현재 사진은 흑백 사진이지만 추가적으로 Basic 패널에서 Graduated Filter(점진적필터)를 이용하여 흑갈색 톤을 입혀보도록 하겠습니다.

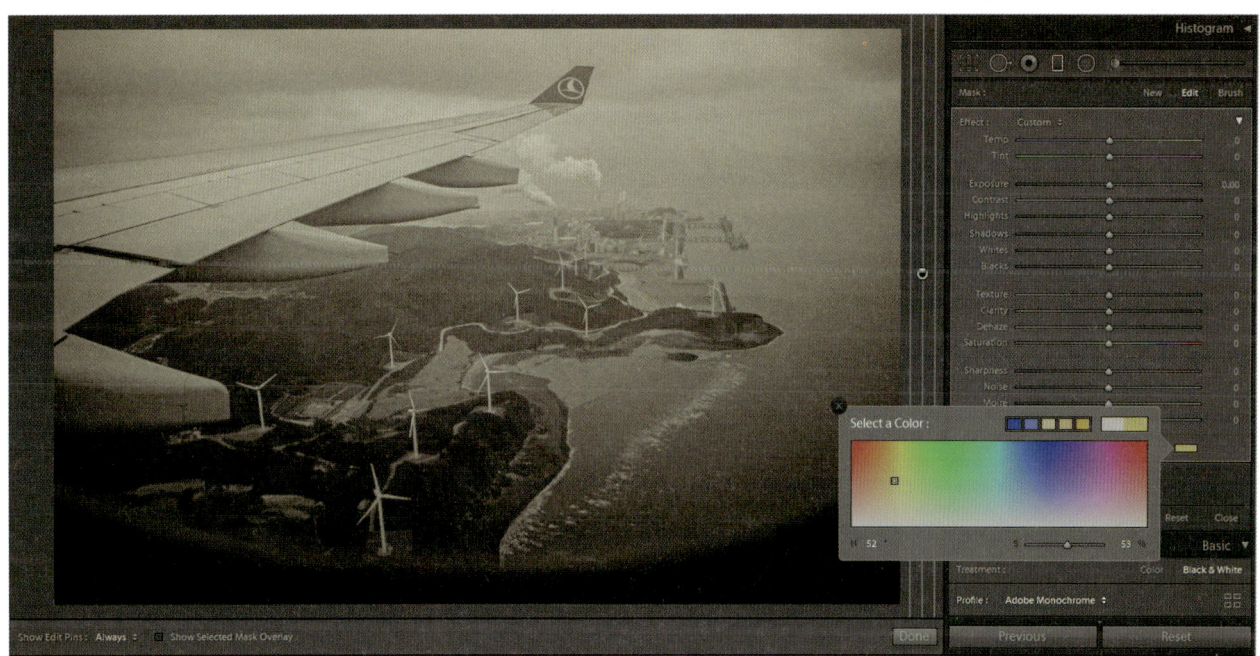

| 그림 4-8-15. Graduated Filter를 이용하여 사진에 변화를 준 모습입니다.[11]

이렇게 보정을 해놓은 상태에서 다시 한번 History 패널을 살펴보겠습니다. 예상하다시피, 그림4-8-11에 이어서 보정을 진행하였기 때문에 History 패널은 여러 가지 작업 내역으로 이미 복잡해진 상태이며, 심지어 그림4-8-11에서 마무리하였던 작업 내역의 위치는 어디인지조차 쉽게 찾기 어려운 상태라는 것을 알 수 있습니다.

---

11   Graduated Filter를 이용하여 이렇게 색을 입히는 과정은 Chapter 04의 Class 06을 참고바랍니다.

Chapter 4 색감 보정 심화 클래스

| 그림 4-8-16. 조금만 보정을 하더라도 이처럼 History 패널은 수십 개의 작업 내역으로 가득차게 됩니다.

현재 상태에서 다시 한번 Snapshot을 만들어 이번에는 보정느낌_2라는 이름으로 저장해 보겠습니다. 그러고 나면 그림4-8-17과 같이 2개의 Snapshot이 만들어진 것을 확인할 수 있습니다.

| 그림 4-8-17. 이제 Snapshots 패널에는 2개의 Snapshot이 존재하게 됩니다.

보정느낌_1이라는 이름의 Snapshot을 클릭하면 현재 상태에서도 바로 그림4-8-11을 확인할 수 있으며, 다시 보정느낌_2를 클릭하면 그림4-8-17의 모습을 확인할 수 있습니다. 이렇게 Snapshots 패널을 활용하여 다양한 느낌으로 보정한 사진들을 필요에 따라 불러올 수 있습니다.

004 | Virtual Copy를 활용하여 여러 가지 색감을 동시에 확인하는 방법

여기까지 진행하고 나면 한 가지 아쉬운 점이 생깁니다. 다양한 느낌으로 보정한 사진들을 동시에 하나의 화면으로 비교해서 볼 수는 없을까라는 점입니다. 이럴 때 활용할 수 있는 방법이 바로 Virtual Copy를 만드는 것입니다.

Virtual Copy는 가상사본이라고도 하는데 하나의 원본 파일이라고 하더라도 카탈로그 안에서는 마치 다른 파일처럼 복제하여 다룰 수 있게끔 하는 기능입니다. 실제 사진은 하드디스크의 어딘가에 1개의 파일로 존재하지만, 카탈로그 안에서는 마치 다른 파일인 것처럼 다룰 수 있기 때문에 특히 여러 가지의 색감으로 사진을 보정하고 그렇게 보정한 사진들을 비교하기에는 최적의 기능이라고 할 수 있습니다.

Virtual Copy를 만들기 위해 우선 사진 위에 마우스 포인터를 올려둔 상태에서 마우스 오른쪽 버튼을 클릭하면 그림4-8-18과 같은 모습을 볼 수 있습니다.

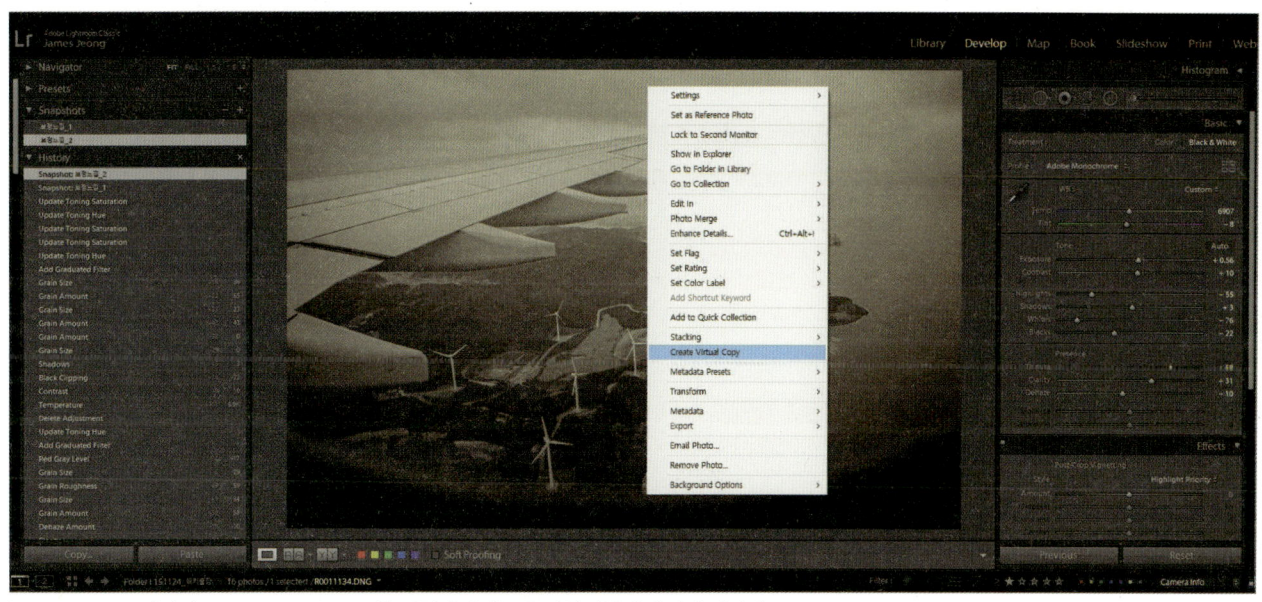

그림 4-8-18. 여기서 Create Virtual Copy를 클릭하면 새로운 가상사본이 생기게 됩니다.

그림4-8-19 하단의 필름스트립 화면에 나타난 두 개의 썸네일 중, 좌측에 위치한 사진은 맨 처음 카탈로그로 불러오기된 미리보기 이미지이며 우측의 사진은 방금 막 새롭게 만들어진 가상사본으로서, 이렇게 만들어진 가상사본들은 좌측 하단에 마치 종이가 접혀진 것과 같은 표시를 가지고 있습니다. 이 두 사진은 물리적으로 동일한 사진 파일과 연결되어 있지만 카탈로그 내에서는 사실상 서로 다른 사진으로 구분됩니다.

한 가지 차이라면, 좌측의 사진은 지금까지의 작업 내역들을 History 패널 안에 모두 담고 있는 반면, 이제 막 생성된 가상사본의 경우 아무런 작업 내역도 가지고 있지 않다는 점입니다.

| 그림 4-8-19. Create Virtual Copy를 클릭하면 이처럼 똑같은 사진 파일이 하나 더 나타나게 됩니다.

| 그림 4-8-20. 가상사본의 경우, History 패널에 작업 내역이 나타나지 않습니다.

가상사본으로 생성된 사진 파일 역시도 이미 많은 도구들을 이용하여 보정이 되어 있지만, 사실상 가상사본으로 방금 막 새롭게 탄생한 것이기 때문에 History 패널에서는 가상사본이 만들어진 것 외에는 그 이전에 행해졌던 그 어떤 보정과 관련한 작업 내역도 확인할 수 없는 것입니다.

그리고 그림4-8-20 화면 좌측 상단에 있는 Snapshots 패널의 보정느낌_1을 클릭하면 이 사진은 앞서 만들어 두었던

Snapshot에 따라 그대로 변하게 됩니다.

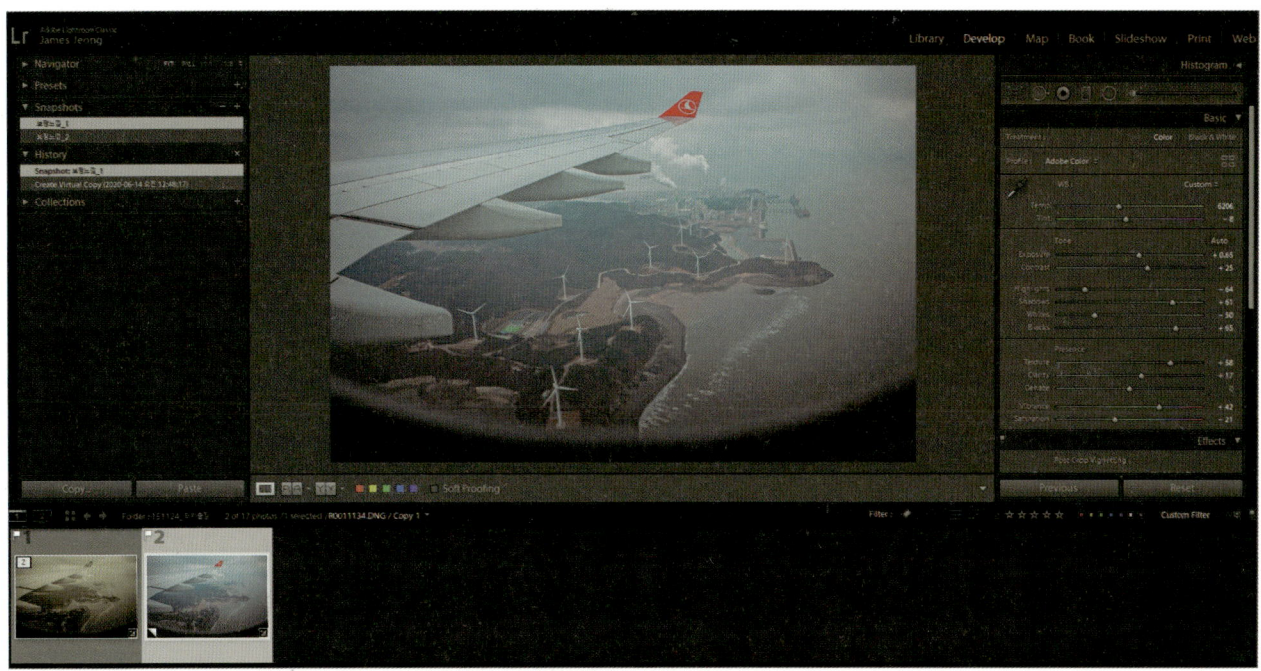

| 그림 4-8-21. 미리 만들어 두었던 Snapshot에 따라 가상사본의 색감이 변한 것을 알 수 있습니다.

이제 우리는 실제로는 한 장의 사진이지만 카탈로그 내에서는 두 장의 사진을 갖게 되었습니다. 그리고 이 두 사진을 Reference View를 통해 그림4-8-22와 같이 나누어 볼 수 있습니다.

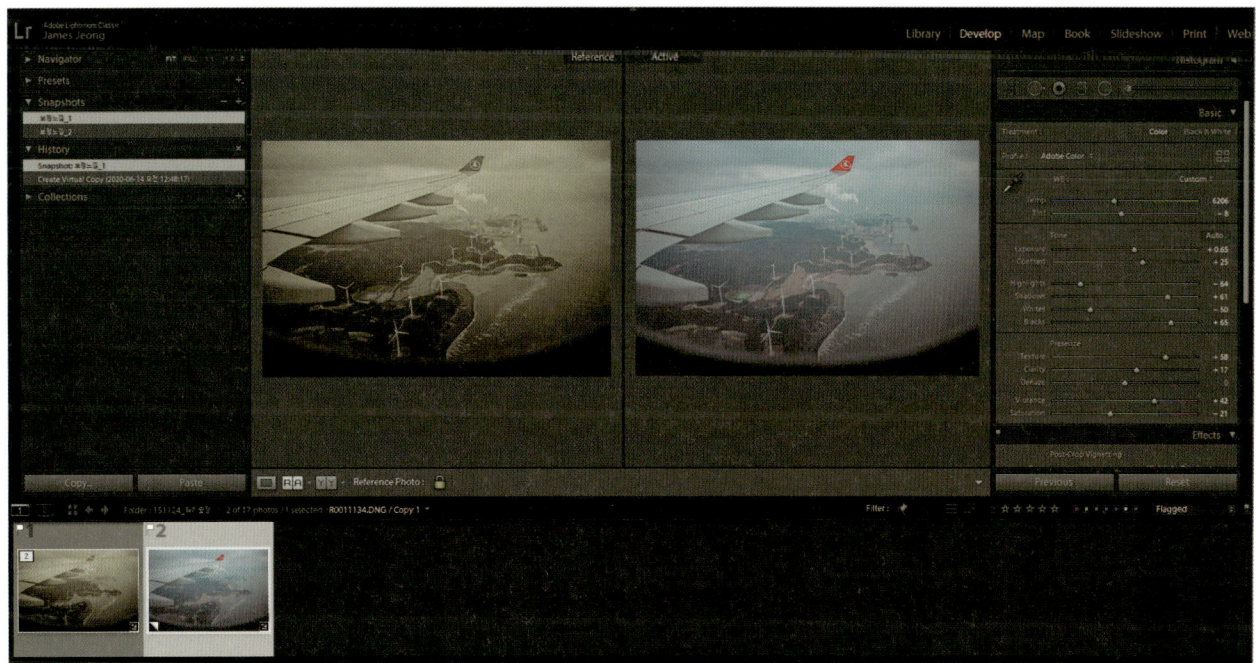

| 그림 4-8-22. 같은 사진이지만 서로 다른 느낌으로 보정된 사진을 이제 한 화면에서 볼 수 있습니다.

Reference View 외에도 그림4-8-23과 같이 Survey View나 Compare View를 통해서 비교하는 것도 가능합니다.

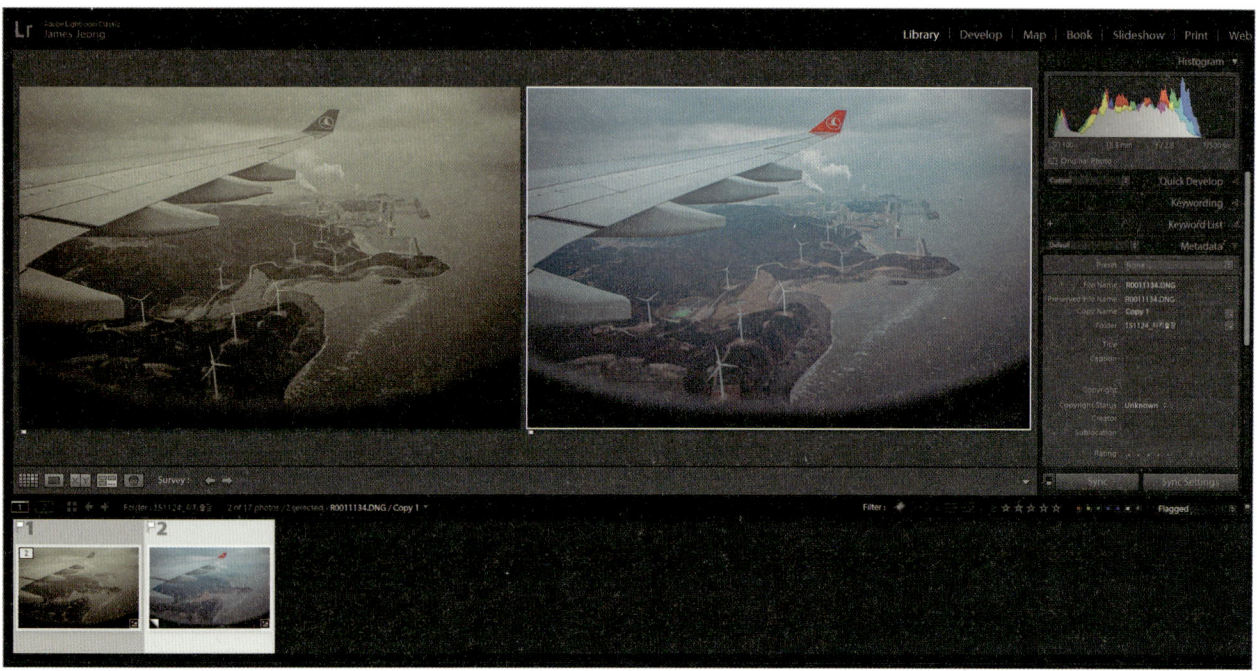

그림 4-8-23. Library 모듈의 Survey View로 바라본 모습입니다.

이렇게 Snapshots 패널과 Virtual Copy를 이용하면, 한 장의 사진으로 여러 가지 가상사본을 만들어 사진을 비교하고 원하는 색감을 선택할 때 유용하게 활용할 수 있습니다. Snapshots 패널의 사용이 익숙하지 않을 때에는 작업 도중에 Snapshot을 만들기보다는 아예 처음부터 원하는 수량만큼 Virtual Copy를 만들어놓고 각각 보정을 하는 것도 괜찮은 방법입니다. 다만, 이렇게 각각 Virtual Copy를 만들 때에는 Crop Overlay 툴이나 Transform 패널 혹은 Lens Corrections 패널과 같이 두 사진에서 공통적으로 적용되는 보정들을 먼저 진행한 이후에 Virtual Copy를 만드는 것이 조금이라도 시간을 절약할 수 있다는 사실은 유념하면 좋겠습니다. 왜냐하면, 이렇게 만들어진 가상사본들은 공통적으로 이러한 보정이 이미 반영된 상태로 존재할 것이기 때문입니다.

09 CLASS

#여행사진 #동화느낌

Class 09에서는 여행지 사진을 동화 같은 느낌으로 보정하는 방법에 대해 알아보겠습니다.

Before
그림 4-9-1

After
그림 4-9-2

001 | 여행지에서의 촬영과 관련한 고려사항

이번 클래스에서는 여행지에서 촬영한 사진을 동화 같은 느낌으로 보정하는 방법을 다룹니다. 본격적인 보정을 시작하기에 앞서 여행지, 특히 해외 여행지에서의 촬영과 관련한 몇 가지 고려사항에 대해 알아보겠습니다.

외국으로 여행을 떠난다는 것은 그 자체만으로도 설레는 일이지만 특히 사진과 관련해서는 더욱더 흥미로운 측면이 있습니다. 우선, 해외 여행지에서는 찍을 수 있는 피사체가 많습니다. 사실상 눈에 보이는 모든 것들이 피사체라고 보아도 무방할 정도로 이국적인 사물들을 쉽게 찾아볼 수 있습니다. 또한, 현지에서만 볼 수 있는 독특한 느낌의 건물이나 분위기가 있기 때문에 그런 측면에서도 해외 여행 사진은 매력적으로 다가옵니다. 필자의 경우, 전문적인 여행 사진 작가는 아니지만 그동안의 경험을 바탕으로 해외 여행지에서의 촬영과 관련한 몇 가지 고려사항을 정리해 보겠습니다.

(1) 어떤 장비들을 가지고 갈 것인가?

가장 좋은 것은 본인이 가지고 있는 모든 장비를 가지고 가서 촬영을 하는 것입니다. 하지만, 이 방법은 현실적으로 몇 가지 제약사항을 수반합니다. 첫 번째는 수하물의 무게에서 파생되는 문제입니다. 많은 장비를 가지고 가게 되면 당연하게도 수하물의 무게가 많이 늘어나게 됩니다. 물론 초과되는 무게만큼 추가적인 수하물 비용을 부담하면 그만이지만, 카메라 장비들을 혹시라도 발생할지 모르는 외부 충격으로부터 보호하기 위해 위탁 수하물이 아닌 기내 수하물로 반입하고자 할 때에는 무게의 제약을 간과할 수 없게 됩니다. 두 번째는 현지에서 장비들을 가지고 다니는 것에 따르는 문제입니다. 특히 이동이 잦을 경우 무거운 짐은 아무래도 동선의 제약을 가져올 수밖에 없습니다. 결국, 여행에 앞서 어떤 장비를 챙겨갈 것인지에 대한 고민이 필연적으로 따르게 됩니다. 다만, 이는 일반적인 경우를 가정한 것으로서 촬영을 하거나 여행의 목적이 곧 촬영 그 자체인 경우는 예외로 합니다.

(2) 렌즈의 화각과 조리개

이처럼 해외 여행 시에는 함께 가져갈 수 있는 장비의 제약이 따르기 때문에 본인이 가지고 있는 장비 중에서도 특히 현지에서 활용 빈도가 높을 것으로 예상되는 장비들을 취사선택하는 것이 좋습니다. 그중에서도 가장 많이 궁금해하는 것은 어떤 렌즈를 가져가야 할 것인가에 대한 부분입니다. 렌즈를 선택할 때에는 크게 화각과 조리개로 나누어 보는 것이 좋습니다. 먼저 화각의 측면에서 생각해 보겠습니다.

① 어떤 화각의 렌즈가 좋을까?

보통 여행지에서는 광각을 이용하여 피사체와 배경을 한데 담는 방식을 많이 이용합니다. 다만, 광각을 사용할 경우 넓게 담을 수 있다는 장점은 있지만 주변부에서 발생하는 왜곡으로 인해 사물이 왜곡되어 보일 수 있기 때문에 구도를 잡을 때부터 가급적이면 왜곡이 두드러지게 보이지 않도록 신경을 쓸 필요가 있습니다.

반대로, 망원을 이용하여 촬영하는 것도 생각할 수 있습니다. 간혹, 풍경은 광각으로 담고 인물은 망원으로 담아야 보기가 좋다는 이야기를 하기도 하지만, 항상 그런 것만은 아닙니다. 경우에 따라서는 풍경도 망원으로 담을 수 있고 인물도 광각으로 담을 수 있습니다. 사진이라는 것이 처음부터 하나의 정답으로 정해진 것은 아니기 때문입니다. 다만, 망원 계열의 렌즈 1개만을 가지고 다닐 경우, 충분한 화각이 나오지 않는 협소한 실내에서는 촬영 제약이 따를 수 있기 때문에 그러한 측면을 함께 고려하는 것이 좋습니다.

결국, 어떤 화각의 렌즈가 여행 사진에서 좋다거나 좋지 않다는 프레임에서 벗어나, 스스로가 평상시 좋아하는 화각, 본인에게 가장 익숙한 화각의 렌즈를 가져가는 것이 적절하다고 필자는 생각합니다. 때로는 경험이 많은 타인의 조언을 듣는 것도 도움이 되지만, 결국 내가 좋아하는 화각은 나 자신만이 알고 있을 가능성이 높습니다. 만약 그러한 기준이 애매하다고 여겨질 경우에는, 풀프레임 환산 기준으로 24-70mm 초점거리를 갖는 줌렌즈나 표준화각을 갖는 단렌즈를 챙겨간다면 실내나 실외, 인물과 풍경에 상관없이 두루두루 활용하기에 편리할 것입니다. 여기에 조금 더 광각에 중점을 두고 있는 독자분이라면 24-70mm 외에 16-35mm 렌즈를 대안으로 생각해 볼 수 있습니다.

② 최대개방 조리개가 큰 렌즈가 좋을까?

화각에 이어서 고민해 볼 부분은 바로 조리개값입니다. 결론부터 이야기하자면, 여행지 사진에서 최대개방 조리개는 큰 의미를 갖지는 않습니다. 물론, 아웃포커싱된 사진을 찍기 위해서는 최대개방 조리개가 큰 렌즈가 유리한 것은 사실입니다. 하지만, 주로 여행지에서의 배경을 사진 속에 함께 담기를 원하는 사람들이 많다는 점을 감안한다면, 아예 배경이 보이지 않을 정도로 아웃포커싱이 된 사진은 오히려 여행에서 돌아와 사진을 보았을 때 여행지의 느낌이 묻어있지 않아서 많은 아쉬움을 남기게 될지도 모릅니다.

결국 이러한 점을 감안할 때, 만약 1개의 렌즈만 가져갈 수 있는 상황이라면 필자는 풀프레임 환산 기준으로 F/2.8이나 F/4.0 정도의 고정 조리개를 갖는 24-70mm, 24-105mm, 또는 16-35mm의 줌렌즈를 권장합니다. 만약 2개의 렌즈를 가져갈 수 있다면 앞서 언급한 렌즈 외 추가적으로 망원렌즈 1개 또는 표준화각의 가벼운 단렌즈 1개의 구성을 추천합니다. 표준화각의 단렌즈는 앞서 언급한 렌즈들과 화각은 겹치지만, 가벼운 차림으로 가까운 거리를 다닐 때에 카메라의 무게를 경감할 수 있는 이점이 있기 때문입니다.

필자의 경우, 상업적인 촬영 목적의 여행이 아니라면 주로 24-70mm 줌렌즈 1개만을 지참하거나 35mm 또는 50mm 구간의 초점거리를 갖는 단렌즈 1개만을 가지고 다닙니다. 렌즈 교환이 불가능한 표준화각의 똑딱이 카메라 1개만을 가지고 여행을 다닌 적도 많습니다. 무거운 장비들을 모두 함께 가지고 다님으로써 얻을 수 있는 이점보다, 가벼운 구성으로 다니되 무게의 제약을 받지 않고 가고자 하는 동선에 따라 자유롭게 다니는 데에서 얻을 수 있는 이점이 큰 경우도 많기 때문입니다. 이는 어디까지나 필자의 의견이기에 여러분 스스로가 본인에게 맞는 장비 구성을 갖추어 멋진 여행 사진을 담았으면 하는 바람입니다.

(3) 그래서 무엇을 어떻게 찍을 것인가?

이렇게 장비 선택을 마치고 여행지로 떠나게 되면 그때부터는 매 순간이 하나의 촬영 상황이 됩니다. 막상 카메라를 챙겨가도 가방에서 카메라를 꺼내는 것이 귀찮게 느껴지거나, 나중에 더 멋진 곳이 나오면 찍어야지라고 생각할 수도 있습니다. 하지만, 조금 귀찮더라도 일단 카메라를 챙겨갔으니 이왕이면 많은 사진들을 찍음으로써 여행의 추억을 하나씩 담아보는 것도 좋은 방법일 것입니다. 그렇다면 과연 여행지의 사진으로 무엇을 찍는 것이 좋을지도 한번 생각해 보겠습니다.

어떤 피사체를 찍을 것인가의 문제는 순전히 촬영자의 시선과 판단에 따라 달라집니다. 가장 쉽게 보자면 여행지에서 유명한 몇몇 장소를 담는 것을 생각할 수 있습니다. 하지만, 그 이야기를 하기 위해 이 문제를 언급한 것은 아닙니다. 단순히 명소를 담는 것 외에도 여행을 하는 동안 시선을 끄는 피사체를 발견하는 것은 얼마든지 가능하기 때문입니다.

비행기를 기다리는 동안 바라본 공항 대기실의 모습, 비행기 안에서 창문 밖으로 보이는 잔잔한 구름의 모습, 좌석과 출구가 표시된 비행기 티켓, 현지 공항의 분주한 모습, 숙소로 향하는 차량 안에서 시내를 바라본 모습, 숙소 안 유리창으로 아련하게 들어오는 따스한 햇볕의 모습 등, 굳이 명소를 찾아가지 않더라도 여행의 동선을 따라 우리 눈에 들어오는 모든 것들이 좋은 피사체가 될 수 있습니다. 이왕 놀러왔으니 열심히 사진을 찍어야지라는 생각이 자칫 부담으로 남아서도 안 되겠지만 그렇다고 해서 반드시 멋진 장소를 가야만 좋은 사진을 담을 수 있다는 생각을 할 필요는 없습니다. 사진을 통해 눈에 들어오는 순간을 오롯이 담고, 동시에 그 순간을 그저 있는 그대로 느끼고 즐기면 됩니다. 이제부터는 필자의 경험을 바탕으로 독자분들에게 도움이 될 만한 몇 가지 소소한 팁들을 정리해 보겠습니다.

① RAW 모드로 촬영하자

이미 예상하는 분도 있겠지만 첫 번째 팁은 RAW 모드로 촬영하는 것입니다. RAW 파일은 JPG 파일에 비해 보정의 관용도가 크기 때문에 노출이 조금 맞지 않거나 대비가 조금 마음에 들지 않는 사진이라도 일단 RAW 모드로 촬영했다면 보정을 통해 바로잡을 수 있는 가능성이 높아집니다. 특히, 같은 사진을 찍기 위해 여행지를 재차 다시 방문하는 것이 쉬운 일이 아닌 만큼 여행지에서라면 가급적 RAW 모드로 촬영하는 것을 권장합니다. 완곡하게 표현하기 위해 '가급적'이라는 표현을 사용했습니다만, 필자의 생각은 독자분들이 '반드시' RAW 모드로 촬영하기를 바라는 마음입니다. 이와 관련해서는 Chapter 04의 Class 10에서 보다 자세히 다룰 예정입니다.

② 여행 전, 카메라 점검을 받고 출발하자

두 번째 팁은 대수롭지 않게 생각할 수 있지만 생각보다 중요합니다. 여행을 떠나기 전, 서비스센터를 통해 카메라 점검을 한 번쯤 받는 것이 바로 그것입니다. 카메라 센서에 먼지가 묻어있거나 오염이 된 상태로 촬영을 하게 되면, 촬영하는 사진마다 같은 위치에서 센서 먼지의 흔적이 반복적으로 나타날 수 있습니다. 스스로 센서 청소를 할 정도의 실력과 노하우를 갖추고 있다면 예외일 수 있으나, 여행지에서 갑자기 카메라의 센서에 먼지가 묻었다고 의심할만한 상황이 발생하게 되면 그로 인해 생기는 찜찜한 마음이 여행하는 내내 쉽게 사라지지 않을 것이기 때문에 가급적 사전 점검을 받는 것을 권장합니다. 설령, 센서에 먼지 몇 개쯤 들어가는 것을 대수롭지 않게 생각하더라도, 추후 여행지에서 담아온 사진을 보정할 때에 사진들의 같은 위치에 반복적으로 나타나는 센서 먼지(얼룩)를 제거하는 것은 여간 번거로운 작업이 아닐 수 없기 때문입니다. 또한 미러리스 카메라를 사용하는 독자분들에게는 전혀 해당사항이 없지만 만약 DSLR을 사용하는 독자분이라면 출발 전, 반드시 핀 점검을 받고 여행을 떠나는 것을 권장합니다.

③ 여행지에서 촬영하는 사진이라면, 현지의 글자를 사진에 넣자

여행 사진의 세 번째 팁은 현지에서 사용하는 글자를 사진에 함께 담는 것입니다. 이 사진을 어떤 장소에서 촬영하였다고 굳이 말로 설명하지 않더라도 사진 속에 현지의 글자가 함께 담기면, 사진을 보는 이가 어렵지 않게 촬영 장소를 유추할 수 있고, 이를 통해 사진을 이해하는 데 필요한 단서들을 얻을 수 있습니다. 이 외에도 글자를 통해서 이국적인 느낌을 함께 전달하는 것도 가능합니다. 글자를 담는다는 것은 쉽게 생각해서 현지의 간판이나 표지판을 사진 한구석에 담는 방식으로 구도를 잡는 것입니다.

| 그림 4-9-3. 아무런 글자도 담겨있지 않은 사진입니다.

| 그림 4-9-4. 사이드 미러의 한구석에 글자가 담겨있는 사진입니다.

그림4-9-3과 그림4-9-4는 실제로 같은 나라에서 같은 날짜에 스마트폰으로 촬영한 사진입니다. 글자가 담겨있지 않은 그림 4-9-3에서는 사진을 촬영했던 지역을 유추할 수 있는 단서가 부족하기 때문에 사진을 보는 과정에서 약간의 답답함을 느끼게 됩니다. 사진 속 경관을 보아서는 해외에 있는 어떤 쇼핑몰에서 촬영한 사진 같기는 한데, 무언가 사진의 내용을 이해하는 데에 있어 정보가 부족하다는 느낌이 들기 때문입니다. 심지어 유심히 살펴보지 않으면 해외에서 촬영한 것인지도 알기 어려울 만큼 이국적인 느낌 또한 크게 들지 않습니다.

반면, 글자가 담겨있는 그림4-9-4는 구체적으로 어느 나라인지까지는 알기 어렵지만, 사이드 미러 하단에 보이는 아랍어를 통해 중동 어디인가에 있는 나라에서 촬영한 사진이라는 것을 알 수 있습니다. 일단 사진을 촬영하였던 대략적인 지역을 알게 되면 사진에 담겨있는 나머지 피사체들을 이해하는 데에도 큰 어려움을 느끼지 않게 됩니다.

④ 사진에 욕심이 있는 사람이라면, 그만큼 시간을 투자하자

네 번째 팁은 여행지뿐만 아니라 일상에서 사진을 찍을 때에도 적용되는 내용입니다. 큰마음을 먹고 사진을 찍으러 나가도 기상 여건으로 인해 원하는 사진을 담지 못할 때가 종종 있습니다. 그리고 이런 상황은 해외에서도 마찬가지로 발생할 수 있습니다. 모든 여건이 다 갖추어졌음에도 단지 날씨 때문에 마음에 드는 사진을 담지 못하는 경우가 생기는 것입니다. 사실 이런 경우에 다른 대안을 찾을 수 있다면 좋겠지만, 날씨가 문제라면 다른 날 다시 촬영하는 것 외에는 뾰족한 대안이 없는 경우가 많습니다.

그럼에도 불구하고 날씨에 연연하지 않고 원하는 사진을 촬영할 수 있는 방법이 있습니다. 그것은 바로 원하는 느낌의 사진을 담을 때까지 계속해서 촬영을 시도하는 것입니다. 이 방법이 현실과는 다소 동떨어진 것처럼 들릴 수 있다는 것을 알고 있습니다. 하지만 실제로는 가장 확실한 방법이기도 합니다. 많은 시간을 투자하면 그만큼 원하는 사진을 담거나 원하는 사진에 가까운 사진을 담아낼 가능성은 높아집니다. 결국, 확률의 문제입니다.

파리에서 2박 3일간 체류하면서 지나가다 몇 번쯤 에펠탑을 촬영했던 사람과 2주일 동안 파리에 머무르며 낮이고 밤이고 에펠탑만 촬영했던 사람의 사진을 비교하면 후자의 경우에 보다 마음에 드는 사진을 담게 될 가능성이 높을 것입니다. 그러므로 혹시라도 스스로가 사진에 욕심이 있는 사람이라고 생각하거나, 여행지에서 소위 말하는 작품을 담고 싶다면 주저 말고 그만큼 많은 시간을 투자해보기를 바랍니다. 많은 시간을 투자하면 확실히 사진은 달라집니다. 반대로 확실히 사진이 달라지지 않았다면, 그만큼 많은 시간을 투자하지 않은 것인지 자문해 볼 필요가 있습니다.

⑤ 낯선 곳에서는 다른 사람들이 무엇을 찍고 있는지도 살펴보자

만약 여행지에서 어떤 낯선 장소를 방문하게 되었다고 가정해 보겠습니다. 그리고 이날은 멋진 사진을 담아보겠노라며 숙소에서부터 야심 찬 각오를 하고 나온 날입니다. 그런데 막상 현장에 도착하였는데 딱히 무엇을 찍어야 할지 감이 오지 않을 때가 있습니다. 이럴 때 사용할 수 있는 방법이 바로 다섯 번째 팁입니다.

낯선 곳에서 무언가 감이 오지 않는다면 성급하게 촬영부터 하려고 하기보다는 일단 주위를 한번 둘러보기 바랍니다. 그리고 사람들이 과연 주위에서 무엇을 찍고 있는지, 어디에 사람들이 몰려있고, 그들이 몰려있는 이유가 무엇 때문인지 살펴보기 바랍니다. 이 방법을 이용한다고 해서 갑자기 상황이 180도 달라지지는 않습니다. 그리고 사람들이 무엇을 찍는지를 보고 나서, 그것을 똑같이 따라서 찍자는 말을 하려는 것도 아닙니다. 하지만 사람들의 행동을 관찰하면 단서를 얻을 수 있고, 이 단서들이 스스로에게 아이디어를 주는 경우가 생각보다 많습니다.

시간은 많습니다. 그러니 성급하게 하려고 하지 말고 그 자리에서 한번 주위를 둘러보며 여기서 이렇게 담아보면 어떨까, 저기서 저렇게 담아보면 어떨까, 스스로의 상상력과 창의성을 발휘하여 자신만의 시선으로 여러 가지 새로운 시도를 많이 해보기를 바랍니다.

⑥ 안전을 위해 현지의 관습이나 분위기를 살피자

여섯 번째 팁은 사진뿐만 아니라, 여행 전반에 걸쳐 필요한 팁입니다. 간혹 여행을 다니다 보면 우리의 문화와는 다소 이질적인 현지의 관습을 마주할 때가 있습니다. 예를 들어, 중동의 많은 나라들은 이슬람의 교리에 따라 라마단이라고 하는 단식월을 매년 진행하고 있습니다. 이슬람 교인이라면 라마단 기간에 일출 시간부터 일몰 시간까지 아무것도 먹어서는 안 되기 때문에 육체적으로도 힘이 들 뿐만 아니라 정신적으로도 다소 예민한 기간이라고 할 수 있습니다. 이슬람 교인이 아닌 외국인에게는 해당되지 않는 부분이라 하더라도, 만약 그와 관련한 국가로 여행을 가서 사진을 찍을 계획이라면 이런 점을 염두에 둘 필요가 있습니다.

또 다른 예로, 2008년 태국에서 정치적인 문제로 시위가 한창일 때 빨간색 상의를 입고 있는지, 노란색 상의를 입고 있는지에 따라 탁신 계열과 非탁신 계열로 시위대를 구분했던 적이 있습니다. 이런 경우, 본의 아니게 어느 한쪽에 해당하는 색깔의 상의를 입고 한 손에는 카메라를 든 채 거리를 활보하는 상황이라면 자칫 큰 문제가 발생할 수도 있습니다. 따라서 방문하고자 하는 나라가 정치적으로 혼란스러운 경우나 외교부의 여행제한국가에 해당한다면 여행을 잠시 연기하는 것이 좋은 방법이겠지만 불가피하게 방문을 하게 될 경우에는 사전에 충분한 조사를 통해 현지의 분위기를 살피는 것이 좋습니다.

필자는 전문적인 해외 여행가들에 비하면 많은 나라로 여행을 다녀본 것은 아니지만 뜻하지 않게 2008년 뭄바이 테러 직후 인도 뭄바이를 방문하였고, 인도와 지금도 유혈 국경 분쟁을 하고 있는 파키스탄을 포함하여 정세가 불안정하다고 알려진 나라나 테러 위험이 도사리고 있는 나라, 혹은 쿠데타가 일어났던 나라 등 외교부에서 여행제한국가로 분류한 곳으로 여행과 출장을 많이 다녔습니다. 만약, 여행을 계획하고 있는 나라가 대내외적으로 혼란스러운 상황을 겪고 있고 그럼에도 불구하고 여행을 떠나야 하는 상황이라면 반드시, 충분한 사전 조사를 통해 스스로를 안전하게 보호할 수 있는 대비책을 마련해 둔 상태에서 떠나기를 바랍니다.

⑦ 만일의 사태에 대비한 대체 장비를 생각하자

일곱 번째 팁은, 만일의 사태에 대비하여 본인의 카메라를 대체할 수 있는 장비를 생각해 두자는 것입니다. 카메라라는 것이 고가의 전자제품이기 때문에 아무리 점검을 잘 받아두었다 하더라도 뜻하지 않게 고장이 나기도 하며, 때로는 현지에서 도난을 당하기도 합니다. 그런 일이 벌어진다면 가슴이 아프지만 그렇다고 여행을 그만둘 수도 없는 노릇이기 때문에 이를 대비하여 대체 장비를 준비해 둘 필요가 있습니다.

가장 확실한 대체 장비는 뭐니 뭐니 해도 스마트폰을 들 수 있습니다. 스마트폰이 디지털카메라만큼의 품질을 담보할 수는 없다 하여도 여행지의 일상을 기록하는 데에는 크게 부족함이 없습니다. 두 번째 대체 장비는 현지에서 쉽게 구할 수 있는 일회용 카메라입니다. 일회용 카메라 특유의 느낌을 얻기 위해 디지털카메라가 있음에도 불구하고 일부러 일회용 카메라를 사용하기도 하지만 그런 목적이 아니라 하더라도 가지고 있는 카메라에 문제가 있을 경우에는 일회용 카메라를 대안으로 생각할 수 있습니다.

⑧ 여행자 보험을 들자

마지막 팁은 여행자 보험을 드는 것입니다. 사진을 잘 찍는 것과 여행자 보험 간에 무슨 상관관계가 있냐고 하실지도 모르겠습니다. 하지만, 여행자 보험을 통해서 신체에 발생한 상해는 물론 여행 도중 발생할지 모르는 카메라와 같은 휴대품의 손상과 분실에 대해서도 보상을 받을 수 있습니다. 보험의 종류에 따라 보상 범위가 다를 수 있고 실제 보상을 받기 위한 절차도 상이하지만, 여행자 보험에 가입하는 것만으로도 현지에서 보다 안심하고 촬영에 집중할 수 있습니다.

002 | 동화 같은 느낌의 여행 사진 보정 방법

지금부터는 실제 여행지에서 촬영한 사진을 가지고 풍부한 색을 가진 동화 같은 느낌으로 보정하는 방법을 다루어 보겠습니다. 먼저 원본 사진을 보면서, 어떤 방식으로 이 사진을 보정하면 좋을지 한번 생각해 보겠습니다.

| 그림 4-9-1. 이번 클래스에서 보정할 원본 사진입니다.

보정의 방향성을 잡기 위해 원본 사진에서 아쉬운 점을 찾아보겠습니다. 필자가 생각하는 원본 사진의 아쉬운 점은 다음과 같습니다.

- 하늘과 지상의 피사체 간의 밝기 차이로 인해 생겨난 대비

- 동화 같은 느낌이라고 보기에는 지나치게 현실적인 컬러톤

- 뚜렷한 색상이 드러나지 않은 채 그저 애매하게만 보이는 하늘 부분

아쉬운 부분을 바로잡기 위해 다음의 순서에 따라 보정을 진행하고자 합니다.

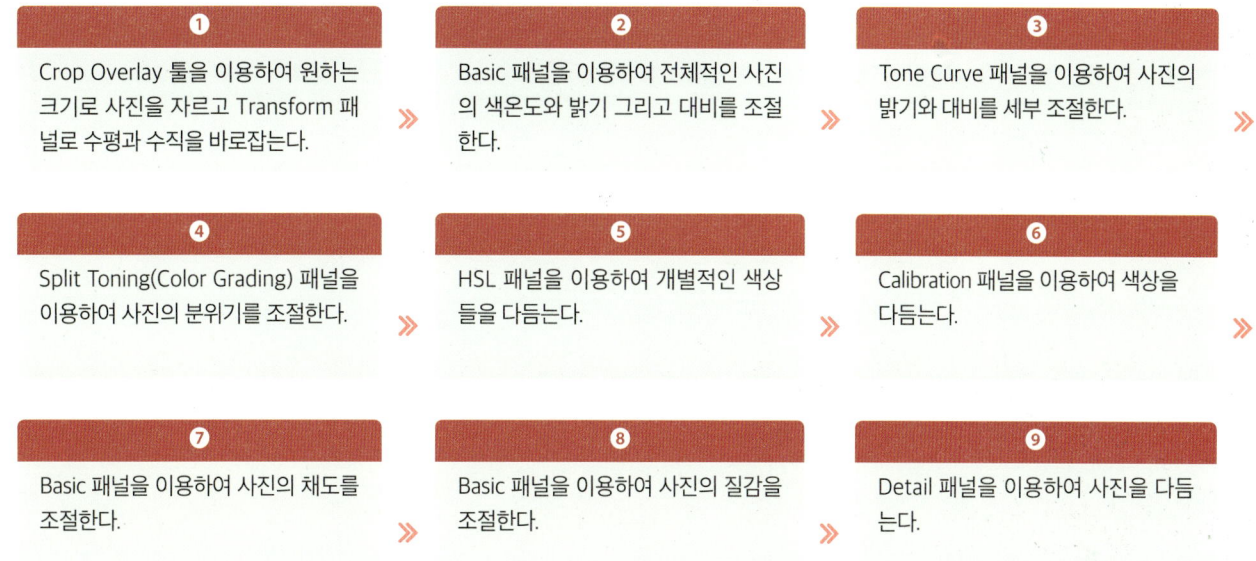

이러한 순서대로 보정해 보겠습니다.

(1) Crop Overlay 툴과 Transform 패널을 이용하여 사진을 자르고 정렬시키기

가장 먼저 Crop Overlay 툴을 이용하여 원하는 크기로 사진을 자르도록 하겠습니다. 최초의 원본은 그림4-9-5와 같습니다. 이제 이 사진을 가지고 실제 우리가 보정하게 될 사진의 구도를 감안하여 사진을 잘라보겠습니다.

그림 4-9-5. 아직 크롭하지 않은 원본 그대로의 사진입니다.

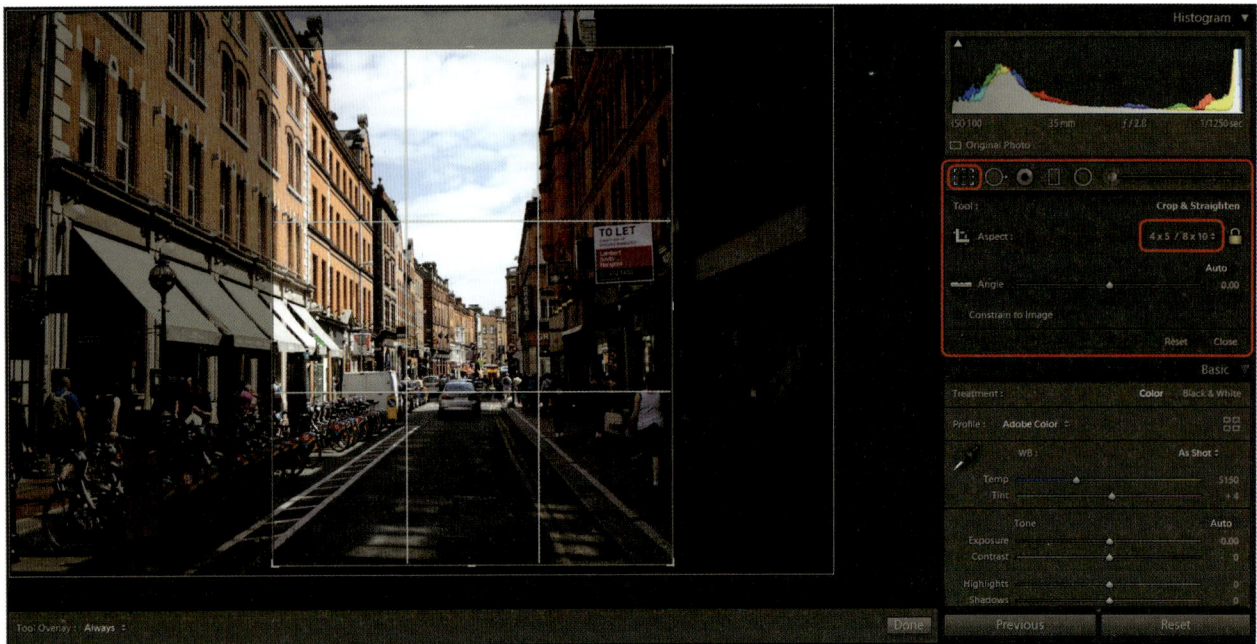

| 그림 4-9-6. Crop Overlay 툴을 선택하여 원하는 크기로 사진을 잘라낸 모습입니다.

필자가 Crop Overlay 툴을 이용하여 가로로 촬영한 사진을 일부러 세로로 다시 자르거나, 반대로 세로로 촬영한 사진을 다시 가로로 잘라 사용하는 것에 대해 의문을 가지는 독자분도 있으리라 생각합니다.

처음부터 잘 촬영한 원본 사진을 자르지 않고 그대로 사용하면 가장 좋겠지만, 이런 작업을 자주 진행하는 이유는 촬영 환경이 항상 촬영자에게 친화적이지는 않기 때문입니다. 사진이라는 것이 때로는 급하게 담아야 할 때도 있는 반면, 어떤 상황에서는 오히려 시간을 들여가며 천천히 촬영해야 하기도 합니다. 또한 렌즈의 초점거리에 따라 원하는 화각으로 담지 못하는 상황도 매우 자주 발생할 수 있습니다. 여기에 더하여, 크롭을 통해 원하는 구도 또한 만들어 낼 수 있기 때문에 필자는 특히 Crop Overlay 툴의 사용 빈도가 상당히 높은 편에 속하며, 모든 보정에 앞서 가장 우선적으로 Crop Overlay 툴을 사용하고 있습니다. 예시 사진 또한 35mm 단렌즈 하나만을 가지고 떠난 아일랜드 여행에서 촬영한 것입니다.

만약, 사진에 건물이 나오거나 필요에 따라서 수평과 수직을 반듯하게 유지해야만 하는 이유가 있을 때에는 불필요한 부분은 과감히 잘라내고, 대신 남아있어야 할 부분을 가장 예뻐 보이는 구도 안에 담기 위해 Crop Overlay 툴과 더불어 Transform 패널도 함께 이용합니다. 참고로, 이렇게 사진을 잘라냄으로써 구도를 다듬는 방식의 보정은 사실 필름 카메라 시절부터 이어져 왔던 전통적인 보정 방법 중 하나입니다.

이번 예시의 경우도 비록 3:2의 비율로 처음부터 가로로 촬영한 사진이지만, 4:5의 비율을 채택하여 세로 사진으로 잘라내었으며 특히 시선의 흐름을 강조하기 위해 양쪽에 위치한 두 건물들이 맞닿은 소실점이 사진 속에 나타나도록 하였습니다. 이어서 Transform 패널을 이용하여 건물의 선을 따라 사진의 수직을 맞추어보도록 하겠습니다.

사진의 수직을 바로잡기 위해 Transform 패널의 Guided Upright Tool을 이용하여, 서로 평행하게 놓고 싶은 두 개의 선을 각각 그려주었습니다. 이렇게 선을 그려주게 되면 각각의 선끼리는 서로 평행을 유지하게 되고, 그로 인해 사진의 수직이 바로잡히게 됩니다. 그림4-9-7은 수평이 크게 어긋나 보이지 않기 때문에 Transform 패널에서는 수직만 조절 하기로 합니다.

| 그림 4-9-7. Transform 패널을 이용하여 사진의 수직을 바로잡은 모습입니다.

(2) Basic 패널을 이용하여 사진의 색온도와 전체적인 밝기를 조절하기

원하는 비율과 크기로 사진을 잘라내었으니 이제 Basic 패널을 이용하여 기본적인 사진의 밝기와 대비, 그리고 색온도를 조절하도록 하겠습니다.

| 그림 4-9-8. 먼저 사진의 색온도를 조절하였습니다.

Chapter 4 색감 보정 심화 클래스

따뜻하게 보이는 동화 같은 색감의 기초를 마련하기 위해 최초 5150이었던 Temp값을 5879까지 높였습니다. 기존의 Tint값은 그대로 유지하였습니다. 이어서 Basic 패널의 Tone 영역에 있는 밝기와 관련한 값들을 조절해 보겠습니다.

그림 4-9-9. Basic 패널에서 밝기와 관련한 보정을 마친 사진입니다.

우선, 그림4-9-8을 보았을 때 사진의 대비가 강해 보이지만 그렇다고 노출이 부족한 상황은 아니기 때문에 Exposure값은 별도로 조절하지 않았습니다. 간혹 대비가 강한 사진을 보았을 때 마치 노출이 부족한 것으로 혼동하는 경우가 있는데, 사진 전체로 보았을 때는 적정한 수준의 노출인 경우가 있습니다. 카메라는 정해진 측광 영역에 따라 평균적인 반사율을 계산하는 반면, 사람의 눈은 밝은 곳과 어두운 곳을 기준으로 하여 밝거나 어두운 정도를 직관적으로 인식하기 때문입니다. 만약 이처럼 현재 자신이 보정 중인 사진의 노출이 적정한지에 대해 헷갈릴 경우, 히스토그램을 통해 노출의 적정 여부를 확인하면 좋습니다.

이 사진에서 노출보다 더 큰 문제는 대비입니다. 동화 같은 느낌이라고 보기에 지나치게 현실적인 색상들은 뒤에서 다시 조절할 것이니 당장은 차치하더라도 사진의 대비가 너무 강해 보이기 때문입니다. 대비를 조절하기 위해 결국 Contrast를 내림으로써 대비를 낮추는 것을 고려할 수 있지만 그에 앞서 밝기와 관련한 값들을 조절하기로 합니다. 이렇게 하는 이유는 Chapter 03의 Basic 패널 편과 Chapter 04의 Class 01에서 설명한 것과 같이, 사진의 대비는 결국 밝기의 차이를 뜻하기 때문에 직접적으로 Contrast값을 조절하기 전에 밝기를 조절함으로써 적정 수준의 대비를 우선적으로 확보하고 그와 동시에 사진 속에 숨어있는 디테일들을 바깥으로 끌어내기 위함입니다. 혹시라도 지금 이 설명이 잘 이해가 되지 않을 경우에는 앞서 언급한 부분에 보다 자세히 설명되어 있으니 해당 부분을 다시 확인하기 바랍니다.

밝기를 조절하기 위해 다시 사진을 보겠습니다. 우선, 그림 4-9-8에서 하늘 부분이 지나치게 하얗게 보일 정도로 디테일이 드러나 있지 않은 상태입니다. 따라서 Highlights를 -100까지 조절하여 하늘 부분에 드리워진 밝은 느낌을 낮추었습니다. 같은 방법으로, 건물과 도로에는 그림자가 강하게 보이기 때문에 Shadows를 +93까지 조절하여 보다 밝게 하였습니다.

Highlights를 -100으로 낮추었음에도 여전히 밝게 보이는 부분을 조절하고자 Whites는 -21까지 낮추었고, 같은 이유로 Blacks는 +95까지 올렸습니다. 그럼에도 불구하고 여전히 수직으로 뻗어있는 건물들의 윤곽선과 강한 직선들의 조합으로 인해 사진의 대비가 강한 것처럼 느껴지기 때문에 Contrast를 -52만큼 낮추었습니다. 동화 같은 색감을 만들기 위해서는 무엇보다도 충분히 대비를 낮춤으로써 사진을 마주하였을 때 강한 느낌보다는 부드러운 느낌이 우선적으로 전달되는 것이 중요합니다.

(3) Tone Curve 패널로 사진의 밝기와 대비를 세부 조절하기

이어서 Tone Curve 패널에서는 Basic 패널에서 조절하였던 밝기와 대비를 조금 더 세부적으로 조절해 보도록 하겠습니다.

| 그림 4-9-10. Tone Curve 패널의 Region 영역의 값들을 조절한 결과물입니다.

Tone Curve 패널 보정에서는 각 색상 채널과 RGB 채널의 Point Curve를 변형하지 않은 상태에서 Region 영역의 값들만 조절하였습니다. Tone Curve 패널에서는 Basic 패널에서 이미 밝기와 대비를 조절함으로써, 대비는 보다 낮아졌지만 자칫 밋밋하게 보일 수 있는 사진에 생기를 불어넣는 작업을 할 예정입니다. 이를 위해 우선 Highlights는 +65까지 올려서 밝은 부분을 조금 더 보완하는 한편, Lights는 -21까지 내림으로써 사진이 혹시라도 밝게 뜨는 듯한 느낌이 나지 않도록 하였습니다. 같은 방식으로 Shadows는 -9까지 내리고, Darks는 +26까지 올렸습니다. 이로써 밝기 그리고 대비와 관련한 보정은 어느 정도 마무리가 되었습니다.

(4) Split Toning(Color Grading) 패널을 이용하여 사진의 분위기 조절하기

이어서 Split Toning(Color Grading) 패널을 통해 사진의 분위기를 조절해 보도록 하겠습니다.

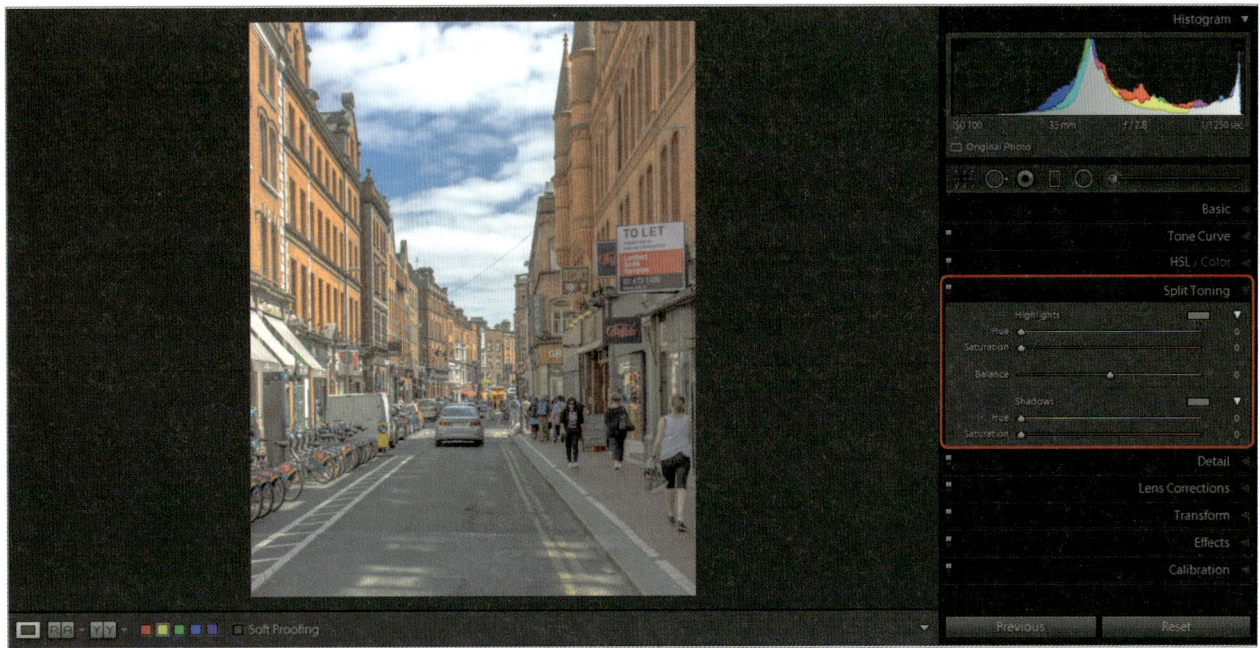

| 그림 4-9-11. Split Toning(Color Grading) 패널의 보정을 아직 거치지 않은 사진입니다.

| 그림 4-9-12. Split Toning(Color Grading) 패널의 보정을 거친 사진입니다.

그림4-9-11과 그림4-9-12를 비교하면, Split Toning(Color Grading) 패널을 이용하여 Yellow와 Orange 계열의 색상을 입힘으로써 보다 따뜻한 느낌이 나타나게 된 것을 알 수 있습니다. 동화 같은 느낌을 만들기 위해 항상 이와 같은 계열의 색상을 넣어야 한다는 것은 아니지만, 현재 사진에서는 Orange 계열을 가진 건물들이 눈에 띄게 부각되고 있는 반면, 지면의 색상은 여전히 차가운 느낌을 전해주기 때문에 건물들의 색상과 비슷한 계열의 색상을 지면에 입힐 경우 이질적인 색상들의 배

치에서 느껴지는 색상 간의 대비 또한 낮아질 수 있다는 생각에 기반하여 이와 같이 조절한 것입니다.

일반적으로 아무런 수식어가 없는 대비라고 한다면 지금까지 우리가 다루었던 것처럼 밝은 영역과 어두운 영역 간의 차이를 의미하지만, 서로 다른 색상들이 모여있을 때에도 대비를 느낄 수 있습니다. 이러한 대비를 일컬어 '색의 대비'라고 합니다. '색의 대비'는 사전적으로 어떠한 색이 그 색을 둘러싼 주변의 색에 영향을 받아 다르게 보이는 현상을 의미합니다. 색의 대비에는 명도 대비, 색상 대비, 채도 대비, 보색 대비, 한난 대비, 면적 대비 등이 있습니다. 이러한 개념은 색 이론과 관련한 깊이 있는 내용으로서 여기에서는 설명을 생략하도록 합니다.

2020년 10월 업데이트를 적용한 경우, 그림4-9-13과 그림4-9-14와 같이 Color Grading 패널의 Highlights와 Shadows를 조절하면 그림4-9-12와 동일한 효과를 만들 수 있습니다. Split Toning 패널의 효과와 Color Grading 패널의 효과가 동일하도록 Blending값은 100으로 설정하였습니다.

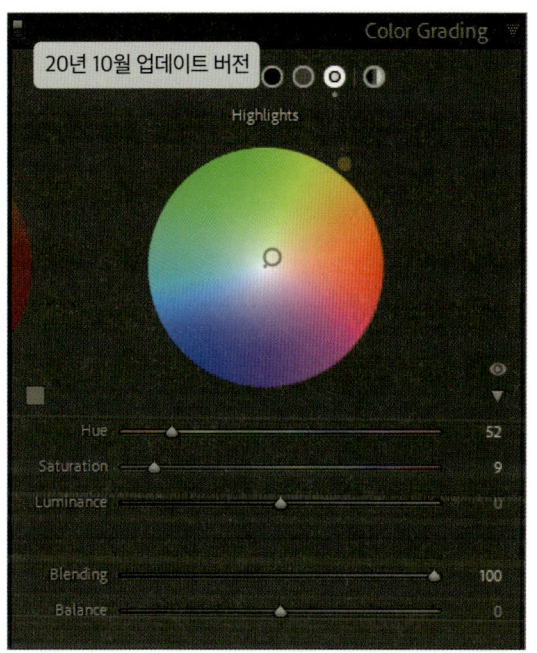

그림 4-9-13. Color Grading 패널에서의 Highlights 설정입니다.

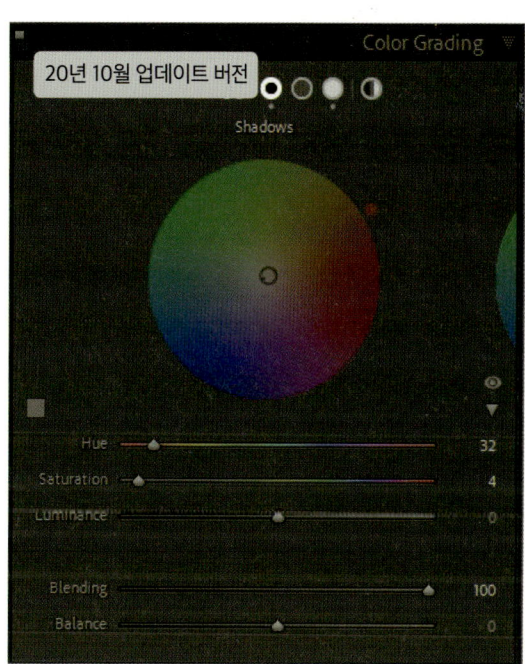

그림 4-9-14. Color Grading 패널에서의 Shadows 설정입니다.

(5) HSL 패널을 이용하여 개별적인 색상 다듬기

Split Toning(Color Grading) 패널을 통해 사진의 분위기를 조절하였으니 이번에는 HSL 패널을 이용하여 개별적인 색상들을 다듬어보도록 하겠습니다.

│ 그림 4-9-15. Split Toning(Color Grading) 패널의 보정까지 진행한 사진입니다.

│ 그림 4-9-16. HSL 패널의 보정을 마친 결과물입니다.

그림4-9-16을 하나씩 살펴보겠습니다. 먼저 Hue 영역에서 Orange와 Blue를 조절하여 건물 외관의 색상과 하늘의 색상을 다르게 표현하였습니다. 이어서, Saturation 영역에서는 아무런 변화를 가하지 않고 Luminance 영역에서는 Orange의 밝기를 높임으로써 보다 화사한 느낌이 나도록 하였으며, Blue의 밝기를 조절하여 하늘의 밝기를 올려주었습니다.

(6) Calibration 패널을 이용하여 색상 다듬기

이어서 Calibration 패널을 이용하여 파란색의 표현을 조금 더 다듬어 보도록 하겠습니다.

그림 4-9-17. Calibration 패널의 보정을 마친 결과물입니다.

그림4-9-17에서 보는 것과 같이 Calibration 패널에서는 파란색을 중심으로 Hue와 Saturation을 조절하였습니다. Hue값을 낮춤으로써 하늘 부분에서 조금 더 깨끗하고 밝은 파란색의 느낌이 나타날 수 있도록 하였으며, 동시에 Saturation은 올림으로써 하늘이 보다 진하게 표현되도록 하였습니다.

(7) Basic 패널을 이용하여 사진의 채도를 조절하기

Calibration 패널까지의 보정을 마쳤으면 이제 Basic 패널로 돌아와 Vibrance와 Saturation을 이용하여 사진의 채도를 조절해 보도록 하겠습니다.

| 그림 4-9-18. Basic 패널에서 채도를 조절한 결과물입니다.

이번 예시의 경우, 색을 바로잡기 위해 여러 패널에서의 보정을 충분히 거쳤으므로, Basic 패널에서는 Vibrance만 +15만큼만 올리는 정도로 보정을 마쳤습니다. 다만, 현재 사진은 전체적으로 강한 색수차가 띄는 만큼 이를 경감시키기 위해 그림 4-9-19과 같이 Graduated Filter(점진적필터)를 이용하여 색수차를 일부 제거하였습니다.

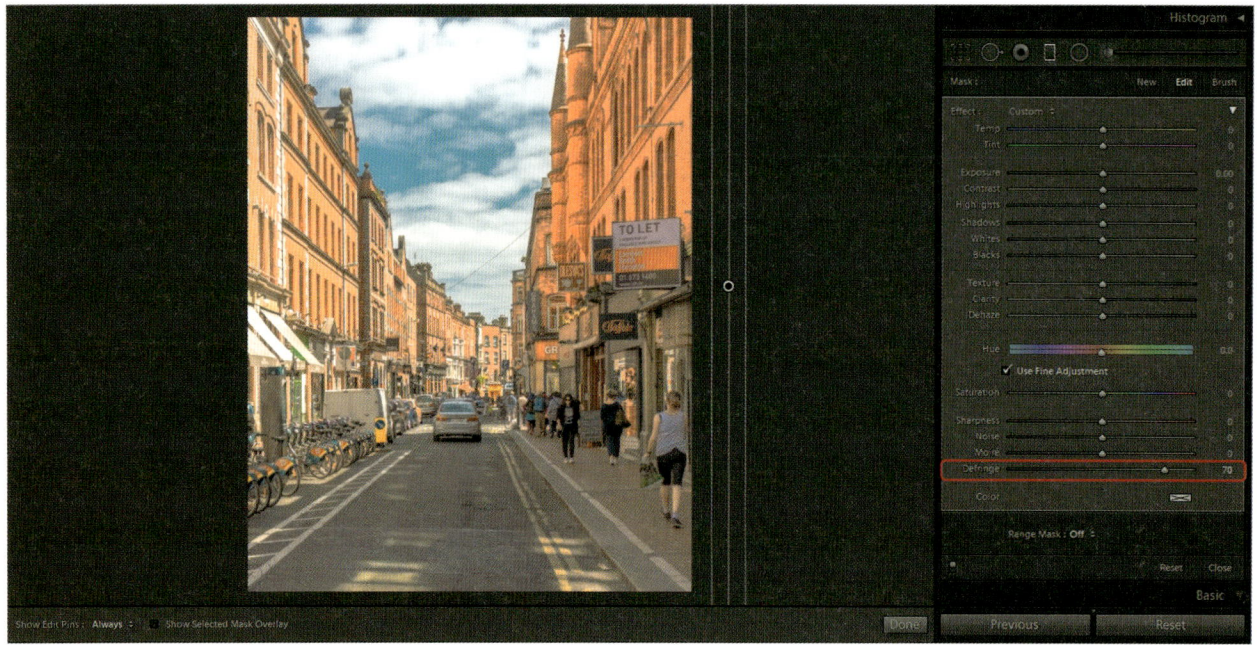

| 그림 4-9-19. Graduated Filter를 이용하여 색수차를 일부 제거하였습니다.

보통 색수차는 Lens Corrections 패널을 통해 제거하는 것이 일반적이지만 이번에도 Chapter 04의 Class 05와 마찬가지로 부

분적인 영역 설정을 통해 색수차를 제거하였습니다. 대신 이번에는 Adjustment Brush가 아닌 Graduated Filter를 이용하여 사진의 전체 영역을 대상으로 하였으며, Defringe값을 100으로 적용할 경우 빠지지 않아야 하는 피사체 고유의 색상까지 함께 빠지게 되므로 이번에는 +70까지만 적용하였습니다.

참고로, 이번 클래스에서 다루고 있는 사진은 ①색수차 억제력이 그다지 뛰어나지 않은 렌즈를 가지고, ②빛이 강하게 내리쬐는 시간대에, ③최대개방 조리개값 조건에서, ④색수차가 특히나 더 잘 보이는 금속의 피사체들을 담고 있기 때문에, 전체적인 영역에서 색수차가 강하게 나타나고 있습니다. 그리고 이처럼 색수차가 심하게 보이는 사진의 경우, 라이트룸의 보정만으로는 100% 제거가 되지 않을 경우도 있습니다. 물론, Basic 패널의 Defringe 기능과 Lens Corrections 패널의 색수차 제거 기능을 이용하고 아울러 HSL 패널에서 Green과 Purple까지 조절할 경우 색수차를 100%에 가깝도록 제거하는 것도 가능하지만 그에 따라 피사체가 가지고 있는 고유의 색상 또한 영향을 받을 수 있기 때문에 그러한 방법은 배제합니다.

따라서 가급적이면 현재 본인이 사용하는 렌즈의 고유한 색수차 특성을 이해하고, 그에 따라 색수차가 나타날 것으로 예상되는 환경에서는 처음부터 조리개를 조금 더 조인 상태로 촬영하거나 촬영 각도를 달리하여 색수차를 줄이는 것도 좋은 품질의 원본을 얻을 수 있는 방법이 될 수 있습니다. 결국은 원본 그 자체의 품질이 좋은 사진이, 같은 보정을 하더라도 보다 더 나아질 가능성이 높기 때문입니다. 이로써 색상과 관련한 보정들은 모두 끝이 났습니다.

(8) Basic 패널을 이용하여 사진의 질감 다듬기

이어서 Basic 패널을 이용하여 사진의 질감을 다듬어 보도록 하겠습니다.

| 그림 4-9-20. Basic 패널에서 질감을 조절한 결과물입니다.

먼저, Basic 패널에서의 질감 보정을 거치지 않았던 그림4-9-18에서 건물의 윤곽선으로 인해 여전히 강한 느낌이 남아있다는 것을 알 수 있기 때문에 우선적으로 Clarity를 -45까지 조절하였습니다. 그렇게 할 경우, 전체적으로 사진의 선명도가 떨

어져 보일 수 있으므로 Texture는 +33까지 올려주었으며, Dehaze는 -5까지 내려줌으로써 조금 더 부드러운 느낌이 들도록 하였습니다.

(9) Detail 패널을 이용하여 사진 다듬기

마지막으로 Detail 패널을 이용하여 사진을 다듬어 보도록 하겠습니다.

| 그림 4-9-21. Detail 패널의 보정을 거친 결과물입니다.

동화 같은 느낌을 표현하기 Sharpening의 Amount는 +46으로 두는 대신 Masking을 +86까지 올림으로써 Sharpening이 극히 제한적인 범위에만 적용되도록 하였습니다. 또한, Luminance Noise Reduction의 양을 +50까지 올림으로써 사진이 보다 부드럽게 표현되도록 하였습니다.

이로써 모든 보정이 마무리되었습니다. 이번 보정도 처음에 설정한 보정의 방향성에 따라 맨 처음 사진의 크기와 수직을 조절하고 이어 밝기와 대비를 조절하였으며, 그 이후 색상을 정밀하게 다듬고, 마지막으로 사진의 질감을 조절하였습니다. 비단 동화 같은 느낌이 아니더라도 스스로 추구하는 특정한 느낌이 있을 경우 보정을 시작하기에 앞서 어떤 방식으로 사진을 다듬어갈지 고민해보고 그에 따라 방향을 설정한다면 어렵지 않게 보정을 진행할 수 있습니다.

10 CLASS

#망한사진 #되살리기

Class 10에서는 망해버린 사진을 되살리는 보정 방법에 대해 알아보겠습니다.

Before
그림 4-10-1

After
그림 4-10-2

001 | 망한 사진에 대해 알아보기

(1) 어떤 사진이 망한 사진일까

본격적인 보정에 앞서 망한 사진에 대한 이야기를 잠시 하고자 합니다. 필자가 다소 거칠게 표현하기는 했습니다만, 망한 사진이란 단어는 결국, 촬영자의 의도와는 달리 잘못 촬영된 사진들을 두루 아우르는 표현입니다. 찍을 때는 이렇게 나올 줄 모르고 열심히 찍었는데 막상 찍고 나서 보니 실망스러운 사진이 촬영되는 것입니다. 망했다는 표현은 어디까지나 주관성이 개입되는 부분이기에 명확하게 규정하는 것은 어렵지만, 예를 들어 다음과 같은 경우를 생각해볼 수 있습니다.

① 노출 차이가 심한 환경에서 촬영하여 밝고 어두운 부분의 디테일이 모두 떨어져 보일 때

> **예** 드넓게 펼쳐진 풍경과 하늘을 담고자 촬영했는데, 막상 결과물을 보니 하늘은 지나치게 밝게 표현되어 디테일이 모두 날아가 있고, 그에 반해 풍경들은 모두 어둡게 표현되어 실제 모습 그대로를 담지 못하는 경우

② 노출의 양 자체가 부족하여 사진의 품질이 떨어져 보일 때

> **예** 실내 예식장이나 카페와 같이 처음부터 많이 어둡거나 충분한 노출이 확보되지 않은 환경에서 촬영하여 사진에 노이즈가 심하게 발생하거나, 주제가 되는 피사체가 사진에서 번지듯이 표현되어 도저히 쓸 수 없는 사진으로 판단되는 경우

③ 노출을 확보하는 데에 있어 특별한 제약사항은 없었지만 사진의 초점이 명확하지 않을 때

> **예** 놀이터에 나가 아이가 뛰어노는 모습을 촬영하였는데 아이의 얼굴에 초점이 명확하게 맞지 않는 경우

④ 노출과 초점에 전혀 문제가 없으나, 다른 이유로 인해 사진 자체의 가치가 훼손되었을 때

> **예** 공원 한가운데 홀로 서 있는 나무를 배경으로 두고 그 앞에 서 있는 인물을 촬영하였으나 실제 결과물에서는 자신도 모르는 사람이 배경에 함께 담겨있는 경우

이 외에도 여러 가지 다양한 케이스들이 존재할 수 있지만, 대체적으로 이런 사진들의 공통점은 그 이유가 무엇이든지 간에 촬영자의 마음에 들지 않는 사진이라는 데에 주목할 필요가 있습니다.

(2) 사진이 망가지는 이유

의도적으로 사진을 망치고 싶은 사람은 아마 거의 없을 것입니다. 그럼에도 불구하고 이처럼 사진이 망가지는 것은 어떤 이유 때문일까요? 다소 추상적인 주제일 수도 있지만 여기에서는 그 원인에 대해 몇 가지로 나누어 한번 살펴보겠습니다.

① 인적 요인

인적 요인이란, 사진이 망하게 되는 주요 원인이 촬영자 본인에게 귀속되는 경우입니다. 쉽게 말해서, 비슷한 수준을 가진 다른 누군가라면 충분히 잘 찍을 수 있는 사진임에도 불구하고 순전히 촬영자 본인의 과실로 인해 사진이 망하는 경우를 말합니다.

인적 요인은 다시 몇 가지로 나뉩니다. 대표적으로는, 카메라 그 자체에 대한 이해가 부족하거나 충분한 이해를 하고 있음에도 불구하고 조작이 서툰 경우입니다. 또한, 노출의 3요소를 제대로 활용하지 못하거나 촬영 환경에 따라 달라지는 빛에 대한 이해와 그에 따른 즉각적인 대응이 부족한 경우도 있을 수 있습니다. 촬영 당일에 촬영자의 신체적인 컨디션과 정신적인 감정 상태 또한 넓은 범주의 인적 요인으로 볼 수 있습니다.

인적 요인은 대체적으로 반복적인 연습과 경험, 그리고 꾸준한 학습을 통해 어느 정도 해소할 수 있습니다. 사진이란, 주어진 환경 속에서, 카메라와 렌즈라는 촬영 장비를 가지고, 사람의 판단으로 이루어지는 활동이기 때문에 충분한 노력을 기울인다면 인적 요인으로 발생하는 망한 사진의 빈도를 줄이는 것이 가능합니다.

② 기계적 요인

기계적 요인은 사진이 망하게 되는 주된 요인이 카메라나 렌즈와 같은 촬영 장비로 귀속되는 경우입니다. 촬영자 스스로는 망하지 않을 사진을 촬영할 만큼의 충분한 훈련과 연습이 되어 있고 지식 또한 갖추고 있음에도 불구하고, 장비의 제약으로 원하는 장면을 담지 못하는 경우입니다.

예를 들어 카메라 바디의 센서 성능 제약으로 충분한 다이내믹 레인지를 표현하지 못하거나, 화창한 날 최대개방 조리개값으로 촬영하고 싶음에도 불구하고 카메라 바디에서 지원하는 최소 셔터스피드값의 제약으로 인해 지나치게 밝게 촬영할 수밖에 없거나, 렌즈 성능의 한계로 인해 사진에 색수차가 심하게 나타나거나, Auto Focus 기능의 한계로 인해 빠르게 움직이는 피사체에 정확히 초점을 잡지 못하는 등의 상황이 기계적 요인에 포함될 수 있습니다.

충분한 연습과 경험, 그리고 꾸준한 학습으로 인적 요인을 해소할 수 있다면 기계적 요인은 자신에게 원하는 만큼의 성능을 가진 장비를 구비함으로써 해소가 가능합니다. 다이내믹 레인지가 문제였다면 보다 넓은 다이내믹 레인지를 가진 카메라를 이용하고, 빠르게 이동하는 피사체에 정밀하게 초점을 잡지 못하는 것이 문제였다면 Auto Focus 성능이 대폭 개선된 카메라를 사용함으로써 사진이 망하는 것을 어느 정도 방지할 수 있습니다.

③ 환경적 요인

인적 요인과 기계적 요인은 극복할 수 있는 방법이 존재하는 반면, 이번에 설명하는 마지막 요인은 극복하는 것이 어렵거나, 극복하는 방법 자체가 존재하지 않습니다. 그것은 바로 사진을 촬영하는 바로 그 순간의 환경과 관련한 요인입니다.

환경적 요인은 사진을 촬영하는 현장의 환경에 따라 달라질 수 있는 요인들을 말합니다. 대표적으로는 온도나 습도, 미세먼지, 태양의 고도, 구름의 양, 일출/일몰 시간, 강우 예보와 같은 기상 요인이 있으며, 외부 촬영이 아닌 실내의 경우라도 마찬가지로 노출과 화이트 밸런스 등에 영향을 미칠 수 있는 여러 가지 요소들이 환경적 요인에 포함됩니다. 특히 환경적 요인에 민감한 천체 사진이나 일출/일몰과 같은 풍경을 담는 경우, 환경적 요인은 다른 요인들에 비해 상당히 큰 영향을 끼치는 것을 알 수 있습니다.

(3) 망한 사진을 찍었을 때 대응 방법

만약 스스로가 촬영한 사진이 결국 어떤 이유에서든 망한 사진으로 느껴진다면 어떻게 해야 할까요? 이런 경우, 크게 2가지 방법이 있습니다.

첫 번째 방법은 만족할만한 결과물이 나올 때까지 재촬영을 하는 것입니다. 인적 요인이 문제가 되었다면 인적 요인을 개선하여 다시 촬영을 하고, 기계적 요인이 문제가 되었다면 기계적 요인을 개선하여 다시 촬영하는 방법입니다. 환경적 요인이 문제인 경우 그것을 개선하는 것이 다른 두 요인에 비해 쉽지만은 않지만, 환경적 요인 중 어떤 부분이 사진의 품질에 영향을 미쳤는지를 분석하고 다음 촬영을 준비한다면 결과적으로 보다 나은 사진을 촬영할 수 있는 가능성은 높아집니다.

하지만, 장엄한 노을 사진을 잘못 찍었다고 해서 언제든 다시 촬영할 수도 없는 데다가 해외 여행지에서 촬영해 온 사진이 마음에 들지 않는다고 해서 당장 다시 출국을 할 수 없는 것처럼 재촬영에는 많은 제약이 따르게 됩니다. 그럴 때에는 두 번째 방법을 고려할 수 있습니다.

두 번째 방법은 보정을 통해 사진을 살리는 것입니다. 이번 클래스에서 다루어 보려는 것 또한 망한 사진을 살려내는 보정 방법입니다. 사진 보정은 사진 그 자체가 가진 데이터를 기반으로 하는 소극적인 의미의 보정과 사진에 나와 있지 않은 사물을 새롭게 합성하거나 사진의 인물을 전혀 다른 인물로 보이게끔 만드는 것과 같은 적극적인 의미의 보정이 있습니다. 전자의 경우 라이트룸을 통해 가능하며, 후자의 경우는 포토샵과 같은 별도의 프로그램을 이용하여 진행할 수 있습니다.

참고로, 사진 합성을 보정으로 인정해야 하는가에 대해서는 사람에 따라 의견이 분분합니다. 소극적인 의미의 보정이야 필름 카메라 시절부터 이루어져 왔던 것이니 그렇다 치더라도 아예 새로운 사물을 합성하는 것이 과연 사진 보정에서 용인할 수 있는 부분인가에 대한 문제가 바로 그것입니다. 이는 어디까지나 개개인의 가치 판단이 개입될 수 있는 부분이기 때문에 옳고 그름을 가릴 수 있는 사안은 아닙니다. 합성 또한 보정의 한 방법이라고 생각하는 사람도 있는 반면, 그런 논리라면 하늘 사진과 배경 사진, 그리고 원하는 피사체가 담긴 사진들을 가져와서 한 장의 사진으로 합성해서 만들면 되기 때문에 오히려 사진 합성이 사진 본연의 가치를 훼손한다는 측면에서 부정적인 견해를 가진 사람들도 있기 때문입니다.

소극적인 의미의 보정을 하든 적극적인 의미의 보정을 하든 결국 보정을 통해서 사진을 보기 좋게 만드는 방법을 알고 있다면 촬영을 할 때부터 어느 정도 보정 과정을 감안하여 촬영하는 것이 가능하기 때문에, 특히 기계적 요인이나 환경적 요인이 열악한 상황에서는 대단히 효과적입니다. 그리고, 이번 클래스에서 하려는 것도 바로 그러한 작업입니다.

002 | 망한 사진을 살려내는 보정 방법

지금부터 필자가 촬영한 망한 사진으로 보정을 진행해 보도록 하겠습니다. 먼저 원본 사진을 보겠습니다.

| 그림 4-10-1. 이번 클래스에서 보정할 원본 사진입니다.

이번 클래스는 망한 사진을 살려내는 보정 클래스이니만큼 다른 클래스에 비해 조금 더 구체적으로 촬영 상황에 대한 설명을 하는 것이 좋을 것 같습니다. 이 사진은 횡단보도를 걸어가던 중 거리를 걸어가고 있는 사람들의 모습을 담은 사진입니다. 16-35mm 광각 줌렌즈를 이용하여 초점거리는 16mm, 조리개값은 F/8.0으로 설정하고, ISO는 Auto에 둔 상태에서 조리개 우선모드로 딱 한 장을 촬영하였습니다. 이미 충분한 양의 노출을 확보할 수 있는 상황이었기 때문에 조리개 우선모드에서 카메라는 1/800초의 셔터스피드와 ISO 100의 값을 자동으로 선택해 주었습니다.

촬영 여건상 태양을 정면으로 바라보는 역광의 상황이기 때문에 이 상태에서 지상의 피사체를 밝게 촬영하고자 하면 하늘이 새하얗게 나올 것이고, 파란 하늘을 원색 그대로 담겠다고 하면 지상의 건물들과 같은 피사체가 어둡게 나올 것임을 예상할 수 있었습니다. 이 경우 밝게 촬영된 곳을 후보정을 통해 어둡게 만드는 것보다 어둡게 촬영된 곳을 밝게 만드는 후보정의 관용도가 더 크다는 점에 착안하여, 스팟측광을 이용하되 하늘을 중심으로 측광을 하여 원본 사진에 파란색의 하늘이 나타나게끔 촬영하였습니다.

다시 말해서, 지상에 있는 건물들과 같이 사진에 어둡게 표현된 부분은 애초부터 후보정을 통해 밝게 보정할 의도를 가지고 어둡게 촬영하는 대신, 후보정으로 살리기 어려운 밝은 하늘을 중심으로 측광을 하여 최대한 하늘의 디테일이 보존되도록 촬영한 것입니다. 그렇기 때문에 이 사진을 보정할 때에는 이러한 촬영 의도를 바탕으로 보정의 방향성을 생각해 보아야 합니다.

그렇다면, 보정의 방향성을 잡기 위해 원본 사진에서 아쉬운 점을 찾아보겠습니다. 필자가 생각하는 원본 사진의 아쉬운 점은 다음과 같습니다.

- 전체적으로 어두운 사진, 특히 지상의 피사체에 드리워진 짙은 그림자
- 하늘을 제외한 다른 부분에서 전혀 나타나지 않는 색상

아쉬운 부분을 바로잡기 위해 다음의 순서에 따라 보정을 진행하고자 합니다.

이러한 순서대로 보정해 보겠습니다.

(1) Basic 패널을 이용하여 사진의 전체적인 밝기와 대비를 조절하기

이제부터는 Basic 패널을 이용하여 사진의 전체적인 밝기와 대비를 조절하도록 하겠습니다.

사진의 문제점을 분석할 때 언급했다시피 현재 사진은 지상에 있는 피사체의 형체를 알아보기 어려울 만큼 그림자가 강하게 드리워져 있습니다. 따라서 이렇게 어두운 암부의 복원에 최대한 중점을 두고 Basic 패널의 보정을 진행하겠습니다.

우선 전체적인 노출을 +1.54스탑만큼 올려줌으로써 사진을 보다 밝게 하였고, 그런 다음 Highlights를 -65까지 낮추어 하늘 부분의 디테일을 살렸습니다. Shadows는 +100, Blacks는 +70까지 올려줌으로써 암부를 살려내는 보정을 하였습니다. 한 가지 다행스러운 점은, 다이내믹 레인지가 충분히 확보되는 카메라를 이용하여 처음부터 RAW 파일로 촬영하였기 때문에 이렇게 암부를 올렸을 때 그림자 속에 숨어있는 디테일을 살릴 수 있었다는 점입니다.

| 그림 4-10-3. 밝기와 관련한 보정을 우선 진행하였습니다.

한편, 색온도의 Temp값은 기존 5400에서 5200으로 조절하였습니다.

(2) Tone Curve 패널을 이용하여 밝기와 대비를 세부 조절하기

Tone Curve 패널에서는 조금 더 세부적으로 밝기를 조절해 보겠습니다.

Basic 패널에서의 보정으로 인해 어두운 영역의 디테일이 많이 살아났지만 이로 인해서 전체적으로 사진이 다소 풀이 죽은 듯한 밋밋한 느낌처럼 보이기 때문에, Tone Curve 패널에서는 RGB 채널이나 각각의 색상 채널은 건드리지 않되 그림 4-10-4와 같이 Region 영역의 값들을 이용하여 사진에 약간의 대비를 추가하였습니다. Region 영역에는 대비를 직접적으로 조절하는 Contrast 슬라이더는 없지만, Lights를 +45까지 올리고 Shadows는 -15까지 내렸기 때문에 결과적으로 그 전에 비해 밝은 영역과 어두운 영역이 보다 더 뚜렷하게 보이게 되었고, 그로 인해 대비가 확보된 것을 알 수 있습니다.

| 그림 4-10-4. Tone Curve 패널의 Region 영역의 값을 조절한 결과물입니다.

(3) Split Toning(Color Grading) 패널을 이용하여 사진의 분위기 조절하기

이어서 Split Toning(Color Grading) 패널을 통해 사진의 분위기를 조절해 보도록 하겠습니다.

| 그림 4-10-5. Split Toning(Color Grading) 패널의 보정을 아직 거치지 않은 사진입니다.

이번 클래스에서의 Split Toning(Color Grading) 패널 보정은 사진에 큰 영향을 미치는 과정은 아니지만 다소 차갑게 보이는 느낌을 완화하기 위해 진행하였습니다. 그림4-10-6과 같이 Highlights에는 Yellow 계열의 색을 추가하고, Shadows에는 Orange 계열의 색을 추가하였으며 Saturation은 각각 5로 설정하여 효과가 강하지 않게 적용되도록 하였습니다.

Chapter 4 색감 보정 심화 클래스

그림 4-10-6. Split Toning(Color Grading) 패널의 보정을 거친 사진입니다.

2020년 10월 업데이트를 적용한 경우, 그림4-10-7과 그림4-10-8과 같이 Color Grading 패널의 Highlights와 Shadows를 조절하면 그림4-10-6과 동일한 효과를 만들 수 있습니다. Split Toning 패널의 효과와 Color Grading 패널의 효과가 동일하도록 Blending값은 100으로 설정하였습니다.

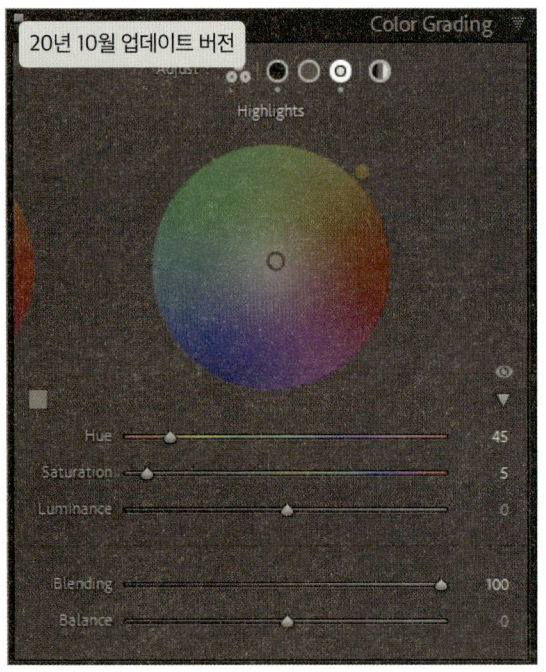

그림 4-10-7. Color Grading 패널에서의 Highlights 설정입니다.

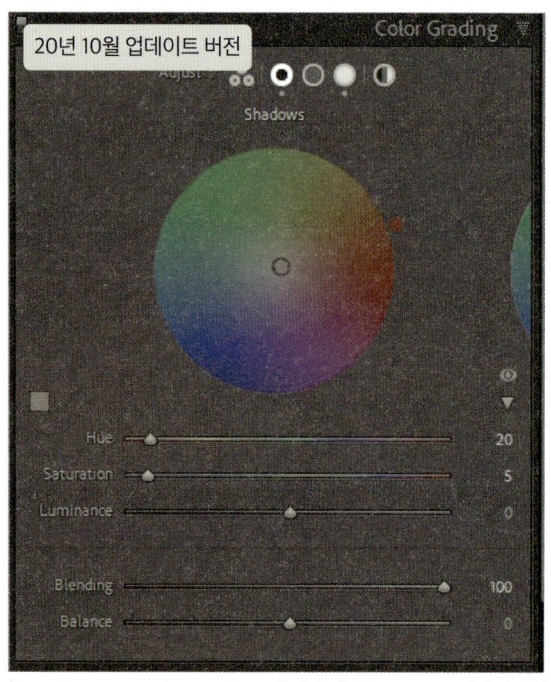

그림 4-10-8. Color Grading 패널에서의 Shadows 설정입니다.

(4) HSL 패널을 이용하여 개별적인 색상 다듬기

이어서 HSL 패널을 이용하여 개별적인 색상들을 다듬어보도록 하겠습니다.

그림 4-10-9. Split Toning(Color Grading) 패널의 보정까지 진행한 사진입니다.

그림 4-10-10. HSL 패널의 보정을 마친 결과물입니다.

HSL 패널은 개별적인 색상을 조절하여 원하는 색상을 표현하는 목적이 강한 도구이지만, 이번에는 HSL 패널로 사진의 품질을 조금 더 높이는 데 중점을 두고 보정을 하였습니다. 먼저 Saturation 영역에서는 Purple과 Magenta의 채도를 -90까지 낮춤으로써 복원되었던 암부 전반에 드러나 있던 원치 않던 색상들의 채도를 낮추었습니다.

그와 동시에 Luminance 영역에서는 Purple과 Magenta의 밝기를 각각 +40, +50만큼 높임으로써 조금 전 보정으로 인해 채도가 낮아진 부분에 빛이 들어오는 듯한 느낌을 표현하였습니다. 이 외에도 Yellow의 색조와 채도, 그리고 광도를 조금씩 조절하였습니다.

(5) Basic 패널을 이용하여 사진의 채도를 조절하기

이제 다시 Basic 패널로 돌아와 Vibrance와 Saturation을 이용하여 사진의 채도를 조절해 보겠습니다.

이번 예시의 경우, 맨 처음 Basic 패널에서 어두운 영역을 대거 복원함으로써 숨어있던 자잘한 Color Noise들과 균일하지 않은 색상들이 사진에 다시 나타나게 되었습니다. 때문에 우선 Vibrance를 -20만큼 조절하여 채도는 낮았지만 사진 속에서 균일하게 보이지 않았던 이러한 색상들의 채도를 낮추었으며, 그로 인해 사진 전체의 채도가 낮게 보이는 것을 보완하기 위해 다시 Saturation은 +10만큼만 올려주었습니다.

| 그림 4-10-11. Basic 패널에서 채도를 조절한 결과물입니다.

(6) Basic 패널을 이용하여 사진의 질감 다듬기

이어서 Basic 패널을 이용하여 사진의 질감을 다듬어 보도록 하겠습니다.

현재 사진은 아직 Detail 패널을 거치지 않았기 때문에 강한 노이즈들이 여전히 남아있는 상태입니다. 보정의 순서로 보자면 우선 Detail 패널을 거쳐 노이즈를 제거한 이후 Basic 패널에서 질감 보정을 하는 것도 충분히 고려할 수 있는 부분이지만 여기서는 우선 Texture와 Clarity만 각각 +20, +10까지 올려줌으로써 보다 뚜렷한 느낌이 전달되도록 하되, 이어서 Detail 패널을 이용하여 노이즈 제거 작업을 진행해 보겠습니다.

그림 4-10-12. Basic 패널에서 질감을 조절한 결과물입니다.

(7) Detail 패널을 이용하여 사진 다듬기

마지막으로, Detail 패널을 이용하여 사진에 나타나 있는 노이즈들을 제거하고 사진을 다듬어 보겠습니다.

이번 Detail 패널에서는 제법 많은 보정을 진행하였습니다. 먼저 Sharpening의 경우 Sharpen의 양은 +40으로 유지하되, Masking을 +80까지 올림으로써 Sharpening이 극히 제한적인 범위에만 적용되도록 하였습니다. 또한, Noise Reduction의 경우 Luminance Noise는 +70까지 올려줌으로써 자글자글하게 보였던 노이즈들을 없애되, Detail은 +80까지 올려줌으로써 노이즈가 제거됨으로 인해 사진이 뿌얗게 나오는 것을 다시 보완하였습니다. 한편, 매우 심하게 나타나고 있는 Color Noise를 제거하기 위해 Color Noise는 +100으로 설정하여 최대로 제거하되 Smoothness는 +30으로 조절하여 Color Noise를 제거하는 것이 사진 본연의 색상을 훼손하지 않도록 조절하였습니다.

| 그림 4-10-13. Detail 패널의 보정을 거친 결과물입니다.

이로써 모든 보정이 마무리되었습니다. 원본 사진을 처음부터 잘 담으면 좋겠지만 그렇지 못한 경우에도 이번 클래스와 같이 보정을 통해 살려내는 것이 가능합니다. 보다 정밀한 보정을 위해서는 때에 따라 라이트룸에서 일차적인 작업을 마치고 다시 포토샵을 통해 다듬는 과정이 필요할 수도 있습니다. 하지만 원본이 가진 데이터의 양이 충분하다면 라이트룸만으로도 사진의 미흡한 점을 보완할 수 있습니다.

이번 클래스에서 진행한 보정 방법들은 이미 앞에서 다루었던 보정 클래스의 내용과 크게 다르지는 않습니다. 중요한 것은, 어떤 촬영에서든 마음에 들지 않는 사진이나 촬영 의도에 벗어나는 결과물이 나올 수 있다는 가능성을 염두에 두고, 촬영을 할 때부터 후보정의 과정을 감안하여 촬영하는 것입니다. 촬영을 할 때부터 이후 진행할 후보정의 과정을 감안하는 것은 단순히 망할 수 있는 사진을 살려내기 위한 목적도 있지만, 실제 보정 과정에서 색감을 결정하거나 보정의 방향성을 결정할 때에도 중요한 아이디어를 제공할 수 있기 때문입니다.

이것으로 모든 보정 클래스를 마무리합니다. 이어서 많은 분들이 궁금해하는 라이트룸의 프리셋(Preset)과 프로파일(Profile)에 대해 알아보도록 하겠습니다.

11 CLASS

Preset과 Profile, 그리고 효과적인 활용 방법

Chapter 01에서 다룬 라이트룸의 장점 중 ④번에서 보정값을 저장하고 손쉽게 공유할 수 있다는 것을 언급한 바 있습니다. 이와 관련하여 지금부터 Preset과 Profile의 개념과 특징, 그리고 이를 효과적으로 활용하는 방법에 대해서 알아보겠습니다. 복잡한 내용일 수 있지만, Preset과 Profile은 라이트룸이라는 프로그램의 활용도를 대폭 늘려줄 수 있는 매우 강력한 기능이기 때문에 이번 클래스를 통해 차근차근 살펴보도록 하겠습니다.

001 | Preset(사전설정)과 Profile(프로파일)의 개념과 특징

Preset과 Profile은 특정한 보정 스타일을 미리 저장해 두었다가 이를 다른 사진에 그대로 적용할 수 있게 한다는 측면에서 공통점을 갖습니다. 따라서 Preset과 Profile을 이용하여 원하는 보정 스타일을 만들어두고, 이를 다른 사진에 그대로 적용할 수 있습니다. 라이트룸에서는 이 두 가지 기능을 모두 이용할 수 있고 동시에 적용하는 것도 가능하지만 Preset과 Profile은 본질적으로 다른 특징을 가지고 있습니다.

(1) Preset이란 무엇일까

Preset은 Develop 모듈에서 조절할 수 있는 여러 가지 보정 도구들의 설정값을 담고 있는 파일입니다. 보정 도구들의 설정값을 담고 있다는 말이 자칫 생소하게 들릴 수 있습니다만, 이미 만들어 놓은 어떤 하나의 Preset 파일을 열어보면 이 말을 쉽게 이해할 수 있습니다. 그림 4-11-1을 보겠습니다.

```
<x:xmpmeta xmlns:x="adobe:ns:meta/" x:xmptk="Adobe XMP Core 5.6-c140 79.160451, 2017/05/06-01:08:21        "> <rdf:RDF
xmlns:rdf="http://www.w3.org/1999/02/22-rdf-syntax-ns#">  <rdf:Description rdf:about=""    xmlns:crs="http://ns.adobe.com/camera-raw-settings/1.0/"
crs:PresetType="Normal"   crs:Cluster=""   crs:UUID="42A2DF9FD5247D1D9511BA83717CECBC"   crs:SupportsAmount="False"   crs:SupportsColor="True"
  crs:SupportsMonochrome="True"   crs:SupportsHighDynamicRange="True"   crs:SupportsNormalDynamicRange="True"
crs:SupportsSceneReferred="True"   crs:SupportsOutputReferred="True"   crs:CameraModelRestriction=""   crs:Copyright=""   crs:ContactInfo=""
crs:Version="10.3"   crs:ProcessVersion="10.0"   crs:WhiteBalance="As Shot"   crs:IncrementalTemperature="0"   crs:IncrementalTint="0"
crs:Saturation="-16"   crs:Sharpness="25"   crs:LuminanceSmoothing="0"   crs:ColorNoiseReduction="25"   crs:VignetteAmount="0"
crs:ShadowTint="0"   crs:RedHue="0"   crs:RedSaturation="0"   crs:GreenHue="0"   crs:GreenSaturation="0"   crs:BlueHue="0"   crs:BlueSaturation="0"
crs:Vibrance="+30"   crs:HueAdjustmentRed="0"   crs:HueAdjustmentOrange="0"   crs:HueAdjustmentYellow="0"   crs:HueAdjustmentGreen="0"
crs:HueAdjustmentAqua="0"   crs:HueAdjustmentBlue="0"   crs:HueAdjustmentPurple="0"   crs:HueAdjustmentMagenta="0"
crs:SaturationAdjustmentRed="0"   crs:SaturationAdjustmentOrange="0"   crs:SaturationAdjustmentYellow="0"   crs:SaturationAdjustmentGreen="0"
crs:SaturationAdjustmentAqua="0"   crs:SaturationAdjustmentBlue="0"   crs:SaturationAdjustmentPurple="0"   crs:SaturationAdjustmentMagenta="0"
crs:LuminanceAdjustmentRed="0"   crs:LuminanceAdjustmentOrange="0"   crs:LuminanceAdjustmentYellow="0"   crs:LuminanceAdjustmentGreen="0"
crs:LuminanceAdjustmentAqua="0"   crs:LuminanceAdjustmentBlue="0"   crs:LuminanceAdjustmentPurple="0"   crs:LuminanceAdjustmentMagenta="0"
crs:SplitToningShadowHue="0"   crs:SplitToningShadowSaturation="0"   crs:SplitToningHighlightHue="0"   crs:SplitToningHighlightSaturation="0"
crs:SplitToningBalance="0"   crs:ParametricShadows="0"   crs:ParametricDarks="0"   crs:ParametricLights="0"   crs:ParametricHighlights="0"
crs:ParametricShadowSplit="25"   crs:ParametricMidtoneSplit="50"   crs:ParametricHighlightSplit="75"   crs:SharpenRadius="+1.0"
crs:SharpenDetail="25"   crs:SharpenEdgeMasking="0"   crs:PostCropVignetteAmount="0"   crs:GrainAmount="0"   crs:ColorNoiseReductionDetail="50"
crs:ColorNoiseReductionSmoothness="50"   crs:LensProfileEnable="0"   crs:LensManualDistortionAmount="0"   crs:PerspectiveVertical="0"
crs:PerspectiveHorizontal="0"   crs:PerspectiveRotate="0.0"   crs:PerspectiveScale="100"   crs:PerspectiveAspect="0"   crs:PerspectiveUpright="0"
crs:PerspectiveX="0.00"   crs:PerspectiveY="0.00"   crs:AutoLateralCA="0"   crs:Exposure2012="0.00"   crs:Contrast2012="+27"   crs:Highlights2012="-
18"   crs:Shadows2012="-25"   crs:Whites2012="-25"   crs:Blacks2012="-27"   crs:Clarity2012="-20"   crs:DefringePurpleAmount="0"
crs:DefringePurpleHueLo="30"   crs:DefringePurpleHueHi="70"   crs:DefringeGreenAmount="0"   crs:DefringeGreenHueLo="40"
crs:DefringeGreenHueHi="60"   crs:Dehaze="0"   crs:ConvertToGrayscale="False"   crs:OverrideLookVignette="False"
crs:ToneCurveName2012="Custom"   crs:CameraProfile="Adobe Standard"   crs:LensProfileSetup="LensDefaults"   crs:HasSettings="True">   <crs:Name>
   <rdf:Alt>     <rdf:li xml:lang="x-default">preset sample</rdf:li>     </rdf:Alt>   </crs:Name>   <crs:ShortName>     <rdf:Alt>     <rdf:li xml:lang="x-
default"/>    </rdf:Alt>   </crs:ShortName>   <crs:SortName>     <rdf:Alt>     <rdf:li xml:lang="x-default"/>     </rdf:Alt>   </crs:SortName>
<crs:Group>    <rdf:Alt>     <rdf:li xml:lang="x-default">User Presets</rdf:li>     </rdf:Alt>   </crs:Group>   <crs:Description>     <rdf:Alt>     <rdf:li
xml:lang="x-default"/>    </rdf:Alt>   </crs:Description>   <crs:ToneCurvePV2012>    <rdf:Seq>     <rdf:li>0, 0</rdf:li>     <rdf:li>136, 121</rdf:li>
<rdf:li>255, 255</rdf:li>     </rdf:Seq>   </crs:ToneCurvePV2012>   <crs:ToneCurvePV2012Red>    <rdf:Seq>     <rdf:li>0, 0</rdf:li>     <rdf:li>255,
255</rdf:li>     </rdf:Seq>   </crs:ToneCurvePV2012Red>   <crs:ToneCurvePV2012Green>    <rdf:Seq>     <rdf:li>0, 0</rdf:li>     <rdf:li>255,
255</rdf:li>     </rdf:Seq>   </crs:ToneCurvePV2012Green>   <crs:ToneCurvePV2012Blue>    <rdf:Seq>     <rdf:li>0, 0</rdf:li>     <rdf:li>255,
255</rdf:li>     </rdf:Seq>   </crs:ToneCurvePV2012Blue>   <crs:Look    crs:Name=""/>  </rdf:Description> </rdf:RDF> </x:xmpmeta>
```


| 그림 4-11-1. 하나의 Preset 파일을 메모장으로 열어본 모습입니다.

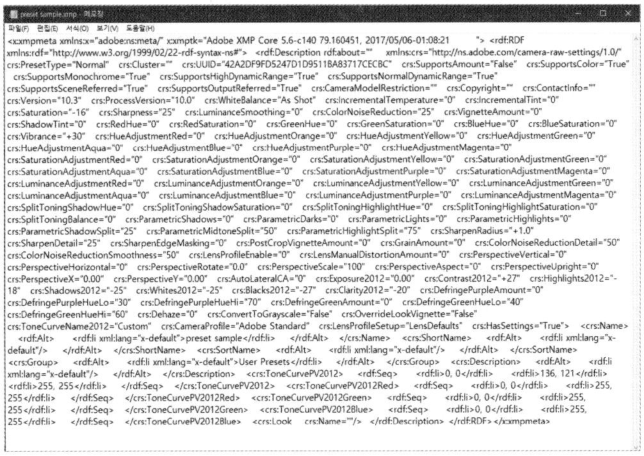

라이트룸을 사용하는 입장에서 그림4-11-1에 나타난 내용들이 무엇을 의미하는지 이해하지 못하더라도 괜찮습니다. 하지만 여기서 주목해야 할 부분은, 하나의 Preset 파일에는 실상 대단한 내용이 들어있는 것이 아니라 Develop 모듈에서 조절 가능한 각각의 보정 도구들에 대한 보정값들이 그저 일일이 기록되어 있다는 사실입니다. 예를 들어, White Balance의 Temp와 Tint값은 몇으로 조정하고 Texture와 Clarity는 얼마의 값을 가질 것인지를 담고 있다는 뜻입니다. 그렇기 때문에 만약 새로운 사진 1장을 카탈로그로 가져온 뒤 어떤 특정한 Preset을 클릭하여 적용하면, 그 Preset에 저장되어 있는 각각의 보정값들이 새로 가져온 사진에 고스란히 입혀지게 된다는 것을 유추할 수 있습니다.

■ **Preset의 특징**

그렇다면, 실제로 어떤 사진 1장을 불러와 이미 만들어 놓은 Preset을 적용해 보도록 하겠습니다. 여기서는 Preset의 특징을 우선 살펴볼 것이기 때문에 Preset을 만들고 적용하는 방법에 대해서는 '002. Preset과 Profile을 만들고 적용하는 방법'에서 다시 설명하도록 하겠습니다.

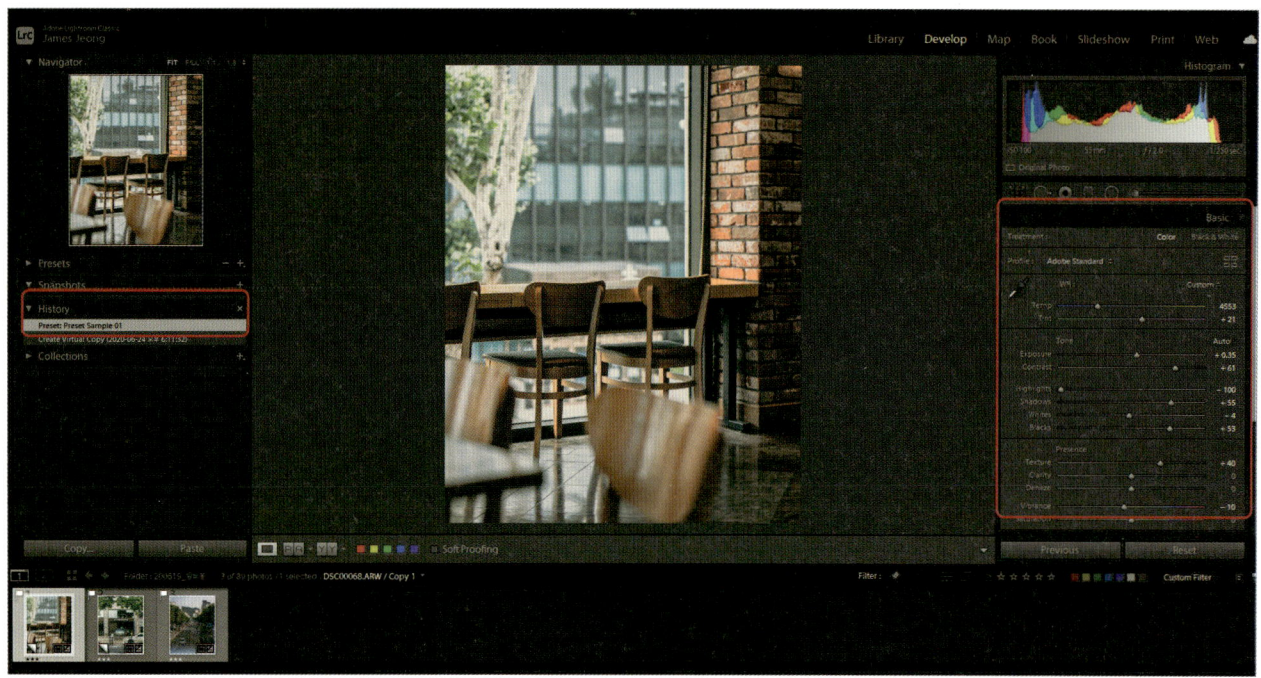

| 그림 4-11-2. 사진 1장을 불러온 후 Preset Sample 01이라는 이름의 Preset을 적용한 모습입니다.

그림4-11-2처럼, 사진을 카탈로그로 가져온 뒤 미리 만들어 놓은 Preset Sample 01이라는 이름의 Preset을 클릭하여 적용하면 해당 Preset이 가지고 있었던 고유의 보정값들이 사진에 그대로 반영되는 것을 알 수 있습니다. 비단 Basic 패널뿐만 아니라, 다른 보정 패널과 관련하여 만약 해당 Preset이 그에 대한 보정값을 저장해 두고 있다면 그 값들 역시도 사진에 그대로 반영됩니다. 사진을 불러온 후 반영하고자 하는 Preset을 찾아 단 한 번 클릭했을 뿐인데도 사진이 순식간에 달라진다는 것은, 그저 단순히 보정값을 이쪽에서 저쪽으로 복사한다는 것 이상의 의미를 갖습니다.

① 우선, Preset을 이용하면 빠르게 사진을 보정할 수 있습니다. 사진을 불러오고 나서 바로 Preset을 적용하기만 하면 되기 때문에 몇 번의 클릭만으로도 원하는 느낌을 빠르게 구현하는 것이 가능합니다.

② 여러 장의 사진이라도 동일한 Preset을 적용하면 결국 같은 보정값을 입힐 수 있기 때문에 보정의 일관성을 유지할 수 있습니다. 특히, 통일된 톤앤매너를 잠재고객들에게 전달하는 것이 중요한 쇼핑몰이나 스냅 사진 업계에서 Preset은 매우 유용하게 사용될 수 있습니다. 그런 면에서 볼 때 'Preset이 곧 재산이다'라는 말이 괜히 나온 말이 아니라는 것도 이해가 가는 측면이 있습니다.

③ 다른 프로그램에서 흔히 볼 수 있는 '저장'이나 '다른이름으로저장' 기능을 가지고 있지 않은 라이트룸 안에서, 원하는 보정값들을 Preset으로 저장하고 관리하는 것 또한 가능합니다. 특정한 보정값을 다른 사진에 그대로 적용하기 위한 목적이 아니더라도 과거에 작업해 놓은 사진들 중 마음에 드는 색감들을 골라 Preset으로 만들어 두고 관리한다면, 결국 여러 가지 색감들을 저장해 두는 것처럼 활용할 수 있습니다.

④ 내가 만든 Preset을 타인과 공유할 수 있으며, 반대로 타인이 만든 Preset도 나의 라이트룸 안으로 불러와 적용하는 것이 가능하기 때문에 광범위하게 활용이 가능합니다.

⑤ Preset을 적용하면 Develop 모듈에 있는 각각의 보정 패널의 값들이 그림4-11-2처럼 실제로 변화하기 때문에, 어떤 새로운 Preset을 받아서 적용하였을 때 어떤 보정으로 인해 사진이 변하게 되었는지를 역으로 추적하는 것도 가능합니다.

■ Preset이 가진 제약사항

① Preset을 이용하면 쉽고 빠르게 이쪽의 보정값을 저쪽으로 복사하는 것이 가능합니다. 하지만, 같은 Preset이라도 해당 Preset이 만들어진 최초의 사진과 전혀 다르게 촬영된 사진일 경우에는 의외의 결과물이 나타날 가능성도 있습니다. 예를 들어, 어둡게 촬영된 사진을 밝게 하기 위해 Exposure값을 높인 상태로 Preset을 만들어두고 나서 처음부터 밝게 촬영한 사진에 동일한 Preset을 적용한다면 그 사진은 오히려 이전보다 더 밝아지는 결과를 낳게 되는 것입니다. Preset이 분명 편리하고 좋은 기능인 것은 사실이나, 이처럼 결과물의 품질을 언제나 담보할 수 없다는 점으로 인해 Preset을 효과적으로 활용하기 위한 몇 가지 테크닉이 필요하게 됩니다. 이와 관련해서는 뒤에서 다시 설명합니다.

② 여러 가지 종류의 Preset을 만들어 두고 어떤 Preset이 현재 사진에 가장 적절한지 판단하기 위해 해당 Preset이 적용된 모습을 미리 확인하고 싶을 때가 종종 있습니다. 라이트룸은 이런 경우 Preset이 적용된 모습을 사용자에게 보여주기 위해 각각의 Preset에 들어있는 보정값을 사진에 반영하는 과정을 거치게 되는데, 이 과정에서 동시다발적으로 많은 연산을 거쳐야 하기 때문에 일시적으로 속도가 느려지는 단점이 있습니다.

③ Preset은 그 안에 보정값을 실제로 보관하고 있고 이를 적용하였을 때 누구라도 그 보정값을 확인할 수 있기 때문에, 본인의 보정 스타일을 타인과 공유하고 싶긴 하나 대신 스스로가 작업했던 각 보정 도구들의 보정값에 대한 노출을 원하지 않는 사용자의 입장에서는 본인의 작업 내역이 그대로 노출될 수 밖에 없으므로 불편함을 느낄 수도 있습니다. Preset에 담긴 보정값을 역추적함으로써 보정의 과정을 한 단계씩 거슬러 살펴볼 수 있다는 점은 보는 시각에 따라서 장점이자 단점이 될 수 있습니다.

(2) Profile이란 무엇일까

이번에는 Profile에 대해 알아보겠습니다. 먼저, 앞에서와 마찬가지로 새로운 사진 1장을 불러와 미리 만들어 둔 Profile을 적용해 보도록 하겠습니다.

그림 4-11-3. 사진 1장을 불러온 후, 필자가 만들어 놓은 James Filmic 01이라는 이름의 Profile을 적용한 모습입니다.

그림 4-11-4. Profile을 적용하고 다시 초기 화면으로 돌아온 모습입니다.

그림4-11-3의 History 패널을 통해 이 사진 역시 사진을 불러온 직후 곧바로 Profile을 적용하였다는 것을 알 수 있습니다. 그러나, 그림4-11-4를 보면 이 사진은 James Filmic 01이라는 이름의 Profile을 적용하였고 실제로 전/후 비교를 통해서도 어떤 보정이 들어간 것으로 보여짐에도 불구하고 보정 패널 상에 아무런 변화가 없다는 것 또한 알 수 있습니다. 이처럼 Profile에서도 Preset과 마찬가지로 몇 번의 클릭으로 사전에 만들어 둔 보정 스타일을 새로운 사진에 그대로 입히는 것이 가능하지만 Preset과는 조금은 달라 보입니다. 그렇다면 Profile은 어떤 특징을 가지고 있을까요?

■ **Profile의 특징**

① Preset이 단순히 기존의 보정값들을 저장하고 새로운 사진에 이를 적용하는 과정에서 매개체의 역할을 한다면, Profile은 사진을 불러오고 해석하는 방식 그 자체를 의미합니다. 그림4-11-5를 보겠습니다.

그림 4-11-5. 카탈로그 안으로 새로운 사진을 이제 막 불러온 모습입니다.

그림4-11-5의 History 패널을 보면 알 수 있다시피, 이 사진은 이제 막 카탈로그 안으로 가져온 사진이며 아무런 보정 작업도 하지 않은 상태입니다. 그럼에도 불구하고 우측 상단에 있는 Profile에는 Adobe Color라는 어떤 Profile이 이미 적용된 것으로 나타나 있습니다. 즉, Adobe Color라는 Profile은 라이트룸에서 이 사진을 가져올 때부터 사용자의 의사와는 무관하게 기본적으로 적용한 Profile입니다. 이처럼 라이트룸은 사진을 불러올 때, 그 사진에 담긴 다양한 데이터를 읽고 해석하기 위한 도구로서 Profile을 사용합니다.

그런 까닭에 구 버전의 라이트룸에서는 Profile 메뉴가 지금처럼 Basic 패널 상단에 위치하지 않은 대신, 현재 우리가 Calibration 패널이라고 알고 있는 기능들과 함께 지금은 사라진 Camera Calibration 패널이라는 곳에 자리잡고 있었습니다. Chapter 03의 Calibration 패널 편에서 언급하였던 Calibration 패널의 본질적인 기능을 떠올려 본다면, 어째서 그 당시에는 Profile 메뉴가 지금의 Calibration 패널과 함께 Camera Calibration 패널에 함께 자리 잡고 있었는지 충분히 이해되는 측면이 있습니다.

② Profile은 사진에 담긴 데이터를 읽고 해석하는 방식을 의미하기 때문에 Preset에 비해 보다 광범위한 역할을 수행합니다. Profile을 이용하면 Preset처럼 어떤 특정한 보정 스타일을 다른 사진에 적용하는 것도 물론 가능하지만, 본질적으로는 사진에 포함된 색상 정보들을 새롭게 매핑하는 것이 Profile의 핵심적인 역할입니다. 다시 말해서, Profile은 어떤 사진에 담긴 색상 정보들을 우리의 눈에 보이는 시각적인 이미지로 구현하기 위한 일종의 색상 매칭 기준이라고 할 수 있습니다.

그러므로, Preset을 적용했을 때의 결과물을 미리 살펴보기 위해서는 매 순간순간 Preset에 포함되어 있는 각각의 보정값을 적용한 결과물을 라이트룸이 계산하고 그 결과물을 사용자에게 보여주어야 하는 반면, Profile은 색상 매칭 기준만 바꾸어주면 되기 때문에 Preset에 비해 빠른 속도로 구동합니다.

다소 논리적인 비약이 있을 수는 있지만, Preset과 Profile의 차이를 이해할 수 있는 예를 하나 들어보겠습니다. 광활한 푸른 바다 사진을 다른 색감으로 표현하기를 희망하는 상황을 가정해 봅시다. 만약 Preset을 이용한다면, 하늘의 색상은 어떻게 표현하고 바다의 색상은 어떻게 표현할지를 일일이 정하고 이를 사전에 하나의 Preset에 저장해 놓은 후 사진에 적용하여 새로운 색감을 표현한다고 할 수 있습니다.

하지만 Profile을 이용한다면, 이 사진을 보는 사람에게 그저 형형색색의 선글라스 하나를 씌워주고 그에게 선글라스를 낀 상태로 사진을 바라보라고 하는 것으로 작업은 끝이 납니다. Profile은 Develop 패널에 있는 개별적인 보정값을 조절하는 것이 아니라, 처음부터 사진을 해석하는 방식을 바꾸어 표현하는 것이기 때문입니다. 그런 까닭에 Profile을 적용하더라도 각각의 보정 패널에 있는 특정한 보정 도구의 값의 변화는 나타나지 않습니다. 이미 Profile을 거쳐 새롭게 해석된 사진이 화면에 보이는 것일 뿐, 보정 패널의 특정값이 변화하여 그러한 결과물을 만들어 낸 것은 아니기 때문입니다. 다만, 색상 매칭 기준을 변경하지 않은 채 Preset과 같이 몇 개의 특정 보정값만 저장하고 있는 단순한 형태의 Profile도 존재할 수 있습니다. 이 경우에는 사실상 Profile이 Preset처럼 작동한다고 생각할 수 있으나, 그럼에도 불구하고 여전히 Develop 패널에 있는 여러 가지 보정 도구들의 보정값을 바꾸지 않은 채로 사진에 변화를 주게 됩니다.

③ Profile이 Preset과 같이 몇 개의 특정 보정값만 저장하고 있는 경우라 하더라도 여전히 Develop 패널에 있는 보정값을 변화시키지 않기 때문에, 같은 보정 스타일을 가진 Preset과 Profile이 있다면 Profile을 이용했을 때 보다 폭넓은 보정이 가능합니다.

예를 들어, Basic 패널의 Exposure값을 +100까지 올린 상태에서 이러한 보정값을 가지고 Profile과 Preset을 하나씩 만들어 이들 Profile과 Preset을 새로운 사진에 적용하는 경우를 생각해 보겠습니다. 만약 Preset을 이용한다면, Preset이 적용된 새로운 사진에는 Exposure값이 이미 +100으로 바뀌어 있을 것입니다. 그리고 이는 지극히 당연한 결과입니다. Preset이 하는 역할이 바로 보정값 그 자체를 복사하는 것이기 때문입니다.

하지만 Profile을 이용한다면, Profile이 적용된 사진의 밝기는 Exposure값이 +100으로 적용되어 매우 밝아져 있을 테지만 여전히 Basic 패널의 Exposure값은 0으로 남아있을 것입니다. 왜냐하면 Profile이 설령 몇 개의 보정값만을 포함하는 단순한 형태를 가지고 있더라도 결국 사진 속의 데이터를 해석하는 과정에서 적용될 뿐, 개별적인 보정값을 복사하는 것이 아니기 때문입니다. 그로 인해, Profile을 적용한 사진에서는 Exposure값이 0이므로 여전히 Exposure값을 더 올릴 수 있는 여지가 있습니다.

물론, 이러한 예시에서 이미 Exposure값을 +100으로 적용한 마당에 다시 Exposure값을 올린다면 사진이 지나치게 밝아져서 그 속에 담긴 디테일을 잃게 되겠지만, 추가적으로 보정값을 조절할 수 있음에도 조절하지 않는 것과 조절할 수 없어서 조절하지 못하는 것은 분명한 차이가 있습니다.

④ Profile을 이용하면 해당 보정 스타일이 적용되는 강도를 조절하는 것도 가능합니다. 그림4-11-4의 우측 상단에 있는 Amount 슬라이더가 바로 그것입니다. Amount 슬라이더는 0에서부터 200까지 조절이 가능하고 초기 설정값은 100이며, 단위는 %입니다. 즉, Amount 슬라이더를 0으로 맞추고 적용하게 되면 해당 Profile이 담고 있는 보정 스타일이 0%의 강도로 적용되며, Amount 슬라이더를 200으로 맞추면 200%의 강도, 다시 말해서 2배의 강도로 적용됩니다.

그렇다면, Preset에는 그 적용 강도를 조절하는 옵션이 따로 없는지 궁금해하실 것 같습니다. 결론부터 말하자면, 라이트룸에서 공식적으로 지원하는 옵션은 없습니다. 다만, The Fader라는 유료 플러그인을 설치할 경우 Profile과 마찬가지로 Preset의 강도를 조절할 수 있으며, 그 범위는 -50%에서 +150%까지입니다. 향후 업데이트를 통해 라이트룸에서도 공식적으로 Preset의 적용 강도를 조절해주는 기능이 생기지 않을까 예상해 봅니다.

⑤ 만약 카메라 제조사에서 별도의 픽쳐스타일이나 필름 시뮬레이션을 제공할 경우, 해당 카메라로 촬영한 사진의 Profile에서 카메라 제조사가 제공하는 Profile을 사용하는 것도 가능합니다.

그림 4-11-6. Camera Matching에 해당하는 Profile들이 제조사가 제공하는 Profile입니다.

그림4-11-6에 보이는 Camera Matching Profile들은 카메라 제조사와 사용 기종에 따라 다르게 나타날 수 있습니다.

■ Profile이 가진 제약사항

① 가장 심각한 제약사항은, 라이트룸 내에서 독자적으로 Profile을 생성하는 것이 불가능하다는 점입니다. 여태껏 Profile의 특성에 대해 설명하였는데 무슨 청천벽력 같은 소리냐고 하실지도 모르겠습니다. 라이트룸 내에서 사용자가 원하는 느낌의 색감을 Profile로 생성하는 것이 불가능한 까닭에 대해서 다음과 같이 크게 2가지로 추측해 볼 수 있습니다.

첫 번째 이유는, Profile의 본질적인 특성과 관련이 있습니다. Profile은 Preset과 같이 단순한 형태로도 존재할 수 있지만 본질적으로는 사진의 데이터를 해석하는 것과 맥을 같이 하고 있습니다. 라이트룸은 지금의 사용자 인터페이스나 그동안의 개발 역사에서 볼 수 있듯이, 최대한 간단명료하면서도 그 안에서 사용자들이 사진 보정과 관련한 최대한의 기능을 활용할 수 있도록 개발되어 왔고 현재도 그러한 방향으로 업데이트되고 있습니다.

반면 Profile은 단순히 보정값을 담는 것 외에도 사진에 담긴 색상들을 어떻게 해석하고 매핑해야 하는지에 대한 정보들을 담고 있기 때문에, 라이트룸 안에서 독자적으로 Profile 생성이 가능하려면 이와 관련한 설정들을 할 수 있게끔 라이트룸은 지금보다 더욱더 복잡한 인터페이스를 가져야 합니다. 하지만, 이는 곧 라이트룸이 지금까지 추구해왔던 방향과는 다소 거리가 있는 부분입니다.

당장 라이트룸이라는 프로그램의 설계 기반이 되는 포토샵에서는 라이트룸에서 활용할 수 있는 Profile을 독자적으로 생성하는 것이 가능하지만, 라이트룸에서는 이미 만들어진 Profile을 적용하는 것만 가능할 뿐 독자적으로 Profile을 생성할 수 있는 기능이 포함되어 있지 않습니다. 이를 통해 라이트룸과 포토샵을 개발하는 Adobe社에서 다분히 의도적으로 Profile을 생성하는 기능을 라이트룸에는 포함시키

Chapter 4 색감 보정 심화 클래스 **437**

지 않았다는 추측을 할 수 있습니다.

두 번째 이유는, 만약 색상을 해석하고 매핑하는 Profile이 아니라 그저 단순히 보정값을 담기 위한 목적으로의 Profile을 만들고 싶은 사용자에게는 Preset이라는 뛰어난 대체재가 존재하기 때문입니다. 그리고 당연하게도 라이트룸 내에서 독자적으로 Preset을 생성하는 것이 가능합니다.

향후 업데이트를 통해 라이트룸 내에서도 Profile을 생성하는 것이 가능해질 수도 있습니다. 하지만, 현재로서는 라이트룸이 기본적으로 제공해주는 Profile 또는 카메라 제조사에서 제공하는 Profile을 사용하거나 라이트룸이 아닌 별도의 프로그램[12]을 이용하여 Profile을 생성해야 하는 제약이 있는 점은 아쉬운 부분입니다.

② 또한, Profile은 사진 속 데이터를 해석하고 처리하는 것과 관련이 있기 때문에 그 안에 내포되어 있는 실질적인 프로세스에 대해서 사용자가 접근하는 것이 사실상 불가능합니다. Preset의 경우 마음만 먹으면 얼마든지 Preset 안에 들어있는 보정값에 대해 연구하거나 보정의 흐름을 역으로 추적하는 것이 가능하지만, Profile은 그런 면에서 제한이 있습니다. 대신, 보정값을 노출시키지 않은 채, 타인과 특정한 보정 스타일을 공유하기를 원하는 사용자에게는 이 점이 하나의 장점으로 부각될 수 있습니다.

---

12 대표적으로 포토샵에 있는 Adobe Camera Raw Filter를 이용하여 Profile을 생성할 수 있으며, 이렇게 생성된 Profile은 별도의 Profile 가져오기를 하지 않더라도 라이트룸에서 그대로 반영되며 적용할 수 있습니다.

002 | Preset과 Profile을 만들고 적용하는 방법

지금부터는 Preset과 Profile을 만들고 적용하는 방법에 대해 살펴보겠습니다.

■ Preset을 생성하는 방법

Preset을 만들기 위해 몇 장의 사진을 카탈로그로 불러온 후, 그중 한 장의 사진을 그림4-11-7과 같이 보정해 보았습니다.

| 그림 4-11-7. 보정 전/후의 모습입니다.

1 Preset은 어떤 특정한 보정값을 저장해두었다가 이를 다른 사진에 적용할 수 있는 기능이므로, 우선 현재 상태의 보정값을 저장하기 위해 새로운 Preset을 1개 만들어 보겠습니다. Preset을 만들기 위해 먼저 그림4-11-8에 보이는 + 버튼을 누릅니다.

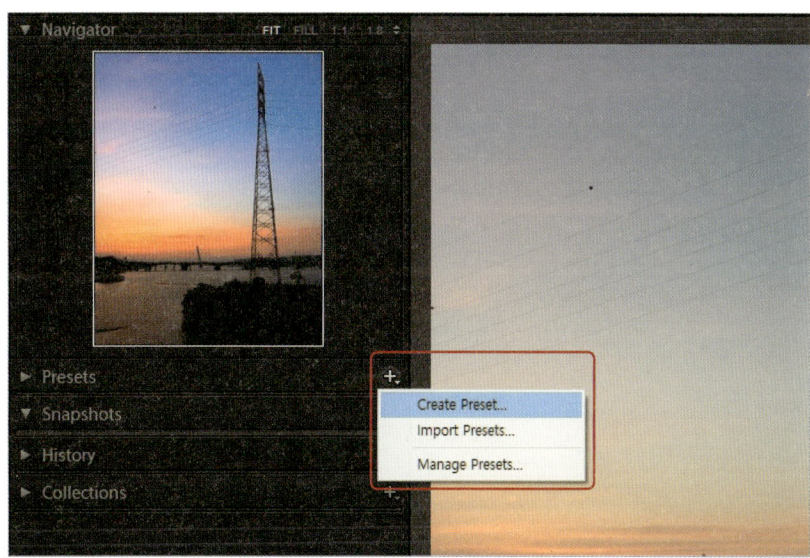

| 그림 4-11-8. Presets 패널 맨 끝에 보이는 + 버튼을 누른 모습입니다.

이 상태에서 가장 상단에 있는 Create Preset을 누르면 그림4-11-9와 같은 화면을 볼 수 있습니다.

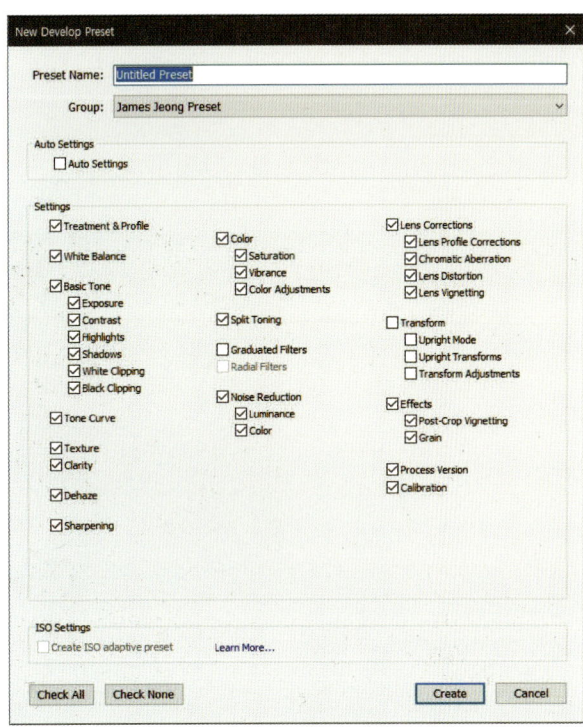

| 그림 4-11-9. Create Preset을 클릭하면 나타나는 화면입니다.

2   그림4-11-9의 화면에서 우측 하단에 보이는 Create를 누르면 새로운 Preset을 만들 수 있습니다. 그 전에, 먼저 화면에 나타난 몇 가지 옵션들을 살펴보겠습니다.

① **Preset Name**: Preset의 이름을 지정합니다. 원하는 Preset의 이름을 입력하면 됩니다.

② **Group**: Preset이 저장될 그룹을 지정합니다. 필자는 현재 James Jeong Preset이라는 이름의 그룹을 미리 만들어 두었고 해당 위치에 Preset을 저장하는 것으로 설정하였지만, Group을 클릭하면 나타나는 그림4-11-10의 화면에서 New Group을 선택하여 새로운 그룹을 만들 수도 있습니다.

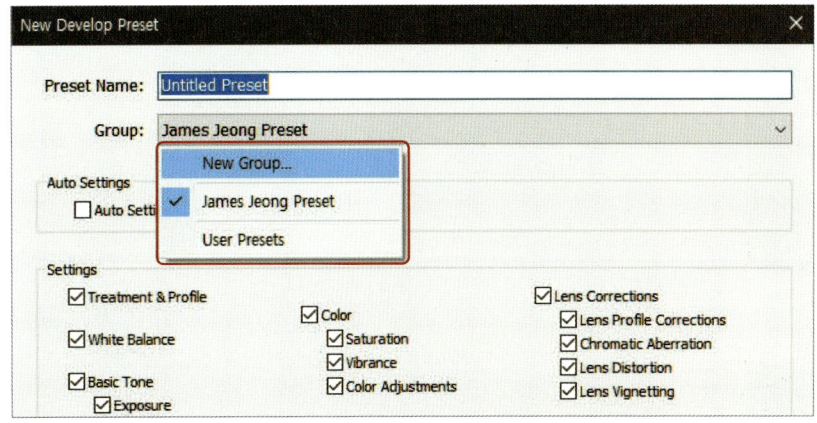

| 그림 4-11-10. New Group을 선택하여 Preset이 저장될 새로운 그룹을 만들 수 있습니다.

❸ **Auto Settings**: Auto Settings를 선택할 경우, 현재 사진의 Basic 패널에 있는 밝기 및 채도와 관련한 값들이 Preset으로 저장되지 않는 대신, 차후 새로운 사진에 해당 Preset을 적용했을 때 라이트룸이 그와 관련한 보정값을 자동으로 설정하는 기능입니다.

Auto Settings는 당장은 그 필요성을 느끼지 못할 수도 있습니다. 하지만, 다음과 같은 상황을 가정해 볼 수 있습니다. 만약 마음에 드는 색감을 하나 만들어놓고 이를 Preset으로 저장해두고 싶을 때, Basic 패널의 밝기와 관련한 보정값들과 채도값들까지 Preset에 함께 저장하게 되면 다음번에 새로운 사진으로 해당 Preset을 적용하였을 때, 현재 사진이 가진 밝기값과 채도값이 그대로 복사됩니다.

만약, Preset을 만들었을 때 사용하였던 사진과 지금 새롭게 Preset을 적용할 사진이 처음부터 비슷한 톤을 가진 사진이라면 큰 문제가 없겠지만, 그렇지 않을 경우에는 Preset을 적용함으로 인해 원하지 않은 느낌의 사진이 나타날 수 있습니다. 그런 부분을 예방하기 위해, 라이트룸에서는 Auto Settings라는 기능을 통해 밝기와 채도와 관련해서는 라이트룸이 자동적으로 값을 채워 넣는 옵션을 제공하는 것입니다.

❹ **Settings**: Preset에 포함하고자 하는 항목들을 선택하는 곳입니다. 여기에서 선택되는 항목들은 Preset에 그대로 저장되며, 추후 새로운 사진으로 Preset을 적용할 경우 그대로 반영됩니다. Graduated Filter와 같은 필터류나 Transform 패널의 값들은 설령 Preset으로 적용한다 하여도 사진에 따라 그 값이 적용되는 위치가 달라질 수 있기 때문에 해당 값들까지 Preset에 넣을지 신중하게 생각하는 것이 좋습니다.

❺ **ISO Settings**(Create ISO Adaptive Preset): 다양한 ISO값에 따라 보정값이 다르게 적용되도록 하는 옵션입니다. 이 기능은 특히 Detail 패널의 Noise Reduction과 관련이 있습니다.

만약, Noise Reduction의 값이 높게 설정된 상태에서 어떤 Preset을 만들면 추후 ISO가 높지 않은 사진, 다시 말해서 노이즈가 심하지 않은 사진에 해당 Preset을 적용할 경우 높게 설정된 Noise Reduction 값으로 인해 필요 이상으로 사진이 뭉개지는 현상이 나타날 수 있습니다. 따라서 ISO Settings를 이용하여 사진이 가진 ISO값에 따라 다르게 적용되는 Preset을 만들어 이러한 현상을 예방할 수 있습니다.

그림4-11-9에서는 현재 ISO Settings가 비활성화되어 있지만, 만약 Preset을 생성하기에 앞서 Ctrl 키를 이용하여 서로 다른 ISO값을 가진 2장 이상의 사진을 선택한 상태에서 Create Preset을 클릭할 경우, ISO Settings를 활성화할 수 있고 ISO값에 따라 다르게 반응하는 Preset을 만드는 것이 가능합니다.

예를 들어, ISO 400으로 촬영한 사진의 Luminance Noise Reduction값을 0으로 설정하고 ISO 1600으로 촬영한 사진의 Luminance Noise Reduction값을 50으로 설정한 상태에서 ISO Settings를 활성화하여 Preset을 만든 경우, 향후 ISO 800으로 촬영한 어떤 새로운 사진에 해당 Preset을 적용하였을 때 Luminance Noise Reduction값은 25로 맞추어지게 됩니다.

이렇게 원하는 옵션들을 선택한 후 Create 버튼을 누르면, 새로운 Preset이 만들어지게 됩니다. 필자의 경우 그림4-11-11과 같이 Preset Sample 02라는 이름으로 새로운 Preset을 만들었습니다.

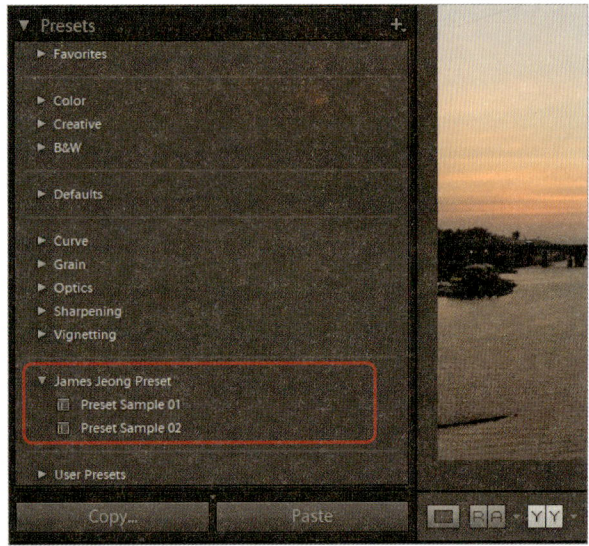

그림 4-11-11. 이전에 만들어 두었던 Preset Sample 01과 함께 Preset Sample 02라는 이름의 Preset이 James Jeong Preset이라는 그룹 안에 새롭게 생성된 것을 알 수 있습니다.

■ Preset을 적용하는 방법

1 만들어진 Preset을 적용하는 방법은 간단합니다. 먼저 Preset을 적용할 사진을 선택하고, Presets 패널에서 적용하고자 하는 Preset을 클릭하면 됩니다. 그림4-11-12를 보겠습니다.

그림 4-11-12. 좌측 중앙에 있는 History 패널에서 볼 수 있듯이, 이 사진은 아무런 보정을 하지 않은 사진입니다.

2 이 상태에서 그림4-11-12의 Presets 패널에 있는 Preset Sample 02를 클릭하면, 해당 Preset이 이 사진에 적용됩니다.

그림 4-11-13. Preset Sample 02라는 이름의 Preset이 적용된 모습입니다.

3 Preset Sample 02라는 이름의 Preset을 클릭하고 나면 History 패널에는 해당 Preset이 적용되었다는 작업 내역이 새롭게 반영됨과 동시에, 그림4-11-7에서 보았던 Basic 패널의 보정값들이 사진에 그대로 복사되어 적용된 것을 알 수 있습니다.

이렇게 하나의 Preset이 적용된 상태에서 새로운 Preset을 다시 한번 클릭하면 어떻게 될까요? 그 경우, 만약 새롭게 적용할 Preset을 만들 때에 처음부터 보정값을 저장해 둔 보정 항목이라면 그 보정 항목은 기존에 반영된 Preset에 덮어씌워지게 되며, 새로운 Preset이 저장해 두지 않은 보정 항목의 경우에는 기존에 사진이 가지고 있던 보정값이 그대로 유지됩니다.

보다 자세한 설명을 위해 2개의 Preset을 중복하여 적용하는 경우에 대한 예시를 하나 살펴보겠습니다. 먼저 2개의 Preset을 생성할 때에 담아둔 보정값들이 다음과 같다고 가정합니다.

구분	Preset 01을 만들 때 저장해 두었던 값	Preset 02를 만들 때 저장해 두었던 값
Contrast	Preset을 만들 때에 체크(✓)하지 않았음. 즉, 별도의 값을 저장해두지 않았음	0
Whites	-10	-50
Blacks	+20	+70
Texture	-30	Preset을 만들 때에 체크(✓)하지 않았음. 즉, 별도의 값을 저장해두지 않았음
Clarity	+40	+90

Preset을 만들 때에 체크(✓)하지 않았다는 의미는, 그림4-11-9의 화면에서 Settings에 있는 체크(✓)를 하지 않음으로써 Preset을 만들 당시 사진에 설정되어 있었던 보정값을 Preset에 저장해두지 않았다는 의미입니다.

이렇게 만들어진 2개의 Preset을 이제 막 카탈로그로 불러온 1장의 사진에 중복하여 적용하는 경우, 사진의 보정값이 어떻게 바뀌는지를 살펴보고 어떤 변화가 나타났는지 알아보겠습니다.

구분	최초 사진	Preset 1 적용 시	Preset 2 적용 시
Contrast	0	① 0	② 0
Whites	0	-10	-50
Blacks	0	+20	③ +70
Texture	0	-30	④ -30
Clarity	0	+40	+90

① Contrast의 경우, 최초 원본 사진의 값은 아무런 보정이 가해지지 않았으므로 0이었습니다. Preset 1을 적용하였음에도, Preset 1에는 Contrast와 관련한 보정값이 아예 처음부터 저장되어 있지 않았기 때문에 최초 원본 사진이 가지고 있던 값인 0이 바뀌지 않은 채 그대로 유지된 것을 알 수 있습니다.

② 이어서 Preset 2를 적용하였습니다. Preset 2에는 Contrast값이 0으로 저장되어 있습니다. 따라서 이 사진에 Preset 2를 적용하고 나면, 사진이 가진 Contrast값은 Preset 2가 가진 값이 그대로 적용됩니다. Preset 2를 적용하기 전에 이 사진이 가진 Contrast값이 무엇이었든지 간에 이 값은 Preset 2가 가진 0으로 바뀌게 되는 것입니다.

③ 마찬가지 원리로, Blacks값은 최초 0에서 Preset 1을 적용하고 난 뒤 +20으로 바뀌었고, Preset 2를 적용하고 나서 다시 +70으로 바뀌는 것을 알 수 있습니다.

④ Texture의 경우 Preset 1을 적용함으로 인해 -30으로 바뀌었지만, Preset 2에는 Texture와 관련한 값이 아예 저장되어 있지 않았기 때문에 Preset 2를 적용하였음에도 불구하고 여전히 -30이라는 값을 유지하고 있습니다.

이처럼 Preset은 중복하여 적용할 수 있으며, 중복 적용하는 경우 각각의 Preset에 담긴 보정값에 따라 사진이 가진 보정값 또한 함께 변화한다는 것을 알 수 있습니다. 이런 점을 활용하면 효과적으로 Preset을 사용하기 위한 방법적인 측면에서 좋은 아이디어를 얻을 수 있습니다. 이와 관련해서는 다음 장에서 다시 설명합니다.

■ Preset을 공유하는 방법

이미 만들어 둔 Preset을 타인과 공유하는 것도 가능합니다. 그 방법에 대해 알아보겠습니다.

1   우선 그림4-11-14에서처럼, 공유하고자 하는 Preset 위에 마우스 포인터를 올려두고 마우스 오른쪽 버튼을 클릭합니다.

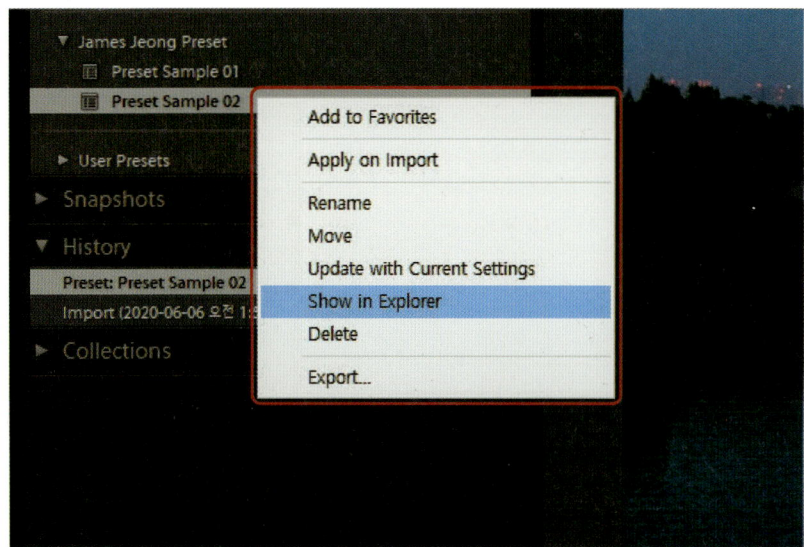

| 그림 4-11-14. 마우스 오른쪽 버튼을 클릭하면 다양한 메뉴를 볼 수 있습니다.

그림4-11-14에 나오는 메뉴들을 이용하여 Preset을 즐겨찾기 그룹에 담기, Preset 이름 변경, Preset의 저장 위치 변경, 현재의 보정값으로 업데이트, 삭제 등의 작업을 할 수 있습니다.

2   이 상태에서 Show in Explorer를 선택하면 그림4-11-15의 화면을 볼 수 있습니다.

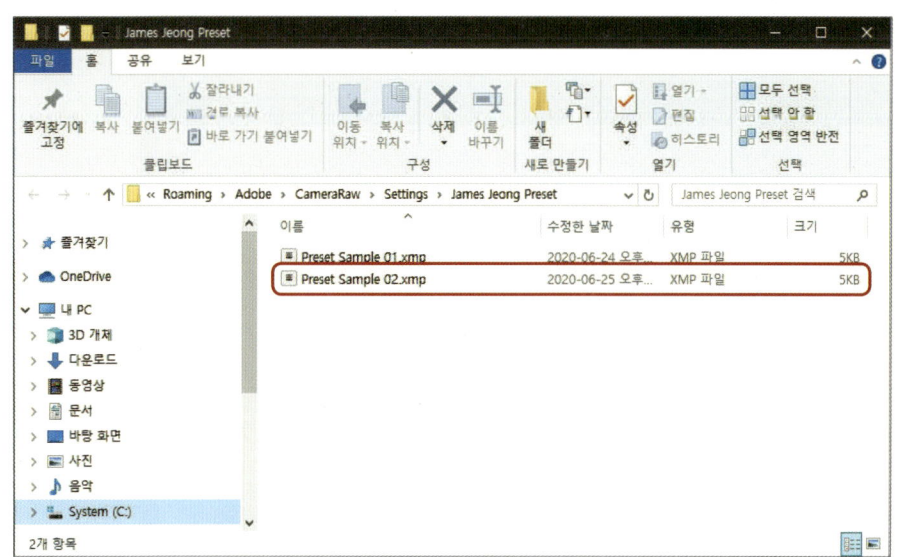

| 그림 4-11-15. 탐색기를 통해 실제 Preset이 저장된 위치를 확인할 수 있습니다.

그림4-11-15에서 공유하고자 하는 Preset 파일을 선택하여 이메일의 첨부 파일로 보내거나 USB 메모리 등의 저장 장치에 담아 타인과 공유할 수 있습니다.

반대로, 만약 이렇게 공유된 Preset 파일을 받게 될 경우 이를 다시 라이트룸에 불러오는 방법에 대해 알아보겠습니다.

3 Import Presets를 클릭했을 때 나타나는 탐색기 화면에서 가져오고자 하는 Preset이 저장된 폴더로 들어가, 해당 Preset을 선택합니다.

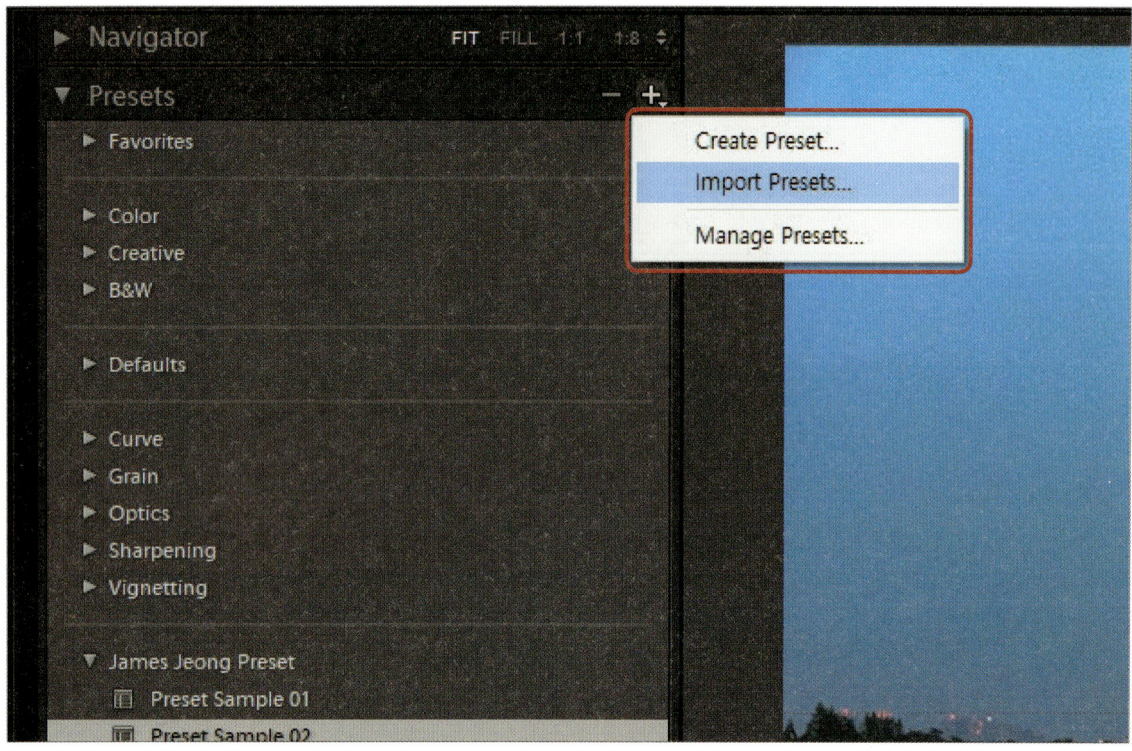

| 그림 4-11-16. Presets 패널 우측에 있는 + 버튼을 눌러, Import Presets를 클릭합니다.

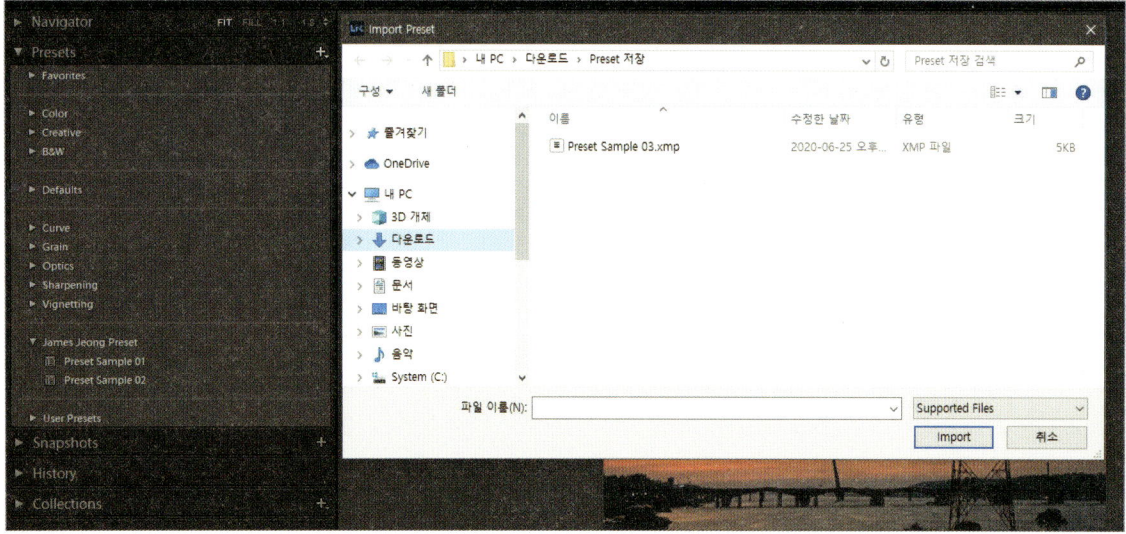

| 그림 4-11-17. Preset Sample 03이라는 Preset을 선택하고 Import를 누릅니다.

4 그러고 나면 그림4-11-18에서와 같이 해당 Preset이 가져와진 것을 확인할 수 있습니다.

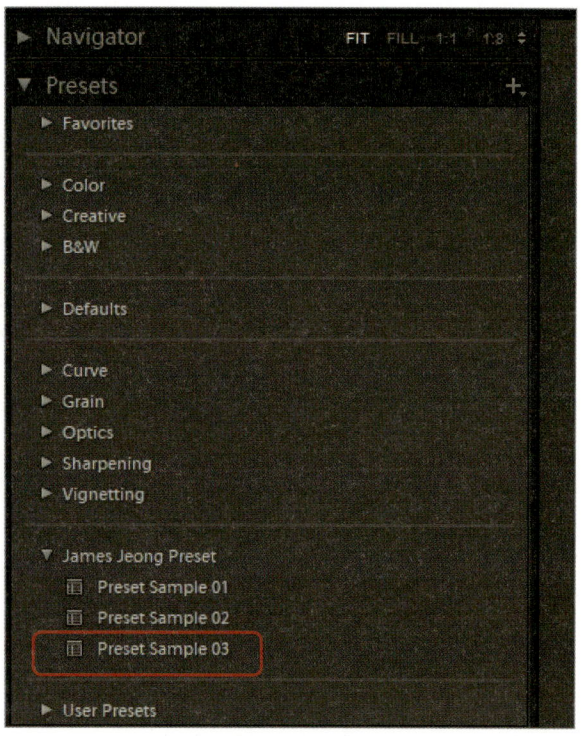

| 그림 4-11-18. Preset Sample 03이라는 Preset을 가져온 모습입니다.

이렇게 하여 Preset을 만들고, 새로운 사진에 Preset을 적용하고, 만들어진 Preset을 공유하고, 가져오는 방법까지 모두 알아보았습니다.

■ Profile을 생성하는 방법

이번에는 Profile을 만들고, 공유하고, 적용하는 방법에 대해 알아보겠습니다. 앞서, 라이트룸 자체적으로는 Profile을 만드는 것이 불가능하다고 설명한 바 있습니다. 따라서 Profile을 만들기 위해서는 별도의 프로그램이 필요합니다. 여기서는 포토샵을 이용해 보도록 하겠습니다.

1 포토샵으로 Profile을 만들기 위해서 우선 그림4-11-19와 같이 포토샵을 실행합니다.[13]

---

[13] Adobe社의 포토그래피 플랜을 구독하고 있다면 라이트룸과 더불어 포토샵도 함께 이용할 수 있습니다.

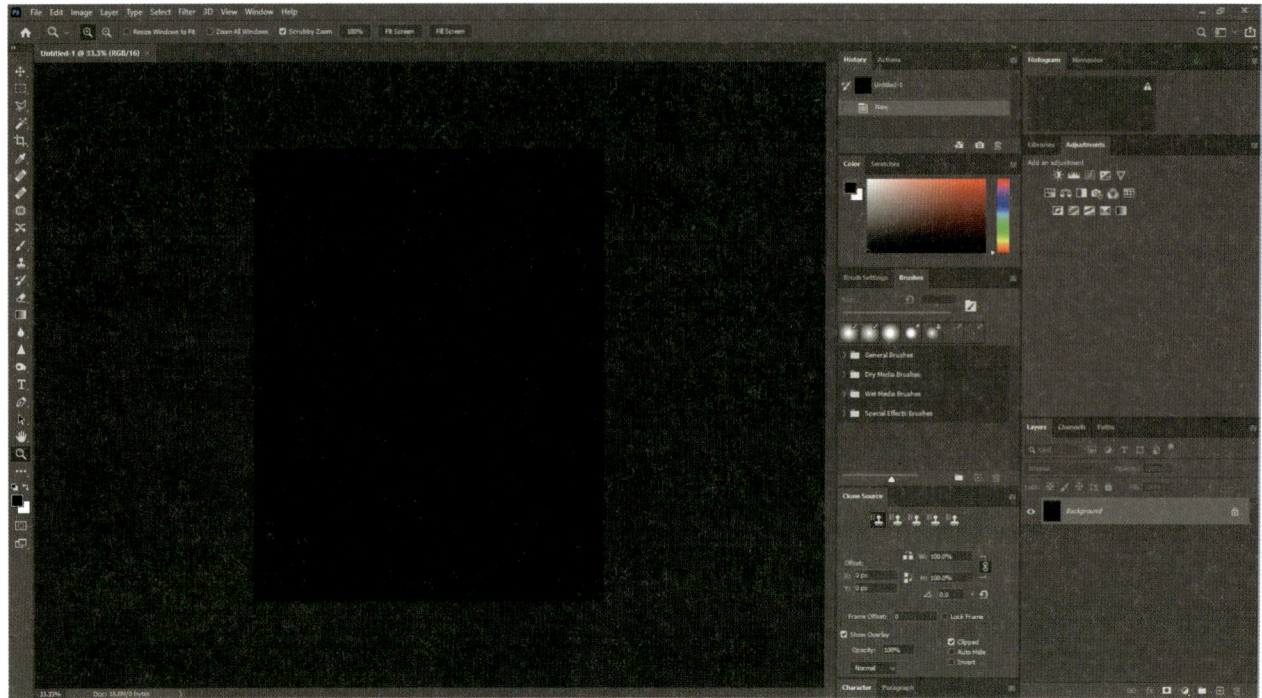

그림 4-11-19. 포토샵을 실행한 초기 화면입니다.

2 이렇게 포토샵을 실행한 상태에서 Profile을 만드는 데에 필요한 사진을 가져오기 위해, File 메뉴에서 Open을 클릭하여 사진 1장을 불러옵니다.

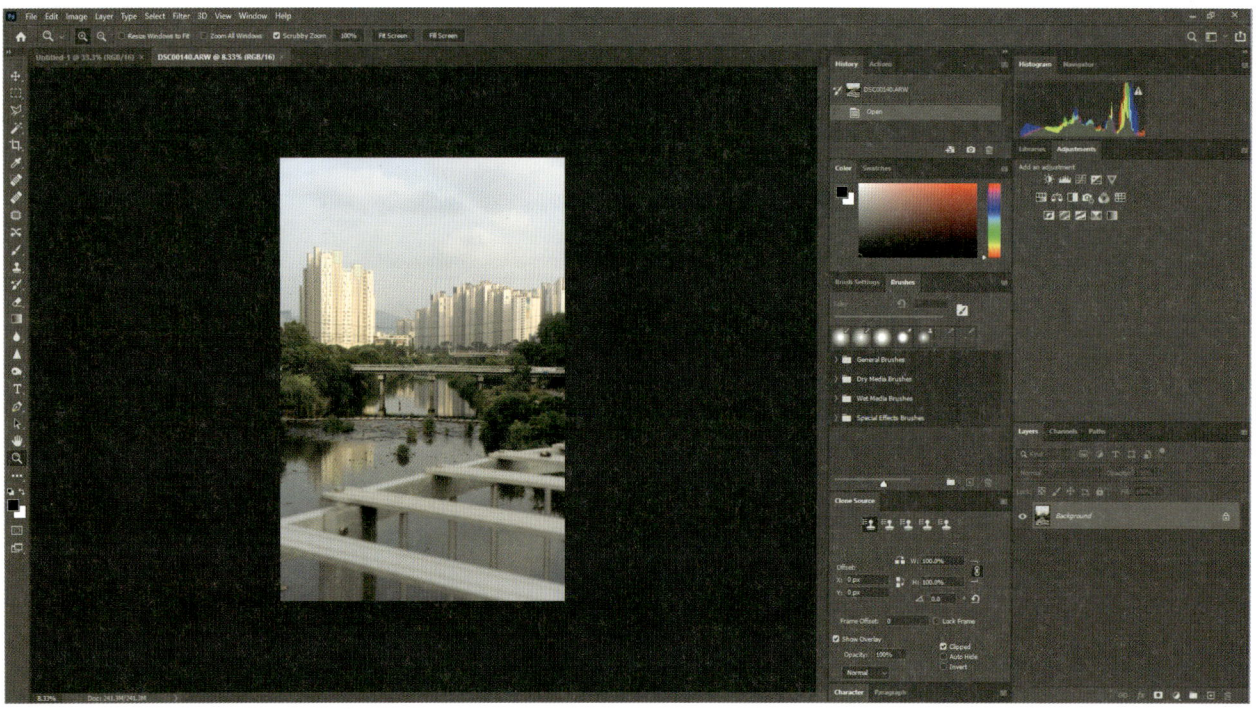

그림 4-11-20. Profile을 만들기 위해 사진 1장을 불러왔습니다.

3 이 상태에서 그림4-11-21과 같이 Filter 메뉴에 있는 Camera Raw Filter를 실행합니다. Camera Raw Filter는 포토샵에서 라이트룸과 동일한 인터페이스를 통해 사진을 보정하는 도구입니다. 단축키는 Shift + Ctrl + A입니다.

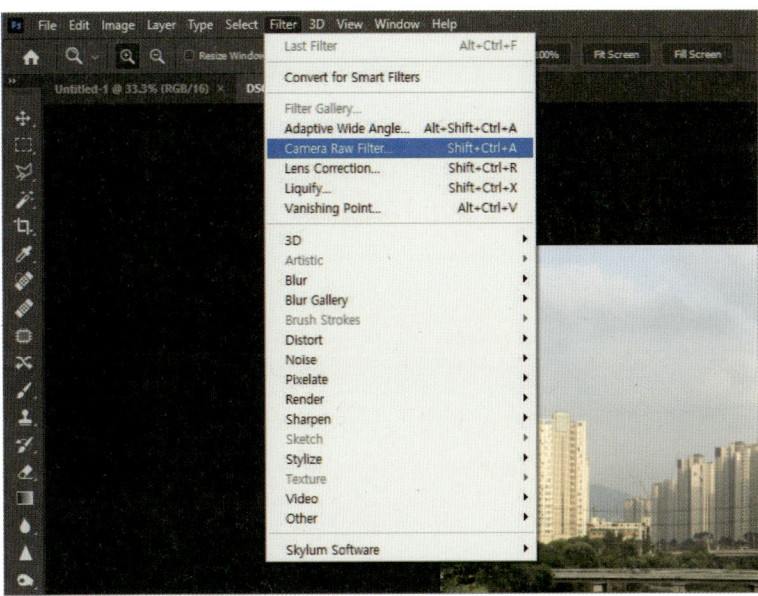

| 그림 4-11-21. Camera Raw Filter는 Filter 메뉴 상단에 위치하고 있습니다.

| 그림 4-11-22. Camera Raw Filter를 실행한 모습입니다.

Chapter 4 색감 보정 심화 클래스 **449**

Camera Raw Filter는 사실상 라이트룸과 동일한 인터페이스를 갖고 있기 때문에 이 책의 흐름을 잘 따라온 독자라면 그리 어렵지 않게 사용할 수 있습니다. 새로운 Profile을 만들기 위해 우선 그림4-11-23과 같이 Profile로 저장하고자 하는 보정을 진행해 보겠습니다.

그림 4-11-23. 보정을 마친 모습입니다.

4   이제 그림4-11-24에 보이는 빨간 네모를 클릭하여 Presets 패널로 이동합니다. 단축키는 Shift + P입니다. 그러면 라이트룸에서와 마찬가지로 현재 적용 가능한 다양한 Preset들과 그것들이 저장되어 있는 그룹을 볼 수 있습니다.

그림 4-11-24. Presets 패널은 빨간 네모에 해당하는 아이콘을 클릭하여 들어갈 수 있습니다.

이 상태에서 그림4-11-25에 나타난 빨간 네모에 해당하는 아이콘을 클릭하면, Camera Raw Filter에서도 Preset을 생성하는 화면을 볼 수 있습니다.

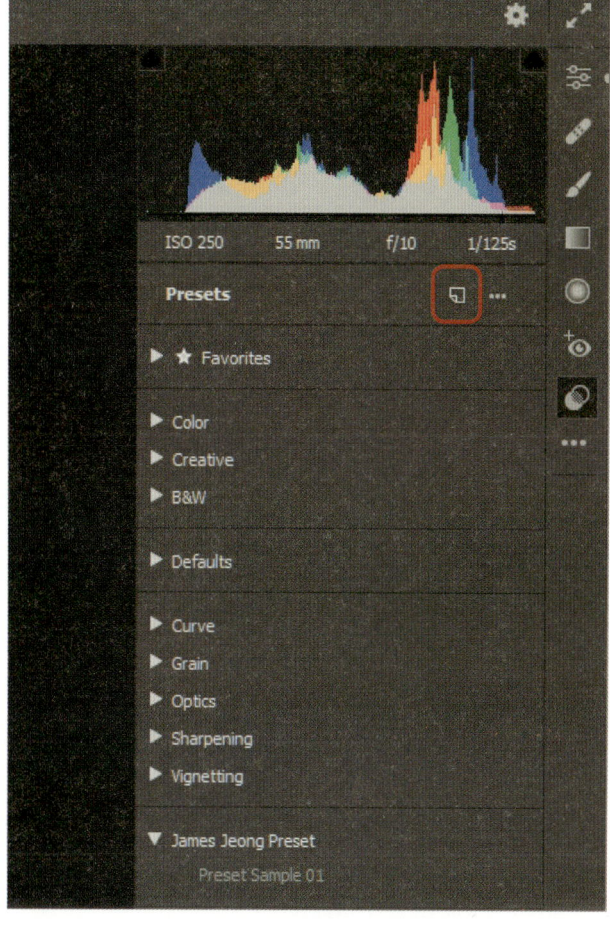

그림 4-11-25. 빨간 네모에 해당하는 아이콘을 클릭하면 Preset을 생성할 수 있습니다.

하지만, 우리는 Preset이 아닌 Profile을 만들기를 원하기 때문에 Profile을 생성하는 창으로 들어가야 합니다. Profile을 생성하기 위해서는 그림4-11-25에 나타난 빨간 네모에 해당하는 아이콘을 Alt 키를 누른 상태로 클릭하면 그림4-11-27과 같이 Profile을 생성하는 화면을 볼 수 있습니다.

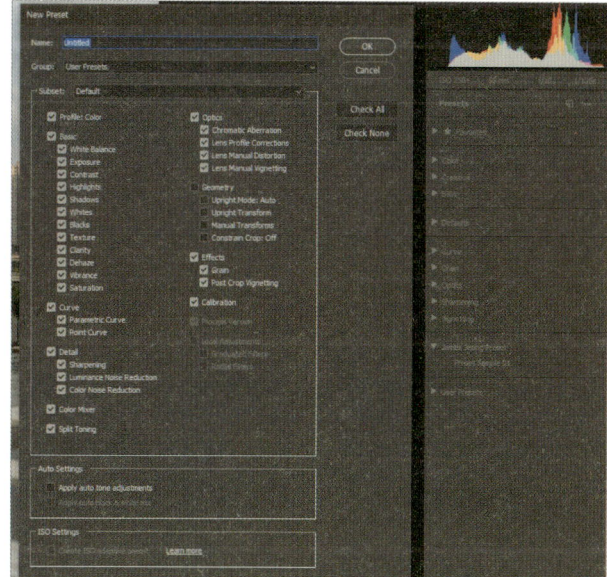

그림 4-11-26. 그림4-11-25의 빨간 네모에 해당하는 아이콘을 클릭했을 때 나타나는 Preset 생성화면입니다.

Chapter 4 색감 보정 심화 클래스 **451**

5 그림4-11-27은 언뜻 보아서는 새로운 Preset을 생성하는 창과 비슷하게 생겼지만 보다 다양한 설정 옵션을 가지고 있습니다. 여기에서는 사진에 적용할 색상 매칭 기준 등을 새롭게 정의하여 Profile에 담을 수 있으며, 만약 그러한 Profile을 사진에 적용할 경우 사용자가 정해둔 값에 따라 사진은 변화하게 됩니다. Profile은 Preset처럼 하나의 보정 스타일을 다른 사진에 적용하기 위한 단순한 용도로도 사용할 수 있지만, 사진을 특정한 색상 매칭 기준에 따라 해석하고 보여주기 위한 것이 보다 더 중요한 존재 이유이기 때문입니다.

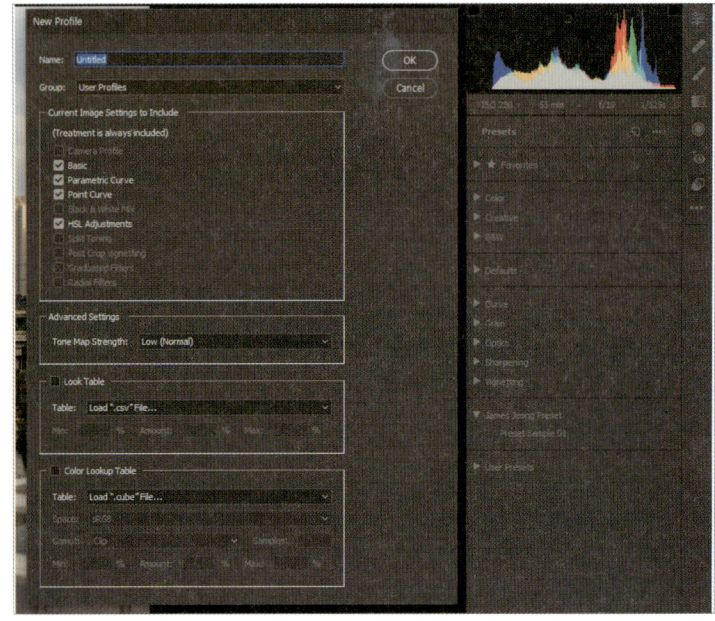

그림 4-11-27. 그림4-11-26과는 다른, 새로운 화면이 나타났습니다. 이 화면에서 새로운 Profile을 만들 수 있습니다.

이제 그림4-11-28과 같이 원하는 Profile의 이름을 입력하고 저장할 그룹을 선택한 후에 OK를 클릭하면 새로운 Profile이 만들어지게 됩니다. 여기에서는 다른 설정값은 변경하지 않되 Profile의 이름만 James Filmic 02라는 이름으로 변경하여 새로운 Profile을 생성해 보도록 하겠습니다.

그림 4-11-28. 여기서 지정하는 Profile의 이름과 그룹이 라이트룸에서 그대로 나타나게 됩니다.

6 이제 새로운 Profile이 하나 생성되었습니다. 이를 라이트룸에서 확인하기 위해 우선 라이트룸을 종료하고 다시 실행하여 라이트룸으로 하여금 새로운 Profile을 불러올 수 있도록 해야 합니다. 여기에서는 라이트룸이 설치된 컴퓨터에 함께 설치되어 있는 포토샵의 Camera Raw Filter를 이용하여 Profile을 생성하였기 때문에, 라이트룸에서 별도의 Profile 불러오기 과정은 필요하지 않습니다.

| 그림 4-11-29. 생성된 Profile을 확인하기 위해 Browse를 선택하거나 Profile Browser 아이콘을 클릭합니다.

라이트룸을 실행하고, 다시 한번 그림4-11-29에 보이는 Profile을 클릭하여 Browse를 선택하거나 혹은 우측에 보이는 Profile Browser 아이콘을 클릭하면 라이트룸과 카메라 제조사에서 제공하는 Profile과 함께 앞서 생성해 둔 Profile을 모두 확인할 수 있습니다.

이렇게 함으로써, 라이트룸에서 자체적으로 Profile을 만들지 못하는 상황에서도 포토샵을 이용하여 새로운 Profile을 만들 수 있습니다.

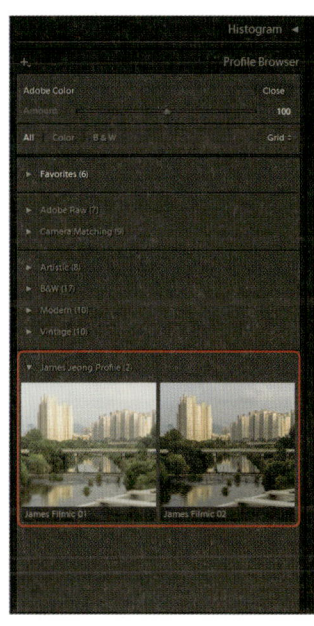

| 그림 4-11-30. 앞서 생성해 둔, James Filmic 02라는 Profile이 생긴 것을 확인할 수 있습니다.

■ Profile을 적용하는 방법

Profile을 적용하기 위해서는 원하는 Profile을 선택하고 클릭하면 됩니다.

라이트룸이 기본 제공하는 Profile 중에서도 생각보다 쓸만한 것들이 많이 있기 때문에, 직접 촬영한 사진들을 대상으로 이러한 Profile들을 다양하게 적용해 보는 것도 괜찮은 방법입니다. 만약, 마음에 드는 Profile이 있을 때에는 해당 Profile 우측 상단에 보이는 별표를 클릭하여 즐겨찾기로 등록할 수 있으며, 이런 즐겨찾기 기능은 Preset에서도 마찬가지로 사용할 수 있습니다.

그림 4-11-31. 라이트룸에서 기본 제공하는 Modern 그룹에 있는 Profile입니다.

그림 4-11-32. Amount 슬라이더를 이용하여 Profile의 적용 강도를 선택할 수 있습니다.

적용하고자 하는 Profile을 클릭하면, 앞서 Profile의 특징 편에서 설명한 것처럼 Profile의 적용 강도를 Amount 슬라이더를 통해 선택할 수 있습니다. Amount 슬라이더를 0으로 맞추면 해당 Profile이 담고 있는 보정 스타일이 0%의 강도로 적용되며, Amount 슬라이더를 200으로 맞추면 200%의 강도, 다시 말해서 2배의 강도로 적용됩니다. 다만 Preset과 달리, Profile에서는 복수의 Profile을 중복하여 적용하는 것은 불가능하므로 하나의 Profile을 적용할 때 신중을 기하는 것이 좋습니다.

■ Profile을 공유하는 방법

이미 만들어 둔 Profile을 타인과 공유하거나, 타인이 만들어 놓은 Profile을 나의 라이트룸 안으로 가져오는 것 또한 가능합니다.

1 Profile을 공유할 때에는, 공유하고자 하는 Profile 위에 마우스 포인터를 올려두고 마우스 오른쪽 버튼을 클릭하면 나타나는 메뉴에서 Show in Explorer를 선택합니다. 탐색기 화면이 나타나면 공유하고자 하는 Profile을 저장매체에 복사하거나 이메일 등을 통해 타인과 공유할 수 있습니다.

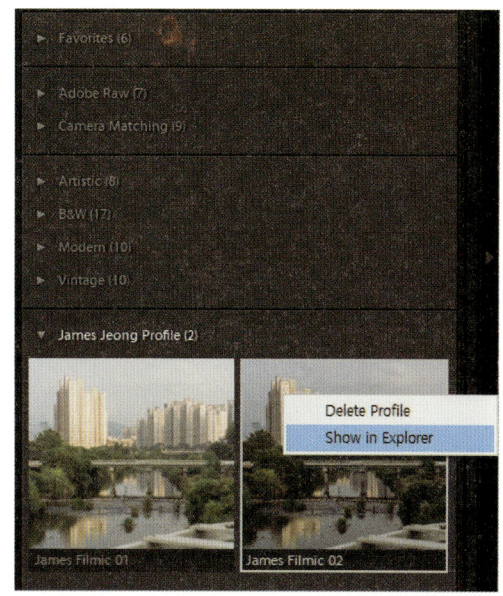

그림 4-11-33. Preset과 마찬가지로 이렇게 함으로써, Profile이 물리적으로 저장된 위치를 찾아 들어갈 수 있습니다.

2 반대로, 타인이 만들어 둔 Profile을 가져올 때에는, 그림4-11-34와 같이 Profile Browser 좌측 상단에 있는 + 버튼을 클릭하여 Import Profiles를 선택하고 불러오고자 하는 Profile이 저장된 경로를 찾아 불러오고자 하는 Profile을 선택하면 됩니다. 이 역시 Preset을 불러오는 것과 거의 동일한 방식입니다.

그림 4-11-34. Import Profiles를 선택하여 원하는 Profile을 가져올 수 있습니다.

이렇게 하여 새로운 Preset과 Profile을 생성하고, 적용하며, 공유하는 방법까지 모두 알아보았습니다. 다음 장에서는 어떻게 하면 효과적으로 이들을 활용할 수 있는지에 대해 알아보도록 하겠습니다.

003 | Preset과 Profile을 효과적으로 사용하는 방법

앞에서 우리는 Preset과 Profile의 특징과 장단점에 대해 살펴보았습니다. 이번에는 이러한 특징들을 바탕으로 Preset과 Profile을 효과적으로 사용할 수 있는 방법에 대해 알아보겠습니다. 우선, 보정값을 저장하고 복사하기 위한 목적이라면 Profile 보다는 Preset을 사용하는 것이 훨씬 유용합니다. 그 이유는 다음과 같습니다.

① Profile은 라이트룸 내에서 독자적으로 만들 수 없습니다. 따라서 라이트룸에서 현재 작업 중인 사진의 보정 스타일을 저장하기 위해서는 어쩔 수 없이 제3의 프로그램을 이용해야만 합니다. 그리고 제3의 프로그램을 이용하는 것은 방금까지 진행해 온 작업들을 반복적으로 해야 한다는 뜻이기도 하며, 이는 매우 비효율적인 방법이라고 할 수 있습니다. 물론 현재까지 진행해 온 보정 과정을 Preset으로 만든 후 이를 제 3의 프로그램에서 호출함으로써 Profile을 만들기 위한 기초 데이터로 사용할 수 있지만, 그 자체로도 이미 비효율적인 방법이라 할 수 있습니다. 반면, Preset을 이용하면 현재 작업 중인 상태 그대로를 몇 번의 클릭만으로도 하나의 Preset에 저장할 수 있습니다.

② 또한, Preset을 이용하면 여러 개의 Preset을 중복하여 적용하는 것도 가능합니다. 그리고 여러 개의 Preset을 중복하여 적용하는 방법을 이용하면 Preset만으로도 효과적인 워크플로우를 만들 수 있습니다.

③ 아울러 사진이 가진 ISO값에 따라 다르게 적용되는 ISO Adaptive Preset 기능도 이용할 수 있습니다.

④ Preset을 생성할 때에 자동적으로 사진의 밝기와 채도를 결정하는 Auto Settings를 이용하는 것도 가능합니다.

이런 이유들로 인해 비록 Profile이 Preset이 가지지 못한 여러 가지 장점을 가지고 있음에도 불구하고, 보정값을 저장하고 복사하기 위한 목적으로는 Profile보다 Preset을 이용하는 것을 권장합니다.

그렇다면 Profile은 어느 경우에 활용하면 좋을까요? 위에서 설명한 것처럼, 단순히 보정값을 저장하고 복사하는 용도로만 보았을 때 Profile은 Preset이 가진 장점을 능가할 수 없습니다. 하지만 카메라 제조사가 제공하는 고유의 픽처스타일이나 필름 시뮬레이션을 사용하고 싶거나 별도 프로그램을 통해서 작업한 LUT(Lookup Table)를 사진에 적용하고 싶을 때에는 Preset이 아닌 Profile을 이용해야만 합니다. Preset과 Profile은 언뜻 보면 비슷하게 보이지만 실제로는 그 탄생 배경과 사용 목적이 다른 도구라는 것을 감안하여 각자의 필요에 따라 알맞게 사용하는 것이 좋습니다.

그렇다면 보정값을 저장하고 복사하는 측면에서 볼 때, Preset을 효과적으로 사용하는 방법에는 어떤 것들이 있을까요? 크게 2가지의 방법을 생각해 볼 수 있습니다.

첫 번째 방법은, 하나의 완성형 Preset을 만들어 사용하는 것입니다. 다시 말해서 원하는 색감을 발현할 수 있게끔 하는 제반 보정값들을 모두 포함한 완성된 형태의 Preset을 만들고, 이 Preset을 이용하여 다른 사진들을 보정하는 것입니다. 예를 들어 석양을 촬영한 원본 사진을 가져와 마음에 드는 색감으로 보정한 후, 그 결과로 만들어진 보정값들을 모두 담고 있는 하나의 Preset을 만드는 것입니다. 그리고 이렇게 생성된 Preset을 다른 석양 사진에 그대로 적용하는 방법입니다.

이 방법은 비슷한 조건에서 반복적으로 촬영하는 가운데 그 와중에도 일관성 있는 톤앤매너를 유지해 나가는 것이 중요한 쇼핑몰 사진이나 스튜디오 사진에서 특히 유용하게 활용될 수 있습니다. 대부분의 촬영을 비슷한 환경 조건에서 할 수만 있다면 결국 여러 장의 원본 사진들 간에 변화를 야기하는 요인은 적어질 수 밖에 없기 때문에, 일단 하나의 잘 다듬어진 Preset을 만들어 두면 보정에 소요되는 시간을 대폭 줄일 수 있는 것입니다. 조금 과장을 하자면 마치 스마트폰 케이스를 생산하는 공장에서 하나의 제품 금형을 이용하여 수천 수만 개의 새로운 제품을 프레스 기계로 찍어내는 듯한 느낌으로 원본 사진을 원하는 색감으로 변화시킬 수 있습니다.

그러므로 이 방법을 잘 활용하기 위해서는 무엇보다도 금형의 역할을 하는 Preset을 잘 만들어놓는 것이 매우 중요합니다. 그렇게 하기 위해서는 지나치게 한쪽으로 치우친 값은 지양하고 어떤 사진이라도 공통적으로 적용 가능한 값들을 기준으로 색감을 잡아둠으로써, 어떤 원본 사진에 적용하더라도 잘 어울릴 수 있도록 해야 합니다. 필요하다면 원하는 색감을 기준으로 대략 5~6개의 서로 다른 Preset을 만들어 적용하는 것도 좋은 방법이 될 수 있습니다.

또한 비슷한 촬영 조건을 꾸준히 유지함으로써 원본 사진에 변화를 줄 수 있는 요인을 철저히 통제하는 것이 필요합니다. 다시 말해서 Preset을 적용하게 될 원본 사진들 간에 서로 크게 차이가 나지 않도록 해야 합니다. 별도의 조명을 사용할 수 있는 조건이라면 그나마 다행이지만, 만약 자연광으로 촬영을 해야 하는 상황이라면 특히나 시간대에 따른 색온도의 변화와 빛의 방향 그리고 빛의 세기 등을 감안하여 외부 요인을 통제하는 것이 필요합니다.

예를 들어, 매일 오후 5시에 자연광을 이용하여 꾸준히 촬영을 하는 경우라면 여름철에는 겨울철에 비해 일몰 시간이 더 늦어지고 반대로 겨울철에는 여름철에 비해 일몰 시간이 더 빠르게 도래하기 때문에 같은 오후 5시라고 하더라도 탄력적으로 촬영 시간을 앞뒤로 조절할 필요가 있습니다. 또한 겨울철에는 여름철에 비해 태양의 고도가 더 낮아지기 때문에 여름철보다 빛의 산란이 보다 더 크게 일어날 수 있고, 그로 인해 색온도의 변화가 일어날 수 있다는 점에 유념하여 촬영 환경을 조절하는 것이 좋습니다. 이렇게 촬영 조건을 엄격하게 통제해야 하는 이유는 결국 완성형 Preset을 보다 효과적으로 적용하기 위함입니다.

만약 이와 같이 처음부터 비슷한 조건에서 촬영할 수 있는 상황이 아니거나 사용자 스스로가 완성형 Preset에 적합하지 않은 서로 다른 느낌의 원본 사진을 촬영하려고 고집한다면 결국 완성형 Preset을 이용하는 전략은 단순히 특정한 보정 스타일을 그저 저장해두는 것에 불과하며, 시간을 단축하는 등의 작업의 효율을 높이는 측면에서는 큰 의미를 갖지 못합니다.

이 방법을 이용하였을 때 얻을 수 있는 가장 큰 장점은, 무엇보다도 보정에 소요되는 시간을 대폭 단축할 수 있다는 점입니다. 물론 이렇게 완성형의 Preset을 적용하더라도 본인이 추구하는 색감에서 미세하게 차이가 생기는 부분에 대해서는 약간의 조정을 해야 할 필요가 있을 수 있습니다. 그럼에도 불구하고, 다른 어떤 보정 방법보다 빠르고 효과적으로 보정을 할 수 있다는 점에서 상당히 매력이 있는 방법입니다.

두 번째 방법은, 각 보정 기능에 따라 Preset을 잘게 나누어 사용하는 것입니다. 예를 들어, 밝기와 관련한 보정값을 몇 가지 종류의 Preset으로 만들어 두고 질감 표현과 관련한 보정값을 다시 몇 가지 종류의 Preset으로 만들어 둔 상태에서 이들 Preset들을 하나씩 차례대로 적용하는 방법입니다. Preset은 중복하여 적용하는 것이 가능하며 특정 보정 항목이 중복될 경우 나중에 적용되는 값이 최종적으로 반영되지만, 만약 특정 보정 항목이 중복되지 않는다면 이전에 적용한 값은 그대로 남아있는 성질을 이용하는 방법입니다.

이 방법은 앞서 소개한 첫 번째 방법에 비해 분명 손이 조금 더 많이 간다는 단점이 있습니다. 또한 일관성 있는 색감을 지속적으로 유지하기에 다소 번거롭기도 합니다. 그런 측면에서 볼 때, 이 방법은 일관성 있는 색감을 유지하기 위해서라기보다는 평소에 자주 사용하는 보정 항목들을 Preset으로 등록하여 보정 작업의 효율을 높이기 위한 방법이라고 이해하는 것이 좋습니다. 다만, 어떻게 Preset들을 구성하는지에 따라서 이 방법을 통해 일관성 있는 색감을 발현하는 것도 충분히 가능하기는 합니다.

예를 들어 보겠습니다. 어둡게 촬영된 사진을 밝게 보정하기 위해 Basic 패널의 Exposure와 Whites, 그리고 Shadows와 Blacks를 각각 높인 것을 "어두운 사진 밝게하기"이라는 이름의 Preset으로 저장합니다. 그리고 이번에는 너무 밝게 촬영된 사진을 다소 어둡게 하기 위해 Exposure와 Whites, 그리고 Highlights를 각각 낮춘 것을 "밝은 사진 어둡게하기"라는 이름의 Preset으로 저장합니다.

아울러 다른 보정값은 전혀 건드리지 않은 채 Split Toning(Color Grading) 패널에서 Highlights와 Shadows에 각각 파란색과 빨간색을 +20만큼 반영한 것을 "파란색 빨간색 넣기"라는 이름의 Preset으로 저장하고, 다시 Highlights와 Shadows에 주황색과 녹색을 +20만큼 반영하여 "주황색 녹색 넣기"라는 이름의 Preset으로 저장합니다.

그러고 나서 어떤 사진을 보정할 때에 만약 이 사진이 생각했던 것보다 어둡게 느껴진다면 먼저 "어두운 사진 밝게하기"라는 이름의 Preset을 클릭하고 이어서 나머지 보정을 한 후, 색감을 조절하기 위해 다시 한번 "파란색 빨간색 넣기" 또는 "주황색 녹색 넣기"라는 이름의 Preset을 클릭하는 것입니다. 반대로 이 사진이 생각했던 것보다 밝게 촬영된 것처럼 느껴진다면 "밝은 사진 어둡게하기"라는 이름의 Preset을 클릭하고, 이어서 색감을 조절하기 위해 Split Toning(Color Grading) 패널의 내용을 담고 있는 Preset을 클릭하는 것입니다. 이렇게 단 두 번의 클릭만으로도 어느 정도 원하는 느낌에 빠르게 다가갈 수 있습니다.

예를 들기 위해 이렇게 설명하기는 했지만, 이 방법을 이용하여 Tone Curve 패널이나 Calibration 패널 혹은 HSL 패널 등에서 자주 사용하는 값을 미리 저장해 둔다면 상당히 수월하게 보정을 진행할 수 있습니다. 심지어 특정한 Profile을 미리 적용한 상태에서도 해당 Profile을 적용하는 명령을 담은 Preset을 생성하는 것이 가능하며, 그렇게 생성된 Preset을 새로운 사진에 적용하면 특정한 Profile이 그대로 적용됩니다.

이와 관련하여 놀라운 사실 한 가지는 라이트룸이 기본 제공하는 Preset 역시도 각 보정 도구들의 기능에 따라 분류되어 있다는 점입니다. 다시 말해서, 라이트룸은 사용자가 각각의 Preset 그룹에 속해 있는 개별적인 Preset들을 이용하여 순차적으로 Preset을 중복 적용할 수 있도록 은연 중에 안내하고 있는 것입니다.

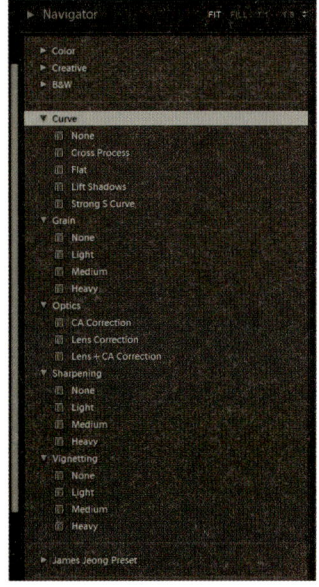

그림 4-11-35. 라이트룸에서 기본적으로 제공하는 Preset들을 보면 보정 패널별로 그 강도에 따라 분류되어 있는 것을 확인할 수 있습니다.

004 | 좋은 Preset의 조건

이번에는 좋은 Preset이 갖추어야 할 조건에 대해 알아보겠습니다. 사용자에 따라 좋은 Preset을 여러 가지 형태로 정의할 수 있지만, 필자는 다양한 종류의 사진에 이질감 없이 잘 적용되는 Preset을 좋은 Preset으로 간주하고자 합니다. 그리고 어떻게 하면 이런 Preset을 만들 수 있는지 지금부터 이야기해 보겠습니다.

① 특정한 사진에만 효력을 갖는 보정 패널에 유의하자

이는 매우 단순하지만 많은 사람들이 새로운 Preset을 만들 때에 쉽게 간과하는 부분이기도 합니다. 예를 들어, HSL 패널에 있는 Saturation 조절을 통해 빨간색과 파란색의 채도를 낮춘 상태로 Preset을 만들었다고 가정해 보겠습니다. 이제 어떤 사진에 이 Preset을 적용하면 그 사진에 포함되어 있는 빨간색과 파란색의 채도는 낮아지게 되리라는 것을 예상할 수 있습니다. 하지만 만약 그 사진에 빨간색과 파란색이 포함되어 있지 않다면 어떻게 될까요? 안타깝게도 그런 경우라면 이 Preset은 아무런 쓸모가 없게 됩니다.

이처럼 어떤 사진에 적용하더라도 이질감 없이 잘 적용되는 Preset을 만들기 위해서는 가급적이면 국지적으로 사진에 영향을 미칠 수 있는 보정값은 포함하지 않는 것이 좋습니다. 물론, 그러한 보정값들을 포함한 상태로 Preset을 만드는 것이 그 자체로 문제가 될 소지는 없습니다. 하지만 그렇게 특정한 사진에만 효력을 갖는 보정값들을 내포한 Preset의 경우, 그 반대급부로 광범위하게 활용할 수 있는 여지는 오히려 더 낮아지게 된다는 점에 유의할 필요가 있습니다.

② Basic 패널의 값을 포함할 때에는 주의하자

①과 같은 논리로 Basic 패널에서의 색온도를 비롯하여 밝기와 관련한 Tone 영역의 보정 도구들 또한 새로운 Preset을 만들 때에 각별한 주의가 필요합니다. 촬영 환경이 완전히 통제된 장소에서 동일한 조건으로 촬영하는 것이 아닌 이상, 사진의 색온도와 밝기 그리고 사진의 대비는 시시각각으로 변하기 마련입니다. 따라서 처음부터 이들과 관련한 특정한 보정값을 Preset에 저장할 경우, 그렇게 만들어진 Preset이 다양한 조건에서 촬영된 사진들에 이질감 없이 잘 적용될 것으로 기대하는 것은 지나친 욕심입니다.

다만, Preset과 Profile을 효과적으로 사용하는 방법에서도 언급한 것처럼 처음부터 촬영 환경을 엄격하게 통제할 수 있는 상황이라면 예외가 될 수 있지만 어디까지나 광범위하게 적용할 수 있는 Preset의 기준에서 본다면 특정한 색온도를 포함하거나 특정한 밝기값을 Preset에 포함하는 것은 오히려 Preset을 적용한 이후에 이를 다시 바로잡는 과정에서 사용자에게 번거로움을 가져올 수 있습니다.

③ Preset에 포함하였을 때 시너지를 낼 수 있는 보정 도구들

그렇다면, 반대로 Preset에 포함하였을 때 오히려 시너지를 가져올 수 있는 보정 도구들은 어떤 것들이 있을까요? 이미 예상하고 있는 독자분들도 있겠지만 가장 먼저 Calibration 패널을 들 수 있습니다.

Chapter 03의 Calibration 패널 편에서도 언급한 것처럼, Calibration 패널은 원래 카메라마다 차이가 나는 색상들의 표현을 교정하기 위한 목적으로 만들어진 것입니다. 따라서 Calibration 패널의 보정값들을 Preset에 포함하는 것은 Calibration 패널의 사용 목적 자체를 매우 잘 이해하고 있다는 방증임과 동시에, 본격적인 보정에 앞서 사용자 스스로가 원하는 원본 사진 본연의 색상을 먼저 밑바탕에 깔아둔다는 측면에서도 큰 의미가 있습니다. Calibration 패널에서 Red, Green 그리고 Blue 의 Hue와 Saturation을 입맛에 맞게 조절하여 Preset에 저장하는 것은 HSL 패널에서 그와 관련한 색상들을 조절하는 것과는 애초에 지향하는 방향 자체가 전혀 다르기 때문입니다.

Calibration 패널과 마찬가지로, Preset에서 강력한 영향력을 발휘하는 보정 도구는 바로 Tone Curve 패널입니다. Tone Curve 패널은 그 자체만으로도 사진의 밝기 및 대비와 관련한 보정을 할 수 있는 보정 도구이지만, Preset의 측면에서는 밝기나 대비와 관련한 보정이 아닌, Tone Curve 패널의 색상 채널별 보정에 유용하게 사용할 수 있습니다. 왜냐하면 Chapter 04의 Class 05에서도 설명한 것처럼 Tone Curve 패널의 색상 채널별 보정을 이용하면 원하는 색감을 원하는 밝기 영역에 입히는 것이 가능하기 때문입니다. 그리고 이렇게 설정해둔 색상 채널의 값들을 Preset에 저장하고 적용할 경우, 사진 전체 영역에 걸쳐 의도했던 보정 스타일을 적용할 수 있습니다.

같은 논리로 Split Toning(Color Grading) 패널 역시 Preset으로 저장해두고 사용한다면 시너지를 기대할 수 있습니다. 왜냐하면 Split Toning(Color Grading) 패널은 결국 Tone Curve 패널을 간결하게 사용하기 위한 도구이고, 역으로 Tone Curve 패널은 Split Toning(Color Grading) 패널의 기능을 확장한 도구로 볼 수 있기 때문입니다.[14]

④ 특별한 상황이 아니라면 필터 사용은 자제하자

반대로 사진의 특정 영역에만 영향을 미칠 수 있는 필터 기능은 의도했던 것과는 다른 결과를 가져올 수 있기 때문에 가급적 Preset에 포함하지 않는 것이 좋습니다. 다만, 사진 전체 영역을 대상으로 하는 레이어 성격의 필터인 경우는 Preset에 포함하는 것을 긍정적으로 고려할 수 있습니다. **사진 전체 영역을 대상으로 하는 필터와 관련해서는 Chapter 04의 Class 06을 다시 한번 참고하기 바랍니다.**

⑤ 극단적인 보정값은 피하자

이러한 설명에도 불구하고 결국 어떤 보정 도구들을 Preset에 포함하여 사용할지는 어디까지나 사용자의 판단입니다. 하지만 광범위하게 적용할 수 있는 좋은 Preset을 만들기 위해서 무엇보다도 지나치게 극단적인 보정값은 피하는 것이 좋습니다. Profile과 달리, Preset은 일단 한번 적용을 하게 되면 Develop 모듈에 있는 각각의 보정 패널의 값을 변화시키게 되므로 극단적인 보정값은 오히려 광범위하게 활용하기에는 제한 요인이 될 수 있기 때문입니다.

⑥ 결국, 완벽한 Preset은 없다는 사실을 받아들이자

좋은 Preset을 만들었다 하더라도 원본 사진이 어떻게 촬영되었는지에 따라 그 결과물은 여전히 사용자의 의도와 다르게 표현될 수 있는 여지가 있습니다. 이는 곧, 하나의 Preset만으로 커버하지 못하는 영역은 어떤 사진에서도 여전히 존재할 수 있다는 뜻이기도 합니다. 그러므로 만병통치약과 같은 만능 Preset 하나로 모든 보정을 단숨에 끝낸다는 생각보다는 원하는 색감에 조금 더 빠르게 다가간다는 느낌으로 Preset을 활용하고, 미흡하게 여겨지는 부분에 대해서는 후반 작업을 통해 다듬어가는 방법을 권장합니다.

---

14   만약, 이 문장이 잘 이해되지 않는다면 Chapter 04의 Class 05을 다시 한번 참고하기 바랍니다.

CHAPTER

5 사진 보정을 위해 필요한 마인드셋

지금까지 실제로 카메라를 다루고, 촬영한 사진들을 라이트룸으로 보정하는 방법에 대해 살펴보았습니다. Chapter 05에서는 보정을 잘 하기 위해 필요한 마인드셋에 대해 알아보겠습니다. 이번 Chapter부터는 복잡한 기술적인 측면을 다루는 것이 아니기 때문에 가벼운 마음으로 읽어가시면 좋겠습니다.

001 | 보정은 사진을 완성시키는 과정이라는 생각 받아들이기

지금도 이따금씩 라이트룸이나 별도의 보정 프로그램을 이용하여 후보정을 거친 사진을 진정한 사진으로 인정해야 하는가에 대한 논쟁이 온·오프라인에서 계속되고 있습니다. 이는 어디까지나 개인의 가치 판단을 바탕으로 저마다 다른 의견을 가질 수 있는 부분이기에, 무엇이 맞다거나 틀리다고 분명하게 선을 그을 수 없는 문제이기도 합니다.

하지만 디지털카메라의 렌즈를 통해 센서로 들어온 빛이 카메라의 이미징 프로세서를 거쳐 한 장의 완성된 JPG 파일로 만들어지는 과정을 생각해 본다면, 우리가 이 책에서 진행해 온 작업들은 사실상 원본 사진의 데이터를 카메라 제조사가 정한 독자적인 방식에 의존하지 않고 사용자의 입맛에 맞추어 재가공하는 작업에 해당한다는 것을 알 수 있습니다.

바꾸어 말해서 사진에 나타나 있지 않은 새로운 피사체를 합성하지 않는 이상, RAW 파일 원본을 가지고 그 속에 포함된 데이터를 바탕으로 JPG 파일로 새롭게 현상하는 작업은 어떻게 보면 카메라 내에서 자동적으로 진행되었던 작업을 사람이 직접 진행하는 것과 별반 차이가 없다는 뜻이기도 합니다. 그러므로 RAW 파일 그 자체만을 가지고 라이트룸에서 보정을 하는 행위는 마치 카메라로 촬영한 사진을 그 즉시 JPG 파일로 획득하는 것과 결과적으로는 같은 맥락이라고 볼 수 있습니다.

설령 RAW 파일이 아니라 이미 카메라 안에서 JPG로 만들어진 사진을 가지고 다시 보정을 하는 경우라도, 사용자의 의도와 무관하게 임의적으로 조리된 사진을 가지고 입맛에 맞게 다시 한번 양념을 하는 것에 불과합니다. 보정이라는 과정을 어떻게 받아들이는지는 저마다 다를 수 있습니다. 하지만 결국 그 본질은 '촬영을 통해 수집한 원본 데이터를 자신의 의도에 맞게 조절해가며 하나의 사진으로 완성해가는 과정'으로 이해할 수 있습니다.

이렇게 사진 보정이 '사진을 완성해가는 일련의 과정 중 하나'라는 생각을 일단 받아들이면, 촬영과 보정을 따로 분리하여 생각하지 않고 하나의 사진을 만들어 내기 위한 전체적인 흐름으로 바라보는 것 또한 가능합니다. 그러므로 만약 촬영만으로 오롯이 담아내기 어려운 현장의 느낌이 있다면 후보정을 통해 사진을 완성한다는 생각을 기저에 두고 촬영에 임하면 되고, 그를 통해 완벽한 사진을 담아야 한다는 강박이나 부담에서 벗어나 촬영 그 자체에 집중할 수 있습니다. 처음부터 좋은 결과물을 담아야 한다는 생각에서 벗어나서 후보정 과정에서 필요한 원재료를 잘 담는다고 생각하면 한결 편한 마음으로 작업을 할 수 있게 될 것입니다.

002 | 처음부터 후보정이 수월하도록 촬영하기

앞서 설명한 것처럼, 결국 사진 보정은 하나의 완성된 사진을 만들어 내기 위한 일련의 과정 중 하나입니다. 그러므로 이왕이면 촬영을 할 때부터 후보정을 염두에 두고 촬영한다면 이후에 더 수월하게 보정 작업을 이어갈 수 있습니다. 그렇다면 후보정을 수월하게 하기 위한 촬영 방법에는 어떤 것들이 있을까요?

(1) 원하는 구도보다 조금 더 넓게 촬영하자

이 방법은 실제로 담고자 하는 사진의 구도보다 약간 더 넓게 촬영함으로써, 설령 원본 사진의 구도가 약간 틀어지더라도 Crop Overlay 툴을 이용하여 보정하였을 때 여유폭을 갖기 위한 방법입니다. 특히, 평상시 풍경 사진이나 인물 사진에서 사진의 프레임에 딱 맞추어 촬영하였을 때 다소 답답해 보이는 느낌을 받았다면 처음부터 조금 더 넓게 촬영하고 이후 Crop Overlay 툴이나 Transform 패널과 같은 보정 도구를 통해 구도를 잡아가는 방법을 활용해 보기 바랍니다.

(2) 수평과 수직을 쉽게 맞추려면 사진 속에 직선을 포함하자

이 방법은 Transform 패널의 Guided Upright Tool을 효과적으로 사용하기 위한 방법입니다.[1] 만약 어떤 사진의 수평과 수직을 잘 맞추어 촬영하고자 한다면, 처음부터 사진 속에 수평과 수직의 참고가 될만한 직선을 함께 포함하여 촬영하는 것입니다. 도심에서는 건물 외벽이나 길가의 전봇대, 실내에서는 테이블의 선이나 벽의 모서리와 같은 선들이 참고선의 역할을 할 수 있습니다.

이렇게 참고선의 역할을 하는 피사체를 포함하여 사진을 촬영하면, 사진 속에 의도치 않게 불필요한 피사체가 들어가는 것 아니냐고 할 수도 있지만, 어디까지나 이러한 피사체들은 사진의 수평수직을 바로잡기 위한 역할만 할 뿐 결국 Crop Overlay 툴을 이용하여 구도를 다시 잡게 될 때 프레임의 바깥으로 빼내면 그만입니다.

(3) 암부와 명부의 차이가 심할 때에는 일단 명부를 살려서 촬영하자

Chapter 04의 Class 10에서도 언급한 것과 같이, 암부와 명부와 차이가 심하다고 판단되는 경우에는 밝게 촬영된 곳을 어둡게 보정하는 것보다 어둡게 촬영된 곳을 밝게 보정하는 경우의 관용도가 더 크다는 점을 감안하여 암부에서 다소 손실을 보더라도 가급적 명부를 살리는 방향으로 촬영을 하는 것이 좋습니다. 이 또한 후보정을 염두에 두고 원본 사진을 담는 방법 중 하나입니다.

003 | 사진 보정은 감각도 중요하지만 결국 노력이 중요하다는 사실

똑같은 원본 사진이라 하더라도 누가 보정을 하느냐에 따라 전혀 다른 결과물이 만들어질 수 있습니다. 일단 보정 프로그램의 사용법에 어느 정도 익숙해지고 나면 그 이후부터는 결국 사진을 보정하는 사람의 주관적인 판단과 취향이 결과물에 큰 영향을 미치기 때문입니다. 그렇기 때문에 각 개인이 가지고 있는 색에 대한 감각은, 단순히 프로그램을 얼마만큼 능수능란하게 다룰 수 있는가 하는 문제와는 별개로 사진 보정에서 대단히 중요한 요소로 작용합니다.

이러한 감각은 다시 선천적으로 타고나는 감각과 후천적인 노력과 훈련을 통해 얻을 수 있는 감각으로 나누어볼 수 있습니다. 설령, 아무런 보정도 되어있지 않은 어떤 원본 사진을 마주하였을 때 이 사진을 어떻게 보정해야겠다는 생각이 전혀 들지 않고 머릿속이 텅 비어있는 것 같은 느낌이 들더라도 미리 좌절할 필요는 없습니다. 이 또한 노력을 통해 어느 정도 극복하는 것이 가능합니다.

그렇다면 어떻게 해야 감각을 키우고 사진 보정에 필요한 스스로의 식견을 가질 수 있을까요? 여기서 그에 대한 몇 가지 현실적인 방법을 제시해 보겠습니다.

---

1   Guided Upright Tool에 대해서는 Chapter 03의 Tranform 패널 편에서 상세히 다루었습니다.

(1) 일단 많은 사진을 접해보자

첫 번째 방법은 일단 많은 사진을 접하는 것입니다. 단순히 많은 사진을 보고 느끼는 것에서 벗어나, 저작자가 그 사진을 그렇게 촬영하고 보정한 의도가 무엇일지 추측해 보는 것입니다. 대신 이렇게 추측을 하는 목적이 저작자의 의도를 그대로 맞추어 보기 위한 것은 아닙니다. 만약 나 자신이 추측하는 저작자의 의도가 실제 저작자의 의도와 다르더라도 이러한 사고의 과정을 거치는 것은 사진을 바라보는 힘을 기른다는 측면에서 매우 좋은 훈련이 될 수 있습니다.

(2) 사진을 볼 때는 전체와 부분으로 나누어 보자

사진을 감상할 때에는 그것을 전체와 부분으로 나누어 보는 것 또한 감각을 기르기에 좋습니다. 예를 들어, 누가 보더라도 예쁘고 아름다운 피사체를 담은 사진은 대체적으로 '사진이 참 아름답다'라고 말하는 경우가 많습니다. 그리고 이는 사진 속에 담긴 피사체를 사진 그 자체와 동일하게 바라보는 관점에서의 견해일 가능성이 높습니다. 하지만 피사체 외에도 한 장의 사진을 구성하는 요소는 여러 가지가 있기 때문에 이렇게 피사체에만 관심을 가질 경우, 사진에 담긴 다른 요소들을 놓치기 쉽습니다. 이럴 때 사진을 전체와 부분으로 바라보는 것은 큰 도움이 됩니다.

사진을 전체와 부분으로 나누어 보는 방식에는 여러 가지가 있을 수 있지만 필자는 특히 피사체와 구도, 그리고 색감이라는 3가지 요소로 나누어 보는 방식을 권장합니다. 한 장의 사진을 보더라도 이렇게 각각의 요소로 나누어 바라보는 연습을 한다면, 새로운 사진을 촬영하거나 보정할 때에 기존의 고정관념에서 탈피하여 자신만의 새로운 시선을 갖게 될 것입니다.

(3) 다양한 매체에 스스로를 노출시키고 감성을 키우자

우리에게 어떤 특별한 감정을 불러일으키는 다양한 매체에 스스로를 노출시키는 것 또한 감각을 기르는 데에 있어 아주 좋습니다. 이러한 매체의 종류로는 영화, 뮤직비디오, 음악, 광고물, 그리고 서적 등을 꼽을 수 있습니다. 특히 영화나 뮤직비디오와 같은 영상물의 경우 감성을 키우는 것은 물론, 감독이 의도한 독특한 느낌의 색감을 참고할 수 있기 때문에 좋은 참고 자료로 활용할 수 있습니다.

(4) 날씨와 같은 주변 환경의 변화에 대해서도 관심을 갖자

날씨나 계절과 같은 주변 환경의 변화에 관심을 갖는 것 또한 감각을 키우는 데 있어 도움을 줍니다. 특히, 우리나라는 사계절이 뚜렷한 기후이기 때문에 계절에 따라 식생이 달라질 뿐만 아니라 주변의 환경들 또한 따라서 변화합니다. 계절과 같은 거시적인 변화뿐만 아니라 아침 일출부터 저녁 일몰까지 하늘의 모습만 보더라도 다채롭게 변하는 것을 알 수 있습니다. 평상시 이런 변화의 양상을 자주 확인하고 관찰하는 습관을 기르면, 사진을 보정할 때에도 자연스러운 느낌을 얻는 데에 도움이 될 것입니다.

위에서 설명한 방법들은 독자분들에게 그럴싸한 말로 포장을 하기 위함이 아니라 실제로 필자가 십수 년 가까이 해왔고 지금도 규칙적으로 하고 있는 방법들입니다. 이 방법이 모두에게 공통적으로 적용되리라는 보장은 없지만 분명 이 방법을 통해 스스로의 감각을 키울 수 있는 독자분이 있으리라 확신합니다.

CHAPTER

6 FAQ (자주 묻는 질문)

지금부터는 라이트룸 및 사진 보정과 관련하여 자주 물어보는 질문들과 그에 대한 필자의 생각을 정리해 보겠습니다.

001 | 사진 보정을 할 때에 윈도우 기반의 컴퓨터를 사용하는 것이 좋나요, 아니면 애플에서 나온 맥(Mac)을 사용하는 것이 좋나요?

- 단순히 사진 보정이라는 측면에서 두 가지 기종이 모두 유사한 하드웨어 사양을 갖추고 있다면 사실 둘의 차이는 크지 않습니다. 맥(Mac)의 경우, 특히 아이맥이나 맥북을 사용한다면 별도의 모니터를 구매하지 않더라도 고성능의 디스플레이를 함께 사용할 수 있다는 점에서 분명한 장점이 있기는 합니다. 하지만, 윈도우 기반의 컴퓨터를 사용하더라도 개인의 선택에 따라 얼마든지 고성능의 디스플레이를 사용할 수 있기 때문에 이 점이 맥(Mac)만이 가진 장점이라고 보기는 어렵습니다.
- 또한, 맥(Mac)은 윈도우에 비해 상대적으로 쾌적한 애플리케이션 구동 환경과 사용자 인터페이스 면에서 강점을 지니고 있기는 하나, 윈도우 환경에서도 라이트룸을 사용하는 데에 있어 어떤 제약사항이 있는 것은 아닙니다.
- 그러므로 윈도우 기반의 컴퓨터를 갖고 있는 상태에서 사진 보정을 위해 추가적으로 맥(Mac)을 구입할 필요는 없습니다. 반대로 맥(Mac)을 사용 중인 사람 역시 사진 보정을 위한 목적으로 윈도우 기반의 컴퓨터를 다시 구입하지 않아도 됩니다.

002 | PC에서 보정한 사진이 스마트폰에서 보면 다르게 보여서 스트레스를 받아요.

- 충분히 나타날 수 있고 경험할 수 있는 문제입니다. 이는 디스플레이마다 지원하는 색역이 다르고, 같은 색역이라 하더라도 어떻게 캘리브레이션이 되어 있는지에 따라 다르게 보일 수 있기 때문입니다.
- 따라서 이런 문제로 스트레스를 받을 때에는 본인이 주로 사용하는 디스플레이를 기준으로 삼아 사진을 보정하는 것을 대안으로 생각해 볼 수 있습니다. 다시 말해서, 스마트폰을 주로 이용하는 경우라면 설령 PC 모니터에서 보이는 사진이 다소 이질적으로 보이더라도 스마트폰에서 보이는 느낌을 기준으로 보정을 하는 것입니다. 단순히 PC 모니터와 스마트폰의 차이도 차이지만 내가 보정한 사진을 다른 사람이 보았을 때에도 역시나 비슷한 이유로 인해 다르게 보일 수 있다는 점을 감안한다면 이런 문제는 흔하게 발생할 수 있는 일이며, 그렇기 때문에 스트레스를 받기보다는 자연스럽게 받아들이고 대처하는 것이 좋습니다.

003 | 다른 사람이 보정한 사진의 느낌을 따라 해보고 싶은데 어디서부터 시작해야 할지 모르겠어요.

- 다른 사진의 색감을 따라 하고 싶을 때에 가장 중요한 것이 바로 관찰입니다. 그리고 관찰을 할 때에는 단순히 그 사진을 있는 그대로 바라보는 것이 아니라 요소 요소로 뜯어서 보는 것이 중요합니다. 예를 들어서 대비는 어떠한지, 사진에 나타난 피사체의 질감 표현은 어떠한지, 각 색상별 채도는 어떠한지, 전체적인 분위기는 어떠한지 등 사진 안에 포함되어 있는 각각의 요소를 관찰하는 것입니다. 그리고 그에 따라 하나씩 순서대로 표현해 나가다 보면 어떤 사진이라도 비슷하게 보정하는 것이 그리 어렵지 않다는 것을 알게 될 것입니다.

004 | 사진 보정을 할 때에 라이트룸을 사용하면서 포토샵도 같이 사용해야 하나요?

- 어떤 보정을 하기를 원하는지에 따라 이 질문에 대한 답은 달라질 수 있습니다. 라이트룸과 포토샵은 비슷하면서도 서로 다른 기능들을 가지고 있기 때문에 사용자 스스로가 어떤 기능을 사용하기를 원하는지에 따라 사용해야 하는 프로그램이 달라질 수 있습니다.

- 다만 일반적인 수준의 사진 보정을 위해서는 라이트룸만으로도 충분하다고 생각하며, 대신 사진에 나타나 있지 않는 피사체를 합성하거나 인물의 얼굴과 체형을 변화시키는 보정의 경우에는 포토샵을 함께 이용하는 것을 추천합니다.

005 | 나만의 개성 있는 색감을 갖고 싶어요.

- 보통 이런 질문에 대해 가장 흔하게 볼 수 있는 답변은 "많이 보정하면 할수록 자신만의 개성 있는 색감을 찾을 수 있는 가능성은 높아진다"입니다. 이 말이 전혀 틀린 이야기는 아니지만, 아무래도 독자분의 입장에서는 단순히 많이 보정하다 보면 된다는 말이 마치 뜬구름을 잡는 것처럼 두루뭉술하게 들리는 측면이 있기 때문에 현실적인 대안을 몇 가지 제시해 보고자 합니다.

- 우선 다양한 조건에서 촬영하고 이를 다시 다양한 느낌으로 보정하는 연습을 하는 것은 개성 있는 색감을 만들어가는 데에 있어 큰 도움이 됩니다. 시시각각으로 달라지는 환경 속에서 저마다 다르게 촬영된 사진들을 보정하다 보면 보정 도구들의 사용법에 익숙해지는 것 외에도 각기 다른 사진들을 가지고 원하는 느낌을 표현해 내는 감을 익힐 수 있기 때문입니다.

- 보정을 하지 않을 때에도 다른 사람들이 촬영하고 보정해 놓은 많은 사진들을 참고하는 것은 좋은 연습이 될 수 있습니다. 이는 마치 자신만의 독특한 레시피를 가지고 음식을 만들기 위해서 다른 사람들이 만들어 놓은 음식을 맛보는 것과도 같습니다.

- 그리고 무엇보다도, 자신만의 색감을 갖기 위해서는 여러 가지 보정 툴이나 보정 도구를 잘 다루는 것 외에도 스스로의 감성을 키우는 것이 중요합니다. 결국 사진 보정은 마음 속에 떠오르는 느낌을 보정 도구들을 통해 현실로 구현하는 것이기 때문에 아무리 툴을 잘 다룬다 하더라도 보정의 기반이 되는 감성적인 부분이 뒷받침되지 않는다면 어려움을 겪을 수밖에 없습니다.

- 이처럼 감성적인 부분의 힘을 기르기 위해 평상시에도 감성을 자극할 수 있는 활동들을 반복적으로 행하다 보면 사소한 일상의 삶 속에서도 남들이 생각하지 못했던 느낌들과 새로운 영감을 얻을 수도 있습니다. 특히 뮤직비디오나 영화에 등장하는 씬들의 색감들을 유심히 살펴보거나 평상시 좋아하는 음악을 들으면서 음악에서 느껴지는 느낌들을 사진에 반영해 보는 것은 좋은 연습이 됩니다.

- 결국, 좋은 색감이나 좋은 사진이라는 것은 지극히 개인적인 선호도가 반영된 것이기 때문에 타인의 시선이나 평가에 지나치게 의존하지 않고 스스로가 생각하는 느낌들을 사진에 투영해보는 것이 자신만의 색감을 만드는 데에 도움이 됩니다.

006 | 라이트룸을 제법 잘 사용할 줄도 알고 보정도 어느 정도 할 줄 아는데, 매번 똑같은 보정만 하는 것 같고 뭔가 답답해요. 어떻게 해야 할까요?

- 사진 보정을 하다 보면 이런 생각이 드는 순간이 종종 찾아옵니다. 혹자는 이를 두고 슬럼프가 찾아온 것이라고 표현하기도 합니다. 필자는 이렇게 슬럼프가 올 때에는 크게 2가지 방법으로 극복하려고 합니다.

- 첫 번째 방법은, 촬영 방법을 아예 바꾸는 것입니다. 보정이라는 것이 결국 원본 사진을 점차적으로 완성해 가는 과정이기 때문에 보정에서 어떤 해답을 찾기 어렵다면 처음부터 평소와는 다른 방식으로 촬영하여 원본 사진에서부터 변화를 추구하는 것입니다.

- 두 번째 방법은, 보정이 막힐 때 굳이 무리하게 보정을 시도하기보다는 새로운 자극을 받아들이려는 열린 마음을 갖는 것입니다. 슬럼프가 찾아올 때일수록 새로운 자극을 통해서 기존에 갖지 못했던 느낌과 감정을 가지고, 이를 사진에 표현해 보는 것은 좋은 해결 방법이 될 수 있습니다. 앞서 이야기한 것처럼 영화와 같은 매체나 다른 사람의 사진을 감상하는 것도 새로운 자극과 더불어 좋은 영감을 얻는 데 많은 도움을 줍니다.

007 | 저자님은 어떤 방법으로 라이트룸 사진 보정을 공부하셨는지 궁금합니다.

- 라이트룸을 처음 입문하였던 당시만 해도 지금처럼 참고할만한 책이나 강의가 전무했습니다. 그래서 직접 촬영한 사진들을 가지고 혼자서 원하는 느낌대로 보정하는 연습을 참 많이 했습니다. 이 시절에 이미 수십만 장의 사진을 촬영하고 보정하면서 라이트룸의 기능을 온전히 익힘과 동시에 다양한 사진 보정 방법에 대해 많은 고민을 했습니다. 물론 100% 독학으로 시작한 것이고요.

- 그런데 어느 순간, 제가 보정하던 사진들이 철저하게 저만의 기준에 따라 스스로의 만족을 위한 방향을 따라갈 뿐 대중과 소통하지 못하고 있다는 것을 깨달았습니다. 그래서 이때를 기점으로 대중적으로 많은 호응을 얻는 사진들을 매일 보며 그 사진이 어떻게 촬영되었고, 보정되었는지를 거꾸로 되짚어보는 공부를 시작했습니다.

- 저는 궁극적으로 제가 촬영하고 보정한 사진들을 통해 사람들과 폭넓게 교감하고 싶었기 때문에 시시각각 변하는 사람들의 기호에 늘 관심을 가졌습니다. 그리고 수많은 사진들이 보정되었던 과정을 되짚어 유추하는 훈련을 통해 보정으로 만들지 못하는 색감은 없다는 나름의 강한 확신도 어느 순간을 기점으로 갖게 되었습니다. 그리고 현재는 제주도에서 웨딩 스냅 사진작가로 활동하고 있습니다.

008 | 결국 사진 보정을 잘 하려면 카메라부터 좋아야 하는 것 아닌가요?

- 반은 맞고 반은 틀린 이야기입니다. 사진은 어디까지나 카메라를 통해 만들어지는 결과물이기 때문에 카메라의 성능을 완전히 배제할 수 없다는 면에서는 좋은 카메라가 필요하다고 생각할 수 있습니다. 그렇지만, 좋은 카메라를 가지고 있다고 해서 당장 보정 실력이 늘지도 않을 뿐더러 이미 시장에서 유통되고 있는 중저가 카메라로도 사진 보정에 필요한 수준의 원본 사진은 충분히 담아낼 수 있습니다. 그리고 기술이 발전함에 따라 이러한 중저가 카메라들이 가진 성능 또한 상당히 높아지고 있기도 합니다.

- 솔직히 말하자면 필자는 현재 좋은 카메라, 그것도 일상에서 무엇인가를 담기 위한 목적으로 쓰기에는 과분한 정도의 카메라를 사용하고 있습니다. 하지만 필자는 사진을 업으로 하고 있고 사진의 결과물이 매우 중요시되는 일을 하기 때문에 그런 카메라가 필요한 것입니다. 그렇지만 오히려 카메라 장비나 카메라 브랜드와 관련해서는 그리 관심이 많지 않을 뿐더러, 일로서 촬영을 하는 경우가 아닌 때에는 스마트폰 카메라를 더 많이 이용하고 있습니다. 매 순간 카메라를 들고 다니지 않는 이상, 그 어떤 "결정적 순간"을 담기에는 스마트폰 카메라가 주는 휴대성이 매우 크게 작용하기 때문입니다. 그리고 이러한 "결정적 순간"은 일상에서 늘 예고 없이 찾아오곤 합니다.

- 따라서, 사진 보정을 잘 하기 위해 당장 좋은 카메라를 갖고 싶은 독자분이라면 내 자신이 그저 좋은 카메라를 갖고 싶어 하는 것인지, 아니면 사진 보정 그 자체를 잘 하고 싶은 것인지를 스스로에게 질문하고 그에 대한 답을 찾는 것이 중요합니다. 오히려 사진 보정을 잘 하려면 좋은 카메라를 갖고 있는 것보다는 소소한 일상의 삶에서도 의미 있는 것들을 발견하기 위해 관찰하는 습관을 기르고, 좋은 음악과 좋은 영화들을 많이 접하면서 스스로의 감성 지수를 높이는 것이 보다 효과적일 수 있습니다. 장비는 언제든 돈을 주고 구입하면 그만이지만, 사진 보정에 필요한 감성은 절대 돈으로 살 수 없기 때문입니다.

찾아보기

한글

ㄱ

가산혼합, 감산혼합	99
가상사본	395
가져오기	19
감도	60
결정적 순간	472
계조	166
골든아워	253
과초점거리	92, 253, 371
광각	86
광도 노이즈	226
광원	93
광자	40, 61
광학적 중심	85
구도 참고선	168
국제표준화기구	60
굴절률	231
그래픽카드	15
기계적 요인	421
기하평균	77
깃발	126

ㄴ

내보내기	25
노이즈	37
노출계	80
노출보정	74
노출의 3요소	47

ㄷ

다이내믹 레인지	38
단렌즈	85
대비	161
등가노출	67
디지털카메라	32
딜레이 촬영	371

ㄹ

라마단	405
라이트룸cc	12
레이어	6, 363
렌즈 교환식 카메라	86
렌즈 프로파일	232
로고	105
릴리즈	371

ㅁ

마스크	202
마이크로 포서드	42
망원	86
망한 사진	420
매개변수곡선	215
매직아워	253
명암별 색보정	225
모듈	107
모바일 라이트룸	12
모션블러	58, 72, 83
미드톤	195
미러리스	32
미리보기 이미지	4

ㅂ

반사율	76
반자동모드	62
발줌	87

밝은 렌즈	73
방사형 필터	204
배경밝기 조절	111
배럴 디스토션	231
백 버튼 포커스	60
번들렌즈	86
별점	118
보간법	242
보정 전/후 비교	157
보정의 관용도	96, 402, 423
보케, 빛망울	55
부분대비	194
블랙홀	164
블러	58
비네팅 효과	209, 321
빛갈라짐	55
빛샘 현상	308, 319
빛의 3원색	329
빛의 파동성	91

ㅅ

사광	272
사전설정	430
사진 가져오기	18
사진 가져오기 옵션	21
사진 내보내기	25
산술평균	77
삼각대	371
색공간	99
색상 등급	225
색상 레이블	124
색상 레이블 이름변경	135
색수차	5, 234, 417
색역	100
색온도	93, 182, 352
색의 3원색	329
색의 대비	413
생동감	196
석양	252
선예도	37, 231
센서	33
셀렉	129
셔터스피드	56, 370
셔터스피드 우선모드	64, 370
소실점	408
수광부	33
순광	271
스마트폰 카메라	98
스탑, 스텝	51
심도	53, 73, 89
썸네일	111

ㅇ

아웃포커싱	53, 91
역광	273
온도	93
완전 수동모드	66, 80, 370
원근감	88
인적 요인	420

ㅈ

장노출 촬영	370
적정노출	75
절대온도	94
점 곡선	215
점진적필터	211
제2주점	85
조리개	47, 311, 401
조리개 우선모드	63
조정브러시	199
좋은 Preset의 조건	459
줌렌즈	85
줌인, 줌아웃	87
중간 회색	76
중간톤	195

ㅊ

착란원	54, 90
채도	195
채도 대비	344
초점거리	49, 85
촬상면	85
최단촬영거리	231
최소요구사양	15

최소초점거리	231
최소피사체거리	231
측광	79, 272, 423

ㅋ

카탈로그	4
카탈로그 만들기	16
캘리브레이션	29
컬러 노이즈	226
켈빈	94
크롭 센서	42
크롭 팩터	42
클리핑	164
키워드	152

ㅌ

톤 곡선	215
톤앤매너	432, 456

ㅍ

판형	33
패닝샷	58
팬포커싱	53
포토그래피 플랜	11
포토샵	7
표준화각	86
풀사이즈 센서	43
풀프레임 센서	42
풍경 사진	91
프로그램 모드	65
프로세스 엔진	243
프로파일	431
픽셀	34
픽쳐스타일	437, 456
핀쿠션 디스토션	231
필름 그레인	239, 307
필름 느낌, 필름 갬성	306
필름스트립	109, 122
필름시뮬레이션	437, 456
필터 강도 조절	319

ㅎ

핸드블러	58, 72, 83
현상	3
화각	45, 86, 400
화소	33
화이트밸런스	93
화이트홀	164
화질	37
확장자	95
환경적 요인	421
활기	196
회절 현상	91
흑백사진 보정	392
흑체	93
흰색균형	93
히스토그램	160, 259

영어

A

Add Color Label to Collection	147
Adjust 항목	215
Adjustment Brush	199, 294
Adobe Color	434
Adobe Creative Cloud	11
Adobe RGB	21
Adobe RGB 색역	100
Angle	171
Aperture	60
APS 센서	42
ARW 파일	18
ARW 파일	95
ASA 규격	60
Attribute	131
Auto Mask	202, 295
AWB(Auto White Balance)	94
A모드, Av모드	63

B

Back Button Focus	60
Balance	222, 224
Barrel Distortion	231
Basic 패널	181
Black Hole	164
Blacks	190
Blending	224
Blur	58
Bokeh	55
Book 모듈	107
Build Preview 옵션	21

C

Calibration	241
Camera Raw Filter	8, 438, 449
Clarity	194
Clipping	164
Clone	178
CMYK 색공간	99
Collection	22, 144
Collection Set	151
Color	201, 296
Color Gamut	100
Color Grading 패널	220
Color Label Set	135
Color Noise	226
Color Noise Reduction	230
Color Priority	237
Color Space	99
Compare View	115
Contrast	161, 189
CR2 파일	95
Creamy	326
Crop Factor	42
Crop Overlay	166

D

Defringe	201, 236, 349
Dehaze	195
Depth	296
Depth of Field	53, 89
Detail 패널	226
Develop 모듈	107, 156
DIN 규격	60
DNG 파일	95
DPI	34
DSLR	32
Dynamic Range	38

E

Edit Identity Plate	105
Effects 패널	237
Embeded & Sidecar 옵션	21
Enable Profile Corrections	232
EXIF	22
Exposure	189
Exposure Compensation	74
Exposure Info 필터	139
Exposure Value	74

F

File Handling 메뉴	21
Flagged	126
Focal Length	49, 231
Fringe Color Selector	236
F-Stop, F-Step	50
Full Frame 센서	42
Full HD	34

G

Global	223
Golden Hour	253
Gradient Map	220
Graduated Filter	211
Grain	239, 323
Grid View	110
Guided	175
Guided Upright Tool	175

H

Heal	178

Highlight Priority	237
Highlights	190, 223
Histogram 패널	160
History 패널	385
HSL 패널	217
Hue	201, 217

I

Identity Plate	105
ISO	60, 371
ISO 12232:2019 기준서	60
ISO Adaptive Preset	441

J

JPG 파일	95

K

Kelvins	94
Keyword List 패널	153
Keywording 패널	152
Kit 렌즈	86

L

Lens Corrections 패널	231
Library Filter	131, 138
Library 모듈	107
Log 함수	74
Loupe View	113
Luminance	217
Luminance Mask	296
Luminance Noise	226
Luminance Noise Reduction	230
Luminance Range Selector	297
LUT (Lookup Table)	456

M

M.M (Metered Manual)	81
Magic Hour	253
Magnum Photos	274
Map 모듈	107

Metadata	13, 22
Metadata 필터	138
Micro 4/3	43
Middle Gray	76
Midtones	223
Minimal 옵션	21
Minimum Focal Distance	231
Moire	201
M모드, Manual모드	66

N

ND필터	64
NEF 파일	95
Noise	200
Noise Reduction	228

P

Paint Overlay	237
Painter	136
Parametric Curve	215
Photon	40
Pincusion Distortion	231
Pixel	34
Pixel Density	40
Point Curve	215, 258
Post-Crop Vignetting	237
Presence 영역	194
Preset 공유하기	444
Preset 생성하기	439
Preset 적용하기	442
Preset 제약사항	433
Preset 특징	432
Preset, Profile	431
Preset이 곧 재산이다	433
Print. 모듈	107
Profile 공유하기	455
Profile 생성하기	447
Profile 적용하기	454
Profile 제약사항	437
Profile 특징	435
ProPhoto RGB	100
P모드, Program모드	65

Q

Quick Collection	149

R

Radial Filter	204
RAF 파일	95
Range Mask	201, 295
RAW 파일	18
Reference View	159, 397
Region 영역	215
Rejected	126
Remove Chromatic Aberration	235
RGB 색공간	99, 329
Robert Capa	274

S

Saturation	195, 217
Select	129
Sensel	40
Shadows	190, 223
Sharpening	226
Sharpness	200
Show Luminance Mask	298
Show Selected Mask Overlay	202, 295
Shutter Speed	60
Slideshow 모듈	107
Smart Collection	145
Smart Preview	21
Snapshots 패널	389
Solid Color	361
Split Toning 패널	220
Spot Removal	176, 283
sRGB	100
Standard Preview Size	21
Standard 옵션	21
Stop	51
Survey View	116, 398
S모드	64

T

Target Collection	150
Temp	183
Text 필터	142
Texture	194
The Fader	436
Tint	183
Toggle Switch	181
Tone Curve	215
Tone Curve 패널	215, 327, 378
Tone 영역	189
Transform 패널	174
Tv모드	64

U

Unflagged	126

V

Vibrance	195
View Option	120
Vignetting	209
Virtual Copy	395
Visualize Spots	178

W

Web 모듈	107
White Balance	93, 182
White Balance Selector	184
White Hole	164
Whites	190

숫자

1

1/3의 법칙	92, 371
1:1 옵션	21
18% Gray	77
1stop, 1스탑	51, 68

1인치 센서 42

2
2배의 법칙 92

3
3분할구도 167

4
4K 92, 371

라이트룸 클래식CC 사진 보정 클래스
나만의 감성을 만드는 색감 한 스푼

초판 1쇄 발행 | 2020년 12월 29일
초판 2쇄 발행 | 2022년 2월 18일

지은이 | 정현성
펴낸이 | 김범준
기획 · 책임편집 | 김수민
교정교열 | 이현혜
편집디자인 | 카리스북
표지디자인 | 김민정

발행처 | 비제이퍼블릭
출판신고 | 2009년 05월 01일 제300-2009-38호
주소 | 서울시 중구 청계천로 100 시그니처타워 서관 10층 1060호
주문 · 문의 | 02-739-0739   **팩스** | 02-6442-0739
홈페이지 | http://bjpublic.co.kr   **이메일** | bjpublic@bjpublic.co.kr

가격 | 39,500원
ISBN | 979-11-6592-028-9
한국어판 © 2022 비제이퍼블릭

이 책은 저작권법에 따라 보호받는 저작물이므로 무단 전재와 무단 복제를 금지하며,
내용의 전부 또는 일부를 이용하려면 반드시 저작권자와 비제이퍼블릭의 서면 동의를 받아야 합니다.

잘못된 책은 구입하신 서점에서 교환해드립니다.

예제사진 다운로드: https://bjpublic.tistory.com/385